세네카 흉상 17세기. 무명의 조각가. 무세오 델 프라도

Seneca e Socrate

Erme bicipite, rinvenuto nelle scavazioni fatte per ordine
di Sua Altezza Serenissima il Principe della Pace
nella sua Villa Celimontana, già Mattei

세네카와 소크라테스 쌍두흉상 1813년에 출토된, 이 쌍두흉상(3세기 초)이 발견되었다고 알리는 보고서(1816)에 실린 동판화

LVCII ANNEI SENECE EPISTOLARVM LIBER FELICITER INCIPIT

TA FAC MI LVCILLI · VENDI
CA TE TIBI · ET TEMPVS QVOD
TIBI ADHVC AVT AVFEREBA
TVR AVT SVRRIPIEBATVR ·
AVT EXCIDEBAT · COLLIGE ET SERVA · PERSVA
de tibi hoc esse sicut scribo . Quedam tempora eripuntur nobis:
quedam subducuntur: quedam effluunt · turpissima tamen iac-
tura est que per negligentiam fit · et si uolueris attendere mag-
na pars uite elabitur male agentibus. Maxima nihil agentibus ·
tota aliud agentibus: quem mihi dabis qui aliquod pretium tem-
pori ponat · qui diem extimet · et qui intelligat se quotidie mori.
In hoc tamen fallimur · quod mortem non prospicimus · magna
pars eius iam preteriit: quicquid etatis retro est · mors tenet. Fac
ergo mi lucilli quod facere te scribis: omnes horas complectere ·
sic fiet ut minus ex crastino pendeat · si hodierno manum iniece-
ris: dum differtur uita transcurrit. Omnia lucilli aliena sunt:
tempus tamen nostrum est · in huius rei nimis fugacis ac lubrice ·
possessionem natura nos misit · ex qua expellitur quicunque uu-
lt · et tanta stultitia mortalium est · ut que minima · et uilissima
sunt · certe reparabilia imputari sibi cum impetrauere patiantur ·

세네카가 메디치를 위해 쓴 《윤리서간집》 사본의 머릿글(1458)

〈네 명의 철학자들〉 루벤스. 1611~1612. 피렌체, 갈레리아 팔라티나 뒤 벽감에 세네카의 흉상이 보인다.

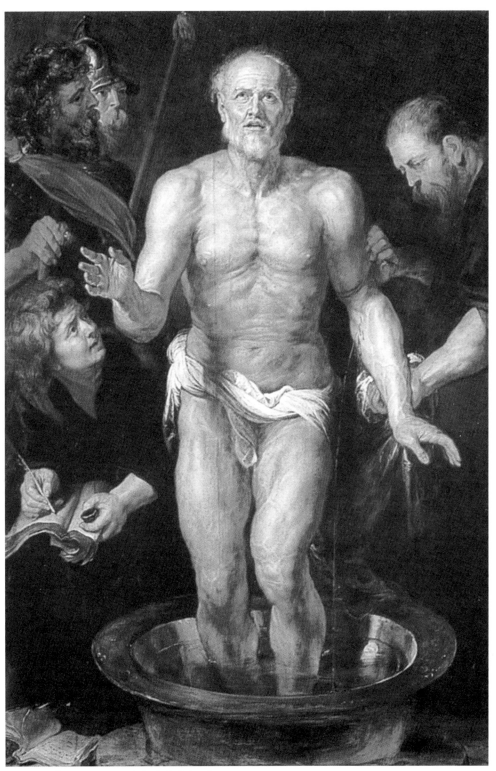

〈세네카의 죽음〉 루벤스. 1614. 뮌헨, 알테 피나코테크

vm̄ anderlât in dem leben zebehalten/hât erlittẽ dar=
vm̄ ſie billich in ŏwige dächtnuß iſt ze ſezen.

SENICA · POHPEIA · PAVLINA

Von pompeia panlina ſenece ge
mahel das· lxxxix·Capitel.

▲⟨세네카의 자살과 그
의 아내 폼페이아 파울
리나의 자살 기도⟩ 중
세 필사본 목판화

◀세네카의 둥근 초상
세빌리아.
'세네카, 현대 코르도
바의 고대 영웅'이라
고 새겨져 있다.

중세 필사본에서 플라톤, 세네카와 아리스토텔레스 그림 〈기도 및 철학적 저작〉 1325~35.

▲〈세네카, 로마의 철학자〉 페드로 베
루게테. 15세기 무렵. 파리, 루브르박
물관

ERRARE
HUMANUM
EST

Anneo Seneca

◀'잘못을 저지르는 것은 인지상사(人之
常事)이다'—세네카

World Book 258
Lucius Annaeus Seneca
DIALOGI

세네카 인생철학이야기

세네카/김현창 옮김

L. ANNÆVS SENECA.

동서문화사

디자인 : 동서랑 미술팀

세네카 인생철학이야기
차례

세네카 인생 철학을 읽는 이들에게

《섭리(攝理), 자연의 원리와 법칙에 대하여》

세네카의 '대화편'

세네카의 철학 저작 중에서 전통적으로 '디아로기(대화편)'라는 이름으로 불리는 전 12권의 작품이 모아진 것은 '대화편' 제1권 《섭리에 대하여》(아래도 그와 같음) 제2권 《현자의 항심에 대하여》, 제3~5권 《분노에 대하여》(모두 세 권), 제6권 《마르키아에게 보낸 위로의 글》, 제7권 《행복한 삶에 대하여》, 제8권 《한가함에 대하여》, 제9권 《마음의 평정에 대하여》, 제10권 《삶의 짧음에 대하여》, 제11권 《폴리비우스에게 보낸 위로의 글》, 제12권 《헬비아에게 보낸 위로의 편지》로 이루어졌다. 이것은 대본을 비롯한 많은 교열본이 취한 체제이고, 출전(出典)의 지시가 있을 때도 책이름이 아닌 '대화편'의 권수에 '장'과 '절'의 번호가 자주 붙여졌다.

이 이름과 배열은 이렇게 모은 가장 오래되고 좋은 사본을 그대로 따른 것이다. 밀라노의 암브로시우스 도서관에 수장되어 있는 사본(odex Ambrosiana C90(통칭 'A사본')의 제3장 겉에는 대본의 제목과 같은 "L. ANNEI SENECAE DIALOGORVM LIBRI NVM. XII."을 내세우고 그 다음에 앞의 열 작품 이름이 적혀 있다.

몬테카지노 수도원의 연사(年史)에 원장 데시델리우스(재임 1058~87년)가 세네카의 저서 필사를 지시한 취지가 적혀 있어, 오늘날에는 서체와 그밖의 이유에서, 이 사본은 바로 이 근방에서 이 무렵에 필사된 것으로 생각된다. 세네카 연구에 있어, 이 귀중한 사본을 지켜 전해준 이 수도원에 감사해야 된다. 뜻밖으로 생각되지만 세네카는 중세에도 많이 읽혀졌음에도, 이런 작품들은 6세기부터 13세기에 이르는 7백 년 동안이나, 이미 북유럽에서 고대의 로마 저작이 애독되었을 무렵에도 몬테카지노 관계자 그 밖에는 알려지지 않았다. 그러나 여기에서 시작해 이윽고 13세기 이후에는 유럽 전체에 차츰 보급되어 갔다. 로저 베이컨은 1266년에 교황에게 보낸 편지에서 젊었을 때부터 꾸준히 찾아온 세네카의 이런 저서를 발견한 기쁨을 솔직히 말하고 있다. 이렇게 12세기 이후, 이 저작집이 100가지 이상 사본이 작성되었다. 몬테카지노의 사본은 그 뒤 수많은 손을 거쳐 1603년 페드리코 볼로메오 추기경의 손으로 넘어가, 6년 뒤에는 그가 세운 도서관에 자리잡게 되었다.

그러나 '대화편'이라고 하는 호칭은 이 사본에만 전해진 것은 아니다. 아마도, 세네카 시대까지 거슬러 올라간다. 수사학자인 퀸틸리아누스는 세네카의 수사를 가혹하게 비판한 사람인데, 그 한 절에서 그의 저술활동에 대하여 이렇게 말한다. '그는 학예의 모든 분야를 다루었다. 그래서 그의 연설, 시, 편지, 대화편이 전해진다'(《변론가의 교육》 10·1·129). 이 '대화편'이라고 한 말은 'A사본'의 작품을 모은 여러 작품, 철학저작을 나타내고 있음이 확실하다. 따라서 늦어도 세네카의 한 세대 뒤에는 이 호칭이 확립된 것은 틀림없다.

그러나 확실한 것은 여기까지다. 퀸틸리아누스가 '대화편'이라고 이름 붙인 것은 과연 'A사본'의 '디아로기' 열 작품과 같은 것인가. 이 명칭을 세네카의 철학 저작에 붙인 것은 누구인가. 또 이 이름은 무엇을 뜻하는가—이런 점에 대해서는 자주 정반대의 견해가 대립하고 있어 해결이 매우 곤란하다. 여기에서는 세네카의 철학 저작의 일반적 성격과 관련해 두 세 가지 지적해 두기로 한다.

'A사본'의 '대화편'에 포함된 열 가지 저작에는 이 그리스어가 상기시킨 플라톤 초·중기의 대화편은 말할 것도 없고, 그(와 그 전통)를 모범으로 우러러본 키케로의 대화형식의 철학·수사학 저작과 비교해도 '대화'로서의 성격, 등장인물의 성격을 밝히는 발언이 아주 드물거나, 거의 존재하지 않은 데에 세네카를 읽는 사람은 누구나 느끼는 일이다. 확실히 바친 사람은 (마치 편지와 마찬가지로) 처음에 그에 대한 호칭이 있고 화제를 둘러싼 그의 상황이 제시되는 일도 있다. 그러나 논의의 진행에 따라 상대는 잊혀진다. 이따금 의론이 끊긴 데에 반론과 반응을 뒤집어, 논술에 활기와 방향전환의 계기가 되는 일은 있다. 그러나 '너는 말한다'를 놓고 상대의 직접 화법은 해당 문맥에 대한 일반적으로 자연스런 의문을 말하는 것에 그치며, 말하는 사람의 모습을 나타낸 발언은 찾아볼 수 없고, 실질적으로 이름 없는 3인칭의 인물과 다름없다. 상대나 주제의 성격이 가져오는 차이는 있다. 《위로하는 글》은 상대와 마주하는 요소가 자연히 크다. 하지만 거의 일방적으로 말하며, 상대의 말도 세네카가 먼저 고른다. 예외적으로 여겨지는 것이 《마음의 평정에 대하여》의 세레누스인데, 자기의 불안정한 심리상태를 세네카에게 하소연한다. 그러나 그것마저 여기저기 세네카의 표현과 큰 차이가 없고, 유형을 넘어선 것이라고는 말할 수 없으며, 그의 인간성을 밝힌 것이라고는 하지 못할 것이다. 그것은 《너그러움에 대하여》에서 세네카가 황제의 입장에서 행한 1인칭의 독백이 네로의 개성을 나타내지 않는 것과 그다지 다름이 없다.

이름 없는 인물의 반론을 끼우면서 논의를 진행해 가는 특징은 이 열 가지 작품에 한정된 것이 아니다. 그것은 진정 세네카의 각인(刻印)이다. 다른 계통에서 전해진 《너그러움에 대하여》, 《은혜에 대하여》에도, 또는 자연철학을 다룬 《자연 연구》에도 마찬가지로 행한 논의와 수사의 구조가 있다. 편지를 주고받은 루키리우스와의 거래가 독특한 매력을 자아낸 《윤회 서간집》도 성격은 마찬가지다(그것은 이 '편지'의 성격을 더욱 복잡하게 한다). 세네카에게 주된 경향을 이루는 것은 대화보다도 자기 안에서의 자기의 반향과 변주(變奏)이다.

그래서 퀸티리아누스가 '대화편'이라는 말로 뜻하는 것은 서간을 제외한 그의 철학 저작 모두라고 보는 견해를 많은 연구자가 따르고 있다. 그 큰 논거의 하나는, 세네카의 작품 가운데 단편의 하나인 《미신에 대하여》가 6세기의 문법학자 디오메데스의 한 절에서 '대화편'이라고 불리고 있는 사실이다(단편 75〈봇테로〉). 세네카의 다른 철학 저서 단편도 같은 성격을 갖는 이상, 다른 저작도 마땅히 이 이름으로 불러도 좋을 것이다.

실제로 세네카 자신이 두 번이나 이 말을 썼다. 하나는 《윤리 서간집》100·9로, 세네카는 리위우스의 소실된 작품을 '대화편'이라고 부르고, 그것이 철학보다도 오히려 역사에 속한다고 말했다. 또 하나인 〈은혜에 대하여〉 5·19·8에서는 앞 장에서의 '그' 또는 '네'가 말한 반론과 그것에 대해 응답한 다음, 일시적으로 '대화를 주고받는 것을 그만두고', 법학자의 태도를 말한다, 고 했다. 회의적인 그리핀은 이것들을 통상적인 '대화'의 의미로 보지만 문맥으로 말하면 전자에서는 기본적으로 철학에 대한 논문을, 후자에서는 직전에 주고받은 듯한 형식을 뜻했음을 상정하는 것같이 생각된다. 그렇다면 작품집성의 명칭과 퀸티리아누스에 의한 세네카 작품의 호칭 '대화편'은 세네카 자신으로 돌아간다고 보는 것이 마땅할지도 모른다.

그럼 '대화편'이라는 말에서 어떤 것이 의미되는 것일까. 소크라테스 문학으로서 나타난 '대화'가 플라톤 이후에 철학 기술의 표준적인 하나의 틀이 되었음은 틀림없다. 그러나 늘 거기에 '대화'의 성격이 있는 것은 아니다. 플라톤의 후기 저작에서는 벌써 대화의 요소가 줄고, 등장인물은 대화를 이끄는 사람에게 동의만 하는 경우도 많다. 추상의 정도가 높은 고찰이나 조직적인 이론과 교설의 전달과 가르침에는 대화의 구조가 맞지 않은 면이 있을 것이다.

한편 그 뒤의 헬레니즘기에는 여러 철학자와 작가에 의한 다양한 대화편이 씌어졌다. 인생론을 요구하는 대중화 가운데에서 키니코스파로 상징되는 문학 활동이 생기고, 세상의 악덕을 대상으로 삼은 풍자와 설교가 널리 퍼졌다. 민중이 받아들일 비근한 주제와 비유, 천한 것도 가리지 않은 화려한 수사와 문체, 이름없는 인물의 반론에도 응하는 감정적인 이야기를 포함한 문학은 기원전 3세기의 보류스테네스의 비온까지 거슬러올라가고, 세네카의 2세대 뒤인 스토아 철학자 에픽테토스의 강화에 붙여진 διατριβή라는 명칭에 상징적으로 나타난다. 이것은 비온에서 루키아노스까지의 5세기에 걸친 그리스의 철학과 문학, 루키리우스에서 호라티우스와 세네카를 거쳐 유베날리스에 이른 로마의 풍자문학, 나아가 신약성서와 그 주변 문학까지 포함한 광범위한 영역을 모두 포함하는 편리한 개념이지만 그만큼 많은 점에서 애매하다.

이것(으로 대표되는 철학적 저작)을 세네카가 '디오로기'라고 불렀다는 이야기에는 비판이 많지만(무엇보다도 그리스어를 그리스어로 바꾸어 부른 부자연스런 데가 있다), 세네카의 저작은 바로 그 가장 좋은 특질을 나타내는 일도 있어, 이 견해를 따르는 연구자도 있다. 형식과 내용의 점에서 그 둘이 겹치는 것은 사실이나, 예컨대 세네카 자신의 철학저작 전체의 성격을 그렇게 불렀다고 하면, 세네카에 포함된 더 단단한 철학의 핵과, 키케로의 철학저작과 마찬가지의 개설적인 성격과는 일치할 수 없게 될 것이다.

또 로마에서 최초의 플라톤이 되고자 한 키케로는 세네카와 대조적으로 기원전 50년대의 주요 저서(《변론가에 대하여》, 《국가에 대하여》 등)에 진실한 대화를 시도했다. 기원전 이후의 철학저작에는 주요학파의 교설 소개와 회의주의에서 본 비판을 한 작품들에는 '대화'로서의 성격이 두드러진다. 그러나 그와 함께 그는 대화를 형식적인 문답으로 하여 교사와 그 질문자라는 형식으로 하나의 작품을 냈다. 〈투스쿨룸에서의 논쟁〉이다. 특히 그 제2권 뒤는 성질은 다르지만 세네카의 철학저작과 아주 비슷한, 이름 없는 인물의 반론을 끼워 넣은 강술이다. 키케로는 이것을 '강의(schola)', 또는 '가상 변론(declamatio)', 수사학교에서 제시하는 주제에 바탕을 둔 변론이라고 불렀다. 그의 스토아 윤리학 해설을 목적으로 한 작품에서 철학과 수사학을 이렇게 결합하려 한 것은 의미가 크다. 그것은 바로 세네카의 철학저작의 특질이기 때문이다.

또 이 사정은 이 용어가 철학이 아니라 수사학에서 유래할 가능성을 말해 준다. 퀸티리아누스는 《변론가의 교육》 9·2·31에서 προσωποποιία라는 수사법을 그 본래의 용법(저명한 역사적 인물 등으로 대신한 창작 스토리)와 διαλόγος로 양분한 사람들에 대해 말하고 있다. 후자는 '사람의 대화를 흉내낸 것'으로 라틴어인 sermocinatio에 해당한다. 이 책에서도, 또 가짜 키케로 《헤렌니우스에게 보낸 수사학 책》에서도 인용한 실례는 특정한 사람이 말을 주도하고, 거기에 조금 성격을 달리한 상대가 대답하든가, 또는 불특정의 3인칭 인물이 응답을 한다는 형식이다. 이 수사는 로마의 변론가들에게는 익숙하고, 키케로의 변론, 곳곳에서 찾아볼 수가 있다. 세네카는 이 문채(文彩)가 풍부하게 쓰이는 점으로 해서 플라톤으로 거슬러 올라간 철학저술의 전통적 연상을 근거로 자기의 작품을 이 그리스어로 불렀는지도 모른다.

가장 첫 질문으로 돌아가, '대화편' 열 작품을 다시 살펴볼 때, 이 일련의 논문집의 편찬자는 세네카 자신이 아닐 가능성이 크다는 사실을 많은 연구자들 지적한다. 적어도 《폴리비우스에게 보낸 위로의 글》이 그의 명예에 도움이 되지 않은 측면이 있다는 것이 의심할 바 없는 이상, 그가 스스로 작품을 골라 엮었다면 이것을 포함하지 않았을 것이 아닌가 하는 말이 자주 나오게 된다. 이 자체에 그다지 설득력이 있어 보이지는 않지만 세네카의 다음 세대에, 누군가 관계자에 의해 선문집으로 편찬되었다는 의견에 찬성하고 싶다.

'A사본' 열 편의 배열에도 분명하지 않은 점이 많다. 이 사본 하나만이 아니었을 가능성까지 생각한다면 더욱 그러하다. 그 점은 둘째 치더라도 코르시카 유형의 초기에 쓴 《헬비아에게 보낸 위로의 편지》가 마지막의 자리에 놓인 데서도 명백하듯이 이것은 연대순이 아님은 물론, 바친 사람에 의한 분류도 취급에 유사성이 없다.

가능성으로 남은 것은 주제에 따른 배열이다. 적어도 전반의 '대화편' 제1~6권, 즉 《섭리에 대하여》, 《현자의 항심에 대하여》, 《분노에 대하여》, 《마르키아에게 보낸 위로의 글》에는 주제적인 관련성이 명백하다. 운명에 따르는 부정, 인간에 의한 부정, 그 부정에 대한 정념인 분노, 근친의 죽음으로 말미암은 정념인 슬픔이다. 이것은 모두 5권으로 된 《투스쿨룸에서의 논쟁》의 각 주제―죽음의 공포, 고통의 공포, 슬픔, 여러 정념, 덕의 자족성의, 특히 제4권까지의 연관과 유사하다고 말할 수 있다.

여기에 대해 후반의 '대화편' 제7~12권, 《행복한 삶에 대하여》, 《한가함에 대하여》, 《마음의 평정에 대하여》, 《삶의 짧음에 대하여》, 《폴리비우스에게 보낸 위로의 글》, 《헬비아에게 보낸 위로의 글》 전체의 관련성을 본나는 것은 곤란하지만 여기에서도 《투스쿨룸에서의 논쟁》의 예가 실마리가 될 것이다. 그 제5권은 행복의 기초를 다룬 전반의 이론적 배경이 된 스토아파의 덕론(德論)과 행복론을 논한다. 《행복한 삶에 대하여》는 바로 스토아 윤리학의 기초개념을 다루었고, 거기에 이어지는 세 저작은 그 주제의 연관에 포함할 수 있을 것이다. 마지막의 두 저작 《위로의 글》은 직접적으로 연결하기는 곤란하지만 세네카 자신의 삶 속에서 덕과 행복의 모습을 되돌아 보는 것으로 돌아갔다고 할 수 있을지도 모른다. 그렇게 본다면 아벨이 말했듯이 '대화편'은 가혹한 삶의 현실을 눈앞에 두고 운명과 신과의 직면(과 항의)으로 시작해, 다시 가혹한 삶에 있어서의 운명의 긍정과 신에 대한 감사로 끝나는 순환 구조를 이룬다고 볼 수 있다.

《섭리에 대하여》는 소품이지만, 세네카 저작집의 첫 머리에 둘 만한 가치가 있다. 그 이상한 박력에 넘친 수사는 그의 비극적인 가장 좋은 대목에 필적하며, 강인하고 고독한 영웅적 의지의 긴장을 드러낸 점에서 로마의 스토이즘을 가장 또렷하게 형상화한 작품의 하나라고 말할 수 있다.

집필 시절

이 글의 집필 시기를 나타낸 외적 증거는 전혀 없고, 연대와 관련된 기록도 티베리우스 황제 치하의 검투사 정도가 고작이다. 주제는 개인을 덮친 큰 재앙이기 때문에, 이를 세네카 자신의 인생에 겹친다면 큰 두 고난의 시기, 7년간의 코르시카 유형과 정계 은퇴로부터 자결까지의 3년 간에 해당한다. 옛날로는 리프시우스, 전 세기에는 발츠 등이 유형기설을 취하였는데, 바친 사람이 로키리우스라는 것, 트라이나에 의한 문체 연구, 다루어진 주제 등으로 보아 매우 회의적인 관점(장코티, 그리핀)을 제외하면 이것이 만년에 속한다는 것을 의심하는 연구자는 없다.

이 글은 '섭리가 존재하면서도 왜 선한 사람에게 재앙이 일어나는가'라는 루키리우스의 물음에 답하는 것을 표제로 내걸고, 《현자의 항심에 대하여》 등의 철학해설 대화편과 같은 형식을 따른다. 세네카는 이 친구의 도움을 받아 만년(62년에 은퇴한 뒤)의 대작인 《자연 연구》, 《윤리 서간집》을 저술했다. 이 편은 규모에서 두 작품과 정반대이고, 완전한 작품으로는 '대화편' 중에서 가장 짧다(미완의 편으로 여기는 연구자도 많았다). 루키리우스라는 인물에 대해서는, 연하의 기사계급인 친구로 세 저작을 받은 세레누스와는 달리, 세네카의 저작 말고는 정보가 없기 때문에 세 작품이나 헌정을 받고, 게다가 편지라는 형식이 취해졌음에도, 그 실제 존재 여부마저 의심받은 일이 있다. 그러나 그가 만년의 세네카의 집필생활에 가장 소중한 존재였음은 변함이 없다.

그래서 편지를 통해 알려진 루키리우스의 정신적 발전 가운데서 이 편의 위치를 찾는다면 먼저 첫 머리에서 말했듯이 그는 스토아파 섭리의 교설을 지적으로는 이미 받아들이고 있다. 스토아파의 자연신학은 세계와 그 진행을 신적 질서의 구현으로 보는 최선관(最善觀)이다. 그렇다면 왜 악이 있는가. 이것은 자연과 사회의 현상에 넘치는 재앙과 악을 보면 마땅히 생기는 의문이다. 그것에 답하며 세네카는 간결한 묘사로 자연에서의 섭리 작용, 우주와 자연세계의 질서, 특히 월하(月下) 세계의 일견 무질서한 현상에 대해 말하고, 그것에 대한 저작의 구상을 밝힌다(1장 2~4절). 사실, 그것이 《자연 연구》의 주제 범위가 된다 (또 불규칙하게 생각되는 현상에도 '그 독자적인 원인이 있다'고 말한 1장 3절의 표현은 《자연 연구》 6·3·1에도 보인다). 그리고 보면, 이 편은 《자연 연구》(62년 무렵에 시작)와 거의 같은 시기로, 그것에 앞서 집필한 것이 아닐까 상상된다.

또 《윤리 서간집》에서 섭리에 대한 루키리우스의 관점과 반응에 따른 세네카의 기술을 읽어보면 그 초기(62년 겨울로 짐작)의 제16서간 4~6절에서의 섭리에 대한 언급은 아직도 그에게 섭리에 대한 확신이 없는 상태의 반영이라고 할 수 있을지 모른다.

그러나 지금은 이 논의, 즉 세계가 신이 배려한 지배 아래 있는 경우, 또는 운명의 연쇄(連鎖)가 사람들을 속박해 이끄는 경우, 또는 느닷없이 덮치는 사건이 세계를 지배하는 경우, 우리의 힘으로 할 수 있는 것은 무엇인가, 라는 논의에 끼어들면 안 된다. 《윤리 서간집》 16·6)

그 뒤 루키리우스는 섭리에 대한 교설을 배워서 납득은 했으나, 악의 실재(實在)에 대해서는 납득이 되지 않은 점이 있었다. 그래서 세네카는 이 편에서, 그가 던진 그런 의문에 회답을 시도했다고도 생각이 된다. 이 경우에 십일은 62년 말에서 63년 초 무렵이 된다. 또 덧붙인다면, 제74 서간(64년 4월이 된다)에는 이 편의 교설이 모습을 바꿔 나타난 점으로 해서 이 서간보다 앞서 쓴 것이 아닐까 생각된다. 어쨌든, 이 편의 주제는 두 뛰어난 저작을 뒤덮고 있는 세네카의 말년 최후의 철학적 주제—자연과 인간의 사명, 양자의 결절점(結節點)으로서의 운명이고, 이 시기의 세네카의 결의와 확신을 단적으로 나타내고 있는 것은 확실하다.

세네카 철학 내용과 구성
그러나 루키리우스는 섭리의 지배에 대해 진정으로 의문을 제기했을까. 세네카의 모든 저작에 공통적이지만, 대화자가 없는 상황은 이 편에도 뚜렷하다. 그는 곧 잊혀지고 만다. 세네카가 지혜와 정의를 바라는 사람에게 덮치는 고난과, 그 역설적인 행복을 말하는 것은 연하(年下)의 동포를 위한 것이 아니다.

62년, 동료인 블르수가 죽은 뒤, 네로의 주위에는 악랄한 인간이 권력을 장악해 폭군의 궤도를 벗어난 학정은 악화일로를 치달았다. 세네카는 정계를 은퇴하고, 엄청난 재산도 황제에게 반납한 뒤 철학에 전념한다. 시류에 편승한 정적이 다시 공격을 하려고 한 것도 틀림없다. 그런 가운데 동포들이 그의 불행에 동정해 서로 한창 말하는 중에, 섭리의 지배에 대해 묻는 일도 있었을 것이다. 스토아 학도는 뭐라고 대답했을까.

조금 다음의 시대이지만, 에픽테토스는 그의 스승이자 스토아 철학자인 로마의 기사 무소니우스 루프스의 일화를 전하고 있다. 갈바 황제가 자살(刺殺)

을 당했을 대(네로가 망하고 네 황제가 잇따른 69년), 어떤 사람이 그에게 '도대체 지금, 세계는 섭리로 통치가 되고 있는가요'라고 한 말에 대해 그는 '우주가 섭리로 통치되고 있음을 내가 농담으로라도 갈바한테서 끌어냈다고 생각하나'라고 대답했다 한다(《어록》 3·15·14).

유리우스 클라우디우스 왕조 네 황제의 폭정을 살아온 세네카도 마찬가지로 생각했다. 섭리는 필연으로서 세계를 지배한다. 인간에게 선은 유일하며, 인간의 정신에만 깃드는 이상, 외부에서 일어나는 일에 지배당하는 일은 없다. 외적 사상을 선악의 기준으로 보는 것은 앞뒤가 바뀐 일이다. 이번에 세네카 자신이 (다시) 운명으로부터 대결의 지명을 받았다. 그는 친구가 가엾이 여기는 것도, 적이 기뻐하는 것도 허락하지 않는다. '선한 사람을 딱하게 생각해서는 안 된다고 자네를 설복하리라. 비참하다고 할 수는 있으나, 실제로 비참할 수가 없으니까'(3장 1절). 본론으로 들어가는데 있어 최후에 한 말도, 스토아 철학의 원칙, 현자의 행복에 절대적인 모습이고, 누구의 상황도 제시하지 않았다.

그러나 세네카와 독자의 뇌리에는, 직전에 말한 소 카토의 처절한 죽음의 영광이 반드시 깊이 새겨져, 거기에 말한 사람과 들은 사람이 불가분의 서로 같은 성질로 나타난다. 카토는 자유를 위해 오직 혼자 싸웠다. 동포와 부하를 지킬 방도를 잃은 세네카는 철학 저작으로 후세의 인간과 참다운 자유를 위해 혼자 싸우고 있다. 이윽고 그는 마침내 카토의 죽음을 모방하듯이 '오랜 생각을 거듭한 업(業)'(2장 10절)을 다하고, 마찬가지로 오랜 가혹한 죽음과 영광을 얻게 될 것이다. —그와 같은 세네카의 실존 상황이, 이 편에 이상하게 여겨질 만큼 힘을 주고 있다.

이 강한 압력은 이 편의 구성에도 변형을 가져왔다. 기본적으로는 변론의 형식, 적어도 머리말, 본론, 맺는말의 구조를 이루고 있다. 그러나 도입에서 제제(提題)로 나아가는 중에 벌써 제1장에서 결론이 나와 버렸다. 선의 발휘에는 악과의 시련이 반드시 필요하다는 것. '적대자가 없다면 용기는 시들게 된다'(2장 4절). 이 영웅주의가 바탕의 소리다. 운명과 카토의 투기장에서의 대결을 신들은 감탄하며 구경한다는 기괴한 묘사를 통해 자유스런 죽음에 의해 필사의 죽음에 이긴다는 결말을 보여줬다.

그 뒤, 본론으로 옮겨가고, 모두에서 논제를 열거한다—재앙은 당자에게 도움이 된다, 세계에 도움이 된다, 바라는 자에게 일어난다, 운명에 의해 일어난다, 선한 자는 불행할 수 없다(3장 1절). 그러나 처음의 문제 이 외에 논증과 확인의 형태로 정연하게 말한 것은 거의 없다(그래서 이 편을 실패작 또는 미완성품이라고 단정한 연구자도 많다). 그러나 이것이야말로 세네카의 반고전주의의 진정한 정상이 될 것이다. 주제가 '왜 내가 이런 일을 당해야 하는가'라는 뿌리 칠래야 뿌리칠 수 없는 마음이다. 세네카 또한 대화자에게 마찬가지의 항의를 여섯 번이나 되풀이 하게 한다. 이론을 세우는 방법은 나선 모양으로 몇 번이고 같은 주제로 되돌아와서 변주를 펼쳐 나가는 중에 과제는 여기저기에서 끼어들어 자주 선취된다. 이윽고 자기의 운명을 선취하려고 한 데메트리오스의 호언장담인 가상연설을 계기로, 스토아 자연학의 직접적 귀결인 숙명론의 모습을 드러낸다. 명시되진 않았으나, 그들의 자연학에는 이 신마저 구속하는 필연적인 우주의 진행은 마침내 전면적으로 타오르게 된다. 이것을 마지막으로 멸망은 모든 것을 구속한다(실체로서의 영원성은 지속한다). 이렇게 해서 나의 멸망은 세계의 멸망으로 겹치게 된다. 이 감정은 윤리를 넘어선다.

세계의 종말이 우리에게 다가왔는가.
아아, 우리는 가혹한 운명 아래 태어난 것이다.
······
비탄이여, 사라져라. 꺼져라, 공포여.
누구든 자기와 함께 세계가 멸망할 때에도,
죽음을 바라지 않는 자는 삶에 탐욕이 지나친 것이다(《튜에스테스》 878~879, 882~884)

이어서 세네카는 오위디우스의 파에톤 이야기의 한 절을 인용해 '불꽃은 금을, 불행은 용감한 자를 밝힌다'(5장 9절)고 주장한다. 태양신의 아들은 위험한 지위를 바라는 용사의 패기 때문에 추락을 예기하면서 등반을 선택한다. 바로 '덕은 높은 곳을 향한다'(5장 11절). 그가 세계를 불태우게 하고, 스스로 불꽃이 되어 추락사하는 것은 말하지 않는다. 세네카는 모든 철학적 논리적인 혼란에 신경 쓰지 않고, 일관된 영웅주의의 이미지를, 불과 추락의 질량감과 역동성 가운데 보존한다.

결론에서 세네카는 기계장치의 신처럼 나타나는 우주신의 가상변론에 해결을 맡기고, 도입부에서 투기장에서 카토의 최후를 만족한 듯이 바라본 신에게, 협박과 혼돈할 수 있는 몹시 거친 격려를 보낸다. 신은 말한다.

너희는 겉으로 빛나지는 않는다. 너희의 선은 내면으로 향한다. 그것은 바로 우주가 스스로의 광경을 기뻐하며, 외부를 가볍게 여기는 것과 같다. 나는 일체의 선을 내부에 둔다. 너희의 행복은 행복이 필요없다는 것이다. (6장 5절)

이렇게 섭리의 발현으로서의 우주, 인간에게 있어 외부가 되는 세계는 신(우주의 이성, 섭리)의 내적 의지로 볼 때, 최선이고 부분적인 악은 모두 전체에 있어 선이다. 현자의 행위 또한, 그 올바른 내적 의지에서 나오는 한(예컨대 외적으로 잘못, 의도의 실현을 가져오지 않더라도), 내면성과 올바른 이성의 완성에 있어 모두 선이 된다. 그 행복이 훼손되는 일은 없다. 어느 쪽에도 외부는 없다.

내면에서 나온 행위가 선택이다. 그리고 선택받은 죽음은 인간 최후의 자유와 존엄을 보증한다. 죽음을 찬양하는 세네카의 수사는 여기에서 헬레니즘 철학의 전통을 벗어난다. 용사는 삶으로부터의 퇴장에서, 자연학에서는 신적 섭리이고, 윤리학에서는 삶과 행위의 궁극 원리인 '자연'을 팽개치고, 그 은혜를 되던진다. 자연생명의 충만에 서로 이웃한 순간의 죽음을, 거대한 황소의 붕락을, 물질로 구성된 죽음을 자유로운 죽음의 추락이라고 불꽃은 가르친다. 이 편은 이와 같이 표명상과는 달리 《분노에 대하여》와 같은 스토아 철학의 한 분야에 대한 해설이 아니고, 오히려 《자기한테 보낸 위로의 글》이라고 불러야 할 작품이리라. 그리고 그것은 앞으로 찾아올 때를 향해 혼신의 힘을 다해서 자기를 영웅적인 운명애(運命愛)로 몰아붙이는 격문인 것이다.

《현자의 항심에 대하여》

집필 시절
이 작은 대화편은 젊은 친구 세레누스에게 보낸 '현자는 부정을 당하지 않는다'라는 스토아파의 역설의 해설로부터 의론을 시작해 참다운 자유의 모습을 보이고, 부정이나 모욕을 벗어날 수 없는 현실의 삶에서 가져야 할 마음의 준비를 설명한다. '대화편'의 진의가 무엇이든, 이 작품과 앞의 《섭리에 대하여》 사이의 주제적인 연속성은 분명하다. 재앙은 운명으로서 인간을 초월한 데에서 오는 부정이며, 그러므로 전편에서 의론한 목적은 '신들의 변호'였다. 이 편에서는 동등하게 타고난 인간이 인간에 대해 행하는 가해행위로서의 부정과 모욕, 정의의 영역인 개인적 측면을 다룬다.

다른 세네카의 작품과 마찬가지로 저작 연대를 확실히 결정할 수 있는 실마리가 부족한데, 아주 없지는 않다. 첫째는 이 편을 받은 안나에우스 세레누스 장본인이다. 플라톤과 키케로의 대화편들과는 달리, 세네카는 대화와 바친 상대가 생을 함께 한 동포이기 때문에 그가 살아 있을 때의 집필이라고 한다면 그 아래쪽 한계는 62년이 된다. 상한은 칼리굴라가 나쁜 본보기의 제물이 되어, 그가 연회에서 월레리우스 아시아틱스를 모욕한 일화(18장 2절)가 전해지고 있는 데에서, 후자가 죽은 47년이 된다.

그 밖에 암시적인 언급에서의 추측이 되지만, 오만한 예로서 파르티아와 그 왕권의 바람직한 방향이 제시된다(13장 4절). 타키투스가 가르쳐 주듯이 파르티아에 의한 아르메니아 침공, 거기에 이어 생긴 파르티아 왕가 내부의 권력투쟁은 54년 말부터 55년에 걸쳐 일어났던 사건이다. 동방 왕의 오만 자체는 세네카가 늘 쓰는 장소이지만, 왕위에 돈이 관련된 이야기에 다름없다(《윤리 서간집》 17·11에는 파르티아왕에게는 선물이 필요했다고 한다). 이 말에는 아마 세네카도 조금은 관여했을 법한 네로 치세 가장 초기의 큰 외정(外政) 상의 현안이 반영된 것으로도 볼 수 있을 것이다. 그리고 또 하나는 세레누스와 직접 관계가 있는 55년의 일화와 이 편의 주제와의 관련이다.

대화자 안나에우스 세레누스

이 인물이 세네카의 친척인지 고향 사람인지는 분명하지 않지만, 이 씨족 이름은 드물기도 해 그 가능성이 많다(고향 사람 마르티알리스가 《에피글람집》 12·36·8~10에서 세네카의 세레누스에 대한 편애를 언급하고 있다). 확실한 것은 세네카가 그에게 세 가지 저서를 보낸 일, 또 세네카가 그의 요절을 탄식한 추억을 《윤리 서간집》 63·14·15에 기술한 데서도 알 수 있듯이 세네카보다 훨씬 부드러웠지만, 지위나 기질과 취향이 같았고 철학을 함께 배운 친한 친구였던 것이다.

그가 네로 아래에서 소방대장을 지낸 것을 대(大)프리니우스가 쓴 것으로 알려진 《박물지》(22·96)이다. 이 기사계급의 요직에 취임한 시기도 뚜렷하지 않다(특히 블르스가 죽은 뒤를 이어 친위대장에 취임, 네로와 로마에 파멸적 악영향을 끼친 티겔리누스는 그 전에 소방대장을 지냈다(타키투스 《동시대사》1·72, 《연대기》14·51). 그가 이 직책을 갖게 된 것은 젊은 황제 네로의 첫째 신하로서 절대적 영향력을 가진 세네카의 후원에 따른 것으로 짐작된다.

그러나 두 사람의 관계를 무엇보다도 잘 보여준 것은, 55년에 있었던 청년황제 네로의 아크테에 대한 사랑을 두 사람이 도와준 일이었다.

드디어 사랑의 힘에 굴복한 네로는 어머니에 대한 심복을 팽개치고, 세네카의 가슴 속으로 몸을 던졌다. 그래서 세네카의 친구인 안나우스 세레누스는 같은 해방노예인 여자를 사랑하는 것처럼 내보여, 청년 네로의 첫사랑을 옹호해 주었다. 그리고 원수(元首)가 은밀히 여자에게 주려고 하는 선물을 세레누스가 자기의 이름으로 여봐란 듯이 보냈다(타키투스 《연대기》13·13).

세네카의 간절한 부탁이 틀림없는 이 역할에는 괴로움이 있었으리라 생각된다. 수많은 음모가가 떼지어 모여 있는 궁정에서 간파되지 않았을 리가 없을 것이라는 것. 이윽고 59년, 네로의 사랑 상대는 미모의 악녀 포파이아로 옮겨갔다. 아크테와의 사이는 알 수 없다(그녀는 다음에 네로의 시신을 거두어 묻었다). 62년에는 소방대장이었던 티겔리누스가 친위대장이 되었기 때문에, 세네카의 기술과 대조해 보면 세레누스는 62년보다 조금 전에 죽은 것이 된다. 대프리니우스에 따르면《박물지》22·96), 연회에서 버섯에 들어 있는 독이 많은 부관과 백인대장과 함께 그의 목숨을 빼앗았다고 한다. 이 편에서 현자는 부정을 당하지 않는다는 것을 배운 그는, 바로 그런 부정의 희생자가 되었다고 하지 않을 수 없다. 세네카가 스토아의 가르침에 어긋난다고 스스로 인정할 만큼 그의 죽음을 몹시 개탄한 것도 무리가 아니었던 것으로 짐작된다.

그런 상황은 자연히 이 편의 주제인 부정과 모욕이 밀접하게 연관된다. 세네카의 도움으로 파타티움 언덕에 출입하는 데까지 출세한 것은 좋았으나, 그런 그를 기다린 것은 로마의 신구 명문귀족, 성공을 바라고 궁정에 모여든 어중이떠중이고, 의례와 돈이 판치는 답답한 전통사회 속에서 주위의 질투가 불러온 짓궂은 짓이나 방해, 귀족의 경멸을 받은 것은 상상하고도 남음이 있다. 본디 귀찮은 인간관계에 덧붙여, 세네카의 부탁을 받아들인 어려운 역할이 얼마나 괴로움을 겪게 했을까 하는 생각이 든다. 마땅히 아그리피나의 원한을 샀을 터이고, 아크테 외의 궁전 여성과의 접촉에도 몹시 신경 썼을 것이다. 이 편에서 보여준 여성에 대한 부정적인 언급은 황제가의 애인들과 침실담당이 강권을 장악한 궁전사회의 한 측면을 나타낸 것으로도 생각된다.

이런 상상에 다시 한번 상상을 덧붙일 수 있다면, 세네카는 말하자면 자기가 뒤집어씌웠다고 말하지 않으면 안 되는 부정과 모욕 앞에 어떤 해명을 하고, 세레누스 앞에서 스토아파의 역설을 말함으로써 동시에 세레누스에게 스토아철학으로의 권유와 현실사회에서의 마음가짐의 충고를 했다고 볼 수 있을지도 모른다.

세네카와 세레누스의 관계는 그에게 증정한 《마음의 평정에 대하여》, 그리고 《한가함에 대하여》에서의, 은퇴해 철학에 전념하는 삶의 권고로, 이어지게 된다. 이 경우에 이 책이 최초가 되는 것이다. 모두가 추정의 수준을 벗어나지 않지만, 세레누스가 세네카에게 자기의 아직도 불완전한 마음의 상태를 고백하는 데서 시작한 《마음의 평정에 대하여》는 제2단계, 스토아파가 말하는 전진자, 덕의 수도자 초기가 될 것이다. 그러나 권말의 '연보'에서도 먼저 준거로 삼고 있는 석학 그리말이 이 작품은 이 편에 선행하는 것을 그 가장 권위있는 세네카 전기에서 매우 설득력 있게 논하고 있음을 부언해 두지 않으면 안 된다. 이 편에 대해서는 세레누스가 아직 에피쿠로스의 학도인 까닭에 들고 나온, 15장 4절에서의 2인칭 보수로의 언급 '에피쿠로스라고 하면 너희는 자기들의 게으른 패트런에게 떠맡긴……'은 일반론일 뿐이다. 확실히 이런 대화 상대가 도중에서 잊혀져 버린 일은 세네카에서는 흔했다. 다만 서론부에서 세레누스가 세네카의 스토아파 가르침에 맹렬히 대들어 자기에게 부정이나 모욕이 오지 않는다고 하면, '나는 다른 일을 모두 내던지고 스토아파가 되겠소'(3장 2절)라고까지 말하도록 한 것은 그저 지나칠 수 없는 것처럼 생각된다(그리말은 '실업에서 손을 떼고 전문철학자가 되었다'고 비꼬았다).

구성

이 편은 세부의 수사에 얽매어야 만이 이론의 전개와 추이도 전망이 좋은 뚜렷한 구조를 가지고 있다. 기본적으로는 서론(1~4장), 2부로 이루어진 본론(5~9, 10~18), 결론(19장)으로 구성되어 있다. 그리말이 지적했지만, 이 편은 법정변론의 양식을 따른 것이다. 2부로 나누어진 본론에서는 논증을 증거로 한 실례를 열거하고, 또 논증과 확증을 거쳐 결론에 다다른다. 하지만 전반은 추론에 따른 논증과 실례(철학자 스틸폰의 부동심)의 비교도 선명한 데 비해, 후반에서의 모욕의 논박에는, 모욕의 심리분석과 그 실사회에서의 갖가지 사례들이 짜여져 있다. 최후의 악례(칼리쿨라의 모욕과 그가 당한 죽음의 보복)로 제2부를 마친 다음, 결론과 최후의 호소로 옮겨가, 현자의 이상적인 대처법과 대비하면서 현자가 아닌 수도자의 마음가짐, 사회에 이바지하는 정신적 훈련과 인내의 필요성을 설명하고 매듭짓는다.

주제

이 편의 모두에서 스토아파와 에피쿠로스파의 대치가 남녀의 대비로 겹쳐져, 스토아파의 가르침이(여기에서도) 소 카토의 자세와 함께 전통적인 로마의 용기와 덕으로 이어진다. '카토는 자유가 없는 다음을 살지 않았고, 자유는 카토가 없는 다음을 살지 않았다'(2장 2절)라는 경구에 집약된 카토의 절대적인 자유의 경지는 솟아오른 탄탄한 산과 성채의 이미지와 더불어 스토아파의 현자와 겹쳐져 스토아철학으로의 유치는 현자의 굽힘 없는 정신의 설명이 된다.

현자는 결코 해침을 당하지 않는다는 관념은 소크라테스의 모습, 특히 플라톤의 《크리톤》의 한 절로 거슬러 올라간다고 생각되지만, 오히려 거의 자연을 기준으로 세상의 통념을 깨뜨리고 현자 스스로 만족하는 절대적 자유의 경지를 주장한 키니코스파로 거슬러 올라갈 것이다. 걸식 철학자 시노페의 디오게네스의 숱한 일화는 그 정신을 무엇보다도 잘 나타낸다. 이 파에서 배운 스토아파의 원조 제논도 현자가 해침을 당하지 않는다고 주장했으나, 여기에 뚜렷한 정신을 제공한 것은 같은 파를 대성시킨 제3대 교주 크리시포스로 생각된다.

아무에게나 해침을 당하지 않은 자는 부정을 겪지 않았다. 거기에서 크리시

포스는 현자는 부정을 당하지 않는다고 주장한 것이다. (플루타르크《스토아파의 자기모순에 대하여》1044a)

이것은 선악을 외부에서가 아니라 마음의 영역에 한정한 교설에서 논리적으로 나온 귀결이지만, 선악의 개념을 그들의 독자적인 규정으로 사용하기 위한, 일상적인 말로 한다면 역설밖에 되지 않는다. 그러나 그들은 이 역설을 좋아했다. 스토아파의 윤리학 개설서(키케로《선과 악의 궁극에 대하여》제3권, 아레이오스 디듀모스《제논과 스토아파의 윤리학 개요》, 디오게네스 라엘티오스《철학자 열전》제7권)에서 현자는 수덕을 완성한 이상적인 모습으로서 그 윤리 체계의 이론적인 기술에 깊은 관련이 있지만, 주로 그 해설 끝머리에 현자의 역설 '현자만이 왕(부자, 자유인 외)이다'를 제시해 흔들림 없는 그 성격과 행복이 찬양된다. 세네카는 카토를 매개로 세레누스를 스토아철학으로 이끈 다음 스토아파의 교과서 기술을 이용하면서 현자는 결코 부정에 굴복하지 않는다는 것을 설명한다. 예를 들면 아레이오스에는 다음과 같은 기술이 있다.

그들의 말로는 현자는 결코 모욕 당하지 않는다. 왜냐하면 모욕이란 남을 욕보이는 모욕이고 가해이기 때문에 그는 모욕을 받는 일도 더하는 일도 없기 때문이다. 그러나 수덕을 쌓은 인간은 부정을 더 받게 되는 일도, 해를 받는 일도 없다. 그렇지만 누군가가 그에게 부정한 방식으로, 모욕적인 방식으로 행동해, 그런 의미로 부정을 겪는 일은 있다. 여기에 덧붙여 모욕이란 우발적인 부정이 아니라, 남에게 욕보이고 모욕을 가져오게 하는 것이다. 그러나 지성을 가진 자는 그런 일에 흔들리지 않고, 욕보이는 것을 당하는 일이 없다. 왜냐하면 그는 자기의 내부에 선과 신적인 덕을 지니고 있어, 이것으로써 모든 악덕과 해로부터 해방되어 있기 때문이다. (알레이오스 디듀모스《제논과 스토아파의 윤리학 개요》=스토바이오스《발췌집》2. 7. 11m=《초기 스토아파 단편집》3. 538)

이 빈틈없이 꼼꼼하고 메마른 기술은 그들의 실천이론을 잘 말해 주는데, 이 편에서도 같은 성격의 기술이 눈에 띈다. 부정의 정의로부터 시작해 그것이 덕과 나란히 할 수 없음을 밝히고(5장 3~5절, 7장 2절), 행위의 인과성의 구별에 의해 부정행위의 비대칭성을 지적해(7장 3~6절), 대립개념이 양립할 수 없음(8장 1절)과, 현자가 정념(情念)이 없는 데서 부정에 바탕을 둔 분노한 정념의 불가능성을 이끌어낸다(9장 3절). 이런 특징적인 짧은 추론은 정통파 실천이론의 도장을 새기는 것이다. 부정의 불가능성을 설명한 전반에서는 논증과 현자의 자족성이 그 골격을 이루는 것이 뚜렷하다.

그러나 세네카의 이론은 그런 전거의 번역과는 거리가 멀다. 지성이 아니라 마음 전체를 움직이지 않으면 설득은 이루어지지 않는다. 현자의 바람직한 자세를 논증으로 보인 다음, 세네카는 실례를 들어 논거를 굳힌다. 처음의 논거에 이어, 철학자 스틸폰의 수난의 일화와 그의 가상연설(5장 6절~6장 7절)은 논증의 메마른 서술의 진실과 현자가 자족하는 경지를 밝음과 어두움을 통틀어 보여주고 선명한 모습과 연극적인 수사로 깊은 인상을 주어, 로마의 실재 인물인 현자 카토로 이어졌다.

제2부는 모욕을 다룬다. 세네카가 제시하는 부정과 모욕의 구별은 위로 이끈 스토아파의 학설지에도 보이지 않은, 오히려 로마적 또는 법적인 구분이다. 법적으로는 문제가 되지 않은 인간관계의 다툼과 사소한 분규, 그것이 가져오는 상처 입은 자존심으로 주제가 옮겨가면 실천이론은 로마의 어리석은 사람의 일상적 모습으로 바뀐다. 물론 현자는 늘 언급되지만, 중점은 대비되는 쪽에 있고, 악덕의 규탄자인 세레카의 본분인 독설도 생기가 없고, 곳곳에서 농담으로 느슨해진다.

제1부 끝머리에서 그는 논리적인 진리와 내적 경험을 잇는 스토아파 정념론을 이용했다. 부정과 모욕 앞에서 우리의 마음은 '위축된다'(심선의 메커니즘을 설명하는 용어). 정념은 잘못된 믿음과 판단에서 생기며, 마음의 위축이나 팽창을 일으키지만 현자는 자기의 가치를 깨닫고 있어, 정념과는 인연이 없다. 전반부에서는 현자의 자족성이 이론적 기초였던 것처럼, 후반에서는 그가 갖추고 있는 덕, 즉 '큰 도량'이 그 바탕이 된다.

큰 도량을 중요시하는 것은 로마에 스토아철학을 전한 파나이티오스였다. 스토아철학의 인간화에 대해 그는 현자의 지(知)와 개인윤리에 기울었던 초기의 이론에 변경을 가했다. 위험에 대한 대처인 용기에는 큰 도량이라는 대인관계의 덕을, 욕망을 자제하는 절제에는 사회적으로 알맞은 행동인 품격을 나란히 함으로써 나라를 이끄는 상류시민에게 구체적인 행위의 지침을 주었다(이 것을 바탕으로 로마 상류층을 염두에 두고 써내려간 것이 키케로의 《의무에 대하여》이다). 이 실천적 측면이야말로 로마 철학에 중심이 되고, 라틴 문인은 현자인 이상(또는 그리스인의 탁상공론)을 희생시키고 늘 현실성과 유효성을 찾는다. 초기의 스토아파에서는 현자의 지와 사례가 압도적으로 우위를 차지했던 것에 대해, 로마의 지식인은 정무관으로서의 임무, 일반적으로 말하면 정의의 문제에 관심이 집중되었다. 부정과 모욕에 대한 개인적인 반응은 큰 도량의 덕이 맡게 된다. 이 편 제2부에서 세네카의 기술은 바로 그런 큰 도량의 필요성을 구체적으로 경험에 바탕을 두고 설명한다.

중기 스토아파의 특색이라고 말할 수 있는 또 하나의 요소는 훈련의 필요성을 강조한 것이다. 세네카는 윤리적 전진이 많은 노력을 요구한다는 것을 강조한다(특히 최후의 호소). 소크라테스가 물려준 초기 스토아파의 이상주의에서는 지적인식이 덕의 달성과 직결한다. 정념도 잘못된 판단이고, 오류를 없앰과 동시에 끝나는 것이다. 파나이티오스, 헤카톤, 포세이도니오스에게서 이런 낙관적인 인간론이 매우 감소하고, 아리스토텔레스의 성격적 덕의 완성을 위한 습관적 실천, 훈련이 필요하다는 요청을 받게 되었다. 모욕에 대한 대처는 무엇보다도 인식이 선행하는 점에서 냉정한 지적태도의 유지가 핵심이지만 뛰어난 지식이 요구되는 것은 아니다. 그것은 세레누스와 같은 인간에게 역설과 추론을 뛰어넘은 로마의 사나이에 어울리는 강하고 풍부한 내적인 길을 약속한다.

여기에 있는 것은 남성적인 투쟁의 권유이고, 이윽고 세레누스에게 권하게 되는 정치로부터의 은퇴는 어디에도 암시되어 있지 않다. 오히려 그 소용돌이 속에서 최전선에 나설 용기를 촉구한다. 이 기개는 세레누스보다도 세네카 자신의 심리상태를 말하는 것이리라. 서두에 내세운 흔들림 없는 경지와 카토의 강인한 힘을 결론부에서 말하게 된다. 세네카는 추방의 고난을 거쳐 성숙에 다다른 현재, 자기에게 무엇보다 격려와 지표가 된 스토아철학의 진실을, 자신과 마찬가지로 정계의 거센 파도 속으로 뛰어드는 젊은이를 가르쳐 이끌어 감으로써, 국가의 정점에 서게 해 로마의 키잡이라는 중책을 맡게 함과 동시에 온갖 비난의 화살받이가 되었다고 할 때에 다시금 스스로에게 채찍질을 가하는 것이라고 말할 수도 있으리라.

《분노에 대하여》

집필 시절

《분노에 대하여》 3권은 모두 《마르키아에게 보낸 위로의 글》에 이어 저술한 세네카의 초기작품이다. 그러나 그의 저작의 통례를 벗어나지 않고 집필(출간) 시기를 나타낸 증거가 부족한 데다 부정적 논평이 많은 내용과 구성의 이해와 더불어, 초기(50년 무렵 이전)에 속한다는 것 말고는 연구자 사이에서도 의견이 일치하지 않는다.

세네카가 이 편을 바친 큰형 노바투스는 51~52년에 아카이아 총독을 지내고, 그때는 이미 아버지의 옛 친구인 변론가 유니우스 갈리오의 양자가 되어 이름을 바꾸었다. 함께 그에게 보낸 《행복한 삶에 대하여》(58년 무렵 집필)에는 갈리오라는 이름을 적었다. 개명의 시기는 분명치 않으나 이 편에 대해서는 52년 무렵을 하한(下限)으로 보는 것이 좋을 듯하다.

이 편 전체를 통해 선명한 인상을 주는 분노를 일으키는 악의 실례는 황자 칼리굴라이다. 따라서 그의 비뚤어진 인격과 잔학한 행위의 탄핵을 세네카가 불안하지 않게 써서 출간할 수 있었던 시기에 속한 것으로 본다. 칼리굴라 암살은 41년 1월 24일이기 때문에 이를 상한으로 볼 수 있다. 세네카 자신이 칼리굴라에게 직접적인 원한이 있어, 이 책의 기술에는 보복과 울분을 풀려고 하는 요소도 있었을 것이다. 이 점으로 보면 이 시기에서 그다지 떨어지지 않을 것으로 생각된다(그렇지만 다음의 작품에도 칼리굴라에 대한 부정적인 언급이 많다).

보다 중요한 것은 칼리굴라 암살이 가져온 클라우디우스의 황제 즉위이다. 세네카는 우여곡절을 겪었지만 이집트에서 로마로 돌아온 다음, 티베리우스 치세의 말기에 정치 활동을 시작해 얼마 뒤에 재무관이 되어 원로원에 들어갔을 뿐만 아니라, 칼리굴라 치세에는 웅변으로 이름을 떨쳐 궁정의 족속도 가까이하게 되었다. 그러나 39년 변론의 성공으로 칼리굴라에게 밉보이게 되어 그의 애인의 도움으로 겨우 살아남게 된다. 그뒤 그는 이 미친 황제의 독재 아래에서 숨을 죽이고 살았음은 상상이 어렵지 않다. 칼리굴라가 암살되고, 클라우디우스가 황제 자리에 올랐을 때 많은 사람들과 마찬가지로 밝은 앞날이 열릴 것이라고 생각했을 것이다. 클라우디우스는 통치를 시작함에 있어 선제(先帝)의 독재와 결별하는 정치이념을 보여주기 위해 '자유'를 상징한 화폐를 발행하고, 또 아우구스투스를 모범으로 존경하며 원로원을 존중하는 태도를 분명히 드러냈다(수에토니우스 《황제전》 '클라우디우스' 11~12).

그런 가운데 세네카도 다시 활동을 시작한 것으로 생각된다. 이미 변론가로 이름을 떨친 그에게 저술은 첫째 무기였다. 게다가 위험천만한 정계에 뜻을 두고, 고위 정무관의 길로 나아가고 있는 형이 있다. 새로운 치세를 맞은 지금, 선제의 실정이 가져온 폭학의 원인을 밝히며 바람직한 통치자의 이념을 담은 실천철학의 저서를 내는 것은 나쁜 방식이 아니다. 새 황제는 지식인인 데다 하나의 기대가 있었다. 클라우디우스는 포고 가운데 이 편의 주제와 관련이 있는 빌언을 했나. 그것은 스에토니스는 이렇게 적었다.

그는 자기의 분노와 화를 잘 내는 것을 깨닫고 있으며, 그런 것을 포고 가운데 변명하고 그 두 가지를 구별해 이렇게 약속했다. 분노는 짧고 해롭지 않은 것으로, 화를 잘 내는 성질은 부당하지 않은 것이 될 것이다, 라고. (2책 38)

시기가 뚜렷하지 않은 이 포고는 그의 통치방침을 밝힌 것으로 여겨진다. 분노와 화를 잘 내는 것의 구별은 이 책 1권 4장 1절이 보여준 것처럼 스토아파 정념론에서 비롯한다고 해도 된다. 이것은 이미 1세기 가까이 전에 키케로 등을 통해 로마에 소개되었고, 그 무렵의 교양이 되어 있었다고 생각된다. 물론 일상의 말로 여겨지고 시기가 분명하지 않기 때문에 이 편과의 관계는 앞뒤관계는커녕, 모두가 추측의 영역을 벗어나지 못한데, 세네카의 이 편 집필에 있어 이 포고의 표현은 하나의 실마리가 되었다고 보는 것은 가능한 상정이다. 이 편에서 세네카는 클라우디우스와는 달리, 분노의 철저한 제거를 주장한다. 스토아파로서는 마땅한 주장이겠으나 전체적으로 보아 그들의 무정념의 이상, 현자(개인)의 행복을 권하는 요소는 반드시 뚜렷한 것은 아니다. (특히 앞의 2권에서) 두드러진 것은 총독이나 재판관 등 삶과 죽음, 주고 빼앗음의 권한을 가진 실력자가 권력을 행사할 때 지녀야 할 마음의 자세에 대한 충고이다.

세네카는 노바투스의 요망에 응해 의론을 제기했다고 하는데, 문인 기질로 온후한 노바투스가 분노의 제어 처방을 얼마나 필요로 했을까. 오히려 이미 경력을 쌓고 있는 형이 스스로 동생의 저작 보급을 뒷받침해 주위의 관심을 그에게 돌리도록 하는 기회를 마련한 것으로도 생각된다. 어쨌든 저자의 시선이 헌납한 사람을 벗어나 로마의 고급병무관, 그리고 최고권력자를 향하고 있음은 확실하다(클라우디우스는 재판을 좋아하고, 그의 일관성 없는 태도는 유명하며, 이 편에서 냉정한 심판을 되풀이해서 요청한 것도 그 때문인 것 같다). 세네카는 지금도 아직 칼리굴라에 대한 독재의 공포가 기억이 새로운 가운데, 클라우디우스 자신이 그 모욕의 희생자였다는 것도 이용해 그의 환심을 사고, 새 황제와 로마 귀족을 향해 선제의 악례와 대조함으로써 권력자가 격정에 사로잡히는 것이 사회와 자신에게 얼마나 위험한가를 보이면서 위정자의 바람직한 자세에 대한 메시지를 제시하려 했다고 할 수 있을 것이다.

그러나 세네카는 1년도 채 되지 않아 황후 메사리나의 음모로 율리아 리위라와의 불륜 혐의로 원로원에서 사형의 탄핵, 클라우디우스로부터 코르시카에의 유형 명령을 받았다. 이 편에는 유형의 영향을 나타낸 것이 그다지 보이지 않아, 많은 연구자는 클라우디우스의 즉위에서 유형될 때까지 아주 짧은 동안에 쓴 것으로 본다. 반대로 이 격동기의 1년도 안 되는 동안에 이 책 규모의 철학저작이 가능했을까 하는 의문도 제기된다. 그 짧은 집필기간이 이 편의 내용과 구성이 제대로 갖춰지지 않은 이유가 되지만 추방지에서의 여의치 않은 상황도 짐작이 된다.

또 클라우디우스의 포고가 이 편에 응답을 주었다는 반대의 가능성도 생각할 수 있다. 이 경우는 비판으로도 볼 수 있고, 저자에게는 긁어 부스럼 꼴의 가능성도 생각할 수 있으리라(하지만 이 책에서 심판자의 냉정한 태도의 호소를 클라우디우스에 대한 비판으로 보며, 여기저기에서 이 황제에 대한 공격으로 여기는 시선도 있다).

8년이 지나고, 새 황후 아그리피나는 인기책의 하나로 세네카를 돌아오게 하여 아들 네로의 교사로 삼았다. 그의 해박한 학식이 힘이 되었다고 타키투스는 전하는데, 유형에서 소환까지의 저작으로 확실한 것은 세 편의 《위로의 글》이 외에는 이 책밖에 없다. 이 철학논문은 다른 세 편과는 달리 본격적인 저작이고, 또 제2권에서는 자식의 교육을 다룬다. 이 편이 소환에 도움이 되었는지도 모른다.

이상으로 세 권을 대략 살펴보았다. 많은 연구자는 그렇게 생각하지만 내용과 문체의 분석에서 제3권을 제1, 2권 보다도 높은 위치에 두는 견해가 많고, 역자 자신도 제3권의 질이 높다는 주관적 인상이 강한데, 이 관점에 매력을 느끼고 있다. 이 경우에 제3권의 집필을 49년 로마 소환 뒤로 보는 것이 자연스럽다. 아내 곁에서의 자기 성찰로 잘 알려진 대목(3권 36장 3절~37장 5절)은 내용으로 보아 로마에서의 생활이 자연스럽게 짐작된다. 그러나 세네카의 아내에 대해서는 거의 알려진 것이 없기 때문에 그녀의 존재에서 집필에 대한 시사를 얻을 수는 없다.

내용과 구성

《일리아드》와 《아이네이스》가 모두 분노로부터 시작되었다는 것으로 상징되듯이 이 넘기 어려운 정념은 영웅적 기질이 지배하는 고대의 문학과 사상이 가장 깊이 여러모로 생각하는 주제의 하나이다. 철학자도 초기부터 정념의 본질을 밝히고 극복하는 데 힘써 왔다. 헬레니즘 철학은 행복 개념의 현실적 분석에서 출발해 온건한 아리스토텔레스의 윤리학 전통의 한 측면과 헤어져 소크라테스에게로 돌아가 결코 외부의 운명에 지배되는 일이 없고 흔들리지 않은 행복을 주장한다. 정신적 선과 덕의 자족성에 의해 확보된 현자의 행복에는 악과 불행의 빌미임과 동시에 불행의 원인이 되는 정념은 전혀 존재하지 않는다. 현자의 맑고 밝은 정신의 '무정념'은 세네카가 《현자의 항심에 대하여》에서 그린 스틸폰, 불락의 성채, 흔들림 없는 드높은 봉우리가 지혜를 이룬 징표이다.

하지만 의지의 영역이 선악으로 한정된 적에는 선은 악과의 상관관계에서 벗어날 수 없게 된다. 때를 넘어, 아우구스투스가 지중해 세계와 로마에 단독 통치를 시행한 뒤, 궁정의 번영과 매우 높이 자라난 오만이 원수독재의 결함을 드러낼 때, 티베리우스, 세이아눗, 그리고 누구보다도 칼리굴라에 이르러 운명이 폭군으로 구현되자 정념이 의식의 불행으로 나타나는 것을 넘어 그야말로 분노의 모습 아래, 현실의 압도적 폭력이 되어 군림할 때, 현자의 이상이 반전된 모습은 세네카에 의해 비극으로 비추게 되었다. 이 책에도 거듭된 악과 재앙이 철저하게 승리를 거둔 암흑에 넘친 분노의 역겨운 묘사는 도입부에서 효과적인 수사 이상으로 그 자신이 씌어, 그 상징이 되기도 한 시대적인 하나의 정신성을 전형적으로 나타낸다.

그것은 '대화편'의 주제와도 깊이 관련된다. 앞의 두 편에서는 각각의 신(운명)과 인간으로부터 온 부정에 대한 마음가짐이 다루어진다. 분노란 이 책 제1

권에서 세네카가 제시한 정의에 있듯이 부정을 당한 것에 대한 보복의 욕망이다. 그리고 정념은 심신의 반응에 있다고 해도 개인의 내부에서 멈추지 않는다. 분노는 욕망의 하나이다. 정념으로서의 욕망은 스토아파의 정의로는 미래의 선이라고 생각되는 것에 대한 마음의 비이성적인 팽창이고 짝이 되는 공포를 훨씬 넘은 행위의 원인이 되는 잘못된 욕구이다. 무고한 나에게 부정이 가해졌다는 내적인 생각이 이번에는 밖으로 향해 부정이라는 가장 신중해야 할 악독의 동인이 된다. 세네카가 제1권의 첫머리뿐만 아니라, 그 말미, 제2권 말미, 제3권 첫머리에서 분노는 모든 덕과 인연이 없고, 온갖 악덕을 능가한다는 것을 강조한 것도 바로 그 때문이다. 소크라테스가 확신하듯이 부정을 결코 하지 않는 것이 영혼에 대해 마음을 쓰는 핵심이다. 그 의미에서 분노의 제거와 절제는 덕과 행복으로 가는 길에 앞서지 않으면 안 된다.

그러나 소크라테스의 태도에 상식에서 이론이 나오는 것과도 같이, 정념에 대한 태도에는 학파 사이에 뚜렷한 차이가 있다. 문제는 현실적인 처방이 아니고, 정념과 마음을 어떻게 이해하는가를 둘러싼 이론적 대립이다. 중·후기의 플라톤과 아리스토텔레스에게 있어, 마음이란 서로가 다른 부분 또는 능력으로 된 복합적 존재이고, 크게 나누어 이성적인 부분과 비이성적인 부분으로 되어 있다. 정념은 이성적 부분으로부터 독립한, 신체의 쾌락, 고통과 관련되는 비이성적인 부분의 반응이다. 그래서 인간본성에 끼어 있어 완전히 제거할 수는 없다. 이 제어와 훈련은 이성적인 방법, 언어로 배우는 게 아니라 훈련과 습관을 붙이지 않으면 안 된다. 이것은 인간의 실제적인 바람직한 방식에 뿌리내린 건전하고 상식적인 견해이기도 하다.

여기에 대해 스토아파는 전혀 다른 견해를 취했다. 그들은 정념을 일원적인 이성(통합적 부분) 그 자체의 전도된 방식으로 파악하고, 그것과 독립된 것으로는 결코 생각하지 않는다. 정념은 순수한 이성의 현상이다. 이것이 희로애락을 이성과 독립된 것으로 직관하는 상식에 어긋난 것 정도는 그들도 알고 있다. 그들의 관심은 소크라테스와 마찬가지로 행위와 언어 간의 직접적인 연관이 있다. 의식을 공적으로 드러내도록 함으로써 행위에 의해 형성되는 인간의 행복과 윤리성을 이성이 미치는 영역 안에서 확보하는 것—그것이야말로 그들의 굳건한 의지였다. 정념은 뒤바뀐 이성의 상징이다. 그러므로 이성과 철학의 언론에 의해 완전히 제거할 수가 있다.

《정념에 대하여》라는 저서를 처음으로 내놓은 사람은 스토아파의 창시자인 제논이었다는 사실은 우연이 아니다. 그것은 스토아철학을 대성한 크리시포스의 네 권의 책 《정념에 대하여》로 완성을 해 학파로 넘겨졌다. 오늘날 남아 있지는 않지만, 그 인용한 단편을 포세이도니오스에 의한 비판과 함께 전한 갈레노스의 기술에 따르면 그 저작은 '이론편' 3권과 '치료편' 1권, 그렇게 이루어진 것으로 알려졌다. 키케로 《투스쿨룸에서의 논쟁》 제3, 4권은 슬픔과 그밖의 정념의 극복을 스토아파 교과서의 기술을 본보기로 설명하는데, 기본적으로 제4권은 '이론편'으로, 제3권은 '치료편'에 바탕을 둔 기술이라는 것이 인정되었다.

크리시포스가 이룩한 체계의 모든 점에 대해, 신 아카데메이아파의 회의주의자 카르네아데스의 비판을 받고, 다음의 스토아파가 거기에 대해 반비판을 했다. 비판은 이론의 약점, 이성주의로는 설명이 어려운 현상이 되어 간다. 인간인 이상은 현자도 인정하지 않을 수 없는, 이성으로는 억제가 불가능한 심신의 현상이 존재한다. 그런 정의 움직임은 정념이 아닐까. 정념이 아니라면 어째서 생기고, 정념과는 어떻게 다른가. 그와 관련된 비이성적인 존재로 여기는 어린이(와 동물)에게 뚜렷한 그런 현상은 어떻게 이해하여야 되는가. 안티파트로스, 포세이도니오스와 같이 《분노에 대하여》라는 표제를 가진 저서를 낸 것으로 알려진 다음의 스토아 철학자는 이런 질문을 다룰 필요에 맞닥뜨렸다. 이런 응수를 하면서 상대의 영향도 받고, 두 파의 전통은 몇 가지 점에서 접근하고 겹치게 된다. 키케로의 《투스쿨룸에서의 논쟁》에도 정통파의 이론에 섞여 초기의 이론과 양상을 달리한 비판에 대한 응답과 페리파토스파에 대한 공격이 있다. 키케로가 본보기로 삼은 스토아파의 정념론 개설서에는 이미 그런 요소가 들어가 있었다.

세네카가 분노에 대하여의 저술을 계획했을 때 그가 쓸 수 있는 것은 물론 그것만이 아니다. 이 정념을 다룬 저자로는 아리스토텔레스의 수제자인 테오프라스토스, 그 제자이기도 한 설교자 보류스테네스의 비온, 에피쿠로스파의 피로데모스 등이 있다. 세네카가 많은 전거를 이용한 것은 확실하다.

20년 전에 이 책에 대한 획기적인 연구를 저술한 피욘 라이유는 전거에 대해 끈질긴 탐색을 함으로써 그것으로 자주 뒤집어쓰게 되는 구성상의 결함에 대한 비판으로부터 저자를 구해 내는, 이 철학서만이 지닌 독자적인 의의를 뚜렷하게 하고 있다. 증거가 부족한 가운데 하는 작업이기 때문에 가설적 성격은 벗어날 수 없으나, 이 관점에 의해 많은 의문을 밝힐 수 있게 된 것도 사실이다. 다음에 그 성과의 매우 일부를 소개하면서 이 책의 구성을 간단히 보기로 한다. 기본은 제1권이 크리시포스, 제2권이 포세이도니오스(여기까지가 스토아파 정념론), 제3권이 소리온(로마의 실천철학)이다.

이 책 제1권은 《투스쿨룸에서의 논쟁》 제4권과 마찬가지로 정통적인 스토아파 정념론(크리시포스의 '이론편' 3권과 '치료편' 1권)에 근거한 것은 그 의론 진행의 여기저기에 보이는 증명의 특질에서 뒷받침된다. 하지만 세네카는 조급하게 나룬다. 정의의 제시에 이어, 이성 일원주의에 따른 정념에 이해(같은 심적 능력의 변용)를 제시한다. 다음엔 (본디 '이론편' 제2권에서) 4대 정념(욕망, 공포, 쾌락, 고통)의 많은 재료와 하위 구분이 열거될 예정이었으나, 세네카는 번역의 어려움을 핑계로 그것을 넘겨버린다. 그 다음에도 크리시포스가 심신의 비교로 세밀하게 논한 정념과 성격의 구별을 재현하지 않았다(이런 면도 키케로 쪽이 소개자로서의 한결 양심적이다). 다음에는 초기의 성격이 뚜렷한 아리스토텔레스 학파 논박으로 이행하고(5~10장) 나서, 다시 페리파토스파 비판이 되풀이되고, 많은 논점이 겹친다. 이것은 이 책의 뚜렷한 결함이 되는데, 라이유는 세네카가 전거로 딴 서적을 이용한 데서 비롯한 것이라 설명하고, 그것이 안티파토로스의 《분노에 대하여》라는 것을 간접적 증거로 설득력 있게 시사한다.

제2권은 첫머리부터 포세이도니오스적 비유로 시작해 그 뒤도 기본적으로 그의 관심과 취급에 따르면서 이론에서 실천(치료)으로 나아간다. 포세이도니오스는 보통은 플라토니즘 마음의 다원적 이해와 이어져 있으나 이 책과 키케로 《투스쿨룸에서의 논쟁》에는 그와 같은 특성을 보이지 않고, 여기에서는 정통파의 이성주의 정념론의 보강을 제시하고, 정념 발생의 구조를 해설한다. 심신은 아원성에 접근하면서도 전·정념과 정념의 신중한 구별에 의해 이성주의를 지킨다. '판단에 의해 생긴 운동은 판단으로써 제거된다'(4장 2절).

6~17장의 분노를 옹호하는 자의 논박은 새로운 이론 제시에 이은 논박으로 보이지만 내용적으로 제1권의 페리파토스파 논박의 부분과 겹친다. 그러나 이 대목에서는 반론자가 현자의 분노와 분노의 자연성—'자연'이야말로 에피쿠로스파의 가치 기준—을 강조하는 점에서 제1권의 반론자가 내는 양식인의 분노와 이상적 덕을 돕는 자로서의 분노라는 설과 다른 것은 확실하다. 반론도

인간 관찰이 중심이고 이론성은 부족하다. 이 대목에는 소티온 《분노에 대하여》의 단편과 확실한 합치가 세 번이나 보인 데서 라이유는 그가 한 에피쿠로스파 비판의 반영으로 상정한다.

이론적인 취급을 마친 18장에서 세네카는 저술의 프로그램을 제시한다. '치료편'이라고 불러야 할 취급은 예방론과 억제론으로 나누어지고, 전자는 어린이와 성인으로 나누어진다. 19장은 체액에 의한 기질의 분류라는 틀림없는 포세이도니오스의 이론이고, 그것을 바탕으로 어린이 교육론을 펼친다. 22장부터 성인의 분노 예방으로 옮겨, 부정을 당했다고 믿고, 부당하게 당했다는 믿음, 최후의 징벌의 욕망에 대한 논박으로 나아간 다음, 마지막 하소연으로 제1권 모두에서와 같은 주제로 돌아와, 분노의 추악성과 파괴성이 다시 강한 인상을 준다.

제3권은 다시 노바투스의 요청에 응해 분노의 제거와 억제를 말하기 시작한다. 라이유 등 논자는 2권 18장에서 예고된 억제론을 여기에서 논하기로 하지만 예방과 억제의 구별이 애매해 뚜렷한 구분에 대응할지 어떨지 분명치 않다(스토아파의 입장에서 본다면 억제는 있을 수 없고, 세네카가 스토아파 이외에 실마리를 찾은 것도 그 때문인지 모른다). 거기에 모두 부의 분노의 규탄을 비롯해 앞의 2권과의 중복은 세네카 자신도 알게 된 대로 뚜렷하다(제3권을 앞의 두 권의 개정판으로 보는 견해와 독립한 논고로 보는 견해도 있다). 그러나 저자 자신이 말하듯이 '아무도 분노를 벗어날 수 없다'는 보편적인 관점의 도입을 이행한 것은 확실하다.

제3권은 앞의 두 권과는 아주 다르고, 전반은 매우 현실적이고 구체적인 충고다. 세네카의 어조는 친절하고 온화하며 친구, 일, 성격의 결점에 대한 자각의 충고가 이어진다. 어리석은 자라도 분노를 억제할 수 있는 실례를 왕의 잔학에서 찾는 기조음이 바뀌어, 죽음이 인상적인 모습을 나타내고(15장), 많은 악례를 칼리굴라로 매듭짓는다(22장). 명암이 크게 달라져 모범적 사례로 옮기어, 아우구스투스로 끝이 나면 다시 충고로 되고, 올바른 자기 평가와 상대 입장을 인식할 필요성을, 노예를 다루는 방식 등 현실의 생활로 설명한다. 저자의 눈높이는 보통 사람과 같다. 그리고 인상적인 세네카 자신이 자기 반성하는 습관의 묘사를 끼어넣고, 마지막은 인생이 짧다는 것을 깨닫도록 촉구하는 자기 권고로 매듭 짓는다.

이처럼 앞의 두 권이 스토아철학의 딱딱한 이론을 바탕으로 논쟁연설의 공격적이고 논박적인 투로 말하는, 권력자나 강자를 향해 저술된 것이라 하면 제3권은 보편적인 인간성을 바탕으로 모든 사람에게 말하는 연설이라고 할 수 있다. 그것을 지탱하고 있는 것은 철학의 신념보다도 일상 가운데의 인간성 자각, 죽음과 시각의 의식과 내면성이다. 아내의 수다가 그친 어둠 속에서 세네카는 자기의 하루를 되돌아 보고 자기자신을 꾸짖고는 용서한다. 잠으로 이어지는 반성을 하고 전편을 마무리하는 소리 또한, 죽음의 자각이 울리도록 한다. 여기에서도 우리는 세네카의 인간애의 한 모습을 엿볼 수 있다.

《마르키아에게 보내는 위로의 편지》

집필 시절

세네카의 작품 반수 이상은 끝머리의 '연보'에서 보이듯이 집필년 또는 출간한 해를 정확히 알 수 없기에 연구자에 따라 견해가 여러 가지로 갈린다. 사상이나 신조는 또 다른 문제로 치고, 세네카는 어디까지나 개인적인 일에 대해 말한 일이 그다지 없고, 작품의 내용(유형 같은 사건), 역사적 사건에 대해 가끔 직접적 또는 간접적인 언급, 다른 작가나 역사적 자료, 특히 타키투스, 수에토니우스, 디온, 카시오스 등 역사가의 기술과 대조한 것에 근거를 두고 간접적으로 헤아려보는 외에는 직접적 증거나 증언이 없기 때문이다. 이 편의 주제(내용)은 요절한 아들에 대한 애석한 마음을 3년이 지나도 마음에 품고 슬픔에 잠겨 있는 여성 마르키아에 대한 '위로'인데, 이 편의 집필년을 추측하도록 한 역사적 사건의 하나는 그녀의 아버지 클렘티우스 콜두스와 관련이 된다.

로마의 원수 통치는 티베리우스 대가 되자 '제정(帝政)'의 양상이 짙어져 가는데, 공화정(共和政)과 자유의 이념은 일부 사람들 사이에는 도리어 뿌리깊은 신념이 되어 계속 살아 있었다. 콜두스는 세네카의 말을 빌리면, 티베리우스의 총애 아래 권세를 휘두른 세이아누스 앞에서도 '모든 인간이 침을 흘려……예속의 명예를 짊어진 가운데서 오직 혼자 불굴을 관철'(1장 3절)한 공화정과 자유의 확고한 신봉자의 한 사람이었다. 그는 원로원 의원임과 동시에 역사서를 저술한 문인이기도 하고, 그 사서는 그다지 높은 평가를 받지는 못했지만, 적어도 '충분히 신뢰할 수 있는 사서'(1장 3절. 수에토니우스의 《황제전》 '티베리우스' 시에도 인용되어 있다)이고, 무엇보다도 퀸틸리아누스가 그 '자유의 정신', '기골과 담대한 언설'(《웅변가의 교육》 10. 104)을 특필한 책이다. 그러나 '제정'이 강화되고 있는 시대에 그런 신념이나 대담한 성격이 화근이 되는 것은 필연이었다. 그는 재건된 폼페이우스 극장에 세이아누스의 입상을 세워야 한다는 동의를 한 발언(22장 4절)으로 세이아누스의 비위를 건드리게 되어, 그 책에서 긁어 모은 공화정 찬미로 보이는 어구를 증거로 반역죄에 몰리게 된다. 전대미문의 이 무고에 맞서기 위해 그가 선택한 것은 '예속에서 벗어나 유일하게 남은 방법'(1장 2절)은 식음을 끊고 자살하는 것이었다(25년). 사서는 몰수되고, 분서(焚書)라고 하는 그때까진 아직 들어보지 못한(즉 서양 역사상 최초의) 처분을 당했다. 티베리우스 대에는 햇볕을 볼 수 없어 망각 속에 사라질 것 같았으나, 딸 마르키아가 몇 부를 베껴 죽은 아버지의 소중한 '유산'(1장 6절)으로 보관했기 때문에 시대가 바뀌어(제3절) 칼리굴라가 황제 자리에 오른 37년에 복간이 허락된 것이다(1장 3절).

이 편의 집필은 여러 정황을 고려할 때, 39년이나 40년에 이루어졌을 가능성이 매우 높다는 추정이 나온다. 이것은 세네카의 현존 작품 가운데 가장 초기의 산문작품으로 그 뒤 그의 사색이나 작품의 궤도를 좇는 데도 흥미로운 작품이라 할 수 있다.

주제와 구성

주제는 이미 말한 대로 앞날이 촉망되던 젊은 아들(이름은 메틸리우스, 신관직에 있었으나 아직 재무관이 되지 않았으므로 25세 전으로 생각되고(12장 3절, 16장 8절 참조) 아들을 앞세운, 세네카의 지인으로 고귀한 가문(4장 12절 참조)의 여성인 마르키아에 대한 '위로'이다. 그녀는 이미 아버지 콜두스를 여의고 시기는 분명치 않지만 다른 아들도 앞세우게 되었다(16장 6절 참조). 그 일도 있었겠으나, 메티리우스에 대한 애석한 마음은 심상치 않아 3년이 지났어도 비탄은 그치지 않고, 오히려 '날로 심해지는' 상황에서 세네카는 그 '만성화된 병'의 '치료'(1장 8절) 도는 '위로'를 위해서 이 편을 보냈다.

이와 관련해 아들을 앞세운 지인인 여성을 위로, 치유한다는 집필의 동기 말고 세네카는 이 편에 다른 의도를 품은 게 아닌가 하는 설(스튜어트, 비안시노)

이 나왔다. 칼리굴라는 황제가 되자, 큰아버지인 티베리우스의 명예회복을 꾀해, 그 악정을 세이아누스에게 돌리려는 행동을 취했다(수에토니우스 《황제전》 '칼리굴라' 30 참조). 세네카의 친족 가운데에는 세이아누스와 깊은 관계를 가진 인물이 있어(세이아누스가 처형을 당한 해에 급거, 관직을 떠나 돌아오는 길에 급사한 이집트 영사인 숙부 가렐리우스도 그 가운데 한 사람이었다), 조영관(造營官, 또는 호민관)으로 취임, 두각을 나타내고 있던 세네카에게 세이아누스와의 관계를 말끔히 떨어내는 것은 삶과 죽음이 걸린 중대한 문제였기에, 오직 혼자만이 기개를 보이며 세이아누스에게 저항하다 그 희생이 되어 자살한 콜두스의 생애를 찬양함으로써 자기의 세이아누스 평가를 분명히 밝히려는 의도였다고 하는 것이다(모방할 만한 본보기로 둔 티베리우스를 기리는 기술(15장 3절)도 참조). 이 편은 콜두스의 죽음을 화제로 시작해(1장 2~6절) 하늘나라에 올라간 콜두스의 가상적 타이름으로 끝나는 '둥근 쇠고리 형체'를 하고 있어 작품 구성에서도 콜두스가 중요한 역할을 맡고 있는 것은 확실하다. 그러나 '흥미를 돋우는 견해'라고는 해도 그리핀의 말처럼 이 설은 단순한 추측에 지나지 않고, 만일 그와 같은 의도가 조금 있었다 하더라도 어디까지나 곁딸린 것에 지나지 않는 것이다. 이 편의 집필이 39년 말께였다면 세네카 자신이 아버지를 여읜 지 몇 달 뒤의 일이다. 그리고 이 편 집필의 약 2년 뒤에 메사리나의 음모에 휘말려 코르시카 유형이라는 쓰라림을 겪은 시기에 잇따라 《헬비아에게 보낸 위로의 글》, 《폴리비우스에게 보낸 위로의 글》을 썼다. 일련의 《위로의 글》은 세네카 자신의 불행한 시기와 겹친 것이다. 사랑하는 딸을 잃은 직후에 친우인 앗틱스의 집에서 위로의 문학을 '읽지 않은 것이 없었다'고 할 만큼 독서에 열중하며 자신을 위해 '위로'의 글을 쓴 키케로와 마찬가지로 세네카에게도 '위로'가 중요한 관심사가 되었던 것은 쉽게 상상이 된다. 그런 의미에서도 이 편은 첫째로 '순수한 위로'를 의도한 것으로 보는 것이 옳으리라.

세네카가 스스로 불행이 겹친 시기에 관심을 기울였다고 생각되는 '위로' 또는 '위로의 문학'은 하나의 문학장르로서 문학적, 철학적인 긴 전통을 가지고 있었다. 고뇌와 상실, 죽음 등 불행을 당한 사람을 친한 사람이 위로한다는 것은 인간 본디의 자연스런 행위이다. 그것은 반드시 말에 의한 것으로 한정되는 것은 아니지만 '로고스적 동물'인 인간에게 무엇보다도 말이 가장 효과적인 수단이었다. 그런 말은 사람의 지혜로 쌓여 간다. 운명은 피하기 어려운 것, 인간은 죽어야 하는 존재라는 것, 한탄해도 소용이 없다는 것, 모진 마음을 가지고 견디는 것, 삶을 괴로움으로 알고, 죽음을 해방으로 생각하는 것, 그런 것들이 동기가 되어 문학으로 나타난 위로는 그래서 축적된 보편적인 인지의 결정화된 것이라고 할 수 있다. 이 편에 인용된 푸블릴리우스 시루스의 구절이나 '시레노스의 지혜'에서 '위로'가 되는 그런 문학적 전통의 일부분을 엿볼 수 있다.

'위로'의 연원으로 들고 있는 또 하나의 전통은 소피스트로 시작된 변론, 특히 종교적·사회적 의례와도 관련되는 추도·찬양연설(키케로 《변론가에 대하여》 2. 341~348 참조) 그것이다. 앞날이 촉망되었는데 요절한 아들 메틸리우스, 그리고 불굴을 관철하고 자살한 아버지 콜두스의 덕을 찬양하고 기리는 기술은 앞에서 말한 '정치적 의도' 설이 말했듯이 세네카의 처지를 뚜렷하게 하기 위한 것이라고 하기 보다는 어디까지나 '위로의 문학' 가운데서 이어받은 추도·찬양연설의 요소에서 비롯한 것으로 봐야 하지 않을까.

'위로 문학'의 또 하나의, 그리고 가장 중요한 계보는 소크라테스 이후에 분류(分流)한 여러 철학파의 윤리학 체계 속에서 주장한 '행복론'을 뒤집은 이른 바 '불행론'이다. 그중에서도 클란톨(기원전 335년 무렵~275년 무렵)은 아카데메이아파에 속하지만 《슬픔에 대하여》는 그 효시라고 하며, 세네카의 일련의 《위로의 글》도 포함해 다음의 《위로 문학》에 큰 영향을 끼쳤다. 그는 '삶의 벌'이라고 하는 염세사상으로 키니코스파적인 요소를 보인 한편 스토아파의 '정동(情動)이 없는 마음'에 대해서 페리파토스적인 '중용을 취한 정동'을 주장해 절충적인 경향을 보인다고 한다. 이 책은 사랑하는 딸을 잃은 자신에게 보낸 키케로의 《위로》가 본보기가 된 글이고, 또 현존하며, 그 뒤의 '위로 문학'이 더욱 번성하는 데 선구적 역할을 하는 등 '특별한 지위를 차지' 했다고 하는 가짜 플라톤인 《악시오코스》의 원형이 된 책이기도 하다. 세네카가 영향을 받았다고 하는 클랑톨, 키케로의 책은 일부가 빠져 없어져 전체 내용을 짐작할 수 없으나 《악시오코스》는 기원전 1세기 무렵의 작품이라는 설이 유력하고, 2세기의 알렉산드리아의 클레멘스, 6세기의 스토바이오스가 플라톤의 진짜 작품이라고 여기는 데서 세네카 시대에도 플라톤 작으로 널리 퍼져, 세네카도 읽었을 가능성이 있다. 이 《악시오코스》를 통해 이 편 《마르키아에게 보낸 위로의 글》에 앞선 '위로 문학'과의 직접적 또는 간접적 영향관계, 그 무렵 '위로 문학' 상태 등을 대충 짐작할 수가 있다.

이 편과 앞에서 말한 여러 작품에 공통한다고 생각되는 것은 아마 '위로 문학'에 전통적인 다양한 요소를 받아들인 것, 특히 철학사상에 절충적인 경향이 인정되는 것이다. 전형적인 예로 '죽음은 무(無)'라고 하는 세피쿠로스파적인 요소(19장 1~5장 등 키케로 《투스쿨룸에서의 논쟁》 3.33 참조), 고뇌와 공포 등의 정동을 '생각 없다(opinio)'라는 잘못된 판단에 의한 착오라 하는 스토아파(클리시포스)적이기도 하고, 아카데메이아파적이기도 한 이성에 따른 '무정동'의 사상, 그와 더불어 주장한 페리파토스파적이기도 하고, 스토아파(파나이티오스)적이기도 한 '중용을 취한 정동'의 사상(3장 4절, 7장 1절), '사는 게 벌(심한 괴로움, 고역, 질곡, 불행)', '죽음은 해방'이라 히는 키니코스파적인 염세사상(그 연원을 육체를 영혼(정신)의 '뇌옥'이라고 하는 플라톤 《파이든》 62B로 거슬러올라간다. 10장 5절, 23장 1~2절, 《악시오코스》 365B~368A, 370D 참조) 등이다. 이 편과 《악시오코스》에 한정해 말한다면, 이밖에도 지상(인간계)의 현상과 생업의 묘사, 지하계(지옥)에 대한 언급(19장 4절, 〈악시오스〉 371A~C, E. 그러나 세네카는 그 존재를 부정하고, 가짜 플라톤은 '말'로서 부정하지 않는다), 스토아파적 신적인 '숨, 숨결'(25장 2절, 26장 7절, 《악시오코스》 370C, 371C), 천계에서의 진리 관상(觀想) 24장 5절, 25장 2절, 《악시오코스》 370D 등 유사한 점이 많다. 이 편 《마르키아에게 보낸 위로의 글》도 이런 '위로 문학'의 전통을 따른 작품임을 엿볼 수 있게 한 것이다.

이 편에서 세네카가 '위로 문학'에서의 또는 그 철학사상에서의 독자성을 굳이 찾으려 했다고는 생각하지 않지만, 그래도 세네카적인 것, 세네카의 특성은 드러나 있다. 무엇보다도 이 편과 《악시오스에 공통적인 아카데메이아, 스토아 두 파가 공유한 '영혼(정신)의 불사'와 '천상계=정복(淨福)의 세계'에의 흔들림 없는 확신이 그것이다. 이 편에서 시작하는 세네카 평생의 작품 궤도를 마우라하는 '개체에서 전체로, 주변에서 핵심으로 가는 걸음'으로 파악했는데, 그것은 또 세네카 개개의 작품에도 나타난 세네카 특유의 사색 궤도로도 보인다. 지상(이 세상)에서의 행복을 논한 《행복한 삶에 대하여》는 '높은 곳에서 바라보는' 스크라테스의 경종으로 끝난다. 《삶의 짧음에 대하여》에서는 삶을 영원한 것으로 하기 위해 공직을 떠나 '이 지상을 뒤로 하고' 경이에 넘친 하늘적인 것으로 '정신(영혼)의 눈길을 돌려야 한다'는 말이 최후의 구체적인 지표가 된 것이다. 《마음의 평정을 위하여》의 종장을 장식한 것은 플라톤의 날개를 가진 말을 모는 영혼의 이미지, 핀다로스의 무사 등이 이끄는 거가(車駕)의 고삐를 잡고 '높은 데로 날아가는' 정신적 이미지이다. 세네카의 사색은 이렇게 끊임없이 지상에서 천상으로, 《한가에 대하여》에서 말하는 '작은 나라'에서 '큰 나라'로의 궤적을 그려, 숭고하면서도 험난하고 높은, '신에게로 지향하는' (《행복한 삶에 대하여》 20.5) 여정을 걷는다. 이 편에서도 마르키아의 비애와 고뇌—뿐만 아니라 인간의 삶에 모든 것은—육체라는 질곡을 벗어나, 천적인 불(=신)과 콜두스의 영혼이 주장한, 지상의 변하기 쉬워 덧없는 것과 '대연소(大燃燒)에 의한 영겁 회귀라는 장대한 규모 구조 속으로 들어간다. 콜두스의 죽음을 화제로 시작해 천계에 오른 콜두스의 영혼의 실유로 끝난 이 책의 '둥근 쇠 구조'는 세네카의 사색에 필연적인 산물, 세네카의 사색 궤도 그 자체인 것이다. 그 숭고하고도 장대한 이미지는(키케로의 《국가에 대하여》 '스키피오의 꿈'이나 플라톤의 《국가》, 《파이드로스》의 영향이 지적되고는 있지만), 세네카의 모든 사색이 거기에 하나로 모아져 간 세네카 특유의 핵심적인 이미지라고 말해도 되지 않을까. 현실을 직시하도록 하여, 고뇌와 비애를 씩씩하게 참는 인간, 너무 장수했기에 불행에 빠진 인간 등 많은 사례를 들며(이른바 '모델요법'), 괴로움과 슬픔을 경감하거나 말끔히 없애는 갖가지 관점에서의 요법을 구체적으로 가리킨 이 책은 현대에도 유효한 임상용 교본으로서의 의의를 가지는데 그 뿌리 아래 이 이미지가 깔려 있음을 잊어서는 안 된다.

《행복한 삶에 대하여》

집필 시절

'행복이란 무엇인가', '행복한 삶이란 무엇인가'라는 인간에게 오래이고 새로운 주제, 이를테면 영원한 주제를 다룬 이 저작은 거의 두 가지 문제를 중심으로 논한 것이다. 작품의 구성에 얽힌 주제의 문제, 그리고 집필의 의도와 동기에 관련된 집필연도의 문제이다. 더욱이 이 두 문제 그 자체도 서로 관련되어 있다. 이 편의 집필연도에 대해서는 추정의 근거가 되는 사실이 몇 가지 있다.

먼저 이 저작을 바친 큰형 이름을 '갈리오'(1장 1절)라고 불렀던 것이 사실이다. 큰형은 아명을 루키우스 안나에우스 노바투스라 했고, 양자가 되어 루키우스 유니우스 갈리오 안나에우스로 개명했다.

41년 이후의 작으로 여겨지는 《분노에 대하여》에서는 그를 아직 노바투스라고 부르고 있는 것, 그가 아카이아 총독이 된 51 아니면 52년에는 이미 갈리오라는 이름을 쓰고 있었다는 것에서 양자 개명은 그 사이의 일로 짐작되지만 아버지 대 세네카의 죽음(39년), 어머니 헬비아를 콜도바에 남겨 둔 채 세네카의 유형(41~49년) 《폴리비우스에게 보낸 위로의 글》, 《헬비아에게 보낸 위로의 글》 참조)이라는 잇따른 불행 속에서, 세네카에게도 한 집안의 '주인'격의 존재가 된 큰형인 그가 그 동안에 다른 집의 양자가 된다는 것은 생각조차 할 수 없는 일이라, 양자 개명은 세네카가 유형에서 풀려나 소환이 되어, 푸키우스 도미티우스(다음의 네로황제)의 스승으로 임명됨과 동시에 예정 법무관으로도 임명이 되어, 일가에 밝은 징조가 보이기 시작한 49년 이후—아마 큰형인 그가 아카이아 총독이 된 51 아니면 52년 직전('51년 5월게'(그리핀)—의 일이 아닌가 추측된다. 따라서 이 작품도 그 뒤의 것이 된다. 큰형의 이름과 관련된 사실은 여기까지이다.

집필연도의 추정에 관련된 또 하나의 사실은 작품의 내용, 구성의 문제와 얽혀 있다. 이 작품은 다음 절에서 대강 설명하듯이 주로 사이비 에피쿠로스파의 상정(想定) 문답 상대에 대한 반론·비판의 형태로 펼쳐져 '쾌락'이 아닌 '덕'이야말로 최고의 선이고, '진정한 행복은 선에 있다'는 결론을 이끌어낸 전반부(1~16장)—특히 《너그러움에 대하여》와 《은혜에 대하여》를 제외한 《윤리론집》 열 편(모두 12권)의 표제로 전하여진 '디아로기(대화편)'는 작품 속에 들어가 있는 이 '대화'적 형식에서 비롯된 것이라는(하지만 그것은 플라톤과 아리스토텔레스, 또는 키케로 등의 모든 편이 대화의 형태를 취한 '대화편' 같은 의미에서의 '대화'가 아니고, 변론술로서의 수사학 용어로 말하는 '대화화(sermocinatio)'한 수사의 특징을 포착한 표제라는)—철학자의 언행 불일치와 힐난하는 상정 문답 상대에 대한 반박을 주로 한 후반부(17~28장)로 나누어지는데, 후반부에서는 오로지 '부' 또는 '철학자와 부'의 문제로 초점을 좁힌(특히 21~26장) 청빈을 주장하면서 유복한 삶을 누린 철학자의 이른바 '위선'을 비난하는 상정 문답 상대에 응답해, '부'의 자리매김, '부'의 진정한 의미—그것이 '무기(無記) ; 선도 악도 아닌 것'이고, 그 위에 또 '바람직한 것'임을—주장한 세네카의 반론이 중심을 차지한다. 언뜻 보기에 유기적인 연관성을 간파하기 어려운 전·후반 구성의 이 특징성과 '부' 또는 '철학자와 부'라는 주제에 집중한 후반부의 이 특수성을 세네카와 관련된 역사적 사건과 결부시키는 설이 제기되었다. 세네카는 네로가 즉위(54년)한 뒤 젊은 원수(황제)의 이른바 보필하는 역할을 수행하고, 친위대장 부루스와 상의해 네로를 선도하며 '네로의 5년'이라고 칭찬하는 선정의 시대를 이룩했으나, 그동안에 권세와 부(그 대부분은 네로한테 증여받은 것이다. 타키투스 《연대기》 13. 18, 14.53~54 참조)라는 세네카에게는 아마 가상의 속성을 몸에 지니게 되었을 것이다. 그런 세네카에 대한 질투와 반감 때문이리라, 58년, 푸브리우스 스일리우스라는 인물이 '세네카는 도대체 어떤 지혜를 갖고, 또 어떤 철학적 교훈에 의해, 국왕과 고작 4년 동안의 우정으로 3억 세스텔티우스나 되는 재산을 모았을까. 그는 로마에서 마치 그물에 사냥감을 끌어들이듯이 상속자가 없는 재산을 자기 것으로 만들었다. 도리에 어긋난 고리채로 이탈리아와 속주의 돈을 다 마셔 버렸다'고 해 세네카가 내세우는 철학과 그 행동의 모순을 비방하고, 세네카를 공격하는 사건이 일어났다. 이 사건은 스일리우스 쪽이 도리어 클라우디우스 시대의 무고죄로 유죄가 되어, 유형에 처해 짐으로써 결말이 났으나 '돈만 따지는 사나이' 스일리우스가 다분히 중상을 꾀한 이 공격에도 어느 정도는 사실이 포함되어 있었을 '그 결과로 세네카도 세상의 반감을 사게 되었다' 한다. 이 책은 이 사건이 직접적 계기가 된, 세네카 자신의 '아포로기아(변명)'를 위해 쓰게 된 것이라 한다.

스일리우스의 사건과 이 작품을 직접 관련시키는 이 견해에는 잔코티, 그리말, 그리핀 등 연구자 대부분이 부정적, 아니면 회의적이지만 적어도 이 사건이 세네카에게 무언가 자극과 영향을 주어, 이 작품을 쓰게 되었다, 고 하는 점에서는 견해가 거의 일치되고 있다. 철학자의 이른바 '언행 불일치', '위선'에 대한 무모한 자들의 무지, 무자각의 중상, 비난에 대한 세네카의 반론에는 개인적인 요소는 전혀 포함되지 않고, 논박은 모든 철학자에 관련되는 것으로서(18장 등 참조) 일반화되어 있어, '자기 변명을 위해서가 아니라'(17장 4절)고 하는, 세네카의 양해를 미리 구한 말은 문자 그대로 받아들여야 하는 것이기는 하지만, 스일리우스의 사건이 이 작품의 배경에 있는 것도 거의 의문이 없다. 그런 의미에서는 이 작품이 철학자 세네카의 '아포로기아'라고도 할 수 있고, 네로의 궁정에 출사한 정치가 세네카의 '아포로기아'라고도 할 수 있다. 하지만 어쨌든 여기에서 말하는 세네카의 변명이나 반박이 스토아파의 교리에 근거한, 어디까지나 정당한 변명과 반박임은 말할 것도 없다. 집필년의 문제에 관련시킨다면, 따라서 이 자품은 스일리우스 사건이 있었던 58년 뒤 얼마 안 된 시점에서 쓴 작품이며, 더군다나 동지인 부루스가 죽고, 그 대신 친위대장에 티겔리누스가 취임하자 세네카의 영향력이 급속히 약화되는(그래서 세네카는 은퇴를 요청했다) 62년 이전, 세네카가 권세와 부라는 가상의 속성을 아직도 몸에 지니고 있던 시기의 작품이라고 할 수 있다.

주제와 구성

'행복이란 무엇인가'라는 문제를 적어도 체계성 있게 논한 최초의 철학자는 원자론적 유물론을 주장한 기원전 5~4세기의 데모크리토스였다. 그는 《쾌활에 대하여》라는 제목의 책을 저술, 사물 그 자체는 가치가 없고, 행복은 '영혼 (정신)'의 존재방식의 문제로 파악, '쾌활'(원뜻은 '좋은 마음(의 상태)'로, 그는 이 것을 '행복'이라고도 불러, 세네카(스토아파)의 '마음의 평정', 에피쿠로스파의 '흐트러지지 않은 마음'으로 통하는 '불안 없는 마음'이라고도 불렀다 한다)이 야말로 행복으로 이것을 '삶의 마지막 목적'으로 삼는 동시에 그 마음의 상태를 이루기 위한 사물·사상을 변별, 인식하는 생각, 사려의 중요성을 주장했다. 그로부터 철학 여러 파는 '영혼(정신)의 인도'의 체계=윤리학의 중요 주제로서 저마다의 사상체계 안에서 '행복론'을 펴나간다. 에피쿠로스파, 스토아파 두 파가 모두 그 '행복론'의 연원은 데모크리토스에게서 찾게 되는데, 다 함께 '사려'를 근간에 두면서도 '쾌락'을 최고선으로 하는 에피쿠로스파와 '덕'을 최고선으로 하는 스토아파는 교리상 결정적인 대립을 보이게 된다.

'행복'을 논하려고 할 때, 세네카가 대치하지 않으면 안 되었던 또 하나의 학파 교리는 페리파토스파, 특히 '행복론' 그 자체라고도 해야 할 《니코마코스 윤리학》을 저술한 아리스토텔레스의 그것이다. 그는 '행복이야말로 궁극적·자족적인 것이고……목적', '최고선은 행복'이라는 모든 사람에게 명백한 것이라는 전제에서 출발해 그것이 '무엇인가'를 자세히 말하고, '행복'이란 '인간의 인간으로서의 고유한 탁월성(지적·윤리적 탁월성=덕)의 갖춤을 기반으로 하는, 거기에 근거하는 활동이고, 또 그 활동을 위해 필요한 어떤 조건도 모자람이 없는 것'이라고 정의했는데, 이 정의의 끝머리에서 분명하듯이 '행복은……외적인 선을 이 (탁월성) 위에 더욱 필요로 한다'고 하는 한편, 플라톤의 이데아 같은 절대주의를 부정하고, 일반적인 인간에 대한 것으로 '필연적인 것은 아니다'라고 여기는, 이른바 상대주의에 바탕을 둔 '인간적인 선', '실현 가능한 선'으로서의 행복을 추구한 아리스토텔레스는 '나쁜 쾌락이 있다고 하더라도 이것은 어떤 쾌락이 최고선인가를 조금도 방해하는 것은 아니다'(《니코마코스 윤리학》 1153b 7~9), '쾌락은……그 자체가 목적'이라고까지 말해, 쾌락주의자가 아닌가 생각될 만큼 '쾌락'을 옹호도 하고 있다.

세네카가 이 책을 집필하는 데 즈음해 유의하지 않으면 안 되었던 것은 스토아파의 교리와 특히 날카롭게 대립하는 다름아닌 이 두 학파의 행복론이다. 하긴 세네카가 이 책에서 목표로 삼은 것은 스토아파 교리의 순이론적 조술(祖述)도 아니고, 에피쿠로스, 페리파토스 두 학파의 교리에 대한 순이론적 논박도 아니다. 다른 저작에서와 마찬가지로 '경험자' 또는 '선도자'로서, 스스로도 그렇다고 인정하는 현자가 될 '길 위에 있는 사람', 말을 바꾸면 삶에 어려움을 겪고 있는 '불완전한 인간, 평균적인 인간, 건전성에 문제가 있는 인간'을 향해, 때로는 유명한 본보기가 되는 예, 또는 신변의 일상적인 사례를 제시하고, 때로는 쉬운 말로 또는 진리를 응축한 날카로운 경구도 인용해 이치를 설명하며, 경종을 울림으로써 '철학의 선물'인 '잘 사는 방법' 또는 '잘 죽는 방법'을 안내하는, 마우라하의 말을 빌리면, 그런 인간의 '영혼(정신)의 인도자(seelenleiter)가 되는, 그것이 세네카의 변함없고 일관된 저작목표인 것이다. 하나, 자명한 것이지만 세네카가 스토아파의 원리적인 교리를 신앙과도 같은 형태로 신봉하는 스토아철학자라는 것 또한 틀림없는 사실인 것이다.

이 책의 구성을 좇고 보면 대략 다음과 같이 될 것이다. 행복한 삶에 이르는 것이 '쉽지 않은 일'이라는 것을 말해, 목적(지)과 거기로 가는 길(방법)을 결정하는 것, 뭇사람을 따르지 않고 남과 취지도 같이 않게 사는 것이 소중함을 말하는 도입부(1~2장) 다음에 '예지(叡智)'란 자연에 어그러지지 않을 것, 자연의 이치를 따라 자연을 본보기로 자기를 형성하는 것'(3장 3절)이라는 스토아의 근본원리를 제시하고 나서, 행복, 자연, 이성, 정신, 선=덕, 정신, 선=덕을 돌아보고, 여러 각도에서 그 관련성과 이상적 자세의 정의가 이루어지고(3~5장), 이어서 전반부의 중심적 주제인 '덕과 쾌락'의 문제로 옮겨간다(6~15장). 여기에서는 사이비 에피크로스파의 상정 문답 상대와의 대화를 통해 쾌락의 본성, 그 나쁜 사례와 나쁘게 나타난 것을 지적함으로써 '쾌락'이 선은 아니라는 것, '덕'이야말로 유일한 선(최고선)이고, 그것이 정신(자기의 안)에 있다는 것을 보이도록 한다. 그 가운데 세네카는 스토아철학자로서 에피쿠로스, 아리스토텔레스의 '쾌락설'에 대한 두 가지 중요한 순논리적 논박을 하고 있다. 아리스토텔레스는 '쾌락이란 지각된 생성 내지 그 과정'(아이스테테 게네시스)라고 하는 주장은 정당하지 않다…… 쾌락이란 '본성적인 상태의 활동'으로서 쾌락의 실체성을 주장했으나 세네카는 플라톤의 《필레보스》(53C, 54C~D)를 염두에 두면서 '생생유전(生生流轉)의 움직임(=생성의 과정)에 있는 것은 확고한 것은 결코 없다. ……갑자기 왔다가 갑자기 사라지는(=생성의 과정에 있다) 것에는 아무런 실체도 있을 수 없다'(7장 4절)고 해, 선성(善性)은 말할 것도 없고 실체성 자체마저 부정하는 것이다. 세네카의 또 하나의 중요한 순이론적 논박은 최고선을 덕과 쾌락, 또는 '덕의 활용과 삶의 번영상태(=덕과 쾌락까지 포함한 외적 선'(키케로 《선과 악의 궁극에 대해》)을 결합한 것이라고 하는 에피쿠로스와 아리스토텔레스의 최고선(복합체)설에 대한 논박으로, 세네카는 스토아파의 복합설에 충실히 따르면서, 최고선은 순수하고도 단일적인 것이어야만 함을 주장하고(15장 1~3절), 에피쿠로스파의, 나아가서는 페리파토스파(아리스토텔레스)의 '복합체'론을 물리친다. 이렇게 전반부에서는 덕이야말로 유일한 선이고, 참된 행복은 덕에 있으며(16장 1절), 행복에는 덕만 있으면 충분한 것(16장 3절)이라는 결론을 이끌어낸다.

그러나 이 결론은 스토아파에서 말하는 '현자'에게만 타당한 결론이다. 하지만 스토아파의 '현자'는 플라톤의 이데아처럼 이른바 이념의 존재이지, 현실세계에는 존재할 수 없다. 세네카도, 그리고 과거, 현재, 미래의 모든 철학자를 포함해 현실세계의 인간—적어도 마음(이성)을 가진 인간—은 '현자'가 되려는 '길 위에 있는 자'에 지나지 않으며, '현자'에 아무리 가까워져도, 어디까지나 죽어야 되는 인간의 질곡과 속박에 방해가 되어, 사람으로서의 제약과 고전하고 있는 존재이다. 무지, 무자각, 무모한 자들에 의한 '길 위에 있는 자(철학자)'의 이른바 '언행 불일치'나 '위선'에 대한 악의가 담긴 비방 중상이 생기는 여지가 거기에 있다. 이 책의 후반부(17~28장)는 그 현실인식을 옮겨간 점으로서 이 문제가 주제로 다루어진다.

후반부는 이상적인 현자, 최고선=덕(그것은 또 '신'이기도 하다)을 '험준한 산' (20장 2절)에 비유, 그것을 지향하는 '웅대한 계획에 뜻을 두고, 용감하게 도전하는 자를 중상모략 하는 자들의 부당성, 그 무지와 무자각, 무모와 악의를 비판, 지탄하는 전단(17~20장)과 '언행 불일치'의 예로 든 부를 상징하는 '외적인 선'의 자리매김 문제를 주로 이야기한 후단(21~26장)으로 나누어져, 소크라테스의 가상적인 말을 핑계로 비방자들의 무자각을 거듭 꾸짖고, 그들을 기다리는 태풍(재앙)에 경종을 울린 짧은 종장(27~28)이 이어지는 구성으로 되어 있다. 이 가운데 후반부의 중심이 되는 후단의 주제 '외적인 선'은 스토아파의 교리에서는 '무기(無記)', 말을 바꾸면 '있어도 되고 없어도 되는 것'으로 자리매김되지만, 그것은 또 '바람직한 것(긍정적 가치를 가진 것)'과 '바람직하지 않은 것(부정적 가치를 가진 것)'으로 나뉘기도 한다. 전반부에 보인 순이론적 논박을 후반부에서도 한다면 행복은(덕 외에) '외적인 선을……아직도 필요로 한다'고 하는 아리스토텔레스에 대한 반론으로서, '무기' 절반의 본질 '없어도 되는 것' ─왜냐면 행복(선한 삶)에는 덕을 필요로 하는 충분한 것이기 때문에─강조하면서 다룰 수도 있는 것이었으나, 확실히 그 점에 대한 언급이 여럿 있긴 해도, 전체적으로 '바람직한 것'에 역점을 두고, 그것이 '없는 것보다는 있는 것이 훨씬 낫다'고 하는 의론, 그 정당성, 그 긍정적 가치(덕을 함양해 덕에 넓은 활약의 장을 주기 때문)를 기세 좋게 다루고 있다. '바람직한 것'에 역점을 둔 이 취급이 '이상적 현자', '도덕적으로 완전히 옳은 행위'라는 규범을 내세운 초기 스토아파의 엄숙주의를 '어울리는 행위'의 개념으로 누그러뜨려 온건한 중기 스토아파의 교리, 게다가 그것을 이어 로마로 들어가 현실세계에 적응하는 실천철학으로 색채를 한결 더 짙게 한 로마기의 스토아파(특히 세네카)의 교리에서 온 필연적인 것인가, 아니면 그 스일리우스 사건이 그림자를 드리운 때문의 취급인 것인가, 쉽게 판단하긴 어렵지만 역자에게는 어쩐지 후자의 역학이 작용한 때문에 다루어진 듯한 느낌이 든다. 어쨌든 그 결과로서 이 책의 후반부가 '행복론'에 이름을 빌린 '아포로기아(변명)'라는 인상을 주었다는 사실은 부정할 수 없을 것이다. 최후의 소크라테스의 가상적인 말에는 마땅히 《소크라테스의 변명》이 겹쳐져 있다.

　종장의 소크라테스의 말은 당돌하게 끝난 것처럼 보인다. 의도적으로 당돌하게 끝냈다고 하는 설(아벨)도 있으나, 아마 어떤 사정으로 텍스트가 흩어져 빠졌다고 보는 설(글리말, 그리핀)의 쪽이 옳은 것같이 생각된다. 하지만 잃어버린 텍스트의 분량은 포렌츠의 말처럼 '아주 조금밖에' 되지 않을 것이다.

《한가로움에 대하여》

집필 시절

이 편은 한번 읽어보면 다 알 듯이 단편으로 이루어졌다. 사본으로는 앞편 《행복한 삶에 대하여》의 끝머리에 있는 의미가 분명하지 않은 문자 ci(r) 다음에 이 편이 바로 이어져 있었으나, 16세기에 M.A. 드 뮐레(=무레티우스)가 딴 편으로 해—에피쿠로스파의 사고방식과 비교, 철학자의 언행 불일치에 대한 비판과 거기에 대한 반론이라는 점에서는 《행복한 삶에 대하여》와 통하는 면도 있는데, 최고선과의 관련에서 '외적인 선'의 가치와 의의를 논했던 《행복한 삶에 대하여》의 (특히 후반부의) 논지에 이 편의 논지는 어울리지 않아 분명히 다른 편으로 보여진—, 17세기에 리푸시우스의 교정본에서 처음으로 분리된 것이다. 따라서 길고 짧은 것은 또 다른 문제로 치고, 처음 장은 빠지고 없다. 세네카의 이른바 '디아로기(대화편)' 열 편은 《마음의 평정에 대하여》(처음 장에 있는 세레누스는 교정자에 의해 보완)를 제외하고, 처음 장에 바친 상대의 이름이 나오는데 이 편에는 그것이 없고 바친 상대가 누군지 모른다. 그 점도 포함해서 이 편의 집필연도 추정에 직접 연결되는 사실이 없어, 복원된 헌정상대 세레누스(《마음의 평정에 대하여》 참조)에 관련시킨다든가, 한가, 한거의 정당성을 옹호한다는 내용을 그 세레누스의 은퇴와 세네카 자신의 (실질적) 은퇴와 그 시기, 세레누스의 죽음(63년. 〈윤리 서간집〉 63.14 이하 참조) 등에 관련시킨다든가 하여 만년(빠르면 58년, 늦으면 62년)의 작이라고 하는 설이 널리 알려지는데, 어느 것이나 전제에 문제가 있어, 아마 초기에 속한 작품이 아닌 것은 확실하지만, 집필연도는 '알 수 없다'는 것이 타당한 생각인 듯하다.

주제와 구성

처음 장이 없고, 마지막 장도 당돌하게 끝낸 느낌이 드는 데서 연속되는 것이 있다고 보여져(그리편), 문자 그대로 단간(斷簡)으로서 전체 내용은 엿볼 수 없으나 주제는 《삶의 짧음에 대하여》의 주제와 통한다. 다만 《삶의 짧음에 대하여》에서는 '한거(閑居)', '한가와 관상(觀想)의 삶'으로의 '권고'에 주안을 둔 데 대해 이 편에서는 그 정당성의 '이론적 옹호'가 주안이 되어 있다. 스토아파의 교리를 일방적으로 파악해 '공역(公役), 공무에 평생 종사해야 된다'라는 교조주의자에 대해 세네카는 '어떤 나라에서도 언제나 무조건으로, 라는 것은 아니다'라고 하는 스토아파의 정론에 따라 국가를 폴리스(작은 나라)와 코스모폴리스(큰 나라) 둘로 나누면서 현실로는 '현자를 허용할 수 있는 나라도, 현자가 허용할 수 있는 나라도' 없기 때문에 공무에서 물러나 한거하고, 관상의 삶을 보내는 것을 허락할 것, 자연은 행동·관상 양쪽을 위해 인간을 낳았는데, 그 둘은 상반할 것이 아니라, 한거·관상의 삶은 공익과 행동과 모순되지 않을 것, 오히려 '큰 나라'의 의무를 수행하는 것이 보다 크고, 보다 가치 있는 이익을 인류에게 가져오는 행동이라는 것을 주장한다. 이 편에서도 《마르키아에게 보낸 위로의 글》 마지막 장의 이미지로 응축시킨 세네카의 웅대한 우주론이 중심으로 가로놓여 있다. 한거와 관상의 삶을 인간의 이의적(異議的)이고, 가장 중요한 의무로 삼는 이 편의 논지와, 《마음의 평정에 대하여》로 '한거해야 한다'고 하는 아테노도로스에 반론을 한 '무엇보다도 훨씬 더 좋은 최선책은……언제나 활동적인 삶에 한가한 삶을 혼합하도록 하는 것……어떤 명예로운(유덕한) 활동의 여지도 없을 만큼 모두가 폐쇄되어 있는 것 등, 아무것도 없다'고 하는 언설은 언뜻 보기엔 모순되는 것 같지만, 세네카의 사상적 모순이 아니고, 이념과 현실, 이론과 실천이라는 위상의 차이, 또는 실세계에 살고 있는 자에 대한 실천적인 '구체적 지시'와 '교리' 상의 비판자에 대한 이론적 반론의 차이로 보아야 할 것이다.

《마음의 평정에 대하여》

집필 시절

이 편을 헌정(獻呈)받은 루키우스 안나에우스 세레누스는 그 이름으로 볼 때, 아마 '안나에우스 씨의 해방노예가 아니면 그 자손'(그리말)인 것 같은데, 네로황제 치세에 소방대장을 지낸 인물로(대 프리니우스 《박물지》 22,96 참조) 세네카의 친우였다. 그가 독버섯을 먹고 갑자기 죽었을 때('64년 이전이며, 아마 62년 초'(그리핀)에, '도를 넘게 울었다'고 할 만큼 세네카에게는 '소중한 친구'였다. 세네카는 그에게 이 편 말고 《현자의 항심에 대하여》와 《한가에 대하여》도 보냈다. 이 편의 집필연도를 추정하는데 근거로는 이 세레누스에 관련된 사실과 그에게 보낸 세 편의 글 말고는 없다. 그중에 확실히, 그리고 또 거의 확실하게 말할 수 있는 것은 이 편을 세레누스가 죽기 전에 썼다는 사실, 《현자의 항심에 대하여》는 47년 이후(실질적으로는 코르시카에서 소환된 49년 이후)(잔코티, 그리핀, 《현자의 항심에 대하여》 18.2, 타키투스 《연대기》 11.3 참조)의 작품이라는 것, 《현자의 항심에 대하여》에는 에피쿠로스파의 지지자였던 세레누스가 세네카와의 친교를 통해, 《한가에 대하여》(이 책 1.4 참조)와 이 편(1장 10절 참조)에서는 반에피쿠로스파 또는 스토아파로 주의를 바꾸고 있어, 이 편과 《한가에 대하여》가 《현자의 항심에 대하여》 이후의 저작이라 할 수밖에 없고, 각 편의 정확한 집필년을 확실히는 알지 못 하는 것이 사실이다. 하지만 《한가에 대하여》가 세레누스에게 보낸 책이고, 가상 문답의 상대가 세레누스라고 한다면(친밀, 솔직, 더욱이 야유적인 그의 말솜씨로 볼 때, 그 가능성은 있다고 생각된다), 《한가에 대하여》에서는 반에피쿠로스파의 입장을 취하면서도 '저희 스토아파는'(이 책 1.4)이라는 표현에서 엿볼 수 있듯이 아직 스토아파로 완전히 되어 버리지는 않은 것으로 보이는데, 이 편에는 제논이나 크리시포스의 '훌륭한 사람의 뒤를 따라'(1장 10절) 스토아파가 되어 있어, 이것을 그의 전진, 진보로 본다면 3편은 《현자의 항심에 대하여》, 《한가에 대하여》, 그리고 이 편의 순서로 씌어졌을 가능성도 생각할 수 있다.

주제와 구성

이 편은 이른바 '디아로기(대화편) 중에서도 유일하게 특이한 구성이 되어 있다. 처음 장은 이 책을 보낸 상대 세레누스가 세네카에게 편지를 보낸 형식을 취하고, 나머지 부분은 세네카가 답장을 써 보낸 구조로 되어 있다. 다음에 낸 《윤리 서간집》의 선구적 작품으로도 볼 수 있다. 세네카에게 보낸 그 편지에서, 세레누스는 검소한 뜻을 가지고 있으면서도 사치에 마음이 흔들려(1장 5~9절), 공직에 뜻을 둠과 동시에 한가하게도 살고 싶고 활동적인 삶에 대한 충동에 내몰려(1장 10~12절), 학문·문학에서는 자연체와 억제를 하고자 하면서도 도리를 벗어나 우쭐대 버리는(1장 13~14절) 자기의 '마음의 흔들림'(1장 17절), '병도 아니고, 건강하지도 않은'(1장 2절) 고약한 중상을 호소하며, '마음의 평정'(1장 17절)을 얻을 묘약의 처방을 해 달라고 세네카에게 부탁한다. 처음 장을 대신한 이 부분은 변론으로 말하면, 서론(도입부)임과 동시에 논점(주제) 제시부이기도 하고, 이렇게 해서 '마음의 평정'이 주제로 제시된다.

이어진 답장은 거기에 따른 세네카의 처방인데, 세네카는 세레누스 한 사람에 대한 것이라 하기보다도 '누구에게나 알맞은……일반적 요법'으로 그것을 가르쳐 주려고 한다. 사실, 다음에 말하는 마음의 평정을 얻기 위한 삶의 갖가지 국면에서의 요법은 세레누스 개인을 떠나, '불완전한 인간, 평균적인 인간, 건전성에 문제가 있는 인간에게 맞는'(11장 1절), 일반요법의 성격을 띤 것으로 이루어진다.

세레누스적인 증례를 분석하고, 그 주원인을 '자기에 대한 불만', '자기 혐오', '권태'(2장 5, 7, 10절)로 진단한 세네카가 말한 처방은 대략 다음과 같은 것이다.

3~5장 공직에 몸담는 자는 사적인 생활에서도 공익을 생각해야 되고, 어떤 사태를 만나더라도 '활동적인 삶에 한가한 삶도 섞어 하도록 한다'(4장 8절) 그것이 최선책이다.

6~7장 자기(의 능력이나 자질)를 과대평가하지 말고 올바로 인식해, 대상이 되는 활동이나 인물(친구)을 제대로 평가해서 선택할 것.

8~9장 과도한 사치나 부를 바라지 말고, 허영을 물리치며, 자연스럽고 간소하게 살도록 힘쓸 것.

10~11장 '삶은 모두 다 예속'(10장 4절)이고, 재앙은 필연이기 때문에, 운명을 받아들이고, 거기에 익숙할 것, 높은 자리에 있는 자일수록 위험이 커, 지나친 영달이나, 영화를 누리려 하지 말고, 실현 가능한 것, 신변에 있는 것을 구할 것.

12~13장 쓸데없는 짓, 무의미한 일에 수고하지 말 것, 꼭 필요한 일은 하지 않으면 안 되지만, 의무적인 행위가 아닌 이상, 행동을 삼갈 것.

14장 '자신을 믿고, 자기에게서 기쁨을 찾아내며, 자기의 훌륭한 점을 존중하고, ……손해를 손해로 생각하지 말며, 불운하게 일어난 일까지도 선의로 받아들인다'(14장 2절)

15장 인간 존재 자체의 결함이나 악을 한탄한다든가 증오하지 말고, 격정도 온화하게 웃어넘길 것, 요컨대 헤라클레이토스가 아니라 데모크리토스를 본받을 것.

16장 용감한 사람들이 부당한 재난을 겪는 것을 보더라도 무서워하지 말고, 그들의 용감함을 칭찬하며, 보고 배울 것.

17장 겉치레를 몰아내고, 있는 그대로의 자세로 살 것, 때로는 여가나 오락, 여행이나 술을 즐기고, 정신의 긴장이 풀리도록 할 것, 때로는 일상적인 것에서 벗어나 위대한 것을 향해, 높은 곳으로 날아가지 않으면 안 되는 것.

여기에서는 엄격한 윤리를 주장, '유례 없는 악덕의 추구자'(퀸틸리아누스《변론가의 교육》10.129)라는 말을 듣던 세네카와는 다른 세네카의 특별난 모습이 드러나 있다. 그것은 현실 속(정치와 실무)에서 사는 세레누스 같은 사람을 대상으로 했기에 세네카의 현실적인 접근으로 나타날 수밖에 없다. 이 편은 중기 스토아파(특히 파나이티오스), 그것을 이은 로마기 스토아파의 특징적인 한 측면—체계적, 이론적 윤리보다는 현실적, 응용적 윤리, 추상적 교리보다는 구체적 지시—가 전형적으로 나타낸 윤리서라고 할 수 있다. 스토아파의 '황금의 중용'에 근거한 이 그럴듯한 실천적인 윤리서, 말을 바꾸면 매우 현실적인 처세훈의 집적이 어떤 매력을 동반해 독자의 마음에 새겨지는 것은 디오게네스(8장 7절0나 카누스(14장 4절) 등의 흥미로운 범례를 여기저기에서 인용, '훌륭하게 죽는 방법을 모르는 자는 졸렬하게 산다'(11장 4절), '필연은 씩씩하게 참는 솜씨를 가르치고 익숙은 쉽게 견디는 방법을 가르친다'(10장 1절), '고독은 군중에 대한 혐오를, 군중은 고독으로의 권태를 낮게 해준다)'(17장 3절)고 말한, 진리를 예리하게 파고든 경구를 아로새긴 세네카의 수사를 구사하는 능력이 크게 작용했으리라.

《삶의 짧음에 대하여》

집필 시절
이 편을 헌정(獻呈) 받은 폰페이우스 파우리누스는 아렐라테(지금의 아를) 출신의 기사신분을 가진 사람으로 이 편을 집필할 때에는 요직인 식관장(食管長)을 하고 있었다(18장 3절 참조). 같은 이름의 아들은 55년부터 57년까지 저지(低地)인 게르마니아 군단장을 하고 있어(타키투스《연대기》13.53 참조), 이름 높은 집안인 것으로 보인다. 세네카의 두 번째 아내의 이름은 폰피아 파우리나라고 하여, 마지막까지 남편에게 충성을 다하고, 세네카와 죽음을 함께 하려고 했으나 목숨을 끊지 못한 일화로 이름이 알려졌는데, 파우리누스는 그녀의 아버지로 세네카에게는 장인이 된다. 그가 식관장을 한 것은 48년부터 55년까지이므로, 이 편의 집필년도 그 시기로 짐작된다.

주제와 구성

이 편 모두의 제제(提題)는 매우 도발적이다. 히포크라테스의 유명한 잠언과 아리스토텔레스의 연설까지 공격대상으로 하면서 '삶은 짧다'는 보편적인 듯한 통념에 대해 '삶은 길다'고 한 역설을 제기한 것이다. 왜 '긴' 것인가. 이 역설적인 제제를 설명한 짧은 처음 장에서 응답을 한 것이다. '낭비'하면 짧고, '활용'하면 길다(제3절), 그것이 대답이다. 마땅하다면 마땅한 것같이 생각되는 이 대답에는 어떤 깊은 철학적 의미가 담겨 있다. 윌리엄스의 해설은 조금도 틀림없다. '실재의 것이기는 하지만, 빗물질적인 시간은, 스토아파에 의해 '말이 될 수 있는 것(sayable), 공허, 장소(공간)와 더불어 넷의 빗물체 존재의 하나로 분류되어 있다. 시간은 무한히 퍼지는 성질을 가진 것인데, 그것은 또 ' 분하다=구분점으로서의 limiting', 현재라고 하는 양측, 곧 과거와 미래 어느쪽에서나 무한히 구분이 가능한 것(divisible)이다. 크리시포스에게는 현재라는 시간은, 과거와 미래가 그렇지는 않은 것 같은 방식으로(과거와 미래는 '존재한다', 우리에게 '속한다'는 의미에서 현재만이 온전히 실재하는(real) 것이다. 그러나 어떤 시간도 정확히는 현존(present)하지 않는다. 이어가는 것의 일부로서, 엄밀한 의미에서의 현재라는 시간 그 자체는 과거와 미래로부터 성립된다. 따라서 우리가 '지금' 하나의 행위를 하고 있다고 할 적에, 그것은 좀 느슨한(looser) '계속적(durative)' 현재라는 시간을 가리켜서 하는 말이고, 이 계속적 현재라고 하는 것은, 나라고 하는 인간의 의식, 사고, 자발성, 자유(의사)와의 관련에서만 실재성을 갖는다. 세네카는 의론에 맞도록 엄밀한 의미에서의 시간을 쓰는 일은 있으나(10장 6절 '현재라는 시간은 매우 짧다. ……(그것은) 찾아온 찰나에, 벌써 존재가 끝나 있다', ……주로 '자연(물리)학'의 문제로 파악된 시간에서 떠나, '윤리(마음의 자세) 문제(a moral problem)로서의 시간 그 자체로 관심을 돌린다'. 달리 말하면 현재라는 시간은 인간이 그것을 의식하고, 사고하고, 자발성을 드러내는 자유스런 의사(세네카는 그것을 '붙잡다'(6장 4절, 9장 2절), '만류하다'(6장 4절), '관리하다'(7장 9절) 등 비유어로 나타냈다)의 경우에만 존재하고, 그렇지 않은 (세네카는 그것을 '상실하다'(9장 1절), '빼앗기다'(3장 2절, 7장 5절), '낭비하다'(13장 1절) 같은 비유어로 나타냈다)인 경우에는 존재하지 않는다는 것, 현재라는 시간은 의식과 사고, 의자라는 마음 자세에 의존해, 존재하면 '활용'할 수 있고, 존재하지 않으면 '헛되이 흘러', '낭비'된다는 것, 또 현재는 과거와 미래로부터 성립되는 것이므로, '활용'하면 '매우 크게 넓히는 (즉 길게 하는) 것이 가능하지만, 현재가 존재하지 않으면 과거도 없고 미래도 없으므로, 시간은 '무(無)'(8장 1절)가 된다는 것이다. 하긴 오로지 지금을 의식하고 마음먹는 것만으로 시간이 '활용'되고 길어질 리는 없다. '낭비'에는 잘못된 추단(推斷), 잘못된 사고, 잘못된 의사에 의해 시간을 '무'로 하는 '남용'도 포함된다.

이와 같은 시간론, 시간인식에 입각해, 세네카는 전자를 '한가한 사람(=시간을 길게 하는 사람)'이라 하고, 후자를 '무엇인가에 몹시 바쁜 자(=시간을 무로하는 자)'라 부르고, 이로부터 '유례없는 악덕의 추구자'(퀸틸리아누스 《변론가의 교육》 10.129)에 어울리는 통렬한 풍자를 섞어가면서 시간을 '잃고', '시간을 빼앗기고', 시간을 '낭비하는' 자들의 잘못을 꾸짖는다. '무엇인가에 몹시 바쁜 자의 '무엇인가'에는 단순한 게으름과 방탕·도락뿐만 아니라, 부나 명예나 명성을 바라는, 거의 모든 사회적 행위가 포함되며, 학문(특히 옛 것을 좋아하는 취미)도 예외가 되지 않았다(12장 2~9절). 그들에게 공통되는 점을 지적하고 세네카는 말한다, '무엇인가에 몹시 바쁜 인간의 속성으로서, (참으로) 삶을 깨달을수록 의욕이 희박한 것은 없다'(7장 3절)고. 그들은 의식으로 올라가지 않은가, 올라가도 자발성과 자유로운 의사를 갖지 못하든가, 또는 그 자유를 빼앗기고 있기 때문에, '(참으로) 사는=지금을 사는' 시간, 자기를 위해 사는 시간—세네카는 그것을 '한가'라고 하는데, 이 '한가'에는 늘 '관상(觀想)'이라고 하는 관념이 따른다—을 가지려고 하지 않든가, 가지려고 해도 '무엇인가'에 정신 없을 만큼 바쁘게 빠져 있기 때문에 갖지 못하든가, 뒤로 미루든가 한다. 그러나 '참답게' 사는 방법은 평생에 걸쳐서 배워야 된다(7장 3절)는 것이다. 무릇 인간인 이상, '궁극의 목적'은 '선하게(=참답게) 사는 것', 예지를 얻고, 덕을 가지고 사는 것이다. 그러기 위해서 인간에게 주어진 시간은 실로 짧다(《한가에 대하여》 5.7, 《윤리 서간집》 32.2, 77.20 등 참조). 시간은 '윤리(마음의 자세)의 문제'이고, 그것을 길게 하는 것도, 무로 하는 것도 자기의 마음에 달렸다. 시간을 '무'로 하는 자들에 대한 세네카의 비판이 타협을 허락하지 않고, 엄하게 되는 것은 바로 그 때문인 것이다. 여기에는 온건한 실천윤리를 설하는 《마음의 평정에 대하여》의 세네카와는 다른, 엄격한 윤리를 날카로운 풍자를 담아 주장하는 스토아 철학자 세네카의 모습이 있다.

그럼, 시간을 '활용' 하고, 삶을 '길게' 하자면 어떻게 해야 되는가. 세네카의 말을 인용하는 것이 가장 좋으리라. '모든 사람 가운데 유일하게, 예지(철학)를 위해 시간을 쓰는 사람만이 한가한 사람이고, (참답게) 살고 있는 사람이다'(14장 1절), '세속적인 의무가 아니고, 인간적으로 참다운 의무에 종사하고 있다고 생각해야 되는 것은, 날마다 제논이나 피타고라스, 또는 데모크리토스나 그밖의 좋은 스승들, 아리스토텔레스나 테오프라스토스에게 직접 가르침을 받는 사람들이다'(14장 5절), '이것이야말로 죽어야 할 인간의 삶을 늘리는 유일한 방법, 아니, 죽어야 할 인간의 삶을 영원불멸한 삶으로 바꾸는 유일한 방법인 것이다'(15장 4절).

세네카는 그렇게 주장하고, 장인인 파우리누스에게 식관장의 요직을 사직하고, 한가와 관상의 삶으로 들어가라고 권고한다(18장 이하). 그 권고는 파우리누스 한 사람에게만 하는 권고로 볼 필요는 없다. 아니, 그렇게 보아서는 안 될 것이다. '소수의 인간에게만 한정하는 말이 아니고, 모든 민족의 인간에게도, 오늘날 존재하는 인간에게도, 그리고 앞으로 존재할 인간에게도 관련이 되는'(《한가에 대하여》 6.40) 것, 그것은 '선한 인간'의, 바꾸어 말하면, 철학자가 해야 되는 의무이기 때문이다. 세네카의 저작은 모두 그와 같은 뜻으로 씌어진 것이다. 세네카의 그 권고를 비현실적으로 받아들일 것인가, 진리로 받아들이는 가는, 그야말로 저마다의 '윤리(마음의 자세)의 문제라고 하지 않을 수 없다. 끝으로, 파우리누스가 지향해야 할 목적지, 세네카의 시선의 목적지에는, 세네카를 만년에 《자연연구》를 하도록 촉구한 《마르키아에게 보낸 위로의 글》의 마지막 장 (26장)에 그려진 그 아름답고 장대한 '영혼과 우주=신'의 이미지가 있다는 것 (19장 1~2절)을 덧붙여야 하리라.

De Providentia
섭리(攝理), 자연의 원리와 법칙에 대하여

1

루킬리우스[1]여, 그대는 나에게 섭리가 이 세상을 지배하는데, 어째서 선한 사람들이 불행을 당하느냐고 물었네. 이것은 섭리가 모든 것을 다스리고, 신이 우리 인간을 도맡고 있음을 증명하는 것인 만큼 종합적으로 논하는 것이 나으리라 생각하네. 그러나 전체에서 아주 작은 한 부분을 떼어내어, 쟁점 모두를 그대로 두고 한 가지 반론만 해결하는 것 또한 좋은 방법이 되리라 생각하네. 그건 그리 어렵지 않은 일이니, 내가 한번 신들을 위해 변론을 해보려 하네.

이제 군이 말할 것도 없지만, 이 위대한 업적이 어떤 감독자가 없이는 이어나갈 수 없을 것이오, 별들이 모이고 흩어지는 현상도 우연한 충돌에서 일어나는 것이 아니라네.[2] 우연한 충돌에서는 이리저리 무질서하게 움직이다가 서로 세차게 부딪쳐 버리지. 그러나 아무런 방해도 받지 않는 이 고속 운행은, 영원한 법칙에 따라 끊임없이 대지와 바다에 이렇게도 많은 사물들을, 그리고 더없이 찬란한 빛을, 정해진 배치에 따라 눈부시게 빛나는 별들을 움직이

---

*1 가이우스 루킬리우스. 기사계급으로 세네카의 손아래 친구이지만, 세네카의 저작으로만 알려져 있다. 폼페이우스 또는 네아폴리스 출신. 실력으로 기사 신분을 얻은 뒤, 칙임관리관을 몇 번 지내고, 63년 또는 64년에 시칠리아에 부임했다. 세네카는 만년의 주요 저작 《자연연구》, 특히 《도덕서간집》을 그에게 보내는 형식으로 썼으며, 곳곳에서 그에 대한 깊은 애정을 드러냈다. 세네카와 마찬가지로 시와 철학서를 썼다. 처음에는 에피쿠로스 철학으로 기울었지만, 이 대목의 기술에서 뚜렷이 드러나듯이 스토아학파이다.

*2 우주의 규칙성은 무엇보다 섭리의 존재를 증명한다. 스토아파의 자연신학을 해설하는 키케로의 《신들의 본성에 대하여》 제2권 참조. 마르쿠스 아우렐리우스는 섭리와 우연의 대립을 단적으로 표현했다. "그러나 그대는 전체 속에서 자신에게 주어진 것에 대해 불만을 가지고 있다는 말인가. 다음의 선언명제(選言命題)를 상기하기 바라네. '섭리인가 원자인가'"

고 있다네. 이 질서는 일정한 멈춤이 없이 헤매는 질료*³ 때문이 아니라네. 제멋대로 충돌한 것이 이렇게 뛰어난 능력으로 우주에 머물러 있는*⁴ 것은 있을 수 없는 일이지. 그래서 가장 무거운 흙덩이가 흔들림 없는 자리를 차지한 채, 자기 주위를 재빨리 맴도는 우주의 달아남을 바라보고, 따라서 대지의 고물을 채우는 바다가 대지를 적셔 강물이 불어나는 것을 전혀 느끼지 못하며, 그래서 아주 작은 씨앗에서 태어난 것이 거대하게 자라나는 것이라네.*⁵

그 무질서하고 불규칙하게 보이는 현상, 곧 내가 말하고자 하는 것은 비와 구름, 들끓는 번개*⁶의 낙하, 뚫린 산꼭대기에서 넘쳐흘러 불타는 용암, 가라앉는 지면의 진동, 그 밖에 대지를 둘러싼 자연의 사나운 힘이 일으키는 사건*⁷들이 아무리 그것이 갑작스럽다 해도 까닭 없이 일어나는 게 아니라네. 모두 나름대로 원인이 있다는 말일세. 생각지도 못한 곳에서 일어나 기적으로 볼 수밖에 없는 일도 마찬가지라네—바닷물 한가운데에서 솟아나는 뜨거운 물, 큰 바다에 갑자기 출현하는 섬들의 새로운 풍경.

바다가 물러가고 해안이 드러났다가, 곧 다시 물이 차서 처음으로 돌아가는 것을 보면서 이렇게 생각하는 사람도 있을지 모르네. 파도는 때때로 무언가 무분별한 운동에 의해 안으로 끌려들어가고, 또 스스로 돌진해 전속력으로 자기 자리를 되찾고 말지. 그러나 실제로 조류는 달의 인력에 따라, 일정량씩 불어나면서 시시각각, 하루하루 커졌다가 작아지기를 되풀이한다네. 대양은 달의 의지에 따라 차오르는 것이라네.—이러한 주제는 알맞은 기회가 오면 다시 이야기하기로 하겠네. 어쨌든 그대가 섭리에 대해 품고 있는 것은 의문이 아니

---

*3 에피쿠로스 원자론의 자연관을 염두에 두고 이야기하고 있는데, '방황하는 종류의 원인'이라는 표현은 플라톤 《티마이오스》 48A에서 볼 수 있다. 또 스토아파의 실체론에서는 능동원리를 '신' 또는 '자연', 수동원리를 '질료(소재)' 또는 '무성질의 실체'라 부른다(디오게네스 라에르티오스 《철학자 열전》 7·134, 《도덕서간집》 65·2 참조)

*4 원문 '매달리다(pendere)'는 그 무렵의 일반적인 우주상인 동심구상우주의 중심에 가장 무거운 지구가 멈추고 있는 것을 나타낸다(오비디우스 《변신 이야기》 1·12 참조.

*5 스토아파 자연신학에서 전통적으로 사용되어 온 예의 하나이다(키케로 《신들의 본성에 대하여》 2·81 참조)

*6 번개는 기원전 5세기의 소피스트 시대 이후, 구름의 충돌이 원인으로 여겨졌다. 아리스토파네스 《구름》 404—407, 세네카 자신의 설명은 《자연연구》 2·21 이하 참조.

*7 이른바 월하(月下)의 세계, 달과 대지 사이의 불규칙한 움직임에 지배되는 대기에서 일어나는 현상을 말한다(《헬비아에게 보내는 위로의 편지》 20·2 참조). 《자연연구》의 주제영역이다.

라 불만이니 말일세.

　나는 그대를 신들과 화해시키고 싶다네. 가장 선한 자들에게 가장 선한 신들을 말일세. 마땅한 말이지만, 선한 것이 선한 것을 해치는 일은 자연이 허락지 않기 때문이라네. 선한 자들과 신들 사이에는 덕을 매개로 한 우정이 존재한다네—우정이라고? 아니, 차라리 친척이요 닮은꼴이라고 해야겠지. 왜냐하면 선한 자는 오로지 시간에 있어서만 신과 다르니까 말일세.*8 그의 제자이자 경쟁자, 그리고 진실한 후손이니까. 존엄한 아버지, 모든 덕을 요구하는 신은, 이 자손을 엄한 아버지처럼 혹독하게 교육한다네. 그러므로 선한 자들, 신들에게 선택받은 자들이 언제나 수고스럽게 땀 흘리며 높고도 가파른 길을 올라가는 데 비해, 그렇지 못한 자들이 제멋대로의 생활을 하면서 쾌락에 빠져 있는 것을 보았을 때는 이렇게 생각하게. 우리는 흔히 아들의 절도 있는 행동을 좋아하고, 노예의 아들들의 방종한 생활을 기쁘게 여기지. 우리의 아들은 엄격한 교육을 하는 데 비해, 노예의 아들은 자라는 대로 멋대로 내버려 두는 법*9이라고. 신에 대해서도 그대는 똑같이 생각해야 할 걸세. 신은 선한 자를 응석받이가 되도록 내버려두지 않고 시련을 주어 단련한다네. 자신을 위해 일할 수 있도록 가르치는 것이지.

2

　"어째서 역경은 선한 사람한테 찾아오는 것일까?" 선한 사람에게 악이 일어나는 것은 불가능한 일이네. 그와 정반대인 것은 서로 섞일 수 없기 때문이야. 그것은 마치 많은 냇물과 하늘에서 내리는 많은 빗물, 그리고 지하수의 이렇게도 많은 성분들이, 바다의 그 물맛을 바꾸지 못하는 것은 물론이고 희석조차 하지 못하는 것과 같다네. 따라서 역경의 공격이 용맹스러운 사람의 정신을 바꾸는 일 또한 없다네. 그는 같은 장소에 계속 머물면서, 자신에게 일어나

---

*8 신이 현자보다 뛰어난 것이 시간뿐이라는 것은 《도덕서간집》 53·11, 73·13에도 인상적으로 기술되어 있다. 신과의 유사점에 대해서는 《현자의 항심에 대하여》 8·1-2 참조. 신의 경쟁자에 대해서는 《도덕서간집》 59·18, 124·23 등 참조. 인간은 그 탁월성의 실현으로 '신과의 유사성'—이 시대, 본디 플라톤주의에서 비롯된 이 목적(행복)의 정의는 각파의 공유재산이었다—도 넘어선다는 표현이 이 책 말미(6장 6절)에 있다.

*9 귀족 집에서 태어난 노예의 자식은 때때로 응석꾸러기로 자랐다. 그들의 태도에 대해서는 《현자의 항심에 대하여》 11·3 참조.

는 모든 것을 자기 색깔로 바꾸지. 그는 어떠한 외부의 사물보다 강력하기 때문이야. 그것을 느끼지 않는 게 아니라 이겨내는 것이라네.*10 그리고 언제나 공정하고 부드럽지만, 공격해오는 것에 대해서는 벌떡 일어나서 싸우며 모든 역경을 단련으로 여기지. 그러나 어떤 사나이가 고결한 행위를 목표로 삼아 한 번 뜻을 정한다면, 정의의 수고를 마다하지 않고 위험이 따르는 임무를 지원하지 않을 수 있겠나? 어떠한 노력가가 그저 흘려보내는 시간을 형벌로 여기지 않을 수 있겠는가 말일세. 자주 있는 일이지만, 신체 능력에 바탕한 격투 선수들은 가장 강한 적과 겨루고 싶어하고, 시합에서 맞붙게 된 상대 선수에게 자신을 향해 온 힘을 다할 것을 바란다네. 넘어지고 얻어터지는 것을 참고 견디면서 말이야. 그리고 싸우기에 부족함이 없는 강한 상대가 없을 때는, 한꺼번에 많은 적을 상대한다네. 꼭 알맞은 상대가 없으면 이쪽의 힘도 줄어드는 법이지. 그것이 얼마나 위대하고 얼마나 강한지 드러나는 것은, 고난이 그것을 얼마나 이겨내는지 보여주는 바로 그때이지. 선한 자도 그와 같은 자세를 가져야 한다고 생각하게. 고난 앞에서 망설이거나 운명을 불평해서는 안 되지. 선한 자는 무슨 일이 일어나든 그 의미를 생각하고, 그것을 언제나 선으로 바꾼다네. 중요한 것은 무엇을 참고 이겨내느냐가 아니라 어떻게 참고 견뎌내느냐 하는 것일세.

아버지의 사랑이 어머니와 어떻게 다른지 그대도 잘 알고 있겠지. 아버지는 자식에게 일찍 일어나라, 공부하라고 명령하면서, 휴일에도 쉬는 것을 허락하지 않네. 자식들을 땀 흘리게 하고, 때로는 눈물도 흘리게 한다네. 그러나 어머니는 당신 품에 안고 시원한 그늘에서 편히 쉬게 하고 싶어하지. 결코 힘들어하지 않기를, 결코 눈물 흘리지 않기를, 결코 고생하지 않기를 바란다네. 신은 선한 자들을 아버지의 마음으로 대한다네. 그들을 엄하게 사랑하며 이렇게 말하지. "그들이 참된 힘을 지닐 수 있도록, 고통과 고역에 시달리게 하고 혼란에 빠뜨릴 것이다." 아무것도 하는 일 없이 길러진 자*11는 무기력에 빠져, 수고는 커녕 자신의 움직임과 자신의 무게로 쇠약해진다네. 장애를 모르는 행복은 어

---

*10 현자의 무정념(無情念)이 아무것도 느끼지 않는 것이 아니라는 것에 대해서는《도덕서간집》9·3 참조. 마음의 열악한 모습인 정념과 비슷한 현상(중기 스토아파가 다뤘다)에 대해서는《분노에 대하여》1·2·1—4·2 참조.

*11 식용으로 살을 찌운 새의 비유(《도덕서간집》122·4 참조).

떠한 고역도 견디지 못하지. 그러나 끊임없이 역경과 싸우는 자는 자신이 입은 고역으로 굳게 단련되어 어떠한 불운 앞에서도 물러서지 않게 되지. 쓰러져도 무릎으로 일어나서 다시 싸우는 법일세.

그대에게는 이것이 놀라운가? 선한 자들을 진정으로 사랑하며, 그들이 되도록 선해지고 더욱 뛰어난 자가 되기를 바라는 신이, 그들에게 운명을 내려주어 그들을 단련하려는 시도가 말일세. 내가 때때로 위대한 사람들이 재앙을 상대로 싸우는 모습을 보고 싶어하는 것도 놀라운 일이 아닐세. 흔히 우리는 굳건한 정신력을 지닌 젊은이가 달려드는 맹수를 창으로 맞서거나, 사자의 공격을 두려운 기색도 없이 맞이하는 것을 보면 열광하게 되지. 그러한 경주는 수행한 자가 고귀할수록 높은 평가를 받는다네. 그러나 신들의 시선을 이쪽으로 끌어당기는 것은, 그런 어린아이 같은 유치하고 하찮은 오락 따위가 아니라네.

이 주목할 만한 한판 승부를 보라고! 자신의 일*¹²에 전념하는 신을 돌아보게 할 수 있는 대시합을 보라고! 보게, 그야말로 신에게나 어울릴 이 대결을! 악운과 맞서는 용감한 자! 그것도 감히 그 자신이 도전한 대전을. 나는 이렇게 말하고 싶네. 유피테르가 이 지상으로 눈길을 돌렸을 때, 과연 자신의 당파가 거듭 패배했음에도*¹³ 폐허가 된 조국의 한가운데에 당당하게 선 카토*¹⁴를 바라보는 것보다 더 기쁜 일이 어디 있겠느냐고 말일세. 그는 이렇게 말했지. "모든 것이 한 사람의 지배에 복종하든, 대지가 군단에, 바다가 함대의 위협을 받고 카이사르의 군사가 항구를 점거하든*¹⁵ 말이네. 카토에게는 탈출할 길이 있지. 자유에 이르는 넓은 길을 자신의 한쪽 손으로 열어나갈 테니까. 그 칼날, 내란에도 더럽혀지지 않았던 깨끗한 칼날이, 마침내 선하고 고귀한 일을 해내

---

*12 우주를 다스리는 것.

*13 파르살로스 전투(기원전 48)와 문다 전투(기원전 45)에서 공화정파와 폼페이우스파 연합군이 카이사르파에 패배했다.

*14 마르쿠스 포르키우스 카토 우티켄시스(소 카토)(기원전 95-46). 기원전 54년의 법무관. 제1회 삼두정치에 맞서 벌족파를 주도했다, 타프수스 전투에서 공화정파 연합군이 패한 뒤, 우티카에서 카이사르의 관용을 거부하고 자결한다. 그의 신념을 꺾지 않은 삶과 최후의 독재에 대한 저항과 자유의 상징으로서, 그 바로 뒤부터 키케로를 비롯해 많은 글에서 찬양되었다. 세네카와 조카 루카누스에게 최고의 영웅이었다.

*15 우티카의 항구를 카이사르군이 봉쇄한 일.

는구나. 조국에 주어지지 않았던 자유를 카토에게 줄 테니까. 나의 마음이여, 오랫동안 생각을 거듭했던 일로 돌진하라.*¹⁶ 네 자신을 인간 세상에서 빼앗아 가라. 이미 페트레이우스*¹⁷와 유바*¹⁸가 서로 싸우다가 서로의 손에 쓰러졌다. 장렬하고 멋진 죽음의 협정이기는 하지만, 나의 위대함에는 걸맞지 않구나. 카토에게는 누군가에게 죽여 달라고 부탁하는 것이야말로 살려달라고 애원하는 것 못지않게 볼썽사나운 일이 아닌가."

신들이 크게 기뻐하며 바라보았을 것일세. 나는 이를 믿어 의심치 않네. 그 용사, 자신의 가혹한 방어자가, 다른 이의 안전을 헤아려 달아나는 자에게 도망갈 길을 열어주는 것을. 밤늦도록 배움에 힘쓰는 것을. 자신의 거룩한 가슴에 칼을 찌르는 것을. 내장을 꺼내어 뿌림으로써 칼로 더럽혀지기에는 더없이 거룩한 생명을 제 손으로 없애는 것을*¹⁹ 상처에 치명적인 효과가 없었던 것 또한 바로 그 때문이라고 생각하네. 불멸의 신들은 카토를 한 번 보는 것만으로는 만족할 수 없었기 때문이야. 더욱 곤란한 상황에서 덕을 보여 주기 위해, 붙잡아두고 되살렸던 거라네. 죽는 데는, 그것이 거듭될수록 강한 정신력이 필요하기 때문이지. 자신이 키운 자식이 그토록 명예롭게 기억에 남을 최후를 마치는 광경을, 어떻게 신들이 기쁜 마음으로 바라보지 않을 리가 있겠는가. 죽음은 그들을 보통의 것과 신성하게 구별한다네—두려워하는 자들에게조차 칭송 받으며 최후를 마치는 자들을*²⁰

---

*16 '마음이여(anime)' 하고 자신의 마음을 격려하는 독백은 호메로스(《오디세이아》 20·19) 이래의 수사(修辭)인데, 라틴 문학에서는 세네카 비극의 가장 두드러진 특징이다.

*17 마르쿠스 페트레이우스. 카이사르의 원수로, 기원전 55년 이후 폼페이우스의 부관을 지냈다. 북아프리카의 타프수스 전투에서 패한 뒤 죽음의 협정을 나눈 유바와 함께 자결했다.

*18 누미디아의 왕. 로마에서 카이사르에게 모욕당하고, 기원전 49년 이후 폼페이우스에게 힘을 보태어 싸웠다. 타프수스 전투에서 패한 뒤, 페트레이우스와 서로를 찔러 자결했다. 이 두 사람의 자결 일화는 대 세네카 《설득법》 7·14 등에서도 다뤘지만, 지은이를 알 수 없는 《아프리카 전기》 93에 따르면, 힘이 뛰어난 페트레이우스가 유바를 베어죽이고, 그 뒤 자신의 가슴에 칼을 찌르려 했으나 실패하고 노예에게 자신을 찌르게 했다고 한다.

*19 이 대목 카토의 자결 묘사에 대해서는, 플루타르코스의 《영웅전》 '소 카토' 70 참조. 카토는 동포의 탈출을 도와주고, 한밤중에 플라톤의 《파이돈》을 읽은 뒤, 한 손으로 배에 칼을 찔렀는데, 정신을 잃은 사이에 동료 의사가 치료하고 꿰맨 것을, 의식이 돌아온 뒤 자기 손으로 다시 상처를 열어 죽었다.

*20 카이사르와 아우구스투스도, 원로원 사람들이 카토를 칭찬하는 것을 막지 않았다.

3

이미 논의도 무르익었으니, 악으로 생각되는 것이 왜 그렇지 않은지 보여주겠네. 이제 내가 주장하고 싶은 것 곧 자네가 가혹하다고, 고난이라고, 혐오스러운 일이라고 말하는 것들은, 첫째, 그런 일을 당하는 사람에게 이롭고, 이어서 모든 사람들에게도 도움이 된다는 사실일세. 왜냐하면 신들에게는 개인보다는 인류 전체를 헤아리는 일이 더 중요하기 때문이네. 그리고 그것은 원하는 자에게 일어나고 있지. 만약 바라지 않는다면, 그 사람이야말로 악에 걸맞다고 해야겠지. 거기에 덧붙인다면, 그런 일들은 운명에 따라 일어나며, 선한 자가 선한 자인 까닭인 바로 그 법에 따라 그들에게 일어나는 거라네. 그리고 선한 자를 불쌍하게 여겨서는 안 된다고 자네를 설득하겠네. 비참하다고 말할 수는 있어도, 실제로 비참할 리는 없으니까 말일세.

이제 늘어놓은 가운데 가장 어렵게 생각되는 것은 최초의 논점, 즉 우리가 두려워 전율하는 일이 일어나는 것 자체가 그 사람에게 이롭다는 것이네. 그대는 이렇게 말하겠지. "추방당해 버림받고, 궁핍으로 전락하고, 처자를 잃고, 악명을 쓰고, 신체 장애를 입는 것이 본인에게 좋단 말이오?" 만약 그대가 이러한 일들이 누군가에게 도움이 된다는 사실이 이해되지 않는다면, 칼과 불로 치유되는 사람이 있다는 것도 이상하게 여기겠지. 굶주림과 갈증도 마찬가지라네. 그렇지만 때로 사람들은 치료를 위해 뼈를 깎고, 떼어내고, 혈관을 꺼내고, 그리고 팔다리를 자른다네. 그것 때문에 온몸이 위험해지지 않을 수 없기 때문일세. 그대도 그 점을 잘 살펴보면, 하나의 재앙도 그것을 당한 사람에게 유익하다는 사실에 동의하는 데 망설이지 않을 것일세. 아니, 그뿐만이 아니라, 반대로 칭찬받고 추구되는 것에는 그것을 누린 사람들에게 해가 되는 무엇이 존재한다네. 틀림없이 소화불량과 과음, 그 밖의 쾌락에 따라서 사람을 죽이는 일들과 비슷한 종류이겠지.

우리의 친구 데메트리오스*[21]는 멋진 발언을 많이 했지. 다음 말도 그가 한

---

*21 칼리굴라 황제부터 베스파시아누스 황제 치하, 로마에서 활동했던 키니코스파 철학자로 세네카의 친구. 네로에게 저항한 스토아주의자 파에투스 트라세아의 최후에도 입회했다. 아마 66년에 네로에 의해 그리스로 추방되었다가 그 뒤에 돌아왔다. 권력을 비난한 것 때문에 베스파시아누스 황제에 의해 다시 추방되었다. 늘그막의 세네카는 그의 영향을 강하게 받았다.

말의 하나라네. 얼마 전 그와 함께 있었는데, 그때의 그 목소리가 오늘도 내 귀에서 맴도는 것 같군. 그는 이렇게 말했지. "나는 불행을 당하지 않은 자만큼 불행한 사람은 없다고 생각하네." 그것은 자신을 시험할 기회를 얻지 못했다는 이야기지. 만일 모든 것이 그의 바람이나 뜻대로 잘된다 하더라도, 그리고 예컨대 그가 바라기도 전에 그렇게 되었다 하더라도, 신들은 그에게 엄격한 평가를 내렸다네. 자신의 운명을 극복할 만한 자로는 보이지 않았던 거지. 겁쟁이들은 자신의 운명을 건드리지 않는다네. 이를테면 이렇게 말하면서 말이지. "아니, 이게 뭐야? 나더러 이런 자를 상대하라는 거야? 곧바로 무기를 내던지고 말걸. 이 따위 상대에게 내 아까운 힘을 쓸 필요는 없지. 살짝만 건드려도 달아나 버릴 테니까. 내 얼굴만 봐도 지레 겁을 먹을 거야. 내가 대결할 만한 다른 사람을 찾아야지. 싸우기도 전에 패할 생각부터 하는 상대와 싸우는 건 나에게도 수치이거든."

검투사는 자기보다 못한 상대와 시합하는 것을 굴욕으로 여긴다네. 아무런 위험 없이 이길 수 있는 상대를 이겨봤자 자신에게 영광이 돌아오지 않는다는 사실을 알고 있지. 운명도 마찬가지라네. 자신의 상대로 가장 용맹한 자를 찾으면서, 어떤 자들은 고개를 돌리고 그냥 지나쳐 버리거든. 그리고 대담무쌍하고 정의감 넘치는 자에게 자신의 맹위를 떨치기 위해 돌진한다네. 운명은 무키우스*22에게 불을, 파브리키우스*23에게 궁핍을, 루틸리우스*24에게 추방을, 레굴루스*25

---

*22 가이우스 무키우스 스카이볼라. 초기 로마의 전설적 영웅. 일반적인 전설에 따르면, 에트루리아의 왕 포르센나의 암살에 실패하고 사로잡혔을 때, 태연하게 오른손을 불 속에 집어넣어 태웠다. 그의 강인함에 감탄한 왕은 로마공격을 멈추었다고 한다.

*23 가이우스 파브리키우스 루스키누스. 기원전 282, 278년의 집정관. 고대 로마인의 청렴결백의 본보기로 알려졌다. 에페이로스 왕 피로스와 싸웠다. 포로 교섭 때 피로스가 호의로 보낸 돈을 받지 않았고, 피로스의 시의가 왕의 독살을 제안했을 때는 왕에게 음모를 알렸다(플루타르코스《영웅전》'피로스' 20−21 참조).

*24 푸블리우스 루틸리우스 루푸스. 기원전 105년의 집정관. 스토아파의 학두 파나이티오스에게 배운 교양인으로, 웅변과 인격이 뛰어났으며, 신인이면서도 원로원 체제를 맡았다. 아시아에서 부정한 경제활동을 억제한 것 때문에 기사계급의 적의를 사서, 불법이득 혐의로 고발당해 유죄선고를 받고, 로마를 떠나 아시아의 스미르나에서 살며, 본문에 있듯이, 뒷날 술라가 소환했을 때도 돌아가지 않았다.

*25 마르쿠스 아틸리우스 레굴루스. 기원전 267, 256년의 집정관. 기원전 255년에 카르타고군에 패해 포로가 되어 죽었다. 나중의 전설에서는, 포로 교환 또는 화평 교섭을 위해 로마로 돌려보내졌지만, 원로원에 타협을 거부할 것을 진언하고 약속대로 카르타고로 돌아가

에게 고문을, 소크라테스*26에게 독약을, 카토에게 죽음을 시험한 거라네.*27 불운 말고 어디서 그런 위대한 본보기를 찾을 수 있겠는가 말일세.

무키우스는 과연 불행했을까? 그가 오른손을 적의 불 속에 넣어 자신의 실패를 스스로 응징했으니까? 무기를 잡은 손으로는 쫓아버리지 못했던 왕을, 불타서 문드러진 손으로 쫓아버렸으니까? 아니면, 애인의 가슴으로 손을 따뜻하게 데우는 편이 더 행복했을까?

파브리키우스는 불행했을까? 국가의 책무에서 물러나 자유로운 한, 자기 밭을 스스로 갈았으니까? 피로스*28를 대하는 것과 마찬가지로 부(富)를 상대로 전쟁을 수행했으니까? 난롯가에서 저녁식사로 개선식을 올린 노장이 밭에서 김을 매다가 직접 뜯은 나물을 먹었으니까? 그렇다면 이건 어떤가. 아득히 먼 해안의 물고기와 낯선 나라의 들새로 자기 위장을 가득 채운다면? 위 바다, 아래 바다*29에서 나는 조개로 더부룩한 위를 달랜다면? 산더미 같은 과일로, 수많은 사냥꾼의 목숨과 맞바꾸고 잡아온 매우 커다란 사냥감을 에워싼다면?

루틸리우스는 불행했을까? 그를 처벌한 자들이 모든 시대에 걸쳐 변명하게 될 테니까?*30 자신이 추방에서 풀려나는 것보다, 자신이 조국으로부터 제거되는 것을 태연하게 견뎌냈으니까? 독재관 술라*31에게 홀로 반대 의견을 말

고문으로 살해당했다고 하며, 로마군인의 모범으로서 키케로를 비롯, 많은 문학작품에 자주 등장한다.

*26 아테네 철학자(기원전 470-399). 고대윤리학의 시조. 시민을 상대로 대화로써 삶과 지혜를 음미 탐구했으나, 기원전 5세기 말 정치적 혼란에 휩쓸려 불경죄로 고발당해 패소하고, 독을 마시고 죽었다.

*27 세네카는 작품 속에 이러한 시련의 모범을 자주 열거했는데, 여기서도 카토는 비운과 죽음과 고통의 시련에서 소크라테스를 넘어서는 범례로 다뤄졌다.

*28 에페이로스의 왕(기원전 330무렵-273). 뛰어난 무장으로 타렌툼에 초빙되어 그리스인으로서 처음으로 로마와 싸워 로마를 위기에 빠뜨렸지만, 마지막에는 패하여 물러났다.

*29 각각 아드리아 해와 티레니아 해를 가리킨다.

*30 "(그 내란사[內亂史]를 통해 코르두스는) 추방공고를 한 자들을 영원히 공고했다."《마르키아에게 보내는 위로문》 26·1

*31 루키우스 코르넬리우스 술라 펠릭스(기원전 138무렵-78). 기원전 88, 80년의 집정관, 기원전 82-79년의 독재관. 동맹시 전쟁에서 이름을 알린 뒤, 마리우스와의 항쟁에서 처음으로 로마에 진군했다. 그 뒤 기원전 83년, 다시 로마에 진군해 수도를 차지하고, 이듬해 독재관에 취임, 반동적인 원로원 체제를 복구했는데, 그때 추방공고로써 다수의 시민을 살육했다.

하고, 소환당해도 돌아가기는커녕 더 멀리 피했으니까? "로마에서 그대의 행복*³²에 사로잡힌 자들에게나 보여주시오. 포룸에서 흘린 피의 바다를, 세르빌리우스의 연못*³³—그곳은 술라에게 추방된 자들의 처형장*³⁴이었으니까—근처에 뒹구는 원로원 의원들의 머리를. 곳곳을 돌아다니는 참살자들의 무리를. 안전이 보장된 뒤, 아니, 바로 그 보장 때문에 한곳에 모여 목이 잘린 수천 로마 국민의 머리를. 추방을 받아들일 수 없는 자들은 그런 광경이나 보아야 할 것이오." 그렇다면 이런 것은 어떤가. 루키우스 술라는 행복할까? 포룸으로 걸어 내려가는 그의 진로를 칼이 열어주었으니까? 집정관급 사람들의 목 자르는 실험을 인정했으니까? 법무관과 공시 문서로써 살인의 대가를 치렀으니까?*³⁵ 게다가 이 모든 일을 한 것은 그 사람, 코르넬리우스법*³⁶을 제출한 바로 그 당사자 아닌가.

이번에는 레굴루스로 넘어가보세. 운명이 무슨 까닭으로 그에게 해를 끼쳤단 말인가. 그를 충성의 모범, 인내의 본보기로 삼지 않았나? 온 살갗에 못이 꽂혀 있어 지친 몸을 그 어디에 뉘어도 아프지 않은 데가 없었지. 잠을 이루지 못하도록 눈꺼풀은 늘 치켜 올려져 있었다네.*³⁷ 고문이 독하면 독할수록, 영광 또한 더욱 빛나는 법. 그가 덕을 이만큼 높은 가치로 평가한 것을 어째서 후회하지 않았는지, 궁금한가? 그렇다면 고문을 풀고 원로원으로 보내게. 똑같은 의견을 밝힐 테니까.

그렇다면, 자네는 마이케나스*³⁸ 쪽이 행복하다고 여기는가? 정사(情事) 때

---

*32 기원전 82년에 주어진 술라의 별명 '펠릭스(행복한 자)'에 대한 야유.

*33 포룸에 가까이 있었던 저수지로, 만든 사람을 기념해 이름 붙였다.

*34 spoliarium. 본디는 투기장의 일부로, 죽은 검투사를 끌고 가서 무구를 벗기는 장소.

*35 《플루타르코스 영웅전》 '술라' 31에 따르면, 추방공고 대상자를 살해하면 2탈란톤이 주어졌다. 또 그 재산은 경매에 부쳐졌다. 법무관은 국고를 관리한다.

*36 기원전 81년, 술라가 제출한 자살(刺殺)과 독살을 금하는 법률.

*37 전설에 따르면, 눈꺼풀을 도려내어 고문도구에 매달았다(키케로 《피소 탄핵》 43 참조).

*38 가이우스 킬니우스 마이케나스(기원전 8 사망). 옥타비아누스(아우구스투스)의 한쪽팔로서 내정면에서 그의 지배확립에 공헌했다. 베르길리우스, 호라티우스 등, 시인을 비호한 일로 후세에 유명하다. 세네카는 그의 재능을 인정하지만, 행복으로 인한 유약한 생활태도와 문장을 비판했다.

문에*[39] 우울한 얼굴로 신경질적인 아내*[40]의 추궁에 탄식하면서, 멀리서 부드럽게 들려오는 합주단의 가락 속에 잠을 청했으니까? 만일 독한 술로 수마를 부르고, 졸졸거리는 샘물에 마음을 달래며, 불안한 마음을 천 가지 쾌락으로 속이더라도, 깃털 침대 위에서는 늘 깨어 있을 것이네.*[41] 고문대의 레굴루스와 조금도 다르지 않지. 그렇지만 레굴루스는 고결한 행위를 위해 고통을 견디는 것을 위안으로 삼고, 수난에서 대의 쪽으로 생각을 돌린다네. 그런데 마이케나스는 쾌락에 지치고, 넘치는 행복에 시달리면서, 실제로 당하는 온갖 수난보다는 수난의 원인 때문에 괴로워한다네. 그러나 인류가 아무리 악덕의 지배를 받게 되었다 치더라도 여기까지 이르지는 않았지. 운명을 선택하게 되었을 때, 마이케나스보다 레굴루스로 태어나는 쪽을 바라는 자가 더 많은 것을 의심할 정도까지는 말일세. 만약 누군가가 자기는 레굴루스보다 마이케나스로 태어나고 싶다고 이야기하는 자가 있다면, 본인은 말하지 않더라도 그는 테렌티아로 태어나기를 원하는 것이네.

자네는 소크라테스가 심한 처사를 당했다고 보는가? 나라가 섞어 만든 그 음료를 마치 무슨 불로초인 듯이 마신 뒤, 죽을 때까지 죽음을 논했으니까? 그래서 그토록 무참한 지경을 당했다는 것인가? 피가 얼어붙고, 그 냉각이 차츰 퍼져서 혈관이 멈추어 버렸으니까?*[42] 나는 그자들보다는 이 사람이 얼마나 부러운지 모른다네. 곧 수정 그릇*[43]에 술을 받아, 모든 대응을 배운, 할례를 하거나 남자인지조차 의심스러운 미소년에게 황금그릇 속의 눈*[44]으로 희석하게 하는 자들보다는. 그들은 괴로운 듯이 마신 것을 본디의 양대로 토하고는, 자신의 쓰디쓴 답즙 맛에 몸서리를 치지. 그러나 소크라테스는 기쁜 마음으로 독약이 든 잔을 비울 것일세.

---

*39 연회에서 가바의 아내에게 구애하는 것을 가바가 잠든 척하면서 묵인한 일화가 있다.

*40 테렌티아. 아우구스투스의 애인이었다.《도덕서간집》 19·9, 특히 101·10–13, 114·4–8 참조).

*41 대 플리니우스《박물지》 7·171에 의하면, 마지막 3년 동안은 거의 잠을 자지 못했다고 한다.

*42 플라톤《파이돈》의 말미(117C–118A) 참조.

*43 베르길리우스《농경시》 2·206에 같은 표현이 있다. 보석을 박거나 상감한 술잔(키케로《베레스 탄핵》 4·62 참조).

*44 눈은 저장고에 보관되어 포도주를 식히기 위해 섞어 넣었다. 그리스인도 옛날부터 시행해 왔다.

카토는 이미 충분히 이야기한 것 같군. 그가 최고의 행복을 누렸음은 사람들이 거의 같은 의견으로 인정한 바라네. 자연은 자신을 위해, 이 사람을 무서운 모습으로 달려들어야 할 상대로 선택했다네. "권력자의 적의는 괴로운 것이라고? 그렇다면 먼저 폼페이우스,*45 카이사르, 크라수스*46와 맞서보라. 자기보다 못한 자들에게 지위를 빼앗기는 것은 괴로운 일이라고? 그렇다면 파티니우스*47를 부러워해야 할 것일세. 내란에 휩쓸리는 일은 괴롭다고? 온 세계에서 대의를 위해 불운하게 끈질기게 싸워보라. 내 몸에 손을 대는 것은 괴롭다고? 그렇다면 한번 시도해 보라. 이런 일에서 내가 찾는 것은 도대체 무엇이란 말인가? 내가 카토에게 어울린다고 생각한 것이 절대로 악이 아니라는 것을 모두가 알게 하기 위해서이다."

4

성공이란 민중과 평범한 사람에게도 찾아온다네. 그렇지만 죽어야 하는 자를 덮치는 온갖 위험과 공포를 물리치고, 패배의 멍에 아래로 보내 버리는 것은 위대한 사람의 본분이라네. 실제로 언제나 행복한 채, 마음의 고통을 모르고 인생을 보내는 일은, 자연의 다른 한 부분을 모르는 것이나 마찬가지야. 자

---

*45 그나이우스 폼페이우스 마그누스(대 폼페이우스)(기원전 106-48). 기원전 70, 55, 52년의 집정관. 제1차 삼두정치의 일원. 카이사르와 함께 공화정 말기를 다스린 패권주의자. 군사적 수완으로 동방을 지배하고 막강한 영향력을 획득한다. 카토가 이끄는 벌족파의 반대에 부딪치자 그에 대항하기 위해 기원전 60년에 카이사르, 크라수스와 함께 사적인 동맹을 맺어 서로의 이권을 지켰다. 카이사르의 딸인 아내 율리아(기원전 54)와 크라수스(기원전 53)가 죽은 뒤 둘의 관계가 급격히 나빠져, 카이사르에 맞서 벌족파와 연합, 기원전 49년 내란이 일어난 뒤 연합군을 지휘하지만, 파르살로스 전투에서 카이사르에게 패하고 도피하다가 이집트에서 살해되었다. 세네카의 평가는 높지 않다.

*46 마르쿠스 리키니우스 크라수스 디베스(기원전 115-53). 기원전 70, 55년의 집정관. 제1차 삼두정치의 일원. 술라의 추방공고에 의해 엄청난 부를 쌓았다(디베스는 '부자'라는 뜻). 기원전 53년에 군사적 영광으로 다른 두 사람에게 겨루기 위해 불필요한 파르티아 원정을 감행했다가 카레에서 싸움에 져 죽었다.

*47 푸블리우스 파티니우스(기원전 95무렵-42이후). 기원전 47년의 집정관. 제1차 삼두정치의 수하로 활동, 특히 기원전 59년 호민관으로서 카이사르와 폼페이우스에게 큰 지휘권을 주는 법을 제출했다. 기원전 55년에 폼페이우스의 지지로 벌족파가 추천하는 카토를 물리치고 법무관에 취임했다(《현자의 항심에 대하여》1·3 참조). 그의 추한 용모, 연주창과 무릎의 장애에 정적, 특히 키케로의 공격을 받았으나, 그것을 이용해 왔다.

네는 위대한 사람이네. 그렇지만 만약 운명이 자네에게 뛰어난 무예와 용맹함을 보여줄 기회를 주지 않는다면, 어찌 그것을 알 수 있겠나? 자네는 올림픽 경기에 출전했지만 거기에는 경쟁자가 없었네. 그리고 자네는 영광스러운 관을 차지하게 되지만 승리는 없지. 나도 축하의 말은 건네지만, 용맹한 사람으로서가 아니라네. 집정관이나 법무관 자리를 차지했을 때와 마찬가지로, 어쨌거나 명예는 높아졌으니까 말일세.

선한 자도 이와 마찬가지라네. 만약 역경이 그에게 자신의 정신력을 보여줄 기회를 주지 않았다면 "나는 그대를 불행하다고 단언할 걸세. 불행했던 적이 한 번도 없었기 때문이지. 그대는 적내자가 없는 인생을 보냈네. 그대가 무엇을 할 수 있었는지 아무도 알 수 없어. 어쩌면 그대 자신도 모를 거야." 그대를 알기 위해서는 무엇보다 시험할 필요가 있네. 자신이 무엇을 할 수 있는지 먼저 시험하지 않고는 아무것도 알 수 없다네. 그러므로 어떤 사람들은 불행이 우물거리고 있으면 자기 쪽에서 먼저 다가가서, 이름 없이 사라지려 하는 빛나는 덕을 드러낼 기회를 찾았을 정도이지. 감히 단언한다면, 위대한 자는 때때로 역경을 기뻐한다네. 용감한 병사가 싸움을 반기는 것과 마찬가지이지. 나는 티베리우스 황제*48 시대에 검투사 트리움푸스*49가 경기할 기회가 적은 것을 불평하는 소리를 들은 적이 있다네. "좋은 시절이 눈 깜짝할 사이에 지나가고 말았구나!"

용기는 위험한 일에 욕심을 부린다네. 어떤 일을 당할까가 아니라, 어디에 도전할까를 생각한다네. 자신에게 고난이 되는 일은 영광의 일부이기 때문이지. 병사는 부상을 자랑하네. 행운을 만나 흘린 피를 과시하면서 말일세. 같은 전과를 올려도, 상처 없이 전열에서 돌아오는 자보다, 상처를 입고 돌아오는 자가 더 커 보이는 법이라네. 군이 말한다면 신은 자신이 가능한 한 고귀해지기를 바라는 자들을 배려하여, 무언가 대담하고 용감하게 이룰 수 있는 소재를 준다네. 그러기 위해서는 역경이 필요하지. 키잡이는 폭풍 속에서*50, 병사

---

*48 티베리우스 클라우디우스 네로(기원전 42-서기 37). 제2대 로마황제(재위 서기 14-37). 그는 경기회의 경비삭감을 위해 검투사 팀의 인원수를 제한했다(수에토니우스의 《황제전》 '티베리우스' 34 참조). 또 흥행물을 제공하는 일도 없었다(같은책 47 참조)

*49 유명한 검투사(마르티아리스의 《경기장 풍경》 20 참조). 원문의 murmillo는 갈리아 식 갑옷과 물고기 모형을 붙인 투구를 쓰고, 그물을 들고 싸우는 전사.

*50 정해진 비유의 하나(《마르키아에게 보내는 위로문》 5·5 참조).

는 전열 속에서 이름을 알린다네. 만약 그대가 부자라서 무기력에 빠져 있다면 그대가 빈곤에는 어떠한 각오를 하고 있는지 내가 어떻게 알 수 있을까? 만일 그대가 박수 속에서 늙어간다면, 또한 인기와 함께 열렬한 지지가 그대를 줄곧 따라다닌다면, 민중의 증오에 대해 그대가 얼마나 변함없는 마음을 유지할 수 있을지, 내가 어찌 짐작할 수 있겠나? 만약 그대가 키운 아들들이 모두 지금 그대 눈앞에 있다면, 그대가 얼마나 평정한 마음으로 자식의 죽음을 견딜지, 내가 어떻게 알 수 있겠나? 그대가 어떤 사람들을 위로해주는 말을 나는 들었네. 하지만 그때, 그대가 그대 자신을 위로하며 그대 자신에게 슬퍼하는 것을 금했더라면, 그대의 참모습을 더 잘 볼 수 있었을 텐네.*⁵¹

그대들에게 꼭 부탁하고 싶네. 영원한 신들이 그대들의 정신에 채찍을 휘두르는 것을 결코 두려워하지 않기를 바라네. 고난이야말로 덕의 기회이지. 지나친 행복 때문에 게으름뱅이가 된 자를 비참하다고 말하는 것은 마땅한 일일세. 바다의 잔잔한 물결 같은 평온이 그들을 사로잡고 있네. 무슨 일이 일어나든 그들에게는 첫 경험이 될 걸세. 경험하지 못한 자에게 가혹한 사건은 더욱 무거운 압박이 되지. 연약한 목덜미에 씌워지는 멍에는 너무나도 무거운 법이네. 신병은 부상을 생각만 해도 얼굴이 새파랗게 질린다네. 고참병은 자신의 피를 태연스레 바라볼 수 있지. 유혈 뒤에 승리가 있음을 알고 있기 때문이지. 그래서 신은 자신이 선하다고 인정하고 사랑하는 자를 굳세어지도록 지켜보며 단련시킨다네. 그러나 한편 응석을 부리도록 두는 것 또한 좋다고 생각되는 자들, 너그럽게 보아주는 것이 좋다고 생각되는 자들은, 다가올 악을 위해 나약한 채로 내버려 둔다네. 누군가 예외가 있으리라고 생각한다면, 잘못 알고 있는 걸세. 오랫동안 행복했던 사람에게도 정해진 시간은 어김없이 찾아오니까. 면제된 것처럼 보여도 사실 모두 늦춰진 것뿐이니까.

그런데 무엇 때문에 신은 굳이 가장 선한 자에게, 질병이나 가까운 사람의 죽음, 그 밖의 재앙을 내리는 것일까? 그것은 군대에서도 누구보다 용감한 자에게 위험한 임무를 맡기는 것과 같은 경우라네. 장군은 적을 밤에 습격하기 위해, 길을 정찰하기 위해, 경비를 세우기 위해, 정예병을 내보내지. 그래도 그들은 어느 누구도 "장군이 나에게 심한 처사를 했다" 말하지 않고 "나를 인정

---

*51 세네카 자신이 위로문을 쓴 것이 뇌리에 있었을지도 모른다.

해 주었다" 말한다네. 겁쟁이나 무기력한 사람이라면 울어 버릴지도 모르는 명령을 받으면, 누구나 똑같은 말을 할 걸세. "신은 우리를, 인간 본성이 견딜 수 있는 한계를 시험하기에 적당하다고 보신 것이리라."

가능하면 사치를 피하게. 또 힘을 빼앗아가는 행복을 피하도록 하게. 거기에 폭 젖은 정신은, 무언가 사람의 법규가 충고하기 위해 끼어들지 않으면, 영원한 만취에 빠져서 썩고 문드러져 버린다네. 유리창*52이 외풍을 막아주는 자, 찜질주머니*53를 계속 갈아가면서 발을 따뜻하게 유지하는 자, 바닥과 벽에 난방장치를 설치해, 만찬을 즐기는 동안 따뜻하고 쾌적하게 온도가 유지되는 지, 이러한 사람들은 가벼운 바람조차 위험으로 느끼고 몸을 움츠리지. 무엇이든 지나치면 해가 되지만, 절도 없는 행복은 그 무엇보다 위험하다네. 뇌를 흔들고, 마음에 허망한 망상을 불러일으켜, 거짓과 참 사이에 아지랑이를 마구 피워 올린다네. 덕의 도움을 받아 끊임없는 불행을 견디는 편이, 끝없는 행복 때문에 깨어지는 것보다 얼마나 좋은 일인가. 단식으로 죽는 것이 훨씬 편하다네.*54 지나치게 많이 먹으면 배가 터져 죽으니 말일세.

그러므로 신들이 선한 자들을 대할 때는, 교사가 자신의 학생을 대하는 것처럼 앞날이 확실한 자에게 더 많은 노력을 요구하는 법이라네. 설마 그대는 스파르타인들이 자기 자식을 미워한다고 생각하지는 않겠지?*55 그건 대중 앞에서 채찍질을 함으로써 소년들의 자질을 시험하는 것일세. 부모 자신이 아들에게, 채찍질을 용감하게 견뎌내라고 격려한다네. 살이 찢어지고 초죽음 상태

---

*52 매우 얇고 투명한 돌판(특히 히스파니아의 바에티카에서 수입했다)을 끼운 창. 세네카 시대에 로마에 들어왔다(《윤리서간집》 86·6, 90·25, 《자연연구》 4B·13·7 참조).

*53 《분노에 대하여》 3·10·3 참조. 좁쌀, 소금, 모래 등을 뜨겁게 데워서 아마 자루에 채운 것 (케르수스 《의술에 대하여》 2·17·9 참조).

*54 음식을 끊고 죽은 예는 스토아파의 제2대 학두 클레안테스, 키케로의 친구 아티쿠스, 시인 실리우스 이탈리쿠스 등 많이 있다. 세네카는 《마르키아에게 보내는 위로문》 22·6에서 크레무티우스 코르두스의 굶어 죽음에 대해 이야기했다.

*55 스파르타 편중은 소크라테스 이래의 키니코스파와 스토아파의 전통이다. 세네카의 언급은 《은혜에 대하여》, 《도덕서간집》 등 후기저작에 많다. 스파르타 소년은 해마다 아르테미스 오르티아 축제 때 온종일 신전 앞에서 채찍을 맞으며, 최대한 오래 즐겁게 견디는 것으로 경쟁했다(키케로 《투스쿨룸 대화》 2·34, 플루타르코스 《스파르타의 전설습속》 239D 참조). 플루타르코스는 사망자가 나온 것도 목격했다(《플루타르코스 영웅전》 '리쿠르고스' 18 참조).

에 있는 그들에게, 상처 위에 또 상처를 낼 것을 요구하지. 신이 고귀한 정신을 가혹하게 시험한 것이 뭐가 이상하다는 건가? 덕의 증서는 결코 만만하게 얻을 수 있는 것이 아니라네. 운명이 우리를 채찍질하고 갈기갈기 찢는다고? 그렇다면 받아들여야 하지 않을까? 잔혹한 행위가 아니라 이것은 시합이니까. 굳건히 견딜수록 더욱 강해지는 법이지. 육체에서 가장 강건한 것은 끊임없이 써서 단련된 부분이라네. 우리는 운명과 마주 서야 한다네. 운명과 맞섬으로써 운명에 의해 단련되기 위해서라네. 운명은 서서히 우리를 자신과 엇비슷해질 때까지 끌어올릴 것일세. 끊임없이 이어지는 위험으로써 우리는 위험을 가볍게 여길 수 있게 될 테니까. 선원의 육체는 바다 위에서 단련함으로써 강인해지는 법이야. 농부의 손은 호미 자루를 잡을수록 거칠어지고, 병사의 팔뚝은 창던지기로 강해지며, 육상선수의 팔과 다리는 뛸수록 민첩해진다네. 단련된 부분이 가장 튼튼해지는 법이야. 정신은 수난을 인내함으로써 마침내 수난을 얕보게 된다네. 인내가 우리에게 무엇을 가져다줄 수 있는지는, 알몸이나 다름없는 결핍 때문에 더욱 강건해지는 민족에게 노력이 얼마나 큰 공헌을 하는지를 살펴보면 알 수 있지.

로마의 평화가 미치지 않는 곳, 그곳이 어디든 그곳의 민족을 생각해보세. 이를테면 게르만인, 그리고 히스테르 강*56 근처를 집단으로 떠돌아다니는 부족 말이네. 끝없는 겨울과 혹독한 기후가 그들을 압박하고, 불모의 대지가 가까스로 양식을 대주는 곳. 짚이나 나뭇잎으로 비를 가리고, 얼어붙은 늪 위를 건너가며, 양식을 얻기 위해 들짐승을 사냥하지. 그대는 그들이 비참하다고 생각하나? 습관이 자연으로 이끈 것은 그 어떤 것도 비참하지 않다네.*57 필요에서 시작한 것은 서서히 즐거움이 되어가기 때문일세. 그들에게는 집도 잠잘 곳도 없다네. 있는 것이라곤 나날의 피로가 그들을 머물게 한 장소뿐이라네. 먹을 것은 형편없고 그나마도 손으로 찾아야지. 을씨년스럽고 예측할 수 없는 기후, 헐벗은 육체. 자네가 재앙으로 여기는 것들이 바로 그들 수많은 민족들의 생활이라네. 선한 자들이 강해지도록 혹독하게 단련하는 것이 어째서 놀라운 일인가? 나무는 바람에 이리저리 흔들리지 않으면 튼튼해지지도 강건해

＊56 다뉴브 강의 하류.

＊57 아리스토텔레스의 윤리학의 표어. "성격은 제2의 자연이다."(키케로 《선과 악의 궁극에 대하여》 5·74 참조)

지지도 않는다네. 괴롭힘 그 자체로 나무가 강해지고 튼튼하게 뿌리를 내리지. 양지바른 골짜기에서 자란 것은 허약하게 마련이야. 그래서 그들이 두려움을 모르는 자가 되도록, 소름이 끼치도록 무서운 것을 멀리하는 게 아니라, 그것을 보통 잔잔한 마음으로 견디는 것은, 바로 선한 자들 자신을 위함이라네, 그것을 견디지 못하는 자에게만 악이 된다네.

5

이렇게 덧붙이려 하네. 가장 선한 자는 모든 사람을 위해 이른바 병사처럼 싸우고 임무를 수행하는 것이라고. 신이, 그리고 현자가 뜻하는 것은, 대중이 바라거나 두려워하는 것은 선도 아니고 악도 아님을 보여주는 것이라네. 만약 그것을 선한 사람에게만 준다면 그것은 선으로, 악인에게만 부과한다면 그것은 악으로 비치게 될 것이네. 만약, 눈을 도려내야 마땅한 자 말고는 아무도 눈을 잃지 않는다면, 장님은 혐오스러운 존재가 되네. 그러므로 아피우스*⁵⁸와 메텔루스*⁵⁹는 빛을 잃었다네. 부(富)는 선이 아니라네. 그러므로 포주 엘리우스*⁶⁰도 부를 이루었지. 사람들이 신전에서 신으로 숭배하는 돈*⁶¹을 매춘굴에서도 볼 수 있는 이유라네. 신은 욕망의 대상을 누구보다 선한 사람으로부터 빼앗아 비열하기 짝이 없는 자에게 넘김으로써 그것을 가장 하찮은 것으로 만들어 버린다네.

"그렇지만, 선한 사람은 불구가 되거나, 칼을 맞고, 쇠사슬에 묶이기도 하는데, 악인들은 멀쩡한 신체로 마음대로 당당히 걸어다니는 것은 너무 불공평하지 않소." 그렇다면 이건 어떤가? 용사가 무기를 들고 진영에서 밤새도록 보초를 서고, 요새를 지키기 위해 상처에 붕대로 싸매고도 줄곧 서 있는 동안, 시

---

*58 아피우스 클라우디우스 카이쿠스. 기원전 307, 296년의 집정관. 공화정 중기의 대정치가. 만년에 눈이 멀었음에도 불구하고, "노예들은 두려워하고, 아이들은 공경하며, 모두가 친애했다. 그의 집에서는 조상의 유풍과 규율이 생생하게 살아 있었다."(키케로 《노년에 대하여》 37)

*59 루키우스 카이킬리우스 메텔루스. 기원전 251, 247년의 집정관. 전설에 따르면, 기원전 241년 베스타 신전에 불이 났을 때 신체(神體)를 구하려다가 시력을 잃었다. 대 세네카 《논쟁문제집》 4·2에서 이 주제의 가상변론을 전하고 있다.

*60 상세한 것은 불명. 《도덕서간집》 87·15에도 같은 의도로 매춘알선업자가 등장한다.

*61 '돈(Pecunia)'이라는 여신이 있었던 것은, 바로가 《사람과 신에 관한 고사고(古事考)》 단편 193, 238(카르다운스)=아우구스티누스 《신국》 4·21, 7·11에서 전하고 있다.

내에서는 파렴치한 남창과 화류계 여성들이 편안하게 지내는 것은 불공평하지 않은가? 그렇다면 또 이건 어떤가? 훌륭한 혈통의 처녀들*62이 신성한 의식을 집행하기 위해 밤을 새는데, 불결한 여자들은 깊은 잠을 즐긴다면 이야말로 불공평한 일이 아닌가.

힘들고 고된 일은 가장 선한 자를 찾는다네. 원로원은 이따금 온종일 토의를 거듭하지. 그 시간, 천민들은 마르스 들판에서 여가를 즐기고, 술집에 죽치고 있거나 자기네끼리 잡담으로 시간을 보내고 있지. 이 커다란 국가 안에서도 같은 일이 일어나고 있다네. 선한 사람은 고생하며 힘들게 일하거나 혹사당하고 있지. 그것도 스스로 원해서. 운명에 끌려가는 것이 아니라 운명을 따라가며 운명과 발걸음을 맞춘다네.*63 그뿐인가, 알 수만 있다면 운명을 앞질러가기도 했을 것이네.

용맹한 데메트리오스가 이렇게 패기만만한 말을 하는 것을 들은 적이 있네. "불멸의 신들이여, 내가 당신들에게 할 수 있는 불평은 오로지 하나—당신의 뜻을 나에게 미리 알려주지 않았다는 것입니다. 그랬으면 나는 지금 불려가는 곳에 좀 더 일찍 갈 수 있었을 텐데. 내 자식을 거둬가려는 것입니까? 나는 당신들을 위해 그 아이를 길렀습니다. 어딘가 신체의 일부를 원하는 겁니까? 가져가십시오. 그리 대단한 약속도 아닙니다. 나는 당장이라도 내 온몸을두고 갈 수 있습니다. 생명을 바라십니까? 당신들이 준 것을 도로 가져가는 건데, 내가 잠시라도 망설일 이유가 없지요. 당신들이 원하는 것은 뭐든지, 그렇게 원하는 자에게서 가져갈 수 있습니다. 아니, 오히려 넘겨주는 게 아니라 내쪽에서 먼저 내밀고 싶습니다. 그러니 어째서 빼앗을 필요가 있을까요. 받아갈수 있는데 말입니다. 하지만 이제는 아무것도 빼앗지 않을 테지요. 붙들고 있는 자가 아니면 아무것도 빼앗을 필요가 없으니까요."

나는 어떠한 것도 강요받지 않는다네. 원치도 않는 일을 당하는 일은 아무것도 없네. 신을 섬기는 것이 아니라 동의하는 거라네.*64 무엇보다 나는 모든

---

*62 로마를 상징하는 불의 여신 베스타를 섬기는 무녀들은 임기 중에 엄격한 정결이 요구되었다.

*63 《행복한 삶에 대하여》 15·16 참조. 《도덕서간집》 107·11에서 세네카는 클레안테스의 제우스와 운명에 보내는 시의 번역에서, 자신이 쓴 한 줄의 경구를 집어넣었다. "운명은, 원하는 자는 이끌어주고, 원하지 않는 자는 끌고 간다."

*64 자유의지와 결정론 문제에 대해서는 《도덕서간집》 54·7 참조.

것은 정해져 있고, 법으로 규정되어 영원히 진행하는 것을 알고 있으니까. 운명은 우리를 이끌어주고 있네. 그리고 저마다에게 시간이 얼마나 있는지 태어날 때 이미 정해져 있다네. 원인은 원인에서 비롯되네. 공적이든 사적이든 모든 일을 영원한 질서가 이끌어 가지. 그러므로 모든 것을 용감하게 견뎌내야 하는 거라네. 그것은 흔히 생각하듯이, 모든 것이 우연히 일어나기 때문이 아니라네. 모든 것은 찾아오는 것이거든. 무엇이 우리를 기쁘게 하고, 무엇이 우리를 울릴지는 이미 오래전에 정해졌다네. 하나하나의 삶이 아무리 서로 다양하게 달라 보여도, 마지막에는 같은 곳에 이른다네. 우리가 소멸하듯이 우리가 받는 것도 끝내 모두 사라지게 되지.

그런데 우리가 왜 분개해야 한단 말인가. 왜 불평해야 하나. 우리는 그렇게 되도록 태어났는데 말일세. 자연이 자신의 것인 우리 몸을 어떻게 쓰든 우리는 모든 일에 기뻐하면서 용감하게 이렇게 생각해야 하지 않을까—우리에게 속하는 것은 아무것도 멸하지 않는다네. 선한 자의 의무란 무엇일까? 자신을 운명에 내맡기는 것이네. 우주와 함께 사라진다는 것은 커다란 위안이라네. 이렇게 살고 이렇게 죽도록 우리에게 명한 것이 무엇이든, 그것은 똑같은 필연성으로 신들도 구속하네. 인간도 신도 거스를 수 없는 진행을 따라 똑같이 나아가지. 만물의 구축자, 지도자, 그 운명을 기초한 자조차 거기에 따른다네. 한 번의 명령 뒤에는 끝없는 복종이 있을 뿐이지.

"그렇지만 왜 신은 운명을 나눠줄 때 매우 불공평하게, 선한 자에게 궁핍과 상처와 괴로운 죽음을 주는 겁니까?" 제작자는 재료를 바꿀 수가 없네. 재료에는 그러한 제약이 있지. 어떤 것은 다른 것에서 분리할 수 없네. 서로 이어져서 떼어놓을 수 없는 거라네. 느릿한 성질로, 졸거나 조는 것과 비슷한 각성에 빠지는 것은 게으른 구성요소들로 이루어져 있네. 그러나 진정한 남자라는 이름으로 불려야 할 자로 만들기 위해서는 더욱 억센 운명이 필요하다네. 그가 가는 곳에 평탄한 길은 없으니, 위로 아래로 오르내려야만 하지. 마구 소용돌이치는 풍랑 속에서 이리저리 내동댕이쳐지면서 항해해야만 하네. 운명을 거스르고 진로를 잡아야 하는 거지. 수만 가지 괴롭고 가혹한 일들이 일어날 걸세. 그러나 그는 자신의 힘으로 그것을 고르고 순조로운 것으로 바꿀 것이네. 불길은 금을, 불행은 용맹스러운 사람을 만들어낸다네.

보게, 덕이 얼마나 높이 올라가야 하는지를. 그것이 나아가야 할 길은 결코

안전한 지역이 아님을 알게 될 것이네.*65

길은 처음에는 가파르게 올라간다. 아침 일찍, 활력 넘치는 말들도 그곳을 겨우 올라간단다. 하늘 한가운데는 가장 높은 곳.

그곳에서 바다와 대지를 내려다보면 나도 잠시 겁이 나고 가슴은 창백한 공포에 전율한다.

길 끝은 다시 가파른 내리막이라 정확한 조작이 필요하단다.

이때는, 저 아래에서 드넓은 바다로 나를 맞이하는 테튀스*66조차 내가 거꾸로 떨어질까 봐 늘 조마조마해 한단다.

이 말을 듣고 고귀한 젊은이는 이렇게 말했네. "길이 마음에 들어요. 올라가 보겠어요. 그런 곳을 지나가는 것은 얼마나 멋진 일일까요. 만일 떨어지는 한이 있더라도*67" 아버지는 아들의 날뛰는 마음을 공포로 위협하는 것을 그만두지 않았네.

그리고 진로를 지켜 한 치도 벗어나지 않고 나아간다 해도, 앞에서 달려오는 수소의 뿔과, 하이모니아*68의 활, 그리고 울부짖는 사자의 턱 사이를 지나가야 하느니라.*69

그러자 젊은이는 이렇게 말했네. "어서 전차에 내게 약속하신 말을 연결해 주세요! 그런 위협에 제가 겁먹을 것 같아요? 오히려 더욱 흥분되는군요. 태양신도 겁을 먹는 그곳에 서 보고 싶어요." 안전한 곳만 따라가는 것은 비겁한 겁쟁이나 하는 짓이고, 덕은 드높은 곳에 있다네.

---

*65 이하의 인용은 오비디우스 《변신 이야기》 2·63-69. 아버지 태양신이 태양의 마차를 모는 고삐를 달라고 조르는 아들 파에톤에게 그만 조르라고 경고할 때 한 말.

*66 오케아노스(대양)의 아내로, 해가 지는 서쪽 끝에 살고 있다.

*67 파에톤은 마차를 제어하지 못하고, 온 세상을 불태우고, 제우스가 내린 벼락에 맞아 떨어져 죽게 된다.

*68 궁수자리의 켄타우로스가 사는 테살리아의 옛 이름.

*69 오비디우스 《변신 이야기》 2·79-81. 황도대(黃道帶)를 따라 이야기하고 있다.

"그렇지만, 왜 신은 선한 사람에게 악이 일어나는 것을 허용하나요?" 아니네, 허용하는 것이 아니라네. 신은 모든 악을 그들로부터 멀리 떼어놓지. 범죄, 음란행위, 불온한 마음, 탐욕스러운 계획, 눈먼 욕망, 다른 사람의 재물을 엿보는 탐욕을. 그들 자신이 떠맡아 지키는 거라네. 게다가 누가 감히 신에게 선한 사람의 짐*70을 지키라고 요구할 수 있겠나? 첫째로, 그들 자신이 외적인 것을 경시하기에, 신에게 그 역할을 면하게 해주고 있지. 데모크리토스*71는 부를 내던졌네. 그것이 선한 정신에 무거운 짐이 된다고 여겼기 때문이지. 그래서 신이, 선한 자가 가끔 자신에게 일어나기를 바라는 일을 선한 자에게 일어나는 것을 허용했다해서 왜 놀라야 하나? 선한 자는 자식을 잃는다고? 물론이네. 때로는 스스로 죽이기도 하지.*72 추방지로 쫓아낸다고? 물론이네. 때로는 조국으로 돌아가지 않을 각오로 스스로 떠나기도 하지.*73 살해된다고? 물론이네. 때로는 자결도 하지 않던가?*74

무엇을 위해 그러한 고난을 참고 견뎌야 할까? 다른 사람들에게 인내를 가르치기 위해서라네. 그들은 모범이 되기 위해 태어났네.*75 그래서 신이 이렇게 말하는 거라고 생각하게. "너희, 정의를 실천하려는 자들이여, 나에게 불평을 하는 이유가 무엇인가? 나는 다른 자들에게는 가짜 선을 두르게 하고, 그 공허한 마음을 긴 거짓 꿈으로 농락했다. 금은보화로 치장도 해 주었다. 그러나 그 안에 선한 것은 아무것도 없다. 너희들이 행복한 자라고 여기는 자들은, 겉

---

*70 신체를 비롯한 외적인 사물 일반을 가리킨다.

*71 아브델라 출신의 철학자(기원전 460무렵~370무렵). 원자론의 완성자이지만, 탐구에 방해가 된다 하여 유산을 포기한 일화가 철학자의 자유로운 정신의 본보기로 자주 인용된다.

*72 루키우스 유니우스 브루투스(기원전 6세기 공화정 확립의 영웅으로, 로마 최초의 집정관. 왕정복고의 음모에 가담한 아들들을 처형했다)와 티투스 만리우스 토르카투스 임페리오수스(기원전 347, 344, 340년의 집정관. 군율을 어긴 아들을 처형했다)에 대한 언급. 키케로도 자주 인용하며, 대 세네카 《논쟁문제집》 10·3·8에도 두 사람이 열거되어 있다. "만리우스 승리자인 아들을 처형했고, 브루투스는 적이 된 것이 아니라 언젠가 적이 될 아들들을 처형했다." 발레리우스 막시무스 《기념할 만한 언행록》 5·8의 아들에 대한 아버지의 엄격함을 다룬 대목에서 이 두 사람을 다뤘다.

*73 루틸리우스에 대한 언급. 철학자의 대부분, 특히 스토아파의 학두는 거의 조국으로 돌아가지 않았다.

*74 소 카토에 대한 언급.

*75 "나는 클라라누스는 모범이 되기 위해 보내졌다고 생각한다."《도덕서간집》 66·4.

으로 드러난 것이 아니라 그 안에 숨겨진 것을 보면, 참으로 비참하고 불결하며 추하다. 그들이 사는 집의 벽처럼 겉모습만 번듯하게 꾸몄을 뿐이다. 그런 것은 순수한 행복이 아니라 화장판, 그것도 아주 얇은 것에 지나지 않는다. 그래서 그들이 오만하게 버티고 서서 자기 생각대로 자신을 뽐낼 수 있는 동안은 화려한 빛으로 사람을 속인다. 그러나 무슨 일이 일어나 그들을 뒤흔들어 덮개가 벗겨지면, 그때서야 외부에서 빌려온 광채가 그 추한 모습을 얼마나 깊이 숨기고 있었는지 드러난다.

너희에게는 언제나 머물러 있는 선을 주었다. 그것은 되풀이해 반성하고 점검할수록 더욱 선해지고 더욱 커진다. 너희에게는 두려움을 가벼이 여기고 쾌락을 혐오하도록 인정했다. 너희들은 겉으로는 빛나지 않는다. 너희들의 선은 내면을 향하고 있기 때문이다. 그것은 바로, 우주가 자신의 광경을 기뻐하며 외부를 얕보는 것과 같다. 나는 모든 선을 내부에 두었다. 행복이 필요하지 않다는 사실, 그것이 너희들의 행복이다.

'하지만 괴롭고 두렵고 견디기 힘든 일들이 많이 일어나고 있습니다.' 그래서, 너희들한테서 그런 것들을 제거할 수 없었기에, 나는 너희들의 정신에 모든 것에 맞설 수 있는 무기를 갖춰 준 것이니, 꿋꿋하게 견뎌야 한다. 그런 점에서 너희들은 신도 넘어설 수 있다. 그는 수난의 밖에 있지만 너희들은 수난을 앞지른다. 궁핍을 경멸하라. 태어났을 때처럼 가난하게 사는 사람은 아무도 없다. 고통을 경멸하라. 그것은 사라지거나 끝나게 할 뿐이다.[76] 죽음을 경멸하라. 너희들을 끝나게 하거나 다른 곳으로 옮길 뿐이다.[77] 운명을 경멸하라. 운명에는 정신을 공격하는 무기를 하나도 주지 않았으니까.

무엇보다 먼저, 나는 누군가가 너희들을 너희 뜻과 달리 붙잡아두는 일이 없도록 배려했다.[78]

---

[76] 긴 고통은 견딜 수 있는 것이고, 무겁고 짧은 고통은 죽음을 가져온다는 에피쿠로스의 생각.

[77] "죽음이란 무엇인가. 끝나거나 이행하거나 둘 중 하나이다."《도덕서간집》65·24). 이것은 소크라테스의 견해로 알려져 있다. 마르쿠스 아우렐리우스도, 이것을 에피쿠로스의 견해와 연결짓고 있다.

[78] "곳곳에 자유를 향한 짧고 쉬운 길이 수없이 열려 있다. 누구도 삶 속에 붙들려 있지 않아도 되는 것을 신께 감사하라."《도덕서간집》12·10. "죽는 방법은 어디에나 있다. 그것이야말로 더 없이 자비로운, 신의 배려이다."《페니키아의 여자들》)

문은 열려 있다.*⁷⁹ 싸우고 싶지 않으면 달아나면 된다. 그것을 위해 내가 너희에게 필요하다고 여기고 만들어둔 것 가운데, 죽음보다 쉬운 것은 아무것도 없다. 나는 생명을 비탈진 곳에 두었다. 오래 걸린다고? 조금만 주의를 기울여 보아라. 자유로 이어지는 길이 얼마나 짧고 얼마나 손쉬운지 알게 되리라. 너희들의 물러남은, 들어올 때처럼 오래 걸리지 않게 해 두었다. 그렇지 않으면 운명이 너희들에게 커다란 왕권*⁸⁰을 휘두르게 될 테니까. 만약 인간이 태어날 때와 마찬가지로 천천히 죽어간다면 말이다.

모든 시간과 장소가 너희들에게 가르쳐주리라.*⁸¹ 자연과 완전히 끊고, 자연에서 받은 선물을 상대에게 돌려주는 것이 얼마나 쉬운지를. 제단에 희생을 바치는 사람들이 엄숙하게 의식을 올릴 때도, 생명을 간절히 기도할 때도, 죽음을 배워야 한다. 수소의 거대한 몸이 조그마한 생채기에 쓰러지고, 힘세고 강인한 짐승이 사람 손의 타격에 넘어간다. 얇디얇은 칼날이 목을 갈라 머리와 목을 이어주는 이음매가 잘리면 거대한 신체는 무너지고 만다.

숨결은 깊은 곳에 있지 않다. 칼날로 도려낼 것도 없고, 상처를 깊이 내어 가슴 속을 헤칠 필요도 없다. 죽음은 가까이 있다. 나는 필살의 급소를 정해두지 않았다. 어디든 그곳이 죽음이 지나가는 곳이다.*⁸² 죽음이라 불리는 사건, 즉 신체에서 영혼을 분리하는 것 자체가 눈 깜짝할 사이이다. 그것은 느낄 수도 없을 만큼 빠르다. 올가미가 목구멍을 조르고, 물이 숨구멍을 막고, 거꾸로 추락해 딱딱한 바닥에 먼지가 되어 부서지고, 목으로 삼킨 불덩이가 숨을 끊

---

*79 "문은 열려 있다."는 에피쿠테토스가 자주 한 말이다. 세네카는 《도덕서간집》 70·14 이하에서 자살에 반대하는 철학자를 논박했다. 스토아파는 자살을 '이치에 맞는 이탈'이라 부르고, '상황적으로 걸맞은 행위', 자연적인 선을 자연적인 악이 압도하는 경우에 보통의 '걸맞은 행위'와는 반대로 마이너스의 가치를 지닌 자연적인 악을 선택하는 행위의 하나로 들었다(키케로 《선과 악의 궁극에 대하여》 3·60−61 참조).

*80 자유와 대립하는 독재권력을 뜻한다(《마르키아에게 보내는 위로문》 10·6 참조.

*81 "자연은 죽음의 많은 길을 열어두었고, 숙명은 그 많은 길을 지나가고 있다. 인류의 비참하기 그지없는 조건은 우리가 단 하나의 방법으로 태어나서 수많은 방법으로 죽는다는 것이다. 밧줄, 칼, 절벽, 독약, 난파, 그 밖에 천 가지 죽음이 이 가련한 생명을 노리고 있다."(대 세네카 《논쟁문제집》 7·1·9). "죽어야 하는 인간의 무리를 덮쳐 목숨을 빼앗는 죽음의 종류가 얼마나 많은가. 바다의 재앙이 그러하다. 칼이 그러하다. 간책 또한 그러하다."(세네카 《파이드라》). 《논쟁문제집》에서 가장 사랑받는 주제의 하나.

*82 자살의 손쉬움, 다양한 선택지에 대한 인상적 기술은 《분노에 대하여》 3·15·4 참조).

는다.*[83]—어느 것이든 한순간에 끝난다. 도대체 너희들은 부끄럽지도 않느냐? 이렇게도 덧없이 끝나는 일을 그리도 오랫동안 두려워하다니."

<hr>

*83 소 카토의 딸이자 카이사르의 암살자 브루투스의 아내인 포르키아의 일화에 대한 언급일
    가능성이 지적되고 있다. 기원전 42년, 남편이 필리피 전투에서 패하여 자결한 것을 알고,
    칼이 없어서 불타는 숯을 삼켜 자결했다. 또한 이 대목은 자살방법을 지수화풍의 4원소
    에 적용한 것이다(《도덕서간집》 117·23 참조).

De Constantia Sapientis
현자의 항심에 대하여

1

세레누스,*¹ 스토아파와, 지혜를 약속하는 다른 학파*²들 사이에는 남녀에 견줄 만한 큰 차이가 있다*³고 생각해도 좋으리라. 어느 쪽이나 마찬가지로 공동생활에 이바지하고 있지만 한쪽은 복종을 위해서이고, 또 한쪽은 명령 때문에 생겼으니까.*⁴ 다른 파의 지혜로운 자들은 부드럽게 어르고 달래서 마치 노예 시의(侍醫)가 병든 사람을 가장 효과가 빠른 방법이 아니라 허가된 방식으로 하는 것과 같은 솜씨로 치료하고 있다.*⁵ 스토아파는 남자의 길을 골라 앞으로 나아가려 하는 사람이 쉽게 볼 수 있도록 신경 쓰지 않는다. 오히려 되도록 빨리 우리를 잡아서 그 뛰어나온 정상으로 끌고 간다.*⁶ 그곳은 모든 병기의 사정거리를 벗어나 높이 솟아 있으며 운명도 뛰어넘을 높은 장소이다.*⁷

"하지만 우리가 지나오도록 이끄는 길은 가파르고 험합니다." 그러니까 어떤가? 평탄하게 높은 곳으로 접근할 수 있단 말인가? 하지만 실제로 그것은 남들이 걱정하는 만큼 험하지는 않다. 처음에는 바위와 낭떠러지, 길도 없는 길이 나타난다. 흔한 일이지만 멀리서 바라보면 깎아지른 절벽이 이어진 것처럼

---

*1 안나에우스 세레누스(61/2 죽음). 기사계급으로 세네카의 연하의 친구.
*2 에피쿠로스파를 가리킨다.
*3 스토아파를 남성적으로 보는 것은 전통적이다.
*4 자연의 섭리에 의해서 남녀의 공동생활이 있고 그것이 공동체와 정의의 바탕이 된다.
*5 스토아파는 악덕과 감정을 마음의 병으로, 철학을 그 치료로 보는데 세네카에서는 특히 외과 수술에 비유할 수 있다.
*6 삶을 길로 비유하는 것은 보편적이지만 여기에서는 스토아파의 퀴니코스 주의에 대한 호의적 평언이 겹쳐져 있을 것이다.
*7 철학과 현자의 행복의 경지를 운명이 닿지 않는 우뚝 솟은 성채나 높이로 비유하는 것은 라틴 문학에서는 특히 루크레티우스가 유명하지만 세네카도 애용하고 있다.

보인다. 거리가 눈을 속이기 때문이다. 그 다음에 가까이 이르러보면 눈의 착각이 하나로 모여 있던 그 똑같은 것이 차츰 풀리면서 이윽고 거리가 떨어진 곳에서는 깎아지른 듯이 보였던 것이 완만한 비탈로 되돌아온다.

지난번에 우연히 마르쿠스 카토 이야기가 나왔을 때, 아무튼 자네는 부정을 참지 못하는 성미이니까, 몹시 개탄을 했다. 그의 시대는 카토에 대해서 조금도 이해하고 있지 않았다. 폼페이우스나 카이사르 등을 넘어서 우뚝 솟은 그 사람을 바티니우스와 같은 사람 아래에 놓다니. 더욱이 자네를 분노하게 만든 일이지만, 법안에 반대하려던 그 사람은, 중앙 광장에서 토가를 찢기고 연단에서부터 파비우스의 문에 이르기까지 반역자의 손에서 손으로 끌려 다니며, 욕을 퍼붓고 침을 뱉는 등 광기에 날뛰는 군중으로부터 온갖 모욕을 받으며 참고 견디지 않으면 안 되었다.*8

2

그때 나는 이렇게 대답했다. 자네가 나라를 걱정해 마음이 상한 것도 무리가 아니다. 여기에서는 푸브리우스 크로디우스*9가, 그리고 바티니우스가, 더나아가 가장 나쁘면서도 질 낮은 패거리들이 나라를 팔아넘기고 있었기 때문이다. 맹목적인 욕망에 사로잡혀 한창 팔아넘겨지는 가운데 자기도 팔리고 있다는 사실조차 모르고. 그러나 나는 자네에게 말했지. 카토에 대해서는 안심하라고. 왜냐하면 현자는 어떠한 부정도 모욕도 당하지 않기 때문이다. 그리고 카토야말로 지혜로운 남자의 본보기로서 불멸의 신들에 의해 우리에게 주어진 사람이다. 앞선 시대에 주어진 오디세우스*10나 헤라클레스*11보다 더확실한 모범인 것이다. 이런 인물을 우리 스토아파는 현자라고 불렀다. 힘들

---

*8 이와 같은 일에 대해서는 플루타르코스 《영웅전》 '소 카토' 참조. 소 카토는 기원전 59년 4월의 카에사르의 농지법에 반대했다.

*9 푸브리우스 크로디우스 푸르켈 (기원전 52 죽음). 기원전 58년의 호민관. 공화정 말기의 자기 생각을 가지지 못했던 정치가. 자기 불륜의 알리바이가 부정되었다고 해서 키케로를 미워해 호민관에 취임해서 키케로를 추방했다. 그 뒤에도 폭도를 거느리고 폼페이우스 파와의 난투를 주도, 기원전 52년에 정적 미로와의 충돌에서 살해되었다.

*10 그리스 신화의 영웅. 트로이아에서 표류를 거쳐 고국 이타케까지 돌아가 아내에 대한 경우에 맞지 않는 구혼자들을 죽이고 부부의 재회를 이루는 이야기 '오디세이아'의 주인공.

*11 그리스 신화 최대의 영웅. 제우스와 아르크메네의 아들. '12 공적' 등에서 많은 괴물이나 악인을 퇴치해 인간에 공헌, 자신의 화장에 의한 죽음으로 신이 되었다.

고 어려운 일에 굴복하지 않는 사람, 쾌락을 업신여기며 모든 공포를 이겨내는 승자를 이르는 까닭이지. 카토는 야수하고는 겨루지 않았다. 짐승을 쫓는 일은 사냥꾼이나 농부가 하는 짓이다. 괴물을 칼이나 불로 몰아붙이지는 않았다. 그가 부딪쳤던 시대에는 한 사람의 어깨로 하늘을 지탱한다는 것은 생각할 수도 없는 일이었다.*12 이미 옛날의 미신이 사라지고 지적으로 최고로 세련된 시대에, 그는, 야심이라는 많은 모습의 악과 한없는 권력욕, 세 갈래로 나누어진 온 세계도 성에 차지 않은 욕망*13과 격투하고 타락해, 스스로의 무게를 이기지 못하고 밑바닥으로 가라앉으려는 나라의 크나큰 해악에 맞서 오직 혼자만이 똑바로 우뚝 섰던 것이다. 그리고 쓰러져가는 국가를 홀로 돌이켜보려고 안간힘을 썼지만 역부족으로 자신도 함께 쇠락의 운명을 맞아 멸망하고 말았네. 카토는 자유를 잃은 다음에 살 수 없었고, 자유는 카토를 잃은 채 존재할 수 없었다.

이 사람에 대해 민중으로부터 부정이 저질러졌다고 자네는 생각하는가. 그에게서 법무관직과 토가를 빼앗았기 때문에, 그 신성한 머리에 침을 내뱉었기 때문인가? 현자는 끄떡도 하지 않는다. 어떤 부정과 모욕에도 흔들리지 않는 것이다.

3

오늘 나에게는 자네의 마음에 불이 붙어 타오르는 것이 눈이 보이는 것 같다. 자네는 지금이라도 당장 고함을 치려는 듯이 여겨진다. "이것이야말로 당신네의 권고로 권위를 빼앗는 것입니다. 당신들은 대단한 약속을 하고 있습니다. 바라기는커녕 믿을 수도 없는 일을. 그리고 호언장담을 하면서, 현자는 결코 궁하지 않는다고 주장하면서 그에게 노예나 집이나 음식이 부족한 일이 가끔 있다고 말합니다.*14 현자는 결코 미치지 않는다고 주장하면서 그도 정

---

*12 헤라클레스의 12과업에 대한 언급. 네메아의 사자 등을 퇴치해 레르네의 히드라가 재생하는 7개의 목을 자른 뒤 불에 태웠다. 헤스페리데스 정원의 황금 사과를 따왔을 때에는 서쪽 끝에서 하늘을 등으로 받치고 있는 거인 아틀라스 대신에 하늘을 짊어졌다.

*13 제1회 삼두정치를 괴물로 비유한다. 헤라클레스가 퇴치한 게리온은 세 개의 몸을, 지상을 끌어낸 지옥의 파수견 케르베로스는 세 개의 머리를 갖는다.

*14 이른바 스토아파의 패러독스이다. 스토아파는 윤리학 강술의 말미에서 현자의 행복을 칭찬할 때, 세속적으로 행복의 징표라고 여겨지는 형용이 단지 현자에게는 해당된다는 역설

도를 벗어난 이상한 말을 한다든가, 무엇인가 매우 심한 병상(病狀)이 강요하는 짓을 행하거나 한다고 말합니다.[15] 현자가 노예가 되는 일은 결코 없다고 주장하면서 그가 팔아넘겨지고, 명령받은 일을 하고 주인에게 봉사할 것임을 거부하지 않는다고. 따라서 당신들은 눈썹을 치켜 올리면서, 끝내 다른 사람과 마찬가지의 곳으로 굴러 떨어집니다. 사물의 이름만을 바꾸고 있는 데에 지나지 않는 것입니다.[16]

그러므로 이 경우도 뭔가 그런 종류의 일이 있는 것이 아닌가 의아스럽게 여겨지는 것입니다. 처음 볼 때는 얼마나 아름답고 훌륭합니까? 현자는 부정도 모욕도 받지 않는다는 것이. 그러나 현자를 두는 것이 세상 사람들의 분개를 벗어난 일인가, 아니면 부정의 밖인가 하는 큰 차이가 있습니다. 차분한 마음으로 참을 수 있는 것이라면 거기에는 아무 특권도 없습니다. 그가 참여하고 있는 것은 대중도 할 수 있는 일, 부정의 피해를 되풀이 그 자체에서 배우게 되는 일, 요컨대 인내일 뿐입니다. 하지만 그는 결코 부정을 당하지 않는다고, 즉 누구도 그에게 부정을 저지르지 않을 것이라고 주장한다면 나는 다른 일을 모두 내던지고 스토아학파가 될 것입니다."

나로서는 현자를 말뿐인 명예의 환상으로 꾸미고 있는 게 아니다. 어떠한 부정도 닿을 수 없는 곳에 그를 있도록 한 것이다. "그렇다면 어떻게 되는 건가요. 후려갈기려고 하는 자, 해치우려는 자는 아무도 없다는 것인가요." 자연 속에는 모독을 전혀 발견할 수 없을 만큼 신성한 것은 없다. 그러나 신적인 것은 훨씬 더 높은 곳에 있다. 스스로 훨씬 드높은 자리에 위치한 훌륭한 존재와 접촉하려고 해도 소용없다. 손상될 수 없는 것은 타격을 입지 않는 것이 아니라, 피해를 당하지 않은 것을 말한다. 나는 이것을 증거로 자네에게 현자를 제시하겠다.

타격받지 않는 것보다 패배당하지 않는 것이야말로 보다 확실한 힘이라는 데에 무슨 의문이 있을 수 있겠는가. 시험된 일이 없는 힘은 불확실한 것에 대해서, 모든 공격을 튕기는 강인함은 가장 확실할 것이라고 마땅히 여겨진다.

을 말한다.

[15] 현자 외에는 모두 어리석은 자이고 어리석은 자는 모두 미친 사람이다. 현자가 덕을 잃는 가능성에 대해서는 초기의 스토아파에서 논의가 있었다.

[16] 키케로의 스토아파에 대한 일관된 비판이 이것이다.

자네는 이렇게 생각해야 한다. 현자는 보다 뛰어난 자연의 본성에 속해 있지만, 그것은 그에게 어떠한 부정도 미치지 않는다는 것보다도 그 어떤 부정도 그를 해치지 않기 때문이라고. 그리고 내가 진정으로 용감한 사람이라 부르고 싶은 이는 이런 사나이, 즉, 전쟁에도 용기를 잃지 않고 적이 몰려와도 그 힘에 겁을 내지 않으며, 게으른 민중 속에서 안일을 꾀하지 않는 사람이다.

그러므로 나는 이렇게 주장한다. 현자는 어떠한 부정에도 굴복하지 않는다고. 아무리 많은 창이 그를 노리고 던져지더라도 무의미하다. 그를 뚫을 수 없기 때문이다. 어떤 돌의 단단함은 철에 못지않고, 강철은 자르고 끊을 수도 없고 달아서 줄어드는 일도 없고, 부딪쳐 온 것을 도리어 무디게 만들어 버린다. 어떤 물체는 불에도 끄떡없고 불길에 싸여도 그 단단한 강도와 성질을 유지한다. 바다에 튀어나온 암초는 바닷물을 부수고 그렇게도 오랜 세월 파도에 시달리면서도 그 자체에는 아무런 충격의 흔적도 보이지 않는다. 바로 그와 같이, 현자의 정신은 의젓한 자세로 강인한 힘이 넘쳐흐르기 때문에 오늘 내가 말한 일에 못지않게 부정으로부터 무사할 수가 있는 것이다.

4

"그럼 어떻습니까. 현자에 대해 부정을 저지르려고 시도하는 자가 없다는 말인가요." 시도는 하겠지. 그러나 그에게까지는 다다르지 못한다. 왜냐하면 현자는 밑바닥의 비천한 것들과 접촉하기에는 너무나 멀리 떨어져 있고 해악을 가하려 해도 힘이 그에게 미칠 만한 위력을 드러낼 수 없기 때문이다. 그뿐 아니라 권세를 가진 일족의 하나같은 의지로 강권을 자랑하는 패자가 해를 가하려고 해도 그 무기의 위력은 현자의 훨씬 앞에서 시들어버리고 만다. 마치 현과 방척기(放擲機)로 상공에 쏘아올린 것이 시야의 먼 데로 날아가도 하늘에 미처 닿지 못하고 꺾어지고 마는 것과 마찬가지다. 어떤가. 그대는 저 오만불손한 왕[17]이 숱하게 많은 화살로 햇볕을 가리고 있을 때, 화살 하나라도 태양을 맞혔다고 생각하나?[18] 또 바다 속 깊이 내던진 족쇄에 넵투누스가 걸렸으리라고 생각하나[19] 더없이 높은 것은 인간의 손을 벗어난다. 신전을 파

---

*17 페르시아 왕 크세르크세스. 왕의 거만과 어리석음의 전형이었다.
*18 다리우스 왕은 하늘을 향해 화살을 쏘아 아테네인에 대한 보복을 기원했다.
*19 크세르크세스는 해협에 놓은 부교(浮橋)를 사나운 날씨로 파괴한 헤레스폰토스에 화를

괴하고 신상(神像)을 녹이는 자에 의해서 신성이 손상된 일은 결코 없다. 마찬가지로 무엇이든 현자에게 오만하고 불손하게 우쭐대며 하는 짓들은 헛된 시도일 뿐이다.

"하지만 그렇게 하려는 자가 한 사람도 없었다면 훨씬 좋았을 겁니다." 악의가 없는 마음을 바라지만 인간이란 족속에게는 어려운 문제다. 더욱이 해를 가할 수 없는 것이 중요한 것은, 그렇게 하려는 자의 경우로, 비록 이루어지더라도 피해를 입는 일조차 있을 수 없는 사람 쪽이 아니다. 아니, 실제로 끊임없는 공격이 한창일 때도 평온함 이상으로 지혜의 힘을 똑똑히 보여주는 것이 또 있을까. 그것은 무력과 병력을 자랑하는 장군의 가장 커다란 증거가 적의 진영 안에서의 완전한 평안 유지라는 것과 마찬가지이다.

5

그럼, 세레누스, 자네가 좋다면 부정을 모욕과 구별하기로 할까. 부정은 본성으로 볼 때 중대하지만, 모욕은 가볍고 나약한 자에게만 무거우며, 다른 사람에게 상처를 주지 않고 기분을 상하게 하는 데에 지나지 않는다. 그런데 게으른 마음과 무기력 때문에 이보다 더 괴로운 것은 없다고 보는 사람도 있다. 그래서 주먹보다 채찍을 맞는 것이 낫다는 노예를, 모욕적인 말보다는 죽음과 채찍 쪽은 참을 수 있다는 노예를 자네는 발견할 것이다. 그렇지만 우리는 터무니없는 천박함에 다다른 결과, 고통은커녕 고통을 당하는 생각에 괴로워하는 처지이다. 참으로 유치한 일이다. 어둠과 가면의 추한 모습과 요상한 표정이 어린아이에게 공포를 불러일으키고, 더욱이 무섭게 들리는 이름,[20] 손가락 짓, 그밖에 잘못을 가져올 어떤 충동에 흔들려 분별없는 짓을 피하는 것, 그런 것들이 그들의 눈물을 자아낸다.

부정이란 남에게 나쁜 짓을 하는 것이라고 정의된다.[21] 그러나 지혜는 악에게 여지를 남겨주지 않는다. 왜냐하면 현자에게 유일한 악은 비열함인데,[22] 이것은 이미 덕과 고결함이 존재하는 곳에는 끼어들 수 없기 때문이다. 그러

내어 매로 때리고 족쇄를 던져 넣었다.
*20 유아들을 무섭게 하는 여자 도깨비의 이름.
*21 여기에서 논증으로 이행해 초기 스토아파 특유의 추론형식의 논박이 이어진다.
*22 스토아파는 선과 악을 마음의 존재 양식으로 한정해 선을 고결, 악을 비열이라고 부른다.

므로 부정은 악 없이는 아무것도 존재하지 않고, 악은 비열함이 없이는 아무것도 존재하지 않는다고 하면, 또 비열함이 고결한 것이 자리잡은 곳에는 이를 수 없다고 하면, 부정은 현자에게까지 이르지 못한다. 결국 이런 것이다. 부정이란 무엇인가 해악을 입는 일이다. 그런데 현자는 어떠한 악으로도 피해를 입지 않는다. 그러므로 부정은 현자와는 관련이 없다.

부정이란 그것이 무엇이든 간에 그것을 당하는 사람에게 손실을 불러오는 일이다. 누가 되었든 자신의 그 어떤 손실—위신이든, 신체이든, 우리의 외부에 위치하는 사물이든, 그 손실이 따르지 않는 부정을 당하는 일은 있을 수 없다. 하지만 현자는 어떤 것도 잃는 섯이 없다. 모든 것을 자신에게 맡기고, 운명에는 아무런 믿음을 두지 않고, 스스로 선한 것(재산)을 반석 위에 유지하며, 덕에 자족한다. 운명의 손에 있는 것을 필요로 하지 않기 때문에 늘지도 줄지도 않는다. 왜냐하면 극한으로까지 연장된 것에는 늘어날 여지가 존재하지 않기 때문이다. 또 운명은 스스로 준 것 말고는 아무것도 빼앗지 않는다. 하지만 운명은 덕을 주지 않는다. 그러므로 빼앗지도 않는다. 덕은 자유이다. 해칠 수 없고, 움직일 수도 없으며, 깨지지 않고, 우연에 대해 굳건하며, 패배는커녕 기울지도 않는다. 무서운 모습으로 상대해도 눈 하나 까딱 않고, 조금도 표정의 변화가 없다. 나타난 것이 가혹한 것이든 유리한 것이든 마찬가지이다. 그러므로 그는 아무것도 잃지 않으리라. 그런 것은 마침내 멸망할 것으로 보기 때문에. 왜냐하면 그가 유일하게 가진 것은 오직 덕이므로 여기에서는 무엇 하나 빼앗을 수 없기 때문이다. 그 밖의 것은 인가를 내준 다음에 쓴다. 하지만 도대체 누가 자기는 타인의 손해에 흔들린다는 따위의 말을 하는 것일까? 그런데 부정이 덕에 속한 것을 해치는 것이 전혀 불가능한 이상—덕이 '건전'하다면 그런 것도 안전하기 때문이다—, 부정이 현자에게 이루어지는 일도 있을 수 없다.

메가라*²³의 도시를 '폴리오르케테스(도시를 공략하는 자)'라는 별명을 가진 데메트리오스가 점령했을 때의 일이다. 철학자인 스틸폰*²⁴은 잃은 것이 없느냐는 그의 질문을 받고 이렇게 말했다. "아무것도 잃지 않았다. 내 것은 모두

---

*23 논증을 끝마치고 여기에서 논거의 제시로 옮아간다. 메가라는 그리스 본토와 펠로폰네소스 반도를 잇는 해협에 있는 도시.
*24 메가라 파의 제3대 학두. 스토아파의 아버지 제논은 그로부터 논리학을 배웠다.

내게 있다." 그러나 그의 가재는 전리품이 되고, 딸들은 적에게 빼앗겼으며 조국은 남의 손에 무너져 있었다. 왕은 스틸폰을 내려다보고 승리에 도취한 군대의 무기에 둘러싸여 높은 곳에서 신문하고 있었던 것이다.

그러나 그는 왕에게 승리를 허락하지 않았다. 도시가 함락되었지만 자기는 패배하지 않았으며 어떤 상처도 입지 않았음을 증명했다. 그는 참된 재산—그에 대하여는 소유권의 선고가 있을 수 없는 선한 것을 잃지 않고 자신 안에 지니고 있었기 때문이다. 철저히 빼앗기고 빼앗아 싣고 간 것은 자기의 것이 아니고 매우 짧은 순간의, 운명의 수긍에 따르는 것이라고 생각했다. 그래서 그는 그런 것들을 자기 것이 아닌 것처럼 가엽게 여겼다. 밖에서 온 것의 소유는 모두 미덥지 않고 불확실하기 때문이다.

6

그렇다면 생각해 보게. 과연 이 사람에게 절도범이나, 상습적인 허위 고발자나 몹시 난폭한 이웃이나, 누군가 부자로 후계자가 없는 노령자로서 권력을 휘두르는 자가 부정을 행할 수 있나 없나 하는 것을. 전쟁도 적고 그 도시공략에 뛰어난 기술을 자랑하는 자까지도 그로부터 아무것도 빼앗지 못했는데. 도처에서 번뜩이는 칼날과 약탈에 광분하는 병사의 소란 속에서, 무너진 나라의 살육과 피와 불꽃 사이에서, 저절로 신상에 무너져 내린 신전의 굉음 속에서도, 오직 한 사람의 인간에게 평온이 있었다. 그러므로 자네가 그 약속을 지나치게 대담하다고 판정하지 않으면 안 될 이유 따위는 아무 데도 없다. 나에게 자네의 신뢰를 받을 만한 것이 없다고 한다면 증인을 내 보이겠다. 자네에게는 이만큼 굳건하고 이만큼 도량이 큰 인간이 있을 수 있다는 사실이 거의 믿기지 않을 것이다. 그러나 중앙 광장으로 나아가서 이렇게 말한 사람이 있다. "사람으로 태어나서 인간적인 것을 뛰어넘는 데까지 자신을 높이는 일은 과연 가능한가, 의심할 것은 없다. 고통, 피해, 곪음, 다침, 온갖 폭력이 주위에서 굉음을 울리는 상황에서도 과연 사람이 차분한 눈길로, 가혹한 상태를 온화하게 견딜 수가 있을까, 반대로 요행을 온화하게 받아들일 수가 있을까. 역경에 양보할 것도, 순결에 기댈 것도 없고, 다양한 가운데서 한결같은 모습을 유지하며, 자기 자신 말고는 아무것도 자기 것으로 여기지 않는다. 그리고 스스로에 대해서도 자기를 훌륭한 사람으로 만든, 그 부분에 오로지 따라서 생각한다.

자, 여기에 내가 있다. 이것을 자네들에게 증명하기 위해서다. —숱한 도시의 파괴자의 지휘 아래 성벽을 무너뜨리는 쇠망치의 충격에 흔들리고, 높이 솟은 탑은 지하도와 숨겨진 참호로써 갑자기 무너진다. 성벽은 우뚝 솟은 성채에 질세라 그 높이를 올려 간다. 그러나 군건하게 자리 잡은 정신을 흔들 수 있을 만큼의 장치는 결코 보이지 않는다. 방금 나는 집이 무너지고 일대를 환하게 비친 불꽃으로부터, 유혈 사이를 뚫고 맹렬한 불에서 벗어났다. 내 딸들이 어떤 운명에 처했는지, 그것이 모든 일보다 나쁜지 어떤지 모른다. 오직 한 사람의 내 늙은 몸을 둘러싸고 있는 것은 적늘뿐이다. 자네가 나를 패자라 하고, 자네를 승자로 보아야 될 이유는 없다. 그대의 운명이 내 운명을 무너뜨린 것일 뿐이다. 임자가 정해지지 않고 주인이 바뀌는 것이 지금 어디에 있는지 나는 모른다. 나의 재산에 관한 한, 그것은 나와 함께 있고 앞으로도 그럴 것이다.

부자는 재산을 잃었다. 엽색가는 소중한 미소년과 체면을 구기면서까지 귀여워했던 창녀를, 야심가는 원로원 의사당과 중앙광장을, 악덕 피로연의 정해진 무대를, 고리대금업자는 장부를, 욕심은 허망한 기쁨으로 젖고, 부유한 꿈을 자아내는 것을 잃었다. 그러나 나는 모든 것을 완전무결하게 가지고 있다. 그러므로 질문은 그런 축들에게 하는 것이 좋다. 울고 있는 자, 슬퍼하는 자들에게. 돈을 지키려고 빼든 칼날에 맨몸을 내던진 자들에게, 주머니를 두둑하게 채우고 적으로부터 달아나는 자들에게.'

그래서 세레누스, 이렇게 생각하는 것이다. 그 완전한 사나이, 인간과 신들의 여러 덕에 가득 찬 사람은 아무것도 잃지 않는다고. 그의 자산은 결코 넘을 수 없는 군건한 방벽에 둘러싸여 지켜지고 있다.*25 그것을 바빌론의 성벽에 비교하면 안 된다. 거기에는 알렉산드로스*26가 침입했다. 한 사람의 손에 붙잡힌 카르타고*27나 누만티아*28의 성벽에도, 그리고 또 적의 손톱자국이

---

*25 운명에 대해서는 보통의 벽이 쓸모가 없다는 것은 설교의 전통적 주제의 하나이다.

*26 마케도니아 왕 (재위 기원전 356~323). 그리스를 정복한 뒤 페르시아 제국을 향해 기원전 331년, 가우가멜라 싸움에서 다리우스 3세를 무찔러 바빌론을 점령했다.

*27 북 아프리카 페니키아의 식민지. 기원전 3-2세기의 로마 최대의 원수. 기원전 146년에 소 스키피오가 멸망시켰다.

*28 히스파니아의 켈티베리아족의 도시로 로마에 저항을 계속하였으나 기원전 133년에 같은

아직도 남아 있는 카피톨리노의 성채*[29]에도, 그러나 현자를 지킨 그 성벽은 불길이나 충동으로부터도 안전하다. 어떤 진입로도 허락하지 않는다. 높이 솟아 공략이 불가능한 신들과 나란히 서 있다.

7

이와 같은 훌륭한 현자는 결코 찾을 수 없다고 자네는 늘 반론하지만 그렇게 말해야 할 이유는 없다. 우리는 그러한 인간 정신의 허망한 영광을 꾸며대고 있는 것도 아니고 거짓으로 부푼 환상이 마음이 떠 있는 것도 아니다. 오늘 나는 우리(스토아파)가 바로 마음에 그리는 모습을 현실로 보여줄 것이고, 앞으로도 보여줄 것이다. 아마도, 그것은 매우 드물어 오랜 세월이 걸려야 겨우 한 사람이 나온다. 남보다 훨씬 뛰어난 위대한 인물은 평범한 사람처럼 쉽게 나오는 것이 아니기 때문이다. 하지만 여기에서 나는 그 이름이 이 토론의 계기가 된 마르쿠스 카토야말로 우리 학파의 선례를 넘어서는 것이 아닌가 생각한다.

그런데 해를 끼치는 것은 해를 입는 것보다 튼튼하지 않으면 안 된다. 그러나 악덕은 덕보다 강하지 않다. 그러므로 현자는 해를 입을 수 없다. 선한 사람에게 부정을 꾀하는 것은 악인밖에는 없다. 선한 사람끼리는 서로 간에 평화가 있다. 악인은 선한 사람에게 위험한 것 이상으로 그들끼리도 서로 위험한 존재이다. 그러나 힘이 부치는 자가 아니면 해을 입을 수 없고, 악인은 선한 사람보다 힘이 모자라 선한 사람이 부정을 걱정해야 되는 것은 자기와 같지 않은 자 그 밖이 아니라고 한다면, 부정은 현자에게는 생기지 않는다. 자네에게는 그것 즉, 현자 말고 선한 사람이 없다는 것은 말할 것도 없기 때문이다.

사람들은 말한다. "소크라테스가 부정하게 벌을 받았다고 하면, 그는 부정을 당한 것이다"라고. 여기에서 우리가 이해해야 될 점은, 누군가가 나에게 부정을 저질렀어도 내가 그것을 당하지 않았다는 사태가 일어날 수 있다는 것이다. 예를 들면 누군가가 나의 별장에서 내 것을 훔쳐서 그것을 내 집에 놓

소 스피키오에 의해 멸망했다.

*29 로마의 카피톨리움 언덕의 두 개의 꼭대기를 가리킨다. 전자에는 지선지고의 유피텔 신전이, 후자에는 유노 모네타의 신전이 있었다.

앗다고 하자. 그는 절도를 했지만 나는 아무것도 잃은 게 없다. 사람은 비록 누구도 해치고 있지 않아도 가해자가 될 수 있다. 남편이 자기 아내를 남의 처로 알고 끌어안았다면 아내는 간통한 여자가 되지 않지만 남자는 간통한 남자가 된다. 누군가가 나에게 독약을 넣었다. 그런데 식품에 섞이면서 독성이 사라져 버렸다. 그런 경우 누군가를 해치지 않았더라도 독약을 넣은 행동만으로도 그 사람은 죄인이 된다. 칼날이 옷 때문에 비켜 가더라도 강도질에는 변함이 없다. 대체로 범죄는 수행 결과 이전에 범행 의도가 충분하다면 이미 범행은 완성된 것이다.*30

어떤 일에서는 전자는 후자가 없어도 가능하지만, 후자는 전자 없이는 성립하지 않는다. 더 쉽게 말해 보자. 나는 뛰지 않고도 발을 움직일 수 있다. 그러나 발을 움직이지 않고 달릴 수는 없다. 비록 물속에 있어도 헤엄 치지 않고 있을 수 있다. 그러나 헤엄을 치려면 물속에 있어야만 한다. 지금 이야기하는 것도 이런 종류의 일에 속한다. 내가 부정을 당했다면 부정이 행해진 것은 틀림없다. 그러나 부정이 행해졌다 하더라도 내가 부정을 당한 것은 필연이 아니다. 부정을 가로막는 사건이 일어나는 경우가 자주 있기 때문이다. 불쑥 내민 손을 어떤 우연의 작용으로 빗나가게 할 수 있고, 발사한 무기가 빗나가는 수도 있다. 마찬가지로 어떤 부정이든 무엇인가가 그것을 밀어젖히고 그 가운데에서 차단해 행해지기는 했지만 당하지 않는 일이 있을 수 있다.

8

게다가 정의는 부정을 무엇 하나도 당하지 않는다. 왜냐하면 반대의 것은 함께 할 수가 없기 때문이다. 그러나 부정은 부정한 방식이 아니고는 이루어지지 않는다. 그러므로 현자에게 부정을 행할 수가 없다. 누구나 현자에게 부정을 저지를 수 없다고 해서 이를 이상하게 여길 필요는 없다. 유익한 일도 누구나 할 수 있는 것은 아니다. 더구나 현자에게는 아무런 부족함이 없고, 그가 선물로 받을 것은 아무것도 없다. 악인에게는 현자에게 어울리는 일에 기여할 수 있는 일은 도저히 할 수가 없다. 왜냐하면 주기보다 먼저 가져야만 하는데, 현자가 받아서 기뻐하는 것을 악인이 가지고 있을 리가 없기 때문이다.

---

*30 행위를 의도의 관점에서 보는 것은 스토아파 행위론의 원칙이다.

그러므로 누구 한 사람도 현자를 해칠 수도, 이익이 되게 할 수도 없다. 신성스러운 것은 도움을 필요로 하지 않고, 상처 받지도 않는다. 그러나 현자는 신들의 가까운 이웃이고, 죽음의 가능성 말고는 신을 닮았다. 멀리 바라보고 온 힘을 다해 나아가는 자—숭고하고, 질서 있고, 두려움을 모르며, 한결같이 조화로운 진행으로 흘러가는 것, 안전하고, 너그럽고, 공공의 선을 위해 태어난 것, 자신과 다른 사람에게 안녕을 가져오는 것을 지향하는 사람은 비열한 짓을 결코 바라지 않으며 절대로 울지 않으리라.

그리고 이성을 바탕 삼아 세상 사람들의 운과 불운의 틈새를 신과 같은 정신으로 걸어가 부정을 당하지 않는다. 자네는 인간에게 받는 부정만을 말하고 있다고 생각하는가? 운명으로부터조차도 있을 수 없다. 운명이 덕과 싸워 호각의 판정 아래 물러선 적은 없다. 우리는 저 최대의 것—분노가 낳은 법률과 잔학하기 그지없는 주인도 협박하기(위한 수단으로서) 이보다 더한 것을 알 수 없는 것, 운명이 그것을 가지고 스스로 권력을 소진함을 태연한 마음으로 받아들여, 죽음이 악이 아님을 알고 있다. 이를 보아도 부정 따위는 말할 필요가 없고, 더욱이 그 밖의 일들을 우리는 훨씬 쉽게 참을 수 있을 것이다. 손실, 고통, 오명, 고향의 상실, 자식의 죽음, 갑작스런 이별—이런 것들은 현자를, 예컨대 그 모든 것이 한꺼번에 밀어닥치더라도 그를 매장시키지 못한다. 비록 그 모두가 단숨에 그를 둘러싸도 그를 파묻지는 않는다. 하물며 다른 공격으로 슬퍼할 리가 없다. 그리고 운명의 부정을 온건하게 참을 수 있는 이상, 권력자가 내리는 것 따위는 그들이 운명의 앞잡이일 뿐이라는 사실을 알고 있는 그에게는 얼마나 쉬운 일인가.

9

그래서 현자는 모든 것을 겨울 추위나 기후가 고르지 못한 듯이 발열이나, 질병이나 그 밖의 우연히 일어난 사건처럼 견딘다. 그리고 그가 가장 높이 평가하는 것은 무슨 일이나 깊은 생각에 따라서 행했다고 보는 사람이다. 이것은 오직 현자에게만 존재한다. 다른 모든 사람에게 있는 것은 사려가 아니고, 기만과 속셈, 마음의 무질서한 흔들림에 지나지 않는다. 그는 그런 것을 우연한 일로 여긴다. 그러나 우연적인 것은 모두 우리의 주위에서 하찮은 것에 대해 거칠게 날뛴다. 그 일도 생각해 보게. 부정의 기회가 가장 입을 크게 벌리는 것은 우리에게 극형의 단죄를 요구하는 재판이 이루어질 때라네. 매수된 고발자, 거짓으로 꾸며진 죄상의 추궁, 우리에 대한 권력자의 증오, 토가를 입은 자가 서로 다투는 강도와 같은 소행이다.*31 더욱 잦은 부정이 있다. 다른 사람으로부터 이익이나 오랫동안 얻으려고 애쓴 특권이 사라져 버렸을 때, 얻기 위해 크게 노력해 온 상속권이 뒤집혔을 때, 벌이가 되는 일가붙이의 배려가 사라졌을 때 등이다. 이런 것으로부터 현자는 벗어나 있다. 그는 기대와 불안 속에 사는 것을 모른다.

여기에 더해 부정을 당하고도 차분한 마음으로 지내는 사람은 아무도 없다는 사실이다. 그 감정에 휘말리기 때문이나. 하지만 잘못을 면한 사람은 마음의 혼란을 모른다. 그는 자기를 자제하며 깊고 온유하며 차분한 사람이다. 왜냐하면 만약 부정이 그에게 닿는다면, 그것은 그를 움직여 몰아내기 때문일 것이다. 그런데 현자는 노여움을 모른다. 노여움을 북돋는 것은 부정의 형태이다. 그러나 노여움을 모른다는 것은, 부정을 모르고서는 있을 수가 없다. 현자는 부정이 자기에게 이루어지지 못함을 알고 있다. 그러므로 그는 매우 큰 자신감과 환희에 넘쳐 있고, 그 때문에 그의 마음은 끊임없는 기쁨으로 높아져 있다. 부정 자체가 그를 위한 것이 된다. 거기에 자신을 시험하는 기회를 얻어 덕을 시험할 수 있기 때문이다.

자네들에게 간절히 부탁한다. 이 가르침을 존중하자고. 차분한 마음과 귀로 지지하지 않겠는가. 그러나 현자 자신이 부정을 면한다고 해서, 그동안에 자네들의 파렴치나 탐욕, 맹목적인 터무니없는 오만이 조금이라도 줄어드는 것은 아니다. 자네들의 악덕은 그대로 두면서, 이런 현자의 자유를 찾고 있기 때문이다. 우리에게 꼭 필요한 것은 자네들이 부정을 저지르는 것을 허락지 않도록 함이 아니다. 그가 모든 부정을 바다에 가라앉히고 인내와 큰 도량으로 자신을 지키는 쪽이다. 신성한 경기대회에서도 승리를 거두는 것은 거의 연타를 퍼붓는 손을 꾹 참아냄으로써 상대를 피곤하게 만드는 방법이다. 현자도 이런 사람이라고 생각하게. 오랜 착실한 훈련의 결과, 모든 공격을 견디어 적을 피곤하게 만드는 굳센 신체를 다진 자들이라고.

---

*31 토가는 평화시의 복장이고 전시에 착용되는 군복과 대비된다.

10

자 이제, 다른 부분으로 옮겨가기로 하세. 여기에서 우리는 어느 정도는 우리의 독자적인, 그러나 대부분은 공통적인 토론으로*32 모욕을 논박한다. 그런데 그것은 더 작은 부정이고, 우리에게 가능한 것은 처벌이 아니고, 고작 불평에 지나지 않으며, 법률 또한 그것이 보복할 만한 값어치가 있다고 보지 않았다. 이 감정을 불러일으킨 것은 실례되는 말이지만 행위가 원인이고 스스로 위축하는 마음의 굴종이다. "그는 오늘 나의 방문을 거절했다. 다른 사람들에게는 허락했는데"라든가 "그 녀석은 내 말을 듣지 않으려고 오만하게도 귀를 가렸다. 또는 분명히 비웃었다"라든가 "나를 윗자리가 아니고 아랫자리에 앉혔다"*33든가 이런 종류의 고약한 버릇이다. 그러나 뱃멀미하면서 내뱉은 푸념이라고밖에 달리 뭐라고 할 것인가. 이런 상태에 빠지는 것은 아마 응석받이나 넉넉한 인간이다. 큰 위험이 닥쳐온 자는 그런 것에 얽매일 여유가 없다.

지나친 여가 탓으로 본디부터 나약하고 허약하며 진정한 부정을 겪은 일이 없기 때문에 유약하게 흐른 정신이 이런 일로 흔들린 데에 지나지 않으며, 그 대부분은 해석하는 쪽의 잘못에서 비롯된다. 그러므로 모욕에 흔들리는 자는 스스로 자기 내부에 아무 사려도 자신감도 없는 것을 폭로하는 것이다. 자기가 경멸당하고 있다고 곧 믿어 버리는데, 이 아픔은 스스로 억눌려 비하하는 굴욕의 감정 없이는 생기지 않기 때문이다. 그러나 현자는 누구에게도 경멸당하지 않는다. 자기의 위대함을 알고 자기에게 그런 태도를 취하는 것을 아무에게도 허락하지 않기로 다짐하기 때문에, 그런 마음의 아픔이나 불유쾌하다고 할 감정 따위는 극복은커녕 느끼지조차 않는다.

이와는 전혀 다른 것이 현자에게 타격을 주는 것이다. 하지만 이들—신체의 고통이나 부족함, 벗이나 자식을 잃어버림, 전쟁으로 불타는 조국의 참상 같은 것도, 그를 쓰러뜨리지 못한다. 이런 점을 현자가 느끼는 것을 나는 부정하지 않는다. 우리는 그에게 철석같은 단단함을 내리고 있는 게 아니니까. 자기가 견디고 있다는 사실을 느끼지 않는 것은 무슨 덕일 수는 없다. 그럼 어

---

*32 '우리 독자의'란, 스토아파 특유의 철학적 논증에 의한 논박. '공통된'이란 논리적 주제에 대한 공통 논의를 말한다.

*33 연회에서는 ㄷ자 형으로 놓인 세 개의 긴 의자에 왼쪽 팔꿈치를 아래로 하고 눕는다. 중앙의 의자가 높은 자리이고 이어 왼쪽, 그리고 오른쪽 순으로 낮은 자리가 된다.

떤가. 그는 어떤 종류의 타격은 받지만 받은 타격을 이겨내고 고쳐서 억누른다. 그러나 지금처럼 가벼운 것은 느끼지도 않고, 그런 것에 대해, 그가 늘 지닌 덕이나 고난을 참는 힘을 쓸 것까지도 없다. 마음에 두지 않든가 웃어넘기고 말 일이라고 생각한다.

11

게다가 거의 모욕을 하는 자가 오만불손하든가 행운에 놀아나는 것에 대해 현자에게는 그렇게 들뜬 정념을 경멸할 수 있는 것이 있다. (마음에 속하는) 모든 것 가운데에서 가장 아름다운 덕, 즉 크나큰 도량*34이다. 그것은 무엇이든 그런 것에 신경을 쓰지 않고, 꿈같은 허상이나 밤의 환상, 실질과 진실이 아무것도 없는 것으로 지나쳐 버린다. 아울러 이렇게 생각한다. 누구든지 자기보다 낮은 곳에 있기 때문에 이토록 우뚝 솟은 것을 내려다볼 만큼 무모한 자는 없다고. 모욕이라는 말은 경멸에서 나왔다.*35 왜냐하면 누구든지 정말 경멸을 느끼는 상대를 이런 종류의 부정으로 괴롭히기 때문이다. 그러나 자기보다 크고 훌륭한 사람을 경멸하는 일은 없다. 예컨대 그가 무엇인가, 경멸하는 자들이 늘 하는 행위를 하는 경우도 마찬가지이다. 예를 들면 어린 아들이 부모의 얼굴을 때린다든가, 어린아이가 엄마의 머리를 헝클어뜨린다든가, 침을 뱉는다든가, 가족들 앞에서 국소를 드러낸다든가, 상스런 말을 서슴없이 하든가 해도 우리는 이런 것 어느 하나도 모욕이라고는 하지 않는다. 어째서인가. 하고 있는 당사자는 경멸할 수가 없기 때문이다.

우리 집 노예가 주인에게 모욕성을 띤 농담을 해 우리를 즐겁게 하는 것도 이유는 다르지 않다. 그들의 불손은 대단한 것으로 자기들에게는 처음에 주인을 희생시키면 손님도 마음대로 주물럭거릴 수 있다고 생각한다. 게다가 사람이 천하면 천할수록 말의 억제력도 듣지 않게 된다. 어떤 자들은 이 목적을 위해 일부러 염치를 모르는 노예를 사들여 한결 파렴치해지도록 단련시키는 교사까지 붙여, 신소리로 욕설을 퍼붓게 한다. 그런 욕설을 우리는 모욕이라

---

*34 큰 도량은 스토아파 윤리학에서는 본디 용기의 하나였으나 이 덕의 사회적 측면을 강조한 기원전 2세기 후반의 스토아파의 학두(學頭) 파나이티오스에 의해서 용기와 어울리는 것으로 격상되었다.

*35 단순한 소리의 유사에 의한 잘못된 설명.

하지 않고 기지라고 부른다. 그런데 같은 짓을 어느 때는 기뻐하고 어느 때는 화를 내는 것은 얼마나 얼빠진 일인가. 더구나 벗한테 들으면 욕설이라고 하는 것을, 노예에게 들으면 재담이라니.

12

우리가 어린아이에게 가진 똑같은 마음을 현자는, 청춘을 지나 백발이 되어도 유아상태에서 벗어나지 못한 모든 사람에게 가지고 있다. 대체로 그런 자들이 조금이라도 진보했다는 말을 어떻게 할 수 있겠는가. 어린아이가 지닌 마음의 결함을 아직도 벗어나지 못할 뿐만 아니라 더 악화된 잘못이 몸에 배어 있는데. 그들이 아이들과 다른 점은 몸의 크기와 모양뿐이다. 여전히 흔들흔들 믿음성이 없고, 한정 없이 쾌락을 추구하며 벌벌 떨면서 마음의 준비가 아니라 공포 때문에 조용하게 있는 축들이다. 그렇다면 그들과 어린아이 사이에는 어떤 차이가 있는가, 라고 누군가 말하는 사람이 없을까.*36 어린아이는 주사위나 도토리, 또는 동전에는 탐욕이 있지만, 이쪽은 금과 은과 도시이기 때문이란 말인가? 어린아이들은 서로 정무관 노릇을 하고, 칼을 두른 토가와 가짜 도끼나 심판석 흉내를 낸다. 이쪽은 마찬가지 일을 마루스의 돌과 중앙 광장에서, 원로원 의사당에서 진지하게 놀기 때문인가?*37 어린아이는 바닷가에서 모래를 쌓아올려 집의 모양을 만든다. 이쪽은 무엇인가 위대한 일을 다하는 듯이 암석과 벽과 지붕을 쌓아올리는 데 몰두해 몸을 보호하기 위해 연구된 것을 위험스레 변하게 하기 때문인가. 그러므로 어린아이와 나이 든 자의 잘못은 같지만 자기들은 따로 한결 심한 것이 되어 있다.

그러기 때문에 이러한 자들의 모욕을 현자가 어린아이 장난으로 여기는 것도 마땅하다고 할 수밖에 없다. 때로는 그들에게 어린아이에 대한 것처럼 고통과 벌로 충고(하고 질타)한다. 부정을 당해서가 아니라, 그들이 부정을 행했기 때문이며, 그렇게 하지 못하도록 하기 위해서다. 가축도 매로 다스릴 수 있다. 올라타는 것을 거부한다고 해서 우리는 그들에게 화를 내지 않는다. 고통

---

*36 이하의 어린이와 어른의 대비는 에픽테토스 '담화록' 4·7·22-25에는 거의 같은 것을 볼 수가 있다. 거기에서도 용어는 이곳과 마찬가지로 완전히 로마적이다.

*37 '우리는 흔히 말하는 것처럼 두 번 어린이가 되는 것이 아니다. 늘 어린이인 것이다. 그러나 차이는 있다. 우리 쪽은 보다 큰 일을 가지고 놀고 있다는 점이다.

이 고집을 꺾도록 벌할 따름이다. 그러므로 우리에게 던져진 그 질문도 해결되었음을 알 것이다. "현자는 부정도 모욕도 당하지 않았는데 어째서 그것을 행한 자를 벌하는가." 복수하는 게 아니고 그들을 선도하는 것이다.

13

그런데 이런 굳건한 정신이 현자에게 생기는 것을 믿지 못할 이유가 어디에 있는가. 자네 자신도 다른 사람에게도 같은 이유에서가 아니지만, 똑같은 일이 일어나는 것을 인정하고 있지 않은가. 어떤 의사가 미친 사람에게 화를 낸다는 말인가. 빈열 때문에 찬물을 금하는 환자의 욕지거리를 나쁘게 여기는 사람이 어디에 있겠는가. 이런 마음가짐을 현자는 모든 사람에게 품고 있다. 의사가 자기의 환자에게 대한 태도이다. 치료에 필요하다면 그들의 하복부를 촉진(觸診)하는 것도, 변이나 오줌을 보는 것도 마다하지 않고, 광기 탓으로 착란상태의 환자에게 욕지거리를 당해도 태연하다.*38 현자는 토가나 화려한 고관복을 입고 보란 듯이 걷는 건강하고 혈색 좋은 이들이 모두 광기가 있음을 알고 있다. 그의 눈에는 이런 인간이 병약하고 자제력 없는 자와 조금도 다르지 않다. 그러므로 그들이 질병 때문에 몰염치한 행위를 저질러도 불끈 화를 내지 않는다. 그리고 그들의 영예 따위는 처음부터 없는 것이나 마찬가지로 여기는 마음으로 예의가 없는 그들의 행위를 평가한다.

거지에게 존경받아도 기쁘지 않듯이, 최하층 평민이 이 쪽 인사에 답례하지 않아도 모욕으로 여기지 않듯이, 현자는 혹 많은 부자에게 존경을 받아도 그들을 존경하거나 하지 않는다. 그는 그들이 거지와 크게 다를 바 없고 그보다 더 비참하다는 사실을 알고 있기 때문이다. 거지가 모자란 것은 조금밖에 안 되지만, 부자는 모자란 것이 많다. 만일 또 메디아인의 왕*39이나 아시아의 아탈로스*40가 인사하는 그에게 말없이 거만한 얼굴로 지나간다 해도 기분 상하는 일은 없을 것이다. 왜냐하면 그런 왕후의 자세는 큰 일족 가운데에서

---

*38 '환자들이 의사의 욕을 했다고 하면 그것은 그 인간이 어떻게 하면……환자들의 건강을 가져올 수가 있는가의 배려에서 나온 것이 아닌가.

*39 페르시아의 왕. 부와 교만의 상징.

*40 3대에 걸친 페르가몬의 왕 아탈로스는 그의 부로 인해 페르시아 대왕의 후계자적 존재였다. 기원전 133년 아탈로스 3세는 페르가몬을 로마에 넘겼다. 그 재산의 경매가 로마에 사치의 흐름을 가져왔다고 한다.

병자나 미친 사람을 다스리도록 시중드는 역할을 맡은 자*[41]와 다름없어, 부러울 게 아무것도 없음을 알고 있기 때문이다.

누군가 카스틀 신전*[42] 옆에서 장사를 해, 쓸모없는 노예를 사고팔아 점포가 질이 낮은 노예로 가득 차 있다. 그러한 그들 가운데 누군가가 내게 답례를 하지 않았다고 해서 불쾌해지는 일이 있는가?

그렇지 않다고 생각한다. 그 아래에 악인밖에 없는 녀석에 어떠한 선이 있다는 말인가. 따라서 현자는 이런 인간의 상냥함도 무뚝뚝함도 무시하듯이 왕후도 무시한다. "당신은 파르티아인, 메디아인, 박트리아인*[43]을 자신의 발아래 두고 있다. 그러나 공포로 억누르고 있는 데에 지나지 않는다. 당신이 그들에게 활을 늦출 수 없기 때문이다. 그들은 더 없이 불길한 적, 돈만 아는 족속, 새로운 주인을 찾아다니는 패거리*[44]일 뿐이다."

그러므로 그는 그 누구의 모욕에도 흔들리는 일은 없으리라. 모두가 저마다 다르지만 현자는 그들 모두를 똑같이 어리석게 보기 때문에 같다고 여기는 것이다. 왜냐하면 혹시 한 번이라도 부정에 의해서나, 또는 모욕을 당해 움직이는 한계까지 몸이 추락했다면 그에게는 틀림없이 무애*[45]하다는 것은 결코 있을 수 없기 때문이다. 그런데 무애(無碍)는 현자의 고유한 선이다. 게다가 또 그는 자기가 모욕을 당했다고 판단하는 일로, 그렇게 한 자에게 명예를 주는 일은 없을 것이다. 누구든지 경멸 당하는 것을 불쾌하게 여기는 자로부터 존경받는다면 기뻐하는 것은 너무나 마땅하기 때문이다.

14

어떤 자들은 터무니없는 광기에 사로잡혀 여자에게도 모욕당할 수 있다고

---

*41 로마의 부유층은 다수의 노예를 집에 두고 있고 그 유지를 위해 많은 관리를 필요로 했다.

*42 중앙광장 남쪽 새 길의 모서리 쪽에 있었다.

*43 어느 것이나 동방의 이민족. 이 시대에는 파르티아가 지배하고 있었다. 이곳에는 네로 치세 초기의 현안이었던 대 파르티아 정책의 효과가 있는지도 모른다.

*44 파르티아의 궁전에서 일어난 왕권을 둘러싼 권력항쟁의 언급. 네로가 즉위한 54년에는 파르티아인이 아르메니아에 침입했으나 그 뒤 왕자 바르다네스가 아버지 보로게네스 1세에 반란을 일으켰기 때문에 침입을 멈추었다. 여론은 이러한 로마의 전략적 개입을 세네카와 불루스의 탓으로 돌리고 있다.

*45 '무애(無碍)'란 일체의 나쁜 감정을 벗어난 현자의 마음의 자세를 말한다.

까지 생각한다. 도대체 그들이 그녀를 얼마만큼 '행복하다'고 여기는 일에 무슨 의미가 있는가—목도꾼이 몇이니까, 귀에 주렁주렁 무겁게 매달고 있으니까, 차분하게 가마를 타고 다니니까, 라고 하면서. 똑같이 생각이 없는 생물이고, 지식과 많은 교육을 갖추지 않으면 짐승이나 그다지 다름이 없어 욕망을 억제할 줄 모른다. 어떤 자들은 미용사에게 쫓겨나서 화가 나고, 문지기의 거만을, 침실 담당자가 언짢은 기분을 모욕이라고 여기는 실정이다. 그것 참, 이런 난장판이고 보니 폭소를 터뜨릴 수밖에 없다. 스스로 마음의 평정을 찾으면서 남이 잘못을 저지른 대소동으로부터 얼마나 유쾌한 즐거움을 만끽할 수 있는가.

"그럼, 어떻게 되지요. 현자는 매몰찬 문지기가 버티고 있는 문 입구로 가지 않는가요." 그 또한 필요하다면 시도하리라. 그리고 어떤 녀석이든, 사나운 개와 마찬가지로 먹이를 던져주고 쓰다듬어 문턱을 넘어가는 데 비용이 좀 드는 일에 분개하는 일은 없을 것이다. 다리를 건너는 데도 통행료가 필요하다 생각하고 말이다. 그러므로 이 문안의 대가를 징수하는 자가 누구든지, 그자에게도 줄 것이다. 매물은 돈으로 살 수 있다는 것쯤은 알고 있다. 문지기에게 거만하게 대답했다는 이유로, 그 지팡이를 부러뜨렸다는 이유로, 주인을 만나 그에게 징벌을 요구함으로써 만족해 하는 인간은 소심한 사람이다. 자기 자신을 겨루는 상대로 하여 이기려고 하는 것은 똑같은 인간이라는 증거밖에 되지 않는다.

"그래도 주먹으로 얻어맞으면 현자는 어떻게 하지요?" 카토가 얼굴을 맞았을 때 한 일이다. 부정에 응수하지도 않고 허용조차 하지 않았다. 당한 일을 부정했다. 용서할 때 이상의 큰 도량으로 인정하지 않았던 것이다. 그러나 이런 짓에 언제까지나 얽매이지 않도록 하자. 악과, 또 선으로 믿고 있는 것을 현자는 하나로서 모든 사람과 똑같이 생각하지 않고 있다는 것쯤은 누가 모르겠는가. 사람들이 보기 싫다든가 비참하다고 평하는 것에 그는 전혀 마음을 쓰지 않는다. 대중이 가는 곳으로 가지 않는다. 별들이 세계와 반대의 길을 취하듯이[46] 현자는 세상 사람들이 믿고 있는 반대의 길을 거슬러 나아간다.[47]

---

[46] 행성이 우주(항상천)와 역방향으로 나아가는 것을 말한다.
[47] 키니코스 파의 시노페의 디오게네스에 대해서 '그는 극장에 들어갈 때에는 나오는 사람들

그러므로 이런 말을 하는 것은 그만 두게. "그렇다면 현자는 부정을 당하지 않는다는 말인가요, 얻어맞아도, 눈을 도려내도. 모욕 당하지 않는다는 건가요? 천한 것들에게 폭언을 당하면서 중앙광장으로 끌려 다녀도 말입니다. 그리고 왕후의 연회 때 식탁 밑에서 자고, 가장 천한 일을 하는 노예들과 식사를 함께 하라는 명령을 받아도. 무언가 자유인의 자부심을 가지고는 생각하기조차 싫은 일을 하도록 강요를 당해도 말인가요."

그런 것은 그 횟수나 정도가 얼마만큼 늘겠지만 성질이 변하는 것이 아니다. 작은 것이 그에게 부딪치지 않는다면 하물며 큰 것이 부딪쳐 올 리가 없다. 적은 것이 부딪치지 않는 이상, 많은 것이 부딪칠 리가 없다. 본디 자네들은 자기의 연약함을 기준으로 위대한 정신을 헤아린다. 그래서 자기가 얼마나 인내할 수 있는가를 헤아려 현자의 인내의 한계를 그보다 조금 멀리 잡는다. 하지만 현자는 자기가 갖추고 있는 덕 때문에 우주의 다른 영역에 놓여 있고 자네들과 공통되는 것은 무엇 하나 없다.*48 가혹한 것을 참지 못함을 보고, 눈으로 보고 사라지지 않는 것을 찾아보게. 그러한 것들이 한 덩어리가 되어 닥쳐와도 그를 압도하지는 못할 것이다. 그리고 그런 것이 하나하나이든, 여럿이 되어 덤벼도 마찬가지로 대항할 것이다. 현자라고 해도 그것은 견딜 수 있겠지만 이것은 견디지 못할 것이다, 라고 말하며 큰 도량을 일정한 한계 안에서 유지하는 것은 잘못된 태도이다. 운명은 완패 당하지 않는 한, 우리를 완전히 지게 할 것이다.

그런 것이 스토아파의 엄격성이다, 라고 생각하면 안 된다. 에피쿠로스*49라고 하면 자네들은 게으른 것으로 받들고, 유약하고 느슨한 쾌락으로 이끄는 가르침을 말하고 있다고 생각하지만, 그런 그가 이렇게 말한다. "운명이 현자

과 머리를 부딪치게 했다. 왜 그런 일을 했느냐고 묻자 '이것이야말로 내가 내 온 생애를 통해서 하려고 마음 먹었던 일이다'라고 그는 대답했다.

*48 현자의 경지는 월하(月下) 세계의 불규칙한 자연 현상과 인연이 없는 청명한 우주의 존재 양식으로 비유된다.

*49 스토아파와 나란히 헬레니즘 로마 기의 철학파인 에피쿠로스파의 개조 (기원전 341-270). 원자론 자연학과 쾌락주의적 논리학을 말하고 아테네 학원을 열어서 동료와 함께 우애와 연구의 삶을 보냈다. 세네카는 (키케로와 마찬가지로) 철학의 원리적인 면에서는 비판적이지만 실천 윤리 면에서는 그의 권고를 자주 큰 공감을 가지고 인용했다.

를 방해하는 일은 드물다." 매우 남자다운 말을 하고 있지 않은가. 그런데 자네는 더욱 용맹스럽게 말해, 그 운명을 완전히 없애 버리고 싶지는 않은가. 현자의 이 집은 비좁고 손질도 하지 않아 떠들썩함도 없고 가구도 없으며, 돈을 밝히고 거만해 방문자를 구별하는 문지기가 지켜 서 있는 것도 아니다. 하지만 이 지키는 사람도 없는 빈집을 지나 운명이 잠입하는 일도 없다. 자기 것이 아무것도 없는 곳에 자기 자리도 없음을 알고 있기 때문이다.

16

그러나 신체에 최대한의 가치를 인정하는 에피쿠로스도 부정에 맞서 일어섰다면 우리에게는 얼마나 믿기 어려운 일이, 또는 인간본성의 기준을 넘어서는 일이 좋다고 인정될 수가 있을 것인가? 그는 부정은 현자에게는 견딜 수 있는 것이라고 말하지만, 우리는 부정은 존재하지 않는 것으로 본다. 이것이 자연에 어긋나 있다고 말할 이유는 그 어디에도 없다. 우리는 채찍질, 구타, 그 어떤 사지의 결손을 가져오는 것이 재앙임을 부정하지 않지만, 대체로 그런 것이 부정이라고는 인정하지 않는다. 그런 것으로부터 없어지는 것은 아프다는 감각이 아니다. 부정이라는 명칭 쪽이다. 덕이 건전한 한, 그것이 받아들여지는 일은 없기 때문이다. 어느 쪽이 더 진실을 말하고 있는가를 우리는 보게 되리라. 부정을 경멸하는 점에서는 둘 다 똑같은 견해이다. 두 사람 사이에 어떤 차이가 있는가 라고 자네는 묻는가. 용맹 과감한 검투사 간의 차이이다. 한 사람은 상처를 누르면서도 자세를 유지한다. 또 한 사람은 환성을 지르는 군중 쪽을 돌아보고 아무렇지도 않다는 것을 내보이며, 시합 중단을 허락하지 않는다.

우리의 견해에 간격이 크다고 볼만한 이유는 없다. 중요한 것은 우리와 관련되는 오직 한 가지 것을, 어느 쪽의 모범도 권장한다는 점이다. 즉 부정을, 부정의 그림자나 냄새라고 할 수 있는 모욕을 멸시하는 것이다. 모욕을 멸시하는 데 현자까지는 필요가 없고, 판단력이 있는 사람이면 된다. 그 사람은 자신에게 이렇게 타이를 것이다. "나한테 그런 일이 닥치는 것은 마땅한 일인가, 아니면 부당한 일인가. 마땅하다면 모욕이 아니고 옳고 그름을 따질 일이다. 부당하다면 수치스러운 것은 옳지 못한 짓을 하고 있는 자이다." 더욱이 모욕이라고 하는 것은 대체 무엇인가. 그는 나의 대머리를, 나의 약한 시력을,

가는 종아리를, 키가 작음을 비웃었다.[*50] 명확한 사실을 듣는 것이 어째서 모욕이 된단 말인가. 한 사람 앞에서는 듣고 웃어버릴 일을 많은 사람들 앞에서는 크게 분노한다. 우리는 스스로 자기에게 늘 말하고 있는 자유를 다른 사람에게는 인정하지 않는다. 적당한 농담은 기뻐하지만 도가 지나치면 화를 낸다.

17

크리시포스[*51]는 어떤 사람이 자기를 '바다의 양'이라고 불렀다 하여 분개한 일을 말한다. 내가 본 일이지만, 나소 오비디우스의 사위인 피두스 코르넬리우스는 코르불로[*52]에게 깃털이 뜯긴 타조 같다는 말을 듣고 울어 버렸다. 그의 생활태도와 소행에 상처를 주려고 날아든 다른 비난의 소리에도 그는 눈도 깜짝하지 않았다. 그런데 이 하찮은 멸시를 참지 못하고 눈물이 뚝뚝 흘린 것이다. 이성이 사라지면 마음은 이렇게 약해진다.

그럼 누군가가 우리의 말버릇이나 걸음걸이를 흉내 내든가 몸의 버릇을 나타내면 분개하는 것은 어떤가. 그런 짓을 우리 자신이 하는 것보다 남이 흉내 내는 편이 널리 알려진다고 생각하는가. 늙은 나이를 말하는 것을 싫어하는 사람이 있다. 백발이 되고, 그 밖에 거기에 이르기를 염원하는 데도 말이다. 가난에 대한 욕설이 어떤 사람을 새까맣게 불태웠다. 숨기고 있는 사람은 누구든지 욕설에 딱 알맞은 표적을 스스로 자기에게 끌어당긴다. 그러므로 뻔뻔스럽게 입을 가벼이 놀리는 자에게는 이쪽에서 놀림거리를 먼저 이야기해 버리면 할 말이 없게 된다. 스스로 웃음을 얻은 자가 웃음을 제공한 예는 없다.

바티니우스는 비웃음과 증오의 표적으로 태어난 것 같은 인간이었으나 후세에 전해진 바로는 멋쟁이에 말솜씨가 뛰어난 익살꾼이었다. 스스로 자기의 다리와 상처투성이의 목 이야기를 늘어놓았다. 그 덕분에 그는 질병 이상으

[*50] '나의'라고 되어 있으므로 세네카가 자신의 용모에 대해서 말하고 있는지도 모르지만 어쩌면 일반론일지도 모른다.

[*51] 스토아파의 제3대 학두(學頭)로서 초기 스토아 철학의 완성자 (기원전280경-207).

[*52] 그나에우스 도미티우스 코르불로(66년 죽음). 39년의 집정관. 이 시대의 가장 뛰어난 장군으로 네로 아래에서 동방에서 아르메니아를 둘러싼 파르티아와의 전쟁을 성공리에 지휘했다. 66년 네로에 의해서 그리스로 소환되어 자결을 명령받았다.

로 안고 있었던 숱한 정적들의, 특히 키케로*53의 농담을 피하고 있었다. 얼굴이 두꺼웠기에 그렇게 할 수 있었다. 끊임없이 늘 매도 당해도 부끄러움 따위는 말끔히 잊어 버렸기 때문이다. 그러나 그런 점이, 자유로운 학예나 지혜를 키우는 데 조금이라도 진보한 사람에게는 할 수 없다는 일이 어떻게 있을 수 있겠는가. 모욕한 자로부터 그런 즐거움을 빼앗아간 것은 하나의 복수이다.*54 상대는 이렇게 말한다. "나는 비참하다. 그 녀석은 몰랐던 것 같다." 그러므로 모욕 성패는 받은 쪽의 인식과 분노에 달려 있다. 게다가 이윽고 그에게 똑같은 보복을 하는 패거리는 결코 사라지지 않는다. 누군가가 나타나서 자네의 복수를 해줄 것이다.

18

가이우스 카이사르*55라고 하면, 수많은 악덕으로 충만한 사람인데, 그중에서도 특히 모욕을 좋아하는 인간으로, 모든 사람에게 뭔가 고약한 욕으로 공격을 가하려 하는 터무니없는 욕망에 사로잡혀 있었는데, 그 자신도 웃음거리를 풍부하게 제공했다. 광기를 나타낸 창백한 얼굴의 심한 흠집, 노파처럼 움푹한 눈구멍의 음흉한 눈매, 머리가 빠져, 모발이 드문드문 흩어진 심하게 틀어진 두상. 여기에 더해, 굵고 뻣뻣한 털이 빽빽한 목, 가는 종아리와 퉁퉁한 발. 그가 자신의 부모와 조부, 모든 계층에 대해, 모욕적인 태도로 내뱉은 고약한 욕은 헤아릴 수 없이 많다. 그에게 파멸을 가져온 것만을 살펴보기로 하자.

그의 가까운 벗의 한 사람으로 발레리우스 아시아티쿠스*56가 있었다. 용

*53 마르쿠스 툴리우스 키케로 (기원전 106-43). 기원전 63년의 집정관. 로마 최대의 변론가. 그의 위트는 유명하다.
*54 '복수는 두 가지 사항을 제공한다. 그것은 부정을 받은 사람에게 위로이거나 차후의 안전을 가져온다.
*55 가이우스 율리우스 게르마니쿠스 (기원후12-41). 로마 제3대 황제(재위 37-41). 게르마니쿠스(기원후 12, 18년의 집정관)와 대 아그리피나의 아들로, 2세부터 4세에 걸쳐 라인 강변의 진영에 있었던 양친 아래에 있었을 때 작은 군복이 입혀져 있었기 때문에 '작은 군화'라는 애칭을 얻었다. 티페리우스에 이어 제3대 황제가 되지만 광적인 전제정치를 하여 41년 1월 24일에 처자와 함께 암살되었다.
*56 발레리우스 아시아티쿠스. 35, 46년의 집정관. 카라그라 암살의 주도자로도 알려져 있다. 쿠라우디우스 제(帝) 아래에서 브리타니아 원정을 하지만 47년에 왕비 메사리나의 미움

맹한 사나이로 남의 모욕적인 말을 조용히 받아들이는 그런 인간과는 거리가 멀었다. 가이우스는 이 인물에게, 연회 즉 공적인 모임*57 중에 쩌렁쩌렁 울리는 큰 소리로 그의 아내가 성관계를 맺는 동안에 어떤 모습이었는가를 일일이 말하며 비난했다.*58 착한 신이여, 맙소사, 이것을 사내가 듣다니! 원수(元首)가 알고 있었다니! 방자한 말이 여기에 이르렀으니! 집정관 경력자라고는 말하지 않겠다, 벗이라고도 말하지 않겠다. 남편이라고만 하자. 남편을 향해 원수 스스로 저지른 간통과 권태를 이야기하다니!

한편 친위대 부관인 카에레아는 실력에 어울리지 않게 가냘픈 소리를 지녀, 만약에 그 실적을 몰랐다면 불신감을 가져오게 했을지도 모른다. 이 사나이가 암호를 요구하자, 가이우스는 '베누스'라든가 '프리아프스'라는 말을 제시하고, 문제가 있을 때마다 나약하다는 비난을 무사차림의 그에게 퍼부었는데, 그렇게 말하는 당사자는 비치는 옷을 걸치고, 굽이 높은 구두, 황금의 장식을 몸에 두르고 있었다. 그래서 카에레아에게 이 이상의 암호가 필요 없게 검을 쓰도록 강요한 셈이다. 음모자 가운데 최초로 손을 댄 것은 그였다. 그가 목을 한가운데에서 단번에 베어 떨어뜨린 것이다. 그 뒤 곳곳에서 공사(公私)의 부정에 보복하는 검이 무수히 찔러졌다. 전혀 그렇게 보이지 않는 사나이가 최초였던 것이다.

그런데 이 가이우스는 모든 것을 모욕으로 받아들였다. 모욕 당하는 것을 참지 못하는 자야말로, 언제나 모욕을 가하려고 든다. 그는 헤렌니우스 마켈에게 화를 냈다. 그에게 '가이우스'라고 이름을 부르며 인사했기 때문이다. 또 어느 상급 백인대장도 벌을 면하지 못했는데 그것은 그를 '칼리굴라'라고 불렀기 때문이다. 왜냐하면 그는 진영 안에서 태어나 군단의 양자로서 늘 이렇게 불렸고, 병사들은 무엇보다도 이 이름으로 그에게 친근감을 품고 있었기 때문이었다. 그런데 이제는 '칼리굴라'를 비난으로 매도한 것이다. 배우가 신는 높은 구두인 코토루노스를 신었기 때문이다. 그러므로 곧 이런 일이 위안이 될 것이다. 비록 우리가 사람이 좋아서 보복을 삼가도 이윽고 다른 누군가가, 분노로 나서고 교만하며 부정한 짓을 하는 자에게 벌을 가하는 사람이 나타

　　　　을 사서 반역과 불륜으로 고발되어 자결했다.
*57 팔라티움 언덕에서의 연회를 민회와 비교하고 있다.
*58 칼리굴라는 많은 상류 여인을 이렇게 해서 농락했다.

날 것이다. 그들의 잘못은 결코 한 인간, 한 번의 모욕으로 끝나지 않기 때문이다.

모범을 되돌아보자.*59 우리가 그의 인내를 칭찬하고 있는 사람들의 사례를 말이다. 예를 들면 소크라테스이다. 자기를 빗대어 공연된 희극의 농담을 보고 기쁘게 웃었다. 아내인 크산티페에게 구정물을 뒤집어쓸 때도 마찬가지였다. 안티스테네스*60는 어머니가 야만족인 트라카야인이라고 매도를 당하자, 신들의 어머니도 이다 산 출신이라고 응수했다.

19

싸움질이나 서로 맞붙는 짓 따위에 엮일 필요는 없다. 그런 짓은 멀리해야 되고 그 따위 사려 없는 자들이 하는 행위는—사려가 있는 사람에게는 있을 수 없는 일이기 때문에—철저히 무시해야 한다. 대중적인 찬양과 부정도, 같은 수준으로 다루어야 된다. 부정을 슬퍼하지도 찬양을 기뻐해서도 안 된다. 그렇지 않으면 우리는 모욕에 대한 공포나 혐오 때문에 정작 필요한 사항을 소홀히 하여, 공사의 의무는커녕, 때로는 생명에 관련되는 일도 배려하지 못하게 된다. 무언가 마음에 찔리는 말만 듣는 게 아닌가 하고 연약한 걱정이 우리의 가슴을 조이는 동안에는. 때로는 우리가 권력자들에게 발끈해, 억제할 줄 모르는 자유로부터 이 감정을 드러내는 일도 있을 것이다. 그러나 자유라는 것은 아무런 일도 당하지 않는다는 것이 아니다. 우리는 잘못되어 있다. 자유란 마음을 부정보다 훨씬 위에 놓고, 그것을 오직 자기 자신으로부터 자기의 기쁨이 되는 일이 생기도록 하는 것, 외부를 자신으로부터 거리를 두고 유지하는 일이다. 그것은 모든 사람들의 웃음이나 혀가 두려워 안정이 없는 삶을 보내지 않도록 하기 위해서이다. 누구든지 모욕은 할 수 있는 일이므로 모욕하지 못할 사람이 어디에 있단 말인가.

그러나 현자와 지혜를 사랑하고 구하는 사람은 다른 대처법을 쓸 것이다.

*59 여기에서 마지막 호소로 들어간다. 처음에 현자의 이상을 제시한 뒤 이에 대한 윤리적 전진자를 구별해 세레누스와 세네카 자신을 포함, 후자에 속하는 일반인에 대한 훈련의 중요성을 호소한다.

*60 기원전 5세기 중반–4세기. 소크라테스의 직제자의 한 사람으로 그의 죽음의 현장에 있었다. 윤리학에서는 스승의 실천적인 측면을 이어받아 행복에는 덕으로 충분하다는 것을 주장해 키니코스파와 스토아파의 선구가 되었다.

왜냐하면 아직도 불완전해 자기 자신을 공적인 판단에 맡기는 자는 이것을 명심해야 된다. 자기가 부정과 모욕에 관련되지 않을 수 없다는 사실이다. 무슨 일이 일어나도 이미 예상하는 사람에게는 충격이 적어진다. 누구든지 태생과 명성, 재산이 두드러지면 그럴수록, 높은 지위의 병사는 최전선에 서야 됨을 생각하고, 더욱 용감하게 행동하지 않으면 안 된다. 모욕, 비난의 언사, 지저분한 이름, 그 밖에 악평을 듣던 자를, 적의 함성처럼 먼 데에서 날아와 상처를 주지 않고 투구 주위에 소리를 내고 지나가는 화살이나 돌이라고 생각해 참는 게 좋다. 하지만 부정에 대하여는 또는 무기에, 아니면 가슴에 받은 상처같이, 넘어지지 않고 쩔쩔매지 않으며 자세를 유지하는 게 좋다. 비록 적의에 넘친 폭력에 압도되어 찌부러지더라도 쓰러지면 보기 싫다. 자연이 나누어 내려준 자리*61를 지켜라. 그것이 어디냐고 묻는가. 사나이의 자리 말이다.

현자에게는 다른 도움, 이것과 반대되는 것이 있다. 자네들은 한창 싸우고 있지만, 그는 이미 승리를 거두고 있다. 자네들 자신의 선에 맞서면 안 된다. 자네들이 진리에 다다르기까지의 사이에 이 희망을 마음에 키우고, 기쁘게 받아들여, 애정과 기도로서 가꾸도록 하라. 결코 패하지 않는 것이 존재함을, 운명이 아무 힘도 쓰지 못하는 인간이 있음을, 그것은 인류의 국가에 바탕을 두는 것이다.*62

---

*61 소크라테스는 자신의 철학의 영위라고 하는 신으로부터 부여 받은 사명을 병사가 지키는 자리로 비유하고 있다.
*62 우주는 자연 섭리에 입각한 신들과 인간의 국가라고 하는 스토아 철학의 교의.

De Ira

분노에 대하여

제1권

1

노바투스,[1] 그대는 내게 어떻게 하면 분노를 가라앉힐 수 있는가에 대해 쓰기를 요청했다. 그대가 무엇보다도 이 정념을 두려워한 것은 그럴 만도 하다고 생각한다. 그것은 무엇보다 역겨운 데다 흉포하기 때문이다. 다른 정념에는 어느 정도 조용하고 차분한 데도 있지만 이것은 전체가 휘몰아치는 격정이 하라는 대로 고통, 무기, 피, 고문을 요구하며 한 조각의 인간성도 없는 욕망에 미친 듯이 날뛰며 남을 해치기까지 하며 정신없이 빗발치는 화살 속으로 돌진한다. 복수심에 불탄 나머지 자기 자신까지 함께 넘어뜨리고 만다.

그래서 분노를 짧은 광기라고 말한 현자들도 있다. 광기도 마찬가지로 자신을 억제하지 못하여, 체면도 모르고, 가족도 생각하지 않고, 처음부터 옹고집을 부리며, 이성의 조언에도 귀를 막고, 하찮은 이유로 흥분한 나머지 정의도 진리도 분별하지 못하고, 깨진 기와 조각 무너지듯이 와그르르 흩어지고 만다.

분노에 사로잡힌 사람이 이성을 잃은 것을 알려면 그의 표정을 보면 된다. 광기에 휘말린 사람의 확실한 징표는 이렇다. 두려움이 없는 협박적인 눈매, 험악한 눈썹, 뒤틀린 얼굴, 조급한 걸음걸이, 침착하지 못한 손, 갑작스레 달라지는 얼굴빛, 빠르고 격한 숨소리. 분노한 자의 조짐도 마찬가지이다. 눈은 타는 듯이 빛나고, 가슴속에서 끓어오르는 피 때문에 얼굴 전체가 벌겋게 달아오른다. 입술을 부르르 떨면서 이를 악문다. 머리칼이 곤두선다. 격렬하고 거친 호흡. 손가락 마디를 꺾을 때 나는 소리. 신음소리, 뚜렷하지 않은 소리가 끊기는 말, 자주 마주 치는 손. 동동거리는 두 발. 흥분에 사로잡혀 분노의 세찬 위협

---

[1] 루키우스 안나이우스 노바투스(62년 사망)는 53 또는 55년의 집정관, 세네카의 형.

을 드러낸 전신. 몸을 구부려 부풀린 모습의, 보기에도 역겨운 형상.—과연 그 것은 혐오스러운 악인가, 아니면 추악한 악인가. 어느 쪽이 나은지 상상조차 할 수 없다.

다른 악은 묻히고 숨겨져, 몰래 자라나기도 한다. 분노는 자신을 밀어내고 얼굴 밖으로 나온다. 그리고 분노가 커짐에 따라 더욱 활활 타오른다. 그대도 알리라. 어떤 동물이라도 한 번 위해를 가하려고 일어설 때, 어떻게 그 조짐이 먼저 나타나며, 여느 때의 평정을 온몸으로 뿌리치고 자기의 야수성을 드러내 는지. 멧돼지는 입에 거품을 물고, 어금니를 간다. 황소는 뿔을 허공으로 휘두 르고, 발로 모래를 차 곳곳으로 흩뿌린다. 사자는 목을 으르렁거리고, 화가 난 뱀의 목은 늘어난다. 미친개의 눈초리는 소름이 끼친다. 동물에게 분노가 들어 오면 평소와 다른 야성이 나타난다. 보잘것없는 분노도 밖으로 나타내지 않을 만큼 무섭고 위험한 동물은 없다. 다른 정념 또한 절대로 숨기지 못한다는 것 을 나도 모르는 게 아니다. 욕망, 공포, 무모는 그 조짐을 드러내기 때문에 미 리 알게 된다. 어쨌든 격렬한 흔들림이 밀려오면 표정에 어느 정도의 변화를 불러오지 않을 수 없기 때문이다. 그럼 어떻게 다른가. 다른 정념은 드러나지 만 분노는 용솟음친다.

2

다음으로 이 정념이 가져오는 결과와 해악에 눈을 돌리면 인류에게 어떤 역 병도 이만큼 비용이 많이 든 사례는 없다. 그대도 보았으리라.—살육, 독약, 고 소와 싸움으로 지새는 피고들의 상복을[*2] 온갖 도시의 재앙, 어느 부족의 전 멸, 경매 매물로 진열된 어떤 사람의 목을. 처마 아래로 내던진 횃불, 성 안에 서 그칠 줄 모르는 큰불, 적의 불길에 비치는 드넓은 영역을. 보라, 지난날 명 성을 떨치던 나라들의 볼품없는 오늘의 모습을. 분노가 이 모든 사태를 부른 것이다. 보라, 몇천 리나 사는 사람이 없이 내버려진 황야를. 분노가 그것을 먹 어 치웠다. 보라, 기억에 남은 장군들의 수많은 불행한 사례들을. 분노는 어떤 사람을 그의 침대 위에서 찔렀다. 또 어떤 이를 신성한 만찬 자리에서 베어 쓰 러뜨렸다. 어떤 사람을 법이 다스리고 번화한 중앙광장에서 뭇사람이 보는 가

─────────────

*2 소송에서 피고측은 상복을 입는다.

운데 찔렀다. 분노는 명한다. 어떤 자에게는 부모를 죽이라고, 어떤 자에게는 주인의 목을 베라고, 또 어떤 자에게는 책형대에 팔다리를 여기저기로 묶으라고.

하지만 이제까지 내가 말한 것은 아직도 하나하나의 꾸짖음에 지나지 않는다. 그렇다면 어떤가. 분노의 불길이 사람들을 하나둘씩 덮친 비극은 그만두고, 그대가 보고 싶다면—칼로 쓰러뜨린 집회, 풀어놓은 병사에게 죽임 당한 평민, 사형선고를 받고, 구별없이 위기에 몰린 국민을……

"분노는 모든 것을, 가장 선하고 가장 성실한 존재를 정반대로 바꾼다. 누구든지 한 번 분노에 사로잡히면 어떤 의무도 잊어버린다. 분노를 아버지에게 주어보라. 적이 된다. 자식에게 주어보라. 어버이조차 죽인다. 어머니에게 주어보라. 계모가 된다. 국민에게 주어보라. 적이 된다. 왕에게 주어보라. 폭군이 된다."

그러나 분노의 규정이 어떤지 철학자들이 알지 못한다는 사실은, 세네카가 분노에 대해 쓴 책에서 늘어놓은, 그들이 제시한 여러 정의를 봐도 틀림없다. 그는 말한다. "분노는 부정에 대해 복수하고자 하는 욕망이다. 또는 포세이도니오스[*3]가 말했듯이, 자기에게 나쁘게 해를 끼친 것으로 여기는 상대를 벌하려는 욕망이다. 어떤 사람들은 다음과 같이 정의했다. 즉 분노란 해를 가했든가, 해를 가하려는 자를 해치려는 마음의 격동이다."

……마치 우리의 배려를 한 번 생각해 보지도 않거나, 권위를 경멸이라도 하듯이. 그렇다면 어떤가. 어째서 대중은 검투사에게 화를 내는가. 그것도 참으로 부당하게도 검투사가 기쁘게 죽지 않는 것을 부정하면서. 그래서 그들은 자기가 경멸당한 것으로 믿고, 얼굴도 몸짓도 열기도, 관중에서 적으로 돌변한다. 그런 것은 어쨌든 분노가 아니다. 분노 같은, 어린아이의 그런 감정에 불과하다. 어린아이는 넘어지면 애꿎은 땅에 화풀이하기를 바란다. 어째서 화를 냈는지 자기도 모를 때가 가끔 있다. 오로지 화를 냈을 뿐, 이유도 부정도 없다. 물론 어느쯤은 부정의 겉모습이 없는 것 또한 아니고 징벌의 욕망 비슷한 것이 없는 것도 아니다. 그러므로 이런 아이에게는 채찍질하는 흉내를 내면 거

---

*3 아파메이아 출신의 스토아파 철학자(기원전 135~51).

기에 홀리고, 용서의 눈물을 흘리는 시늉으로 달랠 수 있다. 거짓 슬픔을 거짓 복수로 해결하는 셈이다.

3

어떤 사람은 이렇게 말한다. "가끔 우리는 자신에게 가해한 자가 아니라, 해악을 가하려는 자에게 화를 낸다. 여기에서도 분노가 부정에서 비롯된 것이 아님을 알 수 있다." 확실히 우리는 해를 가하려는 자에게 화를 낸다. 그들은 그 의도 자체만으로 이미 우리를 해치고 있다. 부정을 저지르려는 자는 이미 저지른 것이나 마찬가지이다. 또 이렇게도 말한다. "분노가 징벌을 바라는 욕망이 아니라는 사실은, 전혀 힘이 없는 자가 가장 높은 지위의 인물에게 화를 내는 데서도 알 수 있다. 징벌을 할 수 있다고 생각하지 않기 때문에 열망 또한 하지 않는 것이다." 첫째로 우리가 말한 것은 분노란 벌을 내리는 것에 대한 욕망이라는 것이지, 그 능력을 말한 게 아니다. 인간은 할 수 없는 것도 간절히 바란다. 더욱이 아무리 미천한 몸이라도 상대가 가장 높은 자리의 인간이라 하여 징벌을 바라지 않는 것은 아니다. 가해를 하는 데는 우리 '누구나' 실력자이다.

아리스토텔레스의 정의는 우리 생각과 큰 거리가 있지는 않다. 그의 말로는 분노란 슬픔을 보복하고자 하는 욕망이다. 이것과 우리의 정의가 어떻게 다른가를 살피자면 길어진다. 양쪽에 대해 이런 반론이 있다.—동물 또한 화를 내지 않는가. 하지만 그것은 부정에 따라서 일어나는 것도 아니요, 벌이나 다른 사람의 슬픔을 요구하는 것도 아니다. 이를테면 그와 비슷한 짓을 하더라도 동물이 이런 것을 바라지는 않기 때문이다.—아니, 반대로 짐승들은 분노를 모르며, 인간 이 외의 모든 것은 다 그렇다고 해야 하리라. 왜냐하면 분노는 이성에 적대적이라고는 하지만, 이성이 있는 장소가 아닌 곳에서는 절대로 생기지 않기 때문이다. 동물에게 충동이나 광포, 영악, 공격성은 있다. 그러나 분노가 없는 것은 사치가 없는 것이나 큰 차이가 없다. 그러나 어떤 쾌락에 대해서는 인간보다 억제력이 없다.

이렇게 말한 사람을 믿어야 할 이유는 없다.

멧돼지는 화내는 일을 잊고, 사슴은 다리 힘을 믿는다는데,

곰은 용맹한 소에게 대드는 것을 잊더라.[*4]

'분노'가 뜻하는 것은 흥분, 격앙이다. 그러나 그들은 화낼 줄을 모른다. 용서할 줄 모르는 것과 같다. 말 못하는 동물들은 인간 같은 정념이 없다. 하지만 그것과 비슷한 어떤 충동은 있다. 예를 들어 그들에게 사랑과 증오가 있다면 우애와 갈등, 불화와 협조도 있었으리라. 물론 동물에게도 이런 흔적은 존재한다. 그러나 선과 악은 인간의 마음에만 있다.

사려, 즉 예견력, 주의력, 사고력은 인간을 제외한 어떤 동물에서도 찾아볼 수 없다. 그러나 동물에게 금지된 것은 인간의 덕뿐만 아니다. 악덕 또한 그렇다. 그들이 갖춘 모든 것이 겉모습과 마찬가지로 내부의 모습도 인간과 다르다. 저 왕과 같은 주동적인 능력도 구조가 다르다. 확실히 소리는 있다. 그러나 또렷하지 않고 말을 만들어 내지 못한다. 혀도 있다. 그러나 굳어 있어 다양한 운동을 하지 못한다. 그와 마찬가지로 동물의 주동적인 능력은 미세하지도 정밀하지도 못하다. 사물의 표상을 받아, 이것으로써 충동을 불러일으키기는 한다. 그러나 그 표상은 혼란스럽고 엉클어져 있다. 그러므로 동물의 돌진과 흥분은 급격하다. 그러나 공포와 두려움, 불쾌감과 분노는 없다. 또는 이런 것과 비슷한 것에 지나지 않는다. 그러기 때문에 그들은 순식간에 돌변해 반대의 상태가 된다. 그토록 격앙하거나 겁에 질려 있었는데, 이제는 먹이를 먹고 있다. 포효와 광분, 그리고 곧 편안한 잠이 이어진다.

4

분노란 무엇인지 충분히 설명되었다. 그것이 화내기 쉬운 것과 어떻게 다른가는 분명하다. 술에 취한 사람이 잘 취하는 사람과, 겁내는 사람이 겁 많은 사람과 다른 것과 마찬가지이다. 지금 화를 내는 사람이 화를 잘 내는 사람과 다를 수 있다. 화를 잘 내는 사람이 때로는 화를 내지 않는 경우도 있을 수 있다. 그 밖에 그리스인은 온갖 말로 분노의 종류를 나눴는데 우리에게는 거기에 속하는 말이 없기 때문에 그냥 지나가기로 한다. 물론, 우리도 신랄하다거나 무자비하다는 말을 하고, 또 역정이라든가 격앙, 노호, 불쾌, 오기 따위의

[*4] 오비디우스《변신 이야기》.

말을 쓴다. 이런 말은 모두 분노의 일종이다. 이런 말 가운데 신경질적이란 말을 포함해도 되겠지만, 이것은 분노하기 쉬운 성질의 하나로 좀 약하다.

분노 가운데 어떤 것은 소리를 지르고 나면 진정되고, 어떤 것은 자주 되풀이한다기보다 쉽게 가라앉지 않는다. 어떤 것은 곧 폭력을 휘두르지만 말은 적고, 어떤 것은 사나운 욕지거리와 잡소리를 쏟아 놓는다. 어떤 것은 불평과 혐오를 넘지 못하고, 어떤 것은 무겁게 가라앉아 안에 틀어박힌다. 악은 온갖 모양을 지녔다.

5

분노에 대한 연구는 끝났다. 과연 분노는 인간 말고 동물에도 생기는 것인가, 분노와 화를 잘 내는 것과는 어떻게 다른가, 분노에는 몇 가지가 있는가 따위이다. 그렇다면 분노는 자연과 들어맞는가, 또 분노는 유익해 어느 만큼은 지녀야 되는가를 살펴보기로 한다.

분노가 자연과 들어맞는지 어떤지는 인간을 관찰해 보면 뚜렷해진다. 마음이 건전하다면 인간보다 온화한 것이 어디에 있겠는가. 하지만 분노보다 가혹한 것이 또 어디에 있겠는가. 인간보다 남을 사랑하는 존재가 어디에 있겠는가. 분노 이상으로 증오하는 것이 어디에 있겠는가. 인간은 서로 돕기 위해 태어났으나 분노는 파멸을 위해 생겼다. 인간은 모이기를 바란다. 분노는 흩어지기를 바란다. 인간은 이바지하기를 바란다. 분노는 해를 끼치기를 바란다. 인간은 모르는 사람까지도 돕지만 분노는 사랑하는 사람조차 괴롭힌다. 인간은 남을 위해 스스로 위험도 무릅쓴다. 분노는 위험 속으로 다같이 끌어들여 추락한다. 그러므로 이 짐승처럼 위험하기 짝이 없는 악덕을 자연의 최선으로서 완전무결한 업으로 돌리는 이만큼 자연을 이해하지 못하는 사람이 어디에 있겠는가. 앞에서도 말했지만 분노는 징벌을 바라는 탐욕이다. 그런 욕망이 더할 나위 없이 평화로운 인간의 가슴에 본디부터 있다는 것은, 인간 본성에 들어맞을 리가 없다. 왜냐하면 인간의 삶은 도움을 주고받고 협조로 이루어져, 공포가 아닌 서로의 애정을 바탕으로 공동의 원조와 협정으로 맺어져 있기 때문이다.

6

"그렇다면 때로는 징벌도 필요하지 않겠는가." 물론이다. 그러나 이것도 분노가 없는 이성을 가지고 있는 경우이다. 해치지 않고, 가해의 모습을 빌려 그를 바로잡기 때문이다. 예를 들면 우리는 활처럼 구부러진 나무줄기를 똑바로 펴기 위해 불에 쬐어 굽든가, 쐐기를 몇 개 때려 넣어 꺾는 게 아니라, 넓혀서 펴기 위해 강한 압력으로 누른다. 그와 마찬가지로 악덕으로 비뚤어진 정신을 심신의 고통으로써 바로잡는 것이다. 실제로 몸 상태가 조금 나쁜 경우, 의사 *5도 처음에는 하루 생활 습관을 그다지 고치려 하지 않고, 음식물과 운동에 질서를 잡아 생활습관을 바꾸는 것만으로 건강을 꾀한다. 다음으로는 제한으로써 효과를 높이도록 한다. 질서와 제한이 효과를 내지 않으면 단식으로 몸을 가볍게 한다. 그러나 이러한 온건한 요법이 보람없이 끝나면 혈관을 끊는다. 팔다리도 그대로는 해가 되어 병독이 퍼지면 그것에 손을 댄다. 어떠한 치료도 결과가 건강에 도움이 된다면 가혹하다고 생각하지 않는다.

그러므로 법률의 주재자인 나라 지도자에게 어울리는 방법으로 되도록 말, 그것도 매우 부드러운 말로 인심을 치료하는 것이다. 해야 할 일을 설득하고, 고결함과 공정에 대한 욕구를 마음에 간직해 악덕을 미워하고 미덕을 소중히 하도록 권한다. 그 다음에는 더욱 엄숙한 말로 타이르기도 하고 꾸짖기도 한다. 마지막에는 벌을 주게 되는데, 그것도 아직 가볍게 해 만회할 수 있는 기회를 준다. 최종 형벌은 최종적인 범죄에 가해진다. 죽음이 죽는 당사자에게도 이로운 경우 말고는 아무도 죽지 않도록 하기 위해서이다. 다만 한 가지 점에서 의료행위를 하는 사람과는 다르다. 의사는 더 이상 생명을 이어갈 수 없는 자에게 편안한 출구를 제공한다. 그러나 이쪽은 단죄된 자를 더럽혀진 이름과 사람들의 손가락질에 의해 삶으로부터 퇴장시킨다. 징벌을 좋아해서가 아니다. 그런 비인간적인 잔학성은 현자와는 너무나도 멀리 떨어진 것이다. 모든 사람에게 경고가 되도록, 살아있을 때 남에게 도움이 되려고 하지 않았던 자의 죽음만은 나라가 잘 이용할 수 있도록 하기 위해서이다. 그러므로 인간의 자연본성은 징벌을 좋아하지 않는다. 때문에 분노도 인간의 자연본성과 잘 맞는 것은 아니다. 분노는 징벌을 좋아하기 때문이다.

다시 플라톤의 말을 빌리자—다른 파의 주장 가운데 부분적으로 우리에게도 속하는 것을 썼다고 해서 무슨 해가 있겠는가. 그는 말한다. "선한 사람은

---

*5 이하에 기술되어 있는 것은 식이요법, 시약, 수술의 세 가지 방법이다.

해롭게 하지 않는다." 징벌은 해롭다. 그러므로 징벌은 선한 사람과 들어맞지 않는다. 이 점에서 분노 또한 마찬가지이다. 징벌은 분노와 서로 화합하기 때문이다. 선한 사람은 징벌을 좋아하지 않는 이상, 징벌을 즐기는 정념도 기뻐하지 않을 것이다. 그러므로 분노는 자연과 잘 맞아떨어지는 것은 아니다.

7

"만일 분노가 자연과 맞아떨어지지 않더라도 받아들여 써야 하지 않을까. 곧잘 쓸모가 있기 때문이다. 분노는 마음을 격앙하게 한다. 그것이 없다면 전쟁에서 위대한 업적은 아무것도 이룰 수 없다. 사람은 분노로써 불이 붙고 거기에 끊임없이 박차가 가해짐으로써 위험에 대담하게 뛰어드는 것이다. 그래서 어떤 사람들은 최선이란 분노의 다스림이며 제거는 아니라고 본다. 그래서 넘치지 않도록 안전한 한계 안에서 억제하며 유지하는 것이다. 실제로 분노가 없으면 행위는 정체하고 정신의 힘과 기백은 느슨해지고 만다."

또 처음에 위험하기 짝이 없는 것은 지배하기보다 내쫓는 편이, 일단 인정하고 나서 억제하는 것보다 인정하지 않는 편이 간단하다.*6 왜냐하면 그런 것은 한 번 자기 위치를 차지하는 날이면, 지배자보다도 더 강력하게 되어 자기가 제거당하거나 줄어드는 일을 용납하지 않기 때문이다. 다음으로 고삐를 쥔 이성 자체가 강력한 것은 그것이 정념으로부터 떨어져 있는 동안뿐이다. 정념과 뒤섞여 스스로 오염되어 버리면 억제할 수 있었던 것도 버티지 못하게 된다. 정신은 한 번 흔들리고 타격을 입으면 휘몰아대는 자에게 끌려 다니기 때문이다.

어떤 것은 처음에는 우리의 권능 아래 있으나 앞으로 나아가 버리면 그 폭력으로 우리를 제압하여, 본디의 상태로 돌아가는 것도 허용하지 않는다. 곤두박질치는 몸에 자기를 다스릴 의지는 전혀 없고, 아래로 나가떨어지면 저항하지도 늦추지도 못한다. 모든 생각과 후회가 두 번 다시 돌이킬 수 없이 추락하여 산산조각이 난다. 가지 않아도 될 곳에 가지 않는 것은 이미 허락되지 않는다. 이와 마찬가지로 마음은 한 번 내 몸을 분노와 애정, 그 밖의 정념에 빠져들게 하면 이미 충동을 억제할 수 없게 된다. 반드시 그 자신의 무게와 굴러떨

---

*6 여기서부터 크리시포스에 따른 마음의 일원적 이해의 원칙에 대한 논박이 시작된다.

어져 가는 악덕의 본성이 마음을 사로잡아 한없는 밑바닥까지 끌고 간다.

8

가장 좋은 것은 처음 분노가 일어날 때 곧바로 그것을 물리치며 싹이 자라기 전에 맞서 분노에 빠지지 않도록 힘쓰는 것이다. 한 번 궤도를 벗어나 엇나가면 건전한 상태로 돌아오기 어렵다. 왜냐하면 일단 정념이 들어와 거기에 조금이라도 권리가 주어진 자리에는 이미 이성은 전혀 존재하지 않기 때문이다. 그때부터 정념은 허용된 한도를 넘어서 제멋대로 행동할 것이다.

내가 말하고 싶은 것은 적은 국경선에서 막아야 한다는 점이다. 일단 침입하여 성문에 발을 들여놓으면 포로가 요청한 조건 따위는 받아들이지 않는다. 왜냐하면 마음이 거리를 둔 상태에서 정념을 외부에서 감시하며, 정념이 거기서 앞으로 나아가서는 안 되는 데까지 넘어가지 못하도록 막는 것이 아니라, 마음 자체가 정념으로 변모하기 때문이다. 그래서 마음은 이롭고 건전한 힘, 이미 버림 받아 약해진 힘을 회복할 수가 없다. 왜냐하면 지금 말한 것처럼 그런 것은 갈라져서 떨어져 나온 자신이 있을 자리를 가지고 있을 리가 없기 때문이다. 정념과 이성은 마음 자체의 좀 더 좋은 것, 좀 더 못한 것으로의 변화인 것이다. 그러니 악덕에 점령되어 사라진 이성이 도대체 어떻게 다시 일어설 수 있겠는가. 분노에 자리를 내줘 버렸는데. 도대체 어떻게 해야 더 좋지 못한 것이 많이 뒤섞여 들어온 혼란 상태에서 자신을 해방할 수 있단 말인가.

흔히 이렇게도 말한다. "하지만 한창 화가 날 때도 자신을 지키는 사람도 있다." 그럼, 그것은 분노가 시키는 것은 아무것도 하지 않도록 말인가. 아니면 무언가를 하도록 말인가. 아무것도 하지 않는다면 분노가 행위의 수행에 꼭 필요한 것이 아님은 분명하다. 그런데 그대들은 마치 분노에 이성보다 강한 것이 갖추어져 있는 듯이, 그것을 변호한다. 끝으로 물어보자. 과연 분노는 이성보다도 강한가, 아니면 약한가. 혹시 강하다면 이성이 그것에 한계를 정하는 것이 어떻게 가능한가. 약한 쪽이 아니면 따르지 않는 것이 보통이다. 혹시 약하다면 이것이 없어도 이성은 행위를 실현하는 데 자기 혼자로 충분하고, 좀 더 약한 것의 도움은 필요 없을 것이다.

"그렇다고 해도 화가 나 있을 때라도 여느 때의 자기 모습에서 결코 자세가 흐트러지지 않는 사람도 있다." 그것이 언제인가? 그것은 분노가 이미 누그러져 저절로 사라져 갈 때이지 광란이 심할 때는 아니다. 그때라면 더욱 강력할 테니까. "그렇다면 화가 났으면서도 증오하는 상대에게 손을 대지 않고 상처 없이 놓아주어 위해를 가하지 않는 경우도 가끔 있지 않을까." 그렇고 말고. 하지만 언제일까? 정념이 정념을 물리치고, 공포나 욕망이 힘을 조금 앗아갔을 때이다. 이 경우에 그는 이성의 공헌으로 부드러워진 것이 아니다. 정념끼리의 나약함으로 비뚤어진 평화를 이룬 것밖에 아무것도 아니다.

9

또 분노는 그 자체 안에 이로운 것을 아무것도 갖지 않고, 정신을 전쟁 쪽으로 돌려 잘 갈고 닦는 것도 아니다. 왜냐하면 덕은 악덕으로부터 도움을 바랄 필요가 전혀 없어, 스스로 만족하기 때문이다. 그것은 추진력이 필요할 때마다 분노 없이도 일어선다. 그리고 필요하다고 여길 만큼만 자신을 내몰거나 누그러뜨린다. 마치 투척기에서 발사되는 창에 압력을 어느 정도 가해야 하는지는 사수의 능력에 속하는 것과 마찬가지이다.

아리스토텔레스는 이렇게 말했다. "분노는 필요하다. 그것이 없으면 전투가 불가능하다. 그것이 마음에 가득하고, 정신과 의기에 불을 붙이지 않으면 어렵다. 단, 지휘관이 아닌, 병사로서 쓰이지 않으면 안 된다." 이는 잘못이다. 왜냐하면 만일 분노가 이성이 시키는 것을 받아들여 지시대로 따른다면, 그것은 이미 분노가 아니다. 분노의 특성은 고집스러운 데 있기 때문이다. 한편 그것이 반항해 명령 받은 자리에서 평정을 유지하지 못하고 욕망과 폭력에 농락당한다면, 마음에 있어 아무 소용도 없는 부하에 지나지 않고, 철수하라는 지시를 무시하는 병사나 조금도 다를 것이 없다. 그러므로 그것이 자신에게 한계를 두는 것을 용인한다면 다른 이름으로 불러야 한다. 분노이기를 이미 포기했기 때문이다. 내 생각으로는 분노란 제약받지 않고 다스릴 수 없는 것이다. 제약받는 것을 인정하지 않는 이상, 위험천만한 존재이고 동맹군으로 끼워주면 안 된다. 그러므로 그것은 분노가 아니든가, 또는 쓸모없는 것이든가 그 어느 쪽이다. 남이 벌을 줄 때, 벌 자체를 원해서가 아니고 벌하지 않으면 안 되기 때문에 벌한다면, 그를 분노한 사람으로 쳐서는 안 된다. 작전에 잘 따를 줄 알아야 유능한 병사이다. 정념은 나쁜 상관이나 마찬가지로 뒤떨어지는 부하일 따름이다.

10

그러므로 이성이 생각이 짧고 난폭한 충동을 돕는 데 쓰이는 일은 결코 없을 것이다. 거기에 대해 이성은 아무런 권위를 가지지 않고, 결코 억압당하지 않는다. 그와 동등하고 마찬가지의 것을 바꿔 놓는 수밖에 없다. 분노에는 공포를, 태만에는 분노를, 공포에는 욕망을 대치하는 방식이다. 이성이 악덕에 피난을 요구하는 따위의 재난은 덕으로부터 멀어지도록! 스스로의 악덕 때문에 편안한 마음, 분노 없이는 용감할 수 없는 마음, 욕망 없이는 부지런할 수 없는 마음—그런 마음이 편안한 여가를 누리게 될 리가 없다. 반드시 흔들리게 마련이다. 어쨌든 정념에 예속된 자는 참주(僭主) 정치 아래에서 지내지 않으면 안 된다. 하지만 덕을 악덕의 부하로 격을 낮추는 일은 수치스럽지 않은가.

더구나 이성이 만일 정념 없이는 아무것도 못한다면 모든 능력을 잃고, 정념과 같은 종류로 전락한다. 왜냐하면 정념에 이성이 없으면 무분별한 것과, 이성에 정념이 없으면 실행력을 갖지 못하는 것에는 어떤 차이가 있을까. 한쪽이 다른 쪽 없이는 존재할 수 없을 때 둘은 동등하다. 그렇다 해도 누가 정념을 이성과 같은 것으로 끌어올린다는 것인가. 사람들은 말한다. "정념은 적당한 정도일 때 쓸모가 있다." 아니 그렇지 않다. 만일에 정념이 본성에 있어 쓸모가 있다면 말이다. 그런데 정념은 명령과 이성에 복종할 수 없기 때문에 이 알맞은 정도로 이끌리는 것은 분노가 적을수록 피해도 줄어든다는 것밖에 되지 않는다. 그러므로 작은 정념은 그저 작은 악일뿐이다.

11

사람들은 말한다. "그러나 적에게 맞서려면 분노가 필요하다"고. 전혀 그렇지 않다. 돌격을 서두르면 안 되고, 절도 있게 따라야 하는 것인 이상은. 그만큼 강건한 육체를 자랑하고, 그토록 피로를 견디던 야만족을 무너뜨린 것은, 분노—자신에 대한 최대의 적대자인 분노 말고 무엇이었던가. 검투사도 기술이 지키는 것이지, 분노는 무방비하게 할 뿐이다. 다음으로, 같은 일을 이성이 순조롭게 행할 때, 어째서 분노가 필요한가. 그보다도 사냥꾼이 야수에게 분노를 가졌다고 생각하는가. 그러나 덤비는 것을 맞이하는 행동도, 달아나는 것을 뒤쫓는 일도, 모두 이성이 분노 없이 행하는 것이다. 알프스 산맥을 가득 채운 몇 천이나 되는 킴브리족과 테우토니족*7을 말살하고 그렇게도 잔인한 괴멸 소식을 동포에게 전한 것은 전령도 아니고, 오직 풍문이었음도, 그들이 용감한 게 아니라 분노에 지나지 않았다는 것 말고 무슨 이유가 있을 수 있었겠는가. 분노는 한때 앞길을 가로막는 것을 박차고 많은 상대를 차례로 쓰러뜨려도 거의가 자기 파멸로 끝난다.

게르마니아인보다 싸움을 좋아하는 이들이 어디에 있겠는가. 그만큼 무기를 열망하는 이들이 어디에 있겠는가. 그들은 그런 환경에서 태어나 자라고, 오로지 그것만 생각하며 다른 것은 돌아보지 않았다. 어떠한 수난에도 이만큼 완강한 자가 어디 또 있겠는가. 그들 거의가 몸을 가려줄 옷도 갖추지 못하고 이어지는 거친 날씨에 대한 대비도 없었다. 그런데 이 족속을, 히스파니아인과 갈리아인, 아시아와 시리아의 싸움에 약한 자들이, 군단이 모습을 드러내기 전에 차례로 쓰러뜨린다. 그것은 다름이 아니고 그들이 분노에 쉽게 흔들리기 때문이다. 자, 그 신체에 유약함과 맑고 깨끗한 기운, 부귀를 모르는 마음에 이성을 주어 보라. 규율을 주어 보라. 많은 말을 할 것도 없이 우리에게는 옛날 로마 규율의 부활을 요구하지 않을 수 없는 것이 뻔하다.

파비우스*8가 우리나라의 약체화된 세력을 회복시킨 것은, 애태우고, 시일을 늦추어 시간을 벌도록 만들었던 것 말고, 무슨 방도가 있었다는 말인가. 이런 점은 화를 낸 자는 잘 모르는 것이다. 그 무렵 위급한 상황에 있었던 우리나라는 만일 파비우스가 분노가 치미는 대로 강경하게만 나갔다면 멸망하고 말았을 것이다. 그러나 그는 나라의 운명을 생각해 이제 일부라도 무너지는 날이면 모든 것이 함께 궤멸할 수밖에 없는 국력을 헤아려, 슬픔과 복수를 제쳐두고, 오직 유효성과 좋은 기회만 노리기로 했다. 그는 한니발*9보다 먼저 분노를 이겼던 셈이다.

---

*7 기원전 102년, 게르만인 테우토니족의 내습을 마리우스가 아쿠아이 섹스티아이 전투에서 격퇴했다. 이듬해 101년, 킴브리족도 베르켈라이에서 마리우스와 카툴루스에게 격퇴당했다.

*8 퀸투스 파비우스 막시무스(기원전 285 무렵~203). 로마의 집정관이자 독재관.

*9 카르타고의 장군(기원전 247~183). 제2차 포에니 전쟁에서 로마를 위기에 빠뜨렸지만, 기원전 202년에 자마 전투에서 대 스키피오에게 패했다.

스키피오*10는 어떻게 했던가. 한니발과 카르타고의 군대, 더욱이 분노를 유발하는 모든 것을 제쳐놓고, 전쟁을 아프리카로 옮기지 않았던가. 그것도 사치와 게으름을 비난하는 악의에 찬 자들에게 트집거리를 줄 만큼 천천히. 또 다른 스키피오*11는 어떻게 했는가. 누만티아 근교에 오래 버티고 앉아, 카르타고보다 누만티아 정복에 시간이 걸리는, 자기한테나 국가에게나 괴로운 상황을 차분한 마음으로 견디지 않았던가. 그러나 그가 방책(防柵)을 두르고 적을 봉쇄하는 동안에 그들은 자신의 칼로 쓰러지게 되었다. 어떻게 전투에서나 전쟁에서나 분노는 도움이 되지 않는다. 그것은 성급하게 무모한 위험에 빠지기 쉽고 공격이 빗나간 동안 경계를 늦추게 된다. 무엇보다도 확실한 것, 그것은 용기이다. 스스로를 오랜 시간 잘 살펴보도록 이끌어 착실하고 과감하게 나아가도록 하는 것이다.

12

사람들은 말한다. "그렇다면 좋은 사람은 화를 내지 않는가? 예를 들어 눈앞에서 아버지가 죽임을 당하고, 어머니가 강간을 당해도 말인가." 화내지 않는다. 그러나 보복할 것이다.*12 지킬 것이다. 그렇다 해도 어째서 그대는 그에게 분노가 없다고, 효심으로는 충분한 박차가 될 수 없지 않느냐고 하면서 두려워하는가. "그렇다면 눈앞에서 자기 아버지나 자식이 (치료를/위해) 절개되어도 선한 사람은 울지도 않고 실신조차 하지 않는 것인가." 그런 일이 여자에게 늘 일어나는 것을 본다. 위험한 예감이 조금이라도 그녀들을 덮치면 언제나 그렇다. 선한 사람은 스스로 의무를 머뭇거리지 않고 겁내지도 않고 해낼 것이다. 그리고 남자답지 않게 굴지 않도록 선한 남자한테 어울리는 행동을 할 것이다. 아버지가 살해당한다. 지킬 것이다. 살해당했다. 보복할 것이다. 해야 하기 때문이지 슬퍼서가 아니다.

"선한 사람은 가족이 당한 부정에 분노한다." 이런 경우에 테오프라스토

---

*10 푸블리우스 코르넬리우스 스키피오(대 스키피오) (기원전 235무렵~183). 기원전 205, 194년의 집정관.
*11 푸블리우스 코르넬리우스 스키피오 아이밀리아누스 아프리카누스 미노르(소 스키피오) (기원전 185 무렵~129), 기원전 147, 134년의 집정관.
*12 보복(vindico)은 자신의 권리를 되찾는 것으로, 복수(ulciscor)와는 다르다.

스,*¹³ 그대는 보다 용감한(스토아파의) 충고에 대해 적의를 부추겨 줄 사람을 찾아다닌다. 그리고 심판인을 소홀히 하고 대중의 편에 접근한다. 누구든지 가족이 당한 재앙에 화를 내는 데서부터 사람은 자기가 할 일을 해야 한다고 그대는 생각한다. 주로 누구든지 자기가 인정하는 정념은 마땅한 것으로 판단하기 때문에 그렇다. 그렇지만 그들은 더운 물이 알맞은 온도로 덥혀지지 않고 나올 때, 유리그릇이 깨질 때, 구두에 흙이 묻었을 때처럼 행동하는 것이다. 그렇게 분노를 일으키는 것은 효심이 아니라, 허약한 것에 지나지 않는다. 어린아이에게 일어나는 것과 마찬가지로 부모를 잃고 우는 일도 도토리를 잃고 우는 것이나 큰 차이가 없다.

가족을 위해 화를 내는 것은 경건한 마음이 아니라 마음 약한 증거이다. 고귀하고 소중한 것은 어버이와 자식, 벗, 국민을 위해 지켜주고 보호하는 이로서 나타나는 일이다. 의무감에 이끌려 스스로 바라고 판단하고 예견한 다음의 행동이므로 충동이나 광기에 몰린 것과는 다르다. 보복의 열망으로 분노보다 더한 정념은 없다. 바로 그 때문에 분노는 보복의 힘이 되지 못한다. 어떤 욕망이나 마찬가지로 돌발적인 한 가닥의 진심도 없이 일을 서둘러 스스로 자신의 방해물이 된다. 그러므로 평화시에나 전쟁 때에나 이로운 사례가 없다. 평화를 전쟁 비슷한 것으로 바꾸고, 싸움터에서는 군신(軍神)이 어느 쪽으로도 붙는 것을 잊고, 자기의 권능 아래 붙지 않고, 다른 자의 권능 아래로 내려앉는다.

또 가끔 악덕의 공이 조금 있다 하더라도 활용하도록 받아들이면 안 된다. 왜냐하면 신열이 나는 것도 몸 상태를 어느 만큼 낫게 하지만 그것이 전혀 없는 것이 바람직하다. 건강이 좋아지기 위해 병이 필요하다는 것은 혐오스러운 요법이다. 마찬가지로 분노가 때로는 이롭다 하더라도 독이나 추락 또는 조난이 예기치 않게 유익했던 경우와 마찬가지로, 도움이 된다고 여기면 안 된다. 역병도 구원이 된 적이 가끔은 있었기에.

13

다음으로, 가져야 하는 것은 그것이 크면 클수록 더 선하고 더 바람직한 것

---

*13 레스포스 에레소스 출신의 철학자(기원전 371무렵~286무렵) 아리스토텔레스의 제자. 스승에 이어 소요학파를 이끌었다.

이 된다. 정의가 선이라면 거기서 조금만 뺀다면 더 좋아지리라고 말할 사람은 없을 것이다. 용기가 선이라면 누구도 그것이 조금이라도 줄어드는 일을 바라지 않는다. 그러므로 분노도 커지면 그만큼 선해지게 된다. 누가 선이 커지기를 거절하겠는가. 그런데 분노가 커지는 것은 아무 도움이 안 된다. 그러므로 존재조차 무익하다. 커지면 악이 되는 것은 선이 아니다.

사람들은 말한다. "분노는 이롭다. 그것은 사람을 좀 더 전투적으로 만들어주니까." 그런 이유라면 술에 취해도 그렇게 된다. 그것은 사람을 파렴치하고 대담하게 하며, 술을 마셔야 칼을 잘 쓰는 사람도 많다. 그렇다면 정신착란이나 광기도 기력을 북돋우는 데 필요하다고 할 수 있다. 광기가 힘을 크게 하는 일도 가끔 있으니까. 그렇다면 반대로 공포가 사람을 대담하게 만들기도 하고, 죽음의 공포가 무기력한 사람도 전투에 나서게 하는 일 또한 늘 보지 않았던가. 하지만 분노, 만취, 공포, 이런 것들은 혐오스럽고 불안한 부추김에 지나지 않고, 악덕을 조금도 필요로 하지 않는 덕에 장비가 되어줄 리가 없다. 다만 무디고 게으른 마음을 조금 끌어올릴 따름이다. 분노함으로써 한결 더 용감해진 자는 한 사람도 없다. 분노하지 않으면 용감하지 않은 자는 또 다른 문제이다. 그러므로 분노는 덕에 도움이 되지 않는다. 그것을 대신하는 것이다. 그렇다면 만약 분노가 선이라면 그것이야말로 완성에 다다른 인간에게 갖추어지게 되는 게 아니겠는가. 그런데 가장 화를 잘 내는 것은 어린아이와 노인과 환자이다. 주로 허약한 사람은 본성적으로 불평을 하게 마련이다.

14

테오프라토스는 말한다. "선한 사람이 악인에게 화를 내지 않는 것은 있을 수 없다." 그렇다면 누구든지 좀 더 선해지면 그만큼 화를 잘 내게 될 것이다. 잘 살펴보라. 반대로 그는 더욱 온순해지고 정념으로부터 더욱 해방되어, 누구도 미워하지 않는 인간이 되지 않을까. 처음부터 죄를 지은 자들을 미워할 어떤 이유가 그에게 있다는 말인가. 그들을 그런 종류의 잘못된 행위로 몰아넣는 것은 잘못이다. 그러나 잘못한 사람을 미워하는 것은 사려 깊은 사람이 할 짓은 아니다. 그렇지 않으면 그는 스스로 자기를 미워하게 된다. 그는 많은 생각을 할 것이다. 자기가 얼마나 자주 좋은 관습에 어긋나는 행동을 하고 있는가, 자기가 한 행위에 얼마나 많은 용서가 필요한가, 곧 자기 자신에게 화를 낼 것이다. 자기에 대한 재판과 남의 재판에 다른 판결을 내리는 것은 공정한 심판인이 아니기 때문이다. 굳이 말하자면, 자기를 무죄로 놓아줄 수 있는 사람은 한 사람도 없다. 자기는 무고하다고 주장하는 자는 모두 증인 쪽을 바라본다. 속 마음은 다른 것이다. 죄를 지은 자를 온화한 어버이의 마음으로 감독하며 그들을 엄하게 추궁하기보다는 다시 불러주는 것이 얼마나 인간적인가. 길을 몰라 헤매는 사람이 있으면 쫓아버리기보다 올바른 길을 가르쳐주는 것이 좋다.

15

그러므로 잘못을 저지른 자는 교정을 받아야 한다. 권고와 강제 수단을 써서, 부드럽게 때로는 가혹하게. 더욱 자신을 바로잡아야 하는 것이다. 자기를 위해서도 남을 위해서도 질책을 아끼지 않되 화는 내지 않아야 한다. 누가 치료하는 상대에게 화를 낸다는 말인가. "그러나 그들은 교정이 불가능하다. 싹수를 찾아볼 수 없고, 한 가닥 희망도 보이지 않는다." 인간 집단으로부터 없애 버려라. 그들은 접촉한 것을 나쁘게 만든다. 그리고 그들에게 유일하게 가능한 방법은 악인인 것을 그만두게 하는 것이다. 그러나 이것도 미움의 감정 없이. 그를 미워해야 할 어떤 이유가 내게 있다는 말인가. 그 자신을 위해 그의 목숨을 빼앗을 때, 나는 그에게 최대한의 봉사를 한 것인데. 자기의 팔다리를 자를 때, 누가 그것을 미워할 수 있겠는가. 그것은 분노가 아니다. 괴로운 치료다. 우리는 미친개를 죽인다. 감당할 수 없이 흉포한 소를 죽인다. 역병에 걸린 가축이 다른 무리에 병을 옮기지 않도록 칼을 댄다. 기형 송아지는 죽인다. 사람의 자식도 장애나 기형으로 태어나면 물에 담근다.*[14] 건전한 것으로부터 쓸모없는 것을 격리하는 것은 분노가 아니고 이성이다.

하물며 벌받을 자가 화를 낸다는 것은 말도 안 된다. 처음부터 판결에 의해 징벌이 주어지는 것은 그것이 교정에 도움이 되기 때문이다. 소크라테스가 노예에게 "혹시 내가 화를 내지 않았으면 너를 때렸을 것이다." 이렇게 말한 것도 이 때문이다. 그때 그는 노예에 대한 꾸중을 정상적인 정신상태가 될 때로 늦추고, 자기 자신을 꾸짖은 것이다. 그렇다 해도 억제되지 않는 정념 따위가 도

---

*14 기형아를 죽이는 것은 12표법에 정해져 있는 아버지의 의무였다(키케로 《법률에 대하여》 3·19 참조). 기형의 동물은 물속에 빠뜨리는 것이 관습이다.

대체 누구에게 있다는 것인가. 소크라테스조차 자기를 분노에 내맡기지 않으려고 했는데.

16

그러므로 잘못을 저지른 자나 범죄자에게 벌을 내릴 때 화를 내는 교정자는 필요 없다. 왜냐하면 분노가 마음의 잘못인 이상, 잘못을 저지른 사람이 잘못을 바로잡을 수는 없기 때문이다. "그렇다면 어떻게 하라는 말인가. 나는 강도에게 화를 내면 안 되는가. 그럼 도대체 어떻게 해야 하나. 독살자에게도 화를 내지 않아아 하는가." 그렇다. 나는 침으로 피를 뽑을 때, 자기에게 화를 내지는 않는다. 어떤 종류이든 징벌은 치료할 대상이니까. "그대는 아직 잘못의 시작 단계로 심하지는 않지만 비틀거린다. 먼저 내밀한 꾸짖음으로, 다음에는 공개적인 질책으로 그대에게 고칠 것을 명한다. 그대가 이미 말로는 치유할 수 없을 만큼 멀리 나아가 버렸다면, 불명예 제명으로 멈추도록 명한다. 그대에게는 무언가 더 강력하고 고통이 되는 것으로 낙인찍을 필요가 있을 때는 추방과 미지의 땅으로 보내지기를 명한다. 그대에게 이미 뿌리가 퍼진 더없이 나쁜 역할과 도리에 어긋남을 다스릴 더 가혹한 치료가 요구된다면, 나라의 질곡과 감옥으로 다스리기를 명한다.

그대의 마음은 치료가 불가능해 범행을 거듭하고 있다. 오늘 그대를 내모는 것은 어떠한 이유도 아니다. 악인에게도 언제 어느 때나 이유는 있게 마련이니까. 그대에게 잘못을 저지르게 할 만한 이유는 분명 잘못이었다. 그대는 사약을 모조리 마셔 버렸기에 오장육부에 모두 퍼져 있어 창자까지 몽땅 들어 내지 않으면 겉으로 나오지 않는다. 가엾게도 그대는 예부터 죽음을 바랐다. 그대를 낫게 해주리라. 그대를 위해, 남을 괴롭히고 그대를 괴롭게 한 그대의 광기를 없애 주리라. 그리고 그대 자신과 남의 모진 고문에 몸부림치는 그대 안에 오직 하나밖에 남아 있지 않은 선, 곧 죽음이 남아 있을 뿐임을 보여 주겠다." 그러니 내가 가장 유용한 상대에 대해 어째서 화를 내야 한단 말인가. 때로는 죽이는 것이 무엇보다도 동정이 된다.

예를 들어 내가 훈련과 경험을 쌓은 의사로서 병원이나 부자의 저택에 들어간다면 온갖 질환을 앓는 사람들 모두에게 똑같은 것을 명하지는 않을 것이다. 나에게는 무수한 마음에 다양한 악덕이 소굴을 이루는 것이 보인다. 나는 이 나라를 치유하기 위해 쓰이고 있다.*[15] 저마다의 질환에 알맞은 치료를 찾아야 한다. 이 환자는 신중하게, 이 환자는 여행이, 이 환자는 고통이, 이 환자는 가난이, 이 환자는 칼이 치유할 것이다.

그래서 고관의 예복을 거꾸로 입어야 하고,*[16] 나팔을 불어 집회를 소집해야 할 때도 나는 분노에 불타거나 적의를 드러내며 심판석에 올라가지는 않을 것이다. 오히려 법의 얼굴로 임하며 그 엄숙한 말을 미친 듯한 호령이 아니라 부드럽고 무게 있는 목소리로 시작할 것이다. 그리고 〈법의〉 집행을 화를 내지 않고 엄하게 명할 것이다. 유죄인 자의 참수를 명할 때도, 부모를 죽인 자를 가죽부대에 가둘 때*[17]도, 병사의 처형을 명할 때도, 배신자나 국가의 적을 타르페이아의 바위에 세울 때*[18]도, 분노하지 않고 뱀이나 독을 가진 짐승을 때려죽이는 것과 같은 얼굴로 수행할 것이다.

'처벌에는 분노가 필요하다'고? 그대에게는 법률이 자기가 모르는 자, 본 적도 없는 자, 없어지기를 바라는 자에게 화를 낸다고 생각하는가. 그러므로 화를 내는 것이 아니라, 확고하고 흔들림 없는 법의 정신을 채택해야 한다. 왜냐하면 악랄한 범죄에 화를 내는 것이 선한 사람에게 어울리는 일이라면 악인이 순탄하기만 한 경우에 시기하는 것도 마땅하기 때문이다. 실제로 어떤 인간이 번영을 누리며, 그에 어울리는 불운을 겪지 않고 행운을 즐기는 것만큼 이치에 맞지 않는 일이 또 있을까. 그러나 선한 사람은 그런 부류의 안락 따위는 시기하지 않고 태연하게 바라볼 것이다. 마찬가지로 범죄도 화를 내지 않고 볼 것이다. 선한 심판인은 용서할 수 없는 것을 단죄하지 미워하지는 않는다.

"그렇다면 이런 종류의 일에 현자가 관여할 때, 그의 마음에 무엇인가가 거슬려 여느 때보다 흔들리는 일은 없을까." 그것은 인정한다. 그는 매우 가볍고 보잘것없는 흔들림을 느낄 것이다. 왜냐하면 제논*[19]도 말했듯이 현자의 마음에도 상처가 말끔히 가시기는 했어도 흔적은 남아 있기 때문이다. 그러므로 그는 어떤 정념으로 짐작되는 것, 그림자 같은 것을 느끼기는 하지만 정념 자

---

*15 도시는 종종 의사를 고용하고 있었다.
*16 '거꾸로(perversa)'가 어떤 뜻인지는 불명.
*17 부모를 죽인 자에 대한 전통적인 처형법. 채찍질한 뒤에 가죽자루에 뱀, 닭, 개, 원숭이와 함께 넣어 티베리스 강에 던져넣는다.
*18 국적에 대한 처형법. 이곳에서 떨어뜨린다. 주인의 재산을 횡령한 노예도 이 벌을 받았다.
*19 기원전 335~263년. 키프로스의 키티온 출신으로 스토아파의 창시자.

체는 아닐 것이다.

17

아리스토텔레스는 어떤 정념은, 사람이 그것을 잘 쓰면 무기 구실을 한다고 말했다. 이것은 혹시 그것이 마치 무기처럼 사용자의 의지에 따라 집어들거나 내려둘 수 있다면 진실이리라. 그러나 이 무기는 만일 아리스토텔레스가 그것을 덕으로 치부했다 해도 그 자체가 스스로 싸우는 것이지 그것을 다루는 자의 손을 기다려 주지 않는다. 지배하는 쪽이지 지배받는 쪽은 아닌 것이다.

그러나 나른 병기 따위는 아무것도 필요 없다. 자연은 우리를 이성으로 무장해 준다. 이 굳건하고 늘 충실하며 양날의 칼이 아닌, 주로 맞설 수 없는 창을 준 것이다. 이성은 그것만으로 예견뿐만 아니라 행위의 수행에서도 충분하다. 대체 이 이성이 분노에, 부동의 것이 불확실한 것에, 성실한 것이 불성실한 것에, 건전한 것이 병약한 것에 도움을 요구하는 것만큼 어리석은 일이 또 있을까. 그렇다면 행위야말로 분노의 작용이 필요하다고 여겨지는 유일한 것이지만, 이에 〈대해서〉도 이성은 그 자체만으로 한결 강력하지 않은가. 왜냐하면 이성은 뭔가 해야 한다고 판단하면 단호하게 거기에 머무르기 때문이다. 그것을 변경하는 데 자기 자신보다 뛰어난 것은 아무것도 발견하지 못할 것이다. 그러므로 이성은 한번 확정되면 거기에 머무른다. 자주 동정이 분노를 되돌린다. 거기에 있는 것은 흔들림 없는 견고성이 빠진 텅 빈 팽창뿐이며, 최초의 격렬한 기세를 타고 있을 뿐이다. 마치 대지에서 일어나 강이나 호수에서 일어난 바람은 세차기는 하지만 오래 불지 않는 것과 마찬가지이다. 거센 돌진과 함께 시작되지만 그 뒤에 본디의 때가 오기 전에 지쳐서 멎어버린다. 새로운 잔학한 징벌을 계획할 때도 마찬가지이며, 막상 시작하면 분노는 이미 의지가 꺾여 온건해진다.

정념은 금세 멎는다. 이성은 언제나 같다. 또 만일 분노가 잇따를 때에도 죽여야 마땅한 자가 많을 때는 두세 명의 피를 본 다음에 살해를 멈추는 일이 곧잘 있다. 최초의 타격은 날카롭다. 마치 구멍에서 기어나온 뱀의 독에는 강렬한 독성이 있지만 되풀이해 물고 늘어져 독을 다 쓰고 나면 어금니도 해가 없는 것이나 마찬가지이다.

똑같은 죄를 저지른 자들이 같은 벌을 받지 않게 되는 것도 그 때문이다. 작은 죄를 지은 자가 큰 벌을 받는 일이 간혹 있다. 또 새로운 분노에 드러나기 때문이다. 그리고 분노는 모든 것에 똑같이 작용하지 않는다. 어느 때는 필요 이상으로 앞서 달리고, 어느 때는 적당한 곳보다 앞에서 멈춘다. 자신에게 너그럽고, 욕망에 따라 판단하며, 들어주는 귀를 가지고 있지 않다. 변호할 기회를 주지 않고, 일단 정하고 나면 결코 바꾸지 않으며, 혹 그게 틀렸다 해도 자기의 판단을 자기에게서 빼앗아가는 것을 결코 용서하지 않는다.

18

이성은 어느 쪽에도 시간을 준다. 그리고 자기에게도 결정의 연기를 요구하며, 진실을 밝혀내기 위해 유예를 얻는다. 분노는 서두른다. 이성은 실제로 공정한 판정을 내리기를 바란다. 분노는 내린 판정이 공정하게 보이기를 바란다. 이성은 취급하는 논점 말고는 어디에도 눈을 돌리지 않는다. 분노는 다툼 밖의 쓸데없는 일에 흔들린다. 자신감이 넘치는 눈길, 너무 큰 소리, 지나치게 솔직한 화법, 너무 우아한 복장, 지나치게 지지를 받는 변호, 민중의 인기가 분노를 부추긴다. 변호인에게 적의를 품은 탓으로 피고가 자주 단죄를 당한다. 진실이 눈앞에 드러나도 잘못된 것을 소중하게 지킨다. 잘못이 선고되는 것을 싫어해 예전의 잘못을 후회하기보다 고집하는 편이 모양새가 낫다고 여긴다.

그나이우스 피소[20]는, 내 기억에는 많은 악덕과는 인연이 멀었지만 편협하고, 일관된 태도보다는 완고하게 밀어붙이기를 좋아했다. 어느 때 그는 휴가에서 동료를 버리고 돌아온 병사에게 화를 내어 사형을 명했다. 데리고 오지 않은 동료를 살해한 것으로 단정하고, 그를 찾아서 데려오도록 시간을 달라는 간청을 받아들이지 않은 것이다. 단죄가 내려진 병사가 울타리 밖으로 끌려나가 목을 내밀고 있을 때, 죽임을 당했다고 여겼던 동료가 갑자기 모습을 나타냈다. 그 순간 처형을 감독하던 백인대장이 부하에게 칼을 거두라고 명하고, 형벌 받은 사람을 피소한테 돌려보내 죄없이 풀려나도록 하려고 했다. 운이 병사에게 돌아왔기 때문이다. 많은 사람들이 달려오고 온 진영이 기쁨에 들끓고 있는 가운데 서로 얼싸안은 두 병사를 데리고 갔다. 피소는 무섭도록 분노한 모습으로 심판석에 올라가기가 무섭게 두 사람에게 사형을 명령했다. 죽이지

---

*20 그나이우스 칼푸르니우스 피소. 티베리우스 치하 17년의 시리아 총독. 동방원정 중이던 게르마니쿠스와 대립, 게르마니쿠스에게 독을 썼다는 의혹으로 고발당해 자살했다.

않은 병사에게도, 죽지 않은 병사에게도.

이보다 이해할 수 없는 일이 어디에 있겠는가. 한 사람의 죄 없음이 밝혀진 탓에 두 사람이 죽게 된 것이다. 피소스는 세 번째 사람을 추가했다. 형벌 받은 사람을 다시 데리고 온 백인대장에게도 사형을 내린 것이다. 한 사람의 결백함 때문에 세 사람을 같은 곳에서 사형하라는 명령이 떨어졌다. 아, 분노는 얼마나 놀라운 솜씨로, 광기 때문에 온갖 이유를 꾸며내는 것인가. 그것은 이렇게 말한다. "너에게는 사형을 명한다. 이미 단죄되었기 때문이다. 너는 동료의 단죄에 원인이 되었으니 사형이다. 너는 처형하라는 명령을 받고도 지휘관에게 복종하지 않았기 때문에 사형을 명한다." 죄를 하나도 찾아내지 못하자, 어떻게 하면 세 가지 죄를 만들어낼 수 있을지 생각한 것이었다.

19

굳이 말한다면 분노에는 지배당하는 것을 싫어한다는 악이 있다. 자기의 의지에 어긋나는 것이 밝혀지면 진실 그 자체에까지 화를 낸다. 외쳐대는 소리와 소란, 온몸의 격렬한 몸짓과 함께 한번 단정한 상대에게 온갖 욕설과 악담을 퍼부으며 쫓아간다. 이성은 이런 짓을 하지 않는다. 필요하면 말없이 조용히 집 전체를 기초부터 없애, 나라를 병독으로 오염시킨 일족을 처자와 모두 함께 말살한다. 집을 다 무너뜨려 평지로 만든다. 마음대로 적대하는 이름을 뿌리째 없앤다. 그런 경우, 그는 이를 악물거나 머리를 심하게 흔드는 따위 심판인에게 어울리지 않은 모습은 보여주지 않는다. 심판인으로서 중대한 발표를 할 때는 가장 온건하고 침착하며 냉정한 얼굴을 하고 있어야 한다.

히에로니모스*²¹는 말했다. "누군가를 치려고 할 때, 어째서 그대가 먼저 입술을 깨물 필요가 있는가." 혹시 그가 보았다면 뭐라고 말할까—총독이 심판석에서 뛰어 내려가 선도관으로부터 몽둥이를 빼앗아 버리고 나서 의복을, 남의 옷을 찢으려면 더디기 때문에 자기 옷을 찢어 버리는 것을.*²² 어째서 식탁을 뒤엎을 필요가 있을까. 어째서 잔을 박살낼 필요가 있을까. 어째서 머리칼을 쥐어뜯고 허벅지나 가슴을 칠 필요가 있을까. 그대는 분노가 얼마나 크다

<hr />

* 21 로도스의 히에로니무스(기원전 290무렵~230무렵). 소요학파 철학자로, 문학사와 삶의 목적을 무고통(無苦痛)으로 보는 윤리학으로 알려져 있다.
* 22 선도관은 단죄당한 병사의 옷을 벗기고 채찍으로 때리는 일이 있었다.

고 생각하는가. 그것은 남에게 자기가 바라는 만큼 폭발하지 않기 때문에 스스로에게 학대를 가하고 있을 뿐이다. 그래서 그들은 주위 사람에게 제지를 받고, 말과 행동 몸가짐을 신중히 하도록 스스로 타이르기도 하는 것이다.

그러나 화를 내지 않고 저마다에게 알맞은 벌을 내리는 사람은 결코 그런 짓을 하지 않는다. 그는 자주 범죄에 꼼짝도 못하게 되었던 자를 풀어준다. 저지른 짓을 뉘우치고 나아질 여지가 보이는 경우, 범행이 깊은 데서 일어나는 것이 아니라, 흔히 말하듯이 우발적인 충동에 지나지 않는다는 것을 알면, 벌을 면제해 준다. 그것은 받는 자나 주는 자에게 해가 되지 않는다. 그는 자주 큰 범죄를 작은 범죄보다 가볍게 벌한다. 전자가 무겁더라도 잔학성이 아닌 과실 때문에 저질러진 데 비해, 후자는 가볍더라도 교활한 술수가 숨겨진, 완고한 경우이다. 두 사람이 저지른 같은 잘못을 같은 방식으로 벌하지 않는다. 한쪽은 부주의로 저질렀으나, 다른 쪽은 가해자가 되려고 계획한 경우이다.

그는 언제나 모든 처벌에서 다음의 원칙을 지킬 것이다. 처벌은 한편으로는 악인의 교정을 위해, 다른 쪽으로는 악인의 제거를 위해 쓰임을 파악하는 것이다. 그리고 어느 경우에도 과거가 아니라 미래를 볼 것이다. 왜냐하면 플라톤도 말했듯이 누구든지 사려 깊은 사람이라면 처벌을 내리는 것은 범죄를 저질렀기 때문이 아니고, 저지르지 않도록 하기 위해서인 것이다. 예전 범죄는 돌이킬 수 없지만, 앞으로의 범죄는 막을 수가 있다. 그리고 악의 처참한 결말을 실례로 보는 것이 바람직하다고 여기는 자들을 공공연하게 살해할 것이다. 그것은 그들 자신의 죽음뿐만 아니고, 그 죽음으로써 다른 자를 막기 위해서이다. 이런 것을 그는 추구하고 헤아려야 된다. 세심한 주의를 기울여 직무를 수행하기 위해 생사를 결정하는 권능을 행사할 때, 그에게 모든 정념으로부터의 자유가 얼마나 필요한가를 잘 알 수 있다. 분노한 자에게 칼을 맡기는 것은 큰 잘못이다.

20

또 분노는 큰 도량*[23]에 뭔가 도움이 되는 데가 있다고 생각해서는 안 된다. 그것은 위대함이 아니고, 커져 있을 따름이다. 많은 좋지 못한 액체로 가득 찬

＊23 본장과 다음 장에서는 용기에 이어 대인관계에서 나타나는 큰 도량(magnitudo animi)을 다루어, 이것도 분노와 관계가 없는 것을 논한다.

몸에서 병상은 비만이 아니라 나쁜 액체로 가득한 것에 있다. 거의 광기 때문에 인간다운 사고방식을 넘어서는 데까지 가버린 인간은 자기가 터무니없이 숭고한 정신을 실현하고 있는 것으로 믿어 버린다. 그러나 그 아래에 확실한 바탕은 아무것도 없다. 기초도 없이 커진 것은 손쉽게 무너진다. 분노는 의지하고 설 데가 없다. 굳건하게 이어지는 것에서 생긴 것이 아니라 바람처럼 허망한 것이다. 분노가 큰 아량과 동떨어진 것은 무모가 용기로부터, 오만이 성실로부터, 불쾌가 근엄으로부터, 잔학이 엄격으로부터 동떨어진 것이나 마찬가지이다. 숭고한 정신과 오만한 정신의 차이는 크다. 분노는 품격이 높고 고상한 일은 아무것도 이루지 못한다. 반대로 늘 마음에 아픔을 느끼는 것은 지쳐서 진절머리가 나는 불행한, 약해진 것을 깨닫는 정신의 증거라고 생각한다. 살짝 건드리기만 해도 신음 소리를 낼 만큼 상처가 진행되어 통증이 그치지 않는 몸과 마찬가지이다. 그래서 분노는 계집애 같고 어린아이 같은 악덕이다. "하지만 남자한테도 일어난다." 남자도 어린아이처럼 연약한 성질을 가진 자가 있기 때문이다.

"그렇다면 이건 어떤가. 분노한 자가 내는 소리는 어느 정도 위대한 정신을 나타내는 소리처럼 들리지 않는가." 말도 안 된다, 참된 위대함을 모르는 자에게 그렇게 여겨질 뿐이다. 저 냉혹하고 혐오스러운 '녀석들은 미워해도 좋다, 두려워하고 있는 한*24'은 말이다. 이것은 술라의 시대에 쓰였다는 사실을 알 수 있다. 그가 자신에게 바란 것은 어느 쪽을 더 저주하는 것인지 나는 가늠할 수도 없다. 미움인가, 아니면 두려움인가. "미워해도 좋다." 끝내 자기가 저주받고, 음모에 휘말려, 쓰러뜨림 당한다는 것으로 짐작이 간다. 무엇을 덧붙였는가. 신들이 그에게 재앙을 내려 주기를! 어쨌든 서로 미워하는 대처법을 찾아낸 것이다. "미워해도 된다." 어떤 식으로? "지지하는 한" 말인가? 아니다. 그럼 무엇인가. "두려워하는 한" ─그러나 이 조건으로는 사랑을 받더라도 사양할 것이다. 그대는 이것이, 기상이 아주 장대한 정신에서 나온 말이라고 생각하는가. 틀렸다. 그런 것은 넓은 도량이 아니다. 아귀와 짐승의 성질일 뿐이다.

분노한 자의 말을 믿어야 할 이유는 없다. 만일 그 목소리가 크고 위압적이더라도 속마음은 겁을 집어먹은 것이다. 웅변에 뛰어난 사람 (티투스)리비우스

---

*24 아키우스 《아트레우스》에서의 인용.

*25의 저서에서 말한 표현, "선하다기보다는 위대한 재능을 지닌 사람"을 진실로 보지는 않는다. 그것은 분리해 생각할 수가 없다. 선한 자인가, 아니면 위대하지 않은 자인가, 그 어느 쪽이다. 왜냐하면 도량이 크다는 것은 흔들림이 없고, 내부가 단단하며, 맨 아래부터 동질이고 견고한 것이라고 생각하는데, 이것은 열악한 정신에는 있을 수 없다. 그것은 무서운 것, 거친 것, 파멸을 불러올 수 있는 것일 수도 있다. 그러나 넓은 아량—확고함과 견고성이 바로 그 뛰어난 증거이다—을 지닌 것은 결코 아닐 것이다.

그럼에도 그들은 호기로운 말과 죽을힘을 다한 노력, 모든 겉치레로 위대성의 믿음을 사려고 할 것이다. 무엇인가 위대한 정신의 증거라고 사람들이 믿도록 말할 것이다. 가이우스 카이사르가 하늘에 화를 냈을 때가 그러했다. 하늘이 굉음을 내며 무언극 배우들을 방해했을 때 그는 열심히 그에 몰입한 이상으로 열심히 흉내냈다. 그리고 벼락이 야단법석을 떠는 자신들을 전율하게 했을 때—실제 벼락이 떨어진 곳과는 멀었지만—유피테르에게 결투를, 그것도 부상 퇴장*26 없는 조건으로 도전해, 저 호메로스의 시구를 부르짖은 것이다.

나를 들어올려 보라, 아니면 내가 너를 들어올리리라.*27

얼마나 터무니없는 광기였던가. 유피테르는 자기를 해칠 수 없으며, 자기가 유피테르를 해칠 수 있다고 믿은 것이다. 그의 이 말이 음모자들의 의기를 더욱 부추기는 데 적지 않은 공헌을 했으리라 생각된다. 유피테르를 견딜 수 없는 자를 견디는 것은 인내의 극치라고 생각되었기 때문이다.

21

그러므로 분노에는 만일 그것이 격렬하고, 신들과 사람들을 내려다보는 듯이 비칠지라도 위대한 것은 아무것도 없다. 고귀한 것은 아무것도 없다. 분노가 위대한 정신을 가져온다고 생각하는 사람들이 있다면, 사치 또한 그렇게

＊25 역사가(기원전 59～서기 17). 로마건국에서 아우구스투스에 이르는 전 142권(현존 35권)의 역사서를 남겼다.

＊26 검투사가 부상을 입어도 퇴장시키지 않고 죽을 때까지 싸우게 하는 것.

＊27 호메로스《일리아스》23·74. 레슬링에서 아이아스가 오디세우스를 도발하는 말.

보일 것이다. 상아 의자에 몸을 맡기기를, 진홍색으로 몸을 단장하기를, 황금으로 뒤덮이기를, 대지를 옮기기를, 바다를 막기를, 강을 폭포로 만들기를, 숲을 공중에 달아매기를 바란다. 탐욕 또한 위대한 정신의 증거로 여겨질 것이다. 금은의 퇴적 위에 누워, 속주(屬州)의 이름으로 토지를 경작하고, 한 사람의 토지관리인 아래에서 일찍이 집정관이 추첨에 당첨된 이상으로 드넓은 영토를 소유한다.

욕망도 위대한 정신의 증거로 여겨질 것이다. 물결을 헤엄쳐 건넌다. 무리를 이룬 소년들을 거세한다. 죽음을 비웃은 끝에 남편의 칼날 아래 이른다. 야심도 위대한 정신의 증거로 여겨질 것이다. 1년의 직무로는 부족하다. 할 수만 있다면 한 사람의 이름으로 집정관 명단을 메우고 온 세계에 기념비를 수없이 세우고 싶다.*28 이런 것은 어느 것이나 얼마나 나아가고 퍼지든 상관없다. 좁고, 비참하고, 천하다. 오직 덕만이 숭고하고 고귀하다. 무엇이든 위대한 것은 동시에 온화하다.

제2권

1

노바투스, 제1권에는 꽤 풍부한 재료가 있었다. 악덕의 내리막길을 내려오는 것은 쉽기 때문이다. 이제부터는 매우 세세한 문제로 들어가야 한다. 우리의 탐구는 과연 분노는 판단으로 시작되는가, 아니면 충동에서 시작되는가 하는 것이다. 즉 분노는 저절로 시작하는 것인가, 아니면 마치 우리의 안에서 일어나는, 우리가 깨닫지 못한 많은 일들과 마찬가지인가. 토론이 이렇게 깊은 데까지 파고들어야 하는 것은 저 숭고한 높이로 올라가기 위해서이다. 우리의 몸에서도 뼈와 힘줄이나 관절 등 전체 뼈대와 생명활동을 담당하는 것은 보기에 아름다운 것은 아니다. 그것이 먼저 이루어진 다음에, 모습에 아름다움이 나타나는 바탕이 완성된다. 이 모든 것 뒤에 마침내 몸이 완성되고 나서, 가장 먼저 눈에 띄는 것은 겉으로 나타나는 빛깔이다.

부정의 표상(表象)이 받아들여지고, 그것이 분노를 움직이는 점은 의심할 여지가 없다. 그렇지만 과연 분노 자체가 표상으로 직접 이어져, 마음이 작용하

---

*28 황제는 예외지만, 두 번 또는 세 번의 집정관직은 대단한 명예이다.

지 않은 채 바로 겉으로 나타나는지, 아니면 마음이 동의하고 나서 작용이 일어나는 것인지, 그 점을 검토해 보자.

우리(스토아파)의 견해로는 분노는 결코 그 자체에서 일어나는 것은 아니다. 마음이 뜻을 같이하고 난 다음에 일어난다. 왜냐하면 부정을 당했다고 하는 표상을 받아들이는 것, 그에 대한 복수를 열망하는 것, 또 두 가지, 자신은 피해를 당해서는 안 된다는 것과 보복이 이루어져야 한다는 것을 잇는 것은, 우리의 의지와 상관없이 일어나는 충동에 속하지 않기 때문이다. 그런 충동은 단순하다. 이에 비해 우리의 경우는 복잡하고 많은 요소를 포함하고 있다. 뭔가를 이해하고, 분개하고, 단죄하고, 복수한다, 이러한 일들은 잇따라 접촉해 오는 사항에 마음이 동의하지 않고는 일어날 수 없다.

2

그대는 말한다. "이 문제는 어떤 것으로 이어지는가." 분노가 무엇인가를 이해하기 위해서이다. 요컨대 만약 그것이 우리의 의지와 상관없이 일어난다면 이성에 굴복하는 것도 있을 수 없는 일이 된다. 우리의 의지에 따르지 않고 일어나는 활동은 무엇이나 극복이 불가능하고 불가피하다. 예를 들면 찬물을 끼얹었을 때 생기는 소름. 어떤 종류의 접촉에 대한 기피. 끔찍스러워 털끝이 주뼛 서고, 불쾌한 말에 얼굴이 붉어지며, 절벽에서 내려다보면 현기증이 일어나는 일들은 모두 우리의 권능에 속하지 않기 때문에, 그것이 일어나지 않도록 이성이 설득할 수도 없다.

분노는 권고로써 회피할 수 있다. 그것은 마음의 의지에 대한 결함이다. 그래서 분노는 인간의 숙명에 따라다니는 어떤 종류의 조건에서 발생하며, 따라서 최고의 현자에게도 일어나는 것에는 속하지 않는다. 그리고 마음에 생겨나는 최초의 타격, 부정을 당했다는 생각 뒤에 우리를 움직이는 것도 여기에 포함해야 한다. 그것은 연극을 관람하거나 역사책을 읽는 중에도 마음속에 스며든다. 때때로 우리는, 키케로를 클로디우스가 추방하고 안토니우스*29가 살해

*29 마르쿠스 안토니우스(기원전 83무렵~30). 기원전 44, 34년의 집정관. 기원전 43~33년, 제2차 삼두정치의 멤버. 카이사르의 충실한 부하로서 떠올라, 기원전 44년, 카이사르와 함께 집정관으로 있었던 3월 15일, 카이사르가 암살되자 주도권을 장악, 독재적 수법으로 키케로 등 공화정파 및 카이사르의 유산상속인 옥타비아누스와 적대, 이듬해 봄의 충돌에서

한 것에 분노를 느낀다. 마리우스의 군대에 대해, 술라의 추방 공고에 대해, 누가 분개하지 않을 수 있겠는가. 누가 테오도토스*30와 아키라스*31에게, 그리고 아직 피도 안 마른 어린아이가 어린아이답지 않은 짓에 손을 더럽힌 자*32에게 적의를 느끼지 않을 수 있겠는가.

노래와 빠른 리듬의 연주, 저 군신(軍神)의 나팔 소리도 우리를 자주 동요시킨다. 잔인한 그림이나 정의의 심판의 어둡고 끔찍한 모습도 우리의 마음을 움직인다. 마찬가지로 웃고 있는 사람을 보면 웃음이 나온다. 슬픔으로 지새는 군중은 함께 슬퍼한다. 남이 서로 다투는 것을 보면 함께 흥분한다. 그러나 이런 것은 분노가 아니다. 그것은 작물(作物)을 망친 광경에 눈썹을 찌푸리는 것이 슬픔이 아닌 것과 같다. 칸나이 전투*33 뒤에 한니발이 시벽(市壁) 주위를 차지한 상황이 독자의 마음을 찌르더라도 그것은 두려움이 아닌 것과 마찬가지이다. 그런 것은 무엇에든 흔들리지 않기를 바라는 마음의 활동이지 정념이 아니며, 정념의 전초가 되는 최초의 상태이다. 마치 그것은 평화로운 때 토가를 걸친 군인이 나팔소리를 듣고 긴장하고, 진영의 군마가 무기 소리에 몸을 떠는 것과 같다. 알렉산드로스는 크세노판토스*34가 노래를 부르면 무의식적으로 손이 무기로 뻗었다고 한다.

패배를 극복한 뒤, 공화정파에 적대한 옥타비아누스(뒷날의 아우구스투스 황제)와 함께 제2차 삼두정치를 세우고, 추방공고로 숙적 키케로의 죽음을 가져왔다. 공화정파를 소탕한 뒤, 옥타비아누스와 로마세계를 동서로 나누어 대립, 동방을 지배하며 이집트 여왕 클레오파트라와 깊은 관계를 맺지만, 기원전 31년 악티움 앞바다의 해전에서 패하고, 이듬해 알렉산드리아에서 스스로 목숨을 끊었다.

*30 프톨레마이오스 13세의 변론술 교사. 폼페이우스의 처우를 둘러싼 의논에서 그의 살해를 주장했다.
*31 이집트인으로 프톨레마이오스 13세의 고문. 폼페이우스 살해 실행자의 한 사람.
*32 이집트왕 프톨레마이오스 13세를 가리킨다. 클레오파트라의 동생이자 남편. 기원전 48년, 파르살로스 전투에서 카이사르에게 패하여 레스보스를 거쳐 이집트로 도망쳐 온 폼페이우스를 살해하게 했다. 그때 아직 열다섯 살이었다.
*33 제2차 포에니전쟁 때인 기원전 216년, 로마군은 한니발에게 대패하여 집정관 파울루스는 전사, 또 한 사람의 집정관인 바로는 소수의 병사를 이끌고 로마로 돌아왔다.
*34 알렉산드로스의 악사로서는, 플루타르코스에서는 안티게니다스, 수다 백과사전에서는 밀레토스의 티모테오스가 전해진다.

3

이런 마음을 우연히 불러일으킨 것은 어느 하나도 정념이 아니다. 그런 것은 마음이 행한다기보다도 당한다고 해야 할 것이다. 그러므로 정념이란 대상이 보여주는 표상에 맞춰 움직이는 게 아니라, 그런 것에 자신을 맡기는 일, 그리고 우연적인 운동을 따라가는 것이다. 그러므로 만일 사람이, 얼굴이 창백해지거나 눈물을 흘리고, 음란한 체액에 좀이 쑤시고, 깊은 한숨이나 갑작스레 날카로워진 눈매, 그 밖의 것들을 정념의 지표이자 정신의 징표라고 여긴다면, 그것은 잘못이며 이런 것이 몸의 충동이라는 사실을 이해하지 못한 것이다. 그래서 가장 용감한 자라도 무구를 몸에 장비하는 동안 거의가 얼굴이 새파래진다. 전투 나팔이 울리면 제아무리 용감무쌍한 병사라도 조금은 무릎을 떤다. 위대한 장군이라도 전열이 서로 격돌하기 직전에는 심장이 두근거리고, 더없이 뛰어난 웅변가조차 연설을 앞두고 마음을 가다듬는 동안 손발 끝이 저린다.

분노는 단순히 움직이는 것이 아니라 폭주한다. 돌발적인 충동이기 때문이다. 그런데 충동은 이성의 동의 없이는 존재하지 않는다. 복수와 징벌에 마음이 모르고 있는데도 충동이 일어나지는 않는다. 사람은 자기가 해를 입었다고 믿는다. 복수를 바란다. 그러나 무언가의 이유가 말리면 즉시 가라앉는다. 나는 이것을 분노라 하지 않고, 이성에 따르는 마음의 운동이라고 한다. 이성을 뛰어넘은 것, 다 같이 휩쓸고 가는 것이야말로 분노이다.

따라서 부정의 표상이 불러일으킨 최초의 마음의 흥분은 분노가 아니다. 분노가 부정의 상징 그 자체가 아닌 것과 마찬가지이다. 다음으로 일어나는 충동, 부정의 표상을 받아들일 뿐만 아니라 인정한 충동, 의지와 판단에 따라서 복수로 돌진해 가는 격동이야말로 분노이다. 두려움이 기피의 충동을, 분노가 추구의 충동을 가진 것은 의심할 여지가 없다. 그래서 무엇인가를 추구하거나 기피하는 것이 가능하다고 볼 수 있을지 생각해 보라.

4

정념(情念)은 어떻게 시작되는지, 또는 어떻게 커져서 제멋대로 행동하는지를 이해할 필요가 있다. 맨 처음의 운동은 의지에 따른 것이 아니고, 말하자면 정념의 준비 또는 위협과 비슷한 종류이다. 두 번째는 아직 무모하지 않은 의지를 따르는 것이다. 예를 들면 나는 해를 입었으니까 보복해야 한다거나, 이 자는 죄를 지었으니까 벌해야 한다는 따위이다. 세 번째 운동은 이미 억제력을 잃은 것으로, 복수해야 하는지 어떨지는 생각하지 않고, 무조건 바란다. 이미 이성이 무너졌기 때문이다.

우리는 그 마음이 최초에 받아들이는 타격을 이성으로 피할 수는 없다. 앞에서도 말했듯이, 몸에 일어나는 사태를 피할 수 없는 것과 마찬가지이다. 하품은 다른 사람의 하품을 유발하지 않을 수 없고, 갑자기 손가락으로 찔렸을 때는 저절로 눈을 감게 된다. 이성은 그런 것을 이기지 못한다. 경우에 따라서는 익숙함과 끊임없는 훈련의 결과, 줄어늘게 할 수는 있을지도 모른다. 두 번째인, 판단으로 일어나는 운동은 판단에 따라 제거할 수 있다.

5

또 다음과 같은 문제도 살펴보아야 한다. 언제나 흉포하고 남의 피를 보는 것을 기뻐하는 사람이, 부정(不正)을 당한 것도 아니고, 또 자신이 부정을 당하지 않은 것을 알면서, 그 상대를 죽일 때, 과연 그는 화를 내고 있는가, 하는 문제이다. 아폴로도로스*35와 팔라리스*36는 그런 인간이었다.

이는 분노가 아니다. 야수성이다. 부정을 당했기 때문에 해치는 것이 아니라, 해치기 위해서 부정을 당하는 것도 거절하지 않는다. 그때 채찍질도 시체 절단도 요구되는 것은 복수를 위해서가 아니고, 쾌락을 위하기 때문이다. 그렇다면 그 악의 기원이야말로 분노와 다름없다. 분노의 되풀이와 포만의 결과, 인자함은 잃어버리고 마음에서 인간의 규범을 모조리 내던지고 마침내 잔학성에 이르렀다. 그러므로 기쁜 미소를 지으면서 커다란 쾌락을 만끽하는 얼굴은 분노한 자의 형상과는 거리가 멀다. 심심풀이로 잔학한 짓을 즐기기 때문이다.

한니발은 성 주위 연못이 피로 물든 광경을 보고 "아아, 얼마나 아름다운 광경인가!" 외쳤다 한다. 어느 하천이나 호수를 가득히 채웠다면 얼마나 아름답

---

*35 카산드레이아(포티다이아)의 참주. 기원전 279년 이후 지배했지만, 기원전 276년에 안티고노스 고나타스에게 쫓겨났다. 키케로도 《신들의 본성에 대하여》 3·82에서 이 두 사람에 대해 다루었다.

*36 아쿠라가스의 참주(재위 기원전 570무렵~554무렵). 잔학한 참주의 전형으로 잘 알려져 있다. 안에 사람을 가두어 태워죽이는 살인기구인 청동제 황소상 '파라리스의 소'가 유명하다.

게 보였을까. 그대가 무엇보다도 이 광경에 매료되었다고 해도 그리 이상할 것이 없다. 피 속에서 태어나 어려서부터 오로지 살육에만 관심을 두고 살아왔으니까. 그대의 잔학성에 봉사하기 위해 앞으로 20년 동안, 그대에게 행운이 이어지리라. 어디에서나 그대의 눈을 기쁘게 해주는 경치를 즐길 것이다. 트라스케누스 호반에서, 칸나이 근교에서, 그리고 마지막으로 그대 자신의 카르타고 근처에서, 그대는 그것을 보게 되리라.

가까운 예로는 볼레수스[*37]가 있다. 황제 아우구스투스 밑에서 아시아 총독이 되었을 때, 하루에 3백 명의 목을 도끼로 쳐 죽이고 시체 사이를 거만한 얼굴로 당당히 거닐면서 마치 무슨 위대한 업적이라도 이룬 듯이 그리스어로 외쳤다. "아아, 얼마나 훌륭한 왕의 업적인가!" 이 왕은 도대체 무엇을 했다는 것인가. 그것은 분노가 아니었다. 훨씬 악독한, 치유할 수 없는 악업이었다.

6

어떤 사람은 말한다. "덕은 고결한 것에 호의를 품는다. 그와 마찬가지로 비열한 것에는 화를 내는 것이 마땅하다." 만약 덕은 비열한 동시에 위대해야 한다고 말하면 어떨까. 그런데 앞에서의 주장을 한 사람은 덕이 높아지는 동시에 깎아내려지기를 바라는 셈이 된다. 왜냐하면 올바른 행위에서 나타나는 기쁨은 맑고 밝으며 위대한 것에 비해, 다른 사람의 잘못에서 나타나는 분노는 지저분하고 좁은 마음에 속하기 때문이다. 더욱이 덕은 악덕을 바로잡는 동안 그것을 흉내내는 일은 없을 것이다. 분노 자체를 고쳐야 할 것으로 보기 때문이다. 분노는 무엇보다 나은 것도 아니고, 그 원인인 잘못보다 못한 경우도 곧잘 있다. 기쁨과 환희는 본디 덕의 고유한 특질이다. 분노는 덕의 위신에 어울리지 않는다. 하물며 슬픔과는 거리가 멀다. 그러나 슬픔은 분노의 벗이고, 분노는 이윽고 후회한 뒤, 또는 실패한 뒤에 여기로 되돌아오게 된다.

게다가 만약 잘못에 대해 화를 내는 것이 현자에게 속한다면, 그는 잘못이 커질수록 더욱 심하게, 그리고 자주 화를 낼 것이다. 거기서 귀결되는 것은 현자는 다만 화를 내고 있을 뿐만 아니라, 화를 잘 내는 성질이라는 것이다. 그런데 우리는 크게 화를 내든, 자주 화를 내든, 현자의 마음에 그 자리를 차지

[*37] 루키우스 발레리우스 메살라 볼레수스. 서기 5년의 집정관, 서기 11년 또는 12년의 아시아 총독. 원로원에서 비난받고, 고소를 당했는데 상세한 것은 알려지지 않았다.

하지 못할 것으로 보기 때문에, 그를 이 정념으로부터 완전히 해방시켜 주지 않을 이유가 어디 있단 말인가. 만약 그가 저마다의 행위에 화를 내야 한다면 한정이 없을 것이다. 요컨대 혹시 똑같지 않은 잘못에 같은 식의 화를 낸다면 그는 불공정한 사람이 될 것이다. 또 만약 화를 낼 만한 일마다 분노를 터뜨린다면 매우 화를 잘 내는 사람이 될 것이다.

7

또 현자의 감정이 다른 사람의 악덕에 기댄다고 하는 것만큼 이상한 말이 어디에 있겠는가. 저 소크라테스도 집을 나올 때와 똑같은 표정으로 집에 돌아갈 수는 없다. 그렇지만 현자가 비열한 행위에 화를 내고, 범죄에 마음이 휘말려 슬퍼해야 한다면 현자만큼 힘든 사람은 없다고 할 것이다. 그의 삶은 끊임없는 분노와 걱정 속에 지나갈 것이기 때문이다. 비난해야 할 일을 보지 않아도 되는 순간이 언제 있다는 말인가. 집에서 나올 때마다 벌을 받을 놈, 욕심쟁이, 방탕자, 파렴치한, 그리고 그런 행복에 겨운 자들 사이를 걸어가지 않으면 안 된다. 시선을 어디에 돌리든지 반드시 크게 분노할 장면을 보게 된다. 마땅한 이유가 요구할 때마다 분노를 터뜨리는 동안 어느새 지쳐버리고 말리라.

날이 새는 동시에 중앙광장으로 서두르는 몇천 군중을 보라. 얼마나 비열한 다툼을, 얼마나 더욱 비열한 변호인을 끼고 있는 것인가. 어떤 자는 아버지의 결정을 고발한다. 그가 그럴 가치가 없는 편이 나았는데. 어떤 자는 어머니와 법정에서 다툰다. 어떤 자는 고발자로서 찾아오지만, 뚜렷하게 그 자신이야말로 그 죄상의 피고이다. 심판인은 자기의 생업을 단죄하기 위해 뽑힌다. 방청인들은 변호인의 아름다운 목소리에 홀려 악의 편에 선다.

8

무엇 때문에 하나하나 논할 필요가 있겠는가. 사람들로 가득 찬 중앙광장, 어중이떠중이 모여들어 북적거리는, 담장으로 둘러싼 마당, 그리고 저 경기장—민중의 대부분이 모습을 나타내는 곳—을 본다면 마음에 새기도록 하자. 거기에는 인간의 수만큼 많은 악덕이 있다. 그런 자들 사이에 혹 토가가 보인다 해도 평화는 존재하지 않는다. 서로가 보잘것없는 벌이를 위해 상대를 무너뜨

릴 계략으로 끌어들인다. 누구에게나 돈벌이란 상대에 대한 부정의 다른 이름
이다. 행복한 자를 미워하고 불행한 자를 경멸한다. 윗사람을 무거운 짐으로
지고, 아랫사람에게는 짐이 된다. 온갖 욕망의 충동을 받는다. 허망한 쾌락의
미끼에 끌려 모든 파렴치를 바란다. 마치 검투사 양성소에서의 생활이, 살고
있을 때나 싸울 때나 같은 동료를 상대하는 것과 조금도 다를 게 없다. 그것
은 야수의 집단이다. 하기는 동물들은 자기들끼리는 온화하게 지내며, 같은 무
리를 물어뜯는 일은 삼가는데, 이쪽은 서로 상처를 안겨주며 만족한다. 말 못
하는 동물과 오로지 한 가지 다른 점은 짐승은 먹이를 주는 사람을 따르지만,
이쪽의 흉포성은 자기의 양육자까지 모조리 먹어 치우는 것이다.

9

만약 현자가 분노하기 시작하면, 분노를 그치는 일은 결코 없으리라. 모든
것이 죄악과 악덕으로 넘치고 있다. 범죄 건수는 바로잡음으로 고쳐질 정도를
넘어선다. 도리에 어긋남을 다투는 싸움은 치열하기 짝이 없다. 죄에 대한 욕
망은 나날이 커지고, 삼가는 일은 갈수록 줄어든다. 선과 정의에 대한 경의는
더욱 멀리 쫓겨나고, 욕망이 제멋대로 돌아다닌다. 이미 범행은 남의 눈을 꺼
리지 않고, 많은 사람들 앞을 지나간다. 끝내 어그러진 도덕이 온 나라에 파고
들어 모든 사람의 가슴속에서 위세를 떨친다. 남에게 해를 주지 않는 것은 드
문 정도가 아니라 아예 없는 상태이다.

법을 어긴 것이 한 사람이나 소수일 거라고 생각하는가. 여기저기에서 마치
공격명령이 떨어진 것처럼 바른 일과 사악한 일을 혼동시키기 위해 들고일어
난 것이다.

이미 손님은 주인으로부터,
장인은 사위로부터 안전하지 못하고, 형제간의 우애도 드물다.
남편은 아내가 죽기를 바라고, 아내 또한 남편이 그러기를 바란다.
무서운 계모는 푸르스름한 독초를 타고,
자식은 벌써부터 아버지의 연세를 살핀다.

그러나 이것은 범죄의 극히 일부에 지나지 않는다. 그는 묘사하지 않았다.

같은 피에서 나온 대립의 진영을, 아버지와 아들이 적대하는 충성을. 국민의 손으로 조국을 향해 내던진 불꽃을, 살의를 드러낸 채 공고에 실린 사람이 숨어 있는 집을 샅샅이 뒤지고 다니는 기병 대열을. 독으로 오염된 수원을, 인위적으로 퍼진 괴질을. 공격 당한 아버지들을 둘러싸고 있는 연못을, 죄인으로 넘치는 감옥을. 수많은 도시를, 모든 것을 잿더미로 만들어버린 화재를. 피에 물든 패권지배를, 왕도 국가도 명운을 건 비밀회의를. 영광으로 여겨져 온 위업과, 제압할 수 있는 동안은 범죄나 다름없는 행위를. 강간과 음행을, 욕망의 마수를 벗어날 수 없는 술수를. 더 늘어놓을 수도 있다. 여러 민족의 거국적인 거짓 맹세, 깨져 버린 서약. 저항이 없으면 모조리 빼앗아 강자의 전리품으로. 기만, 횡령, 사기, 범죄 사실의 부인—세 배의 법정으로도 부족한 지경이다. 만일 현자가 범행의 악랄함이 부추기는 정도까지 화를 낸다면, 화를 내는 게 아니라 미쳐야 할 것이다.

10

오히려 잘못에 대해 화를 내서는 안 된다고 생각하라. 만약 누군가가, 어둠 속에서 불안한 발걸음으로 걷는 사람에게 화를 낸다면 어떨까. 귀가 들리지 않는 사람이 명령을 듣지 않는다면 어떨까. 어린이가 수행해야 할 의무를 마음에 두지 않고 놀이와 벗끼리의 철없는 장난에 열중한다면 어떨까. 병자, 고령자, 피로에 지친 사람에게 화를 낸다면 어떨까. 유한한 인간의 수많은 재앙에는, 마음의 안개와 피할 수 없는 잘못 말고, 잘못을 좋아하는 것까지 포함된다.

한 사람 한 사람을 용서하고 인류를 너그러이 용서해야 한다. 잘못을 저질렀다는 이유로 젊은이나 나이 지긋한 사람에게 화를 낸다면 젖먹이에게조차 화를 내야 한다. 앞으로 잘못을 저지를 테니까. 하지만 대체 누가 아직 아무것도 모르는 아기에게 화를 내던가. 어린이보다 인간인 편이 좀 더 넓고 좀 더 정당한 이유이다. 우리는 이런 조건 아래 태어났다. 몸의 병에 못지않게 마음의 병에 걸리기 쉬운 동물, 둔하지도 약하지도 않지만, 자신의 재능을 악용하는 동물, 서로가 악덕의 본보기밖에 되지 않는 동물이다. 누구나 먼저 잘못된 길로 나아가는 자를 뒤따라가는데, 어떻게 잘못에 대한 변명이 부족할 수 있겠는가. 길 자체가 잘못되어 있다. 장군도 한 사람에 대해서는 엄격한 제재를 내리지만 전군이 등을 돌릴 때는 용서하지 않을 수 없다. 무엇이 현자에게서 분노를 없앨까. 투덜거리는 큰 무리이다. 공적인 악덕에 화를 내는 것이 얼마나 부당한 동시에 위험한지 그는 잘 알고 있다.

헤라클레이토스[*38]는 외출할 때마다 자기의 주위에 좋지 않은 삶을 사는, 아니 오히려 좋지 않은 죽음을 좋아하는 사람들을 보고 울었다고 한다. 기쁘고 행복해 보이는 사람을 만날 때마다 그들을 모두 가엾게 여겼다. 부드럽지만 너무나 연약한 심성을 가진 사람이다. 그 자신도 슬퍼해야 할 인간의 한 사람이었다. 이와 달리 데모크리토스는 남들 앞에서 끊임없이 웃었다고 한다. 실제로 그는 남들이 진지하게 하는 일을 하나도 대수롭게 여기지 않았다. 어디에 그렇게 화낼 데가 있단 말인가. 모든 일은 웃어야 할 것인가 울어야 할 것인가 하는 문제에 지나지 않는데.

현자는 잘못을 한 사람들에게 화를 내지 않는다. 누구든 현자로 태어나는 것이 아니라, 현자가 되는 것임을 알고 있기 때문이다. 또 현자는 어느 세대에나 매우 적은 사람밖에 나오지 않는다는 사실을 알고 있기 때문이다. 인간의 삶의 조건을 훤히 내다보고 있기 때문이다. 자연에 대해 제정신으로 화를 내는 사람은 없다. 숲 속 잡목에 과일이 열리지 않는 것을 이상하게 생각하는가? 가시덤불이 유익한 과일로 덮이지 않는 것을 이상하게 여기는 것은 어떤가? 자연이 허물을 변호한다면, 누구도 화를 내지 않는다. 그래서 현자는 잘못에 대해 너그럽고 또한 그것을 이해한다. 날마다 잘못한 자의 적이 아니라 바로잡는 이의 마음으로 집을 나선다. "나는 만날 것이다. 많은 술주정뱅이, 많은 탕아들, 많은 욕심쟁이들, 광기어린 야심에 날뛰는 자들을." 그는 그런 모든 사람을 의사가 환자를 돌보는 것과 같은 다정한 눈빛으로 바라본다.

배의 널빤지가 느슨해져서 많은 물이 들어왔을 때, 선장은 선원들에게 화를 내던가? 오히려 앞장서서 밀려드는 물의 일부를 막고 일부는 유도하고, 보이는 구멍은 막고, 보이지 않는 밑바닥의 침수에는 끊임없는 분투로 맞서며, 퍼내도 퍼내도 줄지 않는 물에 손을 쉬지 않는다. 끊임없이 잇따라 생기는 악에 대해 그것을 멈추게 하는 것이 아니라, 그것에 승리를 거두고자 하는 끈기있는 노력이 필요하다.

[*38] 에페소스 출신의 철학자(기원전 540무렵~480무렵).

사람들은 말한다. "분노는 유익하다. 그것으로써 경멸에서 벗어날 수 있고, 악인을 위협할 수 있기 때문이다." 첫째로 분노가 위협의 수단으로서 강력한 것이라면, 그야말로 무서운 것이기 때문에 혐오감을 주기도 한다. 그러나 두려움을 갖게 하는 것은 경멸당하는 것보다 위험이 더 크다. 분노의 힘이 사라지면 곧 경멸을 받고 웃음거리가 된다. 하찮은 일로 날뛰는 분노만큼 한심한 것이 어디에 있겠는가.

둘째로, 어떤 것은 그것이 더 무섭다고 해서 더 바람직한 것은 아니다. 현자에 대해 이런 말은 하고 싶지 않다. "현자에게는 짐승과 같은 무기가 있다. 즉 두려워하게 하는 것이다." 어떤가, 고열, 통풍, 악성종양은 두려운 대상이 아니던가. 그렇다고 그 안에 무슨 선이 있다는 것인가. 오히려 그 반대로, 모든 것이 내려다보이고 싫증이 나며, 추악하기 때문에 두려워하게 된다. 이처럼 분노 그 자체는 추악한 것일 뿐 두려워할 것이 못 된다. 그럼에도 많은 사람들이 두려워한다. 어린이들이 추악한 가면을 두려워하는 것과 마찬가지이다.

그렇다면 공포는 언제나 본인에게 되돌아와, 두려워하는 자는 누구나 그 자신이 안전하지 않은 것에 대해서는 어떻게 생각하는가. 이쯤에서 그대에게 상기시키고 싶은 것은 저 라베리우스*³⁹의 시구이다. 내란이 한창일 때, 이것이 극장에서 읊어지자 모든 민중이 뒤돌아보았다. 그야말로 모든 사람의 마음을 대변하는 소리였기 때문이다.

> 많은 사람이 두려워하는 자는,
> 반드시 많은 사람을 두려워한다.

자연은, 무엇이든 다른 사람에게 미치는 공포 때문에, 강대한 것도 많은 것을 두려워하도록 이루어져 있다. 사자의 마음은 사소한 소리에도 얼마나 두려움에 떨고 있는가. 그림자나 소리, 익숙하지 않은 냄새가 영악한 야수를 더없이 전율

---

*39 데키무스 라베리우스(기원전 43년 사망). 기사로 미모스극 작가. 카이사르는 기원전 46년에 개선을 축하하는 축제에서, 기사임에도 불구하고 그를 무대에 올려, 푸블리리우스 시루스와 경쟁시켰다. 마크로비우스의 기술에서는, 이때 여기서 인용된 대사로 청중의 눈이 일제히 카이사르에게 쏠려, 카이사르에게 반격을 가한 셈이 되었다.

하게 만든다. 두려워하게 만드는 것은 자기도 놀라 오들오들 떤다. 그래서 현자는 자신이 두려움의 대상이 되기를 바라지 않고, 분노가 두려움의 대상이 된다고 해서 그것을 무슨 위대한 것으로 여기지도 않는다. 죽음을 가져오는 독니의 침 한 방울처럼, 참으로 하찮은 것도 두려움의 대상이 되기 때문이다.

야수떼를 색색으로 물들인 깃털 밧줄로 함정에 유인하는 것도 이상할 것이 없다. 그 밧줄이 '위협'이라 불리는 것도 바로 짐승들의 두려움 때문이다. 허망한 것에는 허망한 것이 위협이 된다. 전차의 움직임과 바퀴가 회전하는 모습이 사자를 울 속으로 되돌아오게 한다. 돼지 울음소리가 코끼리를 두렵게 한다. 그러므로 분노를 두려워하는 것은, 어린아이가 캄캄한 어둠을, 야수가 붉은 깃털을 두려워하는 것이나 다를 바 없다. 자기 안에 확실한 것이나 강한 것을 아무것도 지니지 않은 것이 경솔한 마음을 놀리는 것에 지나지 않는다.

12

사람들은 말한다. "분노를 없애고 싶으면 자연으로부터 결함을 없애야 된다. 그러나 어느 쪽도 실현 불가능하다." 첫째로 예를 들어 '자연으로부터' 겨울에도 사람은 얼지 않고 살 수 있고, 혹 작열하는 여름에도 덥지 않게 살 수 있다. 1년의 혹독한 기후에 대해, 장소의 혜택으로 벗어나거나, 몸에 익숙해짐에 따라 어느 쪽의 감각도 이겨낼 수 있다. 다음에는 그것을 뒤집어 보자. 분노를 받아들인다면 그 전에 마음에서 덕을 제거할 필요가 있다. 덕은 악덕과 함께 할 수 없기 때문이다. 누구나 화를 내는 동시에 선한 사람일 수는 없다. 병자인 동시에 건강한 사람일 수 없는 것과 마찬가지이다.

사람들은 말한다. "마음에서 분노를 완전히 제거할 수는 없다. 그것은 인간의 본성이 허락하는 것이 아니다." 그러나 아무리 곤란하고 가혹하더라도 인간 정신으로 극복할 수 없고, 끊임없는 사고로 알아내지 못할 것은 아무것도 없다. 또 어떤 정념이라도 훈련으로 길들여질 수 없을 만큼 야만적이고 독선적일 수는 없다. 마음은 자기에게 지시한 것을 끝까지 지킨다. 어떤 자는 결코 웃지 않기로 결심한 것을 이루었다. 어떤 자는 술을, 어떤 자는 성교를, 어떤 자는 일체의 수분을 몸에 금지했다. 어떤 자는 짧은 수면으로 충분하고, 각성시간을 늘려도 피로를 알지 못한다. 수평으로 친 가느다란 줄 위를 달린다. 사람 힘으로는 견디기 어려운 큰 짐을 나른다. 바다 속 깊이 잠수해 숨을 쉬지 않고 바다 속 틀을 견딜 수 있는 방법을 터득했다. 그밖에도 노력으로 모든 장애를 극복, 한 번 마음이 자신에게 인내를 요구한다면 아무것도 어려울 것이 없음을 보여준 실례가 얼마든지 있다.

오직 내가 말한 자들은 이 끈질긴 노력에 아무런 보상도 없거나, 걸맞지 않은 대우밖에 받지 못했다. 팽팽하게 친 줄 위를 건너는 훈련을 쌓은 자는 얼마나 대단한 일을 이루었던 말인가. 커다란 짐을 목으로 지탱하는 자, 잠을 자지 않고 버티는 자, 바다 밑까지 잠수하는 자. 그럼에도 대단한 보답도 없이, 피나는 노력으로 기능을 이룬 것이다. 그러니 어떻게 인내하지 않을 수 있겠는가. 그렇게도 큰 보답, 행복한 마음에 깃드는 흔들림 없는 고요함이 우리를 기다린다. 가장 큰 악을, 분노를 피하는 것, 그리고 그와 함께 광기를, 잔학을, 흉포함을, 격노를, 그 밖의 정념들을 벗어나는 것, 그것이 얼마나 큰 일인가.

13

우리는 그것은 이롭다거나 불가피하다면서 자기를 변호하고 멋대로 핑계를 갖다 대어서는 안 된다. 도대체 변호인이 어떤 악덕에 빠진 사례가 있었던가. 이겨낼 수 없다고 말할 이유 따위는 없다. 우리가 앓고 있는 것은 치유할 수 있는 악이다. 바르게 태어난 우리를 스스로 바로잡을 마음만 먹는다면, 자연 자체가 도와준다. 어떤 사람들이 생각하는 것과는 달리, 덕에 이르는 길은 그렇게 거칠고 가파르며 험한 길이 아니다. 평탄한 땅을 지나서 다가갈 수 있다. 나는 그대들에게 허황한 약속의 보증인으로서 와 있는 것이 아니다. 행복에 이르는 길은 손쉽다. 나아가라, 좋은 조짐과 도움을 베푸는 신들과 함께. 그대들이 지금 하고 있는 일을 하는 편이 훨씬 더 힘들다. 고요한 마음보다 한가로운 것이 무엇이 있을까. 분노보다 쓰라린 고생이 무엇일까. 잔학함보다 힘겨운 일이 무엇일까. 신중함에는 여유가 있다. 욕망은 수많은 일에 쫓기기 마련이다. 요컨대 모든 덕의 보전은 어렵지 않다. 악덕에 시중드는 일은 비싸게 친다.

분노는 멀리 해야 된다. 분노를 줄여야 한다고 주장하는 사람들도 이 사실을 부분적으로는, 인정하고 있다. 모든 것을 추방하지 않으면 안 된다. 득이 되는 것은 아무것도 없다. 분노가 사라지면 범죄를 없애고 악인을 골라내어 바른 길로 이끄는 일도 더욱 쉽고 올바르게 할 수 있게 된다. 현자는 무슨 일이든 해야 할 일을, 나쁜 짓을 하는 하인의 손을 빌리지 않고 해나갈 터이고, 한

도를 지키게 할 필요가 있는 것은 포함하지 않을 것이다.

14

그러므로 결코 분노를 인정해서는 안 된다. 때로는 듣고 있는 자의 풀어진 마음을 자극하기 위해 겉치레는 필요할 수 있다. 좀처럼 일어나 달리려고 하지 않는 말을 몽둥이와 불타는 나무로 내모는 것과 마찬가지이다. 도리에 어긋난 자에게 공포감을 주는 것도 때로는 필요하다. 그럼에도 화를 내는 것은 슬퍼하고 두려워하는 것 못지않게 무익하다.

"그렇다면 분노를 일으키는 일은 일어나지 않는다는 말인가." 그러나 그때야말로, 분노에 최대한 두 손으로 저항하지 않으면 안 된다. 패기를 극복하는 것은 간단하다. 격투기 선수들조차—그들이 배려하는 대상은 자기의 가장 무가치한 부분이지만—타격과 아픔을 이겨낸다. 계속 때리도록 함으로써 상대의 힘을 써서 없애기 위해서이다. 구타를 가하는 것은 분노가 시킬 때가 아니라, 기회가 왔을 때이다.

가장 뛰어난 레슬링 감독이었던 피로스는 지도하는 선수들에게 절대로 화를 내면 안 된다고 언제나 충고했다고 한다. 분노는 경기를 흩뜨려 나쁜 점밖에 눈에 들어오지 않는다. 그래서 늘 이성은 인내를 권한 데 비해 분노는 보복을 권한다. 그리고 처음에는 대처할 수 있었을 재난이 더욱 커져서 우리까지 끌어들인다. 어떤 사람은 단 한마디의 모욕적인 말을 차분히 참지 못한 탓에 추방의 땅으로 쫓겨났다. 하찮은 부정을 가만히 참으려 하지 않았던 자에게 터무니없이 무거운 재앙이 닥쳐왔다. 제멋대로인 자유가 줄어든 데 크게 분노한 자들이 노예와 같은 삶을 스스로 불러들인 것이다.

15

사람들은 말한다. "분노 어딘가에 고매한 점이 있는 것은 자유로운 민족을 보면 알 수 있다. 그들은 가장 화를 잘 낸다. 게르마니아인이나 스키티아인이 그렇다." 그렇게 될 수 있었음은 나면서부터 용감하고 굳건한 기질이 훈육으로써 온화하게 다듬어질 때까지는 화를 잘 냈기 때문이다. 어떤 것은 나름대로 뛰어난 성질에서만 생겨난다. 기름진 땅은 어떤 손질을 하지 않아도 튼튼한 나무들이 자라 짙게 우거진 숲을 이루는 것과 비슷하다. 그러므로 용감하게 태어난 기질은 쉽게 화를 내고, 불길처럼 타오르는 점은 가늘고 연약한 것을 취하지 않는다. 하지만 그들의 활력은 거의 남의 손을 빌리지 않고 오직 자연 그대로의 은혜로 자라는 것과 마찬가지로 아직 미완성이며, 빨리 길들이지 않으면, 본디는 용기에 어울리는 기질들이 만용과 무모함에 익숙해진다.

그렇다면 연민이나 다정함, 내성적인 것 등 얌전한 성질의 마음에는 온화한 종류의 악덕이 연관되어 있는 것은 아닐까. 그래서 선한 성격에 대해, 그 결점을 바탕으로 해 그대에게 보여주는 일도 때때로 있을 것이다. 그렇다고 해서 그것이 악덕이 아닌 것이 될 리는 없다. 만일 그것이 뛰어난 성질의 증거라 하더라도. 다음으로 그러한, 사자나 이리 같은 야성의 기질 때문에 자유로운 민족은, 예속을 모르지만 명령 또한 할 수 없다. 그들이 지닌 것은 인간적인 재능이 아니라 감당할 수 없는 광포한 힘이다. 그러나 지배당하는 것을 아는 자가 아니면 지배할 수 없다. 그러므로 권력은 주로, 온화한 하늘을 누리는 민족의 손 안에 있었다. 북쪽의 혹한 지방에 사는 민족에게는 '익숙하지 않은 천성'이 있다. 시인이 말했듯이,

자기의 하늘을 자못 닮았다네.

16

사람들은 말한다. "많은 분노가 쌓인 동물은 매우 기품이 높은 것으로 여겨진다." 인간의 본보기로서 이성 대신 충동을 가진 자를 끌어내는 것은 잘못이다. 인간에게는 충동 대신 이성이 있다. 또 그런 동물들도 모두에게 똑같은 일이 이로운 것은 아니다. 사자에게는 격앙이, 사슴에게는 겁이, 매에게는 급습이, 비둘기에게는 도망이 유익하다. 그렇다면 뛰어난 동물은 매우 사나워지기 쉽다는 것도 진실이 아니다. 약탈로 먹이를 얻는 동물은 화를 잘 낼수록 우수하다고도 생각되지만, 나는 소나 재갈을 따르는 말의 인내를 칭찬하고 싶다. 그렇다 해도 인간을 이토록 처참한 사례들과 비교해야 될 까닭이 어디에 있는가. 우주와 신이 있지 않은가. 모든 동물 가운데 인간만이 유일하게 그것을 닮을 수 있고 이해하고 있는데 말이다.

"걸핏하면 화를 내는 사람은 사실은 가장 순진하게 받아들여진다." 거짓말을 잘하고 교활한 인간에 비하면 순진해 보인다. 숨기거나 거리낌이 없기 때문

이다. 그러나 순진하다기보다 무모하다고 해야 할 것이다. 우리가 이 이름을 붙여주는 것은 어리석은 자, 낭비가, 방탕아, 그 밖에 그리 영리하다고 할 수 없는 악덕의 모든 부류이다.

17

사람들은 말한다. "변론가는 화가 나면 여느 때보다 말을 더 잘하는 경우를 자주 본다." 아니, 그는 분노한 사람을 흉내 내고 있을 뿐이다. 배우도 대사를 읊을 때 화를 내면 청중을 감동시킬 수 없다. 오히려 화난 사람을 잘 연기해야 한다. 그러므로 심판 앞이든 집회에서든 어디서나 남의 마음을 우리의 뜻대로 움직여야 할 경우, 어떤 때는 화를 내고, 어떤 때는 공포감을, 또 어떤 때는 연민의 정으로 사람을 끌어들이기 위해 우리 자신을 꾸밀 것이다. 실제의 정념으로는 만들어 낼 수 없는 작용을 정념의 모방으로써 효과적으로 꾸며내는 경우가 자주 있다.

사람들은 말한다. "분노가 없는 정신은 둔하고 느리다." 맞는 말이다, 만일 분노보다 힘 있는 것이 아무것도 없다면. 강도이든 그 제물이든, 인정이 너무 많아도 안 되고 무자비해서도 안 된다. 한쪽은 마음이 너무 부드럽고, 다른 쪽은 지나치게 강하다. 현자는 알맞은 정도를 유지해야 하고, 용감하게 수행하는 데는 분노가 아니라 힘이 없으면 안 된다.

18

이제 분노에 대한 문제들은 모두 다루었으니, 그 치료를 살펴보기로 하자. 내 생각에는 두 종류가 있다. 분노에 빠지지 않도록 하는 것과 화를 낼 때 잘못을 저지르지 않도록 하는 것이다. 몸을 생각할 때도 건강을 유지할 때와 건강을 회복할 때 도움말이 다른 것처럼, 우리가 분노를 물리쳐야 할 때와 억제해야 할 때 다루는 방식이 서로 다르다. 분노를 피하기 위해 삶 전체에 대해 충고하고자 한다.

이것은 교육기와 그 다음 시기로 나뉜다.

교육은 가장 큰 배려를 필요로 하지만, 그것은 으뜸으로 유익한 수확을 약속한다. 아직도 유연한 정신을 갖추기는 쉽지만 우리와 함께 커진 악덕을 끊어 버리는 것은 어렵기 때문이다.

19

분노에 가장 빠지기 쉬운 것은 불같은 성질이다. 원소에는 불, 물, 공기, 흙 네 가지가 있고, 성질도 거기에 따라서 뜨거움, 차가움, 건조함, 습함이 있다. 그래서 토지와 동물, 몸, 성격까지 그 다양한 구성요소의 혼합으로 이루어진다. 그리고 구성요소의 세력 가운데 어느 하나가 강하면 성격은 그쪽으로 기운다. 그래서 지역에 대해서도 각각 습윤, 건조, 작열, 한랭으로 불린다. 생물과 인간의 구별도 마찬가지이다. 저마다가 자기 내부에 수분과 열분을 얼마나 보유하고 있는가에 따라 차이가 생긴다. 그 가운데 어떤 구성요소 성분이 앞서는가에 따라 성격이 이루어진다. 마음속 열의 본성은 화를 잘 내는 인간을 만든다. 불은 활발하고 강한 정념이기 때문이다. 차가운 혼합은 겁쟁이를 만든다. 느릿하고 기가 죽어 있기 때문이다.

그래서 우리 학파에는 심장 주변의 피가 끓고 있기 때문에 가슴에서 분노를 일으킨다고 하는 사람들도 있다. 분노의 자리를 이곳이라고 특별히 지정하는 이유도, 몸 전체에서 가장 뜨거운 데가 가슴이기 때문이다. 수분이 많은 사람의 분노는 서서히 커진다. 왜냐하면 그에게는 열이 아직 쌓여 있지 않아 운동으로 얻기 때문이다. 그러므로 어린아이나 여성의 분노는 무겁다기보다도 날카로우며, 처음에는 가볍다. 건조한 연배의 분노는 사납고 고집스럽지만 늘거나 커지지는 않는다. 차츰 줄어드는 열에 냉기가 이어지기 때문이다. 노인은 까다롭고 불평이 많다. 환자나 방금 병이 나은 사람은 지친 몸과 피까지 뽑은 결과, 열을 빼앗긴 사람과 같다. 목마름과 굶주림으로 몸이 쇠약한 사람이나 몸에 핏기가 없고 영양실조 상태인 사람도 마찬가지이다. 술은 분노에 불을 붙인다. 열을 늘이기 때문이다. 저마다 타고난 특질에 따라 심하게 취하면 열이 활활 타오르는 사람이 있는가 하면, 기분 좋게 취하는 사람도 있다. 몹시 화를 잘 내는 사람의 머리 빛깔이 금색이나 빨간색인 이유도 마찬가지이다. 다른 사람에게 화를 내는 동안 생기는 익숙한 빛깔이 그들에게는 타고난 빛깔이기 때문이다. 피는 화를 활발하게 일으킨다.

20

그러나 자연이 어떤 사람들을 쉽게 분노에 빠뜨리는 것과 함께, 자연이 수행하는 것과 같은 일을 할 수 있는 많은 원인이 생겨난다. 어떤 사람들에게는 질병과 고르지 못한 건강 상태를 겪게 한다. 어떤 사람들에게는 고된 일과 밤샘의 연속, 그리고 초조하게 지새우는 밤과 욕망과 정욕으로 이끌어가기도 한다. 그 밖에 무언가 몸과 마음을 좀먹는 것은 병든 마음을 불평으로 가득 차도록 만든다.

하지만 그런 것은 어느 것이나 계기이며 원인에 지나지 않는다. 가장 큰 힘을 드러내는 것은 습관이다. 그것이 좋지 않을 때 잘못이 길러진다. 자연을 바꾸기는 어렵다. 일단 태어난 사람의 구성요소가 혼합되면 그것을 뒤집을 수는 없다. 하지만 알아 두면 도움이 될 때가 있다. 다혈질인 사람은 술을 멀리하는 것 등이 그렇다. 플라톤은 어린이에게 술을 마시게 해서는 안 된다고 생각하고, 불을 불로 일으키는 것을 금했다. 음식도 지나치게 배불리 먹으면 안 된다. 몸이 팽창하고 마음도 몸과 함께 부풀어 오른다. 힘든 일을 내려줌으로써 피로하기 직전까지 단련하는 것이 좋다. 그렇게 하면 몸의 온도가 떨어져, 사라져 없어지지는 않지만 열이 넘쳐 들끓는 일은 가라앉을 것이다. 놀이도 도움이 된다. 적당한 쾌락은 마음을 느긋하게 만들어 주기 때문이다.

습윤질인 사람과 건조질인 사람, 거기에 한랭질인 사람에게는 분노에서 생기는 위험성은 없으나 활발하지 않은 따위의 악덕을 조심할 필요가 있다. 겁이나 까다로움, 실의나 시기 등이다. 그래서 그런 성질은 따뜻하고 부드럽게 하여 쾌활해지도록 해야 된다. 또 분노와 슬픔에 대해서는 서로 방법으로 치료해야 하며, 그 차이는 큰 정도가 아니라 아예 정반대 치료를 할 필요가 있다. 우리는 언제나 그것이 조금이라도 커지면 맞설 태세를 갖추고 있어야 한다.

21

나는 아이들을 어려서부터 건전하게 가르치는 것이 무엇보다 중요하다고 강조하고 싶다. 그러나 그 키를 잡는 일은 쉽지 않다. 왜냐하면 그들에게 분노를 키우지 않게 하는 동시에 성질이 둔해지지 않도록 힘써야 하기 때문이다. 모든 일에는 세심한 배려가 필요하다. 치켜세워야 하는 것도 억눌러야 되는 것도 비슷하도록 세심하게 길러야 한다. 그리고 비슷한 것은 조심스러운 사람까지 속을 때가 있다. 패기는 자유로써 커지고, 예속으로 작아진다. 칭찬을 받으면 일어서고, 자신에 대한 기대로 이어진다. 하지만 똑같은 것이 커지기도 하고 쉽게 화를 내는 성질도 낳는다. 그래서 어떤 때는 재갈을 물리고, 어떤 때는 박차를 가해 두 가지를 교묘하게 다루지 않으면 안 된다.

천한 일과 노예적인 일은 아무것도 시켜서는 안 된다. 그가 탄원하는 자세로 빌어야 할 일이 있어서는 안 되고, 빌었던 일로 득을 보아서도 안 된다. 오히려 그의 정당한 명분으로 예전 행동과 앞으로의 좋은 행위를 약속받고 나서 요구를 들어 주는 것이다. 같은 아이들의 경쟁에서 완패를 당했거나 화를 내는 것을 그대로 두면 안 된다. 그가 여느 때에 함께 경쟁하는 아이들과 가깝게 지내도록 하고, 겨루다가 남을 해치는 일이 없이 이기도록 힘쓰게 만들어야 한다. 그가 뛰어난 면을 보여주는 무언가 칭찬받을 만한 성과를 거두었다면 그때마다 치켜올리는 것은 모르시만, 기어오르게 하면 안 된다. 기쁨에 겨운 환희의 폭발이 교만과 과대한 자기평가로 이어지기 때문이다.

어느쯤 기분전환은 시키더라도, 고삐를 늦추어 태만과 여가에 빠져들게 해서는 안 된다. 방종을 멀리하도록 경계해야 한다. 무엇보다도 아이를 화를 잘 내는 사람으로 만드는 것은 신중하지 않고 엄하지 않은 교육 때문이다. 그래서 외아들은 귀여울수록, 보호를 받는 소년도 많은 것을 허용할수록, 마음이 타락하기 쉬워진다. 한 번도 꾸중을 들은 적이 없는 아이, 어머니가 늘 쩔쩔매면서 눈물을 닦아주는 아이, 양육자를 제멋대로 다루는 아이는, 어려움을 참지 못하게 된다.

행운이 크면 클수록 그만큼 큰 분노가 따르는 것을 그대도 알리라. 특히 부자나 명문귀족, 정무관에서 볼 수 있는데, 마음속에 경박하고 공허한 것밖에 없는 사람이 순풍에 돛을 달고 날아오른 때이다. 무리를 이룬 아첨꾼들이 교만한 귀를 에워쌀 때, 행운은 화를 잘 내는 성질을 키운다. "그런 놈이 당신에게 맞서다니요? 당신은 너무나 숭고한 모습으로, 자신을 헤아리고 계시는 게 아니라 스스로 자신을 낮추고 계십니다." 하는 등은, 정상적이고 처음부터 굳건하게 다듬어진 정신으로도 좀처럼 저항할 수 없는 말이다.

그러므로 유년기는 달콤한 말로부터 멀리 떨어져 있도록 해야 한다. 진실을 들려주어라. 때로는 겁을 주고, 늘 두려워하게 하며, 손윗사람을 먼저 앞세우도록 하라. 언짢아한다고 억지를 받아 주면 안 된다. 울더라도 부당한 것은 안 된다 하고, 얌전하게 있을 때 주어라. 부모의 재산을 보기만 하게 하고 쓰게 해서는 안 된다. 나쁜 짓을 하면 꾸짖어라. 아이에게 친절한 선생과 양육자를 붙여 주는 것도 중요하다. 거의가 유연한 것은 가까운 것에 달라붙어 그와 비숫하게 자란다. 이윽고 청년기가 되면 유모와 양육자의 행동이 재현된다.

플라톤 아래서 교육받은 소년이 부모한테 돌아와 아버지가 큰 소리로 고함치는 것을 보고 말했다. "플라톤 선생님에게서는 이런 모습을 본 적이 없다." 그가 플라톤보다 아버지를 곧 닮게 되는 것은 의문의 여지가 없다. 무엇보다 음식은 소박하게, 옷은 호사스럽지 않게, 옷차림은 같은 또래와 비슷하게 입히도록 하라. 처음부터 많은 사람들과 똑같이 하게 두면 자기를 누구하고 비교하더라도 화를 내는 일은 없을 것이다.

22

그러나 이제까지는 우리의 아이들에 대한 일이다. 우리 자신의 경우, 출생의 운이나 교육에 대해서는 이미 잘못을 충고해도 그럴 여지가 없다. 바로잡아야 하는 것은 그런 것들이 가져다 준 결과이다. 그러므로 우리는 가장 첫 원인에 맞서 싸워야 한다. 그런데 분노의 원인은 부정을 당했다고 믿어버리는 것인데 그것을 믿어서는 안 된다. 뚜렷하게 드러난 경우에도 금방 받아들여서는 안 된다. 거짓말 중에는 진실의 모습으로 꾸민 것도 있기 때문이다. 언제나 시간의 여유를 줘야 한다. 시간이 지나면 진리가 밝혀지게 마련이다.

남을 헐뜯는 사람에게 쉽게 귀를 기울여서는 안 된다. 이 인간본성의 결함, 아니 그런 터무니없는 말을 믿었다가, 판단하기 전에 화를 내는 잘못을, 우리 스스로 명심하고 조심하지 않으면 안 된다. 헐뜯는 일은 그만두고 시기심까지 일어나 남의 시선과 웃음을 나쁘게 받아들이고, 어떤 악의도 없는 사람에게 분통을 터뜨린다면 어떻게 되겠는가. 그러므로 자기 자신에게 맞서 법정에 나오지 않은 사람을 변호하고 분노는 미결상태로 미루어야 한다. 벌은 나중에라도 내릴 수 있지만 집행한 뒤에는 취소할 수 없다.

23

그 참주(僭主) 시해자의 일화*40는 유명하다. 암살에 실패하고 붙잡혀 히피

---

*40 이 일화는 보통은 철학자이기도 했던 엘레아의 제논(기원전 490무렵 출생)과 관계가 있는 것으로, '참주'란 팔라리스(발레리우스 막시무스 《유명언행록》 3·3·외국편2 참조), 네아르코스 또는 디오메돈(디오게네스 라엘티오스 《철학자 열전》 9·26 참조)를 가리킨다.

아스*41에게 고문당하며 공모자의 이름을 대도록 강요당하자, 이 참주의 주위에 서 있는 벗들과 참주의 안전을 소중히 하고 있음을 아는 사람들의 이름을 하나하나 불렀다. 그래서 히피아스는 그 한 사람 한 사람이 거명될 때마다 죽이라고 명령한 다음, 아직 누가 더 남아 있느냐고 물었을 때, 그는 이렇게 말했다. "그대 한 사람뿐이다. 그대를 소중히 하던 자는 한 사람도 남겨 두지 않았다." 분노가 참주로 하여금 참주 살해자의 손을 빌려, 자기를 지켜주던 것을 스스로의 칼로 무너뜨리는 결과를 가져온 것이다.

알렉산드로스는 얼마나 호쾌한 왕이었던가. 시의(侍醫)인 필리포스의 독살을 조심하라고 충고한 어머니 편지를 읽고도 그는 두려워하지 않고 잔을 비웠다. 자신의 벗을 믿었던 것이다. 그에게는 벗을 무고하다고 보기에 충분한 아량이 있었다. 나는 알렉산드로스의 이 점을 찬양하고 싶다. 그만큼 분노에 사로잡히기 쉬운 사람은 없었기 때문이다. 왕에게 절도는 드물었던 일이기에 이는 더욱 칭찬받을 만한 일이다.

가이우스 카이사르도 이를 실천해 내란에서의 승리를 풍부한 관용의 정신으로 활용했다. 폼페이우스에게 보낸 수많은 편지가 들어 있는 문갑을 압수했을 때, 보낸 사람은 적 쪽에 붙을 사람이거나, 어느 당파에도 속하지 않은 이들로 생각되었지만 그는 그것을 불태워버렸다. 그는 화를 내더라도 바른 길을 벗어나지 않았지만, 그래도 화를 내지 않는 쪽을 택했다. 용서를 베풀 때 가장 기쁜 것은 저마다가 무슨 죄를 지었는지도 모르고 있는 경우라는 것이 그의 지론이었다.

24

가볍게 믿는 것은 엄청난 재앙을 가져온다. 듣지 않아야 하는 경우도 간혹 있다. 어떤 일에는 미심쩍게 생각하기보다 속는 편이 낫기 때문이다. 마음으로부터의 의심과 억측은, 무엇보다 거짓으로 가득한 유혹을 떨쳐버려야 한다. "그의 인사는 조금도 성의가 없어 보였다. 그는 나의 키스에 응하지 않았다. 그는 내가 시작한 말을 곧 중단시켰다. 그는 나를 만찬회에 부르지 않았다. 그의 시선이 몹시 험악해 보였다." 의심에 논거가 부족한 일은 없을 것이다. 필요한

---

*41 아테네의 참주(재위 기원전 527~510).

것은 순수함과 사물에 대한 너그러운 평가이다. 우리 눈에 들어온 아주 뚜렷한 일 말고는 아무것도 믿지 않도록 하자. 그리고 우리의 의심에 근거가 없었음이 밝혀질 때마다 가볍게 믿은 행동을 비난하자. 이 꾸짖음이 쉽게 믿지 않는 습관을 가져다줄 것이다.

25

이러한 일에, 참으로 하찮은 일에 흠을 잡아서는 안 된다는 것도 관련이 있다. 노예의 솜씨가 좋지 않다, 마실 물이 미적지근하다, 침대가 어질러져 있었다, 식탁이 아무렇게나 놓여 있다. 이런 일로 흥분하는 것은 미친 짓이다. 산들바람에도 몸을 움츠리는 자는 병약하고 건강하지 않다. 하얀 옷에도 눈이 어지럽다면 아픈 것이다. 다른 사람이 피땀을 흘렸는데 자기 옆구리에 통증을 느끼는 자는 사치에 흐른 것이다. 슈바리스인의 나라의 스민디리데스*⁴²는 어떤 사람이 땅을 파고 괭이를 높이 쳐든 광경을 보고, 자신이 피로를 느낀다고 불평하고는 자기가 보는 앞에서 일하는 것을 금지했다고 한다. 또 그는 자기가 몸 상태가 나빠진 까닭은 시든 장미 꽃잎 위에 누웠기 때문이라고 투덜댔다.

쾌락이 몸과 마음을 동시에 타락시켜 버리면 아무것도 견디지 못할 것이다. 가혹한 처사를 당해서가 아니라 받는 쪽이 나약하기 때문이다. 누군가의 기침이나 재채기, 적당히 쫓아버린 파리, 서성거리는 개, 차분하지 못한 노예가 떨어뜨린 자물쇠가 격분을 유발하는 이유는 무엇 때문일까.

질질 끌려온 의자가 지르는 비명에 귀가 아리는 그런 약골이, 시민의 상호 비난전이나, 집회와 원로원에서 마구 날뛰는 고약한 욕설을 견딜 수 있을까. 눈 녹이는 방법이 좋지 않으면 노예에게 화를 내는 사람이, 여름 무더위의 행군에서 배고픔과 갈증을 참을 수 있을까. 그래서 분수를 모르고 참을 줄 모르는 사치만큼 분노를 키우는 것은 없다. 마음을 거칠게 다루어 혹독한 타격 말고는 느낄 수 없도록 단련하지 않으면 안 된다.

26

우리의 분노 대상은 그 부정을 당할 수 없었거나, 아니면 그 부정을 당할 수

---

*42 기원전 6세기의 슈바리스의 귀족.

있었거나, 둘 중 하나이다. 앞에 속한 것 가운데 어떤 것은 감각을 지니지 않는다. 예를 들면 우리는 미세한 글자로 쓴 책을 자주 내던진다. 오자가 많은 것을 찢어 버린다. 옷도 마음에 들지 않으면 찢어 버린다. 이렇게 화를 낼 만한 일도 아니고, 그것을 느끼지도 못하는 일에 대해 분노를 터뜨리는 것은 얼마나 어리석은 짓인가. "물론 그것을 만든 녀석에게 화를 내는 것이다." 첫째로 우리는 자신이 확실하게 확인하기도 전에 분노를 터뜨리는 일이 많다. 다음으로 아마 그 자신이 그럴싸한 구실을 만들어 낼 것이다. 어떤 사람은 더 이상 잘 만들지 못했다. 서투름이 그대에게 모욕이 되지는 않는다. 어떤 자는 그대의 기분을 상하게 하려고 그렇게 만든 것은 아니었다. 끝으로 남에게 쌓인 불만의 담즙을 물건에 모조리 쏟아붓는 것만큼 이성을 잃은 행동이 또 있을까.

하지만 이렇게 생명도 없는 것에 화풀이를 하는 것은 눈이 뒤집혀 말도 못하는 동물에게 화를 내는 것이나 마찬가지이다. 그들이 우리에게 부정을 가하는 일은 전혀 없다. 할 수가 없으니까. 부정은 의지에서 비롯되는 것 말고는 존재하지 않기 때문이다. 그러므로 그들은 쇠붙이나 돌과 마찬가지로 우리에게 해를 입힐 수는 있지만 부정을 가할 수는 없다. 그런데 자기가 업신여김을 당했다고 생각하는 사람이 있다. 똑같은 말들이 어떤 기수의 명령은 잘 듣는데, 다른 기수에게는 세차게 반항하는 경우, 어떤 것이 어떤 사람에게 좀 더 순종하는 까닭은 판단에 따른 것으로 받아들이고, 익숙하게 다루는 솜씨의 차이라고는 생각하지 않는다. 그렇다 해도 이런 일에 화를 내는 것은 어리석다. 그것은 아이에 대해서도, 그리고 아이들의 생각과 그다지 큰 차이가 없는 자들에 대해서도 마찬가지이다. 왜냐하면 거의 그런 잘못을 하는 것은, 공평한 심판자의 눈으로 볼 때 생각이 모자라서 그러는 것이지 해칠 뜻은 없기 때문이다.

27

어떤 것은 해를 가하지 못하고, 이롭고 건강한 힘 말고는 아무것도 가진 게 없다. 불사신들이 그렇다. 방해하는 것을 바라지도 않고 할 수도 없다. 그들의 본성은 온화하고 평온하며, 다른 사람의 부정으로부터 자신에 대한 부정과 마찬가지로 멀리 떨어져 있다. 그래서 바다의 매정함, 엄청난 호우, 겨울이 오래 이어지는 것을 그들의 탓으로 돌리는 것은 미친 짓이고, 진리를 알지 못한다.

우리를 해롭게 하거나 이롭게 하는 것은 어느 하나도 본디 우리를 바라보고 있지 않다. 우주에 있어 우리의 존재가 겨울과 여름을 교체하는 이유는 아닌 것이다. 그들에게는 그들 자신의 법칙이 있고, 신적인 것은 그 법칙에 따라 작용한다. 만일 우리가 그렇게 위대한 것의 운동이 자기를 위해서 있다고, 자기의 가치를 그렇게 생각한다면 정도를 넘어선 지나치게 후한 자기평가가 된다. 따라서 그 어느 것 하나도 우리에게 부정을 가하려고 생겨난 것이 아니다. 그와 반대로 건전함에 도움이 되지 않는 것은 하나도 없다.

앞에서 우리는 해를 가할 수 없는 것이 있고, 그것을 바라지 않는 것이 있다고 말했다. 후자에는 좋은 정무관이나 부모, 교사, 심판인이 포함된다. 그들의 꾸짖음은 수술칼이나 절식, 그 밖에 도움이 되도록 하기 위해 고통을 주는 것과 마찬가지로 받아들여야 한다. 우리에게는 벌이 주어졌다. 무슨 일을 당했는가 뿐만 아니라 무엇을 했는지를 생각해 보라. 자기의 삶을 성찰해 보라. 스스로 자신에게 진리를 이야기할 마음만 있다면, 우리는 벌금 액수를 더욱 높이 평가할 것이다.

28

모든 면에서 공평한 심판인이 되고자 한다면 우리는 먼저 이렇게 확신해야 하지 않을까. 우리 가운데 죄 없는 사람은 아무도 없음을. 실제로 가장 많은 분노가 생기는 것은 여기서다. "나는 아무 잘못도 하지 않았다." 천만에, 그대는 고백하지 않았을 따름이다. 우리는 대수롭지 않은 타이름이나 나무람으로 질책을 받으면 분노한다. 그러나 바로 그때 나쁜 일에 오만과 완고함을 더하는 잘못을 저지른다.

자기는 어떠한 법률에 비추어 보더라도 죄가 없다고 떠드는 사람은 대체 어떤 인간일까. 그렇다 해도 법을 따랐으니 선한 사람이라고 한다면, 죄 없음의 범위는 얼마나 좁은가. 법의 원칙보다 의무의 원칙이 얼마나 폭넓은 범위를 차지하는 것일까. 효심, 배려, 관용, 공정, 성실은 얼마나 많은 역할을 수행하는가. 그 어느 것이나 공적으로는 법조문 범위 밖에 있다. 그러나 그런 매우 좁은 죄 없음의 법률식 규정마저도 이루어지지 않았다. 우리는 그와는 다르게 했다. 생각도 달랐다. 다르기를 바랐다. 다른 것을 편들었다. 어떤 일에서 우리가 허물 없이 지낼 수 있는 것은 잘 하지 못했던 탓일 뿐이다. 그런 점을 생각해서 잘못을 저지르는 사람들에게 좀 더 공평해야 하지 않겠는가. 비난하는 사람의 말을 믿도록 하자. 물론 선한 사람에게 화를 내면 안 된다. 선한 사람에게 화를 낸다면 누구에게 화를 내지 않는단 말인가. 신들에 대해 이러쿵저러쿵 한다면 말도 안 된다. 우리에게 좋지 않은 일이 생겨서 괴로운 까닭은 그들의 '허물 탓'이 아니라 유한한 존재의 법칙 때문이니까. "그러나 질병과 고통이 찾아온다." 어쨌든 낡은 집을 나눠받은 자는 끝매듭을 지어야 하는 것이다.

누군가가 그대에게 험담을 하더라는 말을 들을 것이다. 예전에 그대도 똑같은 짓을 하지 않았는지 생각해 보라. 자기가 얼마나 많은 사람들에게 말장난을 했던가를 생각해 보라. 이렇게 생각하는 것이 어떠냐고 이야기하고 싶다. 어떤 자는 부정을 가하는 것이 아니라 보복을 한다. 어떤 자는 우리를 도울 생각을 하고 있다. 어떤 자는 강요에 못 이겨 한다. 어떤 자는 알지도 못하면서 한다. 알고 있고 스스로 하고 싶어서 하는 자도 우리에게 가한 부정에 부정 자체를 요구하지는 않는다. 농담의 매력에 이끌려 말실수를 해서인지, 아니면 무언가 한 짓이 우리를 방해하기 위해서가 아니라 우리를 밀어젖히지 않고는 자신의 목적을 이룰 수 없었기 때문이다. 때로는 추종하고 아첨하는 사이에 상대를 상처 주는 일도 있다.

누구나 쓸데없는 시기에 빠질 듯하면 그때마다 자기의 임무에 시대의 운수가 부정의 모습을 하고 얼마나 많이 나타났던가, 얼마나 많은 사람을 미워한 다음에 사랑하기 시작했는지를 생각하면 곧 화를 내지는 않을 것이다. 기분이 상한 일들에 대해 말없이 조용히 자기를 되돌아보며 "내 자신도 이런 잘못을 저지른 적이 있었지" 말한다면 더 말할 나위가 없다.

그러나 대체 어디서 이런 공평한 심판자를 찾을 수 있겠는가. 남의 아내에게도 욕망을 느끼고, 그녀가 유부녀라는 사실만으로도 멋진 연정의 훌륭한 이유로 여기는 남자가, 자기 아내에게 다른 사람의 시선이 향하는 것을 싫어한다. 약속 이행을 무자비하게 재촉하는 징수인이 처음부터 거짓말쟁이이다. 허위를 엄하게 추궁하는 당사자가 선서를 깨뜨려 버린다. 거짓고발의 상습자이면서 자기가 법정에 고소 당하는 것은 참지 못한다. 우리는 남의 악덕에는 주목하지만 자신의 악덕을 등에 지고 있다. 그래서 당연한 일이지만, 자식의 호화로운 연회를 자식보다 더 심한 아버지가 꾸짖는다. 남의 사치를 도무지 용납하지 않는 자가 자기는 전혀 얽매이지 않는다. 폭군이 살인범에게 화를 내고,

신전털이가 절도를 벌한다. 많은 인간은 저지른 죄에 대해서가 아니라 죄를 저지른 사람에게 화를 낸다. 우리 자신을 되돌아보면 훨씬 온건해지리라. "과연 우리 자신도 뭔가 이런 짓을 저지르지는 않았던가. 이렇게 잘못하지 않았던가. 그런 것을 벌한다고 우리에게 도움이 되겠는가."

29

분노에 가장 좋은 대처법은 미루기다. 분노에 맨 처음 이를, 허용하기 위해서가 아니라 판단하기 위해 시도하라. 분노에는 처음에는 거센 돌진이 있다. 기다리는 동안 멎을 것이다. 분노를 한꺼번에 없애려고 하면 안 된다. 조금씩 줄여간다면 모두 정복할 수 있다.

우리 마음에 상처를 주는 것 가운데 어떤 것은 우리에게 보고되고, 어떤 것은 우리 자신이 보거나 듣는 것이다. 들은 말을 그대로 믿어버리는 일은 없다. 많은 사람은 속일 작정으로 거짓말을 하고, 많은 사람은 속기 때문에 거짓말을 한다. 어떤 사람은 남을 비난함으로써 호의를 사려고 부정을 꾸며대고, 그런 일이 일어난 것을 슬프게 생각하는 척한다. 악의를 가진 자도 있는가 하면, 오래된 우정을 갈라놓으려는 자도 있다. 시기심이 많고, 시합을 보고 싶어서 벗끼리 맞붙여 놓고, 멀리 떨어진 안전지대에서 구경하는 이들도 있다.

많지 않은 재산에 값어치를 매기는 경우에도 그대는 증인 없는 주장은 인정하지 않을 것이고, 선서하지 않은 증인은 효력이 없을 것이다. 둘 모두에게 변론의 기회를 주고 시간을 주어 한 번 듣는 것만으로는 끝내지 않을 것이다. 진리는 몇 번이고 살펴볼수록 더욱 또렷해진다. 우리는 벗을 곧바로 탄핵할 것인가. 그대는 변명을 듣기 전에, 신문을 하기 전에, 그에게 자기의 고발자나 죄상을 아는 것이 허락되기 전에 화를 낼 작정인가. 이미 그대는 양쪽이 '어떤' 주장을 하고 있는지 들었는가.

그대에게 밀고한 자 자신이 증명해야 하게 될 때는 입을 다물 것이다. 그는 이야기할 것이다. "어째서 나를 끌어내는가. 증언석에 나간다면 말하고 싶지 않다. 그렇지 않으면, 그대에게는 아무것도 가르쳐 주지 않겠다." 일을 일으키면서 자신은 대결과 격투에서 물러선다. 비밀이 아니면 그대에게 이야기하고 싶지 않다는 것은 말하지 않는 것이나 마찬가지이다. 내밀하게는 믿고, 사람들 앞에서는 화를 내는 것만큼 우스꽝스러운 일이 어디 있겠는가.

30

어떤 사항에 대해서는 우리 자신이 증인이 된다. 이런 때 인간의 성격과 의지를 알아보자. 어린 아이? 어리니까 양보해 주자. 자기가 나쁜 짓을 하는지 모르니까. 아버지? 그는 부정(不正)을 저지를 권리가 있을 만큼 매우 유익했거나, 아니면 바로 우리를 불쾌한 기분이 들도록 만든 것이 그의 공헌이다. 여자? 잘못하고 있다. 명령을 받았다. 매정하고도 무자비한 인간 말고 누가 불가피한 사태에 화를 낸다는 말인가. '그대에게' 상처를 입었다. 먼저 한 짓을 당하는 것은 부정이 아니다. 심판인? 그의 판단을 그대의 것보다 존중하라. 왕? 죄 있는 자를 벌한다면 정의에 맡겨라. 죄없는 자를 벌한다면 운명에 맡겨라.

말 못하는 동물이거나, 그와 비슷한 것? 화를 내면 그것을 흉내내는 일이 된다. 질병과 재해? 참고 견디면 가볍게 지나간다. 신? 신에게 화를 내는 것은 쓸데없는 짓이다. 신께 다른 사람에게 화를 내도록 비는 것 또한 그렇다. 부정을 저지른 것은 착한 사람이다? 믿지 말라. 악인이다? 놀라지 말라. 그대가 진 죄를 누군가에게 값을 치르게 된다. 그리고 나쁜 짓을 저지름으로써 이미 자기에게 벌을 주는 것이다.

31

이미 말했듯이 분노를 일으키는 것에는 두 가지가 있다. 첫째는 자기가 부정을 당했다고 느끼는 경우이다. 이에 대해서는 충분히 설명했다. 다음으로는 부당하게 당했다고 여기는 경우이다. 여기에 대해 이야기할 차례이다.

사람이 무엇인가를 부당하다고 판단하는 것은 당할 만한 이유가 없거나, 예상하지 않았기 때문이다. 우리는 생각하지도 않았던 것을 마땅하다고 여기지는 않는다. 그러므로 예상과 기대에 어긋나 일어난 일이 가장 심하게 마음을 뒤흔든다. 가정에서 매우 작은 일에 흠을 잡는 것도, 벗의 경우라면 그냥 보아 넘기는 일조차 부정이라고 부르는 것도 바로 이 때문이다.

사람들은 말한다. "그렇다면 어째서 적의 부정이 우리를 뒤흔드는가." 예상하지 못했거나 이 정도까지는 생각하지 않았기 때문이다. 이것은 우리 자신의 자만심에서 비롯된다. 우리는 자신이 적에게조차 피해를 입어서는 안 된다고 생각한다. 누구나 자기 안에 왕의 마음을 간직하고 있다. 자기는 마음대로 할 수 있기를 바라면서 자기가 당하는 것은 바라지 않는다. 그래서 우리에게 화를 잘 내도록 하는 것은 무지가 아니면 오만, '사물에 대한 무지'인 것이다. 악인이 나쁜 짓을 저지른다고 한들 무엇이 이상하겠는가. 적이 해를 끼친다, 벗이 상처를 입힌다, 자식이 비뚤어진다, 노예가 바보짓을 한다고 해서, 무엇이 놀라운 일이겠는가. 파비우스는 장군에게 가장 부끄러운 변명은 "생각하지 못했다" 하는 말이었다고 했다. 나는 인간에게 가장 부끄러운 핑계라고 생각한다. 모든 사태를 생각하고 예측하고 있어야 된다. 좋은 성격에도 무언가 가혹한 것이 나타날 것이다.

인간의 천성이 마음을 책략가로 만든다. 은혜를 잊게 한다. 음흉하게 만든다. 불경스럽게 한다. 한 사람의 성격을 판단할 때, 모두의 성격을 생각하라. 가장 기쁠 때 가장 걱정하라. 그대에게 모든 것이 평온하게 보일 때도 해가 되는 일이 존재하지 않는 것은 아니다. 쉬고 있을 따름이다. 그대에게 상처를 주는 것은 늘 존재한다고 생각하라. 키잡이는 안심한 나머지 돛을 활짝 다 펴라고 명령하지 않는다. 재빨리 밧줄을 당길 수 있도록 대비한다.

무엇보다도 먼저 그 일을 생각하라. 가해의 폭력은 혐오스럽고 저주해야 마땅한 것이며, 인간으로부터 매우 동떨어져 있다는 것이다. 사람은 은혜를 베풂으로써 잔학한 것까지 길들인다. 보라, 멍에가 걸린 코끼리의 목을. 뛰어오른 소년, 소녀들의 발에 짓밟혀도 가만히 있는 수소의 등을. 술잔과 옷 주름 사이를 해를 끼치지 않고 미끄러져 가는 뱀을. 집 안에서 곰과 사자가 조련사를 바라보는 얌전한 얼굴을. 주인에게 착 달라붙어 장난치는 짐승들을. 동물과 성격을 맞바꿔버린 것이 부끄러워지리라.

조국을 해치는 것은 도리에 어긋난다. 따라서 국민을 해치는 것 또한 마찬가지이다. 그들은 조국의 일부이기 때문이다. 모두가 공경하고 두려워해야 하는 것이라면 일부분도 신성하다. 그러므로 인간을 해치는 것도 도리에 어긋난다. 인간은 큰 도시국가에서 그대의 동포시민이기 때문이다. 혹시 손이 발을, 눈이 손을 해치기를 바란다면 어떻게 될까. 몸의 모든 부분은 서로 매우 가깝게 협조하고 있다. 각 부분의 유지가 전체에 중요하기 때문이다. 마찬가지로 인간은 공동을 위해 태어났기 때문에 각 개인을 허용해야 한다. 공동체도 각 부분에 대한 보호와 애정이 없이는 불가능하다.

우리는 독사나 물뱀, 그 밖에 물거나 찌르거나 하여 해를 끼치는 것까지 앞으로 길들일 수 있고, 사람이나 다른 생물에게 위험하지 않다면 때려죽이지는 않을 것이다. 그러므로 인간이라면 더욱 잘못을 저질렀다는 이유로 해쳐서는 안 된다. 그것은 오히려 그가 잘못을 저지르지 않도록 하기 위해서이다. 처벌은 과거가 아니라 앞날을 내다보고 하지 않으면 안 된다. 그것은 분노가 아니라 예방이다. 왜냐하면 사악하고 비뚤어진 마음을 가진 자는 모두 벌해야 한다면 벌은 누구 한 사람도 제외할 수 없기 때문이다.

32

"하지만 분노에는 어떤 쾌락이 있고, 고통을 되돌려 주는 것도 기분 좋은 일이다." 그렇지 않다. 은혜를 입으면 거기에 마땅한 보답을 하는 것이 훌륭하지만, 부정에 부정으로, 되갚는 식은 안 된다. 전자의 경우는 지는 것이 보기 싫지만, 후자일 때는 이기는 것이 추하다. 복수(와 같은 형법)은 정의로운 의무로 받아들여지고 있으나, 비인간적인 말이다. 고통을 되돌려 주는 자는 순번 말고는 큰 차이가 없다. 어느 정도 명분이 있는 잘못을 저지르는 것일 뿐이다.

어떤 사람이 목욕탕에서 마르쿠스 카토를 몰라보고 아무 생각 없이 구타했다. 누가 그를 알면서 감히 부정을 저질렀겠는가. 다음에 사죄하러 온 그에게 카토가 말했다. "나는 매를 맞은 기억이 없다." 복수하기보다 모르는 편이 낫다고 생각한 것이다. 그대는 말하겠지. "그런 뻔뻔스런 짓을 하고도 그에게 나쁜 일은 아무것도 일어나지 않았는가?" 아니 오히려 좋은 일이 생겼다. 카토를 알게 되었으니까. 부정을 경멸하는 것은 위대한 정신이다. 복수 가운데 가장 굴욕적인 것은 복수를 할 만한 가치조차 없어 보이는 것이다. 많은 사람은, 가벼운 부정에 보복하는 동안 자기 마음속에 그것을 깊이 묻어 버리게 되었다. 강아지들이 짖는 소리를 맹수처럼 아무렇지 않게 흘려듣는 자는 위대하고 고귀한 사람이다.

33

사람들은 말한다. "부정을 보복하면 얕보이는 일이 줄어든다." 보복에 호소하는 것이 대처법이라면 화를 내지 않고 하는 게 어떨까. 보복이 감미롭기 때문이 아니라, 쓸모 있다는 이유로. 복수보다 모른 체하는 것이 좋을 때도 많다. 권력자의 부정은 괴로운 기색을 보이지 않아야 할 뿐만 아니라 밝은 얼굴로 참는 것이 좋다. 그들은 자기가 그것을 잘했다고 생각하면 또다시 할 것이다.

큰 행운 때문에 거만해지는 마음에는 자기가 상처를 준 사람들을 싫어한다는 가장 나쁜 결함이 있다. 왕후나 귀족을 섬기고도 장수를 누린 사람의 말이 세상에 널리 알려져 있다. 어떤 사람이 그에게 드넓은 궁전에서는 매우 드문 일인데 어떻게 노년까지 장수할 수 있었느냐고 묻자, 그는 이렇게 말했다. "부정을 당하는 것과 감사하는 마음으로 살았기 때문이지요." 부정에 보복하는 것은 언제나 아무 소용이 없을 뿐만 아니라, 입밖에 내는 일조차 도움이 되지 않는다.

가이우스 카이사르는 호사스러운 로마의 기사 파스토르의 아들을, 그 말끔한 용모와 공들여 손질한 머리에 불쾌감을 느껴 감옥에 가두었다. 아버지가 아들의 목숨을 탄원했으나, 오히려 그 덕분에 처벌이 생각난 듯이 즉각 처형을 명령했다. 그러나 아버지에게 무정한 처사는 하지 않겠다는 뜻으로 그날 그를 만찬에 초대했다. 파스토르가 그 자리에 왔다, 얼굴에 비난의 기색은 조금도 띠지 않고. 카이사르는 그를 위해 건배한 뒤 큰 술잔에 입을 댄 다음 그에게 건네고 감시를 붙였다. 그는 참담한 심정으로 그것을 참아냈는데, 아들의 피를 마시는 것이나 다름이 없었다. 카이사르는 향유와 화관을 선물하고, 그가 받는지 보고 있으라고 명했다. 그는 두 손으로 그것을 받았다. 아들을 죽음의 벌판으로 보낸 바로 그날, 아니 아직 보내지 않았던 날, 백 명의 손님 가운데 한 사람으로서 넙죽 엎드려 아들의 생일에도 어울리지 않는 술잔을 통풍을 않는 늙은이가 마시고 있었다. 그러는 동안, 눈물 한 방울도 흘리지 않고 슬픈 기색은 조금도 드러내지 않았다. 아들을 위한 탄원이 잘 이루어진 듯이 식사를 했다. 그대는 왜냐고 묻는가. 또 한 명의 아들이 있었던 것이다.

또 프리아모스*[43]는 어땠을까. 그는 분노를 감추지 않았던가. 왕의 무릎을 끌어안지 않았던가. 아들을 죽인 피로 물든 손에 입을 맞추지 않았던가. 만찬 자리에 앉지 않았던가. 하지만 향유도 화관도 없었다. 그리고 사나운 적장이 많은 위로의 말과 함께 음식을 먹도록 권유했고, 머리 위의 감시 아래서 커다란 술잔을 비우지 않았던가. 만약 로마의 아버지가 자기 몸을 위해 두려워했더라면 나는 그를 경멸했으리라. 사실은 아들에 대한 사랑이 분노를 억제한 것이다. 연회 도중에 자리를 떠서 아들의 뼈를 수습하러 가도록 허락을 받

---

*43 프리아모스는 트로이의 왕. 호메로스 《일리아스》 제24권에서 아킬레우스와 대결하여 패배한 장남 헥토르의 유해를 돌려받기 위해 스스로 아킬레우스의 진영을 방문한다.

아야 했다. 그렇게 친절하고 상냥했던 젊은이는 그것마저 허락하지 않았다. 걱정을 떨쳐 버리도록 격려하면서 잦은 건배로 노인을 괴롭혔다. 이에 대해 그는 즐거운 기색으로 그날 무슨 일이 있었는지 잊어버린 것처럼 굴었다. 만일 살인귀에게 마음에 드는 손님이 되지 않았으면 그는 또 하나의 아들을 잃었을 것이다.

34

그러므로 분노는 자제해야 한다. 보복해야 될 상대가 같은 지위이든, 우월하든, 못한 상대이든 말이다. 동격의 상대와 싸우는 것은 불안의 씨앗이 되고, 우월한 상대이면 미친 짓이며, 못한 상대라면 보기 흉하다. 달려드는 상대에게 보복하는 것은 겁 많은 비참한 인간이라는 증거이다. 쥐나 개미는 손을 내밀면 대항한다. 허약한 것은 손만 대어도 상처 받았다고 생각한다. 오늘 화를 내고 있는 상대가 예전에 무슨 일로 우리에게 도움을 주었던가를 생각해 보면 우리의 마음은 곧 풀어질 것이다. 공헌이 가해를 메워줄 것이다. 더욱이 그런 생각을 떠올리는 것이 좋은 까닭은 관용의 평판이 얼마나 귀중한 소개를 해주는지, 용서가 얼마나 많은 이로운 벗을 만들어 주는지를 생각해보면 알 수 있다. 반대하는 자나 적의 아들에게 화를 내지 않도록 하자. 술라의 잔학한 실례의 하나로, 추방 공고를 받은 사람들의 아들을 국가에서 받아들이지 않은 일이 있다. 아버지에 대한 증오의 상속자가 되는 것만큼 불공평한 일은 없다.

용서하기 곤란할 때는 모두가 무자비해지는 것이 우리에게 도움이 되는지를 생각해 봐야 한다. 용서를 거부한 자가 용서를 구하는 일이 얼마나 많았던가. 자기의 신변에서 몰아낸 그 상대에게 몸을 맡기게 된 일이 얼마나 잦았던가. 분노를 우정으로 바꾸는 것만큼 훌륭한 일이 또 있을까. 로마 국민은 가장 강경한 적이었던 나라들보다도 얼마나 충실한 동맹국을 갖고 있었던가. 만약 안녕을 꾀하는, 앞을 내다보는 지혜가 패자를 승자와 섞여 있게 하지 않았더라면, 과연 오늘날 어떠한 제국이 있을 수 있겠는가.

누군가 화를 낸다면 그대 쪽에서는 친절로 나아가라. 상대로부터 갈등과 미움이 버림받아 그 자리에서 사라진다. 상대가 없으면 싸움은 일어나지 않는다. 그러나 양쪽이 서로 화를 내고 다투면 충돌이 일어난다. 먼저 발뒤꿈치를 돌리는 자가 낫다. 이긴 자는 진 것이다. 상대가 그대를 때린다면 물러가라. 되받아치면 오히려 몇 번이고 더 때릴 기회와 핑계를 주게 된다. 물러가고 싶어도 물러가지 못하게 될 것이다.

35

도대체 누가 적을 사납게 치려고 대들어 상처에 손을 묻고, 타격으로부터 내 몸을 빼낼 수도 없는 사태를 바라겠는가. 그런데 그러한 무기야말로 분노이다. 말리는 것은 불가능에 가깝다. 우리는 자기에게 이로운 무기를, 즉 가볍고 다루기 쉬운 칼을 고른다. 마음의 돌발적인 충동, 이 무겁고 힘이 드는 다스릴 수 없는 무기를 우리는 피하지 않을 것이다.

재빠른 기민성이 바람직하다. 명령받은 곳에 발판을 놓고, 정해진 자리를 넘어서 나아가지는 않고, 구부러질 수도, 주행에서 보행으로 속도를 늦출 수도 있다. 근육이 우리의 의지와 반대로 움직일 때 상태가 나쁜 것을 알 수 있다. 걷고자 하는데 달리는 것은 노인이나 몸이 약해진 사람이다. 가장 건전하고 강건한 마음의 운동은 우리 의지에 따라 나아가는 것이지, 자기의 의지에 의해 움직여지는 것은 아니라고 생각하자.

그러나 무엇보다 이롭다고 생각되는 것은 먼저 일의 추악함을 철저히 바라보고, 다음에 그 위험으로 눈을 돌리는 것이다. 어떤 정념의 모습도 이렇게까지는 흐트러지지 않는다. 그것은 가장 아름다운 얼굴조차 더럽히고, 침착하고 냉정한 얼굴을 일그러뜨린다. 화를 낸 자로부터는 기품이 모두 사라진다. 아무리 아름답게 꾸미고 있어도 겉옷을 질질 끌면서 모든 몸가짐을 포기할 것이다. 매만진 덕분에 가지런한 두발의 보기 싫지 않은 모습도, 마음과 함께 거꾸로 곤두선다. 혈관은 부풀어 오른다. 가슴은 세차게 물결치고, 미친 듯한 목소리의 분출이 목구멍을 넓힌다. 그때 팔다리는 후들거리고, 손은 떨리며, 전율이 온몸을 덮친다.

겉모습이 이렇게 역겨운 사람의 마음속은 어떠리라고 생각하는가. 가슴속의 형상은 얼마나 무시무시하고, 패기는 얼마나 사나우며, 충동은 또 얼마나 강하게 퍼져 있을까. 터뜨리지 않으면 자기 자신을 무너뜨려 버릴지도 모른다. 적이나 야수의 형상, 살육의 피에 젖든가, 살육을 향해 가려고 할 때의 모습처럼 시인들이 창작한 저승의 괴물, 우글거리는 뱀들과 불꽃의 숨결에 둘러싸인 것처럼, 더없이 역겨운 여신이, 전쟁을 일으키려고 시민을 노리고, 불화로 갈라

놓고 평화를 파괴하려고 이 땅으로 뛰어내릴 때처럼,—우리는 그런 모습에서 분노를 상상해 보는 것이 어떻겠는가. 눈은 불길처럼 타오르고, 거친 숨소리와 울부짖는 신음, 귀청이 떨어질 듯한 비명, 이보다 무서운 것이 없는 소리로 절규하면서 두 손으로 무기를 뒤흔들고—자신의 방어 따위는 마음에도 없기 때문에—, 일그러지고 상처를 입어 피투성이가 된 채, 채찍질에 퍼렇게 멍이 들어 흐트러진 발걸음으로 깊은 어둠 속에 돌격을 되풀이하여 마구 짓밟아 달아나게끔 하고, 모든 사람에 대한, 그러나 무엇보다 스스로에 대한 증오로 몸부림치며, 달리 해칠 수 없으면 이 땅을, 바다를, 하늘이 멸망하기를 열망한다. 증오하고 증오받으며.

또는 혹시 괜찮다면 우리의 시인들이 그려내듯이,

　　싸움은 오른손으로 피투성이 채찍을 휘두르면서.

또는,

　　불화는 찢어진 겉옷도 자랑스러운 듯이 걷는다.

아니면, 혹시 어떤 무서운 정념의 한결 더 무서운 얼굴을 그려 낼 수 있다면.

36

섹스티우스*[44]가 말하기로는, 어떤 사람들은 화를 내고 있을 때 자신의 모습을 거울로 본 것이 도움이 되었다. 그렇게까지 변한 스스로의 모습이 그들 마음을 어지럽게 했다. 말하자면 현실 속으로 끌려 나왔을 때, 그것이 자기라는 사실을 차마 몰랐던 것이다. 그리고 거울에 비친 그 모습에는 진실의 추악

---

*44 퀸투스 섹스티우스(기원전 70무렵~5무렵)와 그 아들 섹스티우스 니게르는 로마에서 기원전 40년 무렵부터 서기 10년대에 걸쳐 실천철학의 학파를 이끌었다. 신 피타고라스주의의 영향이 강하고, 공무를 피한 금욕적 생활의 실천을 주장하여 젊은 세네카에게 깊은 영향을 주었다. 세네카의 스승 소티온, 박물학자인 켈수스도 그의 제자이다(《도덕서간집》 108·17외 참조.

함이 얼마나 보잘것없는 정도밖에 나타나지 않았던가. 혹시 마음이 눈에 보인다면, 그것이 어떤 소재 속에서도 가장 뚜렷하게 보인다면, 쳐다보는 사람을 어지러움에 빠뜨렸으리라.—거무칙칙하고 얼룩투성이로, 얼굴이 빨개지고 비뚤어져 부어오른 그 모습이. 그런데 아직도 뼈와 살을, 그토록 많은 장애물을 지나쳐 넘쳐나는 그 추악함은 상상도 할 수 없을 정도이다. 혹시 알몸으로 보였다면 어떻게 될까. 사람들은, 거울 덕분에 분노로부터 등을 돌린 자는 한 사람도 없다고 생각할지 모른다. 그렇다면 어떤가. 자기를 변화하려고 거울에 얼굴을 가까이 가져간 사람은 이미 변해 버린 것이다. 화를 내는 사람에게 가장 아름다운 것은 소름 끼치도록 무서운 용모이다. 실제 모습이기를 바라는 것과 똑같은 모습으로 보이기를 원하는 것이다.

눈여겨보아야 할 것은 얼마나 많은 인간에게 분노 그 자체가 해를 끼쳤는가이다. 어떤 자는 지나친 열기로 혈관을 끊었다. 체력의 한계를 넘은 외침이 피를 쏟게 했다. 눈에서 격하게 넘쳐난 물이 시력을 망쳤다. 허약한 자는 병으로 쓰러졌다. 이토록 빠르게 광기에 이르는 길은 없으리라. 그 때문에 분노의 광란을 바로잡지 못하고, 내쫓아 버린 맑은 기운을 돌이키지 못한 자도 많다. 광란이 아이아스*45를 죽음으로 이끌었다. 자식에게 죽음을, 자기에게 궁핍을, 가문에 붕괴의 저주를 불러들였다. 그들은 자기가 화를 내고 있다는 사실을 인정하지 않는다. 미친 사람이 자신의 광기를 인정하지 않는 것과 마찬가지이다. 가장 친한 벗의 적, 가장 사랑스러운 사람에게 외면당하는 신세가 되어, 법률도 해를 끼칠 수단으로밖에 생각하지 않고, 매우 작은 일에 흔들리며, 말과 의무도 쉽게 따르지 않고, 모든 것을 폭력에 기대어 칼을 들고 대결 또는 자결도 서슴지 않는다.

최대의 악, 모든 악덕을 넘어서는 악이 그들을 사로잡아 버렸기 때문이다. 다른 것은 서서히 침입하는데, 이 악의 폭력은 돌발적이고도 전체에 걸쳤다. 곧바로 다른 모든 정념을 자기에게 따르도록 한다. 불타는 애욕을 완패시킨 분노는, 예전에 사랑했던 자기 몸을 찌르고, 죽인 상대를 껴안은 채 나란히 드

---

*45 텔라몬의 아들로, 트로이 전쟁의 그리스 세력 가운데 아킬레우스 다음가는 영웅. 큰 몸집과 뛰어난 기운을 자랑하지만, 말이 없고 어둡다. 아킬레우스가 죽은 뒤, 그 무구의 소유를 둘러싸고 오디세우스와 다투다 패하자 미쳐서 가축을 그리스군으로 착각하고 죽였으나, 정신이 돌아온 뒤 자신의 행동을 수치스러워하며 칼로 자결했다.

러누웠다. 탐욕이라는, 냉혹하기 짝이 없고 휘어지지 않는 악조차 분노가 짓밟아 버리고, 자기의 부(富)를 마구 뿌려, 집과 하나로 모은 재화에 불을 던지도록 강요한다. 그럼, 어떤가. 야심가도 값비싼 영예의 징후를 던져 버리고, 내려받은 명예를 거절하지 않았던가. 분노가 지배하지 못할 정념은 아무것도 없다.

제3권

1

노바투스여, 그대가 간질히 바라넌 것을 이제야 지키기로 한다. 분노를 마음에서부터 없애는 것, 또는 적어도 그것이 돌진하지 못하도록 억누르는 것이다. 때로는 남의 눈앞에서 보란 듯이 하지 않으면 안 된다. 악성 유행병의 힘이 아직도 미약해 이 방식을 허락하는 경우이다. 어떤 때에는 은밀하게 해야 한다. 세차게 불길이 치솟아 아무리 억눌러도 격렬하게 되고 더 커지는 경우에는 분노에 얼마만큼의 기세가 있고, 본디의 힘을 얼마나 유지하고 있는지 확인하는 것이 중요하다. 과연 채찍을 휘둘러 후퇴시켜야 하나, 아니면 분노가 치료 자체까지 송두리째 휩쓸고 가지 못하도록, 태풍의 첫 습격이 가라앉을 때까지 양보해야 할 것인가.

저마다의 성격에 따라 작전을 짜야 된다. 어떤 사람은 간절한 바람에 지고 만다. 어떤 사람은 양보한 상대를 짓밟는다. 어떤 사람은 협박에 진정될 것이다. 어떤 사람은 꾸짖음이, 어떤 사람은 고백이, 또 어떤 사람은 부끄러움이 최초의 태도를 변화시킨다. 어떤 사람에게는 늦추는 것이 효과적이다. 이것은 급격하게 떨어져 습격해 오는 악에 대응하기에는 늦고, 마지막으로 의지해야 하는 방법이다. 왜냐하면 다른 정념은 기한을 뒤로 물려서 받아들여 늦어져도 처치가 가능하지만, 거세게 몰아치는 이 정념은 스스로 자신을 채어 가는 폭력이 되어 서서히 나아가지 않고, 튀어나오자마자 온 힘을 다해 질주하기 때문이다. 다른 악덕처럼 마음을 부추기지도 않고, 억지로 끌어들여 자제력을 빼앗고 선동하여 모두의 불행까지 바라도록 만든다. 노리는 표적뿐만 아니라 도중에 만나는 것에도 몹시 화를 낸다.

다른 악덕은 마음을 몰아낸다. 분노는 떠밀어 추락시킨다. 남이 자기의 정념에 저항하지 못해도 정념 자신이 멈추는 경우가 있다. 그러나 이것은 천둥이나 질풍, 그 밖에 진행이 아니고 추락 탓으로 후퇴할 수도 없는 것과 똑같이, 자신의 거칠고 사나운 위세를 더욱 넓힌다. 다른 악덕은 이성으로부터, 이것은 제정신으로부터 돌아선다. 그 밖에는 가벼운 징후, 눈치채지 못하는 성장이 있다. 이런 것은 마음을 분노의 밑바닥으로 떨어뜨릴 뿐이다. 그러므로 다른 어떤 것도 이렇게까지 압박하지는 않는다. 이쪽은 깜짝 놀라 곧 자기의 힘에 호소한다. 성공하면 오만해지고, 잘 풀리지 않으면 광기로 변한다. 퇴짜를 맞아도 싫지 않고, 운이 적대자를 없애주면 자기의 이빨을 자신에게로 돌린다. 어느 정도에서 시작되었는지는 문제가 되지 않는다. 매우 보잘것없는 양에서 가장 크게 늘어나기 때문이다.

2

분노에는 어떤 연령층이나 어떤 인종도 예외가 없다. 어떤 민족은 결핍 덕분에 사치를 모른다. 어떤 민족은 고생을 거듭하며 방랑으로 지새우기 때문에 게으르게 살 수가 없다. 거칠고 투박한 습관과 들판에서 생활하는 민족은 속임수나 사기 같은, 중앙광장에서 생기는 어떠한 악과도 인연이 없다. 분노를 일으키지 않는 민족은 존재하지 않는다. 그리스인 사이에서도 야만족 사이에서도 분노는 맹위를 떨치고, 법을 두려워하는 사람들이나 힘의 한계가 규정된 사람들에게도 똑같이 위험하다. 더욱이 다른 정념은 한 사람 한 사람을 붙잡는데, 이 정념은 때때로 단독으로 모든 사람을 덮친다. 온 국민이 한 여자에게 욕망을 불태운 적은 없다. 나라 전체가 돈이나 벌이에 기대를 건 적도 없다. 야심은 저마다 한 명씩을 포로로 삼는다. 자제력의 부족도 공유되는 악은 아니다. 하지만 분노는 한 덩어리가 되어 진행되는 일이 곧잘 있었다.

남자와 여자, 노인과 어린이, 왕과 민중도 같은 감정에 휩싸였다. 모든 군중이 몇 마디도 안 되는 말에 부추김 당해서 선동자를 넘어섰다. 곧바로 무기와 불꽃을 구하기 위해 흩어지고, 이웃 나라에 선전이 포고되거나, 아니면 같은 국민끼리 전쟁이 벌어졌다. 모든 집들이 기초부터 잿더미로 돌아갔다. 바로 조금 전까지 갈채를 받는 연설로 큰 존경을 모은 사람이 자신의 집회에서 분노를 샀다. 군단은 자신들의 장군에게 창을 날렸다. 모든 평민이 귀족과 갈라섰다. 원로원의 국가적인 조언은, 징병도 기다리지 않고, 장군도 지명하지 않고, 갑작스레 자신들의 분노한 지휘자를 선택했다. 그리고 수도의 거리 곳곳에서 명문집안의 인사를 찾아내어 자기 손으로 처형했다.

만민법은 파기되고, 사절(使節)은 공격받았다. 입을 꺼리는 광기가 국민을 움직여, 나라의 소란이 진정될 틈도 주지 않고, 즉시 함대가 분노로 날뛰는 병사를 가득 태우고 출범했다. 관습도 돌아보지 않고, 새점도 쳐보지 않고, 민중은 자기의 분노가 이끄는 대로 나아가, 무기 대신 닥치는 대로 빼앗은 노획물을 치켜들었다. 그 무모한 분노의 무궤도한 폭력의 결과는 참패로 돌아왔다. 그것이 무모하게 돌진하는 만족의 출구이다. 부정의 그림자가 흔들리기 쉬운 마음에 충격을 주기 무섭게, 곧바로 휩쓸려 마음의 고통이 이끄는 대로 군단에 맞서다 눈사태처럼 무너진 것이다. 질서, 두려움도 없고, 조심성 없이 자기의 위험을 찾아서. 기뻐 날뛰다 칼의 반격을 받고, 몸으로 창끝을 뚫어 자기의 상처 구멍으로 탈출한다.

3

그대는 말한다. "그런 힘이 강대하고 위험과 재해를 부르는 것은 의심할 여지가 없다. 그럼, 어떻게 해야 치유가 되는지를 가르쳐 달라." 그런데 앞에서 설명했듯이, 아리스토텔레스가 변호에 나서서 우리에게 그 절제를 금한 것이다. 그것은 덕을 재촉하는 것이며, 이것이 사라지면 마음을 무기력하게 하여 크게 노력하는 데 게을러지고 활기를 잃어버리게 한다고 했다. 그래서 먼저 필요한 것은 그 역겨움과 사나움을 생생하게 보여주는 것이다. 그리고 인간에 대해 격노하는 사람은 얼마나 참혹한 괴물이 되는지, 얼마나 거센 충동으로 돌진하여 자신과 함께 파멸을 가져와서, 침몰하는 자와 함께가 아니면 가라앉을 수 없는 자를 가라앉히는 것을 눈앞에서 보게 하는 것이다.

그렇다면 이런 자를 건전하다고 말하는 사람이 있을까? 폭풍에 휘말릴 때처럼 나아가는 게 아니라 이끌려서 미친 듯이 날뛰는 해악에 힘을 보태어, 자기의 복수를 맡기지 않고, 스스로 그 집행자가 되어 마음과 동시에 손으로 마구 휘저으며, 무엇보다 소중한 것을 잃어버려 끝내 눈물을 흘리는 살인마를. 이런 정념에 대한 조력자나 동료로서 덕을 존중하는 사람이 과연 존재할까. 덕도 그것 없이는 아무것도 할 수 없는 깊은 생각의 눈을 어지럽힌다는데. 체력도, 쇠약한 자를 병상의 악화가 더욱 촉진하는 경우에는, 불안하고 혐오스러운 그 강함은 그저 자기의 해악밖에 되지 않는다.

그래서 내가 분노에 대해, 아직도 사람들 사이에서 평가가 정해져 있지 않은 것처럼 공격을 가하는 것을 보고, 괜한 일에 시간을 보내고 있다고 여겨야 할 이유는 없다. 분노에 임무를 나눠줘, 마치 그것이 쓸모 있어서 전투에, 임무 수행에, 웬만한 열성으로는 이룰 수 없는 일에 패기를 불어넣고 있다고 말하는 사람들도 있으니까, 그것도 저명한 철학자들 사이에서 말이다. 분노도 때와 장소에 따라서는 이롭다는 말에 속는 사람이 없도록 억제해도 소용없고 매우 난폭하게 구는 광기를 공개하여 놈에게 자기의 도구를 돌려 줘야 한다. 고문대, 고문 도구, 강제수용소, 책형대, 땅에 묻힌*[46] 몸을 에워싸는 불길, 사체를 끌고 가는 갈고리, 갖가지 족쇄, 온갖 징벌, 팔다리의 절단, 이마의 낙인, 맹수의 우리—분노는 이런 기구 사이에 자리를 차지하는 것이 마땅하다. 무섭고 섬뜩한 소리를 내며, 그 광란의 온갖 도구보다도 구역질이 나는 모습으로.

4

다른 점에는 의심의 여지가 있을지 몰라도 이것만은 확실하다. 어떠한 정념에도 이토록 두려움을 가져다주는 형상은 없다. 여기에 대해서는 앞에서도 말했지만, 음험하고 냉혹한 눈매—피가 안으로 되돌아가 사라지고 창백해졌는가 싶으면 모든 열과 핏기가 얼굴로 올라와 홍조는 출혈로 착각을 일으킬 정도. 혈관이 부풀고 눈도 부르르 떨리면서 튀어나올 듯하더니 한 점을 못 박힌 듯이 바라본다. 덧붙여 말하면 마침 누군가를 게걸스럽게 삼키려고 할 때처럼 서로 격돌하여 이를 드러내고 응그리는 소리, 멧돼지가 자기의 무기를 가는 것과 다름없는 소리를. 양손이 서로 부셔버린 뒤 깨진 관절에서 울리는 소리를. 수없이 두드리는 가슴, 잦은 한숨, 가슴 속에서 끓어오르는 신음, 흔들거리는 몸, 갑작스런 고함이 뒤섞인 불확실한 말, 떨림, 가끔 이를 악물고, 섬뜩한 숨소리를 내는 입술을. 실제로 짐승조차, 굶주림에 내몰려서든, 내장에 꽂힌 칼이 강요해서든, 숨이 꺼져 가면서도 자신을 죽인 사냥꾼을 마지막으로 한 번 물 때라도, 그 형상의 역겨움은 분노로 불타는 인간의 얼굴에는 미치지 못하리라. 자, 귀를 기울여보라. 혹시 그 소리와 위협을 귀로 들을 때가 있다면. 심한 괴로움에 허덕이는 마음의 말은 얼마나 무서운 것인가.

---

*46 "그들(카르타고인)은 사람들의 하반신을 땅에 묻고, 그 주위에 불을 질러 태워죽였다"(겔리우스 《아티카의 밤》 3·14·19).

분노가 처음에 자기에 대한 해악에서 시작된다는 것을 안다면 누구든지 자기를 거기서 떼놓고 싶은 것은 뻔한 이치가 아닌가. 그래서 그대 또한 내가 그런 사람들에게 이런 충고를 하는 것을 바라지 않을까,—최대의 권력 가운데에서 분노를 써서 그것을 힘의 증거로 여기고, 그 자리에서 복수를 위대한 행운이 가져다주는 위대한 선으로 치는 자들에 대해, 그런 자가 얼마나 권력에 굶주리는지, 아니 그보다 자기의 분노에 포로가 되어 있는 자는 자유롭다고 할 수 없다. 모두가 좀 더 조심스럽게 스스로를 돌아보기 위해 그대는 내가 이렇게 충고하는 것을 바라지 않을 것인가,—마음의 다른 결함은 가장 낮고 가장 나쁜 인간과 관련되는 데 비해, 분노만은 자신을 갈고닦기를 거듭하여 그 밖의 다른 점에서는 건전한 사람에게도 스며드는 것이라고. 사실, 분노는 순정의 드러냄이라고 말하는 사람들도 있고, 세상에서는 이것에 빠지기 쉬운 사람일수록 솔직하다고 여길 정도이다.

5

그대는 물을 것이다. "이 이야기가 무엇과 상관이 있는가." 누구나 자기가 저 분노로부터 안전하다고 생각지 않도록 하기 위한 배려이다. 분노는 본디 얌전하고 온유한 사람에게도 잔학성을 불러일으킨다. 악성 전염병에는 튼튼한 팔다리도 세심한 건강관리도 아무 소용이 없다. 왜냐하면 그것은 허약한 자에게나 다부진 자에게나 무차별로 침입하기 때문이다. 그와 마찬가지로 분노는 침착하지 않은 인간에 못지않게 따뜻하고 온건한 사람에게도 위험하다. 변화의 정도가 심한 만큼 그들이 한결 보기 흉하고 더욱 위험하기까지 하다.

그러나 첫째로 화를 내지 않는 것, 둘째로 분노를 그치는 것, 셋째로 남의 분노도 치유하는 일이기 때문에 먼저 우리가 어떻게 하면 분노에 빠지지 않을 수 있는가, 다음으로는 어떻게 하면 자기를 분노로부터 해방시킬 수 있는가, 마지막에는 어떻게 하면 화난 사람을 억제하고 달래어 정상으로 되돌릴 수 있는가—이런 점을 설명하기로 한다.

분노의 모든 잘못을 눈앞에 끌어내어 충분히 조사하면, 우리는 분노에 사로잡히지 않을 수 있을 것이다. 분노는 우리 마음속에 있는 법정에 고발하여 단죄해야 한다. 그 해악을 추궁하고 대중이 보는 앞으로 끌어내야 한다. 분노의 정체를 밝혀내어 가장 나쁜 결함과 비교하지 않으면 안 된다. 탐욕은 재화를 얻으면 저축하지만 누군가는 그것을 더욱 잘 쓰는 경우도 있다. 분노는 다만 소비할 뿐이고, 그것을 탈없이 끝내는 것은 매우 소수의 사람뿐이다. 분노에 사로잡힌 주인으로 인해 얼마나 많은 노예들이 달아났고, 그들은 또 얼마나 많이 죽음으로 내몰렸던가. 분노의 원인이 된 이유보다 분노 자체가 얼마나 많은 것을 잃게 만들었던가. 그것은 아버지에게 상복을, 남편에게 이혼을, 정무관에게 증오를, 후보자에게 낙선을 가져왔다.

분노는 사치보다 나쁘다. 왜냐하면 사치가 만족하는 것은 자기의 쾌락인 데 비해 분노가 즐기는 것은 남의 고통이기 때문이다. 분노는 악의와 질투를 완전히 이긴다. 그런 것은 상대가 불행해지기를 바라는 데 비하여, 분노는 불행하게 만들기를 원하기 때문이다. 악의나 질투는 뜻밖의 불행을 기뻐하는 데 비하여 분노는 운명을 기다리지 못한다. 미운 상대가 해를 입기를 기다리는 것이 아니라 스스로 해치려 한다. 적대만큼 고통의 씨가 되는 것은 없다. 그것을 키우는 것은 분노이다. 전쟁만큼 혐오스러운 것은 없다. 그곳으로 곧장 나아가는 것이 권력자의 분노이다. 또 민중과 개인의 분노도 무력과 재력이 부족한 전쟁이다. 또 분노는 다음에 그것이 가져오는 재앙이나 손해, 음모, 서로의 항쟁의 끊임없는 불안은 제쳐두고, 벌을 내리는 중에도 이미 벌을 받고 있다. 분노는 인간의 본성을 거부하기 때문이다. 본성은 사랑을, 분노는 증오를 촉진한다. 본성은 득이 되는 것을, 분노는 해로운 것을 명한다.

게다가 분노는 자기에 대한 과대평가에서 비롯하기 때문에 아무리 패기에 넘치는 듯이 보이더라도 소심하고 도량이 좁은 것이다. 누구든지 자기를 경멸하고 있다고 여기는 상대보다 클 수가 없기 때문이다. 그러나 위대한 정신이나 자기의 진실한 판정자는 부정에 보복을 요구하지 않는다. 느끼지 않기 때문이다. 창은 단단한 것에는 튕겨서 되돌아오고, 강한 것을 치면 때린 손이 아픈 것과 마찬가지로 어떤 부정도 위대한 정신에 자기의 행위를 느끼게 하지는 못한다. 노리는 상대보다 약하기 때문이다. 어떤 창으로도 뚫고 지나갈 수 없는 것처럼, 모든 부정과 모든 모욕을 단호하게 거부하는 것이 얼마나 아름다운가. 복수는 당한 고통의 고백일 뿐이다. 부정에 휘어지는 정신은 위대하지 않다. 상처를 준 상대는 그대보다 강한가, 그대보다 약한가. 약하면 그를 용서해주어라. 강하다면 그대 자신을 용서하라.

뒤흔들려고 하는 일이 이루어지지 못하는 것만큼 확실한 위대성의 증거는 없다. 우주의 더욱 높고, 더욱 질서 있고, 별들에 더욱 가까운 부분은, 응집하여 구름을 만드는 것도, 충격을 받아 태풍이 되는 것도, 휘둘려 회오리로 바뀌지는 않는다. 어떤 소동과도 인연이 없다. 벼락을 맞는 것은 하계이다. 숭고한 정신도 마찬가지이다. 늘 평온하고 조용한 숙영지에 배치되어 분노를 불러일으키는 모든 것을 발밑에 밟아 다진다. 절도가 있고 존경을 받을 만큼 질서를 나타낸다. 이런 것의 어느 것 하나도 화를 내는 자에게서는 찾아볼 수 없다. 분노가 이끄는 대로 사납게 날뛰는 자 가운데 누가 맨 먼저 외경심을 내버리지 않았는가. 충동에 사로잡혀 다른 사람에게 돌진한 자 가운데 누가 자기의 내면에 지닌 두렵고 공경해야 할 것을 내버리지 않았는가. 흥분에 사로잡힌 누가 의무사항이나 질서를 착실하게 유지할 수 있었던가. 누가 입을 조심했던가. 누가 몸의 한 부분이라도 다스릴 수 있었던가. 누가 일단 느슨해져 버린 자기를 지배했다는 말인가.

데모크리토스의 저 건전한 권고가 우리에게 도움이 될 것이다. 우리가 공적인 일과 사적인 일을 떠나서 많은 일을, 또는 실력 이상으로 어려운 일을 떠맡지 않으면 평탄한 경지가 나타난다. 수많은 세상 일에 골몰하는 자는, 사람 때문이든 일 때문이든 마음에 분노를 일으키는 장애가 아무 것도 일어나지 않고 하루를 무사히 보낼 수 있는 행운을 누릴 수 있을 리가 없다. 번잡한 수도의 거리를 서둘러 가면 많은 사람과 몇 번은 부딪치거나, 어디서 넘어지거나, 어디서 제지를 당하거나, 어디서 쏟아버린 물을 맞게 되는 것을 피할 수 없다. 그와 마찬가지로 이 인생의 어수선하고 불안한 세태 속에서도 많은 장애와 숱한 불만이 생기게 마련이다. 어떤 자는 우리의 기대를 배반하고, 어떤 자는 늦추며, 어떤 자는 끊어버리고, 계획은 예정대로 진행되지 않는다.

운명은 누구든지 많은 일에 손을 대고 있는 자에게 어디서나 응해줄 만큼 호락호락하지 않다. 그 결과, 예정했던 것과 반대의 일이 생기면 그는 인간이나 일이나 참지 못하고 매우 작은 원인으로 때로는 사람에게, 때로는 일에, 때로는 장소에, 때로는 운명에, 때로는 자기자신에게 분노를 일으킨다. 그러므로 마음을 편하게 하기 위해서는 거기에 끌려다니면 안 되고, 방금 말한 것처럼 많은 일, 또는 실력을 넘어서는 어려운 일을 좇아 피로에 지치지 않도록 조심해야 한다. 가벼운 멍에를 목에 걸기는 쉽다. 여기에나 저기에나 넘어지지 않고 나를 수가 있다. 그런데 남의 손으로 우리에게 주어진 것에는 겨우 버티다가도 무게를 견디지 못해 가까운 데서 내던져 버린다. 짐을 지고 멈춰 서있는 동안에도 무게를 이기지 못해 비틀거린다.

7

이와 같은 일이 공무나 집안에서도 일어난다는 것을 알아야 한다. 다루기 쉽고 하기 쉬운 일은 이끄는 사람이 하는 대로 따른다. 거대하여 나르는 사람의 능력을 넘어선 것은 마음대로 쉽게 되지 않는다. 만일 들어 올리더라도 짐을 진 자를 짓누르고 놓치게 하여, 가까스로 감당할 것처럼 보인 순간, 그것을 진 사람과 함께 추락한다. 그래서 쉬운 일을 꾀하지 못하고 계획한 일이 잘 되기를 바라는 자의 기대는 허무하게 끝나버리는 일이 많다. 그러므로 무언가를 시도할 때는 언제나, 그대 자신의 힘과 그대가 준비하고 있으며 그대 자신이 그 준비가 되어 있는 계획을 저울에 달아보라. 그렇지 않으면 순조롭지 않게 끝난 일에 대한 후회로 그대는 불쾌해질 것이다. 여기에 사람의 성격이 다혈적인가, 아니면 냉혈한 성질로 종속적인가 하는 점이 관련된다. 실패는 자존심이 강한 사람에게는 분노를, 둔하고 무기력한 사람에게는 슬픔을 가져다줄 것이다. 그러므로 우리의 행위는 아주 작아도, 무모하게 너무 커도 안 되며, 소망이 발을 뻗을 만한 가까운 곳에 머무는 것이 좋다. 성취한 다음에 잘된 것이 오히려 이상하게 여겨지는 일에는 손을 내밀지 않도록 하자.

8

먼저 부정을 당하지 않도록 힘쓰자. 우리는 잘 견디는 방법을 터득하지 못했으니까. 온화하고 이해가 빠른 사람, 불평이 많거나 까다롭지 않은 사람과 함께 살아야 한다. 성격은 여느 때에 만나는 벗을 닮아가게 마련이다. 어떤 종류의 질병이 접촉한 사람에게 퍼지듯이, 마음도 자신의 나쁜 질병을 옆 사람에게 옮긴다. 술을 좋아하는 사람은 술친구를 진국술을 즐기도록 끌어들인다. 파렴치한 자들의 모임은 단단한 돌에서 태어난 것 같은 자도 나약하게 만든다. 탐욕은 이웃에게 자기의 독을 부어 넣는다. 덕의 원칙도 마찬가지이지만 이쪽은 반대로 작용하여, 자기 옆에 있는 모든 것을 부드럽게 만든다. 살기 좋은 땅이나 온화한 기후는 건강에 좋다. 하지만 병약한 마음에 훌륭한 벗과의 만남이 가져다주는 이익에 비하면 아무것도 아니다.

그것이 얼마나 중요한지 이해하기 위해서는 야생동물을 보면 된다. 그들 또한 우리와 함께 생활하는 동안 길이 들어 순종하게 된다. 아무리 사나운 짐승이라도 인간과 함께 지내는 날이 길어지면 타고난 폭력성을 지키지 못한다. 아무리 용맹하던 것도 온순해지고 부드러운 것들 사이에서 서서히 본성을 잃게 된다. 여기에 더하여 조용한 사람들과 사는 인간은 본보기의 덕분으로 차츰 나아질 뿐만 아니라 분노의 원인을 찾지 못하여 자기의 악덕을 부릴 기회조차 없다. 그러므로 이쪽의 분노를 일으킬 것으로 예상되는 인간은 모두 피해야 한다.

그대는 말한다. "그건 어떤 인간인가." 갖가지 원인에서 똑같은 짓을 하는 많은 사람이다. 오만한 자가 경멸로, 수다스런 자가 모욕으로, 파렴치한 자가 위해로, 시기심이 많은 자가 악의로, 성질이 급한 자가 싸움질로, 허풍선이가 허영으로 그대에게 상처를 줄 것이다. 그대는 의심이 많은 자가 두려워하는 것을, 고집쟁이에게 지는 것을, 잘난 척하는 자가 업신여기는 것을 참지 못하리라. 순진하고 이해가 빠르며 온화한 사람을 선택해야 된다. 그런 사람은 그대에게 분노를 일으키거나 피해를 입히는 일이 없을 것이다. 여기에 덧붙여, 유순하고 친절하고 상냥하면 더욱 유익하지만, 아첨하고 추종하는 데까지 가면 안 된다. 왜냐하면 지나치게 줏대 없이 남의 의견에 따라 움직이는 것은 화를 잘 내는 사람의 기분을 상하게 하기 때문이다. 우리 벗의 한 사람으로 확실히 착한 사람이었으나, 금방 울화통을 터뜨리는 자가 있었다. 그에게는 험담에 못지 않게 추종도 안전하지 않았다.

변론가인 카일리우스*47는 걸핏하면 화를 내는 사람으로 잘 알려졌다. 전해 오는 말로는 어느 날 그의 부하가 같은 방에서 함께 만찬 자리에 앉아 있었다. 인내심으로는 소문난 사람이었는데, 우두머리와 나란히 앉아 있는 그에게 바로 옆 사람과 입씨름을 피하기는 어려웠다. 그래서 그는 뭐든지 카일리우스가 하는 말을 수긍하며 동조하는 것이 상책이라고 판단했다. 카일리우스는 맞장구만 치는 그에게 화를 내며 고함을 질렀다. "뭐든 반론을 해보게, 우리는 두

---

*47 마르쿠스 카일리우스 루푸스. 기원전 48년의 법무관. 성격이 격한 정치가이자 변론가.

사람이란 말이야." 그러나 이 카일리우스마저 자기가 화를 내지 않는다는 이유로 화가 났지만, 적이 없었기 때문에 곧 수습되었다.

그러므로 우리도 걸핏하면 화를 내는 자신의 결점을 깨달았다면, 이런 벗을 고르는 것이 어떨까. 우리의 얼굴과 말에 고개를 끄덕여 주는 상대 말이다. 그들은 우리를 나약하게 만들고, 뜻에 어긋나는 말은 뭐든 듣지 않는 나쁜 버릇이 들게 할지도 모르지만, 자기의 잘못에 공백 기간과 잠을 이루게 해 주는 점에서는 이로울 것이다. 까다롭고 다스리기 힘든 성격을 타고난 자라도 비위를 잘 맞추는 사람의 말은 잘 듣는다. 다정한 말에 차갑고 매정한 태도를 취하는 사람은 없다. 토론이 길어지든가 과열될 때는 언제든지 언쟁이 힘을 모으기 전에 선수를 치고 저항하자. 대항은 스스로 자기를 키워 걸려든 자를 더욱 깊은 데로 끌어들인다. 경쟁에서 몸을 되돌리는 것보다 삼가는 것이 더 쉽다.

9

화를 잘 내는 사람은 지나치게 힘겨운 일은 피하거나, 적어도 그 일에 몸담는 것은 피로해지기 직전까지가 좋다. 마음을 가혹한 일에 관여하지 않도록 하고 기분을 달래 줄 학문과 예술에 맡기는 것이 좋다. 시를 읽는 것은 마음을 가볍게 해주고, 역사는 이야기로 마음을 매혹할 것이다. 마음은 부드럽고 섬세하게 다루어야 한다. 피타고라스는 어지러운 마음을 하프로 달랬다고 한다. 피리나 나팔이 자극이 되듯이 어떤 노래는 위로가 되어 마음을 어루만져 준다는 것은 누구나 알고 있다. 피로한 눈에는 초록빛이 효과적이고 약해진 시력은 몇 가지 빛깔로부터 휴식을 얻지만, 어떤 반사광에는 아찔해지면서 눈이 보이지 않게 된다. 마찬가지로 쇠약해진 정신은 즐거운 취미가 달래주고 부드럽게 풀어준다.

우리는 중앙광장과 재판소로의 출두, 재판, 그리고 그 밖의 잘못한 상처를 헤집는 모든 것으로부터 벗어나야 한다. 마찬가지로 몸의 피로에도 신경을 써야 한다. 그것은 우리의 내부에 있는 다정하고 부드러운 것을 써버리고 가혹한 것을 부추긴다. 그래서 위의 상태가 의심스러운 사람은 무거운 임무를 맡기 전에 음식으로 담즙을 진정시킨다. 피로가 그것을 가장 심하게 흔들기 때문이다. 그것은 피로가 열을 중심으로 몰아넣음으로써 피에 나쁘게 작용하여 혈관이 막히고 혈류가 정체하거나, 쇠약해진 몸이 마음을 짓누르기 때문이다.

건강상태나 나이 탓으로 피로한 사람이 화를 잘 내는 것도 틀림없이 같은 이유에서이다. 굶주림과 갈증도 똑같은 이유로 피해야 된다. 그것은 마음을 초조하게 하고 애태운다.

'피곤한 자는 싸움거리를 찾아다닌다'는 옛 속담이 있다. 마찬가지로 배가 고픈 자, 목마른 자, 무언가에 애태우고 있는 자는 모두 그렇게 된다. 마치 궤양이 가벼운 접촉에도, 아니 그럴 가능성이 있다는 우려만 있어도 아픈 것과 마찬가지로, 염증에 걸린 마음은 작은 일에도 상처를 받는다. 그 결과, 어떤 자들은 인사, 편지, 연설, 질문 때문에 싸움을 벌인다. 상처가 난 자리에 닿으면 불편 없이는 끝나지 않는다.

10

그러므로 나쁜 질병은 처음 느꼈을 때 바로 치료하는 것이 최선이다. 그때는 자기의 말에도 최소의 자유만 허용하고 충동을 억눌러야 한다. 끓어오른 자기의 정념을 발단의 처음에 파악하기는 쉬운 일이다. 질병의 징후는 먼저 나타나기 때문이다. 태풍이나 비도 그에 앞서서 조짐을 보인다. 그와 마찬가지로 분노나 정욕에도, 마음을 뒤흔드는 모든 돌풍에도, 어떤 정해진 조짐이 있다. 간질 발작이 잦은 사람은 발작이 가까워지는 것을 느낄 수 있다. 손발 끝부터 열이 식고, 시력이 약해지면서, 근육이 떨리고, 기억이 끊기면서 목이 흔들리기 때문이다. 그래서 그들은 시작되는 병상의 기선을 제압하기 위해 미리 조치를 취한다. 무엇인가 냄새를 맡거나 먹으면 의식을 잃는 것은 모두 멀리하고 오한과 굳어지는 몸에는 찜질로 맞선다. 그래도 치료가 거의 효력이 없을 때는 많은 사람들이 있는 데를 피하여 사람이 보지 못하는 곳에서 쓰러진다.

자기의 질병을 먼저 알고, 그 영향이 퍼지기 전에 다스리는 것은 유익하다. 무엇이 우리를 가장 흥분시키는지 보기로 하자. 어떤 자는 말에 의한 모욕 때문에, 어떤 자는 행동에 의한 모욕 때문에 감정이 상한다. 어떤 사람은 가문에, 저 사람은 용모에 배려를 바란다. 이 사람은 최고의 심미가로, 저 사람은 최고의 지식인으로 인정받고 싶어 한다. 이 사람은 오만을, 저 사람은 고집을 참지 못한다. 어떤 사람은 노예에게는 화낼 가치가 없다고 생각한다. 그는 집에서는 폭군이지만 밖에서는 온순하다. 어떤 사람은 간청받는 것을 부정으로, 어떤 사람은 간청을 받지 못한 것을 모욕으로 여긴다. 누구나 같은 자리를 얻어맞아 상처가 나는 것은 아니다. 그러므로 그대는 자신의 어디가 약한지, 그곳을 단단히 지키기 위해 알고 있어야 한다.

11

모든 것을 보고 듣는다고 잘 아는 것은 아니다. 많은 부정(不正)이 우리를 스쳐가도록 내버려두자. 대부분, 눈치를 채지 못한 사람에게는 부정이 되지 않는다. 그대는 화를 잘 내고 싶지는 않을 것이다. 파고드는 것을 즐겨서는 안 된다. 자기에게 어떤 말이 돌고 있는지를 살피는 자, 악의적인 소문, 은밀한 것까지 들춰내는 자는 자기 스스로 마음을 어지럽히는 것이다. 해석하기에 따라서는 부정처럼 여겨지는 경우도 있다. 그러므로 어떤 것은 미루고, 어떤 것은 웃어넘기고, 또 어떤 것은 너그러이 봐주어야 한다.

분노는 여러 방식으로 막지 않으면 안 된다. 거의 장난이나 농담으로 돌리는 것이 좋다. 소크라테스는 주먹으로 얻어맞았을 때 이렇게 한마디 하고 말았다고 한다. "사람이 언제 투구를 쓰고 외출해야 하는지 모르는 것은 골치 아픈 일이다." 중요한 것은 어떻게 부정을 당했는가가 아니라, 어떻게 부정을 참았는가이다. 나는 억제가 어렵다는 이유를 모르겠다. 행운과 제멋대로인 마음으로 들뜬 참주조차, 그들에게 늘 익숙한 잔학성을 억제한 적이 있었으니까. 실제로 전해 내려온 말로는, 아테네의 참주 페이스트라토스*[48]는 술벗이 만취하여 그의 잔학성을 심하게 꾸짖자, 여기저기서 보복을 부추기는 자들이 많았으나 온화한 기분으로 참았고, 이를 안타까워하는 자들을 바라보며 나는 그에게 화를 내지 않는다, 그것은 눈을 감고 자기에게 부딪친 자에게 화를 내지 않는 것과 마찬가지라고 했다.

12

많은 사람이 근거 없는 일을 의심하거나 하찮은 것을 심각하게 생각하면서 스스로 고민을 키운다. 분노는 곧잘 우리를 찾아오지만, 우리 쪽에서 더 자주 분노를 터뜨리는 것이다. 분노를 불러들여서는 안 된다. 만일 그런 일이 가끔 생기더라도 물리쳐야 한다. 아무도 자기에게 이렇게 말하지는 않을 것이다.

---

*48 아테네의 참주(재위 기원전 560~527). 이 이야기는 발레리우스 막시무스의 《유명언행록》 5·1·외국편2에도 나오는데, 거기에 따르면 힐책한 친구는 트라시포스이다.

"오늘 내가 화를 낸 원인은 내가 한 짓, 아니면 했을지도 모르는 일이다." 누구나 행위자의 마음이 아니라 이미 한 행위만을 가지고 평가한다. 그러나 우리가 보아야 하는 것은 마음이다. 그가 하고자 한 일인가, 아니면 우연히 그렇게 된 것인가. 강요된 것인가, 아니면 속은 것인가. 증오가 하라는 대로 한 짓인가, 아니면 어떤 대가에 이끌린 짓인가. 자기를 즐겁게 하기 위해서였나, 아니면 누군가를 도와준 것인가. 잘못은 어느 정도 나이 탓도 있고, 운명적인 것일 수도 있다. 그런 일을 견디고 참는 것이 인간적이거나 좋은 태도가 될 것이다.

우리가 화를 낸 상대의 처지가 되어 보자. 그러면 우리에게 화를 잘 내도록 한 것이 자기에 대한 불공평한 평가였음을 알 것이다. 우리가 당하고 싶지 않은 것은, 되도록이면 자기가 하고 싶은 것을 자율적으로 하지 못하는 일이다. 아무도 자신을 기다리게 할 수 없다. 그러나 연기하는 것이야말로 분노의 가장 좋은 치료이다. 그렇게 하면 처음에 끓어오른 분노가 수그러들고, 마음을 뒤덮었던 안개가 걷히거나 옅어진다. 그대를 거꾸로 곤두박질하게 한 기분이 하루 아니 한 시간이면 누그러지고, 어느 정도는 완전히 사라질 것이다. 기대했던 연기는 아무것도 가져다주지 않을지 모르지만 거기에 남은 것은 분노가 아니고 심판이라는 것이 곧 드러나리라. 어떻게 된 일인지 그대가 알고 싶은 것은 무엇이든 시간에 맡겨 보라. 물결 위에서는 아무것도 가지런히 판별할 수가 없다.

플라톤은 노예에게 화를 냈을 때, 자기에게 시간의 유예를 주지 못하고, 곧바로 속옷을 벗겨 어깨를 매질하도록 명령하고, 자신의 손을 치켜 들고 곧 때릴 자세를 취하고 있었다. 자기가 화를 내고 있음을 깨닫자, 올렸던 손이 어정쩡한 상태로 때리려는 것과 비슷한 자세를 하고 서 있었다. 그리고 때마침 들른 벗이 뭘 하고 있느냐고 묻자, "걸핏하면 화를 내는 인간에게 벌을 주고 있다네." 그는 마치 무엇에 얻어맞기라도 한 것처럼, 그 미처 날뛰기 직전의, 현자와는 동떨어진 자세를 유지하고 있었다. 노예에 대해서는 벌써 잊어버리고 있었다. 대신 꾸짖어야 할 다른 사람을 찾았기 때문이다. 그는 자신에게서 자기에게 속한 자들에 대한 권능을 빼앗아, 사소한 잘못에 조금 흔들리면서 이렇게 말했다. "스페우시포스,*49 자네가 그 노예 녀석을 채찍으로 혼내 주게. 나

---

*49 기원전 407무렵~339년. 플라톤의 조카로, 아카데메이아를 계승했다.

는 지금 화를 내고 있으니까." 그리고 플라톤은 노예를 때리지 않았다. 다른 사람 같으면 틀림없이 때렸을 것이라는 이유에서였다. 그는 말했다. "나는 화가 났다. 필요 이상으로 호되게, 필요 이상으로 멋대로 할 것이다. 그 노예는 자기의 권능 아래 있지 않는 자의 권능 아래에 있어서는 안 된다." 화를 내는 사람에게 복수를 맡기고 싶어 하는 사람이 있을까. 플라톤도 자기한테서 권력을 빼앗지 않았는가. 화가 나는 동안, 그대는 자신에게 아무것도 허락해서는 안 된다. 어째서인가. 모든 것이 허락되기를 바라기 때문이다.

13

그대 자신과 싸워라. 그대가 분노에 이기기를 바란다면, 분노가 그대를 이길 수 없다. 그것을 숨기면, 그것에 출구를 주지 않으면, 그대는 이기기 시작한 것이다. 분노의 조짐을 메워 버리지 않겠는가. 그리고 되도록 그것을 숨겨 두기로 하자. 이것은 우리에게 큰 골칫거리가 될 것이다. 분노는 어떻게든 튀어나와서 눈을 번쩍이며 낯빛을 바꾸려고 할 테니까. 그러나 혹시 우리 밖으로 나가는 것이 허락된다면 우리 위에 군림한다. 가슴 깊숙이 숨겨 두지 않으면 안 된다. 지배당하지 않기 위해 지배해야 한다. 그보다도 분노의 조짐은 모조리 반대로 꺾어 버리자. 표정은 좀 더 부드럽게, 소리는 좀 더 조용히, 발걸음은 좀 더 천천히 해야 한다. 바깥쪽과 함께 안쪽도 천천히 모습이 갖춰진다.

소크라테스의 경우, 분노의 조짐은 목소리가 낮아지고, 말수가 적어지는 것이었다. 그때는 그가 자신에게 저항하고 있음을 알 수 있었다. 그래서 가까운 사람들도 그렇다는 사실을 알고 지적했고, 숨은 분노에 대한 꾸짖음은 그에게도 고마운 것이었다. 어찌 기쁘지 않겠는가. 많은 사람이 자기의 분노를 알면서도 아무도 그것을 느끼지 못했으니 말이다. 그러나 만약 그가 벗들에게 자기를 꾸짖을 권리를 주지 않았다면—그 자신은 벗에 대한 그 권리를 자신에게 주고 있었으나—그들은 그의 분노를 틀림없이 느꼈을 것이다.

그러나 이것이 더욱 필요한 것은 바로 우리들이다. 누구든 가장 친한 벗에게 부탁해야 하지 않겠는가. 우리에게 최대의 자유를, 그것도 우리가 그것을 가장 허락할 수 없을 때 행사하도록, 우리의 분노에 동의하지 않도록. 자기에게 바람직한 강력한 역병이 [우리에게] 항거하도록, 우리가 정상적일 때 도움을 청해야 하지 않겠는가. 술버릇이 나빠서 자기의 무모하고 파렴치한 주정을 두려워하는 사람은 자기 스스로 잔치에서 멀리하도록 벗에게 부탁한다. 병이 났을 때 자신을 억누르지 못하는 경험을 가진 사람은 건강이 좋지 않을 때는 자신의 말을 따르지 말라고 명령한다.

가장 좋은 방법은 스스로 깨닫는 결점에 장애를 만들어 놓고, 무엇보다도 확고한 마음으로, 만일 몹시 심각한 사태에 갑자기 부딪치더라도 분노를 느끼지 않거나, 예상 밖의 큰 부정에서 생기는 분노를 가슴 깊이 간직하고 자기의 고통을 밖으로 나타내지 않도록 하는 것이다. 이것이 실행 가능하다는 사실은 수많은 일화 가운데 두세 가지 예를 들면 곧 알 수 있다. 거기서 두 가지를 배울 수 있다. 분노가 강대한 인간의 권능을 마음대로 휘두를 때, 거기서 얼마마한 해악이 생기는가 하는 것이다. 그리고 분노가 그 이상의 두려움으로 억제받을 때 얼마마한 것을 자신에게 명령할 수 있는가 하는 것이다.

14

왕인 캄비세스*50가 술에 빠져 있는 것을 가까운 사람 가운데 오직 한 사람 플레이크사스페스만이 왕에게 모든 사람의 눈이 따라다니고 있으니까 술에 취한 모습을 보이지 않도록 음주를 삼가라고 충고했다. 이에 대해 왕이 말했다. "내가 정신을 놓은 적이 결코 없었음을 자네가 잘 알 수 있도록, 술이 들어가도 눈과 손이 정확하게 움직이는 것을 보여 주지." 그러고는 보통 때보다 큰 술잔으로 연거푸 마시고 취기가 돌자, 자기의 비판자의 아들에게 문턱 저쪽에 떨어져서 왼손을 머리 위로 올리고 서라고 명령했다. 그리고 활을 당겨 젊은이의 심장—거기를 겨냥할 거라고 그는 말했다—을 꿰뚫었다. 그는 가슴을 뚫고 들어가 심장에 꽂힌 화살촉을 보여주면서 아비 쪽을 바라보며 솜씨가 어땠느냐고 물었다. 그는 아폴론도 이토록 정확하게 쏘지는 못했을 거라고 대답했다.

신들이여, 부디 이 사람을 신분보다 마음에 벌을 주고 노예로 추락시켜 멸망토록 하여 주소서! 구경꾼 노릇을 하기에도 비참한 사건을 찬양한 것이다. 두쪽으로 갈라진 아들의 가슴과 상처를 입고 몸부림치는 심장을 아첨할 수 있는 좋은 기회로 본 것이다. 오히려 그는 솜씨를 자랑하는 왕을 반박하며, 활의

---

*50 페르시아의 왕(재위 기원전 530~522). 키로스의 장남으로 아버지를 계승했다. 이 신하 플레이크사스페스의 일화는, 헤로도토스 《역사》 3·34~35를 바탕으로 하고 있다.

표적을 바꾸도록 요청했어야 했다. 왕인 자, 아비 쪽을 표적으로 삼아 더욱 정확한 솜씨를 보여 주는 것이 경사스러운 일이라고 말했어야 하는 것을. 아아, 얼마나 피로 더럽혀진 왕인가! 모든 신하의 화살을 그 몸에 받아야 마땅하건만! 우리는 연회를 처형과 장송의 자리로 만들어버린 그 왕을 저주하지만, 내던져진 창보다도 찬양받는 창이 더욱 꺼림칙하다. 자기 아들의 시체, 자신이 그 증인이요 원인이었던 그 살육 앞에 줄곧 서 있었던 아비는 어떻게 처신해야 했을지, 우리는 다음에 볼 것이다. 지금의 물음에 대한 답은 분명하다. 분노는 다스릴 수가 있다.

아들의 심장과 동시에 자기의 심장도 꿰뚫린 것을 보았을 때, 그는 왕을 욕하기는커녕 비탄의 소리조차 지르지 못했다. 그가 말을 삼킨 것은 옳았다고 할 수 있다. 왜냐하면 만일 화가 난 자로서 무슨 말을 하더라도 아비로서 할 수 있는 일은 아무것도 없었으니까. 굳이 말한다면 이 불행한 일에서 그가 취한 행동은 먼저 술을 삼가도록 그에게 충고한 것보다 지혜롭다고 할 수 있다. 그 상대도 피보다 술을 마시는 편이 낫고, 그 손으로 술잔을 들고 있을 때가 평화스러웠으니까. 이래서 그는 왕의 벗으로서 좋은 충고가 얼마나 비싼 대가를 치르는 것인지를 참혹한 재앙으로 실증한 수많은 사례의 하나가 되었다.

15

하르파고스*[51]도, 자기와 페르시아인을 다스리는 왕을 뭔가 이런 일로 간한 것이 틀림없다. 화가 난 왕은 그의 아들을 그가 즐기게 하기 위해 요리하여 식탁에 내놓고 이어서 맛이 입에 맞느냐고 물었다. 그러고 나서 그가 자신의 불행으로 배불리 먹은 것을 보자, 아이들의 목을 가져오라고 명하고, 대접이 괜찮았느냐고 물었다. 가련한 아비에게서 말은 사라지지 않고 입도 닫히지 않았다. 그가 말했다. "왕을 모신 자리에서 연회를 베풀어 주셨으니 얼마나 기쁜 일이겠습니까." 이러한 아첨이 무슨 소용이 있겠는가. 나머지를 먹는 것은 면했다. 아비가 왕의 행위를 규탄하는 것은 마땅하고, 그런 잔학한 악귀의 짓에 벌

---

*51 메디아의 왕 아스티아게스(재위 기원전 584~549)의 신하. 왕은 딸이 낳은 손자 키루스를, 꿈속 계시에 따라 처리하도록 하르파고스에게 명했지만, 그가 아기를 소치기에게 넘겨 키루스는 그 아들로서 자란다. 이윽고 왕이 진실을 알고, 이 일화에 나오는 벌을 주게 된다 (헤로도토스 《역사》).

을 요구하는 것도 무리가 아니다. 그러나 오늘 내가 끄집어내는 것은 다음과 같은 말이다. 헤아릴 수 없는 재앙으로부터 끓어오르는 분노를 숨기는 것은, 자기의 의지에 거스르는 말을 할 수 있다는 뜻이다.

그런 슬픔을 억누르는 기술이, 특히 이런 삶의 운명에 얽어걸려 왕의 주연에서 시중을 드는 자에게는 필요하다. 그들은 그처럼 먹고, 마시며, 그와 같이 대답한다. 자신의 상중에도 웃어야 한다. 사는 것이 그만큼 가치가 있는 일인지 살펴보기로 하자. 그것은 별문제다. 이렇게 가혹한 강제수용소를 위로할 생각은 없다. 살인귀의 명령을 견디라고 권할 마음도 없다. 어떠한 노예와 같은 삶에도 자유를 향해 열린 길이 있다는 것을 보여주리라. 마음이 시들어 자기의 허물 때문에 불행한 경우, 이자에게는 재앙을 자기 몸과 함께 끝장내는 것이 허락된다.

소중한 아들의 가슴에 화살을 겨냥한 왕이었던 자에게, 아들의 내장으로 아비를 배불리 먹인 왕을 섬기는 자에게 나는 이렇게 말하리라. "어째서 신음하는가, 제정신을 잃은 자여. 어딘가의 적이 너의 백성을 섬멸시키고 너의 원수를 갚거나, 아득히 먼 곳에서 강대한 왕이 날아와 주리라고 기대하는가. 너의 눈을 어디로 돌리든지, 거기에 불행한 종말이 있다. 저 절벽이 보이는가. 거기서 자유로 내려갈 수 있다. 저 바다, 저 강, 저 우물이 보이는가. 그 아래바닥에 자유가 자리 잡고 있다. 저 나무가, 왜소하고 틈이 벌어진 불모의 가지가 보이는가. 저기에 자유가 매달려 있다. 너의 목, 너의 목구멍, 너의 심장이 보이는가. 예속으로부터의 피난처이다. 너에게 보여준 탈출구가 너무나 고통스럽고 너무나 많은 기력을 요하는가. 자유에 이르는 길은 어떻게 생겼느냐고 묻는가. 어떤 것이든 네 몸의 핏줄이다."

16

우리를 삶으로부터 내쫓을 만큼 견디기 힘든 것은 아직 아무것도 없다고 생각되는 한, 어떤 처지에 있더라도 우리는 분노를 멀리해야 하지 않을까. 분노는 섬기는 자에게는 위험하다. 격분은 어느 것이나 자기를 고문하게 되고, 명령은 반항적인 태도로 받으면 더욱 무겁게 느껴진다. 짐승도 사나울 때 족쇄에 더욱 세게 붙잡힌다. 새도 당황하여 사납게 날개를 퍼덕일 때 끈끈이에 날개 전체가 휘감긴다. 아무리 멍에가 죄어 오더라도 따라가면 저항할 때보다 상처가 작다. 커다란 재앙을 가볍게 해 주는 것이 단 한 가지 있다. 참는 것, 그리고 자기의 필연에 순종하는 것이다.

신하 쪽에서는 자기의 감정과 특히 이 흉포하고 억제를 모르는 정념을 삼가는 것이 이롭지만, 왕에게는 더욱 큰 도움이 된다. 분노가 불타오르는 데까지 운명으로 인정한다면 모든 것은 멸망하고 말리라. 많은 사람의 불행을 가져오는 권력이 오래 머무를 수는 없다. 따로따로 신음하는 자들을 공통의 공포가 이어주는 순간 위험이 생기기 때문이다. 그래서 왕의 대부분은 칼날에 쓰러졌다. 한 사람의 손에 걸리는 자도 있고 모두의 손에 걸리는 경우도 있었다. 모두의 고통이 그들로 하여금 저마다의 분노를 하나로 집중시키도록 이끌었을 때이다.

그런데 대부분의 군주는 분노를 마치 왕의 징표처럼 함부로 썼다. 예를 들면 다리우스*52 같은 왕이다. 그는 마고스 사제로부터 권력을 빼앗은 다음, 처음으로 페르시아인과 동양의 대부분을 다스렸다. 그가 동양의 주변부에 있는 스키티아인에게 전쟁을 걸었을 때의 일이었다. 늙은 귀족인 오이오바조스가 왕에게 자기의 세 아들 가운데 둘은 맘대로 쓰고, 하나만은 자신이 늙었을 때 돌봐주기 위해 아비에게 남겨달라고 간청했다. 왕은 탄원 이상의 것을 약속하고 세 사람 모두 풀어 주겠다 하고는 아버지가 보는 앞에서 그들을 죽이고 내다버렸다. 만일 모두 데리고 간다면 무자비하게 되리라고 하면서.

그에 비하면 크세르크세스는 얼마나 자비로운가. 그에게 다섯 아들의 아버지인 피티오스가 한 명의 유예를 청하자 크세르크세스는 아들 하나만 고르는 것을 허락했다. 그런 다음 그 아들을 찢어 두 쪽으로 갈라서 길 양쪽에 놓고, 그 희생으로 군대를 정화시켰다. 그래서 그는 마땅한 결말을 얻었다. 패배하여 넓고 긴 달아나는 길 곳곳에 가로누워 있는 자신의 파멸을 확인하면서 자기 백성들의 시체 한가운데를 걸어간 것이다.

17

만족(蠻族)의 왕들은 분노를 터뜨릴 때 이런 야수성을 드러냈다. 그러나 그들의 마음은 어떤 학식이나 문물 교양과도 인연이 없었다. 이번에는 그대에게

---

*52 페르시아 왕(재위 기원전 522~486). 페르시아의 귀족 히스타스페스의 아들로, 캄비세스의 사후에 지배하고 있던 마고스 가우마타(수메르디스)를 죽이고 지배를 확립했다.

아리스토텔레스의 품에서 알렉산드로스 왕을 보여 주겠다. 그는 자기와 누구 보다도 친하고 함께 자란 클레이토스*53를 연회가 한창일 때 자기 손으로 찔렀다. 아첨할 줄을 모르고 마케도니아인, 자유인에서 페르시아풍의 예종을 좀처럼 따르려 하지 않았기 때문이다. 왕은 같은 동료인 리시마코스*54를 사자 앞으로 내던졌다. 그러나 이 리시마코스도 운 좋게 사자 엄니의 제물이 되는 것을 면했는데, 스스로 왕에 취임했을 때 이 경험 덕분에 온화해진 것일까.

그는 벗인 로도스 사람 텔레스포로스의 팔다리 끝부분을 모두 잘라 내고 귀와 코도 베어 없애고 뭔가 신기하고 희한한 동물처럼 만들어서 우리 속에 넣어 키웠다. 그 흉측한 얼굴은 이미 인간의 용모가 아니었다. 굶주림과 불결함, 자기의 배설물 가운데 버려진 몸에 들러붙은 오물이 그것을 더욱 흉측하게 만들었다. 게다가 무릎과 손은 두터운 굳은살로 덮여—장소가 좁아서 그것을 발 대신 쓰지 않을 수 없었다—, 옆구리는 긁어댄 상처로 문드러져 있었다. 그 모습을 본 사람은 무섭다기보다 너무나도 징그러워서, 자기한테 가해진 벌로써 괴물이 된 그에게 사람들은 동정심마저 잃어버렸다. 그러나 그런 벌을 당한 자는 인간 같지 않게 되었지만, 이런 짓을 한 자는 더욱 인간 같지 않은 게 아닐까.

18

그런 잔학성이 다른 나라의 실례로 그쳤으면, 그리고 고문과 분노의 야만적인 습성이 악덕과 함께 로마로 들어오지 않았으면 얼마나 좋았을까. 국민이 어느 거리에나 조각상을 세우고, 향과 술로 제사를 모신 마르쿠스 마리우스*55에 대해, 루키우스 술라는 그 정강이를 꺾고, 눈알을 도려내고, 혀와 손을 잘

---

*53 마케도니아의 귀족으로, 알렉산드로스의 오랜 친구. 연회에서 그에게 매도당하자 화가 난 알렉산드로스는, 해산한 뒤 그를 직접 찔러죽였으나 그 뒤 몹시 후회했다.

*54 기원전 360무렵~281년. 알렉산드로스의 호위출신으로, 대왕이 죽은 뒤 트라키아를 지배했다. 클루티우스 루푸스에 따르면, 리시마코스가 사자에게 내던져진 이야기는 진실이 아니며, 알렉산드로스를 사자로부터 보호한 것에서 비롯한다. 그러나 대 플리니우스의 《박물지》에도 이와 같은 이야기가 전해지고 있다.

*55 마르쿠스 마리우스 그라티디아누스(기원전 82사망). 기원전 85, 84년의 법무관. 채무자를 보호하는 통화개혁에서의 공을 독차지하여 여기에 기록될 만한 인기를 얻었다. 그 뒤 술라가 적대하여, 조각상은 파괴되고 기원전 82년 11월에 본인도 처형되었다.

라버리라고 명령했다. 그리고 상처를 더 낼 때마다 죽음을 되풀이하는 것처럼 서서히 몸의 각 부분을 하나씩 못 쓰게 만들었다. 이 명령의 실행자는 누구였던가. 이미 온갖 범행에 솜씨를 발휘한 카틸리나*⁵⁶ 말고 누가 있겠는가. 이 사람이 퀸투스 카툴루스의 무덤 앞에서 더 없이 온후한 사람의 재(灰) 위에 더 없이 무겁게 올라타고 저 마리우스를 찢어발겼다. 나쁜 사례임에도 민중에게 인기가 있어 지나치게 사랑을 받은 남자는 그 재에 자기의 피를 한 방울씩 스며들게 했다. 마리우스는 그 처형을 당하는 것이 마땅했고, 술라는 명령하는 것이 마땅했으며, 카틸리나는 집행하는 것이 마땅했다. 그러나 국가는 사회 또는 일반 사람들의 적과 복수자들의 칼날을 자기 몸에 받을 가치가 없었다.

뭐하러 옛일을 들추겠는가. 최근에 가이우스 카이사르는 집정관급의 사람을 아버지로 둔 섹스투스 파피니우스*⁵⁷를, 자신의 재무관이자 또 자신의 칙임관리관(勅任管理官)의 아들 베틸리에누스 바수스*⁵⁸를, 그리고 그 밖의 원로원 의원과 로마 기사인 사람들을 하루 동안 채찍질하고 고문했다. 심문하기 위해서가 아니라 기분 전환용으로. 그의 잔학성은, 그 자리에서 원하는 짜릿한 쾌락이 지연되는 것을 참지 못해 어머니*⁵⁹의 정원 바깥 산책로—그곳은 주랑과 강기슭 사이에 있었다—를 어슬렁거리면서, 그들 가운데 몇 사람을, 귀부인과 다른 원로원 의원들과 함께 등불 아래서 참수했다. 왜 그렇게 서둘렀을까. 하룻밤 사이에 나라든 개인이든 어떤 위험이 닥쳐온다는 것인가. 도대체 샌들을 신은 채로 로마 국민의 원로원 의원들을 죽이지 않도록, 새벽까지 기다리는 것이 그토록 어려운 일이었던가.

---

*56 루키우스 세르기우스 카틸리나(기원전 62사망). 기원전 68년의 법무관. 오래된 몰락 귀족 출신으로, 술라의 부관이 되었다. 기원전 82년의 추방공고로 재산을 이루어 대두, 민중의 인기가 높은 과격한 정책을 주장하여 보수파에게 견제당했고, 기원전 64년의 집정관 선거에서 키케로에게 패했다. 이듬해의 선거에서도 패하자 체제전복의 무력봉기를 계획했으나, 정보를 입수한 키케로에게 저지당하여 이듬해 초에 싸움에 져서 죽었다.

*57 40년에 음모 혐의로 처형되었다. 디온 카시오스의 《로마사》는 그와 그의 아버지가 관련된 음모발각의 전말에 대해 완전히 다른 이야기(아마도 오류)를 전하고 있다.

*58 디온 카시오스의 《로마사》에 따르면, 아버지 베틸리에누스 카피토는 아들의 처형에 입회하도록 강요받았다. 아버지가 아들의 눈을 감겨주도록 허락을 청하자 칼리굴라는 아버지까지 처형을 명령했다.

*59 대 아그리피나를 가리킨다.

그의 잔인성이 얼마나 오만했는지 알아 두는 것은 유익하지만 우리가 궤도를 벗어나 본디 주제에서 멀어졌다고 생각하는 사람도 있을지 모른다. 그러나 이 사례야말로 바른 길을 벗어나 폭발하는 분노의 일부이다. 그는 채찍질로 원로원 의원들을 죽였다. "그거야 흔히 있는 일이지" 이렇게 말하도록 만든 것은 바로 그 사람이었다. 그들을 이 세상에서 가장 무서운 온갖 방법으로 고문했다—하프, 깃털신, 조랑말, 불, 그리고 자기의 얼굴로. 그러면 여기서 대답이 돌아올 것이다. "얼마나 대단한 일인가, 세 명의 원로원 의원을 괘씸한 노예처럼 채찍과 불길 사이에서 난도질했으니. 그자는 원로원 전체의 학살을 생각했던 인간, 로마 국민이 단 하나의 목을 갖기[60]를, 수많은 장소와 시간으로 퍼져나갈 자기의 범죄를 일격으로 한순간에 끝내기를, 바란 인간이다." 야간 처형처럼 이제껏 들어 본 적 없는 소행이 어디에 있는가. 절도는 한밤을 틈타는 것이 예사지만, 처벌은 알려질수록 개선과 본때를 보이는 데 더 낫고, 더 많은 도움이 되는 법인데.

그러면 이렇게 대답이 돌아올 것이다. "그대는 매우 놀라고 있지만, 그 짐승에게는 흔한 일이다. 그 때문에 살고, 그 때문에 자지 않고, 그 때문에 등불을 밝히고 있으니까." 그러나 적어도 이런 명령을 내린 자는 달리 찾아볼 수 없을 것이다. 그는 처벌을 명한 모든 대상자들의 입에 소리를 지르지 못하도록 갯솜을 물리게 했다. 도대체 죽어가는 자에게 마지막 고통의 신음소리조차 내지 못하게 한 사람이 누가 있었단 말인가. 그것은 마지막 고통과 함께 대담한 말을 내뱉는 것을, 그 듣고 싶지 않은 말을 듣는 일이 두려웠기 때문이다. 그는 알고 있었다. 죽음을 눈앞에 두지 않은 한 누구도 그에게 내뱉으려고 하지 않는 비난의 소리가 수없이 많다는 사실을. 갯솜이 보이지 않으면 불행한 자들의 옷을 찢어서 누더기를 입에 밀어 넣도록 명령했다. 이 잔학성은 도대체 무엇인가. 마지막 숨을 쉴 정도는 허락해야 된다. 이제 곧 거두려는 숨결에 장소를 양보하라. 상처를 통하지 않고 숨을 쉴 수 있는 정도는 허락해야 한다.

이야기가 길어지지만 여기에 덧붙이면, 그는 살해된 사람들의 아버지에게도 그날 밤 안에 백인대장을 집으로 보냈다. 자비롭게도 자식을 잃은 슬픔에

---

[60] "어느 때는 국민 전체를 향해 협박하면서 이렇게 말했다. '너희들이 목을 단 하나밖에 갖고 있지 않으면 좋았을 걸'"(디온 카시오스 《로마사》).

서 해방시켜 준 셈이다. 그러나 이 이야기의 목적은 가이우스의 잔학성이 아니라 분노의 잔학성을 말하는 것이었다. 그것은 한 사람 한 사람에게 분노를 돌릴 뿐만 아니라, 전 민족을 찢어놓는 것이다. 그뿐인가. 도시와 강에, 고통의 감각을 아무것도 모르는 것에까지 채찍을 휘두른 것이다.

20

페르시아인의 왕은 시리아에서 온 국민의 코를 깎아 없애고, 그곳에 '코 없는 마을(리노콜루라)*61'이라는 이름을 붙였다. 목을 통째로 베지는 않았으니 그가 봐 준 것이라고 생각하는가. 새로운 벌을 즐긴 것이다. 에티오피아인으로 매우 장수를 누려서 '장수족'이라고 불리고 있는 백성들도 무엇인가 이런 일을 당하고 있었으리라. 왜 그런가 하면, 이 사람들이 손바닥을 위로 하여 예속을 받아들이지 않고, 사절이 왔을 때 솔직한—왕께서 모욕감에 넘치셨도다 라는—대답을 했기 때문에, 캄비세스는 격분하여 군량도 준비하지 않고, 행로를 정찰하지도 않고, 길이 전혀 없는 곳을 지나 건조지대로 전투에 쓸 만한 한 군사를 이끌고 갔다. 행군을 시작할 때부터 물자가 부족하여, 거칠고 메말라 사람이 지나간 흔적조차 없는 땅은 아무 도움도 되지 않았다.

처음에는 아주 부드러운 잎과 나무 새싹이 굶주림을 면하게 해주었다. 다음에는 불로 연하게 그슬린 나무껍질과 필요가 먹거리로 변화시킨 모든 것이 그것을 대신했다. 그 뒤에는 모래 속에 뿌리도 잎도 없고, 생물이라고는 아무것도 없는 사막이 나타나자, 제비뽑기로 열 명 가운데 한 명씩 굶주림보다 잔인한 식량으로 삼았다. 분노가 왕으로 하여금 무모하게 여기까지 오게 했는데, 군대의 일부를 잃고 일부는 인육으로 모조리 먹어 치웠을 때, 자기 자신도 그 운명에 끌려 들어가는 게 아닌가 두려워하기 시작했다. 그리고 마침내 퇴각을 명령했다. 그동안 왕을 위해 가금류를 키우고, 연회용품을 낙타 등에 실어 옮겨 왔지만, 그의 병사들은 누가 불행하게 죽고, 누가 더 불행하게 살지를 결정하기 위해 제비를 뽑아야만 했다.

---

*61 스트라본의 《지지》에 따르면, 시리아와의 국경근처에 있는 이집트 도시. 한 에티오피아인이 죄인들을 죽이는 대신, 다시는 나쁜 짓을 하지 못하도록 그들의 코를 베고 그곳에서 살게 했다. 디오도로스 《역사》에 따르면, 이 벌을 가한 것은 에티오피아 왕 악티사네스였다.

그러나 이 왕이 분노한 까닭은 분노를 당할 이유가 없는 미지의 민족 때문이었는데, 아무튼 분노를 느낄 수는 있었다. 키로스는 강물에 화를 냈다. 바빌론을 공격하려고 전쟁을 서둘렀을 때—전쟁에서는 좋은 기회를 잡는 것이 가장 중요하다—, 긴데스 강*62의 강폭이 넓어서 얕은 여울을 지나 건너려고 시도했다. 그러나 그것은 강폭이 한여름에 가장 좁아질 때조차 안전과는 거리가 멀었다. 그때 왕의 전차를 끄는 역할을 하는 백마 한 마리가 강물에 떠내려가 버리자 크게 화가 난 왕은, 왕의 길동무를 앗아간 그 강을 여자도 쉽게 걸어서 긴널 수 있도록 하겠다고 맹세했다.

이어서 그는 전쟁 준비를 모두 이곳으로 옮겨 자리를 잡고 작업에 들어가, 180개의 수로로 갈라진 강을 360개의 작은 강에 나눠 강물을 곳곳으로 흘러가도록 함으로써 바싹 말라붙게 만든 것이다. 그로 인해 시간을 잃고—중대한 일에서 중대한 손실이다.—아무 도움도 되지 않는 노동으로 탈진하여, 병사들의 사기는 크게 땅에 떨어졌다. 또 적에게 포고한 전쟁을 강을 상대로 벌이는 동안, 이렇다 할 경계조차 하지 않은 상대를 공격할 좋은 기회마저 놓쳐 버렸다.

이 광기—달리 뭐라고 부르겠는가—는 로마인까지 침범했다. 가이우스 카이사르가 헤르클라네움에 있는 아름답고 화려한 별장을, 일찍이 그의 어머니가 그곳에 감금되었다는 이유로 무너뜨려, 도리어 어머니의 운명을 널리 알려지게 만들었다. 별장이 서 있었을 때는 우리도 배를 타고 그 옆을 지나갔을 뿐이지만, 이제는 파괴한 까닭을 묻는다.

22

이상은 피해야 할 실례로 생각해야 한다. 다음은 반대로, 따라야 할 사례, 분노해야 할 이유와 복수를 위한 권능도 부족함이 없었던 사람들의 절도와 온건함의 본보기를 살펴보겠다.

안티고노스*63에게 일반 병사 둘에 대해 처형명령을 내리는 것보다 간단한

---

*62 티그리스 강의 지류.

*63 어느 안티고노스를 가리키는지 특정하기 곤란하지만, 아마 마케도니아 왕으로 스토아파 철학자와 친교가 있었던 안티고노스 고나타스(기원전 320무렵~239)일 것이다. 이 일화는

일이 또 있을까. 그들은 왕의 천막에 기대어 사람들이 늘 그렇듯이 가장 위험하고도 가장 즐거운 것에 푹 빠져, 자기들의 왕에 대한 평가를 실컷 늘어놓고 있었다. 안티고노스는 모조리 듣고 있었다. 입 밖으로 나오는 소리와 듣는 귀 사이에는 얇은 천 한 장이 있었을 뿐이니까. 왕은 천을 툭툭 치면서 이렇게 말했다. "좀 더 떨어져서 말하지 않겠느냐. 왕에게 너희들 말이 들리면 곤란하지 않느냐?"

또 이 왕은 어느 날 밤, 부하 가운데 몇이 왕에 대해, 자기들을 이런 행로와 빠져나갈 수 없는 진창 속으로 끌어들였다고 갖은 욕설을 퍼붓는 것을 듣고, 가장 고전하고 있는 무리에 접근하여 누가 도와주는지 모르게 그들을 빠져나가게 한 뒤 이렇게 말했다. "자, 안티고노스에게 욕설을 퍼부어도 좋다. 너희들은 그의 잘못으로 이렇게 혼나고 있으니까. 하지만 이 진창에서 너희들을 구출해준 사람에게는 행운을 빌어줘라."

또 이 왕은 자기의 적이 내뱉은 욕설도 자기 국민의 경우와 마찬가지로 온화한 마음으로 참았다. 그래서 그가 어느 작은 요새에 들어박혀 있는 그리스인을 포위하고 있었을 때, 그들이 견고한 요새만 믿고 적을 업신여겨, 안티고노스의 추한 모습에 짓궂은 농담을 던지며, 어느 때는 그의 작은 키를, 또 어느 때는 납작한 코를 비웃자 그는 이렇게 말했다. "즐겁지 않은가. 이쪽 진영에 실레노스*⁶⁴가 있다면 전망은 확실하다." 그렇게 수다를 떨던 자들을 굶주리게 하여 항복을 받아내자, 포로를 처리할 때 군대에 쓸모 있는 자는 부대에 넣고 나머지는 노예로 팔았다. 그때 그는 이렇게 할 생각은 없었는데, 이만큼 입이 고약한 자들에게는 주인이 있는 것이 좋을 것 같다고 말했다.

23

이 사람의 손자가 알렉산드로스*⁶⁵이다. 자기의 술벗에게 창을 던진 사나이, 내가 앞에 말한 두 친구 가운데 한 사람은 야수이고, 또 한 사람은 자기 앞으

플루타르코스 《분노를 억제하는 것에 대하여》에도 있다.
* 64 자연의 영으로, 같은 유형인 젊은 사티로스들과 함께 디오니소스를 수행한다. 소크라테스의 용모가 실레노스에게 비교된 것은 잘 알려져 있다.
* 65 알렉산드로스의 아버지는 필리포스 2세, 할아버지는 아민타스이고, 안티고노스가 누구든 이것은 세네카의 실수이다.

로 창을 던졌다. 그런데 둘 가운데 사자 앞에 내던진 자는 살아남았다. 손자의 결함은 조부의 대물림이 아니었다. 아버지의 것도 아니었다. 필리포스*66에게 뭔가 덕이라고 할 만한 것이 있다면 그것은 모욕에 대한 인내였다. 그것은 왕권을 지키는 데 큰 도움이 된다. 뻔뻔스럽기 짝이 없는 독설 때문에 '바른말 선비'라는 별명이 붙은 데모카레스*67가 아테네에서 사절에 끼어 그를 방문했다. 필리포스는 이 사절의 말에 우호적으로 귀를 기울인 다음 이렇게 말했다. "내가 아테네 사람들에게 기쁨을 줄 수 있는 것이 무엇인지 가르쳐 다오." 그러자 데모카레스가 말했다. "왕이 목을 매는 것이오." 이 무례한 대답에 주위에 있던 사람들은 격분했다. 그러나 필리포스는 그들에게 입을 다물게 하고, 테르시테스*68를 무사하고 안전하게 놓아주도록 명했다. 그리고 그는 이렇게 말했다. "그러나 여러분, 이런 말을 하는 사람이 말없이 듣기만 하는 자보다 훨씬 오만했다고 아테네인에게 보고해 주게나."

훌륭한 왕 아우구스투스에게도 기억해 둘 만한 온갖 언행이 전해지는데, 분노가 그에게 명령을 내리도록 한 적은 결코 없었던 것으로 알려져 있다. 역사가인 티마게네스*69가 그 본인과 그의 부인, 그의 일족 전체에 대해 호의적이지 않은 말을 했는데, 그 의견이 사라지지 않고 남아있다. 무책임한 농담이 널리 퍼져 사람들 입에 자주 오르내리게 되었기 때문이다. 카이사르는 그에게 좀 더 말을 삼가도록 여러 번 충고했다. 그러나 여전한 그에게 공관 출입이 금지되었다. 그 뒤에 티마게네스는 폴리오 아시니우스*70의 집에서 노인이 될 때

---

*66 마케도니아왕(재위 기원전 359~336). 알렉산드로스의 아버지. 성격이 급한 알렉산드로스와 온화한 필리포스의 대비적인 언급은 키케로의 《의무에 대하여》에 있으며, 이 책의 바탕이 된 파나이티오스로 거슬러 올라간다.

*67 아테네의 변론가이자 민중파 정치가(기원전 360무렵~275). 데모스테네스의 조카. 변론 외에 21권이 넘는 동시대사(同時代史)를 저술했다.

*68 트로이 전쟁 때 그리스 군의 추하고 입이 거친 병사. 호메로스 《일리아스》 제2가에서 총대장 아가멤논에게 덤벼들어 오디세우스에게 벌을 받았다.

*69 알렉산드리아 출신이 변론가, 역사가. 기원전 55년에 포로가 되어 로마에 와서, 해방 뒤에 로마에서 변론술을 가르쳤다. 아우구스투스는 처음에는 그와 가까웠지만, 나중에 성격 때문에 사이가 틀어졌다. 그리스와 만족을 편들고 로마를 싫어하여, "그가 로마의 화재를 슬퍼할 이유는 그 뒤에 다시 좋은 건물이 지어질 것이기 때문이었다."(《도덕서간집》91·13).

*70 가이우스 아시니우스 폴리오(기원전 76~서기4). 기원전 40년의 집정관. 카이사르파로 안토니우스 쪽에 가담했다. 카툴루스, 호라티우스, 베르길리우스와 친교가 있었던 문인으로 기원전 41년에는 베르길리우스를 토지수용으로부터 구해주었다.

까지 살았는데, 온 국민의 인기를 끌었다. 카이사르의 공관에서는 쫓겨났지만 그에게 출입을 금하는 집은 아무데도 없었다.

그는 이 사건 뒤에 쓴 역사를 낭독하고 [불태워] 카이사르, 아우구스투스의 사적을 다룬 몇 권을 불에 던져 버렸다. 여전히 카이사르에게 적의를 품고 있었으나 그를 벗으로서 만나기를 두려워하는 사람은 아무도 없었다. 그를 벼락 맞은 사람처럼 피하는 사람도 아무도 없었다. 이렇게 높은 데서 추락하려는 그를 막아 주려고 호주머니를 털어주는 사람이 있었다. 이미 말했듯이 카이사르는 여기에 참을성 있게 인내하며, 그가 자신의 명예와 업적에 먹칠을 했어도 조금도 마음에 흔들림이 없었다. 자기의 적의 주인에게 불만을 말한 적도 없었다.

그저 폴리오 아시니우스에게 이렇게 말한 것이 고작이었다. "자네는 맹수를 키우고 있더군그래." 폴리오가 변명하려고 하자 가로막으며 이렇게 말했다. "귀여워해 주게, 폴리오여, 귀여워해 주라고." 폴리오가 "카이사르, 귀하께서 명하신다면 곧바로 그를 우리 집에서 쫓아내겠습니다." 하자, 그는 이렇게 말했다. "내가 그렇게 할 것 같은가, 자네들을 화해시킨 것이 나였는데." 왜냐하면 폴리오가 티마게네스에게 화를 낸 적이 있는데, 화를 거둔 이유는 오로지 하나, 카이사르가 화를 내기 시작했기 때문이었다.

24

그러므로 누구든지 기분이 상할 때는 스스로 이렇게 말해 보는 게 어떨까. "나에게 필리포스보다 강대한 힘이 있는가. 그 사람도 묵묵히 욕설을 들었는데. 내가 우리 집에서 휘두르는 힘이 신 같은 군주 아우구스투스가 온 세계에 휘두른 힘보다 크단 말인가. 그 또한 자기를 욕하는 자로부터 멀어지는 것으로 만족했는데." 내가 나의 노예의 건방진 대답이나 불만스런 눈빛, 내 귀에는 들리지 않은 불평을 채찍이나 족쇄로 벌해야 될 이유가 어디에 있단 말인가. 내 귀를 따갑게 하는 것은 규칙을 깨는 것이라니, 내가 무슨 대단한 사람이나 된단 말인가. 많은 사람이 자신의 적도 용서했는데, 좀 게으르고 무심한 수다쟁이를 용서하지 못할 이유가 어디 있는가.

나이가 아이에게, 성(性)이 여자에게, 자유가 타인에게, 가까운 사람이 가족에게 변명할 것이다. 상처를 준 것은 이번이 처음이면, 얼마나 오랫동안 그가 그대의 마음에 들었던가를 생각하자. 다른 때도 여러 번 상처를 주었다면, 오래 참았으니 한 번 더 참자. 벗이라면, 그럴 마음이 없었으리라. 적이라면, 의무를 이행했을 뿐이다. 사려 있는 자에게는 신뢰를, 어리석은 자에게는 용서를 돌려주자. 누구든지 옹호하며 자기를 향해 이렇게 응수하지 않겠는가. 매우 지혜로운 사람들도 많은 잘못을 저지른다. 아무리 신중한 사람도 때로는 주의력이 완전히 사라지는 경우가 있다. 아무리 마음을 갈고닦은 사람도 불의의 사고로 침착성을 잃고 과격한 행동으로 나가는 수가 있다. 또 아무리 해를 가하지 않을까 걱정해도, 피하고 있는 동안에 일으켜 버리는 수도 있다.

25

소심한 사람에게는 위인의 운명도 흔들리는 것이 불행의 위안이 된다. 좁은 집에서 아들 앞에서 눈물을 흘리는 자는, 왕궁에서도 슬픈 장례행렬이 이어지는 것을 보면 오열이 얼마간 가라앉는다. 이와 마찬가지로 어떤 부정의 습격도 당하지 않는 권력은 존재하지 않는다는 데 생각이 미치는 자는, 남에게 상처를 입고 부정을 당해도 더욱 침착한 마음으로 참는다. 더없이 사려 깊은 사람도 잘못을 하는 이상, 누구에게나 잘못에 대한 그 나름의 변명이 있지 않겠는가. 자기의 젊은 시절을 돌아보자. 도대체 몇 번이나 의무를 소홀히 하고, 말의 신중함을 잊고, 음주의 정도가 지나친 적이 있었던가. 혹시 그가 화를 내고 있다면, 그에게 유예를 주어 자기가 무슨 짓을 했는지 확실히 알게 하면 된다. 그러면 스스로 자기를 꾸짖을 것이다. 그가 벌을 받는 것은 나중이라도 상관없다. 이쪽도 그에게 맞춰서 행동할 이유는 없다.

누구든지 대드는 자를 내려다보는 사람은, 자신을 사람들로부터 멀리 떼어 놓고, 홀로 높이 우뚝 서는 것은 의심할 여지가 없다. 마치 맹수가 개 짖는 소리를 유유히 듣고 있는 것처럼, 커다란 암초에 부딪친 파도가 산산이 흩어지는 것처럼, 모든 타격을 느끼지 않는 것은 참된 위대함의 증거이다. 화를 내지 않는 자는 부정을 당하더라도 언제나 변함이 없다. 화를 내는 자는 흔들린다. 그러나 오늘 내가 모든 재앙의 영역을 넘어선 높은 곳에 앉힌 사람은, 지상의 선을 단단히 품고 인간뿐만 아니라 운명 자체에 이렇게 말한다. "어떤 짓을 하더라도 너는 나보다 작고 나의 맑은 경지를 흐리게 할 수 없다. 내가 삶을 이끌도록 한 이성이 그것을 가로막는다. 나를 해칠 가능성이 있는 것은 부정이 아니라 분노이다. 왜 그렇지 않겠는가. 부정의 한계는 정해져 있지만 분노가 나를 어디까지 끌고 갈지는 알 수 없기 때문이다."

26

그대는 말한다. "나에게는 무리다. 견딜 수가 없다. 부정을 참는 것은 너무나 괴롭다." 그대는 거짓말을 하고 있다. 분노를 견딜 수 있는 누가 부정을 견딜 수 없단 말인가. 거기에 이렇게 덧붙이면 된다. 분노와 부정을 참을 수 있다는 것은, 실은 지금 그대가 이미 하고 있는 것이다. 왜 그대는 병자의 분노, 미치광이의 욕설, 어린아이의 버릇없는 장난을 참는가. 말할 것도 없이 그들은 자신이 무엇을 하는지 알지 못한다고 여기기 때문이다. 그러나 저마다 무지의 원인이 어떤 결함인가 하는 것에 무슨 의미가 있겠는가. 무지는 모든 사례에서 같은 효력을 지닌 변명이 된다. 그대는 말한다. "그렇다면 거기에는 허물이 없다는 것인가." 그대가 벌하지 않는 쪽을 택한다고 생각해 보자. 그래도 허물이 없는 것이 되지는 않으리라. 왜냐하면 저지른 부정에 대한 가장 큰 벌은 저지른 것 그 자체이고, 또 후회의 가책을 느끼는 것만큼 괴로운 벌은 없기 때문이다.

다음으로 우리가 모든 사건의 공평한 심판자가 되기 위해서도 인간에 대한 조건을 되돌아보아야 한다. 공통 잘못에 대해 한 사람을 비난하는 일은 옳지 않다. 에티오피아인의 살색은 그의 동포들 사이에서는 눈에 띄지 않는다. 게르마니아인들 사이에서는 묶어 올린 금발이 어울리지 않는 남자는 없다. 한 사람에게 볼 수 있다하더라도, 그 무리 전체에 공통적인 것이라면 눈에 띈다거나 보기 싫다고 하지는 않을 것이다. 지금 내가 말한 것은 한 지역이나 한 곳에 있는 습속에 대한 변호이다. 그렇다면 보라, 온 인류에게 모두 퍼져 있는 사항에는 그 정당성이 얼마나 커지는지를.

우리는 모두 생각이 없고 앞을 보는 안목이 없다. 우리 모두가 주관이 없고 불평꾼이며 건방지다. 하지만 어째서 내가 모두가 앓는 궤양을 부드러운 말로 일부러 숨기는가. 우리는 모두 악인이다. 그래서 무엇이든 남에게 비난받을 일을 누구나 자기의 가슴 속에서 발견할 것이다. 어째서 그대는 그의 생기 없는 얼굴을, 그의 야윈 모습을 유심히 쳐다보는가. 유행병이다. 그러므로 서로가 더욱 화목하게 지내는 게 좋지 않겠나. 우리는 악인들 속에서 사는 악인이다. 한

가지가 우리를 조용하게 해 준다. 서로에 대한 관용의 협정이다. "그가 나에게 위해를 가했지만, 나는 아직 그러지 않았다" 하지만 그대도 여태껏 누군가에게 해를 끼쳤을 것이다. 아니면 앞으로 상처를 줄 것이다. 이 한 시간, 아니 이 하루만 평가해서는 안 된다. 그대의 마음자리 전체를 살펴보라. 혹시 오늘까지는 나쁜 짓을 하지 않았다 해도, 앞으로 할 가능성이 있다.

<h2 style="text-align:center">27</h2>

부정을 치유하는 것이 복수보다 얼마나 좋은가. 복수에는 많은 시간이 걸린다. 하나의 부정에 괴로워하면서 낳은 부정에 자기를 드러낸다. 우리는 모두 상처받은 시간보다 더 오래 화를 낸다. 뒤로 물러나서, 잘못에 잘못으로 맞서지 못하게 하는 편이 얼마나 더 좋은가. 나도 노새를 차버리고, 나도 개를 물어버리면 공평하다고 생각하는 자가 어디에 있겠는가. 그대는 말한다. "그런 것들은 자신이 잘못한 것인지 어떤지도 모르지 않는가." 첫째로 인간이기 때문에 용서를 받지 못하는 것은 얼마나 불공평한 심판인가. 둘째로 만일 이 점, 사고력을 갖지 못했다는 점이 다른 동물을 그대의 분노로부터 구해준다면, 누구든지 사고력을 갖추지 못한 사람은, 그대에게는 그와 똑같은 위치에 있게 된다. 왜냐하면 혹시 누구에게 말 못하는 것의 모든 잘못에 포함되어, 그 변호가 되는 일과 비슷한 것, 즉 마음의 안개가 있다면 그에게 다른 말 못하는 것과 다른 점이 있는지 여부가 무슨 의미가 있겠는가.

그는 잘못을 저질렀다. 그래서 이것이 처음인가, 아니면 마지막인가. "다시는 하지 않겠습니다." 해도 믿어야 할 이유가 없다. 여전히 잘못을 저지를 것이고, 여전히 그에게 누군가가 잘못할 것이다. 그리고 살아 있는 동안 늘 잘못 가운데를 여기저기 굴러다닐 것이다. 길들지 않은 것은 길이 들도록 잘 다루어야 된다. 가까운 사람을 잃은 슬픔에 효과적이라고 알려진 말을 분노에 대해서도 하면 좋다. 그대는 그것을 언제 그만둘 셈인가. 아니면 절대로 그만두지 않을 텐가. 혹시 언젠가 그만둔다면 분노를 스스로 버리는 것이, 분노에게 버림받는 것보다 얼마나 좋은가. 그보다도 이런 흥분이 언제까지 이어지겠는가. 그대가 얼마나 불온한 삶을 자신에게 고하고 있는지 아는가. 언제나 불만에 차 있는 인간의 삶은 어떻게 될까. 더 찾아보자. 예를 들어 그대가 스스로 자기를 부추겨 그대를 내몰 원인을 다시 불러일으키려고 해도, 분노는 저절로 물러갈 것이다. 시간의 경과가 거기서 활력을 앗아간다. 그렇다면 그대가 분노를 이기는 것이 분노에게 지는 것보다 얼마나 좋은 일인가.

28

그대는 이것에 화를 낸다. 다음에는 저것에. 노예에게, 다음에는 해방노예에게. 부모에게, 다음에는 자식에게. 지인에게, 다음에는 타인에게. 달래는 사람의 마음이 끼어들지 않으면 이유는 어디에나 굴러다닌다. 광기가 그대를 여기서 저기로 옮길 것이다. 거기에서 또 다른 곳으로. 그 뒤에도 새로운 자극이 생기면 격앙은 이어진다. 오, 복 없는 자여. 그대는 언제가 되어야 사랑하게 될 것인가. 아아, 그대는 얼마나 소중한 시간을 악(惡) 속에서 망치고 있는가! 그보다도 벗을 만들고, 적을 달래고, 나라에 봉사하며, 가정에 노력을 기울이는 것이, 누군가에게 가할 수 있을 듯한 나쁜 짓을 찾는 것보다 얼마나 좋은가. 체면이든 재산이든 몸이든, 그대는 그에게 무엇인가 상처를 주고 싶어 한다. 그러나 그것은, 경쟁상대가 뒤떨어질 때조차 저항과 위험 없이는 무리한 이야기이다.

이를테면 상대를 맡아서 꽁꽁 묶어 놓고 이쪽 뜻대로 어떤 시련을 겪게 하더라도, 이쪽의 지나친 힘 때문에 자신의 관절이 삐끗하거나, 상대의 깨진 이가 근육을 파고드는 일이 자주 일어난다. 마음대로 할 수 있는 먹잇감을 손에 넣어도 분노는 많은 사람의 손을 오그라들게 하고, 많은 사람의 몸에 장애를 가져다 주었다. 또 찾아보자. 아무리 약하게 태어났더라도, 억압하는 자에게 어떤 위해도 가하지 않고 멸망하는 자는 없다. 때로는 고통이, 때로는 우연이 무력한 자를 훨씬 강력한 자에게 맞서게 한다.

거의 분노의 원인은 위해보다 불쾌함 때문이다. 그러나 남이 나의 의지를 방해하는 것과 내 뜻에 따르지 않는 것은, 또 빼앗는 것과 주지 않는 것은 크게 다르다. 그런데 우리는 빼앗는가, 아니면 거부하는가, 이쪽의 기대를 잘라 버리는가, 아니면 멀리하는가, 이쪽에 반대하기 위해 하는 것인가, 아니면 자신을 위해서인가, 누군가에 대한 애정 때문인가, 아니면 우리에 대한 미움 때문인가—이런 것을 어느 것이나 똑같이 여기고 있다.

실제로, 경우에 따라서는 남이 우리에게 저항하는 것에는 정당할 뿐만 아니라 존엄한 이유가 있다. 어떤 사람은 아버지를 지킨다. 어떤 사람은 형제를, 어떤 사람은 조국을, 어떤 사람은 벗을 지킨다. 그럼에도 우리는 그런 사람을 용서하지 않는다. 그들이 한 것은, 만약 하지 않았다면 반드시 우리의 비난을 살 것이 틀림없는 것들이다. 그뿐만이 아니다. 참으로 믿기 어려운 일이지만 우리는 어떤 행위를 높이 평가하면서도 그 행위자를 나쁘게 볼 때가 많다. 그러나 진실을 말한다면 적어도 도량이 크고 올바른 사람일 경우, 자신의 적 가운데 가장 강하고 용기 있는 자와 조국의 자유와 안전을 위해 누구보다 끈기 있게 싸우는 자를 높이 평가하고, 그런 사람이 자기 국민의 병사가 되어주기를 바란다.

29

칭찬하지 않을 수 없는 인물을 싫어하는 것은 보기 흉하다. 그러나 가엾게 여겨야 한다는 이유로 싫어하는 것은 더욱 보기 추하다. 포로가 되어 갑자기 노예의 처지로 굴러떨어진 자가 자유의 미련을 품고 지저분하고 힘든 막노동을 잘 못하거나, 예전에 한가롭게 살았던 탓으로 행동이 느려 주인의 말과 마차를 따라가지 못하고, 축제가 많은 도시에서 시중들다가 힘든 농사일로 옮겨지는 것을 거부하거나 마지못해 하는 그런 경우들이다. 그가 할 수 없는 것인지, 아니면 원하지 않는 것인지를 구별하자. 화내기 전에 판단부터 시작한다면 우리는 많은 자들을 놓아주게 될 것이다. 그런데 현실은 먼저 충동에 따르고, 그 뒤에도 우리를 몰아댄 것이 아무리 헛된 것일지라도, 이유도 없이 화를 냈다고 여겨지지 않도록 하기 위해, 계속 분노에 매달린다. 그리고 매우 부당하게도, 분노의 부당성이 우리를 더욱 고집스럽게 만든다. 마치 격렬하게 분노하는 것이 분노의 정당성의 증거라도 되는 듯이, 우리는 분노를 버리지 못하고 오히려 더욱 키우는 것이다.

30

실마리 자체를, 그것이 얼마나 사소하고 얼마나 무해한지 철저히 확인하는 것이 매우 중요하다. 말 못하는 짐승들에게서 일어나는 현상을 보는 것과 마찬가지로 그대는 인간들에게서도 그것을 발견할 것이다. 우리는 쓸데없는 일에 휘둘린다. 수소는 붉은 빛깔에 흥분한다. 독사는 그림자를 향해 머리를 쳐들고 곰과 사자는 천조각에 흥분한다. 사납게 타고난 흉포한 것은 하찮은 것

앞에서 격앙된다.

침착하지 않고 어리석은 정신을 가진 사람도 마찬가지이다. 그들은 무슨 일에나 시기심에 사로잡혀 작은 은혜를 부정이라고 부르기도 한다. 그러나 가장 빈번하고, 의심할 바 없이 가장 매정하고 무자비한 분노는 이 영역에서 일어난다. 우리는 가장 가까운 사람들에게 화를 낸다. 그것은 그들이 해 준 것이 자기가 생각한 것보다 적기 때문에, 다른 사람이 받은 것보다 적기 때문이다. 어느 쪽에나 치료법은 있다. 그는 또 한 사람에게 더욱 잘해 주었다. 우리는 우리의 것을 비교하지 말고 기뻐하자. 더욱 행복한 사람에게 괴로움을 당하는 자는 행복해질 수 없기 때문이다. 나의 몫이 기대한 것보다 적을 때는 너무 많은 것을 바란 것이다. 그러나 이 태도야말로 가장 주의해야 할 점이다. 여기서 가장 위험한 분노가 생기고 가장 신성한 것까지 망가뜨리는 일이 있기 때문이다.

훌륭한 군주인 울리우스를 찔러 죽인 자는 적보다 벗들이 더 많았다. 그들의 끝없는 욕망을 채워 주지 않았기 때문이다. 실제로 그는 그렇게 하고 싶었다.—승리에 그만큼 관용을 베푼 사람은 없었다. 거기서 자기 것으로 한 것은 배분한 권리 말고는 아무것도 없었다.—그러나 도대체 사악한 욕망을 어떻게 하면 채워 줄 수 있다는 말인가. 모두가 한 사람의 힘으로 이룰 수 있는 가장 큰 것을 바라고 있는데. 그래서 자신의 옥좌 주위에서 칼이 뽑혔을 때 그의 눈에 띈 것은, 자기의 전우 킴베르 틸리우스*71였다. 조금 전에는 당파의 가장 용감한 방어자였던 사람이다. 그 밖에 폼페이우스가 죽은 뒤 폼페이우스파가 된 자들이었다. 이런 경우야말로, 자기의 왕을 향해 군대를 나아가게 해 불멸의 충성으로 맺어진 자들에게, 그 바로 앞에서 자기의 생명을 바치겠다고 맹세한 장군의 죽음에 대해 생각하기를 강요한 것이다.

31

남의 것을 보면 누구나 자기 것이 마음에 들지 않게 된다. 그래서 우리는 신들에게도 분노를 돌린다. 자기보다 앞서 가는 사람이 있다는 사실이 그 이유

---

*71 루키우스 틸리우스 키메르. 기원전 45년(?)의 법무관. 카이사르의 큰 비호를 얻어, 기원전 44년에는 비티니아와 폰토스 총독이 할당되어 있었다. 암살에 참여한 이유는 불명. 암살 뒤 임지에 가서 브루투스, 카시우스와 협력했고 기원전 42년 필리피에서 패배한 뒤 사망했다.

이다. 그러나 우리 뒤에 얼마나 많은 사람이 있는지, 몇 안 되는 사람을 시기하는 자가 얼마나 큰 질투에 뒤를 밟히고 있는지를 모르고 있다. 아무튼 인간의 뻔뻔스러움은 한계를 모른다. 예를 들어 아무리 많은 것을 받고도 더 받았어야 하는데, 이것이 부정의 이유가 될 정도이다. "그는 나에게 법무관직을 주었다. 하지만 내가 바라는 것은 집정관직이다. 열두 속간(束桿)*72은 받았다. 하지만 정집정관은 되지 못했다. 그는 내 이름으로 연수(年數)가 불러지기를 바랐다. 하지만 나에게는 제사직이 없다. 나는 제사단 동료들의 추천을 받았다. 하지만 어째서 한 단체인가. 그는 나의 위신을 최고까지 끌어올려 주었다. 하지만 재산에는 아무런 보탬도 없었다. 그는 다른 사람에게 주기로 한 것을 나한테 주었다. 그러나 자기의 호주머니에서는 아무것도 내놓지 않았다."

자, 그보다도 받은 것에 감사하라. 나머지는 기다려야 한다. 아직 자기가 가득차지 않은 것을 기뻐하라. 바랄 게 아직도 남아 있음이 즐겁지 않는가. 그대는 모든 사람을 넘어섰다. 그대가 벗의 마음 속에서 첫째라는 사실을 기뻐하는 것이 어떨까. 물론 그대를 앞선 사람도 많다. 하지만 그대가 뒤쫓아가는 사람들보다 훨씬 많은 사람들을 뛰어넘었다는 것을 생각해 보라. 그대의 가장 큰 잘못이 무엇이냐고 묻는 것인가. 잘못된 평가계산을 하고 있다는 점이다. 그대는 준 것은 비싸게, 받은 것은 값싸게 평가하고 있다.

32

경우에 따라 다른 이유가 우리의 분노를 억제해줄 것이다. 어떤 사람에게는 화내는 것을 두려워한다. 어떤 사람에게는 망설일 것이다. 어떤 사람에게는 혐오감을 느낄 것이다. 비참한 노예 따위를 강제수용소에 처박아 버린다면 우리는 확실히 매우 대단한 일을 이룬 셈이 될까. 어째서 우리는 곧 채찍으로 손이 가는가. 어째서 곧 정강이를 부러뜨리려고 서두르는가. 그런 권능은 늦추어본들 사라지지는 않는다. 우리 자신이 명령을 내릴 때가 오기를 기다려 보자. 지금이라면 분노의 명령을 내리게 된다. 분노가 사라지고 난 뒤에야, 우리는 그런 다툼을 어떻게 평가해야 될지 잘 알게 된다. 우리가 잘못 행동하는 것은 특히 이런 경우다. 곧바로 칼에 호소하여 사형을 명령하는 것이다, 가벼운 채찍

---

*72 열두 속간은 집정관의 징표이다. 해(年)는 징집정관의 이름으로 불렸다. 또한, 이 글의 주어인 '그'는 내용으로 보아 황제를 가리킨다.

질로 꾸짖어도 될 일을 족쇄, 감옥, 굶주림으로 보복한다.

그대는 말한다. "우리에게 상처를 주려고 한 것이 모두 얼마나 하찮고 가엾고 철없는 짓이었는지를 잘 알게 하기 위해 우리는 어떻게 해야 한다는 말인가." 내가 권하고 싶은 것은 오직 이것뿐이다. 마음을 크게 갖는 것, 그리고 다툼에 지새우며 뛰어다니고 헐떡이는 것이 얼마나 천박하고 하찮은 일인지를 잘 살펴보자는 것이다. 그런 것들은 기품 있고 위대한 일에 생각을 기울이는 사람이라면 가치 없게 여기는 일이다.

33

가장 자주 고함소리가 나는 것은 돈과 얽힐 때이다. 법정을 피로하게 하는 것도, 부자간에 충돌하게 하는 것도, 독극물을 등장시키는 것도, 암살자뿐만 아니라 군단에 칼을 넘기는 것도 모두 돈이 시키는 일이다. 돈은 우리를 피투성이로 만든다. 돈 때문에 부부간에도 밤에 싸움 소리가 요란하고, 군중이 법무관의 심판석을 에워싼다. 돈 때문에 패왕은 약탈에 나서고, 몇 대에 걸친 오랜 노고가 쌓은 나라를 뒤집어 버리고, 금은이 있는지 도읍의 잿더미를 헤집고 다닌다.

집 한쪽에 있는 금고를 바라보면 즐겁다.—그러나 눈알이 튀어나올 만큼 고함소리가 나는 것도, 심판을 둘러싸고 신음소리가 공회당에 메아리치는 것도, 아득히 먼 곳에서 불러온 심판들이 어느 쪽의 탐욕이 더 정당한가를 판가름하기 위해 자리에 앉는 것도, 모두 이 금고 때문이다. 그렇다면 이건 어떤가, 금고 때문이 아니라, 한 주먹의 동전이나 노예가 장부에 적어 넣은 데나리우스 은화 한 닢 때문에, 상속자도 없이 죽어 가는 노인이 화가 나서 폭발한다면? 한 달에 1리의 이자 때문에, 늙고 병든 대부업자가 손발이 뒤틀려 계산도 하지 못하면서, 질병이 한창 악화되는 중에도 채무자를 불러들여 고함을 지르며 작은 돈에 대한 자기의 권리를 주장한다면.

혹시 그대가 지금 우리가 가장 깊은 데까지 파고 들어간 모든 광갱(鑛坑)에서 얻을 수 있는 재화를 송두리째 나에게 내놓는다면, 혹시 그대가 금고에 숨겨 놓은 모든 것을—탐욕으로 일찍이 부정하게 내놓은 것을 다시 땅속으로 되돌렸기 때문이지만—내 눈 앞에 가져다 놓는다면, 그런 퇴적물 따위를 모두 모아도 선한 사람의 눈썹 하나 움직일 가치조차 없다고 여길 것이다. 우리에게 눈물을 자아내는 것을 떠나보내는 데, 대체 얼마나 큰 웃음이 필요할 것인가.

34

자, 나머지도 복습하자. 요리, 술, 이런 것을 위해 짜낸 듯한 예의범절, 모욕적인 말, 훌륭하다고 할 수 없는 동작, 고집스러운 가축, 게으른 노예. 다른 사람에 대한 시기와 악의적인 해석—이런 것들 때문에 인간에게 주어진 언어가 자연의 부정에까지 셈에 넣는 실정이다. 제발 믿어 주게, 우리의 사소하다고는 할 수 없는 분노의 근원은 하찮은 것에 지나지 않으며, 어린아이를 서로 싸우고 다투게 하는 그런 것과 비슷할 뿐이다. 우리가 이렇게 낯빛을 바꿔 가며 하는 짓들은 그 어느 것도 심각하지도 위대하지도 않다. 그래서 나는 말하지만, 분노와 광기가 그대들을 따라다니는 것은 당신들이 하찮은 것을 높이 평가하고 있기 때문이다. 이 녀석은 나한테서 유산을 빼앗으려고 했다. 이 녀석은 내가 오랫동안 유산을 받기 위해 열심히 봉사해온 상대에게 고자질을 했다. 이 녀석은 내 애인을 탐내고 있다.—같은 것을 바란다는, 애정의 결속이 되어야 마땅한 것*73이, 내분과 증오의 원인이 되는 실정이다. 좁은 골목은 오가는 이들의 갈등을 유발한다. 폭이 넉넉한 거리에서는 군중도 충돌하지 않는다. 그대가 바라는 것은 아주 작은 것이므로, 다른 사람에게서 빼앗지 않는 한 남에게 옮길 수 없다. 그래서 같은 것을 탐내는 사람들을 싸움과 다툼으로 몰아넣게 되는 것이다.

35

그대는 노예나 해방노예, 아내나 부하가 말대답하는 것에 분노한다. 그래서 그대는 집에서 자유를 빼앗으면서, 국가에서 자유를 빼앗아 갔다고 분개하는가. 또 그대는 묻는 말에 가만히 있는 것을 오만하다고 하는가. 그는 떠들어도 되고, 묵묵히 있어도 되고, 웃어도 좋다. 그대는 말한다. "주인 앞에서 말인가." 아니 가장 앞에서이다. 어째서 그대는 고함을 지르는가. 어째서 불호령을 하는가. 어째서 만찬 중에 채찍을 찾는가. 노예들이 떠들고 있으니까. 집회의 군중

---

*73 살스티우스의 《카틸리나 전기》에서 카틸리나의 연설로 잘 알려진 말. "같은 것을 원하고, 같은 것을 원하지 않는 것, 이것이야말로 굳은 우정이다.

과 정적이 같은 곳에 있지 않으니까*74 그대에게 귀가 달린 까닭은 부드럽고 감미롭게 흐르는 선율만 듣기 위해서가 아니다.

웃는 소리도 우는 소리도, 달콤한 말도 욕설도, 기쁜 일도 괴로운 일도, 사람의 소리도 짐승의 울부짖는 포효도 들어야 한다. 왜 그대는 비참하게도, 노예가 외치는 소리에, 동전 떨어지는 소리에, 문짝이 삐걱거리는 소리에 부들부들 떠는가. 그렇게 허약해져 있어도 벼락 떨어지는 소리를 듣지 않을 수는 없을 것이다.

귀에 이어서 눈으로 옮겨 보자. 이것도 정확히 단련해두지 않으면 혐오감에 괴로움을 겪게 될 것이다. 얼룩이나 더러움이나 빛이 바랜 은그릇, 바닥까지 훤히 보이지 않는 연못에 상처를 입는다. 이런 눈은 부지런한 손길로 번쩍번쩍해진 얼룩 무늬 대리석밖에, 섬세한 나뭇결이 더욱 두드러진 식탁밖에 견디지 못한다. 그러나 집에서는 금보다 값비싼 것밖에 밟고 싶지 않은 자도 밖에서는 아무 느낌도 없이 바라본다. 울퉁불퉁한 진흙투성이 샛길을, 차례차례 눈앞으로 다가오는 불결한 자들을, 침식이 진행되어 온통 금간 데 투성이인, 고르지 않은 고층 주택의 벽을, 그렇다면 남들 앞에서는 동료를 상처 주지 않고, 집에서는 가족을 몰아세우고, 밖에서는 공평하고 참을성이 강한데, 집에서는 까다롭고 불만스런 얼굴을 하는 것 말고 무엇이란 말인가.

36

모든 감각을 견고한 상태로 확고하게 이끌어 가야 한다. 그런 것은 본디 인내력이 강하다. 잘못하는 것을 마음으로 그만두기만 하면 된다. 마음이야말로 장부를 맞추기 위해 날마다 불러낼 필요가 있다. 섹스티우스는 언제나 이것을 습관으로 삼았다. 하루를 다 마치고 잠자리에 들 때 자신의 마음을 향해 묻는 것이다. "오늘, 너는 자신의 어떤 악을 고쳤는가. 어떤 잘못에 맞섰는가. 어떤 점에서 너는 더 좋아졌는가." 분노도 날마다 심판인 앞으로 출두해야 된다는 것을 알면, 진정되어 부드러워질 것이다. 그러므로 하루를 세심하게 돌아보

---

*74 "하지만 비참한 노예들은 입술을 움직이는 것조차, 설사 말을 하기 위해서라도 허락되지 않는다. 모든 중얼거림은 채찍으로 제지된다. 우연한 일이라도 기침도 재채기도 딸꾹질도 채찍을 피할 수 없다. 어떠한 소리이든 중단된 침묵은 커다란 재앙에 의해 벌을 받는다. 그들은 밤새도록 배를 주린 채 내내 입을 다물고 있어야 한다." 《도덕서간집》47·3)

는 이 습관보다 나은 것이 무엇이 있을까. 자기를 성찰한 다음에 찾아오는 잠은 어떤 것일까. 마음이 칭찬이나 충고를 받은 다음에, 자기의 정찰자와 비밀 감찰관이 자신의 행동을 지켜본 뒤에, 얼마나 조용하고 얼마나 깊고 자유로운 잠이 찾아오겠는가.

나도 이 권능을 사용하여 매일 자기의 심판 아래 변론을 한다. 주위에서 빛이 멀어지고, 내 습관에 이미 익숙해진 아내가 침묵하면, 나는 하루를 구석구석까지 탐색하고 나의 언행을 되돌아본다. 나는 자신에게 아무것도 숨기지 않는다. 아무것도 못 본 체하고 지나가지 않는다. 어째서 내가 나의 잘못에 꽁무니를 뺄 필요가 있겠는가. 이렇게 말할 수가 있는데, "그런 짓은 이제 두 번 다시 하지 않도록 조심하라. 오늘은 너를 용서한다." 그 토론에서 너의 논법은 몹시 시비조였다. 앞으로는 미숙한 자들과 충돌하지 않도록 하라. 이제까지 아무것도 배우지 않은 자는 배우려고 하지 않는 법이다. 그에게는 필요 이상으로 자유를 설교했다. 그 때문에 너는 그를 바로잡지 못하고, 기분만 상하게 했다. 앞으로는 네가 말하는 것이 진실인가 아닌가 하는 문제가 아니라, 듣는 쪽에서 진리에 참을성이 있는가를 살펴야한다. 조심하는 게 좋을 듯 싶다. 선한 사람은 주의를 받은 것을 기뻐하지만, 못된 인간일수록 가르쳐 주는 사람에게 나쁜 감정을 품는다.

37

연회에서 누군가의 농담이나 그대를 아프게 하려고 던진 말이 그대의 기분을 건드린다. 천한 무리들과의 만남은 피해야 한다는 사실을 명심하라. 술이 들어가면 더욱 방자해진다. 심지어 맨 정신에도 한 조각의 염치도 없으니까. 그대의 친구가 누군가 변호사나 부잣집 문지기에게, 안으로 들어가려다가 쫓겨나 화를 내는 것을 보았다. 그리고 그대 자신이, 그를 편들어 그 비천한 노예에게 화를 냈다. 그렇다면 그대는 쇠줄에 묶인 개에게도 화를 낼 것인가. 이것 또한 마구 짖어대게 한 다음 먹이를 던져주면 따르는 법이다. 훨씬 멀리 떨어져서 웃어 보라. 그 녀석은 다투는 자들에게 점거당한 문턱을 지키는 일로, 자기가 큰 인물이나 된 것처럼 생각하고 있다. 거기, 안에서 뒹굴고 있는 자는 대단한 행운아로, 행복하고 권력 있는 인간을 증명하는 것은 통과하기 어려운 문이라고 생각한다. 가장 무자비한 것은 감옥문임을 모르는 것이다.

그대는 자신이 많은 것을 참고 견디어야 한다는 것을 각오하는 게 좋다. 겨울에 꽁꽁 어는 것을, 바다에서 뱃멀미하는 것을, 차 위에서 흔들리는 것을, 누가 이상하게 여기겠는가. 각오하고 덤비면 마음이 든든하다. 그대는 끝 자리에 앉게 된 것을 주인에게, 초대담당에게, 그대의 윗자리에 있는 손님에게 화를 냈다. 얼마나 어리석은가. 침대의 어느 부분에 몸을 실든 뭐가 다르다는 것인가. 베개가 그대를 훌륭하게도 하고 천하게도 할 수 있단 말인가. 그대는 어떤 사람을 평정한 마음으로 바라볼 수 없었다. 그대의 재능을 나쁘게 말했기 때문이다. 그대는 이 법률을 받아들이는가. 그렇다면 그대가 좋아하지 않는 엔니우스*75는 그대를 싫어했을 터이고, 호르텐시우스*76는 그대에게 싸움을 걸어왔으리라. 키케로도 그대가 그의 시를 비웃은 이상으로 적이 되었으리라. 그대 또한 입후보한 이상에는 투표결과를 차분한 마음으로 받아들이겠지.

38

누군가 그대에게 모욕적인 말을 던졌다. 하지만 그렇다고 스토아파 철학자인 디오게네스*77가 받은 만큼은 아닐 것이다. 분노에 대해 크게 다루고 있는 그에게 부끄러움을 모르는 젊은이가 침을 뱉었다. 그는 그것을 온화하고 지혜롭게 참았다. "나는 전혀 화를 내지 않았다. 화를 내야 할지 어떨지 아직 마음을 정하지 않았다."

우리의 카토는 또 얼마나 노련했던가. 그가 변호를 하고 있는데, 우리 조상의 기억으로는, 감당할 수 없을 만큼 함부로 말하고 행동하는 렌툴루스*78가 입에 가득 모은 진한 침을 그의 이마 한가운데에 내뱉었다. 카토는 얼굴을 닦고 나서 말했다. "렌툴루스, 모두의 증인이 되었군. 자네에게 입이 없다고 주장

---

* 75 퀸투스 엔니우스(기원전 239~169). 칼라브리아 출신의 시인.
* 76 퀸투스 호르텐시우스 호르탈루스(기원전 114~50). 기원전 69년의 집정관. 공화정 말기의 족벌과 정치가로, 변론가로서 유명했지만, 벨레스의 재판에서 고발자 키케로에게 패하고, 그 지위를 내려놓았다. 감정에 호소하는 열정적인 아시아풍 변론이었다.
* 77 바빌로니아의 디오게네스. 셀레우케이아 출신. 크리시포스의 제자로, 스토아파 제5대 학두. 아카데메이아파의 카르네아데스가 크리시포스의 설교를 공격한 것에 대해 응수했다. 기원전 156년, 아테네에서의 사절로서, 카르네아데스, 소요학파의 크리트라오스와 함께 로마를 방문.
* 78 푸블리우스 코르넬리우스 렌툴루스 술라. 기원전 63년의 법무관. 카틸리나의 음모에 가담, 발각 뒤에 체포되어, 키케로에 의해 처형되었다.

하는 자들이 틀렸다는 사실을."

39

노바투스여, 우리는 겨우 마음의 능숙한 교화방식을 깨달은 셈이다. 분노를 느끼지 않거나, 분노를 이기거나. 그렇다면 어떻게 하면 다른 사람의 분노를 누그러뜨릴 수 있는가를 보기로 하자. 우리는 자신이 건전한 것뿐만 아니라 다른 사람이 치유되는 것 또한 바라기 때문이다.

분노의 가장 첫 발작을 말로 가라앉히려고 해서는 안 된다. 귀에 들리지 않고 마음이 정상이 아니기 때문이다. 분노에 시간적인 유예를 갖게 하자. 마음이 진정되면 치료가 한결 잘 되니까. 눈이 부어 있을 때는 조치를 삼가야 한다. 움직이면 자극으로 병세가 나빠진다. 몸의 다른 이상에도 심할 때는 마찬가지다. 질병의 초기 단계는 안정이 최선이다. 그대는 말한다. "그대의 치료는 아주 조금밖에 효력이 없을 것이다. 자연히 가라앉은 분노를 진정시킬 테니까." 첫째로 그것은 분노가 좀 더 빨리 가라앉는 것을 돕는다. 다음으로 분노가 재발하지 않도록 감시한다. 또 충동 자체는 굳이 가라앉히려 하지 않고 달래려고 한다. 복수의 도구는 모조리 멀리하고, 스스로 분노한 것처럼 고뇌를 나누어 갖는 동료나 지원자로 가장하여, 의견에 무게가 실리도록 꾸민다. 시간을 벌면서 좀 더 가혹한 벌을 찾는 동안, 즉각적인 처벌을 미루는 것이다.

모든 수단을 다하여 분노의 발작에 휴식을 취하게 할 것이다. 더 심해지면 저항하지 못할 만큼 강한 염치와 두려움이 솟아나게 할 것이다. 약해지면 기뻐할 듯한 말이나 다른 이야깃거리를 꺼내어 다른 데로 호기심을 돌릴 것이다. 왕의 딸을 치료하게 된 어느 의사는, 메스를 가하지 않을 수 없게 되었을 때, 부어오른 유방을 부드럽게 처치하는 사이에 갯솜 속에 숨긴 메스를 환부에 찔렀다고 한다. 드러내 놓고 수술하려고 했으면 틀림없이 치료를 거부했을 소녀는 예상하지 못했던 일이기에 고통을 참을 수 있었다. 때로는 속임수를 쓰지 않고는 치료할 수 없다.

40

어떤 사람에게는 이렇게 말하는 것이 좋다. "그대의 분노가 적들에게 기쁨이 되지 않도록 조심하라." 어떤 사람에게는 "그대의 큰 도량과, 많은 사람이 인정한 그대의 담력이 흔들리지 않도록 조심하라. 상대에게는 나도 화가 난다. 괴로움의 끝이 보이지도 않는다. 그러나 때를 기다려야 한다. 그는 벌을 받을 것이다. 그런 점을 언제나 유념하는 것이 좋다. 될 수 있으면 지연된 몫도 그에게 돌려주는 게 좋다."

그러나 화난 자를 꾸짖고, 이쪽에서 화를 내는 것은 역효과가 날 뿐이다. 여러 방법으로 기분을 맞추도록 하여 다가가야 한다. 더욱이 그대에게 남의 분노를 줄일 수 있을 만큼 큰 인격의 힘이 있다면 이야기는 달라진다. 훌륭한 왕인 아우구스투스가 한 일이 바로 그것이었다. 그가 베디우스 폴리오*⁷⁹의 저택에서 만찬을 들고 있었을 때, 그의 노예 하나가 수정 그릇을 깨뜨렸다. 베디우스는 그를 혹독한 방식으로 죽이기 위해 체포를 명했다. 양어장에서 키우는 커다란 곰치에게 던져 주라는 명령이 떨어졌다. 이런 짓을 하는 까닭은 사치 때문이라고 누가 생각했을까. 이것은 잔학성이었다. 소년은 그 손아귀를 벗어나 카이사르에게 달아났다. 그가 탄원한 것은 오직 한 가지, 다른 방식으로 죽는 것, 물고기의 먹이만은 되지 않도록 해 달라는 부탁이었다. 이 놀랄만한 잔학성에 크게 충격받은 카이사르는 소년을 풀어 주고, 수정 그릇은 자기가 보는 앞에서 모조리 깨뜨려 양어장을 메우라고 명했다.

카이사르는 이렇게 벗을 나무라지 않으면 안 되었다. 그는 자기의 힘을 바르게 쓴 것이다. "그대는 잔치가 한창일 때 사람을 붙잡아 새로운 벌로 고문하라고 명령하는가. 그대의 잔이 깨지면 인간의 창자가 찢어지기라도 한다는 것인가. 그대는 카이사르가 있는 데서 사람의 처형을 명령할 만큼 스스로 대단하다고 생각하는가." 이처럼 분노에 대해 높은 위치에서 공격할 수 있을 만큼의 권력이 있는 사람이라면 거칠게 다루어도 될지 모르지만, 야만스럽고 잔학한 분노는 이미 치료가 불가능하고, 그보다 더 큰 것으로 두려움에 질리게 하는 수밖에 없다.

41

마음에 평화를 누리도록 해야 하지 않겠는가. 그것을 가져다주는 것은 건전한 권고와 끊임없는 성찰, 선한 행동의 실천, 오직 고결함을 좇는 진지한 마음

---

*79 푸블리우스 베디우스 폴리오(기원전 15 사망). 유복한 기사이자 아우구스투스의 친구.

이다. 자기 마음을 만족시키고, 좋은 평판을 목표로 애쓰는 것은 그만두자. 행동을 잘하는 한, 악평이 들려와도 신경 쓸 것 없다. "하지만 군중은 화려한 행위를 찬탄하고, 분별없는 자들을 치켜세운다. 얌전한 사람은 무능하다고 생각한다." 언뜻 보면 아마 그럴 것이다. 그러나 그들의 일관성 있는 삶이 무딘 것이 아니고 마음의 평화라는 확신을 가져오면, 그 똑같은 민중이 그들을 존경하고 숭배하는 것이다. 그러므로 그런 추잡스러운 적의로 넘친 정념은 자기 내부에 이로운 것이 아무것도 없다. 그뿐 아니라 있는 것은 반대로 해악뿐이고, 칼과 불뿐이다. 부끄러움을 걷어차고 살육의 피로 손을 더럽히며, 자식의 팔다리를 찢어발기고, 온갖 범행을 지지르며, 영광을 생각하지 않고 더럽혀진 이름을 두려워하지 않는다. 분노의 껍질이 단단하게 자라 증오가 되면 이미 바로잡을 수 없다.

42

이 나쁜 역병으로부터 벗어나야 하지 않겠는가. 마음을 정화하고 철저하게 뿌리를 뽑아야 한다. 그것은 아무리 작은 것이라도, 어디든지 남아 있는 곳에서 다시 생기기 때문이다. 그래서 분노를 통제하는 것이 아니라 완전히 없애야 한다. 처음부터 나쁜 짓의 통제란 어떤 것이던가. 그러나 노력하면 우리는 이룰 수 있다.

무엇보다 도움이 되는 것은 숙명적인 죽음을 생각하는 일이다. 누구든지 자신과 다른 사람에게 이렇게 말해야 한다. "마치 영원히 살기 위해 태어난 듯이 분노를 선언하여 짧은 인생을 흩어버려 어쩌자는 것인가. 기품 있는 즐거움에 쓰도록 허락받은 날들을 다른 사람의 고통과 가책으로 채워 무엇이 기쁜가. 그대의 재산에는 손실의 여지가 없고, 헛되게 쓸 수 있는 시간도 없다.

우리가 왜 싸움으로 돌진해야 하는가. 어째서 투쟁을 내 몸에 불러들이는가. 어쩌자고 나의 허약함을 잊고 터무니없는 증오를 품어, 곧 부서져 사라질 몸인데 파괴를 향해 일어서는가. 그렇게 앙심을 품고 적의를 불태워도 열병이나 그밖의 몸의 변화가 그것을 그만두게 할 것이다. 그러다가 격렬히 싸운 그 둘 사이에 죽음이 끼어들 것이다. 어째서 우리는 소동을 일으키고, 다투고 떠들면서 인생을 어지럽히는가. 우리 머리 위에 숙명이 서서 멸망할 날짜를 헤아리며 조금씩 다가오고 있다. 그대가 남의 죽음을 나눌 때는 아마 그대 또한 그대의 죽음 곁에 서있을 것이다.

<h2 style="text-align:center">43</h2>

어째서 그대는 짧은 인생을 소중히 하며 자기 자신과 다른 사람들을 위해 온화한 삶을 이롭게 쓰지 못하는가. 왜 그대는 살아 있는 동안은 모두에게 사랑받고, 떠날 때는 애석해 하도록 하지 못하는가. 어째서 그대는 저 높은 자리에서 자기를 다루는 사람을 끌어내리려고 하는가. 왜 그대에게 소리치고 대드는 사람을, 천하고 비참하지만 윗사람에게 모질고 귀찮게 구는 녀석을 자기 힘으로 굴복시키려고 하는가. 어째서 노예에게, 어째서 주인에게, 어째서 왕에게, 어째서 자기의 부하에게 화를 내는가. 조금 기다리도록 하라. 이윽고 죽음이 찾아오면 그대들을 똑같이 나란히 늘어놓을 테니까.

우리는 늘 투기장의 오전 공연 때 틈틈이 서로 묶인 수소와 곰의 격투를 관람한다. 서로 고통스럽게 싸우고 있을 때는 그들의 숨통을 끊는 역할이 기다려진다. 우리가 하고 있는 것도 마찬가지이다. 누군가 우리와 연결된 상대를 괴롭히면 곧 패자와 승자의 끝장이 찾아온다. 아무리 짧더라도 아직 남은 시간을 조용히 평화스럽게 지내지 않겠는가. 우리의 시체가 적의의 대상이 되지 않고 편히 쉴 수 있도록.

싸움이 때때로 이웃의 불이야! 소리에 끝나고, 느닷없는 야수의 출현이 뒤엉킨 강도와 나그네를 갈라놓는다. 큰 두려움이 나타나면 작은 악과 맞붙어 싸울 겨를이 없다. 우리에게 투쟁과 음모에 얽매일 겨를이 어디 있겠는가. 설마 그대는 화나는 상대에게 죽음 이상을 바라지는 않을 것이다. 그대가 가만히 있어도 그는 죽는다. 그렇게 되는 것이 뻔한 짓을 하는 것은 그대의 헛수고이다.

그대는 말한다. "물론 나도 죽으려는 생각은 없다. 그러나 추방이나 더러워진 명예, 벌금을 물리고 싶은 것이다." 나는 부스럼이 생기기를 바라는 자보다 적에게 칼을 휘두르고 싶어 하는 자를 용서할 것이다. 이쪽은 사악한 마음은 커녕 소심하기 때문이다. 그대가 생각하는 것이 마지막 형벌이든, 그보다 가벼운 것이든, 그가 자기의 벌에 괴로워하는 것도, 그대가 남이 당한 벌에 사악한 기쁨에 젖는 것도, 얼마나 짧은 시간의 일들인가. 이제는 그 따위 패기는 모두 다 팽개쳐 버리자. 그 대신 숨을 쉬는 한, 우리가 인간들 사이에 있는 동안, 인간애를 기르지 않겠는가, 누구에게도 위험이나 두려움을 주지 않기로 하자. 손해, 부정, 욕설, 두려움을 경멸하고 큰마음으로 짧은 재앙을 참기로 하자. 흔히 말하듯이 내 몸을 비틀어 뒤돌아보는 사이에 곧 죽음이 가까워지니까."

마르키아에게 보내는 위로의 편지

1

마르키아*¹여, 그대가 이만큼 오랜 세월, 그 밖의 나쁜 버릇과 마찬가지로, 여성 특유의 허약함에서 멀리 벗어나 있었다는 사실, 그리고 그대의 윤리관이 마치 옛 덕성의 본보기로 여겨지고 있다는 사실을 몰랐다면, 남자라도 스스로 나서서 몸을 내맡기고자 골몰하기 쉬운 그대의 그 고뇌를 달래주고 싶은 마음이 일어나지 않았을 것이고, 이렇게 불리한 상황 속에서 이 정도로 적의를 가진 재판관 앞에서 이렇게 증오해야 할 죄상으로 (피고인) 운명을 무죄 방면하도록*² 그대를 설득할 수 있으리라는 기대 따위는 처음부터 갖지도 않았을 것입니다. 그러나 나에게 자신감을 갖게 한 것은 이미 보증할 수 있는 그대의 그 굳건한 정신력과 커다란 시련*³으로 실증된 그 훌륭한 덕성 때문입니다.

그대가 아버님을 어떤 마음으로 대해 왔는지는 모르는 사람이 없고, 자신이 아버님보다 앞서서는 안 된다는 점을 제외하고는 자식들에 대한 사랑과 아무런 차이가 없는 큰 사랑을 아버님께 쏟아 왔습니다. 그러나 아버님께 앞서는 것을 그대가 진정으로 바라지 않았는지 여부는 확실하게 자신이 있는 것은 아닙니다. 큰 사랑은 자연의 관례에 어긋나는 일조차 스스로 자신에게 허락하기 때문입니다. 그대는 아버님인 아울루스 크레무티우스 코르두스*⁴의 죽

---

*1 세네카의 지인으로, 이 책을 집필하기 3년 전에 앞서간 아들 메틸리우스에 대한 슬픔에서 헤어나지 못하고 있는 부인이다. 그녀는 아버지를 잃고, 또 한 아들도 앞세웠다(16장 참조).

*2 자신의 역할을 재판에서의 변호인에 비유하고 있다. 피고는 운명, 죄상은 마르키아의 아들을 빼앗아간(죽게 한) 것, 재판관은 마르키아. '불리한 상황', '적의를 가진 재판관'은 당사자 (원고)가 재판관인 것, '증오해야 할 죄상'은 아들 메틸리우스의 죽음이 너무나 빨랐다(고 생각된)는 것을 말한다.

*3 이하에 서술되어 있는 아버지의 죽음을 가리킨다.

*4 아우구스투스, 티베리우스 황제 시대의 정치가, 역사가. 티베리우스 시대에 은연한 권세를

음을 막기 위해 가능한 한 모든 방도를 다했습니다. 온통 세야누스[*5]가 주위를 둘러싼 고립 속에서, 그것[*6]이 노예와 같은 삶으로부터 벗어나는 유일한 방법임이 뚜렷해진 뒤, 아버님의 결의에 찬성하지는 않았지만 그 굳센 결심에 어쩔 수 없이 굽힌 그대는, 사람들 앞에서 눈물을 보이지 않고, 탄식의 소리를 삼키며, 되도록 밝은 표정을 유지하려 했지만, 숨기려 해도 숨길 수 없는 그 눈물과 탄식은 남몰래 엿볼 수 있었습니다. 더욱이 그것은 불효하지 않는 것이 큰 봉양이 되었던 시대였으니까요. 그러나 시대가 변하고, 그 기회가 주어지자[*7] 아버지가 목숨을 잃은 원인이 되었던[*8] 훌륭한 재능으로 이룬 업적을, 그대는 많은 사람들의 이익을 위해 되살려 아버지를 신성한 죽음으로부터 돌아오게 하는 동시에 누구보다 기개에 넘치던 그 어른이 스스로 피의 대가로 써남긴 생전의 저서를 복권시켜 공공기념관[*9]에 전시했습니다.

로마의 학문연구에 그대는 무척 큰 공적을 세운 것입니다. 아버님의 저작(사본) 대부분이 잿더미가 되고 말았기 때문입니다. 후세 사람들에 대한 공적 또한 매우 큰 것입니다. 저서에는 너무나 가혹한 대가를 치러야 했지만 믿을 만한 역사의 기록이 그들에게 전해졌기 때문입니다. 또 아버님에 대한 공적도 더없이 크다고 할 수 있습니다. 로마 역사를 아는 것이 가치 있는 일인 이상, 또 선인의 업적을 되돌아보려는 사람이 있는 이상, 그리고 로마의 대장부가 무엇인지, 또는 모든 인간이 고개를 숙이고 세야누스에게 예속의 멍에를 지고 있는 가운데 오직 한 사람만이 굽힘 없는 신념으로 뚫고 나아간 것이 무엇인지를, 또한 자질도 정신도 몸도 손상되지 않고 자유를 유지하는 것이 무엇인지를 알고 싶은 사람이 있는 한, 그대의 아버님에 대한 기억은 오늘도 살아 있

자랑했던 세이아누스에 대항하다가 분노를 산 것을 계기로 반역죄를 뒤집어쓰고 단식으로 자살했다. 공화정 말기의 내란을 다룬 역사서 《연대기》를 저술했다.

*5 루키우스 아일리우스 세야누스(서기 31년 사망). 티베리우스 즉위 때(서기 14) 친위대장으로 뽑힌 이래, 티베리우스의 비호 아래 영향력을 키워 집정관까지 올라갔지만, 권력에 우쭐해진 나머지 제위찬탈의 음모를 기도하다가 밀고당해 처형되었다.

*6 단식으로 자살한 것.

*7 코르두스의 저작은 조영관(또는 안찰관. 관직 이름)에 의해 불태워졌지만, 칼리굴라를 시대가 되어 복간이 허락되었다.

*8 코르두스는 그 저서 《연대기》에서 율리우스 카이사르 암살자인 '브루투스를 찬양하고, 가이우스 카시우스를 〈최후의 로마인〉이라 불렀다는 이유로' 반역죄에 걸렸다.

*9 도서관(아마 팔라티움 언덕에 있었던 아우구스투스의 도서관)을 가리킨다.

고, 앞으로도 계속 존재할 것이기 때문입니다. 무엇보다 아름다운 두 가지, 즉 웅변과 자유 때문에 망각의 심연에 잠긴 아버님을 그대가 다시 되살리지 않았더라면, 맹세코 국가는 엄청난 손실을 입었을 것입니다. 그러나 이제 아버님의 저작은 끊임없이 읽히면서 영광에 빛날 것이고, 사람들의 손과 마음에 받아들여져 이미 망각의 시간이 흘러가던 때의 두려움은 필요하지 않게 되었습니다. 그 대신 기억할 만한 가치가 있는 것이라면 오직 그것밖에 없는 사형집행인들*10의 범죄마저 머잖아 망각의 심연 속에 가라앉아, 누구도 입밖에 내지 않게 될 것입니다.

그대가 여성이라는 사실을 고려하는 것을 나에게 금하고, 한번 그 얼굴을 가리기 시작한 이래, 이만큼 오랜 세월 그대의 얼굴에 언제나 감도는 슬픈 표정을 돌아보는 것을 나에게 금한 것은, 그대의 위대한 정신이었습니다. 내가 그대의 마음에 은밀히 숨어 들어가 그대의 감정에서 무엇인가를 몰래 훔치려고 하지 않았다는 것을 잘 이해하기 바랍니다. 나는 그대의 마음에 예전의 불행한 기억을 되살려 오늘의 이 깊은 상처도 나을 수 있다는 것을 알도록 하고, 마찬가지로 깊은 옛날의 상처 자국을 눈여겨보도록 촉구하려는 것입니다. 그런 까닭에 그대에게 상냥하고 부드럽게 말하는 역할은 다른 사람에게 맡기고, 나는 그대의 비애와 싸우며, 사실은 그리움이 아니라 이제는 습관적으로 흐르는 그 눈물을, 너무나 지쳐버린 그대의 눈에서 말려버릴 결심을 한 것입니다. 이것이 가능하다면 그대의 동의를 얻어 그대 자신을 치료약으로 써서 말입니다. 그렇지 않으면 그대의 뜻을 거슬러서라도. 혹시 그대가 그것을 바라지 않고 아드님의 유품이 된 슬픈 생각을 아직도 털어버리지 못하고 줄곧 거기에 매달려 있다 하더라도. 실제로 그 슬픈 생각이 그치는 날은 언제일까요. 모든 시도를 다 하셨지만 하나같이 허무한 결과로 끝났습니다.

가까운 벗의 위로도, 높은 지위에 있는 그대의 인척이 되는 분들의 권위도 소용이 없었습니다. 아버님이 남기신 보물이요, 유산인 학문의 소리도 닫아 버린 그대의 귀에 이르지 못하여 조금도 위로나 기분전환이 되지 않았습니다. 시간이라는 극도의 아픔도 낫게 해 주는 자연의 좋은 약도 그대에게는 아무 효험이 없었지요. 어느덧 3년이 지나갔지만 그 충격은 조금도 줄어드는 기색이

---

*10 세야누스와 그 무리, 특히 코르두스를 반역죄로 고발한 사토리우스 세쿤두스와 피나리우스 나타를 가리킨다.

없이 처음과 달라진 데가 없습니다. 오히려 한탄은 날로 심해질 뿐이고 더욱더 굳어져서 오랜 세월 계속 앉아만 있었기 때문에 이제는 시효를 얻어 이미 끝을 내는 것이 부끄럽게 여겨질 정도가 되었습니다. 주로 나쁜 버릇은 처음 생기려고 할 때 억눌러버리지 않으면 깊이 뿌리를 내리게 되는데, 그와 마찬가지로 스스로 더욱 거칠어진 슬픔과 불행한 생각도 끝내 뼈에 사무치게 늘어나 슬픈 생각이 불행한 정신의 왜곡된 쾌락으로 변하는 것입니다. 그래서 될 수 있으면 초기 단계에게 그대의 괴로움을 치료해 보려고 했지요. 다시 퍼지려고 하는 단계였다면 병세는 더욱 순한 약으로 다스릴 수도 있었을 겁니다. 그와 반대로 만성이 된 병과 싸우는 데는 그만큼 강력한 수단이 필요합니다. 실제로 출혈하지 않은 갓 다친 상처는 치료가 아주 쉽습니다. 그러나 상처가 곪아 궤양이 되도록 악화되면 불에 지지는 것도 필요하고, 깊이 도려내어 손가락을 넣어 더듬어 보는 것 또한 필요합니다. 그렇기 때문에 이만큼 고집스러운 비통에 대처하는 데는 유식한 말이나 온건한 수단으로는 되지 않습니다. 그것은 단호하게 무찌르는 수밖에 없습니다.

2

누군가에게 충고를 하려는 사람은 구체적 지시부터 시작하여 세밀한 사례를 제시하는 데서 끝난다는 것은 나도 알고 있습니다. 그러나 이 관행을 바꿔보는 것도 때로는 효과적입니다. 사람이 다르면 대하는 방법도 달라질 수밖에 없기 때문입니다. 도리에 이끌리는 사람도 있을 터이고, 그 빛나는 위엄에 압도되어, 마음의 자유를 빼앗길 만큼 눈부신 명성을 날린 인물이나 권위 있는 사람을 증인으로 내세워 설득하면 되는 사람도 있을 것입니다. 그대에게 같은 여성으로서 같은 시대 사람이기도 한 두 명의 여성에 대한 남다른 예를 내보이렵니다. 슬픈 생각에 잠겨 마음을 빼앗겨버린 한 여성의 경우와, 마찬가지로 큰 재난을 당하고 엄청난 타격을 입었음에도 스스로 불행에 농락되는 것을 허락하지 않고, 재빠르게 본래의 모습을 되찾은 여성의 사례입니다. 한 사람은 아우구스투스의 자매인 옥타비아*[11]이고, 또 한 사람은 그의 부인인 리

---

*11 부유한 기사신분인 가이우스 옥타비우스(기원전 61년의 법무관)와 아티아(율리우스 카이사르의 자매 율리아의 딸) 사이에서 태어난, 옥타비우스(뒷날의 옥타비아누스 아우구스투스)의 누이이다(기원전 11년 사망). 기원전 54년 무렵에 가이우스 클라우디우스 마르켈루스

비아*¹²로, 둘 모두 앞으로 황제가 되리라는 분명한 기대를 안고 있는 젊은 아들을 잃었습니다. 옥타비아는 마르켈루스*¹³를 앞세웠습니다. 그는 숙부이며 장인이기도 한 사람(아우구스투스)에게 촉망을 받고, 로마제국의 무거운 짐을 메기 시작한 뛰어난 정신을 가진 청년으로, 재주와 지혜가 뛰어나고 그 나이와 부를 생각하면 어설픈 찬사로는 도저히 표현할 수 없는 알뜰함과 절제를 두루 갖춘 데다, 온갖 어려움을 잘 참고, 쾌락과는 인연이 멀어서 숙부가 그에게 아무리 무거운 책무를 주어도, 말하자면 아무리 거대한 건조물을 늘려 지어도 너끈히 감당할 수 있는 젊은이였습니다. 아우구스투스가 훌륭한 눈으로 엄선한 그 주춧돌은 어떤 중책에도 끄떡없는 반석과도 같았지요.

그녀는 한평생 잠시도 눈물과 한탄을 멈추지 않고, 어떤 사람의 충고에도 귀를 기울이지 않았습니다. 오로지 그 일에만 몰입하여 마음을 완전히 빼앗긴 채 다른 말은 모두 굳세게 거부한 것입니다. 평생을 장례식 날 그대로의 모습으로 보냈습니다. 용기를 내어 다시 일어서려고 하지 않았다고는 할 수 없으나,

---

(기원전 50년의 집정관)와 결혼, 장남 마르쿠스 클라우디우스 마르켈루스와 두 딸을 두었으나, 기원전 40년에 남편이 사망한 뒤, 삼두정치의 멤버인 안토니우스와 재혼했다가 기원전 32년에 이혼당했다(안토니우스는 기원전 30년 악티움 해전에서 패배한 뒤 자살). 그 뒤에도 전남편 마르켈루스와의 사이에서 난 세 자식들과 안토니우스의 (풀비아, 클레오파트라와의 사이) 유아(遺兒)들을 모두 키워내어, 그 고귀함과 인간성, 충실함 때문에 경의와 함께 숭배받았다.

＊12 리비아 드루실라(뒷날의 아우구스투스의 유언으로 율리우스 씨로 호적을 옮기고 율리아 아우구스타로 개명)(기원전 58~서기29). 마르쿠스 리비우스 드루수스 클라우디아누스(기원전 50년?의 법무관)와 알피디아의 딸. 기원전 43/2년에 티베리우스 클라우디우스 네로(기원전 48년의 법무관)와 결혼, 티베리우스 클라우디우스 네로(뒷날의 황제)와 네로(아명 데키무스) 클라우디우스 드루수스를 낳았지만, 옥타비아누스(뒷날의 아우구스투스)가 드루수스를 임신한 상태였던 그녀를 이혼시키고(기원전 39) 자신의 아내로 맞음. 두 사람에게 자식은 없었고, 전남편의 두 아들 티베리우스와 드루수스는 전남편 사후, 옥타비아누스 집안에서 자랐다. 미모와 지성을 두루 갖춘 여성으로, 남편을 지지했고 아우구스투스도 그 조언을 존중했지만, 지략이 풍부한 성격(칼리굴라는 그녀를 스톨라[부인복]를 입은 울릭세스[오디세우스]라고 불렀다)과 그 영향력에서, 황실의 세력다툼, 특히 제위계승에 얽힌 피비린내 나는 사건(티베리우스의 라이벌로 지목된 다음에 말할 마르켈루스와 아우구스투스의 손자 가이우스 카이사르, 루키우스 카이사르 등의 요절)에서 좋지 않은 소문이 나, 나중에 그 당사자인 티베리우스와도 불화를 일으켰다.

＊13 마르쿠스 클라우디우스 마르켈루스(기원전 42~23). 열여덟 살 때 후계자가 없었던 숙부 아우구스투스의 딸 율리아와 결혼하여 장래를 촉망받았으나, 2년 뒤, 스무 살의 젊은 나이에 요절(병사).

눈물을 거두는 것은 자기 자식을 거듭 앞세우는 느낌이 들어서였는지 모르지만 스스로 다시 일어서기를 거부한 것입니다. 가장 사랑하는 아들의 초상화 한 폭 가지려 하지 않고, 화제가 조금이라도 아들에게 미치는 것을 싫어했습니다. 모든 어머니들을 미워하며, 자기에게 약속되었던 행복이 리비아의 자식에게로 옮겨간 것으로 여기고, 분노의 화살을 유독 리비아에게 돌렸습니다. 어둠과 고독을 가장 좋아하는 벗으로 삼고, 남자형제인 아우구스투스는 돌아보지도 않고, 마르켈루스의 추억을 노래하는 시나 그 밖의 문학적 명예를 사양하고, 모든 위로의 말에 귀를 닫았습니다. 자신이 해오던 일에서도 손을 떼고, 위대한 형제의 눈부신 광채와 영예를 싫어하여 몸을 숨기고 숨을 죽이며 지냈습니다. 아들과 손자들이 곁에 있음에도 끝내 상복을 벗는 일이 없었습니다. 살아서 자기 곁을 지켜주는 다른 가족들은 돌아보지 않으며, 가족 전원을 앞세우고 기댈 데가 없는 사람인 듯이 그녀는 생각했습니다.

3

리비아 또한 아들 드루수스*¹⁴를 앞세운 어머니였습니다. 미래에 위대한 원수가 될 재목의 청년으로, 벌써 훌륭한 장군이 되어 있었습니다. 게르마니아의 두메까지 나아가 아직 로마인의 존재가 알려지지 않은 지역에 로마의 군기를 휘날리게 한 큰 공을 이룬 사람이었지요. 그 원정 길에 그는 죽었지만 그가 병상에 누워 있었을 때, 적 쪽에서도 경의를 표하여 서로 화해의 뜻을 맺고 거기에 따라 자기들에게 이로운 행동을 굳이 취하려 하지 않았습니다. 국가를 위해 바친 그의 죽음을 슬퍼하는 로마 시민과 속주의 백성 등 이탈리아 온 지역에서 애도의 소리가 거대한 파도처럼 솟아났습니다. 이탈리아의 모든 자치도시와 식민지에서도 사람들이 줄이어 장송의 행렬에 참가하여, 마치 개선식같이 행렬을 따르며 로마까지 전송했습니다. 어머니인 리비아는 마지막 입맞춤

---

*14 네로 클라우디우스 드루수스(대 드루수스)(기원전 38~9). 기원전 9년의 집정관. 아우구스투스의 양자로 자라, 삼두정치의 멤버인 안토니우스의 둘째딸 안토니아와 결혼(손자가 훗날의 제3대 황제 칼리굴라). 법정연령 전에 공직에 오르는 것이 허용되는 등, 장래를 촉망받았다. 아우구스투스는 티베리우스, 드루수스에게 동방, 북방의 방위와 아울러 게르마니아를 평정하도록 위임했으나, 드루수스는 카티족, 수에비족과 싸워 엘베 강까지 이른 뒤('로마인의 존재가 알려지지 않은 지역에 로마의 군기를 세우는 공적'이란 이것을 말한다), 돌아오는 길에 갑자기 죽었다.

도 하지 못했고, 그 입으로 사랑하는 아들에게 마지막 인사도 하지 못했습니다. 어머니는 사랑하는 아들의 시신을 따라 들판의 긴 여로를 줄곧 걸어갔습니다. 그 동안 이탈리아 전역에서 그를 애도하는 장송의 불이 붉게 타오르는 불빛을 볼 때마다 두 번 세 번 아들을 또 잃은 듯한 느낌이 들어 어머니는 마음이 아팠습니다. 그러나 시체를 무덤에 묻자, 스스로 슬픈 생각도 함께 무덤에 묻고, 그 뒤로는 카이사르(아우구스투스)가 살아 있는 한 예절에 어긋날 만큼, 티베리우스*15가 살아 있는 한, 공평함을 잃을 만큼, 심하게 슬퍼하는 모습은 보이지 않았습니다. 끝으로 덧붙인다면, 어머니는 드루수스의 이름을 찬양하는 것을 막지 않았고, 사적인 곳이든 공적인 곳이든 곳곳에서 아들의 모습을 그린 그림이나 초상화를 내걸도록 하여 스스로 먼저 아들 이야기를 꺼내고 아들의 이야기를 듣기를 좋아했습니다. 어머니는 아들을 회상하며 산 것입니다. 추억은 스스로 그것을 슬프게 여기는 사람에게는 마음속에 간직하며 생생하게 회상할 수도 없는 것입니다.

자 그럼, 어느 쪽의 예가 옳은지 선택해 보시지요. 전자의 예를 따르려고 생각한다면 스스로 산 사람 무리로부터 떠나려고 하는 것이 됩니다. 다른 자녀들과 가족에게, 그리고 다름 아닌 그대가 애석해 마지않는 자식에게 등을 돌리는 결과가 되는 것입니다. 어머니들 앞에 나아가면 그대는 팔자가 사나운 여인으로 비쳐지겠지요. 명예가 있고, 자연에도 사회에도 허락된 기쁨을 그대는 자신의 비운에 어울리지 않은 것처럼 걷어차 버리는 셈입니다. 그대는 삶의 빛 속에 마지못해 머물면서 자기의 삶을 되도록 빨리 늙게 해주지도 않고 끝내주지도 않은 수명을 누구보다 저주하는 인간이 됩니다. 또 이것은 더욱 좋은 것을 추구한 것으로 알려진 그대의 그 정신에도 가장 부끄러움으로 여겨야할 일이고, 가장 인연이 먼 일인데, 그대는 사람들에게 이렇게 선언하는 셈이 됩니다, 나는 살기를 바라지 않고, 죽지도 못하고 있노라고. 한편 좀 더 자제적이고 온화한 방침을 취하여 누구보다 훌륭한 또 한 사람의 여성을 예로 든다면, 슬픔으로 지새우는 일도 없고 고민 속에 초췌해지는 일도 없을 것입니다. 실제로 지긋지긋하게도 스스로 불행한 벌을 내려 오늘의 불행을 새로운 불행으로 더욱 키우는 것은 얼마나 광기 어린 짓입니까. 이제까지의 생애에 그대

---

*15 리비아의 장남으로 제2대 황제(재위 기간 14~37).

가 줄곧 지켜온 곧고 선량하며 신중한 기질을 여기서도 발휘하시기 바랍니다. 비탄에도 어느 정도 절제가 없으면 안 되기 때문입니다. 그 이름을 부를 때마다 또 그를 떠올릴 때마다, 그대가 언제나 기쁨을 느끼기에 어울리는, 다름 아닌 그 청년도 생전에 그가 늘 그렇게 했듯이 쾌활하고 즐거운 모습으로 어머니 앞에 모습을 나타낼 수 있다면, 그대에 의해 더욱 쾌적한 쉴 곳을 내려 받는 것이 되지 않을까요.

4

또 나는 장례식 당일에 어머니가 눈물을 흘리면 안 된다는 따위의 너무나 엄격한 지시를 그대에게 내려, 비인간적인 방법으로 인간에게 떨어진 모진 고생을 참으라고 명하고 싶은 생각은 조금도 없습니다. 그대와 함께 옳고 그름을 따져서 결정하는 사람에게 갑시다. 우리 사이에서 문제가 되는 것은 슬픈 생각은 커야 하는 것인가, 아니면 영속적인 것이라야 하는가 하는 문제입니다. 그대가 좋게 여기는 것은 가깝게 지내며 경애했던 율리아 아우구스타*¹⁶의 사례가 틀림없다고 나는 믿어 의심치 않습니다. 그녀도 자기의 충고에 귀를 기울이도록 그대에게 바라고 있을 겁니다. 그녀는 불행을 당한 사람들이 가장 남의 말을 들으려 하지 않고 미친 듯이 격심한 고뇌에 빠진 초기 단계에 스스로 힘써 남편(아우구스투스)의 벗인 철학자 아레이오스*¹⁷를 만나려고 했는데, 그녀가 뒤에 고백한 바로는 그것이 큰 도움이 되었습니다.

그것은 자기를 비탄에 젖은 모습으로 만들고 싶지 않았던 로마 국민에게서 받은 구원의 손길보다도 그리고 또 둘 중의 한 버팀목을 잃고 흔들리며 가까운 친척의 한탄으로 타격이 겹치지 않도록 하려고 했던 아우구스투스로부터 받은 구원보다도, 또 그 부모를 생각하는 사랑에 의해, 모든 민족이 눈물을 흘린 그 뼈아픈 자식의 죽음을 당하여 아들이 둘에서 하나가 되었다는 숫자의 타격 말고는 아무 타격도 입지 않았다는 생각을 갖게 해준 티베리우스로부터 받은 구원보다도, 더 컸다는 것입니다.

---

*16 리비아를 가리킨다.
*17 알렉산드리아의 아레이오스 디디모스. 스토아파로도 절충파로도 알려진 철학자 또는 철학사가로, 아우구스투스가 젊은 시절 '함께 살았던'(수에토니우스 《황제전》 '아우구스투스' 89) 적이 있는 친구.

생각하건대 아레이오스가 그녀에게 다가가 그 가슴에 와 닿도록 한 말의 실마리, 또는 자기의 생각에 누구보다도 강한 집착을 가진 여성에게 처음 건넨 말은 아마 이런 게 아니었을까요, "율리아, 오늘에 이르기까지 내가 알고 있는 한—나는 그대의 남편 곁에 늘 있었던 벗이었고, 공적으로 알려진 것은 말할 것도 없고 그대 부부의 마음속 생각까지 다 알고 있는 사람이지만—그런 내가 알고 있는 한, 그대 자신은 누구에게도 비난을 살 만한 실수를 무엇 하나 저지르지 않도록 조신하게 살아온 분입니다. 더욱이 소중한 일은 말할 것도 없고 매우 작은 일에도 그대는 한결같이 조심스럽게 살아 오셨으며 위에 선 자에 대하여 가장 거리낌 없는 심판자라는 소문에 용서를 바라는 일은 절대로 하지 않도록 힘쓰셨습니다. 생각건대 정점에 선 사람이 많은 일에 자기 쪽에서는 용서를 하고, 자기는 누구에게도 용서를 구하지 않는 것처럼 훌륭한 일은 없습니다. 그러므로 여기서도 그대가 언제나 관습을 지키고, 하지 않았으면 좋았을 거라고 생각되는 일이나, 다른 방법도 있었다고 여겨지는 일은 결코 하지 않는 것이 좋을 것입니다.

5

아울러, 친한 벗들에게 심하게 대하거나 매정하게 하는 일이 없도록 거듭 간절히 부탁합니다. 그대가 그들 누구나 놓여 있는 처지를 이해해 주지 못할 이유가 없습니다. 그들에게는 어떻게 하는 것이 좋을지, 그대 앞에서 드루수스에 대해 조금은 이야기를 해야 하는지, 아니면 완전히 입을 다물고 있는 것이 좋은지, 명성을 떨쳤던 청년을 소홀히 대하고, 그에 대해 해서는 안 될 일을 해야 하는지, 아니면 그를 화제로 삼아 그대에게 해서는 안 되는 일을 해야 하는지 모르는 것이 오늘의 실상입니다. 우리는 그대에게서 떨어져 어딘가 한데 모이면 그의 공적에 걸맞은 경의를 표하며 그가 살았을 때 말과 행동에 대해 서로 찬양합니다. 그러나 그대 앞에서는 누구나 그의 말을 전혀 하지 않고 굳게 침묵을 지킵니다. 그런 까닭에 그대는 아드님에 대한 찬사라는 최대의 기쁨을 빼앗기고 있는 것입니다. 그대라면 그 기회가 주어진다면 자신의 생명과 바꾸더라도 그것의 영속을 바라지 않을 리가 없다고 나는 믿어 의심치 않습니다. 그러므로 그가 화제에 오르는 일을 그들에게 허락하셔야 합니다. 아니 그대가 앞장서서 그런 말을 촉구해야 하지 않을까요. 그래서 그의 이름을 존중하고 그를 떠올리는 대화에 기쁜 마음으로 귀를 기울여야 합니다. 이런 재앙을 당할 때 위로의 말에 귀를 기울이는 것도 불행의 일부라고 생각하는 다른 사람들처럼, 그렇게 불쾌하게 여기지 않기를 바랍니다.

그런데 사실은 이와 달리, 그대는 완전히 반대 방향으로 기울어져, 운명의 좋은 면은 잊고 나쁜 면만 바라보고 계십니다. 아드님과의 즐거운 교류와 재회를 즐기려 하지도 않고, 어머니를 기쁘게 해주는 소년다운 달콤한 말에 귀를 기울이려고도 하지 않으며, 그의 학문의 진보를 대견스럽게 생각하지도 않고, 그런 것으로부터 완전히 등을 돌리고 계십니다. 그대는 그가 걸어온 삶의 마지막 국면만 응시하면서, 마치 그것만으로는 아직 역겨움이 모자란 듯이 되도록 더욱 역겨움을 덧붙이려 하고 계십니다. 제발 부탁합니다, 누구보다 불행한 어머니로 보이는, 너무나 비뚤어진 영예를 얻고자 하지 않기를 바랍니다. 동시에 인생이 순풍에 돛을 달고 순조롭게 나아갈 때는 씩씩하게 행동해도 매우 훌륭한 행위라고 말할 수 없다는 사실도 생각하셔야 합니다. 파도가 없는 조용한 바다나 순풍인 날씨에는 키잡이의 기술도 우열을 판단할 수 없습니다. 정신을 시험하는 데는 거기에 뭔가 이겨내기 어려운 요소가 들어있지 않으면 안 됩니다. 그러므로 의기소침하지 않기를 바랍니다. 아니 반대로 꿋꿋이 단단히 땅에 발을 딛고, 처음의 굉음에는 놀라더라도 떨어지는 모든 무거운 짐을 지도록 하시기 바랍니다. 운명을 증오하고, 무시하는 기분을 강화하는 데는 무엇보다도 평정한 마음을 유지해야 합니다." 그렇게 말하고 나서 그는 살아 있는 또 한 명의 아들이 있음을, 세상을 떠난 아들이 남긴 손자들이 있음을 그녀에게 상기시키고 설득했습니다.

6

저기서 대화를 나눈 것은 마르키아, 그대에 대한 것이었고, 아레이오스는 그대 곁에 앉아 있었습니다. 인물을 바꿔 보십시오. 그가 위로하려고 한 것은 그대였습니다. 그러나 마르키아, 그대에게서 빼앗은 것이 일찍이 어머니의 누군가가 잃은 적이 있었던 것보다 훨씬 큰 것이라고 여기고 싶으면 그래도 좋습니다. 나는 그대를 맞아 상처를 훑는 짓은 하지 않을 터이고, 그렇다고 그대가 입은 재난을 작게 보려고도 하지 않습니다. 들이닥친 비운이 그저 우는 것으로 극복될 수 있다면 얼마든지 울어도 좋습니다. 날마다 한탄으로 지새우며 밤에도 잠 못 이루고 슬프게 지내면 됩니다. 상처받은 가슴을 다시 손으로 치며 그 얼굴에도 격렬한 타격을 가하면 됩니다. 비탄이 무엇인가 보탬이 된다면 온갖 흉포한 방법을 다 쓰면 됩니다. 그러나 아무리 한탄하며 가슴을 쳐 보아도 죽은 사람을 되살릴 수 없고, 숙명은 움직일 수 없는 영원히 정해진 것으로, 아무리 슬퍼해 본들 바꾸지 못하며, 죽음이 빼앗아간 것을 붙잡고 놓아주지 않는다면 끝끝내 소용없는 비탄은 그만둬야 합니다. 그러므로 우리는 자신을 통제하는 방향을 정해야 하며 그런 슬픔에 빠져 진로를 벗어나는 일이 있어서는 안 됩니다. 파도에 키를 빼앗기고 바람에 이리저리 농락 당하는 돛을 버리고, 배를 풍파에 내맡기는 키잡이는 부끄러운 인간입니다. 그러나 만일 난파를 겪더라도, 바다의 큰 파도에 휩쓸리면서도 꿋꿋하게 방향타를 놓지 않는 키잡이야말로 칭찬받아야 할 인간입니다.

7

'그러나 가족의 죽음을 안타깝고 슬프게 여기는 것은 자연스러운 일'이라고 말하시겠지요. 분수를 아는 사람이라면 누가 그렇지 않다고 말할 수 있을까요. 실제로 가장 사랑하는 사람을 잃는 경우는 말할 것도 없고, 떨어져 있기만 해도 매우 강인한 정신을 가진 사람조차 어쩔 수 없이 마음이 아프고 괴로움이 따르는 법입니다. 그러나 그 생각은 자연이 명한다기보다도 그러리라고 생각하는 사람의 판단이 더 큰 것입니다. 보십시오, 말 못하는 동물의 애석함이 얼마나 격렬한지를, 그러나 아주 짧습니다. 암소의 울음소리가 들리는 것은 하루 이틀에 불과하고, 암말이 미친 듯이 날뛰는 것도 그보다 더 길지 않습니다. 짐승도 새끼를 빼앗기면 그 발자국을 따라 숲속을 헤매며 몇 번이나 엉망이 된 굴로 돌아오지만 짧은 시간에 그 분노를 가라앉히고, 새도 비어버린 보금자리 주위를 격렬하게 날갯짓하면서 구슬픈 목소리로 울며 날아다니지만, 그것도 잠시이고 얼마 지나면 여느 때처럼 조용히 날아서 돌아옵니다. 사람만큼 자식에 대한 애석함이 오래 지속되는 생물은 없습니다. 인간만이 자신의 슬픈 생각에 스스로 가세하여, 실제로 느끼는 슬픔이 아니라 자신이 그렇게 믿어버리는 비통함에 괴로워하는 것입니다.

한편 비탄에 빠져 헤어나지 못하는 것은 자연스러운 일이 아니라는 사실을 알게 해 드리기 위해 말한다면, 첫째로 자식이 부모보다 먼저 죽었을 때는 남자보다 여자가, 온화하고 세련된 민족보다 야만인이, 교육 받은 사람보다 받지 못한 사람이 더 깊은 상처를 받는 것이 사실입니다. 그런데 자연으로부터 힘을 받는 것은 어떤 경우에도 똑같은 힘을 유지하는 법입니다. 그러므로 경우에 따라 다르게 나타나는 것은 자연적인 것이 아닌 게 틀림없습니다. 불은 모든 시대의 인간, 모든 도시의 인간, 남자나 여자나 다 태웁니다. 칼은 어떤 몸이라도 베어 가르는 힘을 드러냅니다. 어째서 그럴까요? 자연에 의해 그 힘을 받았기 때문이고, 자연이 준 그 힘은 사람이 다르다고 효력도 다르게 되어 있지 않기 때문입니다. 그러나 빈궁과 비탄과 야심은 관습에 젖은 그 사람의 기질의 빛깔에 따라 저마다가 느끼는 방법이 다르고, 두려워하지 않아도 되는 것을 무섭다고 여기는 선입관을 가진 판단이, 사람을 허약하게도 겁쟁이로도 만드는 것입니다.

8

또 자연적인 것은 시간이 지남에 따라 줄어드는 일이 없다는 사실입니다. 그런데 슬픈 생각은 오랜 시일 동안 그 힘을 잃어 갑니다. 예컨대 매우 완고하고 나날이 세력을 늘려 대항책도 아랑곳하지 않고 미쳐 날뛰는 것이라도, 흉포함을 누그러뜨리는 데 가장 강력한 효과를 드러내는 그 '시간'이 이윽고 그 힘을 빼버립니다. 과연 마르키아여, 그대의 가슴에는 깊은 슬픔이 아직도 남아 있어 이제는 그것이 굳어서 굳은살처럼 되었을 테고, 처음 무렵의 그런 격렬한 상태는 아니더라도 고집스럽고 집요한 게 되어 있을 것입니다. 그러나 그 슬픔도 흐르는 세월과 함께 이윽고 그대에게서 떨어져 나갈 것입니다. 무언가 다른 것에 열중한다면 그때그때 기분이 풀리실 텐데. 그런데 이와는 달리 그대는 스스로 자신의 감시인이 되어 있습니다. 그러나 비탄하는 것을 도리 없이 자신에게 허락할 것인가, 아니면 명령할 것인가는 하늘과 땅 차이입니다. 끝나기를 기대하지 않고 스스로 끝내는 편이, 그리고 그대의 기분과는 정반대로 슬픈 생각이 저절로 그칠 날이 올 때까지 보고만 있지 않는 편이, 뛰어난 그대의 기질에 얼마나 잘 어울리는 행동이겠습니까. 그대 스스로 그 슬픈 생각과 결별해야 합니다.

"그렇다면 자연의 명령으로 그렇게 되는 것이 아니라면 가족을 잃었을 때 우리의 한탄이 이토록 집요한 것은 대체 무엇 때문일까요?" 이렇게 물을지도 모릅니다. 우리는 그것이 현실로 닥쳐올 때까지는 불행한 일에 대해 아무것도 예상하지 못하고 자기는 예외이며 자신만은 불행을 면한 존재이고, 남보다 평온한 길을 걸어가는 줄로 믿으며, 다른 사람의 재난을 보고도 그 재난이 자기 한테도 닥쳐올지 모르는, 인류 모두에게 공통되는 것임을 교훈으로 삼지 않기 때문입니다. 우리의 집 앞을 그토록 많은 장례행렬이 지나갔어도 무심했던 것입니다. 우리는 자신의 죽음을 생각하지 않습니다. 젊은 나이에 죽는 가슴 아픈 일도 많이 봅니다. 그러나 우리는 자기 어린 아들의 미래만 생각하면서 성인이 되어 토가를 걸칠 날을 상상하고, 병역을 치르는 날과 아버지 유산을 상속하는 날 같은 이런저런 일들을 마음에 그립니다. 유복한 사람들이 하루아침에 빈곤의 밑바닥으로 굴러떨어지는 사례도 우리는 많이 봅니다. 그럼에도 자기의 재산도 마찬가지로 위태롭고 불안정한 바탕 위에 놓여 있다는 생각을 우리는 털끝만큼도 하지 않습니다. 그러므로 우리가 굴러떨어질 가능성이 차츰 커지는 것은 필연입니다. 우리는 말하자면 예상치 않은 시기에 불의의 재난을 당하게 된다고 할 수 있습니다. 그러나 거기에 비하면 훨씬 오래전부터 예상했던 재난은 덮쳐오는 격렬함도 둔한 법입니다.

부디, 그대 자신이 모든 재난의 타격에 드러나 다른 사람을 뚫은 투창이 그대 주위에서도 소리를 내며 날아다니고 있다고 인식하기 바랍니다. 예를 들면 어느 도시의 성벽이나 수많은 적이 점거하여 오르는 험한 곳에 장비도 부족한 채 공세를 취한다고 하면 그 싸움에 상처를 받는 것은 뻔하지요, 머리 위를 날아다니는 창과 화살도, 그리고 머리 위로 떨어지는 암석도 모두 자기의 몸을 노리고 던져지고 떨어지는 것을 각오해야 되는 것입니다. 누군가가 그대 곁에서 또는 등 뒤에서 쓰러질 때마다 이렇게 부르짖는 것입니다, "운명이여, 넌 나를 속이지 못해. 마음놓고 아무 준비도 하지 않은 나를 덮칠 수 있다고 생각하는 건 잘못이야. 네가 무엇을 노리고 있는지 나는 다 알고 있어. 과연 너는 다른 인간에게 일격을 가했지만 정작 노린 것은 바로 나임을." 자기가 앞으로 망한다는 것을 알면서 자기의 소유물을 바라보는 자가 일찍이 누군가 있었던가요. 우리 가운데 쫓겨나 망명생활이나 가난한 생활, 슬픔으로 지새우는 생활을 감히 누군가 일찍이 생각해 보려 한 사람이 있었던가요. 그런 재난에 대해서도 생각해 보라고 충고하면, 마치 재수 없는 소리나 하는 것처럼 업신 여기고 그런 저주는 누군가 증오하는 원수나 충고하는 사람 자신에게 돌아가면 된다는 말을 내뱉지는 않았던가요. "이렇게 되리라고는 생각도 하지 못했다" 사람들은 말합니다. 그러나 많은 사람들이 당하는 일을 보면서 자기에게도 일어날 수 있다는 사실을 알면서, 그래도 설마 그런 일이, 하고 생각하지 않을 수 있는 일이 과연 무엇이 있을까요. 무대에서 나온 말 치고는 아까울 만큼 훌륭한 말이 있습니다.

누구에겐가 일어날 수 있는 일은, 누구에게나 일어날 수 있다.

자식을 앞세운 사람이 누군가 있다고 합시다. 그러면 그대도 자식을 앞세울 가능성이 있는 것입니다. 또 유죄판결을 받은 사람이 누군가 있다고 합시다. 그러면 죄 없는 그대 또한 타격을 입을 가능성이 있습니다. 우리를 속이고, 우리를 위태롭고 허약한 존재로 만드는 것은 이 착각이며, 그럭저럭 지내는 동안 그런 일을 당하리라고 꿈에도 생각지 않았던 재난을 겪게 되는 것입니다. 그와는 반대로 닥쳐올 일을 예상했던 사람은 재난이 현실이 되더라도 그 충격을 덜 받을 수 있는 것입니다.

10

마르키아, 우리가 우연히 외부에서 손에 넣어, 우리 주위에서 번쩍이는 것, 예를 들면 아이들, 명예와 부, 널따란 저택, 문을 열어주지 않아 현관에 가득 찬 보호 받기를 원하는,[18] 찬란한 명성, 고귀한 아내나 미모의 아내, 그 밖의 수많은 것들은 모두, 운세의 변천에 따르는 불확실한 것이고 남의 것이며, 잠시 빌린 것에 지나지 않습니다. 그 무엇 하나도 증여를 받아 진정으로 우리 것이 된 것은 없습니다. 인생의 무대는 대여를 받아 앞으로 주인에게 돌려주게 될 도구로 꾸며져 있는 것입니다. 첫날 돌려주는 것도 있는가 하면, 다음날 돌려주는 것도 있을 것입니다. 마지막 무대까지 남게 되는 도구는 매우 적습니다.

───────────

[18] 권력이 있는 보호자의 저택에 아침 인사를 하러 온 사람들을 말한다.

그러므로 자랑스럽게 자기가 거느린 것들에 둘러싸여 있다고 우쭐멜 이유는 없지요. 우리가 소유한 것은 실은 빌린 것이니까요. 그것을 이용하고 누리는 것은 우리의 권리이지만 대여기간은 스스로 선물을 나눠준 지배자가 정하는 것입니다. 우리는 그런 부정기적으로 빌린 것을 언제나 준비해 놓고, 돌려달라고 하면 불평 없이 반환해야 합니다.

채권자에게 대드는 일은 수준 낮은 채무자나 하는 짓입니다. 그런 까닭에 우리는 출생 순서에 따라, 마땅히 우리보다 오래 살기를 바라는 자라도, 또 우리보다 오래 살기를 기대하는 당사자의 바람이 더없이 정당한 자라 해도, 가족 모두는, 모든 것은 영속성은 말할 것도 없고 지속성마저 우리에게 약속되어 있지 않다는 것을 생각하며 사랑해야 합니다. 우리의 마음은 이렇게 자주 주의를 환기시키지 않으면 안 됩니다. 무언가를 사랑하더라도 그것은 언젠가는 떠나는 것, 아니, 오늘도 떠나려 하고 있다고 생각하라고 말이지요. 운명에 따라서 주어진 것은 모두, 소유해도 보증인은 없다고 생각해야 합니다. 아이들로부터 기쁨을 얻도록 하세요. 그 대신 아이들에게도 나에게서 기쁨을 얻을 수 있게 해주는 겁니다. 앞으로 미루지 말고 지금 바로 모든 기쁨을 남김없이 맛보는 것입니다. 오늘 밤에 약속된 것은 아무것도 없습니다.—아니, 너무나 긴 유예 기간을 주고 말았습니다—, 이 한 시간마저도 약속된 것은 아무것도 없습니다. 서둘러야 합니다. 적이 등 뒤에 밀어닥치고 있습니다. 오늘 함께 있는 벗들도 결국 따로따로 흩어지고, 먹고 자기를 함께 한 전우의 유대도 고함소리와 함께 끊기게 될 것입니다. 만물은 빼앗기는 것이 숙명이니. 가엾게도 싸움에 져서 달아나는 그대들은 참되게 사는 방법을 모르는 것입니다.

그대의 아들이 앞서 간 것을 한탄하고 슬퍼하면 비난받아야 하는 것은 아들이 태어난 '때'입니다. 왜냐하면 그 아들이 바야흐로 태어나려고 할 때 이미 죽음이 선고되었기 때문입니다. 이 규정에 따라 그는 태어나고, 어머니의 태속에 있는 순간부터 그 숙명이 그의 뒤를 따라다니며 떠나지 않았던 것입니다. 우리는 운명이라는 냉엄한 불패(不敗)의 왕권 안에 들어간 것이며, 그 운명의 뜻에 따라 정당한 일이나 부당한 일이나 달게 받아야 하는 숙명을 안고 있습니다. 운명은 우리의 몸을 함부로 모욕하고 냉혹하게 학대할 것입니다. 운명에 따른 벌로서 또는 치유를 위해 불태워지는 자가 있는가 하면 쇠사슬로 잡도리하는 자도 있을 것입니다. 운명은 어떤 때는 그것을 적에게 맡기고, 어떤 때는 그것을 동료인 시민의 손에 맡깁니다. 어떤 자는 변화무쌍한 바다에서 알몸이 되어 희롱당하고 거친 파도와 싸우다 마침내, 모래사장이나 바닷가로 밀려올라가지도 않고, 무언가 거대한 짐승의 뱃속에 삼켜지고 맙니다. 또 어떤 자는 온갖 병에 쇠약해져 삶과 죽음의 경계를 헤매게 됩니다. 변덕이 심하여 노예들의 기분을 무시하는 여주인처럼 운명은 벌을 줄 때도 은혜를 베풀 때도 제멋대로입니다.

11

삶의 한 부분 부분에 왜 눈물을 흘려야 할까요. 삶 전체가 눈물인 것을. 묵은 어려움이 해결되기도 전에 새로운 난관이 닥쳐옵니다. 그러므로 무엇인가를 고민하더라도 절제가 없지요. 특히 그대들 여성들은 절도(節度)를 지켜야 하며, 여러분이 느끼는 숱한 슬픔에 처할 때, 인간의 정신력을 대치시키지 않으면 안 됩니다. 또 개인에게 주어진 제약이나 인간으로서 주어진 인간 공통의 제약을 잊어버린 그 어리석음을 뭐라고 해야 할까요. 그대는 숙명적으로 죽어야 하는 인간으로 태어났으며, 죽어야 할 인간인 자식들을 낳은 것입니다. 그대 자신이 앞으로 부패하고 해체될 몸을 가지고, 온갖 재난과 질병에 자주 시달렸던 몸이면서 그렇게 허약한 체질에서 태어난 아들이 굳세고 영원히 존재하기를 그대는 바란 것이지요. 그대의 아들은 세상을 떠났습니다. 그러나 그대가 낳은 그 아들보다 행복하다고 그대가 생각하는 자들도 모두, 빠른 걸음으로 그곳으로 뛰어갔습니다. 중앙광장의 재판에서 다투는 저 한 무리 사람들도, 극장에서 연극을 보는 저 한 패의 사람들도, 신전에서 기도하는 저 한 떼의 사람들도 모두, 거기로 가고 있습니다. 그대가 사랑하고 소중히 하는 것도, 그대가 업신여기는 것도, 끝내 한줌의 재로 평등을 이루게 됩니다. 피토*[19]의 신탁으로 알려진 그 목소리도 분명히 이것을 말하고 있습니다.

너 자신을 알라.

인간이란 무엇인가. 아무리 약한 타격에도 아무리 가벼운 진동에도 부서져

---

*19 피토는 아폴론 신탁의 성지인 델포이의 옛 이름.

버리는 취약한 그릇. 뿔뿔이 흩어지게 하는 데 거친 태풍 따위는 필요 없습니다. 어딘가에 부딪치기만 해도 분해되고 맙니다. 인간이란 무엇인가. 무르고 허약하며, 본성이 알몸처럼 무방비 상태이고, 다른 사람의 도움을 필요로 하며, 운명의 모든 모욕에 드러난 몸으로 팔다리를 잘 단련하면 어느 짐승에게나 절호의 먹잇감이 되고 사냥감이 되는 것. 무르고 불안정한 소재로 만들어져 겉모습은 번지르르하고 훌륭하나 추위나 더위, 힘든 일에도 견디지 못하고, 그렇다고 게으르고 한가롭게 지내면 정신이 부패하기 딱 알맞고, 늘 양식을 걱정하며, 결핍되면 그만큼 쇠약해지고, 지나치게 윤택하면 잇달아 파열해 버리는 것. 몸의 안전에 늘 전전긍긍하며 불안해하고, 생명의 숨결이 불안정하며, 지키려 해도 유지하지 못하고, 갑자기 습격당할까봐 두려움에 떨거나, 뜻밖에 귀에 울리는 굉음으로 두절되어 버리는 것. 끊임없이 자기 스스로 불안을 만들고, 결함투성이에다 무익한 것. 그런 존재에 오직 한 번의 헐떡임만으로 충분한 죽음이 있다고 해서 놀라야 할까요. 실제로 그것을 멸하는 것이 얼마나 어려운 일인지요. 인간에게 냄새나 맛, 피로, 불면, 수분과 음식물, 그 밖에 사는 데 꼭 필요한 온갖 것들이 죽음의 원인이 될 수 있습니다. 어디로 움직이든, 곧 자기의 약점을 깨닫게 되고, 어떤 기후에도 견딜 수 있는 것도 아니며, 익숙하지 않은 물과 친숙하지 않은 바람의 속삭임, 그 밖에 매우 작은 원인이나 형편이 나쁜 병을 일으켜 고름이 나고, 몸이 파리하고 약해져서, 맨 처음 삶이 시작할 때부터 눈물과 더불어 있었던 것. 그러면서도 이만큼 경멸해야 할 이 생물이 펼치는 큰 소동은 참으로 볼 만하지요. 자기 앞에 놓여 있는 장애물도 잊고 얼마나 원대한 포부를 가지는지요. 그 정신으로 영원히 죽지 않는 삶을 꿈꾸며, 손자나 증손자 대에 이르기까지 계획을 세웁니다. 그러나 먼 미래를 위해 허덕이던 그 생명을, 뜻을 펴지 못한 채 중도에서 죽음이라는 것이 찌부러뜨리고 맙니다. 노년은 정말 얼마 안 되는 기간에 불과합니다.

12

그런데 그대의 비통한 감정은 무언가 까닭이 있는 것으로서, 자신을 위한 것입니까 아니면 죽은 사람을 위한 것입니까. 자식을 잃은 것으로 그대의 마음이 침착성을 잃은 것은, 그대가 아들에게서 기쁨을 얻지 못했다는 이유 때문입니까 아니면 더 오래 살았다면 훨씬 더 큰 기쁨을 얻었으리라는 이유 때문입니까. 아무 기쁨도 얻지 못했다고 한다면 그대가 입은 손실은 좀 더 견디기 쉬운 게 아닐까요.

왜냐하면 인간은 어떤 기쁨이나 즐거움도 얻지 못한 것에 대해서는 그다지 크게 애석해 하지 않기 때문입니다. 그러나 그대가 큰 기쁨을 얻었다고 인정한다면 빼앗겨서 얻지 못하게 된 기쁨을 원망하지 말고, 이미 얻은 기쁨에 감사해야 합니다. 왜냐하면 그대는 아이를 키우는 동안의 노고에 충분한 보상을 받은 셈이니까요. 하기는 짐승의 새끼나 새 같은 하찮은 애완동물을 정성들여 키운 사람은 바라보거나 만지는 것으로, 또는 말 못하는 동물이 착 달라붙어 재롱을 부리는 것에서 뭔가 기쁨을 얻습니다. 이와는 달리 아이를 키우는 인간에게는 양육 자체가 보상이 될 수는 없다고 하면 이야기는 다릅니다. 이를테면 그 아들이 근면성에 있어 그대에게 아무 이익도 가져다주지 않았고, 신중하고 세심한 면에서 그대를 지켜주지도 않았으며, 지혜로운 면에서 그대에게 조언을 해주지 않았다 하더라도 그 아들을 낳은 것, 그 아들을 사랑한 것 그 자체가 보상인 것입니다. "하지만 그것이 더 오래 가고, 더 큰 보상이었으면 좋았을 텐데" 하고 아쉬워할지도 모릅니다. 그러나 그 기회를 전혀 얻지 못한 경우에 비한다면 행운이었다고 해야 합니다. 왜냐하면 짧은 동안이라도 행복한 한때를 가진 것과 한 번도 행복한 때를 가져보지 못한 것, 어느 쪽을 선택하겠느냐고 한다면, 결국 잃게 된 행복이라 해도 그것을 가진 것이 아무것도 가져보지 못한 것보다는 그런대로 낫기 때문입니다. 잘못 태어나 아들의 숫자에만 들어간 이름뿐인 아들과, 그대의 아들이 그랬던 것처럼, 훌륭한 천성을 타고나 모든 이틀이나 앞서 나아가며 일찍부터 지혜로운 젊은이가 되고, 일찍부터 효성이 지극한 인간이 되고, 일찍부터 남편이 되고, 일찍부터 아버지가 되고, 일찍부터 열성적으로 모든 의무를 다하는 시민이 되고, 일찍부터 신관(神官)이 되는 아들, 그대는 과연 어느 쪽을 선택하겠습니까. 큰 행복을 영속적으로 누리는 인간은 이 세상에 한 사람도 없을 겁니다. 그것이 느긋한 행복이 아닌 한, 마지막까지 영속하는 일은 없습니다. 처음부터 불사의 신들이 그대에게 아들을 점지할 때, 영속적인 것으로서가 아니고 영속적인 것도 가능한 것으로서 점지한 것에 지나지 않습니다.

또 신들이 자식에게서 얻는 기쁨을 허락받지 못한 인간으로서 그대를 선택했다고 생각할 수도 없습니다. 아는 사람이든 모르는 사람이든 그대 주변에 있는 수많은 인간을 둘러보십시오. 그대보다 한결 더 큰 불행을 겪은 여러 사람들을 만나게 될 것입니다. 위대한 장군들도 그대와 같은 비극을 당했고, 나라의 지도자(황제)들도 마찬가지입니다. 전설에 따르면 신들도 예외가 아니었는데, 그것은 아마 신적인 존재도 멸망한다는 이야기로, 죽은 자를 애도하는 우리 인간의 위로로 삼으려는 의도가 아니었을까요. 주위에 있는 사람을, 아시겠습니까, 빠짐없이 둘러보세요. 자신의 불행보다 훨씬 처참한 불행이 있다는 사실에 위안을 찾을 수 없을 만큼 참혹한 불행을 겪은 집은 한 곳도 발견하지 못할 것입니다. 하지만 틀림없이 불행을 한탄하는 많은 사람들의 예를 들어보면서 그대가 자신의 재난을 더 쉽게 견딜 수 있다고 생각할 만큼, 그대의 인품을 멸시하는 것은 아닙니다. 수많은 불행한 사람들을 생각하며 자신을 위로한다는 것은 위로 치고는 고약한 위로입니다. 그렇지만 일부러 그런 사람의 사례를 들고 싶습니다. 불운은 인간에게 따라다니게 마련이라는 사실을 알게 하기 위해서가 아니라—인간이 죽음을 벗어나지 못하는 예를 모으는 것처럼 어리석은 짓은 없습니다—평온한 마음으로 견딤으로써 가혹한 재난을 누그러뜨리려고 한 사람들이 숱하게 많다는 사실을 알게 하기 위해서입니다.

가장 행운을 누린 사람의 예부터 시작합시다. 루키우스 술라*[20]도 자식을 앞세웠는데 그 사건이 그의 악의를 약하게 하지도, 적에게도 동포에게도 가혹했던 그 만용을 줄이지도 못하고, 또 그 다른 이름을 분수에 넘친 이름으로 여기도록 하는 일도 없었습니다. 그 다른 이름은 자식을 앞세운 뒤에 자칭한 것이고, 또 그는 자기의 정도를 넘어선 행운의 대가로서 불행을 당한 사람들의 증오를 두려워하지도 않고, 그만큼 행운아였다는 사실을 탄핵의 죄상으로

---

*20 루키우스 코르넬리우스 술라 펠릭스(기원전 138~78). 기원전 88, 80년의 집정관, 기원전 82~79년의 독재관. 마리우스 밑에서 두각을 드러내어, 오랫동안 로마를 괴롭힌 폰토스 왕 미트리다테스와의 전쟁에서 공을 세운 군인, 정치가. 미트리다테스전의 지휘권을 둘러싸고 마리우스, 킨나 등의 민중파와 대립, 군대를 이끌고 로마에 진군하여, 마리우스를 추방하고, 그 뒤 '학살에 착수하여 수많은 사망자로 도시를 채웠으며, 그 중에는 개인적인 원한에서, 술라와는 아무 관계도 없는데도 술라의 추종자들을 기쁘게 하기 위해 죽이는 것을 허락했다'(《플루타르코스 영웅전》 '술라' 31). 그는 개선식 뒤 '펠릭스(행운아)'라고 자칭하고('다른 이름'이란 그것을 가리킨다), 원로원(족벌파)의 지배권을 확립하는 재판제도 등의 법을 성립시킨 뒤, 독재관을 사임하고 한 개인으로 살면서 회상록을 썼다. 그 회상록에는 먼저 간 아들이 머리맡에 서서, 피비린내 나는 정쟁에서 몸을 빼라고 충고했다는 에피소드가 들어 있었다고 한다. 그러나 술라는 그 뒤에도 계속 정치에 몸담았다.

한 신들의 질투를 두려워하는 일도 없었습니다. 그러나 술라가 어떤 인간이었던가에 대해서는 미결의 문제로 둡시다.—하기는 그가 무기를 든 큰 뜻이 훌륭했고, 무기를 거둔 명분도 훌륭했던 점은 적도 인정한 사실입니다. 그러나 지금 문제가 되어 있는 이 점은 누구나 수긍하는 것입니다. 다시 말해 가장 큰 행운을 얻은 사람들에게도 찾아오는 재난은 최악의 재난이라고 말할 수 없습니다.*[21]

13

희생식(犧牲式)이 한창인 가운데 아들의 죽음이 알려졌을 때, 피리 부는 것을 멈추라고 명하고, 머리에서 화관만 벗고 나머지 의식을 정해진 대로 마친 그 아버지*[22]를 그리스가 그다지 칭찬할 수 없는 예가 우리나라에도 있으니, 신기관(神祇官)인 프루윌루스*[23]도 문기둥을 잡고 카피톨리움의 봉헌식을 집전하고 있을 때 아들의 죽음이 알려졌습니다. 그는 그 소식을 못들은 척하고 신기관의 정례대로 축사를, 오열로 중단하지 않고, 자기 아들의 이름으로 유피테르의 가호를 빌면서 축사를 모두 마쳤습니다. 아들의 죽음이라는 슬픔을 안고 첫날 최초의 격정 속에서도 아버지는 공적인 의식이 집행되고 있는 제단을 떠나지 않고, 신의 가호를 비는 축사를 멈추려고도 하지 않았습니다. 그대도 그와 같은 슬픔에 언젠가는 종지부를 찍어야 하다고 생각하지 않습니까. 신들이 분노를 품고 있을 때도 그 제사를 멈추지 않은 그는 참으로 기념 봉헌식을 집행하는 데 어울리는 사람, 더없이 훌륭한 제사장직에 알맞은 사람이었습니다. 하지만 그는 집에 돌아와서 그 눈을 눈물로 적시고 통곡하면서, 죽은 자에게 바치는 전통적 의식을 마치고 나서, 카피톨리움에서 보였던 여느 때의 얼굴로 돌아갔습니다.

---

*21 '최악의 재난'이란 가장 큰 행운을 얻은 사람이 아니라, 가장 불행한 사람을 덮치는 재난을 뜻하는 것이 아니면 안 되므로.

*22 소크라테스의 열렬한 신봉자로, 제자인 크세노폰을 가리킨다. 만티네이아 전투(기원전 362)에서 아들 그릴로스가 전사했을 때의 이야기.

*23 마르쿠스 호라티우스 프루윌루스. 기원전 509, 507년의 집정관. 카피톨리움의 유피테르 신전 봉헌식을 관장했다. 문기둥을 붙잡는 것에 대해서는, '봉헌식에서는 신전의 문기둥을 붙잡지 않으면 안 된다고, 나는 들은 적이 있다. 신전 입구와 문이 있는 곳에 문기둥이 있기 때문이다. (키케로《나의 집에 대하여》121) 참조.

파울루스*24는 자기가 타는 수레 앞에 유명한 왕 페르세우스를 쇠사슬로 묶어 끌도록 했던, 매우 영광스러운 개선식 무렵, 두 아들을 양자로 보내고 집에 남긴 두 아들의 장례를 치른 사람입니다. 그가 양자로 준 아들의 한 사람이 스키피오였다는 사실을 보면, 그가 집에 남긴 두 아들은 어떤 인물이었을 거라고 생각합니까. 개선식을 구경한 로마 국민 가운데 파울루스의 수레에 타고 있어야 할 사람이 없는 것을 보고 가엾게 여기지 않은 사람은 하나도 없었습니다. 그러나 파울루스는 모여든 군중을 향해 판에 박힌 연설을 하고, 바라던 일이 이루어진 것을 신들에게 감사했습니다. 실제로 그는 자기가 크게 승리했기 때문에 신들의 시기를 사게 되어 무엇인가 보상을 해야 한다면, 국가에 타격을 주지 않고 자신에게 타격이 되는 일로 보상하게 해달라고 기원했던 것입니다. 파울루스가 얼마나 장한 마음으로 그 타격을 견디었을지 아시겠지요. 그는 아들을 앞세운 것을 축하하고, 신에게 감사했습니다. 게다가 이토록 변화가 심한 세상살이에 이 사람만큼 비통한 생각을 품은 사람이 또 누가 있겠습니까. 그는 마음의 위로와 마음의 지주를 동시에 잃었습니다. 더욱이 페르세우스에게 자신이 슬퍼하는 모습을 보여 기쁘게 하는 짓은 하지 않았던 것입니다.

14

이제 이렇게 수많은 위인의 선례를 차례차례 그대에게 밝혀, 행복한 사람을 찾아내는 것이 불행한 사람을 찾는 일에 비하여 그다지 어려운 일이 아닌 것처럼, 불행한 사람들의 예를 찾아낼 필요가 어디에 있을까요. 실제로 최후까지 가족이 한 사람도 빠짐없이 온전할 수 있었던 집이 일찍이 얼마나 있었을까요. 조금이라도 풍파를 겪지 않은 집이 어디에 있었던가요. 어느 해라도 상관없습니다, 생각나는 대로 1년을 예로 들어 그해의 집정관을 증인으로 불러내 보시지요. 어디 루키우스 비불루스와 가이우스 카이사르*25를 소환해볼까

---

*24 루키우스 아이밀리우스 파울루스 마케도니쿠스. 기원전 182, 168년의 집정관. 두 번째 집정관 때, 피드나 전투에서 마케도니아 최후의 왕 베르세우스에게 승리하고, 마케도니아 전쟁을 종결시켰다.

*25 비불루스와 카이사르가 집정관에 취임한 것은 기원전 59년이다. '루키우스'라고 한 것은 세네카의 착오로, 그 아버지 '마르쿠스'가 옳다. 마르쿠스 칼푸르니우스 비불루스는, 민중파의 기수로 그즈음 세력을 넓히고 있던 카이사르를 저지하려는 족벌파의 지원을 얻어

요. 그들은 원수지간이었지만 서로 동조하는 것처럼 하나의 운명을 함께 나눴습니다. 용감한 사람이라기보다 선량한 사람이었던 루키우스 비불루스는 두 아들을 살해당했습니다. 더욱이 이집트인 병사에게 모욕까지 받았으니, 명예로운 공직에 못지않게 그 원인이 된 사정도 눈물 없이는 말할 수 없는 참혹한 것이었습니다. 비불루스는 명예로운 공직에 몸담았던 만 1년 동안, 동료인 카이사르에 대한 원한 때문에 집안에 틀어박혀 지냈으나, 두 아들이 죽었다는 소식을 들은 다음날 모습을 나타내어 집정관 직무에 복귀했습니다. 두 아들을 애도하는 시간을 채 하루도 안 되게 잡을 수 있는 사람은 아마 없을 것입니다. 이렇게 집정관직을 꼬박 1년 동안 탄식으로 보낸 사람이, 고작 하루라는 짧은 시간에 자식을 잃은 슬픔에 결별을 고한 것입니다. 가이우스 카이사르도, 떠오르는 태양 같은 그 운세는 큰 바다로도 막을 수 없을 정도였는데, 브리타니아로 건너가서 각지로 원정을 감행하고 있었을 때, 딸*²⁶이 국가의 명운을 걸 머지고 저 세상으로 떠났다는 소식을 들었습니다. 그즈음 그의 눈에는 이미 공통의 이해관계가 많아졌다고는 하나, 나라 안에서 자기 말고 누군가가 강대한 존재가 되는 것을 유쾌하지 않게 여기고, 자기의 성공에 대해 견제를 가할 장애물로서 폼페이우스의 모습이 떠올랐습니다. 그럼에도 그는 사흘도 되지 않아 최고지휘관의 직무에 복귀하여, 모든 것을 정복한 그 신속성에 부끄럽지 않게 재빨리 자신의 슬픔도 이겨낸 것입니다.

15

자식을 앞세운 다른 카이사르*²⁷의 예를 그대에게 말할 필요가 있을까요. 나에게는 마치 운명이 그들을 능욕하는 것처럼 보일 때가 있지만, 그것은 신에게서 태어나 신을 낳는다고 하는 그들마저도 다른 사람의 운명은 마음대로 지배할 수 있지만, 자신의 운명은 뜻대로 되지 않는다는 사실을 가리켜

집정관에 당선되었다. 그는 동료집정관 카이사르가 공시한 농지법에 반대를 표명했으나 힘에 밀려 중앙광장에서 배제된 이래, 자택에 칩거한 채, 집정관으로서 포고의 표명 형태로 저항을 계속했다.

*26 율리아를 가리킨다. 산후 회복이 되지 않아 죽었다.

*27 옥타비아누스가 카이사르의 양자가 된(가이우스 율리우스 카이사르 옥타비아누스로 개명, 나중에 여기에 '아우구스투스'라는 칭호가 추가된다) 이래, 가명(家名)인 '카이사르'는 대대로 계승되어, 원수(황제)의 칭호가 된다. 여기서는 '황제들'이라는 뜻.

보임으로써 그들에게도 어느 정도는 인류에게 이바지하게 하려는 운명의 재량이 있는 것처럼 여겨집니다. 훌륭한 왕인 아우구스투스는 아들과 손자들을 앞세우고 수많은 미래의 카이사르 후보가 차례차례 사라져 버리자, 양자를 맞아들여 집안을 이끌어나갔습니다. 그렇지만 자기가 당사자로서, 신들에 대해 누구도 불평불만을 말하지 못하게 하는 것은 남의 일이 아니라 자기에게 가장 중요한 일인 것처럼 용감하게 그것을 견뎠습니다. 티베리우스 카이사르는 친아들과 양자 둘 다 앞세우는 비운을 겪었습니다. 그러나 스스로 연단에 서서 아들의 추도연설을 하고, 대제사장인 그의 눈에 시신이 직접 보이지 않도록 덮어 둔 베일을 통해서였지만, 가로 누운 아들의 유해를 보면서 그 옆에 잠시 멈춰 서서, 로마 국민이 모두 눈물을 흘렸지만 오직 한 사람, 그만은 얼굴 표정 하나 바꾸지 않았던 것입니다. 곁에 서 있는 세야누스에게 자기가 얼마나 장하게 가족의 죽음을 견딜 수 있는지를 몸으로 보여준 것입니다.

그만큼 훌륭하고 많은 정신적 자질을 타고났으며, 그토록 많은 공적, 사적인 숱한 명예를 누린 인물이면서, 더욱이 이 모든 것을 쓰러뜨린 이 재앙에 의외로 굴복하지 않았던 인물이 얼마나 많은지 아시겠지요. 말할 나위도 없이 그 태풍은 곳곳을 떠돌면서 누구누구 할 것 없이 모든 것을 황폐하게 만들고 모조리 자기의 먹이로 내모는 것입니다. 한 사람 한 사람에게 하고 싶은 말을 서로 의논하도록 해 보십시오. 아무리 주장하고 이유를 갖다 대어도 세상에 태어나서 그 벌을 받지 않고 끝나는 사람은 하나도 없습니다.

16

그대가 뭐라고 말할지 나는 알고 있습니다. "위로하는 상대가 여자라는 사실을 잊고, 남성의 사례만 말하고 있다." 틀림없이 그렇게 말할 것입니다. 그러나 자연이 여성의 자질에 악의를 가지고 조치하고, 그 덕성을 좁은 범위로 한정했다고 누가 말했나요. 아시겠습니까, 이것은 사실입니다. 그 의욕만 있다면 훌륭하고 유덕하게 행동하는 여성의 활력과 능력은 남성과 전혀 다를 것이 없습니다. 여성 또한 슬픔이든, 제아무리 힘거운 일이든 익숙해져 버리면 평온한 마음으로 견딜 수 있습니다. 아아, 다행히도 우리는 어느 도시에서 이와 같은 말을 서로 나누고 있는 것인가요.

루크레티아*²⁸와 브루투스*²⁹가 로마 국민의 머리 위에서 왕을 추방해 준 도시입니다. 우리가 자유를 누릴 수 있었던 것은 브루투스 덕분이고, 그 브루투스를 얻은 것은 루크레티아 덕분입니다. 적이고 강이고 두려워하지 않은 훌륭한 그 과감성 때문에, 크로에리아*³⁰를 우리가 사실상 영웅들의 대열에 세웠던 도시입니다. 그 크로에리아는 이제 도시의 가장 번화한 곳인 성인의 길에서 기마상의 모습으로, 방석을 깐 가마에 탄 젊은이들에게, 여성에게도 말을 선물했던 도시를 그렇게 흉한 모습으로 오가면 안 된다고 꾸짖고 있습니다.

가족의 죽음을 애석해하면서 씩씩하게 견디어 낸 여성의 예를 말해 달라고 하신다면 여러 집을 일일이 찾아다니지는 않겠습니다. 한 집에서 두 사람의 코르넬리아의 예를 그대에게 제시하렵니다. 최초의 예는 스키피오의 딸로 그라쿠스 형제*³¹의 어머니였던 코르넬리아*³²입니다. 그녀가 열두 명의 자식을

＊28 루키우스 타르퀴니우스 콜라티누스의 아내. 루키우스 타르퀴니우스 스페르부스(오만) 왕의 아들 섹스투스에게 능욕당하자, 남편에게 고백한 뒤, 복수를 부탁하고 자살했다. 이 사건을 계기로, 콜라티누스는 브루투스들과 의논하여 타르퀴니우스 스페르부스 왕을 추방했고 이로써 왕정이 종식되고 공화정이 성립되었다(기원전 509년). '루크레티아의 능욕'으로 알려진, 전설적인 요소를 다분히 포함한 이야기이지만, 역사적 사실을 반영한 것으로 여겨지고 있다.

＊29 루키우스 유니우스 브루투스. 타르퀴니우스 스페르부스 왕의 조카로, 타르퀴니우스에게 처형된 형의 전철을 밟지 않으려고 '우둔한 인간(brutus)'(그 이름 Brutus의 유래)을 가장했지만, '루크레티아의 능욕'을 계기로 본성을 드러내어, 콜라티누스와 손을 잡고 스페르부스 왕을 추방, 콜라티누스와 함께 로마 초대 집정관에 취임했다.

＊30 리비우스가 전하는 이야기의 줄거리는 이렇다—그녀는 추방된 스페르부스 왕의 요청을 받은 에트루리아 왕 포르센나가 로마를 공격했을 때, 협상 조건으로서 왕에게 볼모로 주어졌다. 그러나 다른 볼모인 소녀들을 이끌고 적지를 탈출, 빗발치는 화살과 창도 아랑곳하지 않고 티베리스 강을 헤엄쳐 건너 로마로 돌아왔다. 포르센나는 격분했지만 그 용기에 감탄하여, 무사히 돌려보내주겠다는 약속으로 그녀의 반환을 요구했다. 어쩔 수 없이 로마도 이에 응했는데, 약속이 지켜져서 그녀는 무사히 귀국했다. 다음에 말하듯이, 성인의 길에 여성(아마 본디는 여신)의 기마상이 있는데, 그 '설화'로서 완성된 전설이라고도 한다.

＊31 티베리우스 셈프로니우스 그라쿠스(기원전 164무렵~133)와 라이우스 셈프로니우스 그라수스(기원전 153~121). 티베리우스는 기원전 13년의 호민관으로, 몰락농민을 구하기 위해 과격한 토지개혁을 단행하려고 했지만, 반대파인 스키피오 나시카 세라피오 등에게 카피톨리움에서 암살당했다. 가이우스는 기원전 123, 122년의 호민관으로, 형의 유지를 이어 농지법, 곡물법 등의 개정에 전념했으나 반대파인 오피미우스들의 습격을 받자 자결했다.

＊32 대 스키피오와 아이밀리아 테르티아의 둘째딸. 티베리우스 셈프로니우스 그라쿠스(앞 주

낳은 것은 같은 수만큼의 장사를 치름으로써 재확인되었습니다. 태어난 것도 죽은 것도 국가가 알지 못한 그 밖의 아들들에 대한 것은 그다지 중요하지 않습니다. 코르넬리아는 티베리우스와 가이우스가 살해된 것을 보았을 뿐만 아니라, 매장조차 허락되지 않은*33 것 또한 보았습니다. 이 형제가 적어도 위대한 인물이었음은 그들이 선량한 인간은 아니었다고 우긴 사람조차 인정할 것입니다. 그러나 자기를 위로해 주는 사람들이나 '가엾은 분'이라고 말해 주는 사람들에게 코르넬리아는 이렇게 말했습니다. "나는 나 자신을 불행한 어머니라고는 결코 부르지 않겠습니다." 리비우스 드루수스*34의 아내인 코르넬리아*35 쪽은 빛나는 자질을 타고나 눈부신 명성을 날린 청년인 아들*36을 잃었습니다. 그는 그 무렵 그라쿠스 형제의 뒤를 이어 차례로 개혁 법안을 제출하고도 그것을 이루지 못한 채 자택에서 암살되어, 범인도 밝혀내지 못했습니다. 그러나 복수도 할 수 없는 아들의 그 참혹한 죽음을 그녀는 자식이 당당하게 잇달아 제출했던 장한 일 못지않게 씩씩하게 견디어낸 것입니다.

마르키아, 운명이 그대를 향해 던지는 것을 서슴지 않았던 투창은 스키피오의 어머니와 딸들에게 던진 것과 똑같은 투창이며, 카이사르들에게 기습을 가한 것과 똑같은 투창이라고 한다면, 그대는 이제 운명과 화해하려는 생각이 없지 않으시겠지요. 삶이란 온갖 재앙의 위험으로 가득한 것. 그 재앙과 오랜 기간 화목을 맺는 일은 누구나 할 수 있는 게 아니고, 휴전을 맺기조차 매우 어렵습니다. 마르키아, 그대는 아들 넷을 낳으셨습니다. 밀집한 대오에 던져진

의 티베리우스와 같은 이름인 아버지)와 결혼하여 열두 자녀를 낳았다. 남편이 사망한 뒤(기원전 153)에도 재혼하지 않고 가정을 지키며, 자녀 교육에 전념하지만, 성인으로 자란 것은 셈프로니우스(나중에 소 스키피우스와 결혼)와 그라쿠스 형제 셋뿐으로, 그 셋마저 앞세웠다. 교양(특히 그리스 학문과 문학)이 풍부하고, 덕성이 뛰어나며, 자녀에게 헌신하고, 정결한 여성으로서 로마 어머니의 모범으로 추앙받았다.

*33 티베리우스의 유해는 티베리스 강물에 던져졌다. 또 가이우스는 목을 베어낸(머리 무게만한 금덩이가 포상금이었기 때문에, 목을 손에 넣은 루키우스 셉툼레이우스가 납을 채워 오피미우스에게 제출했다고 한다) 나머지 유해가 마찬가지로 티베리스 강물에 던져졌다.

*34 마르쿠스 리비우스 드루수스. 아우구스투스의 왕비 리비아 아우구스타의 증조부. 벌족파에 가담하면서도 가이우스를 기수로 하는 민중파의 의견에 따르는 정책과 법안을 제출했다.

*35 이 코르넬리아의 출신은 확실하지 않다.

*36 그 죽음에 대해 또 다른 설을 주장하는 《삶의 짧음에 대하여》 참조. 키케로의 《신들의 본성에 대하여》에 따르면, 암살자는 퀸투스 바리우스라는 이름의 인물이었다고 한다.

창은 헛되이 허공을 가르는 것이 아니라고 속담은 말합니다. 이만큼 되는 수의 집단이 질투를 받지 않고 손해도 입지 않고 무사히 지나가지 못했다고 해서 놀라운 일이라고 할 수 있을까요. "그러나 운명은 아들들을 빼앗아갔을 뿐만 아니라 표적으로 삼았으니, 그렇게 불공평한 일이 어디 있느냐"고 하실지도 모릅니다. 그러나 자기보다 힘이 센 것과 서로 평등하게 나누는 것을 절대로 부당하다고 해서는 안 됩니다. 운명은 그대에게 두 따님과 당신에게는 손자에 해당하는 두 아들을 남겨주지 않았습니까. 게다가 먼저 일어난 아들 일은 잊고, 너무나도 애석해하는 다음의 아들, 그 사람도 운명을 완전히 빼앗겨 버린 것은 아닙니다. 그대에게는 아들이 남긴 두 따님이 남아 있습니다. 운명을 거스르면 무거운 짐이 되고, 운명과 타협하면 큰 위안이 되는 아가씨들입니다. 그 손녀들의 모습을 볼 때 슬픔을 새롭게 하는 게 아니라 아들과의 행복했던 순간들을 떠올리는 데 힘쓰시기 바랍니다.

농부는 나무가 강풍에 뿌리째 뽑혀 쓰러지거나, 너무나 거센 회오리바람에 부러져 버렸을 때, 나무들의 남은 그루터기를 소중히 키우는 동시에 곧 씨를 뿌려 어린나무를 자라게 하여 잃은 나무들을 대신하도록 합니다. 그러면 어느새—'때'라고 하는 것은 파괴하는 것도 성장시키는 것도 마찬가지로 급격하고도 빠른 것—잃었던 나무들보다 더욱 결실이 풍요로운 나무들이 쑥쑥 자라나는 것입니다. 자, 이제 그대도 사랑하던 아들 메틸리우스의 이 따님들을 그 대신 그의 빈자리를 채우게 하여, 한 사람에 대한 슬픔을 두 사람이 주는 위안으로 다스리는 것입니다. 분명히 어떤 것도 잃은 것 이상의 기쁨을 주지는 않는다고 생각하는 것은 인간의 천성임이 틀림없습니다. 그러나 우리는 빼앗긴 것을 너무 안타깝게 여기는 나머지, 남은 것에 대해 쓸데없이 불공평해지기 쉽습니다. 그러나 운명이 흉포하게 날뛸 때에도 얼마나 큰 너그러움을 그대에게 보여주었는지 차분히 생각해 보려고만 한다면, 위로 이상으로 그대에게는 많은 것이 남아 있음을 깨닫게 되실 것입니다. 보십시오, 저만큼 많은 손자들과 두 따님이 있지 않습니까. 그리고 마르키아, 스스로 이렇게 타이르시면 어떨까요. "사람을 덮치는 운명이 그 사람의 선하고 악한 품행으로 정해지고, 착한 사람에게는 결코 재앙이 닥치지 않는다면 나는 불운에 마음이 아프겠지요. 하지만 사실은 그렇지 않아서, 알고 보면 악한 자나 선한 자 구별 없이 마찬가지로 불운에 농락당하고 있어요".

17

"그러나 청년이 되기까지 장성하여 이미 부모의 버팀목이자 기둥이었던 아들을 앞세우는 것은 괴로운 일"이라고 하실지도 모릅니다. 괴롭지 않다고 누가 말할 수 있겠습니까. 하지만 그것이 인간의 숙명입니다. 그대는 그러한 사람으로 태어난 것입니다, 즉 잃고, 망하고, 희망을 안고, 두려워하고, 남에게도 자신에게도 소란을 피우고, 죽음을 두려워하고, 또한 바라고, 가장 나쁜 것으로, 자기가 놓여 있는 처지를 끝내 알지 못하는 자로서.

시라쿠사*³⁷를 목표로 여행하려는 사람에게 누군가가 이렇게 말했다고 합시다, "당신의 앞으로 하게 될 여행에 대해 어려운 점과 즐거운 일들을 미리 빠짐없이 알고 나서 항해하시오. 아마 당신이 감탄하며 소리 지르는 것에는 다음과 같은 것이 있을 것입니다. 먼저 좁은 해협에서 이탈리아로부터 끊겨 떨어져 나간 섬이 당신 눈에 들어올 것입니다. 이 섬은 일찍이 본토의 일부였음을 누구나 알고 있어요. 그러나 홀연히 바다가 사이를 가르고 흘러들어와,

시칠리아를 헤스페리아 기슭에서 떼어놓았습니다.*³⁸

다음에 눈에 들어오는 것은—탐욕스럽기 짝이 없는 소용돌이 바로 옆을 항해할 수도 있으니까—마파람이 불지 않으면 평온하고 잔잔하지만, 남쪽에서 여느 때보다 거센 바람이 불어 닥치면 크고 깊은 입을 벌려 오가는 배들을 삼켜 버린다는 유명한 카리브디스*³⁹입니다. 또 시가(詩歌)로 널리 불리우는 유명한 아레투사의 샘*⁴⁰도 볼 것입니다. 이것은 밑바닥까지 맑고 깨끗한 물을 채워 처음부터 거기서 솟구쳤는지, 아니면 지하로 스며든 강물이 바다 밑바

---

*37 그리스 식민 도시로서 옛날부터 번영했던 시칠리아 남동쪽의 항구도시. 기원전 212년 마르켈루스의 공략 이후, 로마의 지배하에 들어가 총독부가 설치되었다. 이어지는 문장들은 삶을 항해에 비유한 것으로 세네카가 즐기는 방법이었다.
*38 베르길리우스《아이네이스》3·418에서의 인용.
*39 메사나 해협에 스킬라와 마주보고 있었다고 하는 바다의 요괴(소용돌이를 의인화한 것). 옛날에는 이아손과 오디세우스가 시련을 겪은 바다의 위험한 곳. 베르길리우스《아이네이스》3·420 이하 참조.
*40 엘리스(올림피아에 있는 지방) 또는 아르카디아의 강의 신 알페오스는 샘의 정령 아레투사를 사랑했지만, 그녀는 시라쿠사 앞바다에 있는 섬(오르티기아)으로 달아나 샘이 되었고, 뒤쫓아 온 강의 신은 그 샘을 솟구치게 하여 뜻을 이루었다고 한다.

닥 깊이 흘러가면서 불순한 물과 섞이지 않고 본디의 맑음을 유지한 채 거기서 솟아난 것인지, 어쨌든 매우 청량하고 맑은 물이 솟아나는 샘입니다. 또 자연이 배들의 안전한 정박을 위해 마련해둔 것인지, 아니면 사람의 손이 가해진 것인지, 어쨌든 어느 항구보다 조용한 항구도 보게 됩니다. 아무리 거센 태풍이라도 미친 듯이 날뛸 여지가 없을 만큼 안전한 항구입니다. 아테네의 해군이 격파된 싸움터나 바닥을 모르는 깊이까지 잘라내어 자연히 생긴 감옥이 몇천 명이나 되는 죄수를 가두어 두고 있는 채석장, 거기에 거대한 도시 자체와 도시의 영토보다 넓은 많은 시역(市域), 하루라도 태양이 얼굴을 내밀지 않는 날이 없고, 겨울에도 참으로 온화한 그 기후도 경험하게 될 것입니다.

이런 것을 다 알고 나면, 겨울 기후의 이 은혜로움도 몸에 나쁜 여름 무더위가 쓸모없게 만든다는 사실을 알게 될 것입니다. 또 그 땅에는 자유와 정의와 법의 파괴자이며, 플라톤을 알고도 더욱 탐욕스럽게 권력을 추구하다 추방당해서도 탐욕스럽게 삶에 집착했던 저 폭군 디오니시오스*[41]가 있습니다. 어떤 자는 화형에 처하고, 어떤 자는 채찍질하고, 어떤 자에게는 하찮은 죄에도 참수를 명하며, 음욕을 채우기 위해 남자와 여자를 불러들여, 자제를 모르는 왕의 지저분한 희생자들 무리에 둘러싸여, 한 번에 두 명과 교접하는 것으로도 흡족하지 않던 폭군입니다. 이것으로 당신을 유혹하는 것에는 무엇이 있고, 당신을 두렵게 하는 것에는 무엇이 있는지 들은 셈입니다. 잘 생각하고 나서 항해를 하든가 단념하든가 정하세요." 이와 같은 경고를 들은 다음에도 시라쿠사에 발을 들여놓고 싶다고 상대가 말한다면, 무슨 재난을 당하더라도 자기 말고 누구에 대해서도 정당하다고 할 만한 비난은 할 수 없을 겁니다.

우연히 그 도시에 발을 들여놓은 게 아니라, 그것을 알고 깨달았으면서 출발한 것은 본인이기 때문이지요. 자연은 우리 모든 인간에게 이렇게 말합니다. "나는 어느 한 사람도 속이지 않았다. 네가 자식을 낳는다면 용모가 수려한 아들이 될 수도 있고, 추하게 생긴 아들일 수도 있다. 혹은 태어날 그 아이

---

*41 디오니시오스 2세. 시칠리아 시라쿠사의 참주(재위 기원전 367~356, 347~344). 플라톤이 철인왕으로 삼으려고 교류했으나, 헛되이 끝났다. 기원전 356년에 숙부 디온이 정권을 차지하자 로크로이로 망명, 기원전 347년에 다시 귀국하여 참주가 되지만, 3년 뒤, 민주정이 회복되어 코린토스에서 파견된 티몰레온에게 패하여 참주에서 쫓겨난 뒤, 코린토스에서 망명생활을 하며 알렉산드로스가 대두할 무렵까지 살았다.

가 벙어리일지도 모른다. 자식 가운데 조국을 구할 아들도 있고, 반역자가 될 자식도 있을지 모른다. 자식이 앞으로 큰 존경을 받을 인사가 되어 그들에게 경의를 표하고, 너를 나쁘게 말할 사람이 하나도 없는 날이 오리라는 꿈을 포기할 이유는 없다. 그러나 자식들이 너무나 염치를 모르는 인간이 되어 그들이 너에게 욕을 먹이는 날이 올 수도 있음을 각오하라. 그들이 너의 장례를 치르고 사랑하는 아들들이 너에게 추도사를 말하는 것을 방해하는 것은 아무것도 없다. 그러나 소년일 때인지, 청년일 때인지, 아니면 노인이 되어서일지는 모르지만 언젠가는 자식들을 화장해야 할 숙명을 타고났다는 것 또한 각오해야 한다. 실제로 관 옆을 따라가는 장례 행렬 가운데 슬프지 않은 것이 없으니, 몇 살까지 살았는가는 문제가 되지 않는다." 이런 규칙이 정해져 있는 이상, 자식을 낳으려거든 신들에게 원한을 품어서는 안 된다. 신들은 그대에게 확실한 약속은 아무것도 하지 않았으니까.

18

자, 오늘 말한 여행의 비유에, 그대의 온 생애가 시작된 그 처음을 적용하여 생각해 보시지요. 나는 시라쿠사를 갈까 말까 생각하는 그대에게 기쁨이 되는 것, 장애가 되는 것을 빠짐없이 말했습니다. 그대가 바야흐로 지금 태어나려고 할 때 내가 조언을 하기 위해 찾아왔다고 상상하는 겁니다. 나는 그대에게 이렇게 말할 것입니다. "그대가 이제 발을 들여놓으려고 하는 도시는 신들과 인간이 함께하는 도시이고, 모든 것을 포섭하여 영원히 정해진 법칙에 지배되며, 스스로의 의무로서 늘어나지도 다하지도 않고 회전하는 천체의 움직임을 제어하는 도시*[42]입니다. 그대는 거기서 무수한 별들이 반짝이는 것을 보며, 태양이 오직 하나의 천체이면서 만물을 빛으로 채우고, 날마다 운행함으로써 낮과 밤을 구획하고, 일 년의 운행으로 여름과 겨울로 균등하게 가르고

---

*42 마르키아가 삶을 누리려고 하는 우주(세계)를 말한다. "크리시포스의 주장으로는, 우주(코스모스)란, 하늘과 대지, 그 속에 있는 자연적 존재의 조직체(시스테마)이다. 또는 신들과 인간, 그리고 그것을 위해 있는 것들의 조직체이다. 신은 우주의 질서가 신에 입각하여 성립되고 완성되므로, 다른 의미에서 우주라고 불린다"(알레이오스 디디모스 단편31=《초기 스토아파 단편집》 2·527). '영원히 정해진 법칙'이란, 우주를 지배하는 질서로서의 '로고스'를 말한다.

있는 것을 보게 됩니다. 또 밤에는 달이 그 뒤를 이어 형*43과 만나 부드럽고 온화한 빛을 빌려서 충만과 결함을 번갈아 가며 어떤 때는 얼굴을 완전히 숨기고, 어떤 때는 만면에 빛을 가득 채워 대지를 내려다보면서 날마다 그 모습을 바꾸는 것을 볼 것입니다. 또 다섯 별*44이 저마다 다른 궤도를 돌면서 격렬하게 돌아다니는 하늘을 거슬러 나아가는 것도 보게 될 것입니다. 매우 미세한 그 움직임에 따라 여러 나라 사람들의 운명이 좌우되고, 큰 일과 작은 일의 길흉도 별의 움직임으로 정해집니다.

떼 지어 솟아오르는 먹구름, 내리퍼붓는 비, 하늘을 울리는 우레에 놀라기도 하겠지요. 하늘의 장관을 보는 것이 싫증나 눈을 아래로 돌려 대지를 돌아보면, 또 다른 놀라운 것들이 경이로운 모습으로 그대를 맞이할 것입니다. 이쪽에는 끝없이 펼쳐진 광막한 평원이, 저기에는 끊임없이 펼쳐지는 능선으로 크나큰 곡선을 그리는 산들이, 높이 솟은 산봉우리가 보입니다. 한 우물에서 솟아나 산을 내리달려 동으로 서로 흐르는 크고 작은 하천, 우듬지가 흔들리는 나무들, 살아 숨쉬는 생물들을 기르고 새들이 지저귀는, 화창하고 드넓은 숲도 눈에 띌 것입니다. 또 여기저기 자리 잡은 도시, 자연의 장애로 막혀 있는 나라들도 보게 될 것입니다. 어떤 것은 솟아오른 산 중턱에 고요히 몸을 숨기며, 어떤 것은 강기슭에, 어떤 것은 호숫가에, 어떤 것은 골짜기 사이에 불안한 모습으로 다가붙듯이 멈춰 서 있습니다.

사람 손으로 일구어진 전답, 황무지를 손질하는 사람손이 필요 없는 과수원, 또 초원을 느긋하게 흐르는 작은 시내, 기분 좋은 강의 후미, 바다에서 물러나 항구를 이룬 해안, 드넓은 바다에 군데군데 자리 잡고 바다를 칸막이하고 있는 섬들도 볼 것입니다. 또 귀한 돌들과 보석의 광채, 모래에 섞여 여울을 흐르는 사금, 육지 한가운데 또는 바다 한가운데에서 하늘을 뚫고 치솟는 불기둥, 대지를 둘러싸고 여러 민족이 서로 경계를 접한 것을 세 곳의 만으로 갈라, 강대한 횡포로 미친 듯이 날뛰는 대양도 눈에 띌 것입니다. 또 이쪽에서는 육상의 생물보다 훨씬 더 큰 거대한 생물이 바람도 없는 바다를 물결로 소란

---

*43 신화적 표상. 신화에서는 태양신 아폴론과 달의 신 아르테미스(로마명 디아나=셀레네)는
　　제우스를 아버지로, 레토를 어머니로 하는 남매이다.
*44 육안으로 볼 수 있는 다섯 개의 행성 메르쿠리우스(수성), 베누스(금성), 마르스(화성), 유
　　피테르(목성), 사투르누스(토성)를 말한다. 여기에 태양과 달을 더하여 7행성이 된다.

을 피우면서 헤엄치는 모습이 눈에 띌 것입니다. 그 어떤 것은 다른 것의 이끎에 따라 커다란 몸을 느릿느릿 움직이고, 어떤 것은 전속력으로 노를 젓는 배보다 빨리, 어떤 것은 갯물을 들이마시고 토해 내며 그 옆을 지나가는 배에게 엄청난 위협을 주기도 합니다. 또 이곳에서는 미지의 대지를 향해 바다에 나선 배들도 보게 될 것입니다. 그리하여 인간의 과감성이 시도해보지 않은 것은 아무것도 없음을 그대는 알게 될 것입니다. 그대는 그것을 바라보면서 자신도 장한 일을 꾀한 인간의 일원이 되는 것입니다. 그대는 온갖 기능을 배우기도 하고 가르치게 될 것입니다.

그 어느 것은 삶을 조절하는 기능, 어느 것은 삶을 장식하는 기능, 어느 것은 삶을 다스리는 기능입니다. 그러나 이 땅에는 몸을 좀먹고 정신을 침범하는 무수한 병이 있으며, 전쟁과 강탈, 독(毒)과 난파, 날씨와 육체의 불순함, 가장 사랑하는 자에 대한 가슴 아픈 연민, 그리고 그것을 맞이하기 전에는 안락한 것인지 형벌이나 고문 끝의 괴로운 것인지, 누구도 알 수 없는 죽음이 있습니다. 어떻게 할지 마음속으로 충분히 생각하고 헤아려 보십시오. 이 도시에 이르는 데는 오늘 말한 모든 것을 지나지 않으면 안 됩니다." 삶을 얻고 싶다고 그대는 대답하시겠지요. 어떻게 그렇지 않을 수가 있겠어요. 아니, 생각건대 그대가 무엇인가를 빼앗겨 그것을 탄식하고 슬퍼하게 되는 곳에는 다가가려고 하지 않을 것입니다. 그럼, 자신의 형편에 맞춰 살아가시면 됩니다. 그대는 말하겠지요, "우리는 어떤 이에게도 그에 대한 의견을 들어본 기억이 없다"고. 우리의 일은 우리 부모가 이미 의견을 들으셨습니다. 우리의 부모는 삶의 조건을 알고 나서, 그 조건 아래 우리를 낳은 것입니다.

19

그건 그렇다 치고, 위로의 말로 돌아와, 먼저 무엇부터 치유해야 되는지, 다음으로 어떻게 치유해야 되는지 하는 문제를 생각해 보기로 합시다. 슬픔에 빠진 사람의 마음을 움직이는 것은 자기가 사랑하는 사람에 대한 애통한 마음입니다. 이 애통한 마음 자체는 견딜 수 있는 것은 틀림없습니다. 사실 그 모습과 함께 직접 즐길 기회를 완전히 빼앗겼어도, 그 사람이 살아 있는 한, 어딘가에 외출하여 부재인 사람, 또는 부재자가 되려고 하는 사람 때문에 우리가 눈물을 흘릴 일은 없습니다. 그러므로 우리에게 고통을 느끼게 하는 것은 마음이며 어떠한 재난이라도 우리가 어느 정도로 평가하는가에 따라 큰 것이 될 수도 있고 작은 것이 되기도 합니다. 치료법은 우리 손 안에 있고 우리가 하기에 달려 있습니다. 죽은 사람을 이제는 없는 이로 생각하도록 합시다. 자기 스스로를 착각하게 만드는 것입니다. 우리는 그들을 보냈습니다, 아니, 우리도 얼마 뒤에 그 뒤를 따를 셈으로 그들을 먼저 여행을 보낸 것입니다. 슬퍼하는 사람의 마음을 움직이는 데는 또 이런 생각도 있을지 모릅니다. 즉 "나를 지켜줄 사람, 나를 멸시로부터 구해줄 사람이 없어졌다" 생각합니다. 도저히 있을 수 없는 일 같지만, 실제로는 진정한 말로 위로를 하면 우리나라에서는 아이가 없는 것은 사람의 영향력을 깎아 내리는 것보다는 더욱 늘려주는 것이며, 예전에는 노년을 괴로운 것으로 만드는 것이 보통이었던 의지할 데 없는 고독도, 이제는 세력을 얻는 원천이 되었기 때문에 자식들을 미워하는 척하며 의절하고, 자기 손으로 스스로 기댈 데 없는 몸이 되는 사람까지 나타날 정도입니다.*45

그대가 뭐라고 하실지 나는 알고 있습니다. 아마 이렇게 말씀하실 것입니다. "나는 내가 손해를 입었기 때문에 마음이 움직여진 것은 결코 아닙니다. 실제, 노예가 죽었을 때와 다름없는 마음으로 자식의 죽음을 안타깝게 여기는 사람, 자식 속에 아들 자체 말고 소중한 무언가를 보는 사람은 위로를 받을 자격이 없는 사람입니다"라고. 그럼 마르키아, 그대의 마음을 움직이고 있는 것은 무엇일까요. 그대의 아들이 죽었다는 사실입니까, 아니면 아들이 오래 살지 못했다는 사실입니까. 죽었다는 사실이라면 그대는 그때까지도 끊임없이 슬픔에 빠져 있었을 테니까요. 왜냐하면 그대는 그가 죽을 운명에 있었음을 잘 알고 계셨기 때문입니다. 그리고 생각해 보십시오. 죽은 사람은 어떤 재앙에도 괴롭힘 당하는 일이 없고, 황천에 가면 무섭다고 우리가 생각하도록 한 것은 모두 꾸민 말로 죽은 사람을 위협하는 칠흑 같은 어둠도 감옥도 없으며, 빨간 불이 흐르는 강도 '망각의 강'도 없고, 심판관이나 피고인도 거짓말이며, 그만큼 자유로운 곳에는 다시 폭군이 군림하는 일도 없습니다. 그런 것은 시인들이 장난

---

*45 이 농담 같은 사례는, 진지한 '위로'로서 적절한 것으로는 생각되지 않는다. 직후에 놓인 예변법(상대인 마르키아의 반론과 이론을 앞질러서 대답하는 수사기법)은 세네카도 그것을 의식하고 있음을 나타낸다. 또한 가족이 없는 부자 노인이나 병자와 유산 찾기에 대해서는 《삶의 짧음에 대하여》 참조.

으로 꾸민 회화, 공상적인 위협으로 우리를 혼란케 하려는 것에 지나지 않습니다.

죽음은 모든 고뇌와 고통으로부터의 해방이며 마지막으로 그것을 넘어서 이 세상의 재앙이 이어지는 일은 없으며 우리가 태어나기 전에 가로놓였던 그 고요한 곳으로 다시 우리를 돌려보내 주는 것입니다. 혹시 죽은 사람을 가엾이 여기는 사람이 있다면 그 사람은 아직 태어나지 않은 인간도 가엾게 생각해야 합니다. 죽음은 선도 아니고, 악도 아닙니다. 사실 '무언가'인 것은 선, 아니면 악입니다. 그러나 그 자체가 허무한 것이고, 모든 것을 무(無)로 돌아가게 하는 것은 행운, 불운의 그 어느 쪽으로도 우리를 건네주지 않습니다. 왜냐하면 선과 악은 무언가 실체가 있는 것으로 연관되기 때문입니다. 운명에는 자연이 이 세상에서 내보낸 것을 다스릴 힘이 없고, 무로 돌아간 자는 가련한 자일 리가 없습니다. 그대의 아드님은 노예와 같은 삶을 보내는 경계 밖으로 나아가, 영원한 큰 평안이 그를 맞아들인 것입니다. 그는 이미 빈곤에 대한 두려움에도, 부로 인한 걱정에도, 쾌락으로 마음을 좀먹는 욕망의 자극에도 침범당할 일이 없습니다. 남의 행복에 대한 질투에 괴로워할 일도 없고, 자기의 행복에 대한 남의 질투로 괴로움 당할 일도 없으며, 신중한 그 귀를 어떤 비난의 말도 채찍질하지 못할 것이고, 공적인 것이든 사적인 것이든 재앙을 예견하여 경계할 일도 없으며, 미래에 불안을 안고 또 불확실한 미래에 기대는 일도 없을 것입니다. 쫓아내는 것도 두렵게 하는 것도 아무것도 없는 그 경지에, 그는 마침내 무사히 잘 도착한 것입니다.

20

아아, 자기의 숱한 재앙에 무지하도다, 자연이 생각해 낸 최선의 것인 죽음을 찬양하지도 바라지도 않는 자여. 그것이 행복을 막아주기 때문인가. 아니면 재앙을 추방해 주기 때문인가. 또는 노년의 권태와 피로에 마침표를 찍어주기 때문인가. 또는 더 좋은 미래에 대한 희망에 부푼 꽃이 흐드러지게 피어 있는 동안 청년을 데려가기 때문인가. 아니면 삶의 계단이 차츰 험해지기 전에 소년을 불러가 버리기 때문인가. 어쨌든 죽음은 모든 인간에게 도움이고, 어떤 인간에게는 원망이며, 누구보다도 불려가기 전에 찾아가는 인간에게는 고마운 것입니다. 죽음은 주인이 싫어해도 노예를 해방시켜 줍니다. 죽음은 포로가 된 자의 차꼬를 끊어 줍니다. 죽음은 잘못된 권력이 가둬 놓은 사람들을 감옥으로부터 끌어내 줍니다. 죽음은 자나 깨나 조국만 생각하는 추방된 인간에게, 죽어서 어떤 땅에 묻히는가는 문제가 되지 않는다는 것을 가르쳐 줍니다. 죽음은 모든 이에게 평등하게 주어져야 하는 재물을 운명의 신이 불평등하게 나누고, 똑같은 권리를 가지고 태어났으면서 어떤 인간을 다른 인간에게 주어서 노예화했다 해도, 모든 것을 다시 본디의 평등한 것으로 되돌려 줍니다. 죽음이 찾아온 다음에는 누구든지 무엇 하나도 남의 뜻대로 할 필요가 없게 됩니다. 죽음 안에서는 누구든지 스스로 비천한 처지를 부끄러워하지 않아도 됩니다. 죽음은 모든 인간에게 열려 있습니다. 죽음은 마르키아, 그대의 부친께서 갈망하셨던 것입니다. 죽음이 무엇인지 이제 아시겠는지요. 죽음이 있기에 태어남이 모진 시련은 아니며, 죽음이 있기에 많은 재앙의 위협을 앞에 두고 내가 쓰러지지 않아도 되고, 죽음이 있기에 나의 정신을 건전하고 자유롭게 유지할 수 있습니다.

나는 마지막 순간에 얻을 수 있는 참된 구원을 손에 넣고 있는 것입니다. 저기에 여러 사람들이 고안해 낸 저마다 다른 몇 종류의 처형대가 보입니다. 머리를 땅에 대고 거꾸로 매달고 있는 사형집행인이 있는가 하면 부끄러운 부분에 못질을 하고 있는 사형집행인, 팔을 큰대 자로 벌려 처형대에 묶고 있는 사형집행인도 있습니다. 고문에 쓰는 끈과 채찍도 보이고, 각각의 용도로 나누어진 형틀이 팔다리를 옥죄고 있습니다. 그러나 나에게는 죽음 또한 보입니다. 또 거기에는 피투성이가 된 적(敵)이 있고, 교만한 동포 시민도 있습니다. 하지만 거기서도 마찬가지로 죽음이 보이는 것입니다. 누군가에게 지배되는 예속을 견딜 수 없게 되었을 때, 한 걸음만 내딛음으로써 자유의 경지로 옮겨진다면 예속도 힘들지 않습니다. 삶이여, 내가 그대를 사랑하는 것은 죽음 덕분이며 죽음이 있기 때문이다.

생각해 보십시오, 때에 맞는 죽음이 얼마나 큰 행복이며, 지나치게 오래 사는 것이 얼마나 많은 재앙을 가져다주었는가를. 우리 패권 국가의 영광이고 지주였던 저 그나이우스 폼페이우스를 질병이 네아폴리스에서 목숨을 앗아 갔더라면,[46] 그는 로마 국민의 틀림없는 제1인자로서 세상을 떠날 수 있었을

---

[46] 기원전 50년, 폼페이우스는 네아폴리스(현재의 나폴리)에서 중병에 걸렸다. 이 부분은 키케로에 대한 것과 거의 중복된다.

것입니다. 그러나 사실은 그와 달리 그는 고작 얼마 안 되는 세월을 더 이어가는 바람에 절정에서 나락으로 떨어지고 만 것입니다. 군단병이 눈앞에서 참살되는 것을 보고, 원로원 의원이 최전선에 선 그 전투를, 하필이면 최고사령관인 자기가—패장의 말할 수 없이 처참한 꼴—겨우 목숨을 이어 살아가는 몰골을 본 것입니다. 자기의 사형집행인이 이집트인인 것을 보고, 승자에게도 신성불가침이었던 그 몸을 노예에게 내놓은 것입니다.[*47]

하기는 그때 무사했다 해도 그는 겨우 목숨을 이어나간 것을 한없이 후회했을 것입니다. 왜냐하면 다른 사람도 아닌 폼페이우스가 왕의 은혜에 매달려 사는 것만큼 견딜 수 없는 굴욕이 또 있을까요. 마르쿠스 키케로도 조국과 더불어 자기를 노린 카틸리나의 단검을 피했던 그때 쓰러져 조국을 해방한 구원자로서 그대로 남을 수 있었더라면, 만일 그의 죽음이 딸[*48]이 죽은 바로 뒤에 일어났다 해도 그나마 행복한 인간으로 죽을 수 있었겠지요. 그랬다면 로마 시민의 생명을 노리는 칼이 거침없이 뽑히는 광경을 보지 않아도 되었을 것이고, 죽임을 당한 사람들의 재산이 암살자들 사이에 나누어져, 뜻밖에도 희생자의 파멸 원인이 그 재산에 있었음이 드러난 것도, 그리고 창을 높이 쳐든 경매소에서 집정관에게서 빼앗은 전리품이 경매에 부쳐진 것도, 또 거리낌 없이 청부계약된 살인도, 강탈행위도, 전쟁도, 약탈도 그렇게 많은 제2의 카틸리나[*49]를 보는 일은 없었을 것입니다. 또 마르쿠스 카토가 왕[*50]의 유산 집행인으로서 책임을 다하고 키프로스 섬에서 돌아오는 길에, 만약 내란에 드는 비용으로 지녔던 막대한 돈과 함께 바다에 휩쓸려 목숨을 잃었더라면 그에게

[*47] 폼페이우스의 죽음(이집트에서 달아났지만, 속아서 암살된다)에 대해서는 《마음의 평정에 대하여》 참조. "승자에게조차 신성불가침이었다"고 한 세네카에 비해, 세네카의 조카 루카누스는 회의와 야유를 담아서 부정했다.

[*48] 기원전 45년 2월, 딸 툴리아가 출산 뒤 갑자기 죽어, 정치적 불우와 잇따른 가정적인 불행에 타격을 받은 키케로는, 최악의 상황 아래 집필활동에서 위안을 찾는다. 자신을 위해 쓴 《위로》는 그 바로 뒤에 쓴 것. 키케로 자신은 카이사르 암살(기원전 44년 3월) 뒤에 이루어진 제2차 삼두정치에서 배제되어, 제2의 카이사르로서 맹렬하게 단죄했던 안토니우스가 보낸 자객에게 암살당하여(기원전 43년 12월), 머리와 《필리피카(탄핵)》를 쓴 오른손은 연단에 매달려 사람들의 구경거리가 된다.

[*49] 키케로를 '배신한' 옥타비아누스(뒷날의 아우구스투스)와 레피두스, 특히 키케로가 《카틸리나 탄핵》 이상으로 과격한 탄핵연설(《필리피카》)을 했던 안토니우스를 가리킨다.

[*50] 키프로스 왕 프톨레마이오스(이집트왕 프톨레마이오스 12세 아울레테스의 동생).

는 행운이라고 해야 하지 않을까요. 그랬다면 적어도 카토 앞에서는 감히 죄를 지으려는 자는 아무도 없다는 특권만큼은 지니고 이 세상을 떠날 수 있었을 것입니다. 그러나 사실은 그와 달리, 고작 몇 년 더 산 결과, 자신의 자유뿐만 아니라 국가의 자유를 위해서 태어난 영웅호걸이 카이사르에게서 달아나 폼페이우스의 지휘 아래 들어갈 수밖에 없었던 것입니다.

그런 까닭에 그대의 아들도 그 이른 죽음에 의해 아무런 해악도 입지 않은 것입니다. 오히려 그토록 일찍 죽었기에 그는 모든 재앙에 견디지 않으면 안 되는 처지에서 벗어난 것입니다.

21

"그러나 그 죽음은 너무도 뜻밖이고, 너무나 젊은 나이였어요"라고 말할지도 모릅니다. 무엇보다 먼저 생각해 보십시오. 그에게 남아 있었을지도 모르는 세월—인간에게 허용된 최대한의 수명을 계산에 넣어도 좋습니다—, 그 세월이 도대체 몇 해나 된다는 것입니까. 우리 인간은 매우 짧은 동안의 삶을 누리도록 태어나, 삶이라는, 우리가 바라보는 이 숙소에 내던져진 존재로서, 금방이라도 다음에 찾아올 사람에게 방을 내줘야 하는 것입니다. 나의 이 말은, 영원한 시간의 흐름이, 믿기 어려운 속도로 돌아가는 우리 인간의 수명에만 한정된 것일까요. 대도시가 겪은 몇 세기를 헤아려 보십시오. 역사를 자랑하는 대도시도 그리 오래 존재하지 않았음을 알게 될 것입니다. 인간계의 사물은 모두 수명이 짧고 언젠가는 무너지는 것이며, 그것이 끝없는 시간의 흐름에서 차지하는 비율은 없습니다. 수많은 도시, 수많은 국민, 여러 강과 바다를 끌어안은 이 지구조차 우주에 비한다면 한낱 점에 불과합니다. 하물며 우리 인간의 수명이야 영원한 시간에 비한다면 한 점에도 미치지 않습니다. 영원의 모든 시간이 미치는 범위는 우주보다도 큽니다. 그것도 마땅한 일로, 우주는 그 영겁의 모든 시간 속에서 계속 순환을 되풀이하기 때문입니다. 그러므로 더 주어진 햇수가 얼마이든 간에 어차피 없는 것과 크게 다를 게 없는 시간이 연장되었다고 해서 얼마나 차이가 있겠습니까.

우리가(길게가 아니라) 크게 사는 방법은 오직 하나입니다. 곧 그 삶이 충분하면 되는 것입니다. 전해 내려올 정도로 오래 산 사람들의 이름을 들어, 저마다의 나이를 세어보면 110세가 된다고 합시다. 그러나 마음을 영원한 모든 시간으로 돌려, 그래서 사람이 산 기간과 살지 않은 기간을 비교해보면, 가장 짧았던 삶과 가장 오래 살았던 삶의 차이는 없는 것이나 마찬가지임을 깨달을 것입니다. 거기에 더해서 그대의 아들은 그 자신의 그 때에 이르러 죽은 것입니다. 왜냐하면 그는 살지 않으면 안 되었던 기간을 모두 산 것이고, 그 이상의 삶은 그에게는 남아 있지 않았기 때문입니다. 노년의 나이는 인간 모두가 한결같지 않으며 그것은 동물도 마찬가지입니다. 어떤 동물은 14년이면 목숨이 다 끝나 그것이 그 동물의 수명이 되는데, 인간으로 말하면 어린 나이라고 할 수 있습니다. 저마다 사는 힘은 다른 것입니다. 인간에게 너무 이른 죽음이라는 것은 없습니다. 그 사람이 산 것보다 더 오래 살지 못하는 운명을 가졌기 때문입니다. 사람마다 끝이 정해져 있고, 그 끝은 처음 놓여진 곳에 줄곧 머물러 있어서 아무리 노력해도, 어떠한 힘으로도 삶을 더 연장할 수 없습니다. 그대가 아들을 앞세운 것은 (신의) 배려 때문이라고 생각하십시오. 그는 목숨을 다하여,

　타고난 운명의 끝에 이르도다.[*51]

그러므로 다음 같은 말로 자신을 괴롭혀서는 안 됩니다. "좀 더 오래 살 수도 있었는데". 그의 삶은 중단된 것이 아니며, 우연한 불운이 그의 젊음에 끼어든 것도 아닙니다. 저마다에게 약속된 대로 주어지는 것입니다. 운명은 각자에게 주어진 삶에 아무것도 보태지 않고, 동시에 또 약속한 것으로부터 아무것도 빼앗아가지 않습니다. 기도나 노력도 소용없는 일입니다. 사람 모두는 삶을 시작하는 탄생 첫날에 자신에게 주어진 수명을 갖게 됩니다. 그대의 아들은 이 세상 빛을 처음 받은 날로부터 죽음에의 여행 길에 발을 내딛고, 날마다 주어진 수명 가까이 다가가서, 청년기에 주어진 바로 그 햇수가 그의 수명에서 모두 빠져나간 것입니다. 우리가 저지르는 잘못의 하나는, 빠르게는 유년기부터도, 청년기에서도, 요컨대 어느 나이에서나 이미 죽음으로의 걸음을 내딛고 있는데, 죽음에 가까워진 것은 노인이나 이미 내리막길에 있는 사람뿐이라고, 우리가 여기는 것 뿐입니다. 운명은 자신의 역할을 충실히 실행합니다.

[*51] 베르길리우스의 《아이네이스》 10·472에서의 인용. 사람 저마다에게 움직일 수 없는 정해진 (최후의) 날이 있음을 이야기하는 유피테르의 말.

언젠가는 죽는다는 감각을 우리에게서 빼앗아, 죽음이 그만큼 쉽게 숨어들 수 있도록, 다름 아닌 삶이라는 이 이름 아래 죽음을 몰래 감추고 있는 것입니다. 유아는 소년으로, 소년은 성인으로 모습을 바꾸고, 노인이 청년을 데리고 갑니다. 곰곰이 잘 생각해보면 나이를 더하는 것은 나이를 잃어가는 것입니다.

22

마르키아, 그대는 아들이 더 살 수 있었던 삶을 살지 못했다 하여 한탄하고 계신가요? 왜냐하면 더 오래 산 것이 아들에게 도움이 되었을지, 아니면 그 죽음으로써 아들에게 이로울지, 그대가 어떻게 알 수 있을까 하는 생각이 들어서입니다. 시간이 지나가는 가운데 아무것도 두려워할 필요가 없는 지금의 아들만큼 확고한 바탕 위에 놓여 있는 사람이 누가 있을까요. 삶은 고요한 것이 아니라, 물결처럼 쉬임없이 흘러가는 것이지요. 따라서 인생의 수많은 시기 가운데 가장 바람직하다고 생각되는 시기만큼 위태롭고 연약한 것은 없으니, 그래서 사람은 가장 행복한 때 죽음을 원해야 하는 것입니다.

이토록 덧없는 세상, 혼돈의 세상에 지나간 시간 말고는 확실한 것은 아무것도 없기 때문입니다. 누가 그대에게 보장해 줄까요, 그대 아들의 그 아름다운 몸, 사치에 빠진 도시의 눈길 속에서 수치심의 엄격한 보호를 받아 더럽혀진 적이 없는 그 몸, 여러 차례의 병마에서 벗어나 그 아름다운 모습을 갉아먹힘 당하지 않고 노년이 될 때까지 지킬 수 있었을 것이라고. 게다가 정신을 침범하는 온갖 더럽고 해로운 것들도 생각해 보아야 합니다. 실제로 똑바르고 훌륭한 자질을 가진 인물도 청년기에 품은 기대를 늘그막에 이르기까지 그대로 간직한 일은 없으며, 많은 경우는 가는 동안 비뚤어져 버리는 게 현실입니다. 다음에 몸에 밴 것, 추한 사치 성향이 정신을 모독하고, 처음에는 빛나는 성품을 해치기 시작하다가, 서서히 술집에 드나드는 생활이나 먹고 마시는 즐거움에 완전히 빠져 무엇을 먹을까, 무엇을 마실까 하는 게 가장 커다란 관심사가 되어 버리는 것입니다.

여기에다 화재, 건물 붕괴, 난파가 있고, 또 살아 있는 인체에서 뼈를 꺼내기도 하고, 내장 깊이 손을 송두리째 집어넣기도 하며, 평범하지 않은 격심한 통증을 주면서 치부를 치료하는 의사들의 잘게 베어내는 수술도 있습니다. 게다가 추방을 당할 수도 있으며—그대의 아들이라고 해서 루틸리우스*52 이상으로 청렴결백했을 리가 없기 때문에—감옥에 갇힐 수도 있고—그대의 아들이라고 해서 소크라테스 이상의 현자였을 리가 없습니다—스스로 가슴을 찔러 자결할 수도 있습니다—그대의 아들이라고 해서 카토 이상으로 성인이었을 리가 없기 때문입니다. 이런 점을 곰곰이 생각해 본다면 자연에 의해 가장 커다란 혜택을 받는 것은 지금 말한 그와 같은 삶의 의무가 그들을 기다려 주는 자연의 배려, 부랴부랴 안전한 곳으로 맞아들인 사람들임을 알게 되실 것입니다. 인간의 삶만큼 사람을 속이는 것도, 인간의 삶만큼 사람을 배신하는 것도 없기 때문입니다. 분명히 알지 못하는 사이에 주어진 것이 아니면 누구도 인간의 삶을 받아들이려고 하지 않았을 것입니다. 그러므로 가장 행복한 것은 이 세상에 삶을 받지 않는 것, 그 다음으로는 짧은 생애를 마치고 빨리 본디의 모습으로 돌아가는 것입니다.

세야누스가 그대의 아버님을 사토리우스 세쿤두스*53에게 은혜를 내리는 기념으로서 넘겨준 통절한 그때의 사연을 떠올려 보십시오. 세야누스는 아버님의 기탄없는 몇 마디 말에 화를 내고 있었습니다. 아버님이 그런 말을 한 까닭은 우리의 목에 세야누스라는 멍에가 씌워지는 것은 물론, 우리의 목 위에 세야누스가 올라가 짓밟는 것까지 가만히 참고 있을 수가 없었기 때문입니다. 화재를 당한 것을 그즈음 카이사르(티베리우스)가 되찾았던 폼페이우스 극장에 세야누스 상을 세워야 한다는 결의가 이루어지려 하던 때의 일입니다. 아버님인 코르두스는 이렇게 외쳤습니다. "이제야말로 극장은 종말을 맞이하는구나." 그것이 어쨌다는 겁니까. 그나이우스 폼페이우스의 재 위에 세야누스의 상이 버젓이 자리잡고, 가장 위대한 최고지휘관이었던 사람의 기념비에 한낱 불충한 병졸이 성스러운 것으로 모셔진 일에 분노를 털어놓으면 안 된다는 것입니까. 코르두스의 파멸을 꾀한 고발의 죄상을 거짓으로 꾸며내, 세야누스가 자기에게만 따르도록 하고 다른 사람에게는 아무한테나 엄니를 드러내도록 길들여, 인간의 피를 먹이로 하여 기르던 사납기 짝이 없는 개들*54이 이미 덫

---

*52 다음의 소 카토와 함께 '청렴결백'하고 유덕한 인물의 본보기로서 세네카가 종종 언급하는 인물(《행복한 삶에 대하여》 참조).
*53 세야누스의 '부하'이고, 또 나중에는 배신하여 세야누스의 음모를 '밀고한 인물'이다.
*54 특히 세쿤두스와 나타를 가리킨다.

에 걸린 그 불쌍한 코르두스를 둘러싸고 짖기 시작한 것*55입니다.

무슨 일을 할 수 있었겠습니까. 삶을 택한다면 세야누스에게 탄원해야 하고, 죽음을 택한다면 딸에게 간청해야 하고, 어느 쪽도 그의 말에 귀를 기울이려고 하지 않았지요. 그는 딸을 속이기로 결심했습니다. 그래서 기력이 떨어진 것처럼 꾸미기 위해 목욕을 하고 나서 점심을 먹는 것처럼 꾸미고 침실로 가서 하인을 내보내고 식사를 한 듯이 보이려고 음식물을 창문으로 내던진 것입니다. 그 뒤에 침실에서 이미 충분한 식사를 한 것처럼 위장하고 저녁식사는 입에도 대지 않았습니다. 다음날도 사흘째도 똑같이 했지요. 하지만 나흘째가 되자 쇠약한 몸이 그 참모습을 드러냈습니다. 아버님은 그대를 껴안고 이렇게 말했습니다. "사랑하는 내 딸아, 이제까지의 삶에 아무것도 숨긴 적이 없었던 아비이지만 이번만은 다르다. 나는 이미 죽음의 여정을 떠났다. 이제 그 길도 이미 절반이나 왔다. 너는 나를 되돌아가도록 하는 짓을 해서는 안 되고, 또 할 수도 없을 것이다." 그렇게 말한 아버님은 모든 불을 끄라고 명하고 어둠 속으로 사라져 간 것입니다.

아버님의 본뜻을 알자 많은 사람들이 모두 쾌재를 불렀습니다. 탐욕스러운 이리떼의 울에서 포획물이 달아났다고 생각했기 때문입니다. 그러나 세야누스의 지시를 받은 소추인(訴追人)들이 집정관이 맡아 처리하는 법정에 제소하여 피고인인 코르두스가 죽으려 하고 있다고 주장했습니다. 그들이 무리하게 강요하려 했던 그의 죽음을 막도록 집정관에게 요구한 것입니다. 코르두스를 놓쳤다는 그들의 생각은 그만큼 다급했던 것입니다. 심리에서 초점이 된 것은 피고인이 자발적으로 죽을 권리를 잃어버릴 수 있는가 하는 문제였습니다. 그대의 아버님 코르두스가 스스로 자유의 몸이 된 것은 (그의 자살 제지의 제소가 기각되어) 공소절차가 취해지고 소추인들이 다시 제소를 하는 동안의 일이었습니다. 아시겠지요, 마르키아. 부정이 거리낌 없이 저질러지는 시대에는 뜻밖에 억울한 일들이 꼬리에 꼬리를 물고 사람에게 덮쳐오는가를. 그대는 가족의 한 사람이 죽지 않으면 안 되었다고 해서 눈물을 흘리고 계십니다. 그러나 그분은 사실상 죽음이 허락되지 않았던 게 아닌가요.

---

*55 반역죄로 고발하는 것.

23

미래는 모두 불확실한 것으로, 오히려 나빠질 가능성이 높다는 사실 말고, 인간계와의 관계에서 빨리 해방된 정신에는 신들이 사는 천상계로 나아가는 길은 매우 평탄하다는 사실도 있습니다. 짊어진 하계의 앙금이나 무거운 짐은 최소한이기 때문입니다. 지상적인 것이 견고하여 빠져나가기 어렵게 깊이 뿌리를 내리기 전에 자유로이 벗어난 정신은, 그만큼 가벼운 날개로 날아올라 자신의 기원으로 돌아가고, 그만큼 쉽게 지상의 얼룩이나 모든 더러움을 씻어버립니다. 또 자질이 풍부한 위대한 정신은 몸에 어물어물 계속 머무르는 일에 결코 집착하지 않습니다. 삼라만상을 자유로이 거닐며 힘차게 날아올라 높은 데서 인간계의 현상을 내려다보는 일에 익숙한 그 정신은, 몸의 속박을 깨고 몸 밖으로 나가기를 갈망하여 몸이라는 이 좁은 한계를 꺼림칙하게 생각합니다. 플라톤이 이렇게 외친 것도 그런 까닭이었습니다, 현자의 정신은 온 힘을 다해 죽음에 이르려 하고, 죽음을 바라며, 죽음을 명상하고, 죽음에 대한 이 욕망을 끊임없이 죽음의 깨달음이 있는 저 먼 곳으로 몰고 간다고.

어떤가요, 마르키아, 그대는 자신의 아들이 젊은이이면서 무르익은 지혜를 가지고, 모든 쾌락을 이겨내는 정신, 오염이나 결함 없는 정신, 부를 위해 탐욕 부리지 않고, 명예를 위해 야심을 품지 않으며, 기쁨을 위해 방종에 빠지지 않는 정신을 지닌 것을 바라보면서 아들이 손상을 입지 않은 완전한 모습을 계속 유지할 수 있는 행운이 끝까지 이어질 거라고 생각하셨나요. 꼭대기에 이른 것은 모두 끝에 이르는 법. 완성된 덕성은 갑자기 우리 눈앞에서 모습을 감춥니다. 처음에 일찍 익은 것은 끝날 때를 기다리지 않는 법. 불은 밝게 빛날수록 빨리 꺼집니다. 잘 타지 않고 단단한 소재에 붙어 연기를 내면서 희미하게 타는 불일수록 오래 지속되지요. 아끼고 아끼는 불씨를 얻어서 가늘지만 똑같은 상태로 불을 계속 유지하기 때문입니다. 그것과 다름없이 재능과 지혜가 뛰어난 인간의 정신도 빛나면 빛날수록 짧은 목숨으로 끝나지요. 더 이상 성장의 여지가 없는 것은 쇠퇴하기 마련입니다. 파비우누스[56]가 이런 말을 한 적이 있습니다. 우리 어른들도 실제로 본 일이지만, 로마에 거인처럼 몸집이 큰 아이가 있었다, 그러나 그 아이는 일찍 죽었다, 웬만큼 세상 이치를 아는 사람

---

[56] 가이우스 파피리우스 파비아누스(기원전 35무렵~서기 35이전). 절충파인 퀸투스 섹스티우스의 제자로, 세네카의 스승.

은 모두 그 아이가 머잖아 죽을 것이라고 오래 전부터 말했다, 이미 앞질러 가 버린 나이에 이르는 일은 있을 수 없다고. 그것이 실상입니다. 지나친 조숙함 은 멸망의 시간이 가까워졌음을 뜻하지요. 성장을 다한 곳, 그곳에는 삶의 마 지막을 향해 가는 길만이 남아 있습니다.

24

자, 이제부터 시작해 보시지요, 아들에 대해 생각할 때, 그가 세상을 떠난 나이를 기준으로 삼을 게 아니라, 그 덕성을 기준으로 하는 것이 어떨까요. 그 는 충분한 생애를 살았습니다. 부친이 죽은 뒤에 그는 유아로서 14세까지 후 견인의 보호 아래 있었지만, 언제나 모친인 그대의 비호를 받고 있었습니다. 자 기의 가정을 가졌을 때에도 그대의 집에서 떠나기를 바라지 않았으니, 자식들 은 거의 부모와 함께 사는 것을 싫어하는 법인데 어머니인 그대와 계속 함께 살았습니다. 훤칠한 키에 용모와 체격이 단정하고, 다부진 체구의 청년인 그는 타고난 무인형의 젊은이였으나, 어머니와 떨어지지 않으려고 병역을 기피했습 니다. 한번 생각해 보십시오, 자식과 따로 사는 어머니가 자식들을 볼 기회가 얼마나 적은가를. 생각해 보세요, 아들을 군대에 보낸 어머니들이 헛되이 지나 가는 그 긴 세월을 얼마나 고독하고 쓸쓸하게 보내고 있는가를. 그대가 그 일 부라도 잃지 않았던 그 시간이 얼마나 길었는지 아시겠지요. 그가 어머니 앞 에서 모습을 감춘 적은 한 번도 없었습니다. 많은 경우 그 과묵함 때문에 출세 를 억제하는 것이 관습인 신중함이 방해만 하지 않았더라면 아버지에 견줄만 한 뛰어난 재능으로, 그대가 지켜보는 가운데 다양한 학문을 익혔습니다.

유례가 드물 만큼 단정한 용모를 가진 청년이었으나, 남성을 타락시키는 수 많은 여성이 주위에 우글댔지만 누구에게도 욕망의 기대를 채워주지 않았고, 품행이 나쁜 여자가 드러내놓고 그를 유혹하는 행위를 할 때는 마치 그녀의 마음을 끌게 한 것이 자신의 허물이나 되는 것처럼 얼굴을 붉혔습니다. 아직 어릴 때부터 신관의 직책에 어울리는 인물로 여겨졌던 까닭은 그 맑고 깨끗한 성품 때문이었습니다. 거기에는 어머니인 그대의 지원이 크게 작용한 것은 의 심할 바 없으나, 모친의 도움이 있다 해도 후보자 본인이 훌륭한 인물이 되지 않으면 효과를 거둘 수 없었던 일입니다. 아들의 이런 덕성을 떠올리면서 자식 을 마음속으로 가슴에 끌어안고 소중히 간직하는 것입니다. 지금이 오히려 그에게는 그대를 위해 나누어 줄 시간이 넉넉한 것이지요. 이제는 그대에게서 떠나야 할 일이 그에게는 아무것도 없습니다. 그는 더 이상 그대에게 걱정거리가 될 일이 전혀 없으며 슬픔을 안길 일도 없습니다. 그대가 탄식하고 슬퍼하는 것은, 훌륭한 자식에 대해 슬퍼할 수 있는 유일한 것(죽음)에 지나지 않습니다. 그 밖의 것은 아들과 어떻게 마주하고 아들과 어떻게 지낼 것인지 그 방법만 알면, 그리고 아들에게서 가장 소중한 것이 무엇이었는지만 이해한다면, 더 이상 우연한 일에는 흔들리지 않는 기쁨에 넘치게 되는 것입니다.

그대의 아들로서 마음에 그리고 있는, 참된 모습과 조금도 다르지 않은, 허상이라고는 도저히 말할 수 없는 그의 모습은 어쩌면 무너지고 말았을지도 모릅니다. 그러나 그는 이제 영원한 존재이니, 이제는 외적인 무거운 짐에서 벗어나 그 사람만 남게 되어 더 좋은 상태의 존재가 되어 있는 것입니다. 그대의 눈에 보이는 우리 인간을 둘러싼 것, 뼈와 힘줄, 덮고 있는 피부와 얼굴, 사용하는 손, 그 밖에 우리를 감싸고 있는 모든 것은, 정신을 붙들어 매고 있는 속박이며, 정신의 어두운 부분입니다. 정신은 그런 것에 묻혀 질식당하고, 해독을 입어 그런 허망한 것들 속에 내팽개쳐져서 자기 본디의 진실한 것으로부터 멀어진 것입니다. 정신은 그런 것으로 끌어 내려져 가라앉지 않으려고 몸이라는 이 무거운 짐과 줄곧 격투를 합니다. 정신은 본디 있던 곳으로 다시 올라가려고 합니다. 거기서는 혼돈에 빠진 너저분한 것을 피하고 맑고 깨끗한 것을 실제로 보려고 하는 그 정신을, 영원한 평화가 기다리고 있습니다.

25

그러므로 그대가 서둘러 아들의 무덤을 찾아갈 이유는 없습니다. 거기에 누워 있는 것은 그의 가장 나쁜 것, 그에게는 가장 성가신 것, 즉 뼈와 재만 남아 있으니, 이 뼈와 재들이 그의 일부가 아닌 것은, 옷이나 그 밖에 그가 몸에 걸쳤던 것이 그의 일부가 아닌 것과 마찬가지입니다. 그는 완전한 것으로서 지상에 스스로 아무것도 남기지 않고 달아나 오롯이 사라졌습니다. 그는 아직도 자신에게 성가시게 달라붙어 있는, 죽어야 할 인간의 삶에서 얻은 악덕과 오염을 말끔히 씻으며 정결해지는 동안, 매우 짧은 시간을 우리의 머리 위에서 보낸 다음 아득히 높은 데로 나아가 상승하여 맑고 복된 영혼의 세계로 날아간 것입니다. 그를 맞아들인 것은 성스러운 영혼의 모임, 스키피오와 카토 같은 사람들로, 이 세상의 삶을 경멸하고 '죽음이라는' 은혜를 입은 자유로워진 사람들, 그 속에는 마르키아, 그대의 아버님도 계십니다. 아버님은 처음으로 보는 빛*57에 기뻐하는 자기 손자를—하기는 거기서는 모두가 다 친족이지만—곁으로 데려와 아주 가까이 보이는 별들의 움직임을 가르쳐 주고, 추측이 아니라 진실을 실제로 체험하여 모든 것을 훤히 꿰뚫은 사람으로서 기꺼이 자연의 오묘한 비밀로 이끌고 있습니다. 마치 미지의 도시를 알려 주는 안내인이 방문객에게 고마운 존재이듯이 천계의 사물, 사상의 인과를 찾아간 그에게 가족인 해설자는 고마운 존재입니다. 그리고 아버님은 아득히 아래 있는 지상으로 시선을 돌리도록 권합니다. 떠나온 것을 높은 데서 돌아보는 것은 유쾌한 일이기 때문입니다. 그러니 마르키아, 그대가 아버님과 아들의 시선, 그것도 그대가 알고 있는 사람들의 시선이 아니라, 이제는 멀리 높은 데로 올라가 상천(上天)의 끝*58에 거처를 가진 사람이 된 아버님과 아들이 내려다보고 있다고 생각하면서 행동하십시오. 천한 것이나 저속한 것을 부끄럽게 여기고, 지금은 더 좋은 존재로 변신한 그대의 친족을 생각하며 눈물 흘리는 것을 부끄럽게 여겨야 합니다. 그들은 육체라는 감옥으로부터 풀려나와 영원한 사물의 자유롭고 드넓은 세계를 거닐고 있습니다. 앞길을 가로막는 바다도, 높이 솟은 산도, 길 없는 골짜기도, 불규칙한 시르티스의 얕은 여울*59도, 그들을 가두는 일은 없습니다. 거기서는 모든 것이 평탄하여 그들은 아주 편하게 움직이고, 가볍게 날며, 별과 서로 오가면서 그 별들과 융합을 이룹니다.

26

그러므로 마르키아, 그대의 부친께서는 천상에서 이렇게 말하고 계실 듯합니다. 아들에 대해 그대가 가지고 있었던 것과 다름없는 큰 권위를 그대에게 가지셨던 아버님이, 한심한 내란에 눈물을 흘린 그 무렵의 심정, 자기의 권리를 빼앗으려고 하는 자들로부터 스스로 영원히 권리를 포기했을 때의 심정에서가 아니라, 높은 곳에 있는 오늘의 그만큼 고결하고도 그윽한 심정으로 그

---

*57 태양, 별 등 천체의 '빛과 불'.
*58 아에르(공기, 대기) 위에 있는 아이테르(상천)를 가리킨다.
*59 아프리카 북안 카르타고와 키레네 사이에 있는 크고 작은 두 개의 얕은 여울. 위험한 바다로 알려져 있다.

대에게 말하노라고. "내 딸아, 어째서 너는 그렇게도 오랫동안 슬픔으로 밤을 지새우느냐. 너의 아들은 집이 무사할 때 스스로도 완전한 것이 되어 조상이 있는 곳으로 돌아왔는데, 어찌자고 부당한 일을 당했다고 생각하는가. 운명이 얼마나 무서운 태풍으로 이 세상의 모든 것을 파괴하는지 너는 모르느냐. 운명과 되도록 관련을 갖지 않으려고 애쓰는 자 말고는 누구에게도 자비와 온정을 베풀지 않는 것이 운명이라는 사실을 너는 모르더란 말이냐. 위기가 닥쳐오기 전에 세상을 떠났다면 행복했을 왕들의 이름을 말해볼까. 아니면 수명이 좀 줄었다 해도 그 위대성에 변함이 없고 한 점의 어두운 그늘도 보이지 않았던 로마의 장군들 이름을 말해볼까. 너의 아비나 할아버지의 일을 되돌아보아라. 너의 할아버지는 다른 나라 자객의 손에 돌아가셨다. 나의 경우는 누구도 나를 지배하지 못하도록, 식사를 끊고, 내가 책을 쓸 때 보여준 것과 다름없는 용기를 지닌 인간임을 보여 주었다. 더없이 행복한 죽음을 마친 인간이, 우리 집에서 오랫동안 언제까지나 한탄과 슬픔의 대상이 되고 있는 것은 어찌된 일이냐. 우리는 모두 한곳에 모여 더는 깊은 어둠에 갇힐 일이 없는 눈으로 바라보고 있다.

너희들이 있는 그 지상에는 너희가 생각하듯이 바람직한 것, 높고도 깊은 것, 빛나는 것은 아무것도 없고, 모두가 천하고, 고통스럽고, 불안하기만 하며, 거기에는 우리 이 천상계의 크나큰 광명이 없다. 더 말할 것도 없이 여기에는 서로 미워하거나 시기하며 무기로 격돌하는 소동도 없고, 함대가 함대를 무찌르는 일도 없으며, 부모를 살해하려는 의도도 없고, 시끄러운 소송 다툼으로 날마다 중앙광장이 시끄러울 일도 없고, 어둠에 가려진 비밀 따위도 없고, 마음은 활짝 열려 있고, 삶은 떳떳하게 감추는 것이 없이, 모든 시대가, 다가올 모든 것이 예견되어 있다. 이 우주의 외진 곳에서 일어난 한 시대의 사건, 인간의 손으로 이루어진 아주 작은 업적을 역사서로 펴내는 것이 지난날 내 기쁨이었다. 그러나 이제는 무한히 이어지는 몇 만의 세기, 연속하여 끝없이 이어지는 몇 만의 시대, 몇 만의 세월을 지켜보는 것이 나에게 허락되어 있단다. 지금의 나는 흥성하는 왕국도, 쇠망하는 왕국도, 무너지는 대도시도, 또 바다의 새로운 흐름도 내다볼 수가 있다. 이런 말을 하는 것도 만물의 공통적인 숙명

*60이 너의 애석한 마음에 위로가 될 수 있기를 바라기 때문임을 알기 바란다. 어떤 것도 지금 있는 곳에 그대로 머물 수는 없으며, 늙음과 낡음을 가져온 세월이 모든 것을 무너뜨리고 빼앗아 간다.

농락 당하는 것은 인간뿐만이 아니다—인간 따위가 우연한 운명의 권력 앞에서는 얼마나한 것일까—토지고 지방이고, 아니 세계의 온 영역이 희롱당한다. 그것은 어떤 곳에서는 산줄기를 완전히 평지로 만들어버리고, 또 어떤 곳은 새로운 바윗덩어리를 높이 솟아오르게 한다. 바다를 마르게 하고, 강의 흐름을 바꾸며, 여러 민족의 교역을 끊어버리고, 인류의 연대와 화합을 해체한다. 또 어떤 곳에서는 기대한 대지의 갈라진 금에 있는 도시를 묻어버리고 세차게 뒤흔들어 붕괴시킨다. 또 어떤 곳에서는 땅 밑 깊은 곳에서 독한 기운을 보내어, 사람이 사는 거의 모든 땅을 홍수로 뒤덮으며, 지구를 물에 잠기게 하여 모든 생물을 섬멸하고, 죽어야 하는 것을 남김없이 큰불로 태워버린다. 그리고 우주가 새로운 운행을 시작하기 위해 스스로 파괴하여 무너질 때가 오면 그런 것은 모두 자체의 힘으로 괴멸하는 한편, 별은 별과 충돌하고, 모든 질량(실체)은 타오름으로써 이제는 질서정연하게 빛을 내는 모든 것이 하나의 대연소(大燃燒)로써 불타오르게 된다. 맑은 행복으로 영원한 것을 나눠받은 우리의 영혼도 신이 그런 삼라만상을 다시 창조한 것에 힘입어, 만물이 무너질 때 바로 그 거대한 파괴의 미세한 부가물이 되어 처음의 원소로 돌아가는 것이다."

아아, 행복하도다, 마르키아여, 그대의 아들은 이런 오묘한 이치를 이미 모두 알고 있으니.

---

*60 여기부터 이야기되는 '만물의 공통적인 숙명'은 두 부분으로 나뉘어진다. 하나는 '늙고 낡음을 가져다주는 세월'과 유구한 '세월'에 따른 지상의 변화이고, 또 하나는 이른바 '대연소(大燃燒)'에 따른 우주(세계)의 소멸이다.

행복한 삶에 대하여

1

갈리오*¹ 형님께 말씀드리다. 행복하게 살고 싶은 것은 누구나 바라는 일이
다. 그러나 삶을 행복하게 하는 것이 과연 무엇인지 확인하는 데에는, 누구나
어둠 속을 더듬어 찾고 있는 실정이다. 그런 만큼 행복한 삶에 이르기란 쉬운
일이 아니고, 누구나 한 걸음만 길을 잘못 들어도, 행복한 삶을 찾기는커녕 서
두르면 서두를수록 거꾸로 거기서 멀어질 따름이다. 하물며 반대 방향으로 길
을 가게 된다면, 서두른 만큼 그 사이의 거리를 더욱 크게 벌리는 원인이 된다.

그러므로 무엇보다 염두에 두어야 할 점은, 대체 우리가 노력해야 할 목표
가 무엇인가 하는 것이다. 다음으로 진지하게 생각해야 할 점은, 어떤 길을 가
야 우리의 목적지에 가장 빨리 이를 수 있는가 하는 것이다. 이 경로가 올바르
기만 하다면, 이 길 자체를 통해 매일 얼마나 되는 거리를 걸어갈 수 있는지,
그리고 자연의 욕구가 우리를 내모는 목적지에 어느 정도까지 접근할 수 있는
가 저절로 이해할 수 있다. 그런데 우리가 지도자(우리는 자연을 지도자로 여기거나 않으면 안 된다는 의미)를 따르지 않
고, 우리를 저마다 다른 방향으로 불러들이는 자들의 소란과 외침을 따라 이
리저리 헤매는 한, 아무리 선한 정신을 찾아서 밤낮으로 노력해도, 우리의 짧
은 삶은 진리를 찾아 헤매는 속에 눈 깜짝할 사이에 지나가 버린다. 그러므로,
우리가 나아갈 목표와 경로 양쪽을 정할 필요가 있다. 그러기 위해서는, 우리
가 나아갈 방면에 대해 잘 알고 있는 노련한 지도자가 없으면 안 된다. 이 경
우는 다른 여로의 경우와는 사정이 전혀 다르기 때문이다. 다른 여정에는 잘
알려진 길이 있고, 또 그 고장 사람에게 물어 보면 길을 잘못 들 리가 없다.

그러나 이 여로에서는 그 어디보다 길이 잘 다져지고 사람들이 가장 많이

---

*1 세네카의 형인 안나이우스 노바투스를 말하며, 양자로 간 다음 루키우스 이우니우스 갈리
  오라고 불렀다.

다니는 길일수록 수많은 사람을 헷갈리게 한다. 그러므로 무엇보다 중요한 점은, 양떼처럼 앞에 가는 무리를 그저 뒤따라가는 짓을 하면 안 된다는 것이다. 그렇게 하면 나아가야 할 길을 걷는 게 아니라, 누구나 나아가는 길을 따라가는 흉내에 지나지 않는다. 다수의 동의에 따라 승인된 것을 최선으로 여기고 여론을 따라가는 것, 그리고 선한 것으로 두루 쓰이는 선례가 많이 있지만, 이성을 따라 판단하지 않고 그저 남과 똑같이 따라하려는 것만큼 우리를 커다란 해악으로 끌어들이는 것은 없다. 그 결과 사람들이 쓰러진 위에 다른 사람들이 또 쓰러져, 이런 사람들로 큰 산더미를 이루게 된다. 군중이 서로 밀치다가 많은 사람들이 쓰러지면, 거기서 사고가 일어난다. 곧 누군가가 쓰러지면 반드시 다른 사람을 자기에게 말려들게 하여 앞에 있는 자는 뒤 따르는 자에게 화를 입히게 된다.

그와 같은 일이 삶의 곳곳에서 일어날 수 있다는 것은 그대도 잘 알고 있으리라. 누군가가 잘못을 저지르면 자기만으로 그치지 않고 다른 사람의 잘못의 원인이 되고 동력이 된다. 왜냐하면 앞에 가는 자를 따르는 것은 해가 되면 되었지 득이 되는 행동이 아니며, 저마다가 스스로 판단하기보다는 남을 믿기를 좋아하면, 삶에 대해 아무 판단도 없이 늘 남을 믿음으로써, 그 때문에 잘못이 이 사람에게서 저 사람에게 전파되어 우리를 쓰러뜨리고, 마침내 전락의 심연으로 빠뜨리게 된다. 우리는 남이 지나간 길을 밟음으로써 자멸한다. 사람이 모여든 곳에서 멀어지기만 해도 우리는 이 병폐에서 벗어날 수 있다. 그런데 민중이라는 것은 자신의 잘못은 모르는 척하고, 이치에 맞지 않는 짓을 하는 것이 보통이다. 그래서 민회(民會) 안에서 이런 일도 일어난다. 자기가 투표한 인물이 법무관에 뽑혔는데 투표한 당사자가 깜짝 놀라는 것이다. 변덕스러운 인기가 방향을 바꾼 탓이다. 우리는 같은 일에 대해서도 때로는 칭찬하고 때로는 비난한다. 이것이 다수의 사람에게 동조하여 내린 판단의 결과이다.

2

행복한 삶을 논할 때는, 원로원의 의결 방법*2을 본떠서, '이쪽이 다수로 생각된다' 대답해서 좋을 게 하나도 없다. 다수이기 때문에 오히려 더 좋지 않다.

---

*2 의석에서 일어나 찬성쪽, 반대쪽으로 '갈라서는(discessio)' 방법. '(다수로) 생각된다(videtur)'는 것도 의결(결정)할 때의 용어이다.

삶에 대한 문제는 다수의 사람에게 인기가 있는 편이 좋다는 식으로는 되지 않는다. 대중의 시인이야말로 최악이라는 증거일 뿐이다. 그러므로 우리가 알고자 하는 것은 과연 무엇을 해야 최선인가 하는 것이지, 무엇이 세상에서 가장 많이 쓰이고 있는가 하는 게 아니다. 또 무엇이 우리를 영원한 행복의 소유자로 만들어 주는가 하는 것이지, 무엇이 최악의 진리 해석자인 세속의 군중에게 인정받고 있는가가 아니다. 그러나 내가 여기서 세속의 군중이라고 부르는 것은, 화환을 쓴 축은 말할 것도 없고, 사치스런 외제 외투를 입은 높은 사람*3들을 말하는 것이다. 행복한 삶을 생각할 때 내가 눈여겨보는 것은, 몸을 가리는 의상이 무슨 색인가 하는 문제가 아니기 때문이다. 일과 인간에 대해서는 나는 눈을 믿지 않는다. 내가 가지고 있는 것은 더 훌륭하고 더 확실한 눈빛이며, 그것으로 나는 참과 거짓을 구별할 수 있다. 정신의 선은 정신에서 찾는 것이 좋다. 정신은 그 선한 것을 위해 한숨 돌리고, 자기에게 돌아갈 여유가 주어진다면, 얼마나 자신을 꾸짖으며, 아, 얼마마한 진실을 자신에게 고백하고 이야기해 들려줄 것인가, '내가 이제까지 해온 일은 모두 차라리 하지 않는 편이 좋았다고 생각되는 것뿐이다. 지금까지 했던 말을 돌이켜보면, 차라리 벙어리가 부러울 지경이다. 오늘 생각하면, 내가 원한 것은 모두 나에게 악의를 품은 자들의 저주였다. 내가 두려워했던 것들은 모두, 아아, 내가 열망한 것에 비하면 얼마나 하찮은 것이었던가. 나는 이제까지 많은 사람들과 적대관계에 있었고, 또 악인들 사이에도 조금이나마 친애의 정이 있다면 말이지만, 증오를 버리고 친애로 돌아선 적도 있었다. 그러나 나는 아직 나 자신의 친구는 아니다. 나는 이제까지 모든 노력을 기울여 많은 사람들보다 뛰어난 어떤 재능으로써 유명해지고자 했다. 그러나 나 자신을 적의 화살 앞에 세워 악의적으로 헐뜯을 꺼리를 준 것밖에 무엇이 있었는가. 보라, 웅변을 칭찬한 자들이, 너의 재산에 눈독을 들인 자들이, 네가 뒤를 보살펴준 것에 아첨하는 자들이, 권세를 추어올리는 자들이 있지 않은가. 이런 것은 모두 적이거나, 아니면—결국은 마찬가지이지만—적이 될 수 있는 자들이다. 칭찬하는 자의 수가 곧 시기하는 자의 수이다. 그것이 대중이다. 어째서 정말로 쓸모 있는 선을 구하지 않는가. 자기가 감복할 수 있는 선이 되어야지 과시하기 위한 선은 안 된다. 남

---

*3 '사치스런 외투'로 번역한 것은 그리스인이 입은 외투 클라미스를 말하며, 품이 넓은 양털 외투인데, 로마인들에게는 우아하고 고귀한 의상이었다.

의 눈을 끄는 것이나, 남의 발길을 멈추게 하는 것, 서로 돋보이려고 과시하는 것은 그럴 듯하지만 속은 허망한 것이다.'

3

그러므로 우리는 오직 겉모습만의 선이 아니라, 순수하고, 변치 않으며, 숨겨진 부분일수록 아름다운 그런 선을 구해야 하지 않겠는가. 그것을 찾아보기로 하자. 그것은 결코 먼 데 있지 않다. 언젠가는 발견할 수 있다. 다만 어느 쪽으로 손을 뻗으면 되는지 그것만 알면 된다. 그런데 오늘은 마치 캄캄한 어둠 속에서, 찾는 바로 그것과 부딪치고도 모르고 옆으로 지나가버리는 꼴이다.

그러나 나는 그대를 여기저기 끌고 다니지 않도록, 다른 사람들의 주장 따위는 돌아보지 않기로 한다. 그런 것을 일일이 문제 삼아 하나하나 논하고 있다가는 시간만 허비할 뿐이다. 요컨대 우리의 주장을 들어 주기 바라는 것이다. 여기서 '우리의'라고 한 것은, 누군가 스토아파 거장(巨匠)의 주장에 무턱대고 따르려는 것이 아니다. 나에게도 생각할 권리가 있다. 그러므로 나는 어떤 사람의 의견에 따르기도 하지만, 어떤 사람에게는 의견을 분할하도록*4 요구도 할 것이다. 또 내가 가장 마지막에 지명되어 의견을 요구받으면, 앞사람들이 결론을 내린 사항은 무엇 하나 부인하지 않고 이렇게 말할 것이다. '나는 또 이렇게도 생각한다'. 그러나 한편, 스토아파의 모든 사람들 사이에서 의견 일치를 본 것처럼, 그 교의에서 말하는 '자연'에는 동의한다. 자연을 거스르지 않고, 자연의 법칙과 이상에 따라서 자기를 만들어 가는 것, 그것이 예지이다.

그러므로 행복한 삶은, 삶 자체가 자연(의 본성)에 일치하는 생활이다. 그리고, 거기에 이르려면 다음의 방법밖에 없다. 첫째로, 정신이 건전하고 그 건전함을 영속적으로 유지하는 것이다. 둘째는, 정신이 용감하고 정열적이며, 인내심이 뛰어나고, 곤경을 이겨낼 준비가 되어 있어, 자기 몸과 몸에 대한 일에도, 조심은 하지만 지나친 걱정은 하지 않는다. 마지막으로, 생활을 이루는 그 밖의 여러 사항에 대해서도 세심하지만, 그 어느 하나도 예찬하지 않고 자연의 선물은 잘 이용하려 하나, 그것에 예속되지는 않으려고 한다.

군말을 붙이지 않아도 이해가 되겠지만, 우리를 고민하게 하거나 두려워하

---

*4 의회용어로, 동기(제안)을 분할하여, 각부에 대해 찬부를 묻도록 수정하는 것. 다음의 '지명되어 의견을 요구받는다'도 의회용어.

게 하는 것을 몰아내면, 영속적인 마음의 평정과 자유가 찾아온다. 왜냐하면, 쾌락과 불안한 마음을 내버리면, 하잘것없고 허망한 것이나 그 자체의 사악함 때문에 해로운 것들은 소멸하고, 한없이 크고 변함없는 확고한 희열이, 나아가서는 마음의 평화와 조화가, 또 온순함과 동시에 위대한 마음이 그것을 대신하기 때문이다. 거의 모든 광포한 성질은 취약한 정신에서 오는 것이다.

4

우리가 말하는 선한 것은, 또 다르게 정의할 수도 있다. 다시 말해, 같은 개념을 반드시 똑같은 말을 쓰지 않아도 표현할 수 있다는 것이다. 이를테면 같은 군대라도, 어떤 때는 넓게 흩어져 벌리고, 어떤 때는 좁은 지역에 집결한다. 또 굽은 뿔처럼 중앙부가 완곡할 때도 있는가 하면, 똑바로 전선을 펼칠 때도 있다. 그러나 어떤 대형을 취하더라도 그 전력은 마찬가지이고, 또 같은 임무를 수행하려고 하는 의지도 같다. 그와 마찬가지로, 최고선에 대한 정의도, 어떤 경우에는 넓히든가 길게 늘릴 수도 있고, 또 어떤 경우에는 모아서 하나로 합칠 수도 있다. 그러므로 다음의 어떤 표현방법을 쓰더라도 결국은 마찬가지이다. 즉 '최고선이란 (영속적인) 덕에서 기쁨을 찾고 우연적인 것을 업신여기는 정신'이라거나, '최고선은 온갖 사상에 정통하고, 냉정하고 침착하게 행동하며, 또한 깊은 인간성과, 교제하는 사람들에 대한 배려를 지닌 굽힘 없는 정신력'이라고 말해도 같은 것이다.

또 다음과 같이 정의할 수도 있다. 우리가 행복한 사람이라고 부르는 이는, 그 사람에게 선한 것, 악한 것이 선한 정신 이외에 없는 사람이고, 또 훌륭하고 명예로운 것을 믿고 받들어 덕으로 가득하며, 우연적인 것에 우쭐하지 않고, 그렇다고 의기소침하지도 않으며, 자기가 자신에게 줄 수 있는 선 이상으로 큰 선은 모르고, 쾌락을 경멸하는 것을 참된 쾌락으로 여기는 그런 사람을 말한다. 또 덧붙인 정의를 원한다면, 본디의 의미를 전혀 손상하지 않고 이런저런 다른 표현으로 바꿀 수도 있다. 즉, 이렇게 말해도 상관없지 않을까. 행복한 삶의 바탕은 자유로운 마음에 있고, 고결하고 굳센 불굴의 마음으로 두려움과 욕망을 넘어선 것이다. 그것은 명예로운 것을 유일한 선으로 여기고, 수치스러운 것을 유일한 악으로 여기며, 그 밖의 것은 아무 가치도 없는 잡동사니 더미처럼 여긴다. 이런 잡동사니는 행복한 삶에서 아무것도 빼앗지 못하고,

행복한 삶에 어떤 보탬도 되지 않으며, 오든지 가든지 최고선에는 어떤 영향도 없는 것이다.

정신이 그러한 기초 위에 서 있으면, 원하고 원하지 않고를 떠나서 끊임없는 쾌활성과 마음속에서 솟아오르는 기쁨이 따르는 것은 마땅하다. 그 결과, 이런 사람은 자신의 내부에 있는 것에서 기쁨을 느끼고, 자기 내부에 있지 않은 것은 바라지도 않는다. 그와 같은 기쁨이, 어떻게 왜소한 육체의 작고 하잘것 없는, 순간에 지나지 않는 움직임과 조화를 이룰 수 있겠는가. 쾌락에 지배되는 날이 고통에 지배되는 나날의 시작이다. 그러나 잘 알다시피 이 쾌락과 고통이라는, 무엇보다 부정하고 자제력이 없는 주인이 번갈아 다스리는 정신은 얼마나 비참하며, 얼마나 유해한 예속을 견뎌야 하는 것인가. 그러므로 우리는 자유를 향해 탈출하지 않으면 안 된다. 그 자유를 가져다주는 것은 운명을 무시하는 길밖에 없다. 운명을 무시한 바로 그때 헤아릴 수 없는 가치를 지닌 그 선한 것, 즉 삶과 죽음을 넘어선 편안한 마음에 선 평온하고 숭고한 정신, 진리의 깨달음으로 잘못이 말끔히 사라진, 흔들림 없는 기쁨, 그리고 친애의 정과 밝고 쾌활한 정신이 솟아나며, 정신은 그러한 것에서 그 (자체)가 선한 것이기 때문이 아니라, 자신의 선에서 나온 것이기 때문에 기쁨을 느끼게 된다.

5

하나의 자유로움을 가지고 논의하기 시작했으니 이렇게도 말할 수 있으리라, 행복한 사람이란 욕망도 품지 않고 두려움도 느끼지 않는 사람이지만, 단 그것은 이성 덕분이라고. 왜냐하면 돌과 나무에도 두려움과 슬픔의 감정이 없고, 가축도 마찬가지이기 때문이다. 그렇다고 해서 행복이 무엇인지 이해하지 못하는 것을 행복하다고 말하는 사람은 아무도 없으리라. 우둔한 본성과 자신에 대한 무지 탓으로 가축과 짐승의 부류로 전락한 자들은, 그러한 목석이나 짐승과 같은 무리로 여겨야 한다. 그런 사람과 목석과 짐승 사이에는 아무런 차이도 없다. 왜냐하면, 목석과 짐승에는 이성이 전혀 없고, 그런 사람에게는 자기의 재앙을 부르는 사악하고 일그러진 이성밖에 없기 때문이다. 실제로 진리 밖으로 쫓겨난 인간은 어느 누구도 행복한 사람이라고 할 수 없다. 따라서 행복한 삶이란, 올바르고 확실한 판단 위에 세워진 안정적이고 변치 않는 삶을 말한다. 그때 정신은 맑고 깨끗해 혹독한 타격은 말할 것도 없고 사소한 공격조차 받지 않는 경지에 있기 때문에, 모든 해악에서 해방되어 만일 운명이 노하여 공격해 온다 해도 한번 들어선 그 경지에 계속 서서 자기의 자리를 굳건히 지켜낸다. 실제로 쾌락에 대해서도, 혹시 그것이 곳곳을 둘러싸고 모든 통로로 침입하여, 달콤한 속삭임으로 정신을 유혹하면서 온갖 수단으로 우리 인간존재의 전체 또는 일부를 어지럽히려 해도, 적어도 인간의 흔적을 간직한 자라면, 그 누가 밤낮으로 쾌락에 빠져 정신은 내던진 채 육체에만 정력을 쏟고 싶어 하겠는가.

6

'그러나 정신도 쾌락을 느낄 것'이라고 말하는 사람도 있다. 그렇다면 정신에도 쾌락을 느끼게 하고, 사치나 쾌락의 심판관의 자리에 앉혀 보자. 정신을 감각에 기쁨을 주는 모든 쾌락으로 채운 다음 과거를 돌아보며 지난날의 쾌락을 떠올리고 거기에 도취하는 동시에, 미래의 쾌락을 애타게 기다리면서 기대에 차츰 가슴을 부풀리고, 육체가 영양이 듬뿍 든 먹이로 배를 채운 뒤 드러누워서 현재의 시간을 보내는 동안, 다가올 쾌락을 생각하게 해보는 것이다. 그 정신은 나에게는 더욱 더 불행하게 여겨질 뿐이다—왜냐하면 선함 대신 악함을 선택하는 것은 미친 짓이니까. 건전한 정신이 없으면 아무도 행복할 수 없고, 아직 오지 않은 앞날의 것을 최고선으로 여기고 그것을 간절히 기다리는 자는 누구도 건전하지 않다. 그러므로 행복한 사람은 판단을 올바르게 할 수 있는 사람이다. 행복한 사람은 그게 어떤 것이든 지금 있는 것으로 만족하는 사람, 오늘 지닌 자신의 소유물을 사랑하며, 자기 소유물의 벗이 되는 사람을 가리킨다.

7

최고선은 배꼽 아래에 있다고 말한 사람들(에피쿠로스의 학_{도를 가리킨다})도, 자신들이 최고선을 얼마나 부끄러운 자리에 두었는지 깨닫고 있다. 그들이 쾌락은 덕에서 떼어놓을 수 없다고 말하며, '누구든지 즐겁게 살지 않으면 올바로 살 수가 없고, 올바로 살지 않으면 즐겁게 살 수도 없다'고 주장하는 것도 그 때문이다. 그러나 이토록 정반대인 것을 결합해 하나로 맺을 수 있는 것인지 나는 이해할 수가 없다. 도대체 쾌락을 덕에서 떼어놓을 수 없는 이유가 무엇인지 묻고 싶다. 선의 근원은 모두 덕으로 거슬러 올라가므로 틀림없이 그대들도 사랑하고 그리워할 선한 것(쾌락)도 마땅히 그 덕의 뿌리에서 생겨난다는 것인가. 그러나 그대들의 그 쾌락과 덕이 나눌 수 없는 것이라면, 즐겁지만 올바르지 않은 것도 있고, 또 더없이 올바르지만 어려워서 고통으로밖에 이룰 수 없는 것도 있는 이유를 이해할 수 없게 된다. 게다가 쾌락은 더없이 부도덕한 삶에도 찾아오지만, 덕은 나쁜 삶을 허락지 않으며, 또 쾌락을 누리지 못하는 것도 아닌데 불행한 사람, 아니, 바로 그 쾌락 때문에 불행한 사람도 있다. 만약 쾌락이 덕과 뒤섞여 하나가 되어 있다면 그러한 사태가 일어날 리가 없다. 덕은 때때로 쾌락을 따르지 않으며, 하물며 그것을 필요로 하는 일은 결코 없다.

이처럼 조금도 비슷하지 않은 것, 아니 정반대인 것을 어째서 함께 묶으려고 하는가. 덕은 높은 것, 우뚝 선 왕자와 같은 것, 패배를 모르고 생기발랄하여 지칠 줄도 모른다. 쾌락은 저속하고 노예와 같은 것, 취약하여 부서지기 쉬우며, 사창가나 요정이 그 거처이고 소굴이다. 덕을 만나고 싶으면 신전으로 가면 된다. 중앙광장이나 의사당에 가도 된다. 먼지를 뒤집어쓰고 햇볕에 타서 손에 물집이 생긴 모습으로 성벽을 지키고 서있는 것을 발견할 것이다. 한편, 쾌락은 주로 그늘에 숨어서 공중목욕탕이나 증기탕, 조영관(造營官)*⁵의 눈을 두려워하는 장소 주변을 떠돌며, 유약하고 무기력하게 술과 향유에 젖어, 얼굴은 핼쑥하거나 화장을 하고, 약용향유를 바른 송장 같은 모습을 드러내고 있을 것이다.

최고선은 멸망하지 않고, 나가는 것을 모르며, 싫증내거나 후회하지도 않는다. 올바른 정신은 변함없고, 자기혐오에 빠지지도 않으며, 최선의 것이기 때문에 아무것도 바꾸는 일이 없다. 그러나 쾌락은 절정에 다다른 순간 사라져 버리는 것으로, 그다지 넓은 자리를 차지하지 않기 때문에 쉽사리 채우고 곧 싫증을 내며, 처음의 기세가 꺾이고 나면 금방 시들어 버린다. 무릇 그 본성이 끊임없이 떠도는 움직임에 있는 것은 결코 확고한 것이 될 수 없다. 따라서 자신의 작용을 드러내는 바로 그 순간, 멸망하기 위해 눈 깜짝할 사이에 왔다가 눈 깜짝할 사이에 지나가버리는 것에는 어떠한 실체도 있을 수 없다. 그러한 것은 자신이 종언을 맞이할 목적지로 오로지 돌진하여, 생성의 시작과 함께

*5 조영관의 중요한 임무에 로마의 경비와 풍기단속이 있었다.

존재의 종말로 나아가기 때문이다.

8

선한 것과 마찬가지로 악한 것에도 쾌락이 스며있고, 덕이 있는 사람들이 선행을 기뻐하는 것에 못지않게, 부덕한 사람은 자기가 빠져 있는 부도덕한 것에서 기쁨을 느낀다. 그렇기 때문에 옛사람*[6]은 가장 즐거운 삶이 아니라 가장 선한 삶을 따라야 하고, 쾌락을 올바르고 선한 의지의 선도자로 삼을 게 아니라 동반자로 삼아야 한다고 가르쳤다. 결국 우리는 자연을 선도자로 삼지 않으면 안 된다. 이성은 자연을 존중하며 자연에서 조언을 구한다. 그러므로 행복하게 산다는 것은, 바꿔 말하면 자연에 따른 삶이다. 그것이 어떤 의미인지 다음에 밝히기로 한다. 만일 우리가 자연이 준 육체의 자질과 자연에 바람직한 것을, 마치 하루밖에 주어지지 않는 것으로 생각하고 언젠가는 사라지는 것으로 여기면서, 주의 깊게 또한 두려움 없이 지킨다면, 또 만일 우리가 그러한 것에 예속되지 않고, 우리의 것이 아닌 것이 우리의 소유자가 되는 것을 허락하지 않으면, 그리고, 만일 우리가 육체에서 바람직한 외적인 것을, 싸움터에서의 지원군이나 가벼운 차림을 한 부대—그들은 복종하지 명령하는 것은 아니다—같은 것으로 다룬다면, 그때 비로소 그것은 정신에 유익한 것이 된다. 사람은 외적인 것에 훼손되지 않고 정복되지 않아야 하며, 자기만을 찬미하는 인간이어야 한다. 또,

정신을 신뢰하고, 운이 좋고 나쁨 어느 것에나 대비하고*[7]

이러한 삶의 창조자가 아니면 안 된다. 그 자신에게는 지식이 뒷받침되어야 하고, 그 지식에는 떳떳한 마음이 뒷받침되어야 된다. 한 번 정한 신조는 끝까지 지켜나가고, 한 번 내린 결단은 바꿔서는 안 된다. 덧붙일 것도 없이, 그런 사람은 태연자약하고 냉정침착하며, 말과 행동에는 당당한 위풍 속에서도 친애의 정을 띠고 있는 사람일 것이다.

---

*6 세네카의 염두에 있는 것은 솔론, 데모크리토스, 크리시포스 등이다.
*7 베르길리우스 《아이네이스》 2·6에서의 인용.

·········*8이성에는, 감각의 자극을 받고 감각에서 최초의 정보를 얻어—이성이 활동 단서를 얻고, 진실을 파악하고자 하는 원동력을 얻는 것은 이 감각 밖에는 없기 때문이다—외적인 것을 향하게 한 뒤, 다시 자기에게로 돌아오게 하지 않으면 안 된다. 만물을 받아들이는 세계이고, 우주의 지배자인 신도, 자기 외부의 것을 향해 움직이기는 하지만, 모든 방향에서 다시 자기 내부로 돌아온다. 우리 인간의 이성에도 그것과 같은 일을 시키지 않으면 안 된다. 이성에도 감각에 따라, 감각을 통해 외부의 것으로 뻗어나간 뒤에는, 감각도 자기 자신을 통제하는 통솔자가 되게 하지 않으면 안 된다. 그래야 비로소, 자기와 조화를 이룬 통일적인 정신의 힘과 권능이 생겨나고, 판단이나 인식에서나 확신에 있어서 자기분열하지 않고, 망설이는 일이 없는 그 확고한 이성이 나오게 된다. 이성은 자신을 정돈하고, 자기의 각부와 조화를 이루며, 자기의 각 부분과 이른바 합창을 했을 때 이미 최고선에 이른 것이다. 그 이성에는 더 이상 왜곡되거나, 미끄러지기 쉬운 것, 충돌하거나 넘어지는 것이 조금도 남아 있지 않기 때문이다. 그 행동은 모두 이성 자신의 지령 아래 이루어지고, 예기치 않은 일은 아무것도 일어나지 않으며, 그 활동은 용이하게 그 자리에서, 또 활동하는 이성 자체에 따라서 주저 없이 실행되어, 모두 선한 열매를 맺게 된다. 실제로, 우유부단함이나 위축은 정신의 다툼이나 떳떳한 마음이 없음을 증명하는 것밖에 되지 않는다. 그러므로 대담하게 이렇게 공언해도 되리라, 최고선이란 정신의 조화라고. 협력과 통일이 있는 곳에는 반드시 덕이 있고, 불화와 분열은 악덕의 습관이기 때문이다.

9

'그러나 그대가 덕을 존중하는 것은 다름 아닌, 덕에 무언가의 쾌락을 기대하기 때문이 아니냐' 말하는 사람도 있다. 그러나 첫째로, 물론 덕이 쾌락을 주기는 하겠지만, 그렇다고 해서 그 쾌락을 위해 덕을 구하지는 않는다. 덕은 '쾌락을' 주는 게 아니라 '쾌락도' 주는 것이지, 쾌락을 위해 일하는 것이 아니다, 그것은 지향하는 목적은 따로 있으면서 쾌락도 주는 부차적인 작용을 한다. 비유를 들자면, 작물을 위해 경작하는 밭에 작물 사이로 여러 풀꽃이 돋

---

*8 사본이 확실하지 않으며, 탈락이 있는 듯하다. '·········' 부분은 사본에서는 '참이었다. 참된 이성은'이라고 되어 있으나, 의역했다.

아나는데, 물론 그것이 눈을 즐겁게 해 주기는 하지만, 그 작은 풀꽃을 위해 그 많은 노력을 기울인 것은 아니다—씨를 뿌리는 사람이 뜻한 바는 다른 것이고 풀꽃은 어디까지 그 부산물일 뿐이다—, 그와 마찬가지로, 쾌락 또한 덕의 대가도 아니고 덕을 구하는 직접적인 원인도 아니다. 덕이 기쁨을 주기 때문에 덕을 좋아하는 게 아니라, 덕을 좋아하면 덕이 기쁨도 주는 것이다. 최고선은 가장 좋은 정신의 판단 자체와, 그 정신의 변함없는 모습 안에 있다. 이 가장 좋은 정신이 스스로 충족되어, 자신을 자신이 긋는 경계로 에워쌌을 때 최고선은 완성되며, 정신은 더 이상 아무것도 필요로 하지 않게 된다. 전체의 외부에는 아무것도 없다. 경계 저쪽에는 아무것도 없는 것과 마찬가지다. 그러므로 덕을 구하여 얻으려고 하는 대가는 무엇이냐고 묻는 것은 잘못된 것이다. 최고의 것보다 더 높은 것은 무엇인가 하고 묻는 셈이기 때문이다. 덕에서 무엇을 얻고 싶으냐고 묻는가. 덕 자체이다. 덕은 그 이상으로 선한 것을 가지고 있지 않고, 덕 자체가 덕의 대가인 것이다. 그토록 큰 대가인데도 여전히 부족한가. 내가 '최고선이란 무너지지 않는 정신의 강인함, 선견지명, 숭고함, 건전함, 자립, 조화, 우아한 아름다움*9'이라고 말하고 있는데, 그래도 여전히 그러한 장점을 가지고 있는 더 큰 대가나 원인을 요구하려는가. 나에게 '쾌락'이라는 말을 입에 올려도 소용없다. 내가 바라는 것은 인간이 선이지, 배(腹)의 선이 아니기 때문이다. 배는 인간보다 가축이나 짐승 쪽이 더 크다.

10

따라서 이렇게 반론하는 사람도 있을지 모른다. '그대는 내 말을 일부러 왜곡하고 있다. 나는 동시에 유덕하게 살지 않으면 누구도 쾌락하게 살아갈 수 없다고 말하는 것이고, 그러한 삶은 말 못하는 동물이나 먹을 것으로 자신의 선의 가치를 재는 자들에게는 있을 수 없다고 말하고 있지 않은가. 나는 분명하고 경쾌하게, 내가 말하는 쾌락의 삶은 덕이 따르지 않으면 손에 넣을 수 없다고 확신한다.' 그러나 그대들이 말하는 그 쾌락을 탐닉하는 것은 누구보다도 어리석은 자들이라는 사실, 쾌락에는 사악함이 가득하고, 정신 자체도 다양하게 왜곡된 온갖 쾌락을 쌓아간다는 사실을 모르는 사람이 누가 있을까. 내가

---

*9 그리스의 스토아 사상가가 드는 덕목을 열거한 것이다.

말하는 정신의 왜곡된 쾌락이란, 무엇보다 불손하고, 자기도취에 빠져, 타인보다 자신이 위라고 맹신하는 자부심, 자기의 소유물에 대한 맹목적이고 무분별한 애착, 매우 유치한 어린아이 같은 이유에서 오는 큰 기쁨, 나아가서는 거친 입과 사람을 모욕하고 기뻐하는 방자함, 그리고 태만과 쾌락에 빠져 자기를 잊고 잠들어 있는 정신의 게으름과 무기력을 말한다. 덕은 이러한 것들을 모두 뿌리치고 귀를 잡아당기며,*10 쾌락을 받아들이기 전에 깊이 검토하고 좋다고 인정한 쾌락이라도 중용하지 않고, 실제로 분명히 받아들이기는 하지만 그것을 즐기는 게 아니라 억제하는 데서 기쁨을 느낀다. 참고로 말하면, 억제는 쾌락을 줄이기 때문에 그대들의 (쾌락이라는) 최고선은 손해를 입게 된다. 그대는 쾌락을 매우 소중히 끌어안지만, 나는 억제한다. 그대는 쾌락을 누리지만, 나는 이용한다. 그대는 쾌락을 최고선으로 여기지만, 나는 선으로도 생각하지 않는다. 그대는 쾌락을 위해서라면 무엇이든 하지만, 나는 쾌락을 위해서는 아무것도 하지 않는다.

11

쾌락을 위해서는 아무것도 하지 않는다고 말했지만, 내가 말하는 것은 자기 자신에 대해서가 아니라, 우리(스토아파)가 쾌락을 용인하는 유일한 존재인 현자에 대해서이다.*11 그런데 그 사람 위에 서서 다스리는 어떤 존재가 있는 사람을 나는 현자라고 부르지 않는다. 하물며, 쾌락이 지배하는 사람은 더 말할 것도 없다. 쾌락에 지배당하면서 어떻게 힘든 일, 위험과 빈곤, 그밖에 인간을 에워싼 소란스러운 온갖 위협에 저항할 수 있겠는가. 쾌락이라는 이토록 유약한 적에 패하고 어떻게 죽음을 직시하는 것을 견디고, 고통을 견디고, 세계를 뒤흔드는 굉음*12을 견디고, 사납기 짝이 없는 적의 맹위를 견딜 수 있겠는가. "쾌락이 유혹한다면 무엇이든 할 것이다." 그렇다면 그대는 모른단 말인가. 쾌락이 얼마나 많은 수치스러운 것을 부추기는지. '덕과 연결되어 있기 때문에 수치스러운 유혹을 하는 일은 있을 수 없다'고 말할지도 모른다. 선한 것이기

---

*10 '귀를 잡아당긴다'는 것은 주의를 환기하거나 뭔가 생각나게 할 때의 행동이다.
*11 자신을 현자로 가는 '도상에 있는 자(proficiens)'로 보는 세네카의 일관되게 변하지 않는 태도를 바탕으로 하고 있다.
*12 천둥을 가리킨다.

때문에 감시인을 필요로 하는 최고선이 본디 어떤 것인지 이 점조차 그대는 모른단 말인가. 게다가, 자신이 따르고 있는 쾌락을 덕이 어떻게 지배한다는 것인가, 따르는 것은 복종자의 의무이고, 지배하는 것은 지휘자의 권리인 것을. 아니면, 지휘하고 명령하는 자를 뒤에 세우려는 것인가? 그렇다 해도 그대들(에피쿠로스파) 사이에서는 덕은 얼마나 훌륭한 임무를 지니고 있단 말인가, 쾌락의 시식자*13라니! 그러나 덕을 이토록 모욕적으로 다뤄온 사람들 사이에서 덕이 여전히 덕인지 아닌지 하는 문제는 나중에 살펴보기로 한다. 덕은, 그 지위에서 물러나버리면 덕이라는 이름을 유지할 수 없기 때문이다. 당장은 오늘 문제로 다루고 있는 점, 즉 운명으로부터 모든 선물을 넘치듯이 받았는데도, 그들이 나쁜 인간으로 인정하지 않을 수 없는, 쾌락에 사로잡힌 많은 인간의 예를 들어보자. 노멘타누스와 아피키우스*14를 보면 된다, 그들이 말하는 온갖 '산해진미'를 두루 찾아다니면서, 모든 나라의 생물을 식탁에 차려놓고 음미한 자들이다. 보라, 그 같은 무리가 장미를 두툼하게 깐 침대에 드러누워 맛있는 음식과 좋은 안주를 내려다보며, 음악소리로 귀를, 여흥으로 눈을, 미식으로 혀를 즐겁게 하고 있는 모습을. 피부를 간질이는 듯한 부드럽고 매끄러운 천으로 온몸을 감싸고, 그 사이에도 콧구멍을 쉬게 하지 않으려고 그 '사치의 축제'가 열리고 있는 방이 온통 향기로 가득 찬 모습을. 그대가 말하는 쾌락의 향유란 이런 자들의 모습을 가리키는 것이겠지만, 그들은 행복할 리가 없다. 그들이 기쁨을 찾고 있는 것은 선이 아니기 때문이다.

12

'그들이 행복해질 수 없는 것은, 많은 것이 간섭하여 정신을 혼란시키고, 상반되는 각종 의견이 정신을 어지럽히기 때문이다', 이렇게 말할지도 모른다. 그건 나도 확실히 그렇다고 생각한다. 하지만 그런 자들 자신이 어리석고 변덕스

---

*13 주인의 식사에 앞서 맛을 보거나 독이 들었는지 맛보는 노예, 즉 '맛을 보는 노예'의 역할에 비유한 표현.

*14 노멘타누스는 시인 호라티우스의 풍자시에도 언급되어 있는 낭비가이자 방탕자로, 미식에 돈을 몽땅 써버리며 높은 보수로 요리사를 고용했다고 한다. 티베리우스 황제 시대의 아피키우스도 같은 미식가로, 스스로 요리(사) 지식의 교사를 자처했다고 한다. 세네카는 그가 100만 세스테르티우스의 재산(막대한 재산)으로는 끔찍한 굶주림의 고통을 겪을 거라고 비관하여, 독을 마시고 자살했다는 에피소드를 전하고 있다.

러운 인간으로, 늘 후회하며 괴로워하면서도 커다란 쾌락을 느끼는 것은 사실이며, 그때 그들은 모든 고뇌에서 멀리 떠나 있는 동시에 선한 정신에서도 마찬가지로 멀어져서, 그러한 자들이 거의 그렇듯이 유쾌하게 떠들면서 미친 듯이 웃어젖히고 있다는 사실은 인정하지 않을 수 없을 것이다. 이에 비해 현자의 쾌락은 온화하고 신중하며, 무력함에 가까울 만큼 억제되어 있어서 거의 눈에 띄지 않는다. 그것도 마땅한 것이, 현자의 쾌락은 부름을 받고 찾아오는 게 아니며, 또 쾌락이 제멋대로 찾아오는 일이 있다 해도, 경의와 함께 대우를 받거나, 그것을 깨닫는 현자의 어떤 쾌락과 함께 받아들여지는 일도 없기 때문이다. 어쨌든 현자는 진지한 일에 놀이와 농담을 군데군데 곁들여, 삶에 그러한 쾌락을 섞어서 엮어낸다.

그러므로 서로 어울리지 않는 것을 섞어서, 덕에 쾌락을 결합하는 것은 그만두는 게 좋지 않을까. 그 악한 가르침이 최악의 인간들을 우쭐거리게 하며 그것을 더욱 부추기고 있다. 쾌락에 빠져 쉬지 않고 트림을 하고 온종일 술에 취해 있는 사람은 자기가 쾌락과 함께 살고 있음을 깨닫기 때문에 덕과도 함께 살고 있다고 믿는다. 쾌락은 덕에서 떼어놓을 수 없다고 들었기 때문이다. 나아가서는, 자신의 악행에 예지라는 이름을 붙이고, 마땅히 숨기고 가려야 할 것을 보란 듯이 드러낸다. 그러므로, 그들이 사치에 빠져 사는 것은, 에피쿠로스(의 가르침)에 자극받아서 그러는 게 아니라, 악덕에 빠진 결과, 자신의 사치를 철학의 품속에 감추고, 쾌락을 찬양하는 피난처로 뛰어드는 것일 뿐이다. 그들은 에피쿠로스의 쾌락이 얼마나 진지하고 절도 있는 것인지—실제로 나는 그런 견해를 가지고 있다—는 생각해 보지도 않고, 자신들의 욕망을 보호하고 숨겨 주는 것을 찾아서 에피쿠로스라는 이름에 뛰어드는 것이다. 그리하여 그들은, 악행 속에 남아 있는 유일한 선, 즉, 잘못을 부끄러워하는 마음까지 잃어버린다. 실제로, 전 같으면 얼굴을 붉혔을 일도 예찬하고 악행을 자랑스럽게 떠드는 것이다. 그렇게 수치스러운 게으름에 고귀한 이름을 붙인 결과, 젊은이들이 다시는 일어서지 못하게 된다. 그대들의 그 쾌락예찬이 위험한 사상인 까닭이다. 훌륭하고 명예로운 가르침은 속에 숨어버리고, 사람을 타락시키는 가르침만 드러나기 때문이다.

13

나는 개인적으로 이런 의견을 가지고 있다—나의(스토아파의) 벗들은 동의하지 않겠지만 나는 이렇게 말하고 싶다—, 에피쿠로스의 가르침은 고귀하고 올바른 것으로 가까이 다가가서 자세히 보면 엄격하기도 하다고. 그가 말한 쾌락은 아주 작고 사소한 것에 한정되어 있으며, 그는 우리가 덕의 계율로 삼는 것을 쾌락의 계율로 삼고 있다. 그는 쾌락은 자연을 따라야 한다고 명한다. 그런데 자연을 만족시키려면 매우 작은 사치로 충분하다. 그렇다면 무슨 이야기일까. 게으름을 부리는 한가로운 시간을 행복이라 부르고, 혀와 육체의 욕망을 번갈아 탐닉하는 생활을 행복이라 부르는 자들은 모두, 악행의 방패막이가 되어 줄 훌륭한 권위자를 찾아 그 매혹적인 이름에 이끌려 그(에피쿠로스)의 문을 두드리기는 하지만, 가르침을 들은 쾌락이 아니라 자신이 가지고 온 쾌락을 여전히 쫓아다닌 결과, 자신의 악행은 가르침에 들어맞는 거라는 그릇된 견해를 품기 시작한다. 그리고 그때부터는, 주뼛거리며 조심하는 게 아니라 당당하게 사치에 빠지게 된다는 것이다. 그러므로 나는 우리 학파의 대부분이 말하듯이 에피쿠로스파는 추행의 교사라고 말할 생각은 없다. 나는 이렇게 말하고 싶다, 그것은 사실보다 더 나쁘게 이야기되고 평판이 나쁘지만 '사실은 그렇지 않다'. 어느 정도 깊은 가르침을 배우는 것이 허락된 자가 아니면, 누가 그 사실을 알 수 있겠는가. 다름 아닌 그 겉모습이 있지도 않은 소문의 여지를 주고, 좋지 않은 기대를 자극하는 것이다. 예를 들어 말하면, 스톨라*15를 입은 건장한 남자와 같다. 정결은 유지되지만 남자다움도 손상되지 않으며, 육체는 아무리 수치스러운 복종도 면하지만, 손에는 탬버린*16이 보인다. 그러므로 선택할 때도 훌륭하고 명예로운 이름을 고르고, 기록하는 내용은 정신을 북돋는 것이라야 한다. 지금 이대로는 악덕(에 물든 인간)만이 주의를 기울인다.

누구든지 덕을 구하여 덕에 다가간 자는 모두 고귀한 천성의 증거를 보여주고 있다. 그런데 쾌락을 추구하는 자는 무기력하고 기개가 없고, 타락하여 남자다움이 없으며, 누가 쾌락을 구별해 주어 어떤 쾌락은 자연의 욕구 범위 안

*15 부유하고 고귀한 집안의 여성이 입었던 긴 겉옷. 에피쿠로스의 가르침에서 외면과 내면의 대비를 여장한 남자에 비유하고 있다.
*16 키베레(대지모신)의 신자들이 사용하는 악기. 여기서는 특히 키베레의 여장한 거세남성신자를 연상시킨다.

에 있고, 어떤 쾌락은 먹구름으로 돌진하지만, 머물 줄을 모르고 채우려 하면 할수록 더욱 채워지지 않는다는 것을 가르쳐주지 않는 한, 추행으로 달리는 것이 보통이다. 그러므로 덕을 앞세워서 걷는 것이 좋다. 한 걸음, 한 걸음, 착실한 발걸음으로. 또 지나친 쾌락은 해가 되면 되었지 득이 없다. 그에 비해, 덕은 지나침을 염려할 필요가 없다. 덕 자체에 절도가 있기 때문이다. 자신이 너무 커서 괴로워하는 것은 선이 아니다. 그리고 이성적인 본성을 타고난 사람이, 주겠다는 말을 들었을 때, 이성 이상으로 기쁘고 선한 것이 무엇이 있겠는가. 예를 들어 덕과 쾌락의 결합이 그대들 마음에 들고, 그것을 길동무로 행복한 삶으로 여행하고 싶다 해도, 덕을 선도자로 삼고, 쾌락은 벗으로 삼아, 마치 그림자처럼 육체를 따르게 하는 것이 좋다. 본디 무엇보다 숭고한 주인인 덕을 몸종처럼 쾌락의 손에 넘겨주는 행위는, 정신으로 위대한 것을 붙잡을 수 없는 인간이 하는 짓이 아니고 무엇이겠는가.

14

맨 앞에 덕을 세워, 덕이 기수를 맡게 하라. 그래도 우리는 쾌락을 느끼겠지만, 우리가 쾌락의 주인이고, 통제자이다. 쾌락이 우리에게 간청하여 뭔가 소망을 들어주게 되는 일은 있어도, 우리를 강제하는 일은 결코 없다. 그러나 쾌락에 주도권을 넘겨준 자는 둘 다 없는 것이 보통이다. 왜냐하면, 그러한 인간은 덕을 잃고, 게다가 자신이 쾌락을 다스리는 것이 아니라, 쾌락이 자신을 지배하며, 쾌락이 결핍되면 괴로워하고, 충만되면 질식하며, 쾌락에 버림받으면 비참해지고, 쾌락에 압도당하면 더욱 비참해지기 때문이다. 이를테면, 시르티스의 바다에서 때로는 바짝 말라붙은 모래섬에 남겨지고, 때로는 역류하는 파도에 시달리는 선원과도 같다. 그런데, 이러한 상황은 지나친 방종과 무분별한 물욕에서 비롯한다. 실제로 선함 대신 악함을 구하는 자에게는, 목적을 이루는 것은 위험한 일이다. 사냥에서 짐승을 사로잡으려면 위험을 무릅쓰면서 힘들게 고생해야 하고, 산 채로 잡았다 해도 그것을 키우는 것도 불안이 그치지 않는 일인데—키우는 주인을 물어뜯는 일도 자주 있기 때문이다—, 커다란 쾌락도 사정은 마찬가지이다. 그것은 사람을 끝내 크나큰 재앙으로 이끌어, 사람의 포로이면서도 사람을 포로로 만든다. 쾌락이 많으면 많을수록, 크면 클수록, 보통 사람은 그를 행복한 사람이라고 부르지만, 실제로는 그만큼 많은 쾌락의 노예가 되고, 그만큼 무력한 노예가 된다. 이 사냥의 비유를 좀 더 계속해 보자. 짐승의 소굴을 찾아내어,

> 덫을 놓고 짐승을 붙잡는다,
> 광대한 숲을 사냥개들로 에워싸고,*17

짐승 발자국을 쫓는 것을 중요하게 여기는 자는, 그것보다 가치 있는 것을 버리고 돌아보지 않으며, 많은 의무를 내던지는데, 그와 마찬가지로 오로지 쾌락을 좇는 자 또한 쾌락을 모든 것에 앞세우며 맨 먼저 자유를 얕보고, 그 자유를 식욕을 채우는 대가로 치르는데, 그것은 자신을 위해 쾌락을 사들이는 것이 아니라 쾌락을 위해 자신을 팔아넘기는 행동에 지나지 않는다.

15

'그러나 덕과 쾌락을 섞어서 하나로 만들고, 그렇게 함으로써 같은 하나의 것이면서, 동시에 덕이기도 하고 쾌락이기도 한 최고선을 규정하는 데 무슨 반론이 있단 말인가' 하는 목소리가 들려온다. 유덕한 것이 아니면 유덕한 것의 일부가 될 수 없고, 더욱 선한 것에 어긋나는 뭔가를 자신의 내부에서 본다면 최고선은 아무것도 섞이지 않은 온전함을 잃게 되기 때문이다. 덕에서 나오는 희열은 선하지만, 그것조차 완전한 선의 일부가 아닌 것은, 마찬가지로 더 없이 훌륭한 원인에서 나오는 것이라 해도 쾌활함과 마음의 평정이 완전한 선의 일부가 아닌 것과 같다. 그러한 것은 분명히 선이기는 하지만, 어디까지나 최고선에 따라오는 것이지 최고선을 완성하는 것은 아니기 때문이다. 덕과 쾌락을 결합하고, 게다가 결코 대등관계가 아닌 것을 결합하려 하는 자는, 한쪽 선의 취약함으로 인해 다른 한쪽의 선의 활력을 움츠러들게 하고, 유일하게 자기보다 가치가 높은 것을 발견하지 않는 한, 패배를 모르는 그 자유를 예속으로 내몰게 된다. 자유는 바로 최악의 예속, 즉 운을 필요로 하기 시작하기 때문이다.*18 여기에 이어지는 삶은 불안과 의심, 두려움과 생각지 못한 재난에 대한 공포, 시시각각 변하는 시간의 흐름 속에서의 불안으로 가득한 삶이 될 것이

---

*17 베르길리우스 《농경시》 1·139~140의 조금 부정확한 인용.
*18 쾌락은 외적인 것을 필요로 하고, 외적인 것은 운에 좌우되므로, 자유(자립)는 잃는다.

다. 그대는 덕에 대해 흔들림 없는 기초를 주지 않고, 불안정한 곳에 서도록 명령하고 있다. 한편, 운에 좌우되는 것에 대한 기대만큼, 또 육체와 육체에 작용을 미치는 것의 변화만큼 불안정한 것이 또 있을까. 쾌락과 고통의 작은 자극에 흔들리는 사람이 어떻게 신을 따르고, 무슨 일이나 선의로 받아들이며, 자신에게 닥친 재앙을 너그러운 마음으로 해석하고 숙명을 원망하지 않을 수 있겠는가. 그뿐만이 아니다. 그런 사람이 타락하여 쾌락에 빠진다면, 조국의 선한 수호자나 비호자가 되지 못하고, 벗에게 선한 도움을 주는 사람도 될 수 없다. 그러므로 최고선은 어떠한 힘으로도 끌어내릴 수 없는 높은 곳으로, 고통과 희망과 공포가 접근할 수 없고, 최고선의 특권을 조금이라도 손상하는 것이 다가오지 못하는 높은 곳으로 올라가야 한다. 그러한 높은 곳으로 올라갈 수 있는 것은 오직 덕뿐이다. 우리는 그 덕을 본받아 그 발걸음에 맞춰 그 오르막길을 돌파하지 않으면 안 된다. 덕은 용감하게 서서, 일어나는 모든 사태를 참을성 있게 버티는 것은 물론이고, 기쁜 마음으로 견딜 것이다. 그리고, 변천하는 시간이 가져다주는 모든 고난을 자연의 법칙으로 받아들이고, 용감한 병사처럼 상처를 견디고 상처자국을 헤아리며, 창에 찔려 죽어가는 순간에도, 그를 위해 싸우다 목숨을 바친 지휘관을 여전히 사랑할 것이다. 그때 덕은 '신을 따르라'고 한 그 옛날의 금언을 마음에 새기고 있으리라. 한편, 불평과 한탄, 신음을 지르는 자는 모두 명령을 이행하도록 강제되어 어쩔 수 없이 명령수행을 위해 끌려간다. 그러나 따르는 게 아니라 끌려가는 쪽을 선택하는 것은 얼마나 어리석은 짓인가. 무언가 부족하거나 자신에게 일어난 일이 남보다 가혹하다 하여 비탄에 잠기고, 선인에게나 악인에게나 똑같이 일어나는 것, 즉 질병, 죽음, 신체장애, 그밖에 삶에 뜻밖으로 일어나는 재앙에 경악하거나 분개하는 것은, 분수를 모르는 어리석은 짓인데, 그것과 하나도 다를 바가 없다.

어쨌든, 우주의 성립에서 감수해야 하는 것은 넓은 마음으로 받아들여야 한다. 우리에게는 유한한 인간에게 일어나는 모든 일을 달게 받아들이고, 우리의 힘으로 피할 수 없는 것에 흔들리지 않을 것을 맹세할 의무가 있다. 우리는 (신의) 왕국에서 살고 있다. 신을 따르는 삶, 그것이야말로 자유이다.

16

그러므로, 참된 행복은 덕 안에 존재한다. 이 덕은 그대에게 무엇을 권할 것인가. 그것은 덕의 성과도 아니고, 악덕의 결과도 아닌 삿을 신으로도 악으로도 생각해서는 안 된다는 것, 그리고 악에 맞닥뜨릴 때도, 선을 즐길 때도, 언제나 흔들림이 없을 것, 인간의 도리에 어긋나지 않는 범위 안에서 신을 구체적으로 드러나게 하는 것이다.

이 포부에 대해 덕은 무엇을 약속할까. 한량없이 큰, 신적인 것과도 같은 칭찬이다. 즉, 인간은 어떤 일도 강요당하지 않고, 아무도 부족하지 않으며, 자유롭고 안전하고 결점이 없는 존재가 된다. 무엇을 시도해도 실패가 없고, 어떤 일에도 제약이 없으며, 모든 것이 생각한 대로 끝나고, 바라지 않는 일은 아무것도 일어나지 않으며, 생각과 의지에 어긋나는 일은 무엇 하나 일어나는 일이 없다. "그렇다면, 덕만 있으면 행복하다는 말인가?" 덕은 완전하고 신적인 것이다. 그러한 덕으로 어떻게 부족할 일이 있겠는가, 아니 오히려 지나칠 만큼 많지 않은가. 실제로 욕망의 범위 밖에 있고, 아무것도 바라지 않는 자에게 부족한 무엇이 있다는 것인가. 자신의 내부에 모든 것을 담아둔 자*19가 외적인 무엇을 필요로 할까. 다만 덕으로 걷는 길 위에 있고, 여전히 인간으로서의 제약과 애써 싸우는 자는, 아무리 크게 나아가고 있어도 유한한 인간의 속박을 모조리 끊어내기 전에는, 운명의 어떤 관용이 필요한 것도 사실이다. 그렇다면 무엇이 다를까. 온몸이 옴짝달싹못하게 묶여 있는 자도 있고, 쇠고랑과 차꼬를 찬 사람, 큰대자로 십자가에 매달린 자도 있다. 그러므로 더욱 높은 곳을 향해 나아가 다른 사람들보다 높이 올라간 자는, 몸에 찬 차꼬도 느슨하고, 아직 자유롭지는 않지만 이미 자유로운 거나 다름없다.

17

그런 까닭으로, 철학을 향해 소리를 질러대는 자들의 누군가가, 습관대로 이렇게 말했다고 치자, "왜 당신은 자신의 실제의 삶 이상으로 큰소리 치며 떠벌리는 것인가. 왜 당신은 윗사람에게는 비굴한 말을 하고, 돈을 필요 수단으로 여기며 피해를 입으면 흔들리고, 아내나 친구의 부고를 듣고는 눈물을 흘리고, 세상 평판에 신경을 쓰고, 악의적인 중상에 마음을 다치는가. 당신의 별장이 있는 시골 땅이 자연의 필요성을 넘어서서 사치스럽게 손질되어 있는 것

---

*19 정신의 자기충족, 자립. 선한 것은 모두 자기 내부에 있다.

은 어찌된 일인가. 왜 마음먹은 대로 소박한 식사를 하지 않는가. 당신의 가구와 세간이 남보다 화려한 까닭은 어째선가. 왜 당신의 집에서는 자신의 나이보다 더 오래된 포도주를 마시는가. 금그릇을 늘어놓고 꾸미는 것은 무엇 때문인가. 그늘을 주는 것 말고는 아무 쓸모도 없는 나무들을 왜 심는 것인가. 당신 아내가 부자의 집값에도 맞먹는 호화로운 것을 귀에 매달고 있는 것은 어째선가. 왜 노예의 자식을 키우는 자에게 값비싼 옷을 입히는가. 왜 당신 집에서는 식사 시중을 드는 데도 예법을 따지고, 은그릇 하나도 마음대로 배열하지 않고 보기 좋게 늘어놓아야 하는가. 또 음식을 나눠주는 급사장까지 두고 있는 것인가." 바란다면 이렇게 덧붙여도 좋다, "왜 바다 건너에 땅을 가지고 있는가. 왜 자신도 모를 만큼 많은 땅을 소유하고 있는가. 수치스럽게도 〈왜〉 당신은 적은 수의 노예도 모를 만큼 무심한가, 아니면 지나치게 그 수가 많아서 모두를 다 기억할 수 없을 만큼 사치를 부리는 것인가." 나중에 그러한 비난에 가세하여, 그대가 생각하는 것 이상으로 많은 비난을 나 자신에게 퍼붓기로 하겠지만, 오늘은 이렇게 이야기하겠다. 나는 현자가 아니고, 또 이렇게 말하면 그대의 악의의 불길에 기름을 붓는 격이 되겠지만, 앞으로도 현자가 되지는 않을 것이다. 그러므로 나에게 무언가를 요구하더라도, 최선의 인간에 걸맞은 인간이 되라고 할 것이 아니라, 악인보다는 나은 인간이 되라고 요구하기 바란다. 나로서는, 여느 때에 나의 잘못을 나무라고 나의 결점을 조금이라도 없앨 수 있다면, 그것으로 충분하다. 나는 아직도 건전함에 이르지 못했고, 앞으로 도달할 가능성도 없다. 나는 지병인 통풍*20에 치료약보다는 증상을 누그러뜨리는 약을 조제하여, 발작 횟수가 줄어들고 극심한 통증이 가라앉으면 그것으로 만족한다는 말이다. 그러나 다리가 불편한 자들이여, 그대들의 다리에 비하면 나는 달리기 선수이다. 내가 이런 말을 하는 까닭은 자기변호를 위해서가 아니라―나 자신이 온갖 결점 속에서 허우적거리고 있는 인간이기 때문이지만―덕의 길에서 이미 무언가를 이룩한 사람을 돕고 보살펴 주기 위해서이다.

---

*20 인간을 덮치는, 커다란 고통이 뒤따르는 재앙(악)의 일례로, 세네카는 인간적인 재앙(악)에서 벗어날 수 없는 자신을 통풍 환자에 비유하고 있다. 다음 글에서 말하는 '주자'란, 그래도 덕을 지향하지 않는 무자각한 자에 비하면 훨씬 빨리 달릴 수 있음을 뜻하는 말일 것이다.

그대는 말한다, "당신이 말하는 것과 실제 삶은 다르지 않은가." 누구보다 악의에 찬 자들이여, 뛰어난 인간을 보면 그게 누구이든 적의를 드러내는 자들이여, 그 비난은 플라톤에게, 에피쿠로스에게, 제논에게 던져졌다. 그것도 나름대로 이유가 없지는 않다. 그들이 말하는 것은, 자신이 어떻게 살고 있는가 하는 문제가 아니라, 자신이 어떻게 살아야 하는가의 문제였기 때문이다. 내가 말하는 것도 덕에 대해서이지 나 자신에 대해서가 아니며, 내가 악덕을 몹시 비난할 때, 그 악덕은 무엇보다도 나 자신의 악덕이다. 그럴 힘이 있다면 나도 올바른 삶을 살고 싶다. 그러나 맹독을 품은 그대들의 악의적인 위협에도 나는 물러서지 않고 최선을 추구하는 일을 그만두지 않을 것이다. 타인에게 뿌리고, 자신의 몸에도 파멸을 부르는 그대들의 그 독으로도, 나 자신이 실제로 보내고 있는 삶이 아니라, 내가 이상적인 삶으로 생각하는 삶을 언제까지나 계속 찬미하는 것을 방해하지 못하고, 또 내가 덕을 숭배하고 그 덕에서 격리되는 것은 아득히 멀지만, 기어서라도 그것을 줄곧 추구하는 것을 방해하지 못한다. 말할 것도 없이, 성인(聖人) 루틸리우스와 카토[21]도 피할 수 없었던 악의의 엄니를 피한 무언가가 있으리라고 어떻게 기대할 수 있겠는가. 키니코스파 데메트리오스[22]조차 가난하지 않다고 여기는 자들에게, 지나치게 부자로 보이는 게 아닐까 마음을 졸이는 자가 누가 있겠는가. 그 준엄한 사람 데메트리오스는 자연의 욕구조차 부정하려고 애써 싸우면서 자신에게 소유를 금지했을 뿐만 아니라, 재물을 요구하는 일조차 스스로 막았다는 점에서, 다른 키니코스파 사람들보다 더 가난했던 사람인데, 그런 그조차 악의적인 인간에게 걸리면, 아직도 풍족하다는 말을 들을 것이다. 하기는 누구나 알고 있듯이, 그가 스스로 맡은 역할은 곤궁의 교사였지, 덕의 교사는 아니었다.[23]

---

[21] 푸블리우스 루틸리우스 루푸스는 기원전 105년의 집정관. 젊은 시절, 파나이티오스에게 배워 스토아 사상에 조예가 깊었다. 마르쿠스 포르키우스 카토 우티켄시스(소 카토)는 기원전 54년의 법무관. 대 카토의 증손. 스토아 사상과 로마의 지나간 훌륭한 윤리를 구체적으로 실현한 사람으로 여겨졌다.

[22] 칼리굴라, 네로, 베스파시아누스의 치세 아래 살며, 세네카의 친구이기도 했던 키니코스파 철학자. 스토아 사상에도 공감하는 그 사상 신조를 고집스럽게 지켰던 탓에 네로와 베스파시아누스에 의해 두 번이나 추방당했다.

[23] 데메트리오스는 덕의 교사가 아니라, 빈곤의 교사를 자임했다. 따라서, 아직도 가난함이 부

에피쿠로스파 철학자 디오도로스*24가, 스스로 삶을 마감한 지 아직 얼마 안 되지만, 그는 자기의 목을 찔러 자살했으므로 에피쿠로스의 가르침을 어긴 것이라고 말하는 사람도 있다. 그의 이 행위를 미친 짓으로 보기도 하고 또 경거망동이라고 보기도 한다. 그런가 하면, 그 자신은 행복을 느끼며, 부끄러움 없는 진실한 마음으로 가득한 가운데 이 세상의 삶을 떠나면서 자신에게 증언하고, 항구에 닻을 내리고 지낸 자기 생애의 고요한 평화를 칭송한 뒤, 이렇게 말했다. 마치 자신들도 그랬어야 한다고 가슴을 찔러오는 충고처럼, 그대들의 귀에는 아프게 들렸을 말이다.

나는 삶을 끝내고, 운명이 예정해준 길을 모두 걸었노라*25

그대들은, 어떤 사람에 대해서는 그 삶을, 또 어떤 사람에 대해서는 그 죽음을 이러쿵저러쿵 말하면서, 뭔가 뛰어난 장점으로 위대하다고 여겨지는 사람들의 이름을 들으면, 마치 낯선 사람이 다가가면 마구 짖어대는 강아지처럼 짖어댄다. 선한 인간으로 생각되는 사람이 한 사람도 없는 것이 그대들에게는 편리하기 때문이다. 마치 타인의 덕은 자신들의 모든 악덕에 대한 꾸짖음인 것처럼 말이다. 그대들은 질투하면서, 타인의 빛나는 장점을 자신들의 더럽게 물든 단점과 비교하지만, 그 무모한 행위가 얼마나 그대들 자신에게 불이익이 되는지 모르고 있다. 실제로 덕을 좇는 그들이 탐욕스럽고, 호색적이며, 야심적인 인간이라면, 덕이라는 이름을 듣기만 해도 역겨워하는 그대들은 도대체 어떤 존재라고 해야 할까. 어느 누구도 자기가 말한 것을 실천하지 않고, 주장하는 그대로의 삶을 살지 않는다고 그대들은 말한다. 그러나 그것도, 그들이 말하는 것이 힘차고 거창하며, 인간계의 소란스러운 폭풍을 넘어선 초월한 것이고 보면, 조금도 이상할 것이 없지 않은가. 그들은 자신이 매달린 십자가*26에

족하다며 데메트리오스를 나무라는 자들의 비난은 덕 자체에 대한 것이 아니므로 논평할 의미가 없다는 뜻.

*24 이 대목 말고는 언급이 없어 상세한 것은 알 수 없다.

*25 베르길리우스의 《아이네이스》 4·653. 트로이의 영웅 아이네이스가 천명을 이루기 위해 사라진 뒤, 자살하는 카르타고 여왕 디도의 말. 《도덕서간집》12·9에서도 인용되어 있다.

*26 유한한 존재로서의 인간적 제약 또는 속박인 육체, 궁극의 죽음 등, 인간이 겨야 하는 무거

서 자신의 몸을 해방시키려고 온 힘을 다해 싸우지만—그대들은 모두, 스스로 자기 몸에 못질을 하고, 자기 손으로 그 십자가에 걸리는 것이다—, 마침내 힘이 다해 처형장으로 끌려가는데, 십자가는 오직 하나이다. 그에 비해, 자기 손으로 자기를 처형하는 자들은, 자신이 품은 욕망의 수만큼의 십자가에 매달리게 된다. 그럼에도 그들은 다른 사람을 나쁘게 말하거나 헐뜯기를 잘한다. 그러는 것은 그들 마음대로라고 하고 싶지만, 매달린 십자가 위에서 구경꾼에게 침을 뱉는 자까지 있다면 그럴 수도 없다.

20

"철학자는 자기가 한 말을 실천하지 않는다." 그러나 실제로 철학자는 자기가 하는 말을 거의 실천하고, 그 성실한 마음으로 품은 것의 대부분을 실제로 행한다. 물론 그들의 말과 행동이 완전히 일치하는 것보다 더 좋은 일은 없다. 그들에게 그것보다 더 행복한 일이 있을까. 하지만, 그래도 그들의 선한 말과 선한 사상으로 가득한 마음을 경멸해도 될 이유는 없다. 건전함을 가져다주는 학문연구는, 만일 성과를 얻지 못해도 상찬해야 마땅하다. 높고 가파른 산에 도전한 자가 꼭대기에 이르지 못한다 해도 뭐가 이상하겠는가. 적어도 그대가 훌륭한 남자라면, 큰일에 용감히 도전하는 자를, 혹시 그가 반도 이루지 못하고 좌절하더라도 경의의 눈길로 올려다보아야 하는 것이다. 자신의 (후천적인) 힘이 아니라, 자기 본연의 힘에 의지하여 훌륭한 시도에 도전하는 것, 매우 용감한 정신을 지닌 사람조차 쉽게 이룰 수 없을 만큼 큰일을 마음에 그리는 것은, 고귀한 사람으로서 가장 처음 할 수 있는 일이다. 마음에 그러한 맹세를 세운 사람이 있다고 하자, "나는 죽음에 맞닥뜨렸을 때도, 죽음에 대한 이야기를 들을 때와 다름없는(평정한) 얼굴로 죽음을 바라보리라. 나는 아무리 큰 고난이라도 정신으로 육체를 버티면서 받아들이리라. 나는 부를, 그것이 있을 때나 없을 때나 똑같이 경멸하며, 그것이 타인에게 있어도 슬퍼하지 않고, 자기 옆에서 빛나고 있어도 기뻐하지 않으리라. 나는 행운이 찾아오든 가버리든 의식하지 않으리라. 온 땅을 마치 내 것인 양 생각하고, 나의 땅을 마치 모든 사람의 것인 양 여기리라. 내가 이 세상에서 삶을 누린 것은 다른 존재를 위해서

운 짐, '유한한 인간의 그 질곡과 속박'(16장)을 말한다.

임을 알고, 그 일에 대해 자연에 감사하는 삶을 살리라. 자연이 나를 위해 해준 일 가운데 이보다 더 선한 것이 어디 있겠는가. 자연은 나라는 한 개인을 모든 사람에게 베풀어주고, 모든 사람을 나 한 개인에게 베풀어주었다. 무엇을 소유하든, 그것을 볼썽사납게 지키지도 않고 물 쓰듯이 낭비하지도 않으리라. 선한 배려로 (자연에 의해) 주어진 것 말고, 내가 정말로 소유한 것은 아무것도 없다고 믿으리라. 내가 베푸는 은혜의 가치를 그 수와 크기, 그밖에 받는 자의 평가 이외의 무엇으로도 재지 않으리라. 받는 것이 걸맞다고 평가할 수 있는 사람이라면, 아무리 큰 은혜라도 결코 크다고 여기지 않으리라. 무슨 일이나 명성을 얻기 위해서가 아니라 양심에 비추어 행동하리라, 나밖에 아는 사람이 없는 일을 할 때는, 무슨 일이든 많은 사람이 지켜보는 앞에서 하고 있다고 생각하자. 나에게 음식의 목적은, 배를 채우거나 비우는 게 아니라, 자연의 욕구를 달래는 것이다. 벗에게는 편안한 사람, 적에게는 온화하고 너그러운 사람이 되리라. 남의 소원을 안다면 상대가 요구하기 전에 이루어주고, 진심어린 탄원에는 이쪽에서 스스로 응해 주리라. 세계가 나의 조국이고 그 통치자는 신들임을 알고, 그 신들이 나의 말과 행동을 눈을 번쩍이며 지켜보는 감찰관*27으로서 머리 위에, 또 여기저기에 계신다는 것을 깨닫자. 자연이 생명의 숨결을 돌려달라고 요구하거나 이성(理性)이 그것을 해방할*28 때, 나는 양심을 사랑하고 선한 행위를 사랑하며, 나 때문에 누구의 자유도 속박당한 적이 없고, 누군가의 탓으로 나의 자유가 옭아매인 적도 결코 없다고 신에게 맹세한 뒤 이 세상을 떠나리라." 이러한 것들을 실천하겠다고 마음에 맹세하고, 바라고, 시도하는 사람은, 신들 곁으로 가는 여행에 나선 것이다. 그 사람이 혹시 목적을 이루지 못한다 해도,

웅대한 계획에 용감히 도전하고 쓰러졌도다.*29

---

*27 공화정기에는 '지존의 공직'이라 불리며, 사실상, 공직의 최고위에 있었다. 5년마다 하는 호구조사와 풍기, 윤리의 감찰 등 매우 중요한 역할을 했다. 아우구스투스 이후에는 원수(황제)의 영구칭호로서, 원로원 의원의 선임, 파면권 등에 의해 황제의 강력한 권력기반이 되었다.

*28 자살을 가리킨다.

*29 오비디우스 《변신이야기》 2·328. 파에톤이 아버지인 태양신의 수레를 타다가 불타 죽었을 때, 물의 정령들이 묘비에 새긴 비명의 한 구절.

그대들은 덕을 미워하고 덕을 숭배하는 사람도 미워하는데, 그것은 하나도 특별하거나 새로운 일이 아니다. 사실 병든 눈도 햇빛을 싫어하고, 밤에 우글거리는 동물도 눈부신 한낮을 피하며, 해가 떠오르기 시작하면 눈을 뜨지 못하고 이리저리 숨을 곳을 찾아, 빛이 닿지 않는 굴에 몸을 숨기는 것과 같다. 소리를 질러라, 그 불행한 혀를 힘껏 휘둘러 선한 사람들을 욕하라, 입을 크게 벌리고 물어뜯어라. 이빨자국을 남기기 전에 이를 망가뜨리는 것이 고작이다.

21

그대들은 말한다, "그 사람은 철학도라면서 왜 그토록 부자로 사는가. 재산은 업신여겨야 할 것이라고 말하면서 재산을 소유하고, 삶은 경멸해야 할 것이라고 여기면서 살고, 건강은 무시해야 할 것이라고 생각하면서 누구보다 세심하게 건강에 유의하고, 건강이 좋은 것보다 나은 일은 없다고 생각하는 까닭은 무슨 이유에선가. 국외추방은 헛된 명령에 지나지 않는다고 보고, '장소를 바꾸는 것뿐인데 뭐가 나쁜가' 말하면서, 허락해주면 고국에서 노년을 맞이하려고 하는 것은 어째서인가. 시간이 길이와는 아무 상관도 없다고 단정하고도, 방해가 없으면 오래 살기 위해 노력하고, 고령이 되어도 평온한 마음으로 정정하게 지내고자 하는 까닭은 왜 그런가."

그러한 것을 경멸해야 한다고 철학자가 말하는 것은, '가지지 말라'는 의미가 아니라, 갖더라도 '잃을까봐 불안해하지 말라'는 뜻이다. 철학자는 그런 것을 쫓아내는 게 아니라 사라질 때가 와도 평온한 마음으로 떠나 보내라는 것이다. 실제로 맡긴 부를 돌려달라고 요구했을 때, 돌려주는 자가 한 마디 불평도 없이 돌려주는 곳만큼 자연이 안전하게 부를 맡길 수 있는 곳이 어디 있을까. 마르쿠스 (소)카토는 크리우스와 코룬카니우스[30]를 칭송하고, 몇 개의 은조각을 갖고 있다 하여 감찰관으로부터 빈축을 산[31] 그 시대를 찬양했지만,

---

[30] 마니우스 쿠리우스 덴타투스는 기원전 290, 284, 275, 274년의 집정관. 사비니, 세노네스 등의 부족을 정복하고, 피로스에게 승리한 군인, 정치가. 감찰관 (대) 카토가 이상화한 이후, 고결, 절약과 검소의 모범이 되었다. 티베리우스 크룬카니우스는 기원전 280년의 집정관. 처음으로 일반백성을 위해 법률상속을 한 법률가, 정치가. 평민으로는 처음으로 대제사장이 되었다.

[31] '은조각(argenti lamella)'은 주조은화가 만들어지기 전인 3세기 중반 이전에 화폐로 사용되었던 얇은 판 모양의 은조각. 개선식까지 올린 뛰어난 군인으로, 집정관 격 원로원 의원이었

그 자신에게는 400만 세스테르티우스의 재산이 있었다. 이 금액은 크라수스 *[32]의 재산보다는 적은 것이 틀림없지만, 감찰관 (대)카토의 재산보다는 많은 금액이었다. 그들을 비교해 보면 소 카토가 증조부(대 카토)를 넘어섰던 금액은, 크라수스가 소 카토를 능가했던 금액보다 더 컸고, 또 더 많은 부를 손에 넣을 기회가 있었더라면, 소 카토는 절대로 그것을 거부하지 않았을 것이다. 아무튼 현자는, 그게 어떤 것이든, 운이 주는 선물에 자신이 어울리지 않는다고는 생각하지 않기 때문이다. 현자는 재산에 집착하지는 않지만, 재산이 없는 것보다는 있는 편이 낫다고 여긴다. 현자는 부를, 정신이 아니라 저택에 맞아들이고, 소유하게 되면 거부하지 않고 그것을 보관하여, 자신의 덕을 기르기 위한 더 큰 자원으로 쓰고자 하는 것이다.

22

현자가 가난한 것보다는 부유한 편이, 정신을 계발하기 위한 자원이 큰 것에 의문의 여지는 없을 것이다. 왜냐하면 가난에는 (가난에) 기울어지지 않고, 굴복하지도 않는다는, 단 한 가지 덕목밖에 없지만, 풍요 속에서는 절제, 관용(인색하지 않음), 검약, 계획성, 강건 같은 덕목이 넓은 활약의 장을 얻기 때문이다. 현자는 자신이 난쟁이처럼 키가 작다고 스스로 비하하지는 않지만, 그래도 키가 크기를 바랄 것이다. 현자는 신체가 빈약하거나 한쪽 눈을 잃더라도 건강함에는 변함이 없지만, 자신에게는 신체 이상으로 강한 것(정신)이 있음을 깨달으면서, 신체도 건강한 것보다 더 좋은 것은 없다고 생각한다. 신체가 불건전해도 견딜 수 있지만, 건전한 것보다 더 좋은 것은 없다고 여긴다. 왜냐하면, 큰 전체에 비해 작은 것이고, 제거해도 궁극의 선을 손상하는 일이 없으며, 게다가 덕에서 생기는 영속적인 희열에 무언가 기여하는 것이 있기 때문이다. 부유함도 그 하나로, 그것은 현자에게 작용하여 현자를 쾌활하게 한다. 비유해서 말하자면, 그것은 항해하는 사람에게, 뒤에서 불어오는 순풍과 화창한 날

던 푸블리우스 코르넬리우스 루피누스가 10리브라(약 3.3kg)의 은을 지니고 있었다 하여 감찰관의 견책을 받고 의원자격을 박탈당한 이야기가 유명하다.

*32 마르쿠스 리키니우스 크라수스 디베스. 기원전 70년, 55년의 집정관. 제1차 삼두정치(이것은 사적인 연합이었다)의 멤버. 술라 시대의 재산몰수로 막대한 부를 쌓았고, 그 뒤에도 재산을 늘렸다. 다른 이름인 '디베스'는 '부자'라는 뜻으로, 부자의 상징적인 존재이다.

씨, 추운 겨울의 양지쪽 같은 것이다.

그리고 현자—여기서 말하는 현자란 덕을 유일한 선으로 보는 우리(스토아)파의 현자로—, 그 현자의 누가 '무기(無記)'*33라고 우리가 부르는 이러한 것에도 뭔가의 가치가 담긴 것, 그리고 그 어떤 것은 다른 것보다 바람직한 것임을 부정하고 있을 것이다. 그중에는 조금의 명예가 주어져 있는 것도 있는가 하면, 커다란 명예가 주어진 것도 있다. 그러므로 오해해서는 안 된다. 부는 그런 것보다 바람직한 부류에 들어간다. "그렇다면, 당신은 나를 우롱하는 것이군, 그대도 나도 부(富)가 차지하는 위치는 똑같고 차이가 없지 않은가", 이렇게 반론할지도 모른다. 나와 그대 사이에서 부의 위치가 얼마나 다른지 알고 싶은가. 나는 만일 부가 달아나도, 부 자체 말고는 아무것도 나에게서 빼앗아갈 수 없지만, 그대의 경우는 부가 사라지고 나면 망연자실한 채 홀로 남아, 그대 자신이 없어졌다는 생각이 들 것이다. 내게, 부는 그저 그런 위치밖에 차지하지 않지만, 그대에게, 부는 최고의 위치를 차지한다. 요컨대, 나에게 부는 나의 소유물인데, 그대에게는 그대가 부의 소유물인 것이다.

23

그러므로 , 철학자에게 돈을 가져서는 안 된다는 금령은 내리지 말기 바란다. 예지에 가난이라는 벌을 내린 자는 이제까지 한 사람도 없었다. 철학자가 풍부한 재물을 가지는 일은 있겠지만, 그 재물은 누군가에게서 빼앗은 것도, 누군가 다른 사람의 피에 물든 것도, 또 누군가에게 손해를 끼치고 얻은 것도, 비열한 방법으로 획득한 것도 아니고, 그것이 들어올 때나 나갈 때나 똑같이 명예로운 것이며, 악의를 가진 자 말고는 누구도 불만을 털어놓지 않는 것이다. 그런 부라면 얼마든지 쌓아올려도 좋다. 그 속에 다른 누구나가 자기 것이라고 말하고 싶은 게 많으면서, 단 한 사람도 자기 것이라고 말할 수 있는 게 하나도 없는 부야말로 명예로운 부이다. 현자는 운명의 혜택을 거절하지 않고, 명예로운 방법으로 재산을 손에 넣어도 그것을 자랑하거나 부끄러워하지 않는다. 물론 집을 개방하여 모든 시민에게 자신의 소유물에 다가가도록 허락하고, '누구든지 자기 것임을 알 수 있는 것이 있으면 가져가도 좋다' 말할 수 있

---

*33 선도 악도 아닌 것.

다면, 자랑할 만한 것을 가지고 있는 셈이 된다. 그렇게 말한 뒤에도 여전히 전과 같은 것을 소유하고 있다면, 아, 그는 위대하도다, 그는 최고의 부자로다. 내가 말하는 의미는 이런 것이다. 즉 아무 거리낌이 없고 평온한 마음으로, 사람들에게 자기 소유물을 자세히 살펴볼 수 있도록 허락할 수 있다면, 그리고 어느 누구도 자기 것이라고 권리를 주장할 만한 것을 하나도 찾지 못한다면, 그 사람은 정정당당하고 공명정대한 부자가 되는 것이다. 현자는 사람의 도리에 어긋나는 방법으로 들어오려고 하는 것은, 단돈 한 푼이라도 문지방을 넘어오지 못하게 한다. 동시에 큰 부라도, 운명이 주는 선물이고 자신의 덕이 맺은 열매인 한, 거부하지도 쫓아내지도 않는다. 실제로 부에 좋은 장소를 내주는 것을 아까워할 이유가 어디에 있겠는가. 온다면 오게 하라. 손님으로 대접해 주면 된다. 현자는 그것을 '떠벌리지도 숨기지도 않을 것이며—떠벌리는 것은 어리석은 정신이 하는 짓이고, 마치 가슴에 큰 보물이라도 숨긴 듯이 보이는 것은 겁 많고 소심한 정신이 시키는 짓—이라고 말하면서, 방금 말했듯이 집에서 쫓아내지는 않을 것이다. 실제로 뭐라고 말하면 좋을까. '너희들은 쓰레기다'라거나, '나는 부를 사용하는 방법을 모른다'거나. 현자는 제 발로 여행길을 나아갈 수 있는데도 탈것을 타는 쪽을 선택하듯이, '혹시' 가난할 수도 있지만 유복하기를 바란다. 그러므로 현자는 재산을 가진다 해도 그 재산을 옮기기 쉽고, 언젠가는 날아서 사라지는 것으로 여기고, 타인의 누구에게나, 또 자기자신에게도 무거운 짐이 되는 것을 허락지 않는다. 현자는 부를 나눠준다—고 말한 순간에 귀를 쫑긋 세우는 것은 어찌된 일인가, 왜 호주머니를 열 준비를 하는가—, 어찌됐든, 현자는 선한 사람들에게, 또는 선한 사람이 될 수 있는 가능성이 있는 사람들에게 부를 증여하며, 그것도 입금과 마찬가지로 출금도 장부에 써넣지 않으면 안 되는 것을 잊지 않고 있는 자로서 마땅한 일이지만, 깊이 생각하여 가장 걸맞은 사람을 가려서 나눠주고, 잘못된 선물은 수치스러운 낭비가 되므로 올바르고 정당한 이유로 줄 것이다. 호주머니는 언제라도 열 준비가 되어 있지만 구멍은 뚫려 있지 않고, 그 호주머니에서는 많은 것이 나가도 흘리는 것은 하나도 없다.

24

나눠주는 것은 간단한 일이라고 생각하기 쉽지만 그렇지 않다. 그때그때 충동적으로 뿌리는 것이 아니라, 깊이 생각한 끝에 주려고 할 때는 증여라는 행위에 커다란 곤란이 뒤따른다. 내 경우를 말하면, 어떤 사람에게는 선행으로서, 어떤 사람에게는 보은으로서, 또 어떤 사람에게는 도움을 주기 위해, 어떤 사람에게는 연민에서, 또 가난에 빠져 가난에 허덕이는 것이 부당한 사람에게는 자금으로 증여한다. 아무리 어렵다 해도 어떤 사람들에게는 주지 않는다. 줘도 곧 또 다시 어려워지기 때문이다. 또 어떤 사람들에게는 이쪽에서 스스로 주고, 어떤 사람들에게는 억지로 떠맡기기도 한다. 나는 이 증여라는 문제에 대해서는 가볍게 생각할 수가 없다. 증여할 때만큼 정확하게 장부에 적어두는 적이 없다. "뭐라고? 그렇다면 당신은 돌려받을 생각으로 주는 것인가?" 그렇게 말하는 그대의 목소리가 들리는 듯하다. 하지만 그런 것이 아니라 헛되이 하지 않기 위해서이다. 증여하는 대상은 꼭 돌려줘야 할 의무는 없지만, 반환할 수 있는 가능성이 있는 대상이어야 한다. 은혜를 베푸는 방법은, 마치 땅속 깊이 묻혀 있어, 어쩔 수 없는 사정이 있는 경우 말고는 파내서는 안 되는 보물 같은 것이 아니면 안 된다. 그리고 이건 어떨까, 부잣집에는 선행을 베풀 재물이 얼마나 많은가. 실제로 '관용(아까워하지 않는 것)'의 대상은 토가를 입은 (로마)시민에게만 한정해야 한다고 말할 자가 누가 있을까. 자연은 나에게, 인간에게 도움을 주라고 명령한다. 그 사람이 노예인지, 아니면 자유인인지, 나면서부터 자유인인지, 아니면(노예신분에서) 해방된 자유인인지, 합법적으로 해방된 자유인인지, 아니면 가까운 사람들 사이에서만 인정받은 자유인인지, 이런 문제와 무슨 상관이 있겠는가. 인간이 있는 곳이면 어디든 은혜를 베풀 곳이 있다. 그러므로 돈은 자기 집 문안에서도 아낌없이 주며 관용(아까워하지 않는 것)을 발휘할 수 있다. '관용(liberalitas)'은 '자유로운(liber)' 사람을 대상으로 해야 한다는 의미가 아니라, '자유로운' 정신에서 나타난다는 뜻에서 그런 이름을 얻은 것이다. 현자에게 있어서는 수치스러운 자, 걸맞지 않은 자에게 아낌없는 증여를 떠안기는 일은 결코 없고, 함부로 쓰다가 재력이 바닥나는 일도 없으며, 자격이 있는 사람이 나타나면 자원은 언제든지 풍요로운 샘에서 넘쳐나는 맑은 물처럼 샘솟는다.

그렇기 때문에 그대들은, 철학에 뜻을 둔 학도가 훌륭하고, 과감하고, 정열적으로 하는 이야기를 잘못 알아들어서는 안 된다. 그때는 무엇보다 먼저 이점을 주의하라. 즉, 예지에 뜻을 둔 학도와 이미 예지를 얻은 사람은 다르다는 점이다. 예지에 뜻을 둔 학도는 이렇게 말할 것이다. "내가 하는 말은 모두 가장 선한 것을 염두에 둔 것이지만, 나 자신은 아직도 많은 악을 뿌리째 없애지 못하고 그 악이 이끄는 대로 끌려다니는 인간이다. 그러므로 배운 규칙대로 살라는 그대의 요구는 무리한 요구이다. 나는 오늘 나 자신을 만들고 갈고닦아 위대한 모범에 다가가기 위해 나를 높이고 있는 중이다. 스스로 마음에 결정한 진보를 이룰 그날, 그때야말로 언행을 일치하라고 나에게 요구해도 좋다." 그러나 이미 인간적인 선의 궁극에 이른 사람은 또 다른 논의를 펼치며 이렇게 말할 것이다. "첫째로 그대가 자기보다 뛰어난 인간에 대해 판정하는 것을 그대 자신에게 허락해서는 안 된다. 나는 이미 악인이 마음에 들어하지 않는 존재가 되었는데, 그게 바로 내가 올바른 인간이라는 증거가 아니고 무엇이겠는가. 나는 어떤 사람에 대해서도 설명을 아낄 생각이 없으니 그대에게도 이야기해 주겠다. 내가 어떻게 하겠다고 자신 있게 말하는지, 또 내가 사물에 어떠한 가치를 주고 있는지 들어보기 바란다. 내 생각을 묻는다면 부(富)는 선이 아니다. 왜냐하면, 만일 그것이 선이라면, 그것은 사람을 선하게 만들 것이기 때문이다. 그러나 사실은 그렇지 않아서, 악인의 소유한 것에서 찾을 수 있는 것은 선이라고 할 수 없기 때문에, (악인도 소유한) 부에 선의 이름을 갖다 붙일 수는 없다는 말이다. 그러나 그것이 소유할 가치가 있고, 쓸모 있으며, 삶에 많은 편리함을 가져다준다는 사실은 나도 인정한다.

25

나와 그대, 두 사람 모두 부(富)는 가질 만한 가치가 있다는 점에서는 견해가 일치하는데, 그렇다면 내가 부를 선에 넣지 않는 이유는 무엇인지, 부에 대한 태도에서 내가 그대보다 나은 다른 점은 무엇인지 들어보기 바란다. 나를 매우 부유한 집에 두어보라, 금그릇이나 은그릇을 평소의 식사에 쓰고 있는 '저택'에 두어보라, 내 집에는 있지만 나의 외부에 있는 것에 지나지 않는 그러한 부와 재물이 있다고 해서 나는 스스로를 훌륭하다고 생각하지는 않는다. 나를 수블리키우스 다리[34]로 옮겨 거지들 속에 던져 넣어보라. 보시물에 달려드는 거지 가운데 한 사람이 되었다고 해서, 나는 자신을 업신여기지는 않

---

[34] 티베리스강에 있으며 아우렐리우스 가도로 통하는 오래된 다리. 때를 가리지 않고 거지들이 모여드는 장소였다.

을 것이다. 스스로 생명을 끊을 수 있는 수단이 있는데 고작 빵 한 조각이 없다고 해서 그게 무슨 대수이겠는가. 그래서 결국 어떻다는 건가. 다리보다는 앞서 이야기한 저택에 있는 것이 더 나을 것은 없다고 생각한다. 나를 찬란하게 빛나는 가재도구와 호사스러운 세간 속에 두어보라. 내가 입는 옷이 부드럽고 감촉이 좋다고 해서, 또 손님을 위해 값비싼 보라색 양탄자가 깔려있다 해서, 나 자신이 조금이라도 더 행복하다고 생각하지는 않을 것이다. 나의 침구를 바꿔보라. 베개 대신 한 줌의 지푸라기 위에 지친 머리를 눕히고 쉰다고 해서, 또 낡은 아마포를 덧대어 기운 틈으로 속이 비어져나와 있는, 키르쿠스에서 쓰는 싸구려 방석*35에 몸을 기댄다고 해서, 조금이라도 자신이 더 불행해졌다고 생각하지도 않을 것이다. 그래서 결국 그게 어떻다는 건가? 자신의 정신이 어떠한지 남에게 보여준다 해도, 어깨⋯⋯⋯를 다 드러낸 모습으로 있기보다는 보라색 테를 두른 고관의 예복을 입고⋯⋯⋯있는 것보다 더 나을 것이 없다고 생각한다. 하루하루가 내가 바라는 대로 지나가고, 기쁜 일이 잇달아 일어난다고 하자. 그것 때문에 내가 만족을 느끼는 일은 없을 것이다. 변천하는 시간의 이 호의가 뒤바뀌어, 나의 정신이 위해와 비애, 그 밖의 온갖 재앙의 공격을 받고, 곳곳에서 상처투성이가 되어 한시도 탄식을 멈출 때가 없다고 치자. 그렇다고 해서 자신을 불행하기 짝이 없는 사람이라고 부르지는 않을 것이고, 하루라도 저주하지는 않을 것이다. 삶의 하루라도 검은 날*36이 되지 않도록 미리 대비하고 있기 때문이다. 그러니 그게 결국 어떻다는 건가. 고통을 억제하는 삶보다는 기쁨을 억제하는 삶이 낫다고 생각한다."

소크라테스라면 그대에게 이렇게 말했을 것이다, "내가 온 세계 민족들의 정복자가 되어 리베르*37의 호화로운 수레를 타고 해가 뜨는 동방에서 테베까

---

*35 키르쿠스는 팔라티움 언덕 남서쪽에 있는 타원형의 대경기장(키르쿠스 막시무스)을 말한다. 전차경기 등 각종 흥행물이 열렸다. 장시간의 관람이라 방석 모양의 쿠션을 팔고 있었는데, 돈이 없는 사람은 싸구려로 만족해야 했다.

*36 로마의 역일(曆日)로, 달력에 표시하지는 않지만, 흉일로 치는 날. 종교적인 것을 '(종교적) 부정한 날', 불행한 역사적 사건(패전 등)에 얽힌 것을 '검은 날'이라 부르며, 종교적 의식이나 시민활동을 중지했다.

*37 옛날에는 로마의 전원의 신이었지만, 나중에 그리스의 주신 바쿠스(디오니소스)와 동일시되었다. 바쿠스는 그리스 신화에서는 테베왕 카드모스의 딸 세멜레와 제우스 사이의 아들로, 테베는 말하자면 모국이다. '동방'은 포도재배를 세계에 퍼뜨린 뒤 오리엔트에서 돌아왔음을 나타낸다.

지 개선하고, 그런 나에게 각국의 왕들이 법 제정의 허락을 구하여 찾아온다고 하자. 자신이 곳곳에서 신으로 숭배되고 있는 그때야말로, 나는 자신이 인간의 몸임을 생각할 것이다. 이 영화의 절정 뒤에 상황이 급변하여 나락의 바닥으로 굴러 떨어진다고 하자. 내가 오만하고 야만적인 왕의 개선 행렬을 더욱 빛내주는 장식물이 되어, 남의 수레에 실려 끌려가는 몸이 되었다고 하자. 남의 수레로 끌려가는 그때도, 자신의 수레에 서 있을 때보다 비천한 인간이 되었다고는 생각지 않을 것이다. 그래서 결국 어떻다는 것인가. 포로의 몸이 되기보다는 승리자가 되는 것이 낫다고 생각한다. 나는 운명의 지배권 같은 건 모조리 경멸하지만, 선택할 수 있다면, 그중에서 더욱 선한 것을 고를 것이다. 나에게 일어나는 일은 모두 선이 되겠지만, 그래도 쉽고 편안하며, 대처하기에 힘이 덜 드는 것보다 나은 것은 없다고 생각한다. 실제로 수고를 필요로 하지 않는 덕목이 무언가 있다고 생각할 근거는 없고, 덕목 중에서도 어떤 것은 몰아대는 박차가, 또 어떤 것은 억제하는 고삐가 필요하다. 마치 내리막에서는 몸을 약간 뒤로 젖혀서 내려가야 하지만, 가파른 오르막에서는 몸을 앞쪽으로 밀어 올리면서 가야 하는 것과 마찬가지로, 덕목에는 내리막길을 가는 것도 있는가 하면 오르막길을 가는 것도 있다. 인내, 용기, 불굴, 그밖에 곤란한 것에 맞서 운명을 극복하려는 덕목은 모두 오르막길을 올라가면서 세차게 싸우고 애써 노력하는 것임은 의심할 여지가 없다. 마찬가지로 관용(아까워하지 않는 것)이나 절도, 온후함 같은 덕목이 내리막길을 가는 것 또한 명백하지 않는가. 우리는 후자의 덕목에서는, 정신을 억제하여 정신이 힘이 남아돌아 미끄러지는 일이 없도록 하고, 전자의 덕목에서는 정신을 가능한 한 엄격하게 질타 격려하고, 북돋는다. 따라서 우리는 빈곤에 대해서는 다른 덕목보다 용감하게 싸우는 기술을 알고 있는 전자의 덕목을 적용하고, 부에 대해서는 이른바 발돋움하여 자신의 무게를 지탱하는, 더욱 신중하고 세심한 덕목을 적용하는 것이다. 덕목은 이렇게 분류되지만, 그 시행이 곧 피와 땀을 뜻하는 전자의 덕목을 적용하기보다는 그보다 온화한 마음으로 행사할 수 있는 후자의 덕목을 적용하는 것이 낫다고 나는 생각한다. 그러므로" 현자(소크라테스)의 말은 이어진다, "내가 말과 다른 삶을 사는 것이 아니라, 그대들이 잘못 알아듣는 것일 뿐이다. 그대들의 귀에 닿는 것은 언어의 소리뿐, 그 의미를 이해하려고 하지 않는 것이다".

26

"그럼 우리 두 사람 모두 부를 소유하고 싶어 할 경우 어리석은 사람인 나와 현자인 그대, 어디가 다른가." 그대는 그렇게 반론할 것이다. 천지의 차이가 있다. 왜냐하면, 현자에게는 부가 그 소유자인 현자에게 예속되지만, 어리석은 자에게는 부가 소유자인 그 사람을 지배하기 때문이다. 현자는 부에 아무런 권리도 인정하지 않지만, 그대들에게는 부가 모든 것이기 때문이다. 그대들은 마치 누군가가 그대들에게 영원히 부의 소유를 약속한 듯이 부를 따르고 부에 매달리지만, 현자는 부의 한가운데에 있을 때일수록 빈곤을 생각하기 때문이다. 최고지휘관은 선전 포고가 되면, 그때가 평화라고 해서 그것을 믿지 않고, 아직 전투가 시작되지 않았어도 싸울 준비를 게을리 하지 않는다. 그대들은 훌륭한 저택이 있으면, 마치 불타거나 무너지는 일은 절대로 있을 수 없는 듯이 훌륭한 저택에 우쭐해지고, 재물이 있으면 마치 모든 위험을 이겨내고, 운명도 그것을 다스릴 힘을 가지고 있지 않을 만큼 대단한 것인 양 재물에 눈이 어두워진다. 시간과 부를 주체하지 못하면서, 그 부를 기다리고 있는 위험을 미리 생각해 보려고도 하지 않는다, 그것이 바로 그대들의 모습이다. 마치 포위된 야만족이 대규모의 병기에 대해 아는 것이 없어서, 포위한 적의 공작을 멍하니 정신을 놓고 바라보기만 할 뿐, 멀리 세워져 있는 것이 과연 무엇을 하는 것인지 이해하지 못하는 것과 같다. 그대들에게 닥친 것도 그와 같다. 그대들은 자신의 재물에 에워싸여 심신이 모두 쇠약해진 채, 곳곳에서 얼마나 많은 재앙이 다가와 금세라도 그 값비싼 전리품을 빼앗아가려 하는지 생각해 보려고도 하지 않는다. 그런데 현자의 부는, 만일 누군가가 빼앗아간다 해도 현자 자신의 것은 그대로 몽땅 남겨두고 간다. 현자는 오늘 가지고 있는 것에서 기쁨을 찾으면서 현재를 살고, 미래에 대해서는 아는 바가 없으니 불안도 없기 때문이다.

소크라테스나 인간 세상의 영위에 대해 소크라테스와 같은 〈감회 또는 정신〉, 같은 능력을 가진 사람이 있다면 이렇게 말할 것이다. "내가 무엇보다도 굳게 결심한 것은, 그대들의 의견에 맞춰서 자신의 삶을 굽히는 짓만은 하지 않겠다는 것이다. 늘 하는 험담을 어디서나 퍼부어도 좋다. 나는 그대들이 트집을 잡고 있다고는 생각하지 않고, 어린아이가 그저 슬프게 울고 있는 것으로밖에 생각하지 않을 것이다." 이미 예지를 거두었고, 악덕을 벗어난 그 정신이,

증오가 아니라 치유를 위해 타인을 질책하라고 권하는 사람이라면 그렇게 말하리라. 아울러 이렇게 덧붙일 것이다, "나에 대해 그대들이 어떻게 생각하고 있는지에 대해 내가 걱정하는 일이 있다면, 그것은 나 자신을 생각해서가 아니라 그대들을 위해서이다. 왜냐하면 덕을 미워하고 덕을 공격하는 것은, 선한 것에 이르려는 희망을 포기하는 것을 뜻하기 때문이다. 그대들은 나에게 조금도 위해를 가할 수 없는데, 그것은 제단을 부순다 해도 신들에게 어떤 위해도 가할 수 없는 것과 같다. 그러나 해를 끼치지 않은 경우에도, 독기와 해치려는 마음은 생생하게 엿볼 수 있다. 그대들의 그 망상을 나는 참고 흘려듣고 있는데, 비유해서 말하면, 더없이 높고 선한 유피테르가 시인들의 허튼소리를 참을성 있게 흘려듣는 것과 같다. 시인 중에는 유피테르에게 날개를 달아준 자도 있는가 하면, 뿔을 붙여준 자도 있고, 또 간통자로 꾸며서 여자와 밤을 새도록 하는 자도 있는가 하면, 다른 신들에게 가혹한 신으로 그린 자, 인간에 대해 불공평한 신으로 그린 자, 어엿한 자유인의 유괴범, 뿐만 아니라 한 가족의 파괴자로 만든 자도 있고, 심지어는 부모 살해, 또는 다른 사람의 왕권뿐만 아니라 아버지의 왕권까지 빼앗은 자로 만들어낸 자도 있다*38. 그러한 조롱을 노래하여 그들이 한 것이라고는, 신들을 그런 존재로 믿게 하여 사람들에게 죄에 대한 부끄러움을 잃어버리게 하는 것 정도이다. 어쨌든 그대들의 그 망상이 나를 상처 주는 일은 털끝만큼도 없지만, 그대들을 위해 충고해 두고 싶다. 덕을 존중하라. 오랫동안 덕을 따르면서, 위대한 것, 더욱이 날마다 그 위대함이 더 커지는 뭔가를 계속 추구한다고 공언하는 사람들의 말을 믿어라. 그리고 그 덕을 신처럼 섬기고, 덕의 추구와 실천을 스스로 맡은 사람들을 신관처럼 숭배하며, 누군가가 성스러운 문서와 입을 통해 하는 말을 들었을 때는, 언제나 말을 삼가도록 하라. 이 '말을 삼가다(faveo)'라는 말은 많은 사람이 생각하듯이 '호의(favor)'에서 비롯한 말이 아니라, 한 마디라도 부정한 말이 나와서 방해를 받는 일이 없이 제의(祭儀)가 제대로 집행되도록 침묵하라는 말이다. 말을 삼가고 침묵을 지키며, 신탁으로 뭔가가 전해질 때는 언제나 귀를 기울이는 이 명령은, 그대들에게는 가장 중요한 것이다. 시스트룸*39을 흔들면서 신의 권위로 말하고 있다고 사칭하는 자가 있으면, 또 팔을 솜씨 좋게 상처내어, 어

---

*38 모두 유피테르(제우스)에게 얽힌 이름높은 에피소드들이다.
*39 이집트 기원의 이시스 여신의 신자가 손에 들고 울린 '딸랑이' 비슷한 악기.

깨와 두 팔을 피투성이로 만드는 자가 있으면, 또 거리에서 무릎으로 기어가면서 소리치는 여자와, 아마포를 두르고 월계수 가지와, 한낮인데도 등불을 들고, 신이 화를 내고 있다고 소리치는 노인이 있으면, 그대들은 달려가서 그 말에 귀를 기울이고 맞장구를 치면서 놀란 듯이, '이건 신이 내린 것이 틀림없다' 저마다 말하지 않는가."

27

자, 보아라, 소크라테스가 그 감옥에서 이렇게 외치고 있다, 자신이 투옥됨으로써 정화하여, 어느 의사당보다도 명예로운 장소로 만든 그 감옥에서 말이다, "덕을 헐뜯고 성스러운 것을 악의적인 말로 모독하다니, 이 무슨 광기이고, 신들과 인간에 대한 이 무슨 적의에 찬 근성인가. 되도록이면 선한 사람들을 칭찬하고, 그렇지 않으면 내버려 두어라. 함부로 말하며 행동하고 비열한 방종을 계속하고 싶다면, 공격의 창끝을 서로에게 돌리는 게 어떤가. 그대들이 하늘에 맞서는 광기어린 사태를 불러일으켜도, 나에게는 신을 모독하는 것이 아니라 어차피 괜한 짓에 지나지 않는 행위이다. 나는 일찍이 아리스토파네스*40에게 더없이 좋은 야유거리가 되었고, 희극시인들로부터도 저마다 독기어린 풍자를 당한 적이 있었다. 그러나 바로 그 공격으로써 나의 덕은 빛을 받았다. 나에게는 자신의 덕이 사람들 앞에 드러나 시련을 당하는 것은 더 바랄 나위가 없는 일이었으니, 나의 그 덕이 어떤 것인지, 그것을 공격함으로써 그 힘을 실감한 그들 자신이 누구보다 잘 알게 되었기 때문이다. 부싯돌이 얼마나 단단한지는 부싯돌을 치는 자가 누구보다 잘 안다.

나의 삶은, 얕은 여울을 감추고 있는 바다에 우뚝 솟아 바다가 거칠어지면 곳곳에서 몰려오는 성난 파도에도 미동도 하지 않고, 쉴 새 없이 밀려드는 파도의 오랜 침식도 견디는 바위와도 같다. 덤벼들고 공격하라. 나는 그것을 견뎌냄으로써 그대들에게 승리할 것이다. 누구든 견고하고 정복하기 힘든 것에 돌진하는 자는 아무리 애를 써서 노력해도 자신의 재앙을 부를 뿐이다. 그러니 뭔가 유약하고 잘 순응하여, 그대들의 무기로도 뚫을 수 있는 다른 표적을 찾는 것이 어떠한가.

---

*40 그리스 고전희극의 대표적 작가(기원전 445무렵-380무렵). 실제 사건과 동시대의 정치가, 문인을 도마 위에 올려 야유, 질타, 희화화한 희극을 썼다.

그렇다 해도, 타인의 흠을 들춰내어, 상대를 가리지 않고 근거도 없이 판단하고 있을 시간이 그대들에게 있단 말인가. "왜 이 철학자는 남보다 좋은 집에 살고 있는가. 왜 이 철학자는 남보다 호사스러운 식사를 하는가." 자신은 온몸이 종양으로 뒤덮여 있으면서, 남의 얼굴의 여드름이 눈에 거슬려 못살겠다는 것인가. 그것은 자신은 추악한 옴을 앓고 있으면서 타인의 아름다운 몸에 있는 점이나 사마귀를 비웃는 것과 같다. 돈을 요구했다고 플라톤을 욕하는 것은 좋다. 돈을 받았다고 아리스토텔레스를 욕하고, 돈을 멸시했다고 데모크리토스를 욕하고, 돈을 모조리 써버렸다고 에피쿠로스를 욕해도 좋다. 나에 대해서는 알키비아데스와 파이드로스를 들먹이는 것이 좋으리라.*41 '아아, ………' 나의 악덕이라도 흉내 낼 수 있다면, 그대들은 당장이라도 최고로 행복해질 수 있을 것이다.

왜 자신의 악덕을 돌아보려 하지 않는가, 밖에서 쳐들어오는 것도 있고 안에서 타오르는 것도 있는, 그대들 자신의 악덕을. 그대들은 자신이 그 속에서 어떠한 위치를 차지하고 있는지 모르겠지만, 무릇 인간 세계는 그대들이 혀를 부지런히 놀려 자기보다 뛰어난 사람들을 근거 없는 말로 헐뜯고 욕하고 있을 만큼의 여가를 그대들에게 남겨줄 수 있는 상황이 아니다.

28

그대들은 그것을 모르고, 마치 자기 집에서 불행이 일어나고 있는데도 아직 그 소식을 듣지 못해 경기장이나 극장에서 태평하게 앉아 있는 많은 인간들처럼, 그대들이 처한 처지에 어울리지 않는 얼굴을 하고 있다. 그러나 높은 곳에서 멀리 내다보는 나에게는, 머지않은 미래에 그대들 위에 큰비를 내리게 할 폭풍이 닥쳐오고 있는 것이 보이고, 그대들 자신이나 그대들의 소유물을 빼앗아 가게 될 폭풍이 그대들 바로 옆까지 다가와 있음이 보인다. 더 이상 무슨 말이 필요할까. 만일 그대들이 느끼지 못하고 있어도, 실제로 오늘도 회오리바

---

*41 플라톤, 에피쿠로스에 대해서는 18장 참조. 아리스토텔레스는 마케도니아의 왕 필리포스에게 고액의 보수를 받고 초대되어, 알렉산드로스의 가정교사가 되었다. 데모크리토스가 돈을 멸시했다는 것은 아버지의 유산을 나눌 때, 적은 몫을 선택한 것을 가리키는 것이리라 (단, 이것은 그 몫이 현금이었고, 당장 여행에 돈이 필요했기 때문이라고 이오게네스는 전하고 있다). 소크라테스와 알키비아데스, 파이드로스의 동성애적 교제는 플라톤의 《향연》, 《파이드로스》에 묘사되어 유명해졌다.

람이, 같은 것을 때로는 혐오하고 때로는 간절히 바라는 (변덕스러운) 그대들을 빙글빙글 휩쓸어 하늘 높이 날려보내거나 나락의 밑바닥으로 밀어버리려 하고 있다…….*42

*42 그 뒤에는 텍스트가 빠져 있다.

De Otio
한가로움에 대하여

1

……, 많은 사람들이 마음을 모아 나를 악덕으로 꾀어들인다. 비록 건전성에 도움이 되는*1 한거(閑居)*2 외에 달리 아무것도 시도하지 않는다 해도, 한거 그 자체로서 이로울 것이다. 우리는 개별적으로 각자가 될 때 보다 더 선한 인간이 된다.*3 더 나아가 한가롭게 살면 훌륭한 위인으로 향하는 것이 허락되고 그것을 본받아 삶의 나아갈 방향을 정하는데 무엇인가 본보기를 고르는 것이 허용된다는 사실도 있다. 이것은 한가함 속에서만 비로소 할 수 있는 일이다. 일단 좋다고 결정한 일을 끝까지 지킬 수 있는 것은 대중의 지지를 받아 아직 확고하지 않은 허약한 판단을 꺾으려고 끼어드는 자가 아무도 없을 때이다. 그때야말로 우리는 여러 목표로 농락되어 뿔뿔이 해체되어 있는 삶을 균질적인 일관성을 가지고 나아갈 수 있는 것이다. 실제, 수많은 불행 중에서도 가장 나쁜 불행은 우리가 다름 아닌 악덕을 차례로 바꾸는 일이다. 우리는 이렇게 이미 익숙해진 하나의 악덕에서 계속 머물고 있을 수도 없다. 어떤 것을 좋아한다고 생각하면서도 또 다른 것을 좋아하는 식으로 우리의 판단이 단순히 비뚤어졌을 뿐만 아니라 경박한 것이기도 한 까닭도 우리를 괴롭힌다. 우리는 파도치는 대로 농락되어 어느 하나에 매달렸다가는 또 다른 것에 매달리고, 바라던 것을 버리고 버린 것을 다시 구하여 잇따라 밀려오는 욕망과 후회의 비좁은 틈에서 요동친다. 왜냐하면 우리는 남의 판단에 전면적으로 의존

---

*1 '건전함'은 자연에 바탕하여 올바르고 곧음(그 정신)을 말하고 '도움이 된다'는 것은 그것을 길러 갖출 수 있다는 뜻.

*2 세네카의 용어에서는 공인으로서의 근무에서 물러나는 일과 그것에 따라서 철학을 하기 위한 '여가를 얻은 일, 한가한 삶'이란 두 가지 뜻이 포함되어 있다.

*3 개개인이 됨으로써 세상에서 떠나 중인에 대한 부화뇌동에서 멀리 떨어져 '자유, 자립'이 이루어진다.

하여 구해야 되는 것, 칭찬해야 되는 것이 아니라 바라는 자나 칭찬하는 자가 많은 것이야말로 최선이라고 생각하기 때문이고, 자기가 더듬는 길의 좋고 나쁨을 길 자체로 판단하지 않고, 많은 발자국 가운데 앞으로 나아간 자의 발자국은 있어도, 되돌아간 자의 발자국은 하나도 없는 발자취의 많고 적음으로*4 판단하기 때문이다.

자네는 나에게 이렇게 말할지도 모르지, "세네카, 어쩌자는 건가. 자네는 학파를 버릴 셈인가. 자네들 스토아파는 틀림없이 이렇게 말하고 있어. '우리는 삶의 마지막에 이를 때까지 행동을 계속할 것이다. 우리는 공공의 복리를 위해 온 힘을 다하며, 개개인을 돕고, 우리에게 적대하는 사람들에게도 늙은 손을 내밀 것이다. 우리는 아무리 고령이 되어도 자신에게 공역(公役)의 면제를 주지 않는 인간이며, 누구보다도 웅변으로 노래하고 있는 저 시인의 시구처럼, 우리는 백발까지도 투구로 굳게 매노라.*5 무슨 일에나 죽기 직전까지 한가하게 있지 않고 사정이 허락한다면 다름 아닌 죽음마저 한가로운 것이 아니다, 그것이 우리들인 것이다'라고. 제논은 바로 사령부에서 "왜 우리에게 에피쿠로스의 가르침을 풀어서 강의하는가. 자신의 학파가 싫어졌다면 배신을 그만두고 단호히 돌아서는 게 어떤가"라고. 자네에게 먼저 이렇게 대답하겠네, "설마 자네는 내가 훌륭한 선배를 보고 배워, 그들을 닮는 것으로는 부족하고, 그 이상의 것을 요구하려는 것은 아니겠지. 그럼, 나는 어떻게 하라는 말인가. 나는 그들이 나한테 가라고 보낸 곳에서가 아니고, 그들이 나를 이끌어준 곳을 목표로 하는 것이라네."*6

2

내가 스토아파 사람들의 가르침에 어긋나지 않았음을, 오늘 자네에게 증명해 보이겠네. 사실, 그들 스토아파의 사람들 자신이 스스로의 가르침에 배반

---

*4 문병으로 하러 온 동물들을 모조리 물어죽인, 병에 걸린 사자 우리에 온 여우가 조심스럽게 밖에서 문병을 했는데 왜 들어오지 않느냐는 사자의 물음에 대답한 말. "들어간 발자취는 많지만 나간 사람은 하나도 없다.

*5 제2의 건국을 노리는 아이네아스 등 트로이아인 일행의 적 메젠티우스 무리의 무나누스가 호언한 말.

*6 '가라고 내보낸 곳'이란 '교의'로 명령하는 곳(국정 참가, 공역 종사 ' 이끌어주는 곳'이란 '모범을 보여 데리고 간다는 (한거) 뜻.

하지는 않고 있는 거라네. 더욱이 비록 내가 따르고 있는 것이 그들의 가르침이 아니고 그들의 모범이라고 하더라도 나의 변명은 매우 이치에 맞는 것이 될 것이네. 그 점을 두 부분으로 나누어 이야기하기로 하지. 첫째는 사람은 삶의 조기 단계에서도 진리를 구하는 관상적인 생활*[7]에 자신의 모든 것을 바쳐 삶의 원리와 법칙을 추구하여 개인의 생활 속에서 그것을 실천하는 것이 가능하다는 점이라네. 두 번째는 사람은 이미 공역(公役)에서 물러나 삶의 행로를 거의 다 마쳤을 때 매우 정당한 권리를 가지고 그런 생활을 보내는 것이 가능하고, 또 나이에 따라 여러 직무를 나누어, 그 사이에 의례를 집행하는 예의범절을 배워 그것을 모두 마치면 가르치는 편으로 돌아서는 베스타의 무녀들*[8] 같이 무엇인가 다른 활동에 정신을 돌리는 것도 가능하다는 점이지.

3

이것이 스토아파 사람들 견해이기도 하다는 것을 보여주려고 하는 것인데, 그렇다고 내가 제논이나 크뤼시포스의 말에 모두 이의를 제기하지 않는다는 계율을 스스로에게 과하고 있음을 뜻하는 것이 아니고, 문제가 되는 사항이 그들의 의견을 지지하는 것을 허락함을 뜻하는 데 지나지 않는다. 사실, 어떤 경우에도 늘 한 사람만의 의견에 따른다면 원로원 의사당에 있는 것이 아니고, 당파에 편드는 것에 지나지 않기 때문이다. 이미 모든 것이 이해되어 진리가 명백하고 또 누구에게나 인식되어, 우리(스토아파)가 그 교리를 무엇 하나 바꾸는 일이 없다면 다행이다. 사실은 뚜렷하고 또 누구에게나 인식되어 있는 것도 아니기 때문에, 가르침을 전수하는 권위자들과 함께 여기에서 그 진리를 추구해보자는 것이다.

이 한가함이라는 주제에 대해서도 에피쿠로스파와 스토아파 두 학파 사이에는 매우 큰 견해 차이가 있으나 길은 다르지만 한가한 방향으로 가야 한다는 점에서는 다름이 없다. 에피쿠로스는 말한다, 현자는 무슨 사정이 끼어들지 않는 한 국정에 참가하지 않을 것이라고. 제논은 말한다, 현자는 무슨 방해

---

*[7] 중기 스토아 파의 포세이도니오스는 '진리와 만유의 질서를 관상하면서 사는 것'을 삶의 '목적'의 하나로 삼았다.

*[8] 국가적으로 모시는 베스타 여신을 섬긴 6명의 무녀. 6세에서 10세까지의 여아에서 선발되어 30년 동안 처녀로 지내다가 베스타의 '영원한 불'을 지켰다.

가 없는 한 국정에 참가할 것이라고. 한쪽은 한가함을 주의해서 찾고, 다른 쪽은 이유에서 찾았다.*⁹ 하기야 스토아파가 말하는 '이유'가 의미하는 범위는 넓다. 만일 국가가 구원의 손길을 뻗을 수가 없을 만큼 너무나도 부패 타락하고 있다면, 만일 국가가 악에 점령되어 있다면 현자는 그 국가를 위해 쓸데없는 노력을 한다든가 소용없는 짓임을 알면서 헌신하는 일은 없을 것이다. 만약에 현자에게 그다지 큰 권력이나 세력이 없거나, 국가가 그의 국정에의 참여를 허용하지 않는다면, 만일 건강이 그가 국정에 참가하는 것을 방해한다면 마치 배가 파손되어 있으면 바다에 띄우려고 하지 않는 것과 마찬가지로, 또 몸에 장애가 있으면 군대명부에 이름을 올릴 수 없는 것과 마찬가지로, 현자는 돌파하기가 어렵다고 알고 있는 길을 헤치고 들어 가려고는 하지 않을 것이다. 따라서 그런 이유가 있을 경우, 또 이제부터라는 단계에 있고, 모든 가능성이 열려 있는 자라도, 삶의 다양한 폭풍을 경험하기 전에, 안전한 곳에서 멈추어 곧 좋은 학문에 몸을 맡겨, 세상살이로부터 가장 멀리 떨어져 한가하게 지내는 사람에게도 실천 가능한 온갖 덕을 길러 쌓으면서, 한가함을 쓸모있게 활용하는 삶을 보낼 수 있는 것이다. 물론 그에게도 되도록 많은 사람들에게, 그렇지 않으면 소수의 사람들에게, 그것조차 할 수 없으면 가까운 사람들에게, 그것마저 하지 못한다면 적어도 자신에게 이로운 인간이 되어야 한다는 것이 요구된다. 왜냐하면 자기를 다른 사람에게 유익한 사람이 되게 할 때, 그는 공공의 활동에 몸담고 있는 것이 되기 때문이다. 자기를 좀 더 열악한 인간으로 하는 자는 다만 자기 한 사람에게만 해로운 존재가 될 뿐만 아니라, 자기가 좀 더 선한 인간이 되었다면 이로운 존재가 되었을지도 모르는 다른 사람에게도 나쁜 존재가 되는 것처럼, 자신에게 도움이 되는 일을 하는 자는 다른 사람에게도 유익한 일을 준비하려고 한다는, 바로 그 점 때문에 다른 사람에게도 이로운 존재가 되는 것이다.

4

여기에서 두 개의 국가를 마음속으로 그려보자. 하나는 크고 참된 의미에서 공동의 것으로, 거기에는 신들도 인간도 포함되어 거기에서는 우리가 시선

*9 에피크로스파는 영혼의 평정, 그 무엇에도 '흐트러지지 않는 마음'을 얻기 위해 '숨어서 살아라'를 좌우명으로 삼았다.

을 모아 문제로 삼는 것이 이 외진 구석, 또는 저 외진 구석이 아니고, 우리의 그 공동체의 경계를 태양으로 재는 국가이다.*¹⁰ 또 하나는 우리가 우연한 삶에 따라서 나누어받은 국가이다. 이것은 아테네인이나 카르타고인의 그것이기도 하고, 또 어느 다른 도시(국가)의 그것이기도 하겠지만, 어쨌든 모든 사람에 관련이 있는 국가가 아니고, 특정한 사람들에게만 관계가 있는 국가이다. 이 양쪽의 국가를 위하여, 즉 큰 국가를 위해서도 작은 국가를 위해서도 동시에 힘을 다하는 사람도 있고, 작은 국가를 위해서만 힘을 다하는 사람이 있는가 하면, 큰 국가를 위해서만 온 힘을 다하는 사람도 있다. 우리는 비록 한가로이 살고 있더라도 이 큰 국가를 위해 헌신할 수 있는, 아니 오히려 내 생각으로는 어쩌면 한가하게 지내고 있을 때야말로 좀 더 잘 이바지할 수 있으리라. 다음과 같은 문제를 추구함에 따라서이다, 즉 덕이란 무엇인가.*¹¹ 그것은 하나인가, 아니면 여럿인가.*¹² 인간을 선한 존재로 만드는 것은 자연인가, 아니면 인위적인 것인가.*¹³ 바다와 육지를 포섭하고, 나아가서는 바다와 육지에 포함된 모든 것을 포섭하는 것(우주)은 하나인가, 그렇지 않으면 신은 그것과 비슷한 천체를 여기저기에 많이 흩어놓았는가.*¹⁴ 만물이 거기에서 생성하는 모든 질료(質料 : 실체)는 연속적인 것으로, 그것에 의해 빈틈없이 채워지는 것인가. 아니면 분리적인 것으로 질료(실체)에 공허가 섞인 것인가. 신이란 무엇인가, 신은 자신의 창조물을 그저 무관심하게 바라보고 있을 따름인가, 아니면 그것을 지배하고 있는가. 신은 외적인 존재로서 그 창조물을 포함하는 것인가, 아니면 내적인 존재로서 그 전체에 널리 포섭되어 있는가.*¹⁵ 우주는 불멸의 것인가, 아

＊10 우주(세계)는 '신과 인간의 공동체'이며 인간은 그 '시민 (이른바 우주(세계) 시민'이라는 사상에 입각한다.

＊11 스토아 파의 '덕'을 간결하게 나타내면 '(자기와) 조화된 로고스(이성)'이다.

＊12 '덕의 무리'(플라톤 '메논'72a7) 이래 덕은 복수로 여겨졌다. '제논도 플라톤과 마찬가지로 여러 다른 복수의 덕을 허용하였다. 이를테면 사려, 용기, 절제, 정의이며 이들은 서로 분리할 수 없지만 별개의 서로 다른 덕이라고 말한다.

＊13 플라톤의 '메논' 모두(70A)의 제제(덕은 가르칠 수 있는 것인가. 그렇지 않으면 가르칠 수 없과 훈련으로 몸에 지니는 것인가, 그렇지 않으면 타고난 소질인가 그렇지 않으면 다른 방법에 따른 것인가) 이래 오랫동안 논의된 문제. 인간에게 주어진 덕은 완전한 것이 아니라 소재에 지나지 않으며 그것을 완성하는 것은 인간의 솜씨라고 하는 것이 세네카의 생각이다.

＊14 이 '우주는 하나인가 복수인가'라는 문제와 다음의 이른바 '공허'의 문제는 관련된다.

＊15 신을 '외적 존재'라고 하는 플라톤에 대해서 스토아파는 그 창생론의 마땅한 결과로 신을

니면 일시적으로 삶을 받고 태어나 사멸하는 것의 하나로 보아야 하는가의 문제이다. 이와 같은 문제를 관상(觀想)하는 자는 신에 대해 어떤 임무를 수행하는 것인가. 이만큼 장대한 신의 창조물을 목격한 자가 없지 않도록 그 증인이 된다는 임무이다.

5

우리(스토아파)는 곧잘 최고선이란 자연에 따른 삶이라고 말한다. 그 자연이 우리 인간을 낳은 것은 그 둘을 위해, 즉 만유의 관상(觀想) 때문이기도 하고, 행동 때문이기도 했다. 그렇다면, 먼저 조금전 말한 관상의 점을 입증해 보자. 그러나 이 점에 대해서는 무슨 말이 더 필요하겠는가. 각자가 스스로 마음에 물어, 미지의 것을 알고 싶어 하는 욕구가 얼마나 큰 것인가, 모든 말을 듣고 얼마나 강한 호기심을 자아내게 하는가를 생각해 보면 그것으로 이미 밝혀지는 것이 아닐까. 어떤 사람은 동떨어진 땅에 숨겨진 미지의 무엇인가를 알고 싶은 단 하나에 이끌려서 바다를 건너고 아득히 멀고먼 긴 여행의 고생스러움을 참는다. 이 미지의 무엇인가를 알고 싶다는 욕구야말로 사람들을 구경거리로 끌어 모으고, 이 욕구야말로 사람들에게 닫혀 있는 것을 들여다보게 하여, 보다 신비적인 것을 탐구하고, 오랜 역사를 발굴해 야만족의 풍습 이야기에 귀를 기울이게 한다. 자연은 우리에게 호기심이라는 자질을 심어주었고, 스스로의 교묘한 솜씨와 피조물의 아름다움을 자각하는 자연은 이 정도로 크고 넓고, 이 정도로 영광에 넘치고 이 정도로 세심하게 세공되고, 이 정도로 눈부셔서 그 아름다운 양상이 보통이 아닌 삼라만상을 인간이 없는 정막 속에 내버려두면, 그것이 인간에게 주는 기쁨으로써 얻도록 되어 있는 과실을 잃어버릴 것을 확신하고, 우리 인간을 그 삼라만상의 구경꾼으로 만드는 것이다. 자연이 오직 한번 흘끗 보여질 뿐만 아니라, 자세하고 뚫어지게 봐주기를 바라는 사실을 알고 싶으면, 자연이 우리 인간에게 어떤 위치를 주었는가를 보면 된다. 자연은 우리를 자기의 중심*16에 세워, 온갖 사물과 현상을 한눈에 볼 수 있도록 했다. 또 자연은 인간을 똑바로 걷게 했을 뿐만 아니라, 관상에 알맞도록 하려는 의도로, 상승 하강하는 별의 움직임 뒤를 쫓아 모든 하늘의

'내적인 존재'로 본다.
*16 우주의 천체는 대지를 중심으로 돌아간다고 여겨졌다.

움직임과 함께 시선을 돌릴 수 있게끔 인간의 머리를 높이 들게 하여 유연하게 움직이는 목 위에 자리 잡도록 했다. 또 낮에는 여섯 별자리를, 밤에는 6개의 성좌를 하늘로 안내하면서[17] 자기의 각 부위를 빠짐없이 펼치고, 우리 눈에 펼쳐 보여 인간의 눈에 보인 그러한 불가사의로써 우리에게 그 밖의 불가사의를 알고 싶다는 욕구를 불러일으키려 한 것이다. 왜냐하면 우리는 삼라만상의 모든 것을 본 것도 아니고, 개개의 전체상을 본 것도 아니기 때문이다. 우리의 시력은 탐구에의 길을 개척하는 것, 진실에 이르는 기초를 놓는 것이지, 우리의 탐구가 열리어 이미 밝혀진 것에서 숨겨져 보이지 않는 것으로, 그리고 우주 자체보다도 오래된 무엇인가를 향하여 가도록 하는 것이다. 그 별은 어디에서 비롯한 것인가,[18] 개개의 사물이 분리되어 우주를 구성하는 각 부분으로 나누어지기 이전에 우주의 상태는 어떤 것이었을까,[19] 어떠한 원리가 혼돈과 뒤섞인 질료(실체) 덩어리를 나누어놓은 것인가, 누가 삼라만상에 저마다의 장소(공간)를 배당했을까, 자연의 본성에 따라서 무거운 원소는 내려오고 가벼운 원소는 상승하였는가, 아니면 물체의 힘과 중량과는 별도로 무엇인가 숭고한 힘이 개개의 원소에 중력을 주었는가, 인간이 신적인 호흡에 의존하는 존재라는 것, 곧 별의 일부이며 별의 어떤 불꽃이라고도 할 수 있는 것이 이 땅으로 내려와, (인간이라는) 다른 장소에 갇혀 있는 것을 무엇보다도 입증하려고 한 그 학설은 진실한 것인가. 우리의 이와 같은 사고는 앞을 가로막는 천공의 장벽을 아랑곳없이 뚫고 가는 것이며, 펼쳐 보인 것을 아는 것만으로는 만족하지 않는다. 그것은 말한다, "나는 탐색한다, 우주의 저쪽에 가로놓인 것은 무엇인가, 그것은 한없이 광막하게 펼쳐진 공간인가, 아니면 한계에 갇혀진 것인가, 우주의 밖에 있는 것의 상태는 어떠한가, 그것은 형태 없는 혼돈한 것으로 모든 방향으로 동일한 공간으로 넓혀나가는 것인가, 아니면 그것도 어떤 질서(코스모스)에서 놓인 것인가, 그것은 이 우주와 경계를 접하는가, 아니면 이 우주로부터 멀리 떨어져 있어 이 우주는 공허 속을 회전하는 것인가, 모든 생성

---

*17 성좌란 황도 12궁의 성좌. 12궁의 성좌는 모두 24시간에 하늘을 가로질러 낮밤, 반드시 6성좌가 하늘에 있다. (낮에는 태양의 빛으로 보이지 않지만 때로는 태양빛에도 상관없이 빛나는 경우가 있다고 한다.

*18 스토아파는 별들이 불로 되어 있다고 말한다. 불이라고 해도 시적이고 영원한 것이며 우리 가까이에 있는 것이 아니다.

*19 우주가 시작되는 것이고 영겁회귀하는 불을 염두에 두고 있다.

된 것, 앞으로 만들어질 것이 그것에 따라서 구성되는 것은 불가분의 것(원자)인가, 아니면 만물을 이루는 실체는 연속적인 것으로 전체에 걸쳐 가변적인 것인가, 원소는 서로 적대하는가, 아니면 여러 다른 성질을 보이면서 조화를 이루는가." 라고.[20] 이런 문제를 탐구하도록 태어난 인간에게서 혹 그 모든 것을 권리로서 자기를 위해 쓰는 것이 허락되더라도 주어진 시간이 얼마나 짧은가를 생각해보는 것이 좋다. 비록 매우 짧은 동안이라도 쉽게 빼앗기고, 또는 부주의하게 낭비하는 것이 허용되지 않더라도, 비록 탐욕스러울 만큼 시간을 소중히 하고, 인간의 한계 수명[21]까지 장수를 하더라도, 비록 자연이 정한 수명 가운데 어느 기간도 운이 인간에게서 빼앗아가지 않는다고 하더라도 인간은 죽지 않는 영원한 존재물을 인식하기에는 너무나도 목숨이 짧다. 그러므로 만일 내가 자연에 온 정성을 다 바쳐 왔다면, 만일 내가 자연의 찬미자이며 숭배자라면 나는 자연을 따라 산 사람이 된다. 그러나 그 자연은 나에게 두 가지를 다하기를 바란다, 곧 행동과 관상을 위한 한가한 삶을 나란히 가지라는 것이다. 나는 그 둘을 모두 행하고 있다. 왜냐하면 관상이라고 해도 행동이 따르지 않는 것은 결코 있을 수 없기 때문이다.

6

자네는 이렇게 반론할지 모른다, "그러나 중요한 것은 자네가 (실천적) 결과가 따르지 않는 끊임없는 관상 말고는 아무것도 구하지 않고, 오로지 쾌락을 위해서만 그 한가로운 삶 안으로 들어갔는지 어쩐지 하는 문제라네. 관상의 삶은 감미로운 것이며 그 자체가 매혹적인 것이기 때문이지"라고. 자네의 그 물음에 이렇게 대답하려네. 자네가 어떤 정신으로 공인으로서의 삶을 보내는가. 자네의 정신이 언제나 차분하지 않고, 자네가 인간계의 일로부터 신적인 사항으로 눈을 돌릴 시간을 자신에게 잠시도 남겨놓지 않는 그런 인간인가 아닌가 하는 문제도 마찬가지로 중요한 문제라네. 덕에 대해 어떤 사랑도 갖지 않고, 타고 난 자질을 갈고닦지도 않고 재화를 추구한다든가, 공역(公役)에 복

---

[20] 시원(始原) 또는 시원에서 생겨난 구성 요소(원소)가 서로 다툰다는 설은 옛날에는 아나구메네스까지 거슬러 올라가고 또 지수화풍(地水火風)이 '사랑'과 '미움'에 의해 이합집산한다는 엔테도크레스의 설은 유명하다.

[21] 인간의 수명은 100세가 한계라고 생각되었다.

장을 갖추지 않고 알몸으로 몸담는 것을 결코 권할 수 없는 것처럼, 덕도 행동을 따르지 못하고, 배워서 아는 것을 한 번도 실체화하려고 하지 아니하고, 오직 한가하기 위해서만 쓴다면, 그 덕은 불완전한 선이며 무기력한 선이다. 덕이 스스로의 진보를 실천적 행동으로 시험하지 않으면 안 된다는 것, 덕이 단순히 해야 될 일을 오직 사고하는 데 그치지 않고, 때로는 손(신체)을 써서 생각해낸 일을 실체화하는 것도 하지 않으면 안 된다는 것을 누가 부정하겠는가. 그러나 만일 방해가 되는 것이 현자 자신의 문제가 아니라면, 만일 모자란 것이 행위자가 아니고 해야 할 일이라면, 틀림없이 자네도 본디의 자리로 되돌아와 자기와 함께 있는 것을 현자에게 허락하지 않을까. 현자는 어떠한 정신으로 한가한 삶으로 물러갈까. 자기는 그 한가한 삶에서도 오히려 뒤에 태어나 배울 이들에게 도움이 될 일을 실행하려고 하고 있다는 자각의 정신을 갖고서라네. 적어도 우리(스토아파)는 망설임 없이 이렇게 공언하는 인간이다, 제논도 크류시포스도 모두 군대를 이끌고 있을 때보다도, 공직을 맡고 있을 때보다도, 입법 활동에 몸담고 있을 때보다도 더욱 큰일을 실행한 것이다 라고. 그들이 제정한 법률은 오로지 하나의 공동체를 위한 것이 아니고, 온 인류를 위한 것이었다. 그렇다면 그와 같은 한가한 삶이 선한 인간에게 어울리지 않는다고 밀할 이유가 어디에 있는가. 선한 인간은 그 한가한 삶으로써, 앞으로 올 몇 세기까지도 질서를 잡게 하고, 소수의 인간에게만 관련을 한정하지 않고 모든 민족에게도, 오늘 존재하는 인간에게도, 또 앞으로 존재할 인간에게도 관련이 있는 것이다. 요컨대 내가 묻는 것은 크레안테스나 크류시포스나 제논이 자기들의 가르침에 충실하게 살았는지 어쩐지, 하는 문제이다. 의심할 바 없이 자네는, 그들이 그렇게 살아야 한다고 스스로 말했던, 바로 그대로 살았다고는 대답하지 '않을' 것이다. 사실 그들은 누구도 국정에 참여하지 않았다. 자네는 반론하겠지. "그들에게는 그것을 가져야 비로소 국정에 참여하는 것이 허용되는 (출신이 좋다는) 행운도 지위도 없었다"고. 하지만 그들이 게으른 삶을 보낸 것은 절대로 아니다. 그들은 자기들의 조용한 삶의 방식이 다른 사람들이 헤매는 것이나 땀보다도 남들에게 유익하게 할 수 있는 방법을 찾은 것이다. 공인으로서는 아무것도 실행하지 않았음에도, 그들이 많은 것을 이루었다고 여겨져 온 것은 그 때문이다.

7

더 나아가 삶에는 세 종류가 있고, 그 가운데 어느 것이 최선의 삶인가가 늘 문제가 된다. 그 하나는 쾌락을 찾는 삶, 두 번째는 관상(觀想)에 바치는 삶, 세 번째는 행동으로 매진하는 삶이다. 우리가 자기와는 다른 신조를 따르는 사람들에 대해 가차 없이 선언하는 다툼과 증오는 내버려두더라도, 먼저 이 세 종류의 삶은 저마다 다른 이름으로 불리고 있지만, 결국 동일한 것으로 돌아간다는 사실을 보기로 하자. 쾌락이 옳다고 하는 사람에게도 관상이 없는 것은 아니고, 관상을 섬기는 사람에게도 쾌락이 없는 것은 아니며, 행동에 온 생애를 바친 사람에게도 관상이 없는 것은 아니다. 자네는 말하겠지. "어떤 것이 목적인가, 다른 목적의 부수물인가 하는 것 사이에는 하늘과 땅의 차이가 있다"고. 과연 엄청난 차이가 있는 것은 인정하더라도, 그래도 한쪽이 다른 쪽을 모자라게 하는 일은 없다. 관상하는 자도 행동 없이 관상만 할 수 있는 것이 아니고, 행동하는 자도 관상을 수반하지 않고는 행동하지 못하며, 또 우리가 똑같이 악평을 내리는 제3의 사람도 무위한 쾌락을 옳다고 하는 것이 아니고, 이성에 따라서 자기를 안정되게 할 수 있는 쾌락을 옳다고 하는 것이다.*22 따라서 다름 아닌 이 쾌락설의 학파 또한 행동하는 것이 된다. 어떻게 행동하지 않는다고 말할 수 있겠는가. 에피쿠로스 그 사람이 이렇게 말하고 있으니까, "쾌락을 후회하는 일이 있다면, 또는 무거운 고통의 대신으로 좀 더 가벼운 고통으로 끝낼 수 있는 것이라면, 나는 때로는 쾌락을 끊고 고통이라도 찾을 것이다"라고. 내가 이와 같은 것을 말하는 의도는 무엇인가. 관상은 모든 사람에게 좋다는 사실을 뚜렷이 하기 위해서이다. 그것을 추구하며 목적으로 하는 사람도 있다. 그러나 우리에게 관상은 어디까지나 닻을 내리는 기항지이지 목적의 항구는 아니다.

그런데, 여기에 덧붙인다면, 크리시포스의 법에 따르면 사람은 한가한 가운데 삶을 보내는 것이 허락되어 있다는 사실도 있다. 내가 말하는 의미는, 사람은 한가함을 달게 받는다는 게 아니고 한가함을 선택한다는 것이다. 현자는

---

*22 사려에 따른 자연스러운 쾌락이야말로 궁극의 목적인 '흩어지지 않는 마음=영혼의 평정을 달성하는 것을 한다.

어떤 (상태의) 나라 국정에도 참가하는 것은 아니다는 것이 우리 파 사람들의 주장이다. 그런데 모든 인간에게 (이상적인) 국가가 미래에도 계속해서 나오지 않는다면, 현자가 어떻게 해서 한가한 삶으로 들어갈 수 있는가 하는 것, 다시 말하면 그에게 국가가 결여되어 있다는 이유 때문인가, 아니면 국가에 그가 빠져 있다는 이유 때문인가 하는 것에 무슨 중요성이 있단 말인가. 그런데 엄격하고 비판적인 눈으로 탐구하는 자에게는 (이상적인) 국가는 언제나 계속해서 보기 어려울 것이다. 나는 묻고 싶다, 현자는 어떤 나라의 국정에 참가한다는 것인가. 소크라테스가 사형 판결을 받고, 아리스토텔레스가 그것을 면하려고 도망친*²³ 아테네인의 국가, 질투가 덕을 짓눌러 죽이는*²⁴ 저 아테네인의 국정에 말인가. 자네는 대답할 테지, 현자는 이 나라의 국정에 참여하려고는 하지 않을 거라고. 그럼, 가르타고인의 국정일까? 내분이 끊임없고,*²⁵ 누가 되든 가장 좋은 인간에게 '자유'가 적이고, 공정이나 선량이라는 것이 아무런 가치를 갖지 못하고 업적에 대해서는 비인간적인 잔학성을 나타내고, 가족에 대해서까지 적이 되는 나라이다. 현자는 이와 같은 나라도 기피할 것이다. 샅샅이 빠짐없이 조사해 보아도 현자를 허용할 수 있는 나라도, 현자가 허용할 수 있는 나라도 오직 한 나라도 찾아볼 수 없으리라. 우리가 마음속에 그리는 저 (이상적인) 국가를 찾아낼 수 없다고 하면, 한가함보다 앞서는 유일한 것이 어디에도 존재하지 않기 때문에, 한가는 모든 사람에게 필수적인 것이 생기기 시작한다. 만약에 누군가가 최선의 삶은 바다를 항해하는 것이라고 말하고, 그 뒤에 끊임없이 난파선이 생기는 바다나, 갑작스러운 태풍이 자주 일어나서, 키잡이를 빼앗아 가고 배를 되돌리게 하는 그런 바다는 항해하면 안 된다고 한다면, 그 사람은 항해를 이야기하고는 있어도, 나에게 고물의 줄을 풀지 말라

---

*23 이전에 알렉산드로스 대왕의 스승이었던 아리스토텔레스는 알렉산드로스의 죽음(기원전 323) 뒤 높아지는 아테네의 반 마케도니아 감정 속에서 소크라테스와 마찬가지로 독신죄(瀆神罪)로 고소될 염려가 있어서 아네테인이 '두 번 다시 철학에 대해서 죄를 저지르지 않게 하기 위해서' 아테네를 떠나 칼키스에 망명. 이듬해 거기에서 생애를 마쳤다.

*24 "내가 멸망 당한다고 하면 나를 멸망시키는 것은 이것이다. 그것은 메레토스도 아니고 아뉘토스도 아니고 오히려 많은 사람들의 비방과 시기이다. 그것은 이미 많은 사람의 선함을 멸망시켰다. 생각건대 앞으로도 멸망시킬 것이다.

*25 카르타고는 기원전 6세기에 기원전 3세기에 걸쳐서 지배권을 둘러싼 유력한 가계(家系) 사이의 내분이 그치기 않았다.

고 명하고 있다고, 나는 생각하고 있으리라.……*26

_____

*26 이하 텍스트가 빠져 있다.

De Tranquillitate Animi
마음의 평정에 대하여

1

〈세레누스〉*1 세네카 님, 제 스스로 마음속을 살펴보니, 저의 결점에는 어렴풋하면서도 두드러지는 것이 있어서 손을 잡으면 잡힐듯한 것이 있고, 남몰래 속 깊이 숨어 있는 것, 또 때때로 나타나는 것이 있음을 알 수가 있습니다. 마지막 것이 골칫거리입니다. 그것은 마치 여기저기 서성거리고 돌아다니면서 틈만 보이면 덮치려고 하는 적과 비슷합니다. 이 적에게는, 전쟁 때처럼 준비를 갖출 수도 없고, 그렇다고 여느 때처럼 마음놓고 있을 수도 없습니다. 그러나 제가 가장 많이 느끼는 제 심리를 말할 것 같으면—의사에게 말하듯이 그것을 털어놓는 것이 어째서 나쁠까요—, 제가 두려워하기도 하고 싫어하는 것으로부터 참다운 의미에서는 해방된 상태도 아니고, 그렇다고 그것에 아주 농락된 것도 아닌 그러한 정신 상황입니다. 최악은 아니라 해도, 몹시 짜증이 나고 까다로운 상태에 놓여 있습니다. 병든 것도 아니고 건강하지도 않은, 그것이 오늘의 제 모습입니다.

덕의 싹은 연약한 것, 그러나 시간이 지남에 따라 거기에 견고함과 힘이 더해진다고 말씀하셔도 소용이 없습니다. 남에게 잘 보이려고 노력하는 것, 즉 권위 있는 지위나 웅변의 영예, 그 밖에 다른 사람의 지지를 받는가의 여부로 성패가 갈리는 일이지만, 그러한 것이 단단해지기 위해서는 시간이 걸린다는 사실—참다운 힘을 가져다주는 것도, 또한 인기를 얻기 위해 겉모양만이 이를테면 화장과 같은 것으로 꾸며지는 것도, 모두 시간의 길이나 나름대로의 빛깔을 지니게 되기까지는 긴 세월을 기다리지 않으면 안 됩니다—, 그러한 사실을 저도 모르는 것은 결코 아니기 때문입니다. 제가 두려워하는 점, 사물

---

*1 세네카의 친척이지 가까운 벗으로, 세네카가 네로의 교사, 다음으로 집정관을 할 때 곤란한 문제에 부딪치면 보좌역을 했다.

에 항상성을 가져오는 습관이라는 것이 제 마음의 결함을 더욱 더 깊이 뿌리내리게 하여 빼내기 어려운 게 되어버리지나 않을까 하는 것입니다. 좋은 것이든, 나쁜 것이든 오랜 세월 동안의 인연은 애착의 정을 갖기 마련이니까요.

두 개의 좁은 틈새에서 머뭇거리며, 올바른 것으로 확고하게 나아가는 것도 아니고 그렇다고 해서 나쁜 것으로 가는 것도 아닌 이 마음의 나약함이 어떤 성질의 것인가, 그것을 한꺼번에 묶어서 설명하기는 어렵지만 부분적이라면 이야기할 수 있습니다. 어떤 일이 제 마음에 일어나고 있는가를 말하지요. 당신이 그 병 이름을 찾아 주셨으면 합니다. 제 마음을 사로잡는 것은 무엇보다도 검약에 대한 강한 사랑입니다. 이 사실을 저는 인정해야 합니다. 저의 기호는 보란 듯이 호화롭게 만들어진 침대도, 의복상자 속에서 꺼낸 비싼 옷도, 겹으로 억눌러 몇 번이고 몇 번이고 주름을 펴서*² 눈부시게 마련된 옷도 아니고, 내가 좋아하는 것은 여느 때 입는 값싼 옷으로, 치워놓거나 입어도 걱정이 필요 없는 것입니다. 음식도 하인들이 준비하여 신경을 쓰는 것도 며칠 전부터 지시받고 준비되어 많은 하인들의 손을 거쳐 식탁으로 날라 온 것이 아니고, 손에 넣기 쉽고 간단히 요리할 수 있고 먼 데서 온 식재나 값비싼 재료는 전혀 포함되지 않은 어디에서나 구할 수 있고 주머니 사정이나 몸에도 부담이 되지 않는 것입니다. 하인이라면 아직 젊고 교양이 없고 미숙한 노예가 좋고, 은식기는 시골 아버지가 사용하는 묵직하고 이름 없는 것이 좋고 식탁도 얼룩무늬로 눈이 휘둥그레질 정도로 뛰어난 것도 아니고, 호사가들의 속에 차례차례로 몇 번이나 건네져, 온 시내에 평판이 날 만한 것도 아닙니다. 다만 사용하기에 알맞은 것일 뿐, 연회객의 눈길을 끌어서 즐겁게 한다든가, 부럽게 하는 그런 것이 아닙니다. 저는 이러한 것을 몹시 좋아해 왔지만 실은 제 마음을 흔드는 것이 있습니다. 어떤 곳에 근시(近侍)양성소*³가 있는데 그 설비나 무슨 행렬 때 이상으로 공들인 옷차림을 하고 금빛으로 꾸민 종복들이나 그 노예들, 또 발아래 깔린 온갖 보석, 여기저기 구석에 장식된 재물, 빛나는 그 지붕, 거기에 모조리 써 버리는 유산을 뒤쫓는 사람 무리 같은 것이 그것입니다. 연회객을 둘러싸고 흐르는, 밑바닥까지 투명한 그 분수를 무엇이라고 해야 좋

---

*2 유복한 로마인은 옷의 주름을 펴서 광택을 내기 위해 푸레라라는 도구를 썼다.
*3 선발된 노예소년이 근시(웃어른을 가까이 모심)가 되기 위한 교육을 받는 하나의 양성학교로 부자의 저택에 있었다.

을까요? 연회석 무대 못지않은 그 호화로운 식사를 무엇이라고 말해야 좋을까요? 오랜 세월 동안 검약 생활에 익숙한 저에게 사치가 이것보라는 듯이 그 화려함을 자랑하고 곳곳에서 떠들어대는 것입니다. 제 시선은 잠시 허공을 헤맵니다. 사치를 앞두고 눈을 들어 그것을 똑바로 본다는 것은 그것에 마음을 돌려 생각할 만큼 쉬운 일이 아닙니다. 집으로 돌아올 때. 왔을 때보다는 타락한 마음이 되는 일은 없지만 슬픈 심정이 들어, 나의 그 초라한 세간 사이를 걸을 때에도 전처럼 등을 펴고 당당해질 수가 없어 그 사치스러운 생활 쪽이 더 좋은 것은 아닌가 하는 생각과 의심이 제 마음을 스치고 지나갑니다. 물론, 이런 것이 제 마음을 바꿀 리는 없지만 그렇다고 제 마음을 흔들지 않는 것 또한 아닙니다.

　나는 스승들의 명에 따라 국정 중심부에 참여하려고 결심하고 있습니다. 그리고 명예 있는 요직이나 집정관직을 얻으려고 생각하지만, 물론 고위직의 자줏빛 옷이나 경찰 행정 관리의 관장(官杖)에 마음이 끌린 것이 아니고, 벗이나 친척 및 온 국민, 더 나아가서는 모든 인간을 위해서 보다 더 쓸모 있는 인간이 되고자 원해서입니다. 제가 이제 금방이라도 안심하고 따라갈 수 있는 것은 제논*4과 클레안테스, 크리시포스입니다. 하기야 이 스승들은 누구 하나 스스로 국정에 가까이 하려고는 하지 않았지만 그렇다고 해서 누구 하나 국정에 인재를 내보지 않았던 사람도 없습니다. 얻어맞는 일에 익숙하지 않는 제 마음에 무엇인가가 타격을 주었을 때, 또 인간이라면 누구나의 삶에도 많이 있듯이 부당한 무엇인가가, 또는 그렇게 손쉽게 진척되지 않는 무엇인가가 일어났을 때, 또는 그리 중요하다고 여겨지지 않는 일이 매우 시간이 걸리는 일임을 알았을 때 등 저는 한감함에 마음을 돌리고 피곤한 가축이 그렇게 하듯이 여느 때보다 발걸음을 빨리하여 집으로 돌아옵니다. 내 생활을 그 우리 안에 가두려고 결심하는 것입니다. 그리고 저는 스스로에게 이렇게 타이릅니다. "누가 되었든 간에 그토록 많은 노력에 대해 그에 알맞은 대가를 치러 주지 않는 사람에게 내 삶의 하루라도 빼앗기지 않으리라. 정신에게는 그 자체에 단단히 집착하고 자존을 가지게 하여 자신이 알 수 없는 것, 타인의 심판을 기다려야 하는 일은 무엇 하나 시키지 않으리라. 또 정신에는 공사 그 어느 쪽의 번잡함

---

*4 그 세 사람은 모두 고(古) 스토아 파의 학자이다.

도 뛰어넘은 평정을 사랑하도록 하리라.' 하고. 그러나 가끔 책을 읽어 정신이 고양된 때나 훌륭한 실례에 감명을 받았을 때 등은, 당장이라도 중앙광장*5으로 뛰어나가서 누군가에게는 변호 역할을 맡아준다거나 또 누군가에게는 비록 아무런 이로움 없이 끝나더라도 적어도 무엇인가 쓸모 있는 일을 할 수 있도록 손을 뻗어주고 또 누군가의 오만함을 대광장에 막아놓고 싶습니다.

학문의 연찬에서는 맹세코 대상 그 자체를 바로 보고 대상을 염두에 두고 이야기하며 또 사물에 맞는 말을 하여, 대상이 이끄는 대로 꾸미지 않는 문장이 뒤를 잇도록 하는 것이 좋다는 것이 저의 생각입니다. 저는 이렇게 스스로 묻고 답합니다. "여러 세대에 걸쳐 남을 만한 것을 쓸 필요가 어디에 있는가? 후세 사람들이 너의 일을 침묵하여 이야기하지 않는 일이 없도록 하려는 그 노력을 그만 두려고는 생각하지 않는가? 너는 죽는 운명을 가지고 태어났다. 누구나 아무 말도 하지 않는 장례 쪽이 번거로움도 적다. 따라서 무엇인가를 쓴다 해도 널리 알릴 생각은 하지 말고 여가 선용으로 꾸미지 않는 문장으로 자기를 위해 쓰는 것이 좋다. 그날그날을 위해 공부하는 사람들에게는 노력은 그다지 필요하지 않다."라고. 그런데 내 마음이 이런저런 사상의 위대함에 감동하여 흥분하게 되면, 말을 잘 하려는 야심을 일으켜 의기도 어조도 함께 드높아지기를 크게 바라며, 사물의 고귀함에 맞설 만한 말이 나오는 것입니다. 그렇게 되면 저는 스스로 내린 규칙도, 억제를 위한 판단 기준도 잊고 예사롭지 않게 높이 솟아오르는 기분이 됩니다. 나의 것이면서도 이미 나의 것이 아닌 입에 의해서 말입니다.

개별적인 일을 이 이상 하나하나씩 열거하는 데에는 시간이 걸리므로 짧게 말하자면 요컨대 정신은 선량하지만 그 정신의 이와 같은 야심이 저에게 얽혀 떠나지를 않는 것입니다. 즉, 나는 강물에 떠내려가는 서서히 타락하는 것이 아닌가? 또는, 이쪽이 더 걱정입니다만, 언제나 굴러떨어질 위기에 처한 사람처럼 절벽 가에 매달린 상태에 있는 게 아니라, 더욱이 자기가 처한 상황은 어쩌면 제가 생각하는 것 이상으로 위기가 아닌가 이러한 두려움이 제 마음을 사로잡는 것입니다. 우리는 자기에게 관련이 있는 일을 호의적인 눈으로 보게 되고, 또 그것은 올바른 판단을 가로막는 것이 예사입니다. 생각건대 이미 예

─────────────

*5 고대로마의 정치·사법·경제 등, 시민생활의 중심지 포럼을 말하며, 단순히 포럼이라고 하면, 카피톨륨의 언덕과 팔라티노 언덕 아래 있는 대광장이다.

지의 경지에 이르렀다고 생각하거나 자기 안에는 없는 무엇인가를 있는 것처럼 속이거나 눈을 감고 그냥 지나치는 일이 없다면 많은 사람들이 절대적 진리에 다다를 수 있었던 것은 아닐까요? 우리가 몸을 망치는 것은 오히려 우리에 대한 타인의 아첨과 추종에 의한 것이지 자신의 아첨과 맹목적인 추종에 의한 것이 아니라고 판단해서 좋은 이유는 없기 때문입니다. 용감하게 자기에게 진실을 말하려고 한 인간이 누가 있었을까요? 주위를 둘러싼 한 떼의 칭찬자나 추종자 안에서 자신이 스스로에 대한 최대의 추종자가 아니었던 사람이 누가 있었습니까? 그런 까닭으로 저의 이 흔들리는 마음을 억눌러줄 약을 가지고 계시다면, 바라건대 제가 당신의 그 묘약 덕분으로 마음의 평정을 얻는 데에 어울리는 인간이라 생각해 주시도록 부탁드립니다. 이 (마음의) 흔들림은 위험하다고 할 정도는 아니고, 어떤 난리를 불러일으킬 만한 것도 아니라는 사실을 알고 있습니다. 당신에게 호소하는 이 궁상을 정확히 비유해서 말한다면 저는 태풍으로 괴로움을 겪는 것이 아니고, 뱃멀미에 고통받고 있는 것입니다. 그것이 무엇이 되었든 부디 이런 재앙을 씻어내어 육지를 눈앞에 보면서 힘들게 싸우는 자에게 구원의 손길을 뻗어 주시기를 바랍니다.

2

〈세네카〉 세레누스여, 나도 자네의 그러한 정신 상태를 무엇으로 비유할 수 있을까 오랫동안 마음속으로 깊이 생각했다. 그리고 비유할 수 있는 사례로서 무엇보다도 가까운 것은, 오랫동안의 중병에서 겨우 해방은 되었지만, 때때로 찾아오는 미열과 두통에 시달려 병의 종말 증상은 벗어나 이미 건강하면서 구원을 요청하여 의사에게 손을 내밀어, 자기 몸에 조금이라도 열이 있든가 하면 과장되게 호소하는, 그런 사람들이 아닌가 하고 생각한다. 이런 사람들의 몸은, 세레누스, 건강에 문제가 있는 게 아니라, 건강에 길들여지지 않는다는 데에 문제가 있는 것이다. 비유해서 말하자면 조용한 바다에도 이는 잔물결, 특히 태풍이 지나가고 난 다음에 평온해진 바다의 그것과 같은 것이다. 따라서 필요한 것은 어떤 때는 자기 앞을 가로막고 서거나, 어떤 때는 자신에게 화를 내거나 또 어떤 때는 자기 자신에게 힘들게 대하기도 하는, 우리가 이미 졸업을 한 저 엄격하기 짝이 없는 방법이 아니라, 마지막에 오는 방법, 즉, 자기를 신뢰한다는 것, 그리고 어떤 사람은 올바른 길에 가까운 길을 헤매고 있다고는 하지만, 여기저기에서 엇갈리는 많은 사람들이 걷는 잘못된 길에 결코 정신을 빼앗기는 일이 없이, 자기가 바른 길을 가고 있다고 믿고 있는 일이다. 한편, 자네가 얻기를 바라는 것, 즉 그 무엇에 의해서도 타격받지 않는 마음은 위대하고도 가장 높은, 신에 가까운 것이다. 이러한 마음의 안정된 정신상태를 그리스인은 '좋은 마음(의 상태)'라고 부르고, 그것에 대한 데모크리토스의 훌륭한 저술이 있는데, 나는 이 정신 상태를 '(마음의) 평정'이라고 부른다. 굳이 그들의 말을 그대로 흉내 낼 필요는 없다. 명칭으로 나타내야 할 것은 대상이 되는 말의 뜻이고 그 명칭은 본디 뜻은 지녀야 하지만 말의 형태는 달리해도 좋기 때문이다. 그러기 때문에 우리가 추구하려는 것은 어떻게 하면 정신이 평탄하고 편한 길을 갈 수 있는가, 어떻게 하면 자신과 온건하게 지내고 스스로의 특성을 기쁨으로 바라보고 그 기쁨을 멈추지 않고 우쭐대는 일 없이, 그렇다고 울적하지도 않고 언제나 조용한 상태를 계속 유지할 수 있는가 하는 문제이다. 이 상태야말로 마음의 평정이라 할 수 있다. 어떻게 하면 이 마음의 평정에 이를 수 있는가를 살펴보기로 하자. 자네는 누구에게나 알맞은 그 일반적 요법에서 바라는 것만을 받아들이면 된다. 먼저 병폐를 남김없이 드러내, 그렇게 함으로써 저마다 자기에게 있는 병폐를 깨달을 수 있도록 하는 것이 좋다. 그러면 동시에 자네도 큰일을 여러 사람 앞에서 말하고 그것에 속박되어 스스로 쓴 과대한 능력의 기록에 고생하면서 자신의 의지에서가 아니라 수치심에서 자기기만을 계속하는 자들과 비교해서 자네의 자기혐오가 얼마나 작은 문제인가를 이해할 수가 있을 것이다.

자신의 변덕이나 혐오심, 잦은 변심으로 고통받아, 버렸던 것이 좋았다고 늘 생각하는 자도, 또한 무기력한 상태가 되어 힘들어 하는 자들, 이런 자들은 모두 같은 범주에 들어간다. 마치 불면증으로 고생하는 사람처럼 몸을 뒤척이며, 자세를 이리저리 바꾸어 지친 나머지 편안함을 찾는 자들도 이 범주에 넣도록 한다. 그와 같은 사람들은 삶의 상황을 줄곧 바꾸려고 한 끝에 마지막에는 변혁에 대한 혐오에서가 아니라 개혁에는 둔감한 늙은 나이에 멈추어 거기에서 움직이지 않게 된다. 더 나아가 그다지 변덕은 아니지만 이 일관성이 늘 지닌 떳떳한 마음 아니라 게으름 때문이며, 자기가 바라는 대로 삶을 보내는 게 아니라 시작한 대로의 삶을 보내는 자도 이 범주에 넣으면 된다. 예를 들자면 한이 없으나 이 병폐의 결과는 하나이다. 자기에 대한 불만이 바로 그것이다. 그 원인은 마음의 균형의 모자람과 겁먹은 욕망, 또는 완전히 채워지지 않은 욕망이다. 바라는 일을 과단성 있게 할 수 없거나 원하는 일을 이룰 수 없거나 해서 모든 것을 희망에 기대는 경우가 그에 해당한다. 그와 같은 사람은 늘 불안정하고 유동적이지만 모든 일에서도 어중간한 자의 필연적인 결과이다. 그들은 자기가 소원하는 일을 수단을 다해 이루고 해서 불명예스러운 일이나 곤란한 일까지 스스로에게 속삭거려 강요하지만, 고생이 보답 받지 못하면 소원이 이루어지지 않은 수치심에 괴로워하고, 더욱이 정상이 아닌 것을 바란 것을 한탄하는 게 아니라 소원이 물거품으로 돌아간 것을 한탄한다. 그때 그들은 좌절된 계획에 대한 후회의 마음에도, 또 새로운 계획에 들어가는 일에 대한 두려운 마음에 사로잡혀, 그 정신으로는 욕망을 억제할 수도 없고 그렇다고 욕망을 채울 수도 없기 때문에 출구를 찾을 수 없는 마음의 동요나 생각대로 펼쳐지지 않는 삶에의 주저, 단념한 여러 염원 속에서 무기력해지는 마음의 침체가 스며든다. 고생 끝의 차질에 싫증이 나서 한가한 삶이나 고독한 학문 연구에 도피처를 구했다고 해도 이러한 마음 상태는 더욱 더 견디기 어려운 것이 된다. 공인으로서의 임무를 다하려고 의욕적이 되고, 행동을 바라는, 본디 침착하지 못한 정신은 마땅히 자신의 내부에서 찾을 수 있는 위로가 적기 때문에, 그러한 한가한 삶이나 고독한 학문 연구에는 견딜 수가 없다. 세상일에 바쁠 때 바로 그 일에서 얻었던 즐거움을 빼앗겨 버린다면, 자기 집이나 고독에 둘러싼 벽을 견딜 수가 없이 마침내 혼자 남겨진 자기의 모습을 혐오감을 가지고 바라보는 것은 그 때문이다. 안정된 장소를 그 어디에서도 찾아볼 수 없는 정신의 흔들림, 그와 같은 정신에의 권태가 불만, 그리고 또 아무것도 하는 일 없는 삶을 견디는 슬프고도 병든 인내는 여기에서 기인된다. 그러한 상태의 참다운 원인을 인정하는 것을 부끄럽게 여겨, 수치심이 나무라는 고통을 안으로 돌려, 마음 한 구석에 갇힌 여러 욕망이 탈출구 없이 서로 숨막히게 만드는 경우가 특히 그것에 속한다. 거기에서 생기는 것은 비애나 우울이며, 또 희망을 품은 처음에는 어느 쪽도 아닌 불안한 상태에 놓여, 이윽고는 좌절을 한탄하는 비애를 느끼게 되는 산산이 흩어진 불안정한 정신의 동요이다. 무위의 삶을 싫어하고 자기에는 할 일이 아무것도 없다고 해서 한탄하는 사람들에게 특유한 그 감정, 타인의 출세를 적대시하는 격심한 질투심은 거기에서 생긴다. 불행한 무위의 삶은 시기를 낳고 자신이 앞으로 나아갈 수 없기 때문에 누구나 함께 망하면 좋겠다고 바라기 때문이다.

이 타인이 앞으로 나아가는 데에 대한 혐오감과 자기 자신에게 절망한 나머지 그들의 마음은 운명에 화를 내고, 시대에 불평을 늘어놓으며, 또 한쪽 구석으로 물러가 자기가 불러온 책망을 곰곰히 생각하지만, 그러한 스스로의 모습에 자기혐오에 빠져 싫어하고 꺼리는 마음이 생길 때까지 생각에 잠기는 정신에서 태어난다. 사람의 정신은 본디 움직이기 쉽고, 움직임으로 나아가는 성향을 갖는다. 그와 같은 정신에게는 스스로를 자극하며 어딘가 (다른 세계로) 이끌고 가는 것이라면 그 어떤 것이라도 고맙다고 생각한다. 그 재능을 세상적인 일로 소모하고 즐거워하는 최악의 인간(의 정신)에게는 더더욱 그와 같은 것은 고마운 것이다. 어떤 종기는 손으로 짜주는 손을 구하고, 그것을 해주는 것을 기뻐하고, 몸에 생긴 더러운 옴은 이를 긁어주는 것이라면 무엇이 되었든 환영하지만, 그것과는 다름 없이 온갖 욕망이 마치 까다로운 종기처럼 솟아난 정신에게는 고통이나 고민은 쾌락이 된다고 말해도 좋다. 우리 몸도 어떤 고통을 느끼면서도 기쁨을 느낀다. 예를 들면 몸을 뒤척여 아직 피곤하지 않은 데도 여러 가지로 체위를 바꿔 보려고 하는 것이 그것이다. 마치 저 호메로스의 아킬레우스도 마찬가지여서, 어떤 때는 엎어지기도 하고 어떤 때는 등을 대고 누어서 온갖 자세로 몸을 굴리면서 누워, 이것은 병든 자 특유의 행동이지만, 무슨 일을 하는 데에도 한 가지 같은 일을 오래 견디지 못하고 변화를 약처럼 사용하듯이 말이다. 멀고 가까운 여행을 계획하여 해변을 정처 없이 헤매는 것은 그 때문이며 현재 있는 것을 늘 싫어하는 변덕이 바다로 나가 자신을 시험해 보는가 하면, 이번에는 육지로 올라가서 스스로를 시험해 보려고 하는 것도 그 때문이다. "자 캄파니아*⁶로 가자". 이윽고 쾌적함에 싫증이 난다. 이번

---

*6 다음 세 군데 지명은 모두 이탈리아 남부의 지방 이름이다. 캄파니아는 나폴리를 중심으로 한 티레니아해에 면한 지방으로, 베수비오산을 비롯하여 많은 화산이 있기 때문에 풍치가 아름답고, 땅도 매우 풍요하며, 게다가 기후도 좋기 때문에, 로마 귀족들의 휴양지였다. 루카니아는 그 남동의 지방으로 더 남쪽에 있고, 이탈리아반도의 끝에 브루티움이 있다. 두 지방 모두 포에니 전쟁 등 역사적으로 유명한 곳인데, 아페닌 산맥이 지나가고 있기 때문에 산지가 많다. 또 타렌툼(현재의 타란트)은 이탈리아 남부의 고도로, 옛날에 피타고라스가 살았다고 전하여진 그리스의 식민지. 그리스와 가까운 위치에 있기 때문에, 고대에 가장 번영한 도시의 하나였으나, 시민이 사치스런 생활을 했기 때문에, '음탕한 타렌툼'이니 '전쟁을 싫어하는 타렌툼'이라는 이름이 있다.

에는 "미개의 땅을 보고 싶다. 브루티움의 땅이나 루카니아의 삼림을 탐색해 보자." 그러나 인기척 없는 들판에 있으면 끝없이 이어진 황무지의 살벌한 경관으로부터 사치에 익숙해진 눈을 달래 주는 쾌적한 무엇인가가 그리워진다. "타렌툼으로 가자. 훌륭하다는 그 항구, 온화한 기후의 그 추위를 피하기에 좋은 곳. 옛날에도 무리를 이루는 사람들로 번영했던 그 지방을." (로마에서의) 사람들의 박수갈채나 시끄러운 소리나 싸움 소리*⁷를 듣지 않은지 너무 오랜 시간이 지났다. 그러면 이번에는 사람의 피를 보고 즐기고 싶다고까지 생각한다. "자, 이제는 발을 돌려 로마로 가자." 연이어 여행을 계획하여 차례차례로 구경거리를 바꾸는 것이다. 루크레티우스가 말한 것처럼. 이렇게 사람들은 모두 끊임없이 자신으로부터 달아나려고 한다.*⁸ 하지만 실제로 도피하지 못한다면 달아나려고 한들 무슨 소용이 있겠는가. 내 몸에 들러붙어 귀찮기 짝이 없는 반려로서 자신에게 무겁게 얹히는 것이다. 그러기 때문에 우리가 고통받는 것은, 땅의 결함 때문이 아니라 우리 자신의 결함 때문이라는 사실을 알아야 한다. 모든 것을 견디기 위해서는 우리는 너무 약한 존재이며, 노고나 쾌락, 우리 자신조차도 또 다른 그 어떤 것이라 할지라도 그리 오래 견딜 수가 없는 것이다. 이러한 현실에 몰려 죽음으로 도피처를 구한 사람도 있다. 자주 목표를 바꾸기 때문에 그때마다 처음의 같은 장소로 되돌아와서 새로운 출발점(으로부터의 출발)이라고 하는 여지를 전혀 남겨놓지 않았기 때문이다. 그들은 삶이나 이 세상 그 자체가 싫어지기 시작하여 고름을 내는 방종에 으레 따라다니는 질문이 문득 마음을 스치고 지나가는 것이다. '언제까지 똑같은 짓을' 하고.

3

이런 권태를 극복하기 위해서는 어떤 방법을 찾으면 되는가, 내 생각을 알고 싶어 하는 것이 자네가 바라는 것이리라. 가장 좋은 방법은 아테노도로스*⁹가 말하듯이, 실생활의 활동에 몸담아 국정을 맡고 시민의 의무를 전념하는 일일 것이다. 일광욕이나 신체의 단련, 치료에 하루를 보내는 사람도 있고, 운동 선

---

*7 도시(로마)의 소음과 원형극장의 떠들석함을 말한 것 같다.
*8 루크레티우스 '물질의 본성에 대하여'에 나온 말.
*9 탈소스 출신의 스토아학자로, 키케로의 벗이고, 아우구스투스의 스승. 중기 스토아학설의 대표자라고 한다.

수는 근력이나 체력을 하루의 많은 시간을 들여서 키우는 일이 무엇보다도 훨씬 유익한 것과 마찬가지로, 정치 세계에서의 경쟁을 마음먹고 있는 자네들에게도 실무에 종사하는 것이 훨씬 유익하기 때문이다. 동포에게, 또 인류에 쓸모 있는 사람이 되겠다는 뜻을 가지고 있다면, 공사의 임무를 능력에 알맞게 다루면서, 여러 임무를 다하는 장에 적극적으로 몸을 두면, 동시에 자신의 훈련도 되고 쓸모 있는 사람이 되기도 하기 때문이다. '그러나'라고 그는*¹⁰ 말한다, "이토록 많은 무고자(誣告者)가 정의를 왜곡하여 부정으로 만들고 있다. 사람들의 이토록 광적인 야심이 들끓는 오늘의 세계에서는, 순박한 성실성은 그다지 안전한 것이라고는 말할 수 없고, 일어나는 일은 도움이 되기보다는 방해가 되는 쪽이 언제나 많을 것이므로, 중앙 광장이나 공적인 일로부터 물러나지 않으면 안 된다. 사적인 일에서도 위대한 정신을 널리 펼쳐나갈 수 있는 장을 가지지 않으면 안 된다. 사자나 그 밖의 동물의 위력은 우리로 억제되지만 인간의 달라서, 그 활동은 한가로움 속에서 가장 커진다. 그러나 한거(閑居)를 한다고 해도 한가한 틈을 활용할 숨을 집을 어디에 구하든 자신의 재치나 목소리나 지혜로운 배려로 개개인이나 인류 전체에 쓸모가 있어야 한다는 의식은 계속 가지고 있지 않으면 안 된다. 왜냐하면 국가에 도움이 되는 일은, 단순히 공직 후보자를 지지하거나, 피고인을 변호한다든가, 전쟁 결의에 참여하는 사람만은 아니라 청년들을 격려하고, 훌륭한 교육자가 이토록 바닥이 난 현재 그들의 정신에 덕을 불어넣고 돈이나 사치의 길로 가려고 하는 자들을 붙잡아 되돌아가도록 하고, 달리 아무것도 못하더라도, 적어도 그들을 말리는 사람으로서, 사적생활 속에서 공적인 일에 몸담고 있기 때문이다. 아니면 외국인 관련 분쟁을 해결하고, 자국민끼리의 다툼을 중재하여, 보조 재판관이 작성한 판결문을 추소인(追訴人)에게 읽어주는 외국계 법무관이나 도시 법무관 쪽이, 정의란 무엇인가, 존경하는 마음은 어떠한가, 인내란 무엇인가, 용기란 무엇인가, 죽음을 멸시한다는 것은 무엇인가, 신들을 인식하다는 것은 무엇인가, 양심이 얼마나 비용이 들지 않는 선인가 하는 것을 설득해서 들려주는 자들보다도 더 뛰어난 사람이라는 것인가? 그러기 때문에 여러 가지 의무적 활동 시간을 학문 연구에 돌려도, 다해야 할 임무를 포기하거나 제한하는 것은 되지

---

*10 아테노도로스를 말함. 이 말은 이 장의 마지막까지 이어짐.

않는 것이다. 사실, 전선에 서서, 우익과 좌익을 지키는 자만이 병사의 임무를 다하는 것이 아니라, 병영 문을 수비하는 자도, 위험은 적다고는 하지만, 전초(前哨) 역할을 게을리하지 않고 근무하는 자도, 야간 경비에 몸담은 자도, 무기고를 관리하는 자 또한 병사로서 임무를 다하는 것으로, 이러한 역할도 유혈 사태까지 되는 일은 드물다고는 하지만, 훌륭한 병역의 하나로 여겨지는 것이기 때문이다. 자네가 학문 연구 생활로 돌아갈 때에는 삶에의 권태를 모두 벗어나고, 햇볕을 싫어해서 밤이 오기를 기다릴 필요도 없이 자신이 스스로의 무거운 짐이 되는 일도 없고 타인에게 쓸데없는 인간이 되는 일도 없을 것이다. 자네는 많은 사람들을 끌어들여 친구로 만들고, 가장 좋은 사람들이 자네에게로 모여들 것이다.

덕은 아무리 미약한 것이라도 숨어서 보이지 않는 일은 없고 자신의 징표를 곳곳으로 내뻗는다. 덕에 어울리는 자는 누가 되었든 간에 그 발자국을 더듬어 그 뒤를 쫓을 것이다. 왜냐하면 사회와의 교류를 모두 끊고, 인류와 결별하고 자기에게만 눈을 돌려 자신을 위해서만 산다면 모든 열의가 부족한 그 고독 뒤에 이어지는 것은 해야 할 (가치가 있는) 것의 완전한 결여이기 때문이다. 우리는 건물을 세웠는가 하면 파괴하고, 바다를 밀어 젖히고,*¹¹ 험난한 땅의 상태를 거슬러 수도를 끌거나, 자연이 사용하라고 준 시간을 쓸 것이다. 우리 중에는 그 시간을 아껴 쓰지만, 물처럼 쓰는 사람도 있다. 또 어떤 사람은 명분 있게 쓰지만, 다른 사람은, 이 이상 부끄러운 일은 없지만, 모조리 써버려서 무엇 하나 유산을 남기지 않는 사람도 있다. 오랫동안 살았음을 증명하는 것으로서 나이를 많이 먹었다는 사실 말고는 아무것도 가진 게 없는 고령의 노인은 드물지 않다."

4

친애하는 세레누스, 나의 처지에서 보면, 아테노도로스가 너무나 많이 세속에 몸을 구부리고, 물러나는 것이 너무 빠르다고 여겨진다. 나 또한 때에 따라 양보해야 된다는 사실을 부정하는 것은 아니다. 그러나 퇴각한다고 해도 (등을 보이고 달아나는 것이 아니라) 뒤로 물러서며 서서히 후퇴해야 하고 군기(軍旗)

---

*11 로마의 부자들은 해안을 간척하여 거기에 저택을 짓고, 자주 거기에서 놀고 즐겼다.

도 지켜야 하고 싸움터에서의 위엄도 손상해서는 안 된다. 비록 적의 손안에 들어간다고 해도 무기를 가진 채로 항복하는 쪽이 적의 존경을 받기도 하고 안전하기도 하다. 덕을 이미 지닌 사람은 그렇게 해야 하고 덕을 지향하는 사람 또한 그렇게 해야 한다. 운명이 우세하고, 행동할 기회를 단절했다고 해서 그 자리에서 무기를 버리고 마치 운명이 따라올 수 없는 장소가 있는 것처럼 숨을 장소를 구하여 등을 돌리고 도망가는 일은 해서는 안 된다. 의무인 일에 힘을 쏟는 것을 다소곳이 하고, 해야 할 일을 선택한 뒤 국가를 위해 무엇인가 할 수 있는 일을 찾아내야 한다. 병역에 복무하는 것이 허락되지 않는다면, 공직을 구하는 것이 좋다. 개인의 입장으로 생활해야 한다면 변론가가 되면 좋다. 침묵하라는 명이 내려진다면, 말없는 지원으로 동포를 도우면 된다. 중앙 광장에 발을 들여놓는 것조차 위험하면, 자택이나 극장이나 연회에서, 좋은 벗, 믿을 만한 벗, 신중한 연회객으로서 행동하면 된다. 시민으로서의 의무를 (다하는 시민권을) 상실했다면 인간으로서의 의무를 실천하면 된다. 우리(스토아파)가 큰 정신을 가지고 자기를 하나의 도시에 가두지 않고 스스로를 해방시켜 온 세계와 교제하여 우주가 나의 조국이라고 공언하는 것은, 훨씬 넓은 활동의 장이 덕에 주어져야 한다는 의도에서였다. 재판관 자리가 막혀 있다고 하자. 연단이나 민회에 접근하는 일이 자네에게 금지되어 있다고 하자. 그러나 뒤를 돌아보는 것이 좋다. 거기에는 얼마나 드넓은 영역이 열려 있는가, 얼마나 많은 국민이 자네 뒤에 남겨져 있는지 돌아보면 좋을 것이다. 아무리 큰 부분이 닫혀 있어도 그 이상으로 큰 부분이 남겨져 있지 않는 일은 결코 없다. 여하간 자네의 그 사고방식으로 그대의 잘못이 모두 자네 쪽에 있다고 생각하지 않도록 조심해야 한다. 자네는 (로마의) 집정관이나 (그리스 자치시의) 정무장관이나 (전시의) 전권특사나 (카르타고의) 총감(과 같은 존재)가 아니면 국정과 인연을 맺지 않겠다는 등의 말을 하고 있기 때문이다. 최고사령관이나 군단사령관이 아니면 군무에 복무하기를 바라지 않는다면, 어떤가. 비록 다른 사람들이 최전선을 차지하고, 공교롭게도 자네는 제3선의 한 사람으로서 배치되었다 해도, 자네는 그 자리에서 소리를 질러 격려의 말로써, 솔선수범하고 용감하게 싸우면 된다. 만일 양팔을 다 잃더라도, 여전히 버티어 고함 소리로 가세하려고 하는 자는 전투 가운데 아군에 기여할 수 있는 자기 역할을 찾아낸 것이 된다. 자네도 무엇인가 그와 같은 일을 해야 한다. 운명 탓으로 자네가 국정의 제1선의 지위로부터 배제되는 일이 있다고 해도, 여전히 물러나지 않고 고함 소리로 도와야 하고, 누군가가 자네 목을 죄려고 하는 사람이 있다고 해도 여전히 버티고 서서 침묵으로 도와야 한다. 선량한 시민의 작용이 결코 아무런 도움이 되지 않는 일은 없다. 들리고 보여지는 것만으로도 표정으로, 고개의 끄덕임으로, 말없는 굳센 태도로, 걸음 그 자체로써 쓸모 있게 하는 것이다, 건강에 좋은 것 중에는 향기만으로도 유익한 것이 있는 것처럼, 덕도 비록 멀리에 몸은 숨기도 있더라도 그 효능을 드러내는 것이다. 덕은 자유롭게 돌아다니며, 마땅한 권리로 자유롭게 행동한다 해도, 또 밖에 나갈 때도 타인의 허락이 필요하여 할 수 없이 물러나야 한다고 해도, 또 좁은 우리에 갇혀 어쩔 수 없이 침묵을 지켜야 한다고 해도, 또는 활짝 열린 장소에서 그 모습이 뚜렷해도, 여하간 어떤 상태에 있다 해도 이로운 것이다. 훌륭하게 조용한 삶을 보내고 있는 사람의 모범을 왜 자네는 그다지 유익한 것이 아니라고 여기는 것일까? 그렇기 때문에 무엇보다도 가장 좋은 방법은, 활동적인 삶이 우연한 방해나 국가의 상황에 따라서 제약 받았을 때에는, 언제라도 활동적 삶에 한가한 삶이 섞이도록 하는 것이다. 그 어떤 명예가 있는 (유덕한) 활동의 여지도 없을 만큼 모두가 닫힌 채로 있는 것은 전혀 없는 것이다. .

5

30명의 참주(폭군)가 갈기갈기 찢었을 무렵, 아테네인의 수도*[12]만큼 불행한 도시가 따로 있을까? 그들은 1,300명의 시민을, 그것도 가장 선량한 시민을 살해했는데, 그것으로 끝나지 않고 흉폭은 흉폭을 거듭했다. 이 나라에는 아레이오 스파고스*[13]라고 하는 가장 신성한 재판소가 있었고 장로 의회와 장로 의회와 비슷한 민회가 열리는 언덕이 있었다. 거기에는 날마다 인간백정 같은 소름끼친 축들이 모여, 불행한 회의장은 참주(폭군)들에 의해 비좁을 정

---

*12 펠로폰네소스전쟁 직후(기원전 404년) 스파르타의 후원 아래, 크리티아스와 테라메네스 등 30명의 정부가 하였던 과두정치. 스파르타군은 아크로폴리스를 점령, 천 수백 명의 저명인이 처형되고, 많은 사람이 추방되거나 도망치고, 재산은 몰수당했다. 그러나 얼마 뒤에 내분이 일어나, 망명했던 민주파의 트라슈프로스가 정권을 탈환하여 크리티아스는 살해되고, 약 1년 내에 공포정치는 끝나고 민주정치가 부활했다.
*13 아테네의 아크로폴리스 서쪽의 작은 언덕으로, 폴리스가 이루어진 뒤 여기에서 종래의 장로회의 등이 열렸다.

도*¹⁴로 붐볐다. 참주가 그를 따르는 사람의 수만큼 있는 나라가 평화로울 수가 있었을까? 사람들은 자유 회복의 한 점 희망도 마음에 품지 못하고 악인들이 그토록 부리는 맹위에 맞서는 효험 좋은 약을 찾아볼 수 있는 한 조각의 가능성도 보이지 않았다. 사실 불행한 그 도시를 구해줄 그만한 수의 하르모디오스*¹⁵ 같은 사람을 어디에서 구했다면 좋았을까? 그러나 소크라테스가 그 한 가운데에 있었다. 개탄하는 장로들을 위로하고, 국가에 절망하는 사람들을 격려하고, 자기들의 재산 때문에 걱정하는 부자들을 허망한 탐욕을 새삼 후회해도 늦었다고 야단 치고 자기를 본받고 싶다고 하는 사람들에게 30명의 폭군들 사이로 서슴없이 자유로이 들어감으로써 위대한 시범을 보이고 다닌 것이다. 그럼에도, 이토록 많은 사람을 아테네 감옥에 가두어 죽이고 말았다. 폭군들의 대오에 뛰어들어, 비웃는 듯이 행동하여 안전했던 사람의 자유를, 자유가 용서할 수 없었던 것이다. 자네도 알리라. 국가가 곤경에 빠져 있을 때는 현자 자신의 진가를 드러낼 기회가 있다는 사실도, 그리고 국가가 번영하여 행복할 때는 돈이나 질투, 그 밖의 무수한 악덕이 지배한다는 사실도. 그러기 때문에 우리 같으면 국가의 운명에 따라, 운명의 허락에 따라서 스스로를 펼쳐 활동적이 되는 일도 있고, 자신을 움츠려뜨려 활발한 행동을 하지 못하는 경우도 있다. 여하간 활동은 하는 것이고 공포로 움직임을 멈추는 일은 없다. 아니, 위험이 곳곳에서 닥쳐오더라도, 무기나 쇠사슬이 주위에서 섬뜩한 소리를 내더라도, 용감함에 더럽혀진 명예를 씌우는 일 없이 용감함을 짓눌러 죽이지 않는 자야말로 진정한 용자라 할 수 있지 않는가. 왜냐하면, 자기를 지킨다는 것은 자기를 파묻어버리는 일이 아니기 때문이다. 생각해 보건대 크리우스 텐타투스가 하는 말은 마땅한 말이라 할 수 있다. 그는 말한다. 자기는 죽은 사람처럼 사는 것보다도, 오히려 죽은 사람이 되고 싶다고. 숱 많은 불행 중에서 가장 나쁜 불행은 죽은 자가 되기 전에 산 자의 한 사람으로 여겨지지 않는 일이다. 국정에 종사하다가 쉽사리 대처할 수 없는 사태를 만나게 되면 많은 시간을 애써 여가와 문학으로 돌려, 위험한 선박 여행과 마찬가지로

---

*14 30인 정부는 여당의 500명을 평의회에 소집하였기 때문에, 그만한 인간백정, 즉 참주(폭군)가 회장에 모였다는 것이다.
*15 아테네의 귀족으로, 벗인 아리스토게이톤과 함께 참주인 힛피아스를 넘어뜨리려고 했으나, 계획을 이루지 못하고 살해되었다.

기회를 봐서 항구를 찾아, 일이 자네를 풀어놓아 줄 때가지 기다릴 게 아니라 자제 자신이 그 일에서 자신을 떼어놓도록 하지 않으면 안 된다.

6

그런데 우리는 먼저 우리 자신의 문제를, 앞으로 우리가 다루려고 하는 일의 문제를, 다음에는 누구를 위하여, 또는 누구와 함께 일을 하는가 하는 문제를 살펴보지 않으면 안 된다. 무엇보다도 중요한 것은 스스로를 평가하는 일이다. 일반적으로 우리는 자기를 능력 이상으로 크게 평가하기 쉽기 때문이다. 말재주에 자만하여 몸을 망치는 사람이 있는가 하면, 견딜 수 없을 정도의 쓸모없는 재목이나 사랑을 보상을 바라고 강요하는 사람, 허약한 몸에 지나친 일을 강요하는 사람도 있다. 또 내성적이기 때문에 냉엄하지 않으면 안 되는 정치에는 알맞지 않고, 그 고집이 궁정에서는 통용 되지 않는 사람도 있고, 화를 다스릴 수가 없어서 사소한 일로 화를 내어 경솔한 폭언을 하는 자, 농담을 자제할 줄 모르고, 몸의 위험을 부르는 독설을 참을 수 없는 사람도 있다. 이러한 사람들은 일을 하느니보다는 조용히 한거하는 편이 이롭다. 거칠고 급한 성격은 재앙을 불러오는 방종함을 자극하는 것을 피해야 한다.

다음에는 우리가 다루려고 하는 일을 평가하여, 시도해 보려는 그 일의 내용과 우리 능력을 비교해 보지 않으면 안 된다. 행위자의 능력은 해야 할 일이 필요로 하는 능력을 웃돌아야 하기 때문이다. 담당자의 능력을 넘어선 무거운 짐은 틀림없이 담당자를 짓누르고 만다. 더 나아가 중요하기 보다는 다산(多産)이라고 할 수 있는 것으로 잇달아 할 일이 불러오는 경우가 있다. 여러 새로운 온갖 일이 생기는 이러한 일도 피해야 하고 또 자유롭게 물러날 수 없는 일에도 가까이 갈 일이 아니다. 손을 대야할 일은 끝마칠 수가 있거나 적어도 끝마칠 수가 있다고 기대되는 일이며, 생각한 것 이상으로 그 활동 범위가 넓은 범위에 걸쳐 뜻한 곳에서는 끝나지 않는 일은 피해야 한다.

7

사람에 대해서는 분명히 선택이 필요하며, 상대가 우리 삶의 일부를 던져넣을 만한 가치가 있는 사람인가, 우리가 자기의 시간을 사용하고 있다는 사실이 그 사람의 마음에 다다를 수 있는가를 고려하지 않으면 안 된다. 우리의 봉사를 자기 마음대로 우리의 빚으로 만들어 버리는 사람도 있기 때문이다. 아테노도로스는 말한다. 나는 (일부러) 간 일을 고맙다고 여겨주지 않는 사람한테는 식사에 초청되어도 갈 생각이 없다고. 자네는 알리라고 생각한다. 하물며 친구의 봉사(의 가치)에 맞추어서 식탁을 마련하고 마치 자기가 타인의 공을 칭찬하는 데에 한계를 모르는 사람처럼 행동하여, 요리를 마치 은혜를 베푸는 듯이 생각하는 사람에게는 그는 결코 가지 않으려고 했으리라는 것을. 이런 무리는 아무도 곁에 보는 사람이 없으면, 홀로 요정에서 사치스런 요리를 먹어도 즐겁지 않을 것이다.*16 잘 생각해야 될 것은, 자네 성격이 실무의 활동적인 일에 맞는가, 아니면 한가로운 환경에서 연구나 사색을 하는 일에 맞는가 하는 문제이며, 자네 본연의 자질이 이끄는 쪽으로 가야 할 것이다. 이소크라테스*17는 강제적으로 에포로스*18를 아고라로부터 끌어냈는데 그것은 에포로스가 역사 기록 작성 쪽에 오히려 쓸모가 있다고 판단했기 때문이다. 사실 인간의 재능은 무리하게 강요하면 응답이 잘 되지 않는다. 자연 본성에 거스르면 애쓴 보람은 헛수고로 끝난다. 그러나 충실하고 기분 좋은 우정만큼 기쁨을 주는 것은 달리 없으리라. 그 어떤 비밀이라고 안전하게 받들일 수 있는 준비가 된 마음을 지닌 사람, 자기만이 알고 있다는 것보다도 그 사람도 아는 것이 안심이 되는 친구, 그 사람과 나누는 대화가 불안을 누그러뜨리고 자신의 의견을 조언하고 쾌활로 우울을 날려주며, 그 모습을 보는 것만으로도 기쁨을 느끼는 친구는 얼마다 이득이 많은 보물인가. 우리는 마땅한 일이지만 될 수 있는 대로 욕망과는 인연이 없는 사람을 고르게 된다. 악덕이라고 하는 것은 가까이 있는 사람이라면 누구에게나 몰래 다가와서 옮겨 붙고 닿기만 해도 해를 미치기 때문이다. 따라서 비유해서 말하자면, 전염병은, (감염) 위험을 가져와 내뱉는 숨결만으로도 귀찮은 일이 되므로, 전염병에 걸려 고열을 내는 사람 곁에는 앉지 않도록 하는 것과 마찬가지로, 그 자질을 음미해서 친구를 고를 때에도 될 수 있는 대로 오염이 되지 않은 사람을 고를 수 있도록

---

*16 이 부분의 원문에는 빠진 데가 있다고 하는데, 요컨대 상대의 인간을 잘 골라서, 그 같은 사람들은 조심하라는 뜻일 것이다.

*17 이소크라테스(기원전436~338년)는 아테네의 변론가, 정치평론가.

*18 에포로스(기원전 405~330년)는 그리스의 역사가. 이소크라테스의 제자로 그의 대작인 '역사'는 현재 유실되고 없으나, 그 영향은 로마시대에 미쳤다.

최선의 노력을 기울이게 된다. 건강한 사람이 병든 사람과 교제를 한다는 것이 바로 병의 시작인 셈이다. 그렇다고 해서 그의 뒤를 쫓는다 해도, 자기에게로 끌어들인다 해도 현자 이외는 안 된다고 자네에게 지시할 생각은 없다. 사실, 이토록 오랜 세월 동안 우리가 찾고 있는 그 현자를 자네는 어디에서 찾아낼 수 있단 말인가. 가장 좋은 사람 대신에 악이 가장 적은 사람으로 대신하면 된다.

자네가 플라톤이나 크세노폰, 그 밖에 소크라테스의 피를 받은 자손들과 같은 사람 가운데 좋은 친구를 구하려고 한다면, 비록 가토가 (태어난) 시대에 어울린 많은 뛰어난 인사를 낳은 그 가토 시대로 되돌아가는 것이 자네에게 가능하다고 해도 자네가 친구 고르기에서 행운의 결과를 가져올 가능성은 아마도 없을 것이다. 가토의 그 시대는 뛰어난 인사와 마찬가지로 다른 어느 시대에도 못지 않게 많은 좋지 못한 자나 극악의 죄를 지닌 사람들도 내놓았다. 카토를 이해하기 위해서는 선악 양쪽의 인간이 필요했던 것이다. 그 동조로써 자기를 긍정하기 위해서는 착한 사람이, 자기의 진가를 시험하기 위해서는 악인이 그에게는 있어야 했다. 어쨌든 이토록 선인이 드문 오늘날 친구 고르기에 너무 까다로울 필요는 없다.

단, 모든 일을 트집 잡아 불평을 예사로 하는 우울한 사람이나 무슨 일에나 한탄을 하는 사람은 특히 피해야 한다. 비록 그 사람의 신의나 선의에 의심이 가지 않는다 해도 무슨 일이나 흐트러 뜨리고 한숨을 쉬는 사람은 마음의 평정에 대한 적이다.

8

재산 문제로 이야기를 옮기기로 하자. 인간이 짊어지는 어려운 것 가운데 가장 어려운 재산에 대해서 말이다. 사실, 우리가 고통받는 다른 모든 어려움, 즉, 죽음, 병고, 두려움, 욕망, 그리고 참아야 할 고뇌나 노고 등 우리의 금전이 불러오는 온갖 재앙을 저울대에 올려놓아 보면 후자 쪽이 훨씬 크다는 사실을 알 수 있다. 그러므로 잃은 것보다 가지고 있지 않은 편이 얼마나 고통이 가벼운가를 생각해 보아야 한다. 그러면 가난에는 손해를 생기게 하는 요인이 적은 만큼 고통을 부르는 요인도 적다는 사실을 알 수 있다. 부자가 손실을 실망하지 않고 견딜 수 있다고 생각하는 것은 잘못이다. 몸이 크든 작든 받은 상처의 고통은 마찬가지이다. 피온*[19]이 한 말은 감탄할만하다. 그가 말하기를, 머리카락을 뽑힌다면 대머리이건 머리숱이 많은 사람이건 아픔은 같다고. 가난한 사람과 부자도 마찬가지이며 둘에게 고통은 같다는 사실을 알 수 있다. 왜냐하면 금전은 어느 쪽에나 찰싹 달라붙어, 그것을 억지로 빼앗기면 둘 모두 고통을 느끼지 않을 수 없기 때문이다. 지금 말한 바와 같이 잃는 것보다도 손에 넣지 않는 편이 한결 견디기 쉬운 일이며, 그러므로 행운의 여신에게 한 번도 도움을 받지 못한 사람이, 운명의 버림을 받은 사람보다도 한결 쾌활함을 알 것이다. 위대한 정신의 소유자인 디오게네스*[20]는, 그것을 알고 있었기 때문에 무엇 하나 자기에게서 빼앗길 것이 없도록 했다. 자네는 자네대로 그것을 가난이라고도, 빈곤이라고도, 곤궁이라고 부르면 좋고, 그 무엇으로도 침범 당하지 않는 그 안심의 경지에 희망의 불명예한 명칭을 붙이면 된다. 그 사람에게는 잃는 것이 아무것도 없는 누군가 다른 사람을 자네가 찾아준다고 하면 나도 이 사람이 행복한 사람이 아니라고 생각하기로 한다. 내가 잘못하고 있는가, 그렇지 않으며 욕심이 많은 자나 사기꾼, 강도나 유괴범에 둘러싸여 있으면서 단 한 사람 위해를 가할 수 없는 존재가 된다는 것은 왕권과 같거나 그 어느 쪽이다. 디오게네스의 행복에 회의적인 사람이 있다면 마찬가지로 불사(不死)의 신들의 경우에도 호의적이 될 수 없다. 신들에게는 거주지가 없고 정원도 없으며, 땅을 빌려 쓰는 사람에게 다른 나라 대여할 고액의 땅도, 중앙 광장에서 얻어지는 거액의 이익도 없기 때문에, 신들은 그다지 행복하게 지내지 못한다고 말 할 수 있는 게 아닌가 하고. 누가 되었든 간에 부(富)에 매료된 사람은 자기의 그 모습을 부끄럽게 생각하지 않을까? 자, 우주에 눈을 돌려 보자. 신들이 알몸으로 모든 것을 주면서도 그 자신은 무일푼이라는 사실을 알 수가 있으리라. 자네는 운이 주는 우연한 것을 모두 내던진 사람들을 가난하다고 생각하는가, 그렇지 않으면 불사의 존재인 신들과 비슷한 존재라고 생각하는가? 자네는 폼페이우스보다도 행복하다는 사실을 부끄럽게 생각하지 않았다. 폼페이우스의 해방노예였던 데메트리오스*[21] 쪽이 행복하다는

---

*19 기원전 3세기 무렵의 그리스 철학자로, 테오푸라스토(아리스텔레스의 제자)에게 배웠다.
*20 이른바 시노페의 디오게네스(기원전 404~323년)로, 키니코스파(앞의 주 참조)의 대표적인 철학자. 안티스테네스의 제자.
*21 파레스티나의 가다라에서 태어남. 폼페이우스에게 신뢰를 받은 측근의 한 사람.

건가. 심부름꾼 둘과 조금 널찍한 작은 방이 부유함이라고 오랫동안 생각했음에 틀림없는 그는, 마치 군의 최고지휘관처럼 날마다 노예의 수를 보고 받았다. 이에 대해서 단 한 사람 있었던 노예가 달아난 일이 있는데, 있는 곳을 알아도 디오게네스는 그 노예를 데려오는 것을 그만큼 중요한 일이라고는 여기지 않았다. 그는 이렇게 말했다. "(노예인) 마네스는 디오게네스 없이도 살 수 있는데, 디오게네스는 마네스 없이는 살 수 없다니 부끄러운 일이다" 나는 그가 하고 싶은 말은 이렇다고 생각한다. "운명이여, 당신은 당신이 하는 일에 정진하면 된다. 디오게네스에게는 이제 당신 것은 하나도 없다. 한 사람 있었던 나의 노예는 달아났다. 아니, 도리어 내 쪽이 자유가 되어 떠난 것이다." 집에 노예를 두면 옷이나 먹을 것이 필요하다. 많은 탐욕스럽기 짝이 없는 생물의 배를 돌봐야 하고 의복을 구입해야 하고 손버릇이 나쁜 자들을 망봐야 하고 울거나 싫어하는 사람들의 봉사에 기대지 않으면 안 된다. 손쉽게 거절할 수 있는 자기 말고 그 누구에게도 부담이 없는 사람 쪽이 얼마나 행복한가. 하기야 우리에게는 그가 가지고 있는 정도의 강인한 의지력이 없기 때문에 차라리 재산을 적게 하고 운명의 부당한 처사에 드러날 기회를 줄이도록 해야 한다. 싸움터에서는 갑옷에 딱 맞는 몸 쪽이, 너무 커서 갑옷으로부터 드러나 곳곳에 무방비 상태가 생겨 상처를 입는 몸보다는 형편이 훨씬 낫다. 금전의 최고액은 가난에 빠지지도 않고 그렇다고 해서 가난에서 그다지 멀리 떨어져 있지 않은 액수인 것이다.

9

우리가 그것이 없으면 아무리 큰 부라도 채울 수 없는 검약을 이전부터 지향해 왔다면, 그리고 아무리 큰 부가 있어도 충분하지 않다면, 특히 구조 수단이 가까이에 있고 가난까지도 절약의 도움을 빌어 부로 바꿀 수 있는 것이므로 그만한 액수의 금전이 있으면 우리는 만족하리라. 이것보라는 듯한 허영을 물리치고 장식성이 아니라 실용성을 사물의 가치를 재는 데에 익숙해질 필요가 있다. 음식은 허기를 견딜 만큼 하고, 음료는 갈증을 축이는 정도로 하며, 욕정은 꼭 필요한 만큼 발산하도록 하고. 자신의 손발에 의존하고, 또 복장이나 음식은 세태의 흐름에 맞추지 않고 선조의 관습이 권하는 것에 맞추기로 하자. 더 나아가서 절제심을 단련하고 사치를 삼가고, 허영심을 누르고, 노여움을 가라앉히고, 가난을 편견 없는 눈으로 바라보고 검소함을 소중히 여기고, 비록 많은 사람들이 그것을 부끄러워하더라도 거기에 구애받지 말고, 자연의 욕구에는 값싸게 얻을 수 있는 것으로 충당하도록 하는 것이다. 또 억제할수 없는 기대나 미래로 치닫는 마음을 말하자면 족쇄를 기우는 기술, 부를 운명에 구하는 것이 아니라 우리 자신에게 구하를 기술을 우리는 배워야 한다. 인간에 닥치는 재앙이나 불공정은 없앨 수 없는 것이고, 돛을 크게 쳐서 항해를 하려고 하는 자에게는 돌풍이 불어 닥치는 것을 피하기가 어렵다. 활동의 대상이 되는 것을 축소하고 그렇게 함으로써 운명의 화살이 표적을 벗어나게할 일이다. 그렇게 함으로써 때로는 추방이나 여러 재난도 약이 되었고, 가벼운 재난으로써 큰 재난을 치료할 수가 있게 된 것이다. 정신의 가르침을 따르지 않고, 온건한 수단으로는 고칠 수 없을 때, 가난이나 치욕은 전락을 처방약으로 써서, 재난을 치유하는 데에 재난을 가지고 한다고 해서 그것이 어째서 정신을 위해 도모하는 행위가 아니라고 할 수 있는가. 따라서 우리는 많은 손님과는 인연이 없는 식사를 하며, 될 수 있는 대로 적은 수의 노예를 돌보기로 하고, 옷은 그것이 고안된 본래의 목적으로 구입하고 될 수 있는 대로 좁은 집에서 살도록 길들여야 할 것이다. 경주나 경기장에서의 (전차) 경기뿐만 아니라, 인생의 이 경주장에서도, 되도록 안쪽 코스를 돌도록 해야 한다.

학문연구는 지출의 대상으로서 자유인에게 가장 어울리는 것이지만, 그것이 합리성을 가지는 것은 절도를 지녔을 때이다. 소유자가 표제만으로도 평생동안 걸려도 읽을 수 없는 만권의 책이나 문고에 무슨 의미가 있는가. 이런 산더미 같은 책은 학습자의 무거운 짐은 될망정, 그 가르침은 되지 않는다. 다수의 저작자 사이를 목적도 없이 돌아다니는 것보다 소수의 저작가에 몸을 맡기는 편이 훨씬 낫다, 알렉산드리아에서는 4만 권의 책이 재로 돌아갔다.*22 왕의부를 나태나는 장려하기 짝이 없는 기념물이라고 하는 사람도 있을 것이다. 예를 들면 티투스 리비우스*23인데, 그는 이것을 제왕들의 우아한 배려가 담긴 뛰어난 위업이었다고 말하고 있다. 그러나 그것은 우아하지도 않고 고심도 없는, 단지 학문적 사치에 지나지 않는다. 아니, 학문적인 것조차도 아니다. 왜냐

---

*22 카이사르가 기원전 47년에 이 도시를 습격했을 때의 일이다. 디온 카시오스의 〈로마사〉. 이것은 프틀레마이오스 왕조에 의해 창립되고 유지되어 온 저명한 도서관이다.
*23 로마의 역사가 (기원전 59~기원후 17년). 대작 '로마 건국사'를 씀.

하면 제왕들은 이것을 학문연구를 위해서가 아니고, 구경거리로 삼기 위해 수집했기 때문이다. 많은 무지한 사람들이 책은 학문의 도구가 아니고 연회 장식으로 하기 위해 (초학자의) 아이들이 읽는 것 같은 문학서를 사는 것과 같다. 그러므로 자랑하기 위해서가 아니라 충분한 권수의 서적을 구하는 것이 좋다. '책을 위해 돈을 뿌리는 편이, 코린트 구리항아리나 회화 따위에 뿌리는 것보다는, 훨씬 훌륭하지 않느냐' 자네는 말할지도 모른다. 그러나 무슨 일이든지, 지나치면 악이 된다. 향목이나 상아 책장을 갖고 싶어 하고, 무명의 작가나 악평 높은 작가가 쓴 작품들만 모아 놓고, 그런 몇 천 권이나 되는 책에 둘러싸여 하품이나 하면서, 가장 마음에 든 것은 자기가 모은 장서의 장정이나 표제뿐이라는 그런 인간이 있다면, 그런 사람을 용서해도 좋다는 어떤 이유가 있을까? 몹시 게으른 사람 집에는 연설집이나 역사책 따위 허드레가 책 상자에 꽉 차 있어 천장까지 쌓여 있는 것을 볼 수가 있다. 그도 그럴 것이 이제는 냉수목욕과 욕실과 함께, 장서실도 저택에 필요한 장식물로서 화려하게 꾸미는 세태인 것이다. 학문연구에 대한 지나친 욕망에서 나온 잘못이라면 물론 용서할 수는 있다. 그러나 그러한 사실과는 달리 이렇게 해서 수집되어 저자의 초상과 함께 배열되는 성스러운 천재들의 이러한 저작은 실은 겉치레나 벽장식을 위해 사들인 것들인 것이다.

10

그런데 자네는 인생의 어떤 곤란에 빠져, 공적이든 사적인 그 어느 경우의 탓으로 덫에 걸려 그 덫을 빠져나올 수가 없다고 말한다. 그러나 잘 생각해 보라. 족쇄가 채워진 죄수는 처음에는 정강이를 죄는 아픔에 고생을 하지만 시간이 지나면서, 그런 것에 대한 분노를 그만두고 참기로 마음을 정하게 되지만, 그때 필연은 씩씩하게 견디도록 가르치고, 적응은 손쉽게 참는 것을 가르쳐준다. 자네가 재앙을 절대적인 것으로 여기는 게 아니라, 오히려 가벼운 것으로 여기기만 하면, 그 어떤 종류의 인생에도 기쁨이나 편안함이나 즐거움이 있음을 알 수 있을 것이다. 우리 인간에 대한 자연의 선행으로 이토록 고마운 것은 없다. 자연은 우리 인간이 어떠한 고난을 안고 태어나는가를 알고 있으므로, 재난의 완화제로서, 적응이라는 것을 찾아주어, 견딜 수 없을 만큼 가혹한 따뜻함과 추움도 익숙해지도록 인도해 주는 것이다. 불운한 일이 최초에 주는 타격과 같은 타격의 힘을 언제까지가 지탱해야 한다면 그 누구도 견딜 수가 없으리라.

우리는 누구나 운명과 결부되어 있다. 어떤 자는 황금 쇠사슬로, 더구나 느슨하게 매어 있지만, 단단히 조잡한 쇠사슬로 묶여져 있는 자도 있다. 그러나 거기에 무슨 차이가 있겠는가. 우리가 한 사람도 빠짐없이 구속 아래 놓여 있다는 점에서는 변함 없고, 구속한 자 또한 구속되어 있는 것이다. 하기야 왼손*24에 끼워진 쇠사슬 쪽이 가볍다고 자네가 생각한다면 이야기는 달라진다. 명예로운 (고위의) 공직에 구속되어 있는 자도 있는가 하면 부에 구속된 자도 있다. 고귀한 집안에 고통받는 사람도 있는가 하면 천한 가계(家系)에 고통받는 자도 있다. 어떤 사람은 머리 위에 버티는 권력 앞에 무릎을 꿇고 어떤 사람은 자신의 권력 앞에 무릎을 꿇는다. 어떤 사람은 추방 때문에 어떤 사람은 신관직(神官職) 때문에 한곳에 억류된다. 삶은 모두가 예속이다. 그러므로 스스로 놓인 처지에 익숙해져서 될 수 있는 대로 그것을 한탄하기를 그만두고 자기 주위에 있는 아무리 사소한 장점도 놓치지 않고 파악하도록 노력하지 않으면 안 된다. 공평한 마음이 위안을 찾을 수 없을 만큼 가혹한 운명 같은 것은 없다. 가끔 얼마 안 되는 땅도 잘 구분하면 여러 용도의 길이 열리고, 좁은 공간도 어떻게 배치하느냐에 따라 살 수 있는 것이 된다. 곤란은 이성을 가지고 대처 하는 것이 좋다. 가혹한 것도 완화되고 험악한 것도 열리고 과중한 것도 잘 다루면 고통도 줄어든다. 더 나아가 여러 욕망에는 멀리 있는 것이 아니라 가까이 있는 것을 구하여 배출구를 주도록 해야 한다. 우리의 욕망은 완전히 밀폐되면 견딜 수가 없기 때문이다. 실현 불가능한 것, 실현 가능한 것이라도 곤란한 것은 단념하고 가까이 있으며 우리의 기대에 희망을 갖게 하는 것을 구하도록 하자. 단, 모든 것은 겉으로는 여러 양상을 띠지만 내실은 모두 공허한 것이고 소용이 없다는 사실을 알아야 한다. 자기보다 위에 선 자를 질투해서는 안 된다. 솟아 있는 것처럼 높이 보이는 것은 반드시 전락의 위기에 있는 것이다. 반대로 불공평한 운이 역경에 세운 사람은 자만할 수 있는 것이 있어도 그런 마음을 말끔히 없애고 될 수 있는 대로 자기의 운명을 평지로 끌어내리므로 순조로운 환경에 서는 자보다도 안전하다. 사실 자기가 서는

---

*24 쇠사슬로 죄수의 오른손을 매단 교도관의 왼손을 말한다.

절정에 어쩔 수 없이 집착하지 않을 수 없는 사람은 많다. 전락 말고는 거기에서 내려올 방법이 없기 때문인데, 그들은 증언할 것이다. 자기들의 가장 무거운 짐은 자기들이 타인의 무거운 짐이 되지 않을 수 없는 처지에 있다는 것이며, 자기들은 높은 곳으로 올라간 것이 아니라 높은 곳에 못 박혀 있는 것이라고. 그와 같은 사람들은 정의나 선량함이나 인간성을 드러내 아낌없이 너그러운 원조의 손을 뻗어서, 앞으로도 이어지는 재앙에 대처할 수 있는 지원을 미리 준비해 두는 것이 좋다. 그 지원을 의지하면 오늘보다는 안심하고 그 불안정한 높이에 서 있을 수 있을지도 모른다. 그러나 마음을 농락하는 이러한 흔들림으로부터 우리를 해방시켜주는 방법으로서는, 출세나 부귀영화라는 것에 늘 한계점을 설정해 두고, 그것을 끝마치는 자유재량의 여지를 운명에 주지 말고 스스로가 그 훨씬 전에 멈추는 것보다 더 좋은 일은 없다. 이렇게 하면 사소한 욕망이 정신을 자극할 수도 있고 또 그 욕망은 제한된 것이기 때문에 끊임없이 불확실한 것으로 정신을 이끄는 일도 없으리라.

11

나의 이런 이야기는 불완전한 인간, 평균적인 인간, 건전성에 문제가 있는 인간을 위한 이야기로 현자에 대한 이야기는 아니다. 현자라면 조심조심 걷거나 한 발 한 발 신중하게 걸을 필요도 없다. 현자의 스스로에 대한 믿음은 절대적이어서, 운명에 맞서 과감하게 나갈 수가 있고 운명에 굴복하는 일도 없다. 현자에게는 두려워할 점이 없다. 왜냐하면 현자는 재산이나 소유물이나 권위(가 있는 지위)뿐 아니라 자기의 몸이나 눈이나 손도, 삶에 한결 애착을 느끼게 하는 것도, 자기 자신까지도 운명의 허락을 받아 주어진 것으로 보고, 자기는 이들을 빌려받은 것으로 요구되면 슬퍼하는 일 없이 돌려주는 마음가짐으로 삶을 보내기 때문이다. 그렇다고 해서 현자는 자기가 자신의 것이 아니라는 것을 알고 있기에, 자기를 값싸고 무가치한 인간이라고는 결코 생각하지 않고, 무슨 일을 해도, 신심 깊은 사람이나 성직자가 자기의 신앙심에 맡겨진 것을 소중하게 지키는 것과 같은 세심한 마음으로 한다. 한편 돌려달아는 명령을 받았을 때는 운명에 불평하지 않고 이렇게 말할 것이다.

"내가 이제까지 소유하고, 지녀왔던 것에 감사한다. 이제까지 나는 당신의 것을 돌보고 큰 보람을 얻어왔는데, 당신이 그렇게 명하는 이상 감사하면서

나는 돌려주고 넘긴다. 무엇인가 당신 것을 내가 여전히 소유하기를 바란다면 나는 그것을 지켜갈 작정이다. 당신이 그것을 바라지 않는다면 맹세코 은기(銀器)나 은화, 집이나 가족도 나는 돌려주겠다"라고.

자연이 이전에 우리에게 맡긴 것을 반환할 것을 요구했다고 하면 우리는 또한 그 자연에 대해서 이렇게 말할 것이다.

"당신이 주었을 때보다도 훌륭하게 된 정신을 받으시오. 나는 주저도 하지 않고 뒤로 물러나지도 않는다. 내가 깨닫기 전에 당신이 준 것은 돌려줄 준비가 되어 있다. 그 의지가 있는 나부터 받으시오. 가지고 가시오."

나온 곳으로 돌아가는 데에 무슨 어려운 점이 있겠는가. 누구든 훌륭하게 죽은 법을 모르는 사람은 비굴하게 산다. 그러기 때문에 먼저 무엇보다도 이 삶의 가치를 줄이고 생명을 값싼 것의 하나로 여겨야 할 것이다. 키케로가 말하듯이, 우리는 어떠한 수단을 써서라고 생명을 연장하려고 하는 검투사는 싫어하고, 죽음을 가볍게 보는 의욕이 온 몸에 넘치는 검투사는 응원한다. 우리가 놓인 상황 또한 마찬가지이다. 죽음에 대한 겁이 죽음의 원인이 되는 일이 곧잘 있기 때문이다. 우리를 농락하고 위로감으로 삼는 운명은 이렇게 말하리라.

"겁 많은 너를 무엇 때문에 오래 살게 해 둘 것인가? 스스로 목을 내밀려고 하지 않으면 너는 더 깊은 상처, 더 심한 자상(刺傷)을 입는 것이다. 그러나 목을 끌어들이려고도 하지 않고 손으로 막으려고도 하지 않고 용기를 가지고 칼날을 저지하려는 너는 오래 살 수고 있고 안락한 죽음을 맞이하기도 할 것이다."

죽음을 두려워하는 자는, 살아 있는 인간으로서 어울리는 일은 아무것도 할 수 없을 것이다. 그러나 죽는 것이 사람이 어머니 뱃속에 잉태되는 순간부터의 운명임을 아는 자는, 그 약속에 따라 살고. 변함없는 굳은 정신력으로 그것을 이행하므로 일어나는 일 중에 무엇 하나 돌발적인 것은 없다. 사실 그와 같은 사람은 생길 수 있는 모든 일을 예견함으로써 모든 재앙의 충격을 완화한다. 그 충격은, 미리 대비하고 예기하는 자에게는 아무 일도 아니지만 완전히 안심하고 행복한 거만을 바라는 자에게 이 충격은 매우 크다. 질병이 그것이며 투옥과 재해와 화재가 그것이다. 어느 것 하나 돌발적인 것은 없다. 자연이 자기를 아무리 소란으로 가득 찬 인간이 사는 거주지에 가두고 거기에서 사는 사람을 삼았는가를 나는 알고 있기 때문이다.

자주 이웃에서 슬픈 곡성이 들려왔다.[*25] 곧잘 요절한 사자의 장례행렬이 횃불과 촛불[*26]을 앞세우고 나의 집 앞을 지나갔다. 자주 내 옆에서 무너지는 건물의 굉음이 울렸다. 중앙 광장이나 의사당이나 대화로써 나와 맺어준 많은 지인이 하룻밤 사이에 나로부터 빼앗기고 우정으로 맺어진 그 손이 하루아침에 끊어졌다. 내 주위에서 끊임없이 생긴 이러한 일들이 언젠가 나에게 찾아온다 해도 놀라서야 되겠는가. 그의 말이 좋다고 여기면 악명의 작가를 인용하는 것을 나는 부끄럽게 생각하지 않는다. 푸블릴리우스[*27]는 바보스런 웃음이나 관람석을 노리는 대사를 제외하면, 그 박력은 언제나 비극·희극의 천재 작가들도 압도할 정도였다. 그런 그가 희극은 말할 것도 없고 비극의 대사보다도 훨씬 힘차게 호소하는 말을 많이 남겼는데, 다음의 것도 그 한 구절이다. '누군가에게 일어날 수 있는 일은 누구에게나 일어날 수 있다' 이 말을 마음속 깊이 새겨, 날마다 수없이 일어나는 남의 재앙을 바라보며, 그 모두가 바라든 바라지 않든 나에게도 닥쳐올 것이라고 생각하는 사람은, 습격 당하기 훨씬 전부터 몸을 지키는 대비가 되어 있을 것이다. 위험이 닥치고 나서 위험에 견디는 준비를 해도 이미 때는 늦다. "이렇게 될 줄은 몰랐다", "설마 이런 일이 일어난다고 믿을 수가 있었나", 사람들은 이렇게 말한다. 그러나 어떻게 어째서 생각하지 않았을까? 빈곤이나 기근이나 구걸이 등 뒤에 따르지 않는 부(富)가 어디 있단 말인가? 자줏빛 도포나 복점장(卜占杖)이나 고관화(高官靴)[*28]의 뒤를 오탁(汚濁)이, 불명예의 낙인이, 무수한 치욕이, 그 이상 없는 멸시가 그림자처럼 따르지 않는 권위 있는 지위가 어디에 있단 말인가? 붕괴, 유린, 폭군, 처형인이 기다리고 있지 않은 왕국이 어디에 있는가? 그 사이에 긴 시간의 간격이 있다고 생각하는 것은 잘못으로, 왕좌에 앉은 왕권과 다른 사람의 무릎[*29]에 몸을 엎드리는 굴종과의 틈은 순간에 지나지 않는다.
　따라서 잘 알아두어야 한다. 모든 경우는 변하며 누군가에게 닥치는 일은 나에게도 닥칠 수 있다고. 자네는 유복하다. 그러나 폼페이우스보다도 부자일

＊25 죽은 사람이나 그밖의 재앙을 울며 슬퍼하는 사람들을 말함.
＊26 이런 불은, 일찍 죽은 어린이의 밤에 거행되는 장례에 따르는 것이었다.
＊27 기원전 1세기의 해학작가. 시리아 태생의 로마노예였으나, 그 재능이 뛰어나 해방되었다.
＊28 이상 세 가지는 고관이 쓰던 것.
＊29 정복당한 왕이 정복자의 무릎에 몸을 구부리는 것을 의미한다.

까? 그는 오래 이어진 혈연으로, 새로운 빈객 가이우스가 제실(帝室)의 문을 열고 그를 맞아들여 폼페이우스가 스스로 집을 폐쇄하게 한 이래, 그에게는 빵과 물조차 없었다. 폼페이우스에게는, 자기 영토에서 발원한 물이 바다로 흘러가는 여러 하천이 있었는데도 몇 방울의 물을 구걸하지 않으면 안 되었다. 그는 굶주림과 갈증 때문에 동족의 궁전에서 세상을 떠났는데, 그 사이에 지금 당장이라도 굶어죽으려고 한 그를 위해 상속자(이 된 가이우스)는 국장(國葬)의 준비를 하고 있었다. 자네는 여러 요직을 역임했다. 그러나 그 직은 세야누스*³⁰가 역임했을 정도의 요직이었을까? 또는 그토록 바라기 어려운 요직, 그토록 모든 사람에게 위력을 나타낸 요직이었을까? 원로원이 (나라의 감옥으로) 호송해 간 그날 동안에 그는 갈기갈기 찢겼다. 신들이나 인간이 바칠 수 있는 모든 것을 산처럼 쌓아올릴 수 있었던 그로부터 처형인이 가지고 갈 수 있었던 것은 아무것도 없었다. 자네가 왕이라고 해보자. 그러나 산채로 자신을 화장하는 장작더미에 불이 붙여지는 것도 불이 꺼지는 것도 눈으로 보고, 자기의 왕국뿐 아니라 자신의 죽음까지도 살아남은 크로이소스에, 또는 로마 국민이 공포에 싸인 지 일 년도 채 지나기 않는 동안에 그 모습을 로마 국민 앞에 드러낸 유그르타*³¹의 예를 보이고 싶지 않다. 아프리카의 왕 프톨레마이오스*³²나 아르메니아의 왕 미르리다테스*³³가, 가이우스황제의 포로가 되는 것을 우리는 목격했다. 한 사람은 유형지로 보내어지고 또 한 사람은 그보다도 더 나은 처우를 받는 유형이었다. 이토록 격렬한 변화의 덧없는 삶에서 생길 수 있는 일 모두가 언젠가는 일어날 수 있는 일이라고 여기지 않는다면 자네의 지배권을 역경에 맡기게 된다. 미리 그것을 안 사람은 역경을 깨뜨릴 수가 있다.

12

이러한 타이름에 이어지는 것은, 이롭지 않은 일에 수고를 들여서도 안 되고, 아무런 도움도 되지 않게 고생해서도 안 된다는 타이름, 달리 말하자면,

---

*30 로마의 정치가(기원전 20년께~기원후 31년).
*31 기원전 1~2세기의 누미디왕.
*32 아프리카 북서부 마우리타니아의 왕(23~40년).
*33 중앙아시아의 아르메니아 왕.

할 수 없는 일을 이루고 싶다고 바라는 것도, 크게 피땀 흘려 이룬 뒤에 그 바람의 허망을 깨닫는 일이 있어서는 안 된다는 것, 즉 힘들여 애쓴 보람도 없이 헛수고에 끝나는 일도, 결과가 그러한 고생에 어울리지 않는 것도 안 된다는 타이름이다. 일이 성취되지 않았거나 비록 이루었어도 그것을 부끄럽게 생각하는 경우 비애가 생기기 때문이다. 집이나 극장이나 광장을 헤매어 돌아다니고 있는 많은 사람들처럼 여기저기 뛰어다니는 일을 그만 두지 않으면 안 된다. 그들은 남의 일에까지 끼어들어 언뜻 보기에 늘 무엇인가를 하는 것 같다. 그러나 집에서 나오는 그들에 누군가가, "어디 가시나요. 지금 무슨 생각을 하고 계시지요" 묻는다면 이런 대답이 돌아올 것이다. "나도 몰라요, 하지만 누군가를 만날 것이고 무슨 일인가를 하겠죠." 그들은 용무를, 그것도 예정된 일이 아니라 우연히 만나는 일을 구해서 정처 없이 헤매는 것이다. 그들이 가는 길은 생각도 없고 목표도 없고, 비유해서 말하자면 나무를 기어 다녀 잔가지 꼭대기에 올라갔다가는 다시 뿌리로 내려오는, 얻는 것도 없이 헛되이 돌아다니는 개미와 같다. 거의 모든 사람들이 보내는 삶은 이 개미와 비슷한 것으로, 그들의 그 삶을 '별 볼일 없이 바쁘다' 해도 틀린 말은 아닐 것이다. 어떤 사람은 마치 불이 난 현장에 달려가는 태도인데, 그 모습을 보면 가엾은 생각이 들지 않을 수가 없다. 그토록 급하게 뛰어가다가 만나는 사람과 부딪치고는 자기도 다른 사람도 큰대자로 넘어진다. 그리고 뛰어다니는 목적을 보면, 인사를 받아줄 사람 없는 누군가에게 인사를 하러 다니는 일이거나, 모르는 사람의 장례에 얼굴을 내밀기 위해서이거나, 언제나 분쟁을 일으키는 사람의 재판에 나가거나, 여러 차례 결혼을 되풀이하는 여자의 약혼식에 출석하는 일이나, 또는 가마 옆에 바싹 붙어가다가 장소에 따라서는 그 가마를 메기도 한다. 그리고 헛수고를 한 끝에 집에 돌아오면 자기가 무엇 때문에 집을 나갔었는지, 어디에 가 있었는지, 그런 것은 내가 알아서 무엇하느냐고, 분명히 말하면서도, 내일은 또 오늘과 마찬가지 발자취를 따라 쏘다니려고 한다. 그러므로 무엇인가 수고를 할 때에는 반드시 어떤 목적을 가져야 하며, 꼭 그 어떤 목표를 정하도록 하지 않으면 안 된다. 근면이 그들을 부지런하게 만드는 것이 아니라 사물의 허상(虛像)이 그들을 몰아세워 미치게 하는 것이다. 사실, 미친 사람이라 해도 그 어떤 기대 없이는 움직이지 않는다. 그들 광인을 자극해서 행동으로 몰아세우는 것은 어떤 사물의 겉모양이며 그 겉모양의 공허함을 광기에 사로잡힌 정신이 또렷이 알아보지 못하는 것이다. 그것과 마찬가지로 군집의 수를 늘리려고 나가는 자들도 또한 공허하고 사소한 이유에 몰려 시내를 헤매고 다닌다. 정성을 쏟을 일이 아무것도 없으므로, 날이 새면 쫓기는 듯이 집을 뛰쳐나와, 여러 사람의 문간에 밀어닥쳐 가까스로 현관지기에 인사는 끝마쳤지만, 이 집 저 집 현관에서 쫓겨난 끝에 자기만큼 집에 있는 사람을 잡기 어려운 사람은 없다는 사실을 알아차리는 것이다. 이 나쁜 폐단에 밀접하게 관련되는 것이 바로 그 가장 더러운 악덕, 즉 공사의 추문을 남몰래 훔쳐듣거나 탐색하거나 말하기도 듣기도 안전하지 않은 여러 정보를 얻으려고 하는 행위이다.

13

데모크리토스가 다음과 같이 이야기하기 시작한 것은 이 문제를 염두에 둔 뒤의 일이라고 생각한다. 그는 말한다. "조용히 살고 싶은 사람은 사적으로나 공적으로나 너무 많은 일을 해서는 안 된다." 물론 도움 되지 않는 일을 가리켜서 한 말이다. 왜냐하면 그것이 필요한 일이라면 사적으로나 공적으로 많은 일뿐만 아니라 무수한 일도 해야 하기 때문이다. 그러나 관습에 따른 의무적 행위가 우리를 부르지 않는 한 행동은 신중을 기해야 한다. 많은 일을 하는 자는 때때로 운에 자기를 지배하는 지배권을 맡기게 되기 때문이다. 운은 좀처럼 시험하지 않는 것이 가장 안전하다. 하기야 운에 대한 일은 끊임없이 생각해 두어야 하고, 그것을 믿고 그 어떤 기대를 자기에게 품게 해서는 안 된다. "항해에 나갈 작정이다. 단, 아무 일도 일어나지 않는다면 말이다", "나는 법무관이 될 것이다. 단 아무런 방해가 없다면", "거래는 좋을 결과를 가져다 줄 것이다. 단, 뜻하지 않는 사태가 일어나지 않는 한". 이렇게 말하는 것이 좋다. 현자에게는 뜻하지 않는 사태는 아무것도 일어나지 않는다고 우리가 말하는 이유는 이것이다. 우리는 현자는 인간에게 닥치는 여러 재앙을 면하고 있다고 말하는 것은 아니다. 현자는 잘못을 면하고 있다, 현자에게는 모든 일이 뜻대로의 결과가 되는 것이 아니라 모두 생각한 대로의 결과가 된다고 말하고 있을 뿐이다. 현자가 생각하는 것은 무엇보다도 자기의 계획을 방해하는 무엇인가가 있을 수 있다는 것이다. 마땅한 일이지만 결코 이루어진다는 보증이 없으면 욕망을 단념해도 정신이 받는 고통은 그만큼 가벼워진다.

14

우리는 또 마음을 유연하게 가지고, 예정한 일에 지나치게 집착하면 안 된다. 우연한 일이 우리를 이끈 상황에 순응, 조용하고 편안함의 가장 큰 적인 경박함이 이를 대신하여 우리를 지배하지 않는 한은 계획이나 일의 변화를 두려워하지 않도록 해야 한다. 사실, 가끔 운에 무엇인가를 빼앗기는 고집스러움도 불안하고 비참한 것이 되지 않을 수 없고, 어느 경우에나 자제할 수 없는 경박함도 더욱 귀찮은 것이 되지 않을 수 없다. 그 무엇도 바꿀 수가 없고 그 무엇이나 (오래) 참을 수가 없는 것도 모두 마음의 평정에 대한 적이다. 어느 경우나 정신은 모든 외적인 것으로부터 벗어나 자기 자신으로 되돌아오지 않으면 안 된다. 정신이 자기를 믿고 기쁨을 발견하고 자기의 뛰어난 것을 존중하고 될 수 있는 대로 다른 사람의 것을 멀리 하여 자신에 전념하고 손해를 손해라고 생각하지 않고 불운한 일까지도 선의로 파악하도록 해야 한다. 우리의 스승인 제논은, 배가 난파하여 자기의 모든 재산이 침몰했다는 소식을 듣고 이렇게 말했다. "더 가벼운 마음으로 철학을 하라는 운명의 뜻이다" 어느 폭군이 철학자인 테오도로스*³⁴에게 처형을 하되 들판에 그대로 내버려 두겠다고 협박했을 때 그는 이렇게 대답했다. "좋을 대로 하십시오. 나의 한두 홉밖에 되지 않는 피는 당신의 손 안에 있소. 그러나 매장에 대해서는 당신은 어리석은 사람이오. 땅 위에서 죽든 땅속에서 죽든 내게 그것이 중대하다고 생각한다면 말이오." 카누스 유리우스*³⁵는 보기 드물게 위대한 사람으로, 그가 우리 시대에 태어난 사람이라고 해서, 그 사실이 그에 대한 찬탄을 방해할 일은 조금도 없는 훌륭한 사람이지만, 그런 그가 가이우스 황제와 오랜 시간에 걸쳐 말다툼을 한 다음 물러가려고 하자, 저 팔라리스*³⁶가 이렇게 말했다, "어리석은 얕은 기대로 거만을 떨면 사정은 달라진다. 나는 너를 (형장으로) 끌고가도록 명하였다"고. 그러자 카누스는 "감사 인사를 드립니다. 가장 존경하는 폐하여"라고 대답했다. 그가 어떠한 심정으로 그렇게 말했는지 나는 확신할 수

---

*34 북아프리카의 키레네 사람. 철학자요 수학자로, 피타고라스의 제자.

*35 이 인물에 대하여서는 세네카가 여기에서 말하고 있는 것 말고는 아무것도 알려지지 않았다.

*36 시켈리아 아크라가스의 참주(재위는 기원전 370~554년 무렵)이고, 그 극단적인 잔인성으로 알려짐.

가 없다. 여러 가능성이 떠오르기 때문이다. 멸시하는 태도로써 죽음이 은총인 것처럼 여기는 (가이우스의) 잔인함이 얼마나 지독한 것인가를 나타내려고 한 것일까? 그렇지 않으면 가이우스의 평소의 미친듯함을 질책하려고 한 것일까? 사실 자기 아들이 살해된 부모도, 재산을 빼앗긴 사람도 감사하는 것이 보통 일이었다. 그렇지 않으면 마치 죽음을 (모든 것으로부터의) 자유로 여기고 기꺼이 그것을 받아들였을까? 진상이야 어떻든 그가 위대한 정신을 가지고 그렇게 대답했다는 것은 확실하다. 이렇게 말하는 사람도 있으리라. "그렇다면 그 뒤 가이우스는 그에게 연명(延命)을 명할 수도 있었을 게 아닌가?'라고. 카누스에게는 그런 걱정은 없었다. 이런 종류의 명령을 내렸을 때의 가이우스의 스스로에 대한 충실함에는 정평이 있었기 때문이다. 카누스가 처형까지의 열흘 동안, 어떤 불안도 없는 시간을 보냈다고 한다면 자네는 믿을까? 그 걸인(傑人)이 무엇을 이야기하고, 무엇을 하고, 어느 정도 평온한 마음으로 있었는지, 진실된 이야기라고는 여겨지지 않을 정도이다. 백인대장이 한 무리의 사형수를 형장으로 강제 연행하면서 카누스의 호출도 명하였을 때, 그는 한참 체스에 열중하고 있었다고 한다. 이름을 부르자 그는, 장기의 말을 세고 나서, 체스 상대에게 이렇게 말했다. "제발 부탁이니 내가 죽은 다음에, 자기가 이겼다고, 거짓말을 하면 안 돼."하고. 그리고 백인대장에게 가볍게 인사를 하면서 말했다. "내가 말 하나 이겼다는 사실에 대한 증인이 되지 않겠나?" 카누스가 그 체스 놀이를 즐겼다고 자네는 생각할까? 그는 (가이우스를) 농락하고 즐기고 있었던 것이다. 친구들은 이토록 위대한 친구를 잃는 것을 슬퍼했다. 그는 말했다. "어째서 슬픈 기색을 하고 있나. 당신들은 영혼이 죽지 않는지의 여부를 알고 싶어하고 있다. 나는 곧 알게 될 것이다." 바로 삶의 끝에 이르러서까지도 그는 진리를 추구하여 자기의 죽음도 논의의 재료로 삼는 것을 그만두지 않았던 것이다. 그의 철학 스승이 그를 따라갔으나, 우리가 신의 황제에게 산 제물이 바쳐지고 있었던 무덤이 그리 멀지 않은 곳에 보였다. 스승은 그에게 물었다. "카누스여, 자네는 지금 무엇을 생각하고 있나. 심경은 어떤가." 그러자 카누스는 "그렇게도 빨리 지나가는 마지막 순간에 자기가 (육체에서) 나가는 것을 영혼(정신)이 자각하는지의 여부를 이 눈으로 똑똑히 확인해 보려고 생각하고 있습니다." 이렇게 말하고 나서 무엇인가를 찾아낸다면, 벗들을 찾아다니면서 영혼의 진상을 가르쳐 주겠다고 약속했다, 이 태풍의 한가운데에 있는 이 고요한 마음의 평정을 보라, 영원한 가치를 지닌 이 정신, 삶의 마지막 단계에 놓여도 (육체를) 떠나려는 영혼을 탐구하려고 하고 죽음에 이르기까지에 머물지 않고 바로 죽고 나서까지도 무엇인가를 배우려는 그 정신을. 그 사람만큼 오랫동안 철학을 한 사람은 누구도 없다. 위인은 빠르게 잊힐 존재가 아니라 경의를 갖고 이야기해서 전해져야 한다. 이름을 남긴 분들이여, 가이우스의 희생이 된 사람들 가운데 큰 위치를 차지하는 분들이여, 우리는 당신들을 후세에까지 오래도록 기억에 담고 있을 것이다.

15

그러나 개인적 슬픔의 원인을 없애는 것만으로는 아무 소용도 없다. 왜냐하면 인간 존재 그 자체에 대한 증오가 마음을 차지하는 일이 드물지 않기 때문이다. 순박함이 얼마나 드문 일인가, 무죄라는 것이 얼마나 알려지지 않는 것인가, 이익이 되지 않을 경우 신의가 얼마나 무(無)에 가까운가를 생각할 때, 또는 마주치게 되는 성공한 수많은 범죄나, 어느 것이나 미워해야 할 욕망 끝에 얻어지는 이익과 손실, 멈출 줄 모르고 부풀어 올라 수치스러운 행위로 빛나는 야심 등을 생각했을 때, 정신은 암흑의 밤으로 인도되고, 마치 덕이 그것을 바라는데도 갖는 것조차 이익이 되지 않기 때문에 무너뜨려 버린 것처럼, 암흑이 정신을 뒤덮는다. 그러므로 우리는 방향을 바꾸어, 속인들의 모든 악덕을 모두 미워해야 되는 것으로가 아니고, 오히려 웃어야 하는 것으로 여기고 헤라클레이토스보다도 오히려 데모크리토스를 본받도록 해야 할 것이다. 왜냐하면 사람들 속으로 들어갈 때마다 전자는 울었지만 후자는 웃었기 때문이다. 전자에게는 인간이 하는 것이 모두 가엾어 보였지만, 후자에게는 어리석게 보였던 것이다. 그러므로 모든 일을 가볍게 생각하고, 모두 유연한 마음으로 견디어야 된다. 삶을 한탄하는 것보다는 웃어넘기는 편이 인간적이다. 여기에 더하여 인간 존재를 한탄하는 사람보다는 웃는 사람 쪽이 인간 존재에게 고마운 행동이라는 사실도 있다. 웃는 자는 인간 존재에 어느 정도의 희망의 여지를 남겨주는 데에 비하여 한탄하는 자는 올바르게 고칠 가망이 없는 사람에게 어리석게도 눈물 흘리는 것이며, 또 모든 일을 감안하면 눈물을 참지 못하는 사람보다는 웃음을 억제할 수 없는 사람 쪽이 큰마음을 가진 사람이라고 할 수 있다. 웃는 사람은 마음의 가장 온화한 감정을 일으켜서 인간의 부속물은 수없이 있지만 그 가운데는 중대할 것은 아무것도 없고 엄숙한 것도 비참한 일까지도 아무것도 없다고 보기 때문이다, 우리를 기쁘게 하거나 슬프게 하는 것들을 저마다 떠올려 보면 좋을 것이다. 그렇게 되면 비온이 한 말이 진실하다는 것을 알 수 있으리라. 그는 이렇게 말했다. "인간이 하는 일은 모두 시작할 때와 거의 같으며 그 삶은 태아의 그것 이상으로 맑게도 엄숙하게 되는 것도 아니다. 결국 인간은 무에서 태어나 무로 돌아가는 것이다"라고. 그러나 더욱 바람직한 것은, 세상의 관례나 인간 악을 웃음이나 눈물로 기울지 않고 온건한 마음으로 받아들이는 일이다. 다른 사람의 재앙에 마음 아파하는 것은 한없는 불행이고, 누군가 타인이 아들을 장사지낸다고 해서 눈물을 흘리고 침통한 표정을 짓는 것은 소용없는 친절함인 것과 마찬가지로, 타인의 재앙을 기뻐하는 것도 비인간적인 쾌락이기 때문이다. 자기가 불행한 일을 당했을 때도 슬퍼하는 것은 좋으나, 세상이 습관적으로 요구하는 슬픔이 아니라, 자연이 요구하는 슬픔에 멈추도록 행동하지 않으면 안 된다. 사실, 많은 사람이 흘리는 눈물은 남에게 보이기 위한 것으로 보는 사람이 없으면 금세 눈물은 말라버린다. 너나 할 것 없이 모두 울고 있는데 자기만 울지 않는 것을 부끄럽게 여기기 때문이다. 남이 어떻게 생각하는가에 따라서 행동한다고 하는, 인간의 이 나쁜 버릇은 뿌리가 깊어 뽑아버리기가 어렵고 가장 순수한 감정, 즉 슬픔마저도 거짓 겉치레가 될 정도인 것이다.

16

사람을 슬프게 하고 불안으로 이끌어 그것도 도리라고 여기는 것이 상례인 경우가 있다. 착한 사람들이 불행한 종말을 맞이하는 경우가 그것으로, 예를 들면, 소크라테스가 감옥에서 죽음을 강요받거나, 루티우스*37가 쫓겨나 망명 생활을 강요받거나, 폼페이우스나 키케로가 자기들의 부하에게 목을 내놓도록 강요받거나, 또 살아 있는 덕의 거울이라고 할 만한 카토가, 자기 몸에 검을 찌름*38으로써 자신에게나 국가에 동시에 무엇이 일어났는가를 분명히 하지 않을 수 없는 경우, 마땅한 일로서 우리는 운명이 주는 보수가 너무 부당하는 사실에 마음 아파한다. 그리고 가장 착한 사람들이 최악의 불행을 만나는 것을

*37 아시아의 총독이었으나, 중상을 입고 횡령죄로 기소되었다.
*38 소(小)카토가 아프리카 북안 우티카로 도망쳐, 카이사르군이 도착하자 자살한 때이다.

볼 때, 우리는 저마다 자기에게는 어떠한 경우가 기다리고 있는가를 생각하게 된다. 그렇다면 어떻게 하면 좋은가? 고난에 맞닥뜨렸을 때, 그들 각자가 어떠한 태도를 보였는가를 보면 된다. 그리고 혹시 그들이 용감했다면, 그 마음을 본받아 자기의 마음에도 그들과 같은 용감한 정신이 깃들도록 바라는 것이 좋다. 혹시 그들이 겁쟁이처럼 사내답지 못하게 죽었다면, 그럴 만한 것은 아무것도 없었던 것이다. 그들은 마땅히 자네를 만족시킬 만한 덕을 가진 인간이거나, 아니면 겁쟁이 녀석이라고 생각될 그런 인간 중 그 어느 쪽이리라. 사실 위대한 인물이 스스로의 용감한 죽음으로써 다른 사람에게 두려움을 안긴다면 그들에게 그토록 부끄러운 일이 있을까? 칭찬할 만한 사람을 볼 때마다 우리는 그 사람을 칭찬해서 이렇게 말해야 할 것이 아닌가? "사람은 용감하면 할수록 그만큼 행복하다. 이제 당신은 모든 재앙과 질투, 질병으로부터 벗어났다. 당신은 감금에서 풀려 자유의 몸이다. 이것도 신들의 눈에 당신이 불운한 사람이라고 비친 것이 아니라 당신이 이미 운명이 지배권을 잡기에 어울리지 않는 사람으로 비쳤기 때문이다"라고. 그러나 바로 죽음에 직면하여 삶에 집착해서 미련을 남기는 사람들은 붙잡아서 올바르게 고쳐주지 않으면 안 된다. 나라면 누가 되었든 간에 희희낙락하는 사람을 보아도 눈물을 흘리지 않을 것이고, 울고 있는 사람을 보아도 눈물을 흘리지 않는다. 전자는 그 자신이 (희희낙락하는 그 모습으로) 나의 눈물을 닦아내고, 후자는 흘리는 눈물로 그 자신이 눈물을 흘릴만한 가치가 없는 사람이 되기 때문이다. 헤라클레스가 산채로 자기 몸을 태웠다고 해서, 그를 위해 눈물을 흘려야 할까? 또 레그루스*39가 수많은 못에 박혔다고 해서, 또 카토가 자기의 상처에 다시 상처를 냈기 때문에 그를 위해 눈물을 흘려야 할까? 이런 사람들은 모두 (죽음이라는) 찰나의 시간을 희생하여, 어떻게 하면 영원한 존재가 되는 길을 찾았고 죽음으로서 불사(不死)에 다다른 것이다.

17

더 나아가 불안이 생기게 하는 적지 않은 요인이 되는 예가 있다. 많은 사람들의 삶이 그러한 것처럼, 그것은 늘 마음을 졸이면서 체면을 꾸미고, 누구에

---

*39 기원전 249년께 죽음. 로마의 장군.

게나 자기의 맨 얼굴을 솔직하게 보이지 않고, 허구의 삶, 겉치레의 삶을 보내는 경우가 그것이다. 실제로 끊임없이 자기 일에 신경을 쓴다는 것은 고통의 근원이요, 여느 때와 다른 자기 모습이 드러나지는 않을까 하는 두려움이 언제나 따라다닌다. 남의 눈에 뜨일 때마다 자기가 평가를 받고 있다고 생각하는 한, 우리가 그 걱정으로부터 해방되는 일은 없다. 싫어도 벌거벗은 자기를 드러내지 않을 수 없는 사태가 많이 일어나기 때문이며, 또 만일 자기를 꾸미려고 하는 그 정도의 열의가 효과를 나타낸다고 해도, 늘 가면을 쓰고 사는 사람의 삶은 즐겁지도 않고, 마음도 편하지 않기 때문이다. 이와 달리 솔직하여 꾸밈새가 없고 또 자기의 성격을 조금도 감추지 않는 순박함에는 얼마나 큰 기쁨이 있는가? 하지만 누구에게나 모든 것을 열어 보인다면, 이런 생활에도 경멸의 위험이 스며든다. 무엇이든 가깝게 된 사람에 대해서는 멸시의 생각을 품는 자가 있기 때문이다. 그러나 덕에는 남의 눈이 가까이 닿더라도 값싸게 보일 위험은 없고, 또 끊임없는 겉치레 때문에 고통받는 것보다는 순박함 때문에 멸시받는 편이 더 낫다. 그러나 여기에는 절도가 있도록 하자. 순박하게 사느냐 경솔하게 사느냐는 큰 차이가 있다.

또 우리는 가끔 내 자신으로 돌아가도록 하지 않으면 안 된다. 왜냐하면 성질이 다른 사람들과 어울리면 정신의 가지런한 침착을 어지럽히고 정동(情動)을 되살려 정신 어딘가에 약점이 있거나 아직 완치되지 않는 상처가 있거나 하면 그것을 악화하기 때문이다. 하기야 오직 홀로 있다는 것, 군중 안으로 들어가는 일, 이 두 가지가 서로 되풀이되지 않으면 안 된다. 전자는 사람들에 대한 애착심을, 후자는 우리 자신에 대한 애착을 불러일으켜서 둘 모두는 서로를 치유하는 약이 될 것이다. 고독은 군중에 대한 혐오를, 군중은 고독에의 권태를 치료해준다.

또 마음을 언제나 똑같은 긴장 상태에 놓아두면 안 되고, 때로는 긴장에서 벗어나 오락에 흠뻑 빠져보는 것도 좋다. 소크라테스는 어린아이와 어울려 노는 것을 부끄럽게 여기지 않았고, 카토는 공무에 시달린 마음을 포도주로 달랬으며 또 스키피오는 개선을 할 때, 그 무인다운 몸을 음악 소리에 맞추어 춤을 추었다. 그 춤은 여자의 춤처럼 연약하게 춘 것이 아니라 옛날의 남자가 운동이나 축제 때에 보아도 창피하지 않도록 사내답게 추는 춤이었다. 정신에는 안식을 주어야 한다. 휴식 뒤에는 정신에게는 보다 더 활발한 작용이 되살아난다. 마치 기름진 논밭을 마구 쓰면 안 되는 것처럼—비록 풍작이 계속된다고 해도 휴경기를 두지 않은 논밭은 곧 못쓰게 되어버리기 때문인데—, 끊임없는 노고는 정신의 활력을 잃는 데에 비해 잠시의 휴식이 주어진 정신은 활력을 되찾는다. 마음을 쉬지 않고 일을 시키면 거기에서 생기는 것은 어떤 종류의 둔화와 무기력뿐이다. 그러나 그 운동이나 오락이 자연에 합치하는 쾌락을 가지지 않는 한, 과잉된 욕구가 이 방면으로 향하는 일은 없을 것이다. 그러한 것에 대한 빈번한 탐닉은 정신의 확고한 특질과 힘을 모조리 빼앗게 되기 때문이다. 사실 피로회복에는 잠이 꼭 필요하다고는 하지만 밤낮없이 계속 자면 그것은 바로 죽음이다. (정신을) 느슨하게 하는 것과 해체하는 것에는 하늘과 땅만큼의 차이가 있다. 법률 제정자들은 제일(祭日)을 정하여, 사람들을 즐거운 일로 공적으로 강제하려고 했는데 그것은 말하자면 노동의 틈을 타서 꼭 필요한 위안을 둔다는 의도에서였다. 앞서 말한 바와 같이 위인 중에서도 한 달의 특정한 며칠인가를 휴일로 정했던 사람도 있고, 정해진 듯이 하루의 시간을 여가와 노동으로 나눈 사람도 있다. 이와 같은 사례로서 아시니우스 폴리오*40 생각이 나는데, 그는 밤 열 시가 지나면 아무 일도 하지 않았다. 그 시간 이후에는 무엇인가 새로운 고민이 생길까 두려워서 편지조차도 읽지 않고 하루의 피로를 (일몰까지의)의 그 두 시간으로 풀었다. 정오에 휴식을 넣어 비교적 가벼운 일을 오후의 시간으로 돌린 사람도 있다. 또 병사도 야간 경비를 분담하고 있고, 원정에서 금방 돌아온 병사에게는 야근이 면제되었다. 우리는 마음의 문제에 배려를 하여 그 양식과 활력으로서의 여가를 자주 주도록 해야 한다. 바깥의 넓은 길을 걸으면서 드넓은 하늘을 바라보며 대기를 실컷 들이마심으로써, 정신이 활력을 늘이고 의기를 새롭게 해야 한다. 때로는 탈것을 타거나 여행을 하거나 색다른 경치를 바라보는 것도 원기를 북돋워 줄 것이다. 또 동료와 함께 회식을 한다든가, 편안하게 술을 마시는 것도 활력을 줄 것이다. 때로는 마음껏 취해 보는 것도 좋지만 그 때문에 술에 빠지면 안 되고 주량에 알맞은 정도라야 할 것이다. 술은 울분을 날리고 마음을 저 아래에서부터 움직여서 어떤 병을 고치는 것처럼 마음의 슬픔도 풀어 준다. [포도주의 발견자가] 리벨이라고 이름 붙여진 것은 혀를 해방한다는 의미에서

---

*40 기원전 76~기원후 5년. 로마의 군인, 정치가, 저술가.

가 아니고, 실은 근심에 대한 굴종으로부터 마음을 해방하고, 자유롭게 하여 활기를 북돋워, 모든 시도에 대담하게 나서게 만들어준다는 이유에서였다. 그러나 자유에 건전한 정도가 있듯이 술에도 마찬가지로 건전한 정도라는 것이 있다. 솔론*41도 알케시라오스도 술을 몹시 좋아했던 것 같고, 카토 또한 크게 취하여 그의 음주벽이 비난을 받았다. 그러나 누군가가 카토를 비난하는 사람이 있다면 카토를 염치를 모르는 사람으로 만드는 것보다는 범죄를 명예 있는 행위로 만드는 것이 훨씬 간단할 것이다. 단, 음주가 잦아져서 정신에 좋지 못한 버릇에 빠지는 것은 좋지 않다. 하지만 정신을 해방해서 환희와 자유로 이끌어 찌푸린 얼굴을 곧잘 버리는 일은 때때로 필요하다. 그리스의 시인을 믿으면 "때로는 미치는 것도 즐거운 일"이며, 플라톤을 믿으면 "제정신인 사람이 시작(詩作)의 문을 두드렸지만 소용없었다"가 되고 아리스토텔레스를 믿으면 "광기가 섞이지 않는 천재는 이전에 존재하지 않았다"가 되는 것이다. 깊이 감동받은 정신 그 밖에는 무엇인가 우리가 미치지 못하는 위대한 일을 말할 수가 없다. 저속한 것, 흔한 것을 멸시하고 성스러운 영감에 따라서 (일상성을 뛰어넘은) 높이로 날아오름으로써 비로소 정신은 죽을 운명의 인간의 입으로는 할 수 없는 위대한 곡조를 노래한다. (일상적인) 자기 안에 머무는 한 숭고하고 높은 곳에 있는 그 무엇에도 다다를 수는 없다. 일상의 코스를 떠나고 통상적인 진로를 벗어나 기수의 고삐도 아랑곳없이 질주하여 자기로서는 올라가는 것을 두려워하고 있던 높은 곳을 달려 올라가지 않으면 안 되는 것이다.

친애하는 세레누스, 이것으로 자네는 마음의 평정을 유지할 수 있는 길, 마음의 평정을 되찾을 수 있는 수단, 스며들어 오는 악덕에 맞설 수 있는 방법을 손에 넣은 것이 된다. 그러나 다음과 같은 점을 두고두고 마음에 새겨야 한다. 즉 정신이라는 취약한 것을 지키려는 사람에게 이러한 수단 어느 하나를 보아도 충분히 효과적인 것은 없다. 오늘 당장이라도 무너져 내리려고 하는 정신을 진지하고 끊임없는 배려로 감싸주지 않는 한은.

---

*41 솔론은 기원전 6세기의 그리스 정치가, 시인.

De Brevitate Vitæ
삶의 짧음에 대하여

1

파우리스,[1] 인간은 언젠가는 죽을 몸인데, 많은 사람들은 심술궂은 자연을 탓한다. 그 까닭은 우리의 일생이 짧게 타고 난 데다, 우리에게 주어진 이 짧은 기간마저 덧없이 너무나 빨리 지나가기에, 매우 한정된 사람을 빼고는 삶의 준비가 이루어지는 순간에 버림받게 되기 때문이다. 이처럼 그들이 이른바 누구에게나 똑같이 찾아오는 이 재앙을 한탄하는 것은, 오로지 일반 대중이나 무지한 사람들에게만 있는 일이 아니다. 세상에 이름난 사람들도 이 같은 기분에 한탄을 자아내기 마련이지. 그래서 의학자 중에서도 가장 위대한 의학자는 이렇게 말한다. "인생은 짧고 예술은 길다."[2] 아리스토텔레스도 자연을 상대로, 현인으로서는 결코 어울리지 않은 고발을 한 적이 있다. "자연은 수명에 대해서는 동물들에게 인간의 5배 또는 10배나 긴 일생을 살아갈 수 있도록 허락하면서, 수많은 위대한 일을 하기 위하여 태어난 인간에게는 훨씬 짧은 기간밖에 살아있지 못하게 한다"고.

그러나 우리는 짧은 시간만을 가지고 있는 게 아니라, 실은 그 많은 시간을 헛되이 보내고 있다. 인간의 삶은 충분히 길어 그 전체가 보람있게 사용된다면, 가장 위대한 일이라도 완성할 수 있을 만큼 넉넉히 주어졌다. 하지만 방탕이나 게으름으로 헛되이 써버린다든가 어떤 좋은 일을 하는 데 사용하지 않는다면, 결국 마지막에 어쩔 수 없이 깨닫게 되는 사실은, 이제까지 없어진 줄도 몰랐던 삶이 어느새 다 사라져 갔다는 것이다. 그것이 참모습이다. 우리는 짧은 삶을 타고난 게 아니라 우리가 그것을 짧게 만들고 있다. 우리 삶이 모자라는 게 아니라 낭비하는 것이다. 이를테면 임금처럼 엄청난 재산이 있다고

---

*1 이 글 쓰여진 48~55년 로마의 곡물을 관리하는 식료품장관으로 중요한 인물이었음.

*2 히포크라테스(기원전 460~375년 그리스 의학자)의 '잠언집'에 나오는 말,

해도, 그 소유자를 잘못 만나면 재산이 순식간에 모두 날아가 버리지만, 만일 보통의 재산이라도 알뜰한 관리자에게 맡겨 놓으면, 활용 방법에 따라 불어난다. 그와 마찬가지로 우리 삶도 알맞게 잘 조절하는 사람에게는 크게 넓어지는 것이다.

2

무엇 때문에 우리는 자연에 대해 불평하는가. 자연은 온정을 가지고 우리를 대하여 주었다. 삶은 그 사용 방법을 제대로 알면 길다. 그러나 세상에는 만족할 줄 모르는 탐욕에 사로잡힌 사람이 있는가 하면, 쓸데없는 고생을 하면서 힘들고 귀찮은 일에 매달리는 사람도 있다. 술독에 빠져 사는 자가 있는가 하면, 게을러빠진 자도 있다. 남의 의견에 늘 이리저리 휘둘리고 야심에 끌려 다니다가 제풀에 지치는 자가 있는가 하면, 장사로 무슨 짓이라도 해서 돈을 벌려는 생각에서, 온갖 나라와 바다, 벌이가 있는 곳이면 어디라도 쫓아가는 자도 있다. 끊임없이 남에게 해를 끼치려고 골몰하는가 하면, 자기에게 위험이 닥쳐옴을 걱정하면서 전쟁에 열을 올리는 자도 있다. 또 고맙게 여기지도 않으면서 고위층 인물에게 아부하며, 스스로 굴종하면서 몸을 축내는 자도 있다.

많은 사람들은 남의 운명을 위해 애쓰거나, 아니면 자신의 운명을 한숨짓는 데 관심을 가지고 있다. 또 많은 사람들은 뚜렷한 목적을 추구하지도 않고, 줏대 없는 변덕으로 싫증을 잘 내며 경박하게 잇달아 새로운 계획에 뛰어든다. 어떤 자는 자기 진로를 정하는 일에는 아무 흥미가 없고, 게으름을 피우고 하품이나 하는 동안에 운은 다 날아가 버리고 만다. 그 모습을 보고 있으면, 가장 위대한 시인이 쓴 글 속에서 신탁(神託) 풍의 잠언이 틀림없이 있으리라고 나는 생각한다. 그는 말한다. "우리가 사는 삶은 아주 적은 부분에 지나지 않는다." 결국 그 밖의 기간은 모두 삶이 아니고 그저 시간에 지나지 않는다.

온갖 악이 여기저기 격렬하게 몰려와서 둘러싸고, 다시는 일어나지도, 진리 발견을 위해 또 눈을 높이 드는 것조차 허락하지 않는다. 그뿐만 아니라 사람들을 정욕 속으로 빠져들게 하고 욕망에 집착시켜 압도한다. 이미 그들은 자기 모습으로 되돌아올 수가 없다. 만일, 언젠가 얼마쯤 안식을 취한다 하더라도, 이를테면 태풍이 지나간 다음에도 파도가 출렁이는 큰 바다처럼, 그의 마음은 끝없이 흔들려, 언제까지나 자신의 욕정에서 벗어나 휴식하는 것조차 마음대로 되지 않는다.

내가 지금 여기에서 말하고 있는 것은, 이미 천하에 악명 높은 자들의 행태뿐이라고 생각하는가. 부자이기 때문에 많은 사람들이 몰리는 사람들을 보라. 이 사람들도 자신의 재산으로 목이 죄어지고 있다. 많은 사람들에게 부자라는 사실이 얼마나 큰 짐이 되고 있는가. 얼마나 많은 사람들이 말재간을 부려서, 자기 재능을 뽐내려고 궁리하고 밤낮으로 피를 토하듯이 애쓰는가. 얼마나 많은 사람들이 쾌락에 빠져 헬쑥해지는가. 얼마나 많은 사람들이 숱한 부하들에게 둘러싸여 조금도 자유를 누리지 못하는가. 요컨대 맨 밑바닥으로부터 맨 위층까지 그런 인간들을 죽 둘러보아야 된다. (법류의)의 조언을 하는 자가 있고, 또 요청에 의해서 증인이 출석한 자가 있는가 하면 고발받고 있는 자, 그 변호를 하는 자, 그것을 판결하는 자도 있다. 그러나 누구 하나 자신을 위해 스스로를 자유로이 하는 권리를 주장하는 자는 없다. 누구나가 다른 사람을 위하여 자신을 써버리고 있다. 세상에 이름깨나 알려진 사람들의 사례를 들어 보면 안다. 그들이 다른 사람과 구별되는 특징은 다음과 같음을 알게 될 것이다. 즉 A는 B를 소중하게 여기는 B의 지지자이고 B는 C를 소중하게 여기는 C의 지지자이다. 자기를 소중하게 여기는 사람은 하나도 없다. 어떤 사람들은 이치에 맞지 않는 말로 몹시 분노하는 자가 있다. 자기는 알현을 바라는데 너무 바빠서 시간을 내주지 않는다고 해서 손윗사람의 거만에 대해 불만을 드러낸다. 자기 자신을 위해 조금의 겨를도 없는 인간이, 남이 거만하다고 불만을 터뜨릴 자격이 있을까. 당신이 누가 되었든 간에, 그는 거만한 얼굴을 하고 있어도, 지난날에는 당신을 주목하고 고맙게도 당신 말에 귀를 기울이고 당신을 옆에 맞아준 사람이다. 당신으로 말할 것 같으면 당신은 태연히 자신의 내부에 눈을 돌리지도 않고 그의 말에 귀를 기울이지 않았던 사람이다. 따라서 당신이 그와 같은 의무를 다른 누군가에게 강요해도 된다는 이유는 없다. 만일 당신이 이 의무를 지켰다 해도, 당신은 다른 사람과 함께 있고 싶어서 그렇게 하는 게 아니고 당신 자신이 스스로와 함께 있을 수 없기 때문에 그렇게 할 뿐이니까.

3

일찍이 빛을 발휘한 모든 위인들은 다 함께 이 인간 정신의 어둠을 지적하는데, 그 불가사의에 대해서 아무리 이야기를 해도 다 할 수는 없으리라. 사람은 누구든지 남이 자기가 사는 곳을 차지하려고 하면, 그것을 허락지 않고, 경계를 둘러싸고 아무리 하찮은 쟁점이 일어나더라도 곧 돌이나 무기를 써서 자기 땅을 지키려고 하는 법이다. 그런데 자신의 삶에는 다른 사람이 끼어드는 것을 허락하고, 더 나아가 자기 삶의 소유자가 될지도 모르는 사람을 끌어들이기까지 한다. 자신의 돈을 나누어 주려는 사람은 그 어디를 찾아보아도 발견할 수가 없다. 그런데 자기 삶에서는 너나 할 것 없이 얼마나 많은 사람에게 나누어 주는가. 재산을 지키는 데는 인색해도, 시간의 소비가 되면, 탐욕이 유일한 미덕인 경우에도 곧 최대의 낭비자로 바뀐다. 따라서 노인들의 모임이 있으면 그 가운데 누군가를 붙잡고 나는 이렇게 말해주고 싶다. "당신은 이미 인간의 최고 연령에 이르러 100살, 아니 그 이상의 연세가 되고 계십니다. 자, 이제 당신의 삶을 돌아보고 헤아려 보면 어떻게 될까요. 당신 생애 가운데 얼마만큼의 시간을 채권자가 가져가 버렸는지, 또 얼마만큼을 애인이, 그리고 임금께서 얼마만큼, 부하는 얼마만큼 가져갔을까요. 또 얼마만큼을 부부싸움으로, 얼마만큼을 노예의 처벌로, 얼마만큼을 공무로 시내를 뛰어다니면서. 여기에다 질병도 보태시지요. 우리가 스스로 불러들인 병 말입니다. 그리고 쓰지 않은 채 팽개친 시간도 더해야지요. 그러면 알게 되겠지만, 노인이 누린 세월은, 노인께서 셀 수 있는 세월보다도 훨씬 적을 것입니다. 기억을 더듬어 자신의 일을 다시 되돌아 보시지요. 언제 당신은 자기의 계획에 자신을 가졌는지. 자기가 결정한 대로 잘 나가던 날이 얼마나 적었던가. 언제 스스로를 자유스럽게 쓸 수가 있었던가. 언제 용모가 태연하게 움직이지 않았던가. 당신이 이렇게 긴 삶에 걸쳐 이룬 일은 대체 무엇인가. 얼마나 많은 사람들이 당신한테서 생활을 빼앗아 가버렸는가. 잃은 것을 당신이 알지 못한 동안에 말입니다. 얼마나 많은 것이 괜한 슬픔이나, 지칠 줄 모르는 욕망, 비위를 맞추는 접촉 때문에 사라져 버렸을까. 당신 자신의 것으로 남아 있는 게 얼마나 하찮은가. 이제는 알게 되었겠지만, 당신이 오늘 죽는다 해도 당신의 죽음은 요절이라고 깨닫게 될 것입니다."라고.

그럼 (삶의 낭비의) 원인은 어디 있는가? 누구나가 영원히 살 수 있는 것처럼 살고 있다. 취약한 존재임을 머리에 떠올리는 일이 결코 없다. 이미 얼마만큼의 시간이 지나갔는가를 여러분은 신경도 쓰지 않는다. 넘쳐 나오는 더운

물을 쓰듯이 여러분은 시간을 낭비하고 있다. 그런데 그동안에 여러분이 누군가에게, 무엇인가에 주고 있는 하루는, 여러분 최후의 날이 될지도 모른다. 여러분은 지금이라도 죽을지 모르는 것처럼 모든 것을 두려워하지만, 그러면서도 언제까지나 죽지 않을 듯이 모든 것을 열렬하게 바란다. 많은 사람들이 다음과 같은 말을 하는 소리를 들을 것이다. "나는 50세부터 한가한 생활로 물러난다. 60세가 되면 공무에서 벗어나 자유로워질 것이다." 그럼, 묻겠는데 그대는 오래 산다는 보증이라도 받았단 말인가. 그대의 계획대로 일이 순조롭게 잘 된다는 것을 대체 누가 보장하여 준다는 말인가.

삶의 나머지를 자기 자신을 위해 남겨 놓고, 다른 아무 일에도 쓰지 않은 시간만을 좋은 영혼을 위해 충당하는 것을, 부끄럽게 여기지는 않는가. 삶이 끝나가는 막다른 곳에 이르러, 삶을 시작하려는 것은, 이미 시간이 늦은 게 아닌가. 유익한 계획을 50세 60세가 되도록 미루어 놓고, 매우 적은 사람밖에 살아보지 못한 그 나이에 비로소 삶을 시작하려는 것은, 얼마나 인간의 가능성을 저버린 어리석은 짓인가.

4

가장 큰 권력을 가지고 높은 자리에 오른 사람들의 입에서, 휴가를 원하고 한가로운 삶을 바라며, 휴가는 자신의 어떤 행복보다 더 낫다는 말을 무의식 중에 하는 소리를 들었을 것이다. 그들은 이따금 자기가 있는 높은 자리에서, 혹시 안전하게 내려올 수 있다면 내려오기를 바라는 것이다. 왜냐하면 무엇 하나 외부에서 공격을 하든가 파괴하는 자가 없어도, 행운은 저절로 무너지기 때문이다.[3]

신군(神君) 아우구스투스[4]는 다른 누구보다도 신들로부터 많은 것을 받았음에도, 자신을 위해서 끊임없이 휴식을 바라고, 나랏일에서 벗어나 자유로워지기를 추구했다. 언제나 황제가 하는 말의 결론은 한가롭게 살고 싶다는 것이었다. 언젠가는 자기 자신을 위해서 살려고 하는, 이 헛되기는 하지만 즐거

---

*3 세네카가 쓴 비극 '아가멤논' 88 이하에 다음 한 구절이 있다. '거대한 것은 자기의 무게 때문에 가라앉고, 행운은 자기의 무거운 짐 때문에 망한다.'

*4 카이사르의 후계자로, 로마제국의 초대 황제(기원전 63~기원후 14년). '신군(神君)'이라는 것은 그의 이후, 서거한 황제 이름에 붙여지는 존칭이다.

운 위로에 의해 자신의 노고를 달래고 있었던 것이다. 황제는 원로원에 한 통의 편지를 보내어, 자신의 휴양이 품위를 벗어나지 않고, 이제까지의 영예에도 어긋나지 않도록 하겠다고 약속했지만, 그 가운데서 나는 다음과 같은 한 구절을 발견했다. '단, 그와 같은 사항은 기대하기보다는 실행이 되어야만 훌륭하다고 하지 않겠는가. 그러나 내가 나의 가장 기다리는 때를 간절히 바란 나머지, 그 일의 기쁨은 지금 아직도 멀리 머물러 있는 만큼, 말의 매력으로나마 어떤 즐거움을 미리 느껴볼 따름이로다.'

한가함은 이처럼 소중하게 여겨졌으나, 그는 실제로 이용할 수 없었기 때문에 미리 상상으로 생각을 떠올릴 정도였던 것이다. 모든 일을 자기 혼자 마음대로 할 수 있음을 알고, 개개인의 운명은 물론 여러 민족의 운명까지 좌우하는 그 황제가, 자신의 권세를 내던지는 날을 가장 즐겁게 상상하고 있었다. 황제는 몸소 알고 있었다. 전국 여기저기서 빛나는 그와 같은 행복도, 일찍이 얼마나 많은 땀을 짜낸 결과였으며 또 얼마나 숨은 불안감을 떠안고 있었던가를. 그는 처음에는 국민과, 다음에는 동료와, 맨 마지막에는 근친까지도 무기를 들고 싸울 수밖에 없었고, 바다와 육지에서 엄청난 피를 흘렸다. 그는 마케도니아, 시키리아, 이집트, 시리아, 아시아, 그 밖의 거의 모든 지역에서 싸웠으나, 군대가 로마인을 죽이는데 지치자 이번에는 그것을 외부의 정복으로 바꾸었다. 그리고 알프스 지방을 진압한다든가, 평화스런 제국 안으로 섞여 들어온 적을 완전히 받아들이든가, 또는 라인 강과 도나우 강을 건너는 전방까지 국경을 넓혔다. 그러나 그런 동안에도, 로마의 수도에서는 므레나라, 카에피오, 레피두스, 에그나티우스, 그 밖의 사람들이 그를 향해 칼을 갈고 있었다.*5 이런 패들의 음모를 아직 벗어나지 못했는데, 그의 딸*6과, 이 딸과 서약이라도 맺은 것처럼 밀통에 의해 몇몇 청년 귀족들이 이미 늙고 약해진 그를 위협하고 있었다. 또 파우르스*7도, 그리고 안토니우스와 맺은 무서운 여자 클레오파트라 또한 그런 것이었다. 이런 종기를 송두리째 도려내 버려도, 그 밑에서 다른 종기가 잇따라 솟아났다. 말하자면 많은 피 때문에 과중해진 몸이 끊임없

---

*5 아우구스투스와 대립한 음모가들.
*6 아우구스투스의 딸 유리아(기원전 39~기원후 14년).
*7 1년 뒤에는 통령이 될 사람인데, 기원후 8년 무렵 아우구스투스에게 음모를 꾀하다 처형되었다.

이 어느 부분에서 무너져가는 것 같았다. 그래서 아우구스투스는 한가함을 바랐고, 그것을 간절히 바라고 상상함으로써 그의 괴로움은 진정되었다. 국민이 바라는 것을 어떻게든 충족시켜 주는 신군(神君) 자신의 소원은 실제로 이런 것이었다.

5

마르쿠스 키케로는, 한편으로는 카틸리나라든가 클로디우스처럼, 또 다른 한편으로는 폼페이우스나 크라수스같이, 한쪽은 공공연한 적이고, 다른 한쪽은 위험한 벗이었던 사람들의 틈바구니에 내던져졌다. 그 키케로는 국가와 더불어 농락 당하면서 국가의 멸망을 막으려고 발버둥치는 동안에, 마침내 몰락하게 되었는데, 순조로운 환경에 편안할 수도 없었고 역경을 감당할 수도 없었다. 그 동안에 그는, 자신의 통령이라는 직책마저도 얼마나 저주했을까. 그 직책을 그는 한없이 자랑했지만, 그것도 무리가 아니었다. 그는 아티쿠스*⁸에게 편지를 보냈는데, 거기에 얼마나 슬픈 말이 드러나 있었던가. 키케로는 이렇게 말했다. '그곳에서 무엇을 하고 있느냐고 묻는가? 저의 현재 상황에 대해 물으십니까. 반은 자유, 반은 사로잡힌 몸으로 투스쿨룸*⁹의 별장에서 빈둥빈둥 나날을 보내고 있네.' 하고. 그는 이어서 지난날 세월을 한탄하고, 현재의 불만을 말하면서 앞날을 비관하는 일을 적고 있다. 자기를 '절반은 자유, 반은 사로잡힌 몸'이라고 키케로는 말했다. 그러나 분명히 말하거니와, 현자는 절대로 이런 비굴한 말을 쓰지 않는다. 현자는 반은 자유, 반은 사로잡힌 몸은 결코 아니고 언제나 뚜렷한 자유롭게 해방된 자이며 스스로 권력을 가진 자이며 다른 사람의 위에 서는 사람이다. 운명 위에 서는 사람의 위에 서는 것이 무엇이 있단 말인가.

6

리비우스 드루수스*¹⁰는 기백이 날카롭고 실행력 있는 인물로서 몇 가지 새

---

*8 기원전 109~32년. 로마의 부호인 키케로의 벗.
*9 로마의 동남 15마일에 있는 곳.
*10 기원전 91년에 죽음. 호민관이 되어 많은 어려운 문제의 해결에 힘쓰고, 곡물법 등 많은 법안을 내놓았다.

로운 법률과 그라쿠스 형제가 실패한 정책을 촉진하여, 이탈리아 전국토의 수많은 사람들에게서 지지를 받았다. 그러나 정책의 출구를 내다보지 못하고 그것을 수행할 수도 없었고, 그렇다고 해서 일단 시작한 일을 도중에서 그만 두는 것도 뜻대로 되지 않았다. 그 때문에 그는 삶의 출발부터 휴식이 없었음을 저주하고, 자기는 어려서도 단 하루도 편히 쉬는 날이 없다고 말한 것으로 전한다. 실제로 아직 미성년으로 아동복*¹¹을 입었던 시절에도, 대담하게 재판관들에게 피고인을 칭찬하든가 하여, 법정에까지 교묘하게 자신의 인기를 스며들게 했기에, 잘 알려진 바와 같이 어느 몇 건의 판결은 그의 강인한 작용의 결과였을 정도였다. 이처럼 조숙한 야심은 과연 어디에서 돌진을 멈추었을까. 두루 다 아는 사실이지만, 이렇게 지나친 조숙의 대담성은 사적으로나 공적으로나 끝내 큰 불행에 빠진다. 그러므로 어려서부터 소란을 일으켜 법정에서도 애물단지가 된 드루수스가, 자기에게는 하루도 쉬는 날이 없었다고 한숨지어도, 때는 이미 늦은 것이다. 그가 스스로 목숨을 끊었는지 않았는지는 문제가 되었다. 왜냐하면 가랑이에 입은 상처 탓으로 갑자기 쓰러졌기 때문인데, 그의 죽음이 자신의 손에 의했는지를 의심하는 사람은 있어도, 그 죽음이 때에 알맞았다는 것을 의심하는 사람은 아무도 없다. 이처럼 남의 눈에는 행복하기 짝이 없는 듯이 보여도, 자기로서는 지나온 세월의 모든 행위를 증오하면서, 스스로에게 참된 증언을 하는 사람들의 이야기들을, 더는 입에 올릴 필요가 없다. 이와 같이 그들이 아무리 한숨을 지어도, 남을 개심시키지 못하였고, 자기 자신조차 마음을 바로잡지 못했다. 말을 내뱉는 순간에, 마음은 본디의 습관으로 되돌아갔기 때문이다.

분명히 말하지만, 여러분의 삶은, 혹 천 년 이상을 산다고 하더라도, 매우 짧게 느껴질 것이다. 여러분이 악습에 젖어버리지 않은 시대는 한 시대도 없을 것이다. 실제로 이 삶의 기간은 자연 그대로 내버려두면 빨리 사라질 것이고, 이성적으로 살아가면 더 오래도록 살 수도 있지만 당신네들로부터 달아나는 것은 필연적이다. 왜냐하면 여러분은 이것을 붙잡지도 않고, 막지도 않고, 모든 세상사 가운데 가장 빠른 속도를 가진 시간의 흐름을 늦추려고도 하지 않는 대신, 그것을 남아 있는 것처럼, 되돌릴 수 있듯이, 지나가는 대로 내버려두

---

*11 로마에서는 소년이 16세까지 토가프라에텍스타라는 아동복을 입었다.

기 때문이다.

7

그러나 내가 말하려는 사람들 중에는 특히 다른 일에는 전혀 시간을 쓰지 않고 오로지 술과 성욕에만 시간을 허비하는 사람도 포함되어 있다. 무엇인가에 열중하는 사람들 가운데 그들처럼 부끄러운 일에 몰두하는 사람은 없다. 이 밖의 사람들은 혹 명예에 대한 덧없는 꿈에 이끌린다 해도 그 잘못은 겉모양이 나쁘지 않다. 욕심이 지나친 인간이라든가 성질이 급한 인간을 들어도 좋다. 또 부당한 증오라든가 부정한 전쟁에 열중하는 인간도 마찬가지다. 이런 무리들은 모두 남자다운 잘못을 저지르고 있다고 할 수 있다. 그런데 음식이나 성욕에 빠진 자가 하는 짓은 부끄러운 오욕이다. 이들이 헛되이 쓰는 시간을 모두 철저히 살펴보면 안다. 얼마나 많은 시간을 그들은 돈을 계산하는 데 쓰고, 또 음모를 꾸미고, 두려움을 안고, 남의 비위를 맞추고, 다른 사람의 아첨을 받으며, 또는 얼마나 많은 시간을 자기와 다른 사람의 보증으로 막고, 또는 이제는 의무처럼 된 연회로 막고 있는가. 이런 점을 하나하나 생각해 보면 안다. 그들이 하는 것은 좋든 나쁘든, 숨을 쉴 겨를조차 허용하지 않을 정도라는 것을 알게 되리라.

결국 누구의 의견도 마찬가지이지만, 바쁜 인간은 어떤 것도 충분히 이루어 내는 게 불가능하다. 변론 공부나 학문을 가르치는 것도 그렇지만, 마음을 잡스런 일에 빼앗기면 무슨 일이고 진지하게 받아들여지지가 않는다, 모든 것을 마치 억지로 가득히 처넣은 듯이 토해 내고 말기 때문이다. 실제로 바쁜 사람일수록 사는 일, 곧 잘 사는 것이 가장 드물다. 또 사는 것을 배우는 일만큼 어려운 것도 없다. 다른 기술의 교사라면 어디에나 있고, 그 수도 많다. 이런 재주 가운데는 사실 아주 어린아이도 교사에게 이것을 충분히 배워서, 자신도 그것을 남에게 가르칠 수 있는 그런 사례도 본다. 그러나 사는 것은 평생에 걸쳐 배워야 하는 일이다. 그리고 아마 그 이상으로 이상하게 여겨지겠지만, 삶에 걸쳐 배워야 되는 것은 죽는 일이다. 많은 위대한 사람은 모든 장애물을 물리치고, 재산도 공직도 쾌락도 버린 다음, 어떻게 살 것인가를 알려고 하는, 이것만을 삶의 마지막까지 유일한 목적으로 삼았다. 그럼에도 그들의 많은 사람이, 아직 그것을 모른다고 털어놓으며 삶을 마감한 것이다. 하물며 그런 패들이 그것을 알 리가 없다. 내 말을 믿어 주기 바란다. 훌륭한 인물, 즉 인간이 저지르는 온갖 잘못을 뛰어넘는 인물은, 자신의 시간에서 무엇 하나도 잃기를 허락하지 않는다. 그러므로 이 삶은 매우 길다. 쓸 수 있는 가장 큰 시간을, 조금도 헛되어 씀 없이 자기 자신을 위해 활용하기 때문이다. 그리하여 어떤 시간도 하는 일 없이 안일하게 보내는 일이 없고, 다른 사람의 자유에 맡기는 법도 없다. 그는 시간의 가장 인색한 보호자로서, 자신의 귀중한 시간과 맞바꿀 만한 가치가 있는 것은, 아무것도 발견할 수 없기 때문이다. 따라서 이런 사람에게는 시간이 충분한 셈이다.

이와는 반대로 자신의 생활에서 많은 것을 대중에게 빼앗기는 자들에게는 시간이 모자라는 것은 너무나 마땅한 일이다. 하지만 이런 자들이 언제까지나 자기 손해를 모를 것 같지는 않다. 실제로 큰 행복이 오히려 무거운 짐이 된 이런 패들의 대다수는 부하들 무리나 재판 변호, 그 밖의 온갖 영광스런 재난에 끼어, 때로는 이런 비명 소리를 듣게 될 것이다. "나에게는 (자기를 위해) 사는 것이 허용되지 않는다." 하고는 어떻게 허용될 수가 있는가? 그대를 초청한 자는 모두 그대로부터 빼앗아 가는 것이다. 그 피고인이 당신으로부터 빼앗은 날은 며칠이었는가? 그 공직 후보자가 빼앗은 날은 며칠이었는가? 여러 상속인의 장례 일로 지친 그 노파가 당신으로부터 빼앗을 일수는? 유산을 노리는 자들의 탐욕을 불러일으키기 위해 병을 꾸며낸 그 노인이 빼앗을 수 있는 날수는? 당신을 친구로서가 아니라 둘러싼 한 사람으로서 맞이한 유력자의 친구가 빼앗은 날수는? 그대의 삶 나날에 시간을 알려서 분류, 정밀 조사를 해보는 것이 좋으리라. 그러면 그대에게는 이제 매우 적은 날짜밖에 남아 있지 않음을 알게 될 것이다. 그 사람은 일찍이 간절히 바라던 권위의 도끼를 일단 손에 쥔 지금은, 오히려 그것을 버리려고 하고, 말버릇처럼 "금령은 언제 끝날 것인가?"하고. 또 어떤 사람은 일찍이 경기대회의 회장에 당선*12되는 것을 영광으로 여겼는데, 경기대회를 운영해 보고 나서 이렇게 말한다. "언제 이 역할을 벗어날 수 있을까." 또 그 사람은 법정 전체에서 변호인으로서 인기를 독차지하여, 소리도 들리지 않을 만큼 먼 데까지 청중이 발 들여놓을 데가 없을 정도로 모여들었는데, 그래도 그는 "언제까지 이런 짓을 계속해야 되나" 말한다.

＊12 그때는 공공 경기대회의 운영이 프라에틀(법무관, 국무장관 등으로 번역함. 집정관 다음의
　　최고행정관)에게 위임되었다.

누구나 다 현재 지닌 것에 권태감을 느끼고 삶을 앞으로 앞으로 재촉하여 앞날을 그리워하여 안달을 하는 것이다. 그런데 어떤 시간이라도 자기 자신의 필요를 위해서만 쓰는 사람, 이런 사람은 내일을 바라는 것도 없고 두려운 것도 없다. 왜냐하면 한때의 즐거움이 무엇을 가져오든, 그것이 무슨 소용 있겠는가. 이런 사람은 모든 것을 다 알고, 모든 일을 충분히 이해하는 것이다. 그 이상의 것은 운명의 여신이 좋아하는 대로 정해지겠지. 그러나 그의 삶은 이미 안정권 안에 있다. 이 같은 삶에는 보탤 것은 있어도 뺄 것이 없다. 보태는 것까지도, 배불리 먹어서 만족하고는 있지만 무엇인가 먹을 게 있으면 욕심이 나지 않아도 배에 넣을 수 있는 바로 그러한 여분의 음식물과 같은 것이다. 그러므로 누군가가 머리가 하얗다고, 주름이 많다고 해서 그 사람이 오래 살았다고 생각할 이유는 되지 않는다. 그는 오래 산 것이 아니고, 오래 존재한 것에 지나지 않는다. 예를 들면 어떤 사람이 항구를 떠나자마자 매우 심한 태풍을 만나 여기저기를 떠다니며, 곳곳에서 불어 닥친 바람의 풍향 변화에 따라 같은 해역을 빙빙 돌아다녔다고 하면, 그것을 가지고 긴 항해를 했다고 생각할 수는 없을 것이다. 이 사람은 긴 항해를 한 것이 아니라, 긴 농락을 당한 데에 지나지 않는다.

8

내가 늘 이상하게 여기며 보는 것이 있는데, 누군가 시간을 내달라고 하면, 부탁받은 사람은 아주 쉽게 거기에 응하는 것이다. 시간이 요구된 목적은 양쪽의 관심에 있다. 그러나 시간 자체는 어느 쪽의 관심 속에도 없다. 마치 요구한 것은 무(無)이며 주어진 것도 무인 것처럼 말이다. 시간이라는 무엇보다도 소중한 것을 농락하는 것이다. 그들이 그렇게 잘못 생각하는 것도 시간이 무형의 것이고 눈에 보이지 않으며 그 때문에 가장 값싼 것 아니, 무가치한 것으로 여겨지기 때문이다.

연금이나 시혜물은 사람들은 소중하게 받고 그것을 받기 위해서는 자신의 노동이나 봉사나 근면을 제공한다. 그러나 누구 한 사람도 시간의 가치를 아는 사람은 없다. 마치 공짜인 양 물처럼 시간을 쓴다. 그러한 그들이 병들어 자리에 누워 죽음의 순간이 가까워지면 의사의 무릎에 매달리는 모습을, 또는 죽을 죄에 연루되어 있으면 온 재산을 바쳐서라도 목숨을 이어나가려고 하는 모습을 보라. 그들의 마음속에 한결같은 정서가 없음이 그만큼 큰 것이다. 예를 들어 저마다 살아 온 지난날 햇수와 마찬가지로 자기에 남은 나날에 살 수 있는 시간도 눈앞에 떠올릴 수 있는 일이 가능하다고 보고 이때 자기에게 남겨진 시간이 얼마 안 된다는 사실을 알면 얼마나 겁을 먹고 얼마나 시간을 아까워할 것인가. 더욱이 지금이라고 하는 확실한 시간이라면 아무리 적은 것이라도 다른 사람한테 나누어 주기는 쉽지만, 언제 바닥이 날지 모르는 것은 더욱더 세심한 주의를 가지고 소중히 하지 않으면 안 된다. 시간이 얼마나 귀중한 것인가를 모른다고는 생각지 않는다. 그들은 가장 사랑하는 사람들에게, 자기 세월의 일부를 언제든지 줄 용의가 있다고 말한다. 과연 주기는 하겠지만, 자기가 한 일에 대한 깨달음은 없다. 바치는 것이라고는 하지만 자기 세월을 줄이고 그러면서도 상대의 세월을 늘리지는 않는 것이다. 자기 세월을 줄이고 있다는 바로 그 사실을 그들은 알지 못한다. 그래서 그들은 참을 수가 있는 것이다. 잃어버리면서도 그것을 알지 못하는 손실이기 때문이다. 그러나 누구 한 사람도 세월을 되돌리는 자는 없고, 아무도 그대를 본디 모습으로 되돌릴 수 있는 자는 없을 것이다. 따라서 사람의 삶은 걷기 시작한 길을 걸어 발길을 돌릴 수도, 걸음을 멈출 수도 없다. 그것은 시끄러운 소리 하나도 내지 않고 화살과 같은 세월이 빠르다는 것을 타일러 주지도 않는다. 삶은 엄숙하게 흘러간다. 제왕의 권력으로도 세상 사람의 인기를 가지고서도 연장시킬 수 없다. 삶은 출발점이 된 그날부터 달리기 시작하여 그대로 달려간다. 어딘가에서 돌아가는 일도 없고, 도중에 다른 길로 새는 일도 없다. 그 끝에 있는 것은 무엇인가? 그리고 마침내 어떻게 되는가. 그대는 바쁘고, 삶은 쏜살같이 지나간다. 자네는 무엇인가에 골몰하고 삶은 빠른 걸음으로 지나간다. 이윽고 죽음이 다가와 좋든 싫든 간에 그 죽음과 함께 자네는 영원히 쉬지 않으면 안 되는 것이다.

9

그런데 자기에게는 예견 능력이 있다고 자만하는 자들의 판단만큼 가벼운 것이 있을 수 있을까? 사람들은 보다 더 오래 살려고 더욱 바쁘게 무엇인가 몰두한다. 삶을 희생해 삶을 세우려고 하는 것이다. 사람은 이것을, 다음에는 저것을 하고 생각하여 먼 미래의 일까지도 생각을 한다. 그런데 일을 앞으로 연장하는 것이야말로 삶의 가장 큰 낭비이다. 앞으로 앞일을 약속하는 것으로, 다음 날이 올 때마다 그날을 빼앗고 오늘이라는 시간을 빼앗아버린다. 삶에 가장 큰 장애는 내일이라는 시간에 의존하여 오늘이라는 시간을 무(無)로 만드는 기대이다. 당신은 운명의 손안에 있는 것을 이리저리 계획하여 자신의 손안에 있는 것을 잃어버리고 있다. 당신은 어디를 바라보는가? 어디로 가려고 하는가? 미래의 일은 모두 불확실성 속에 있다. 지금 당장 살아야 된다. 자, 최고의 시인도 마치 신적인 소리에 영감을 받은 것처럼 다음과 같은 구원의 노래 높이 이렇게 노래하는 게 아닌가? 행복과 인연이 먼 사람들의 일생, 가장 좋은 날의 맨 앞에서 죽어가는구나.*13 그는 이렇게 말하는 것이다. "어째서 어물어물하는가. 왜 가만히 있는가? 네가 잡지 않으면 도망가는 것이다" 라고. 아니, 만일 붙잡는다 해도 끝내 달아날 것이다. 그러므로 시간의 빠르기에 맞서기 위해서는 그것을 사용하는 속도로 다투지 않으면 안 된다. 빠르게 흘러가면서도 언제까지 흐를지 모르는 급류에서 빨리 떠서 마셔야 한다. 시인이 "가장 좋은 세월'라고 말하지 않고, '가장 좋은 나날'이라고 말한 까닭도, 한없이 머뭇거리는 데에 대한 질책을 훌륭하게 표현한 것이다. 자네는 무엇 때문에 안일한 자세로, 그렇게도 빠르게 지나가는 시간 속에서, 차분하게 그대 앞에 있는 세월을 먼 앞날까지 세월이 가는 것을 보고만 있는가. 시인이 하루를, 그것도 빨리 지나가는 오늘이라는 하루에 대해서 자네에게 말을 하는 것이다. 그러기 때문에 시인이 말하는 "행복과는 인연이 먼 사람", 다시 말하면 바쁜 것에 쫓기는 사람의 '가장 좋은 날 맨 먼저 죽어가는 데에는 의심의 여지는 없을 것이다. 무엇인가 바쁜 일에 쫓기는 사람들의 마음은, 아직도 어린 정신은 불의에 찾아든 늘그막이 그들의 마음을 놀라게 한다. 아무런 준비도 없이 아무런 장비도 없는 채로 늘그막에 이르는 것이다. 나날이 늘그막이 가까워 오고 있는데도 알아차리지 못한 것이다. 여행을 하는 사람이 대화나 독서나 무엇인가 생각에 열중해 있으면 그것에 마음이 빼앗겨 목적지에 가까이 온 것도 모르는 사이에 도착한 일이 곧잘 있는 것처럼 삶이라는 여행도 멈춤 없이, 또 무엇보다도 빠르게, 우리는 잘 때나 깨어서나 같은 보조로 그것을 계속하고 있는데, 화살처럼 지나가는 이 여행길은 무엇인가에 쫓기는 사람들에게

---

*13 베르길리우스 '농경시'.

는 종점에 이를 때까지 그 모습을 나타내지 않는다.

10

내가 제기한 주제를 각 부분으로 구분하여 저마다 밝히려 한다면, 무엇인가에 바쁜 사람의 삶이 매우 짧음을 증명할 수 있는 여러 논거가 뇌리에 떠오를 것이다. 파비아누스*¹⁴는 이른바 강의실의 (사이비) 철학자의 한 사람이 아니고, 옛날식 철학자의 한 사람인데 그는 당당히 이렇게 말했다. "온갖 감성과 싸우려면 섬세함이 아니라 격렬함으로, 작은 상처를 주는 게 아니라 돌격에 의한 정면 돌파로 싸우지 않으면 안 된다. (그는 비웃는 것에는 찬성하지 않는다). 왜냐하면 (악덕은) 나무라는 것만으로는 끝나지 않고 근절하지 않으면 안 되기 때문이다". 그러나 자신의 잘못을 비난받아 그것을 깨닫게 하기 위해서는 한탄스럽게 생각하지 않을 뿐 아니라 가르쳐주는 것도 필요하다.

인생은 세 가지 시기로 나눌 수 있다. 과거, 현재, 미래이다. 이중에서 우리가 지내고 있는 현재는 짧고, 맞이하게 될 미래는 불확실하다. 지나간 과거는 확정되어 있다. 과거가 확정되어 있음은 운명이 이미 지배권을 잃고 있기 때문이며 그 누구도 재량으로도 돌이킬 수 없는 것이기 때문이다. 그 과거를 무엇인가 바쁜 사람은 잃어버리고 만다. 그들에게는 지나간 일을 되돌아볼 여유가 없고, 또 만일 있다고 하더라도, 후회되는 일을 되돌아보는 것은 불쾌하기 때문이다. 그러므로 잘못되게 살아온 과거로 마음을 돌리는 것을 싫어한다. 그리고 군이 과거를 되돌아보려고도 하지 않는다. 지난날 잘못은, 혹시 한때 쾌락이라는 일종의 유혹에 빠진 것을 잊고는 있었지만, 기억에 떠올리면 뚜렷해지기 때문이다. 지난날 모든 행위가, 자기 자신의 양심이라는 결코 잘못을 저지르지 않은 감독자의 검열을 거치는 사람을 제외하면 기꺼이 자기를 과거로 돌리려는 사람은 없다. 일찍이 과거에 많은 야망을 품었던 자, 거만하게 남을 업신여긴 자, 불법으로 승리를 빼앗은 자, 나쁜 꾀로 남을 속인 자, 탐욕스럽게 훔친 자, 물 쓰듯 낭비한 자, 이런 자는 반드시 자신의 회상을 두려워할 것이 틀림없다. 그런데 과거라는 우리 인간에게 주어진 시간의 이 부분은 신성하고 특별히 구분된 것으로 모든 인사를 뛰어넘어 운명의 지배에서 벗어난 부

---

*14 1세기의 수사학자·철학자로, 세네카가 매우 존경한 은사였다.

분으로, 결핍에도, 공포에도 질병의 습격에도 위협을 받지 않는 시간이다. 과거는 교란을 당하지도 않고, 빼앗을 수도 없다. 그것은 영원하고 불안이 없는 소유물인 것이다. 지금 있는 현재는 하루하루를 말하고 그 하루도 찰나의 순간으로 이루어진다. 그러나 지나간 나날은 명령만 하기만 하면 눈앞에 나타나서 마음대로 들여다 볼 수도, 가로막는 것도 가능하다. 그러나 무엇인가에 바쁜 사람에게는 그럴 만한 여유가 없다. 걱정이 없는 평온한 정신은, 그 삶의 모든 부분을 여기저기 뛰어 돌아다닐 수가 있다. 그런데 바쁜 사람들의 마음은, 마치 멍에라도 짊어진 듯, 목을 돌릴 수도 뒤를 돌아볼 수도 없다. 이렇듯 그들의 생활은 깊은 수렁으로 빠져들고 만다. 예를 들어 아무리 많은 물을 흘려보내도, 그것을 받아들여 저장할 데가 없으면 아무런 소용이 없는 것과 같다. 그와 마찬가지로 아무리 많은 시간이 주어져도 멈출 데가 어디에도 없으면, 무너져 구멍이 뚫린 마음을 그냥 지나가는 것처럼, 그것은 소용 없는 것이나 똑같아 보인다. 곧, 그것은 끊임없이 달려가고, 흘러 사라지며, 또 재촉을 받고 있다. 오자마자 사라져 버린다. 그리고 한시도 늦어지는 것을 허락하지 않는다. 마치 끊임없이 움직이며 결코 같은 위치에 멈추는 일이 없는 천체나 별 무리와 다름없다. 그러므로 바쁜 사람들에게는 다만 현재라는 시간만이 관련을 갖고, 더구나 그것은 붙잡을 수도 없을 만큼 짧고, 그 짧은 시간마저도 온갖 일에 마음에 흩어져 있는 그들이기에 모르는 사이에 사라져 버린다.

11

요컨대 자네가 알고 싶은 것은 무엇인가에 바쁜 사람이 살아가는 삶이 얼마나 짧은가 하는 것일 게다. 사람이 어느 정도 오래 살기를 바라는가를 보면 안다. 늙어빠진 노인들은 아주 얼마 남지 않은 세월이라도 더 살기를 바란다. 또 나이보다 젊게 보이려 애쓴다. 그들은 거짓으로 자기를 위로하고, 또 자기를 속여서 기뻐하는 것은, 동시에 운명의 여신도 속이고 기뻐하는 것과 다름없다. 그런데 마침내 죽어야 된다는 인간의 취약성을 깨닫게 되면서, 그들은 얼마나 두려움에 떨면서 죽어가는가. 그것은 삶에서 떠나는 모습이 아니고 삶에서 끌려 나가는 모습이다. 변변치 못하게 산 그들은, 자기가 어리석었다고 아우성치며 혹시 그런 불건강한 생활에서 벗어날 수만 있다면, 이번에야말로 한가로운 생활을 보내고 싶다고 떠들어댄다. 그때에는 이제까지 즐기지 않았던 것을 얻으려고 해도, 그것이 얼마나 쓸데없는 짓이고 또 그런 모든 노력도 얼마나 보람 없이 끝나는가를 생각하게 된다. 이와는 반대로, 모든 일로부터 멀리 벗어난 삶을 보내고 있는 사람들에게는, 그 삶이 길지 않을 이유가 없다. 거기에서는 아무것도 남에게 양도되는 일이 없고 아무것도 여기저기로 흩뿌려지지 않으며, 아무것도 운명의 손에 넘겨지는 일도 없고, 또 게으르기 때문에 잃게 되는 것도 없고, 할 수 있게 남에게 주어서 빼앗기는 것도 없고, 불필요한 것도 전혀 없다. 말하자면 그 모두가 순수한 수입인 것이다. 그러므로 그 삶은 아무리 작은 듯해도 모자람 없이 넉넉하고, 따라서 맨 마지막 날이 찾아와도, 현자는 머뭇거리지 않고 단호한 걸음으로 죽음으로 나아갈 것이다.

12

아마도 자네는 어떤 자를 바쁜 사람이라 부르느냐고 물을 것이다. 내가 바쁘다고 하는 것은 단순히 다음과 같은 자들만을 생각하는 게 아니다. 곧 바실리카 회당*15에서, 마침내 거기로 몰아넣은, 집 지키는 개에게 쫓겨난 자들. 보는 바와 같이 자신의 수많은 부하들에게 둘러싸여 잘난 체하며, 또는 다른 사람의 부하들과 섞여 작아지면서 모두 북새통을 이룬 자들. 용무를 위해 자기 집에서 불려나와 남의 집으로 억지로 들어가서 돌아가야 하는 사람들. 또는 법무관의 창을 세워, 향기롭지 못한 데다 결국은 고름처럼 부패한 돈벌이를 목적으로 언제나 안달을 하는 자들. 이런 자들만은 아니다. 어떤 자들의 휴가는 바쁘다. 별장에서 살아도, 자신의 침대에 누워 있어도, 자기 홀로 살아도, 예를 들어 모든 일에서 은퇴했다고 해도, 마침내는 자기 스스로 번거롭게 만드는 근원인 것이다. 그들의 생활은 한가하다고 할 게 아니라, 게으른 바쁨이라고 해야 하리라.

도대체 다음과 같은 자를 한가하다고 이를 수 있을까. 코린토스 제의, 아주 일부 무리들만이 외도에 빠져 과분하게 여기는 구리그릇을, 매우 세심한 주의를 기울이면서 걱정스러운 듯이 마음을 졸이며 늘어놓는다든가, 날마다 거의 모든 시간을 녹슨 구리조각 속에서 지내는 자를. 또 투기장에서(아아, 한심한 악습 때문에, 본디 로마의 것도 아닌 못된 짓에, 우리는 수고를 치르는가) 거기에

---

*15 대광장 가까이 있었던 공회당으로 재판이나 상인의 회합에 사용되었다.

앉아 젊은이들의 승부를 즐기는 자를. 자기 집에서 부리는 소와 말 떼를, 같은 또래나 털빛으로 가르고 있는 자를. 또 들어온 지 얼마 안 되는 역사들을 어려서부터 기르는 자를. 자, 어떤가. 이와 같은 자들을 한가하다고 할 수 있을까. 이발관에서 오랜 시간을 보내며, 그동안에 어젯밤에 자란 수염이 조금이라도 있으면 뽑아내게 한다든가, 또는 헝클어진 머리를 고친다든가, 성긴 털이 잘 자라도록 이마를 여기저기 문지르게 하는 자를. 이런 패들은 이발사가 어차피 남자 머리인 걸 하고 조금이라도 소홀히 깎든지 하면 얼마나 불같이 화를 낼 것인가. 또 자신의 앞머리에서 조금이라도 머리털을 잘라 떨어뜨린다든가, 조금의 머리라도 순서가 틀린다든가, 또는 전체 머리털이 잘 길들어 곱슬곱슬하지 않으면 얼마나 심하게 분노하는가. 그들 가운데 자신의 머리털이 흐트러지면 신경을 써도 나라의 문란에 신경 쓰는 사람이 한 사람이라도 있는가. 머리의 아름다움에는 신경 쓰면서도 머리의 건강을 걱정하는 사람이 한 사람이라도 있는가? 겉보기에 멋진 사람이 되고 싶다고 생각해도 훌륭한 마음을 가진 인간이 되리라고 마음먹은 사람이 하나라도 있는가? 빗과 거울에 바쁜 시간을 보내는 자들을 한가한 사람이라 할 수가 있는가?

또 어떤가. 노래를 짓는가 듣는가 배우는 일에 열중하여, 자연에 따르면 솔직한 목소리야말로 가장 좋고 가장 자연스러운 목소리인데, 일부러 그것을 일그러지게 만들어 열심히 노래부르는 자들은 어떠한가. 머리에 떠오른 어떤 노랫가락에 맞추어 끊임없이 손가락을 울리는 자들, 또 진지한, 때로는 슬픈 사연으로 불려 왔는데 콧노래가 들려오는 자들을 한가한 사람이라고 할 수 있을까? 이런 무리들이 즐기는 것은 한가함이 아니라 게으른 분주함이다. 이러한 사람들이 벌이는 잔치도, 결코 한가한 시간으로 볼 수 없다. 그들을 보면 얼마나 마음을 졸이면서 은그릇을 늘어놓는가. 얼마나 정성을 들여, 마음에 든 어린 사동들의 옷소매를 걷어 올려주는가. 얼마나 숨을 죽이고 맷돼지 고기를 조리하는 요리사의 모습을 지켜보고 있는가. 지시를 받은 젊은 사동들이 재빨리 심부름을 하는 모습에 시선을 모으는가. 새고기가 한 조각 한 조각 넘침도 부족함도 없이 잘려나가는 솜씨에 주목하는가. 취객이 토한 것을 가엾게도 젊은이들이 정성스레 닦아내는 모습을 바라보는가. 이런 고생까지 하면서 음식 맛에 정통했다느니 호화판이라는 평판을 듣고자 열심인데, 그 결과로 생활 구석구석에 이르기까지 이 악습이 따라다니며, 술을 마시고 음식을 먹는 것에도 긴장하고 대비해야 된다.

또 다음과 같은 무리들도 겨를이 있는 사람들 축에 넣고 싶지 않다. 가마로 여기저기 타고 돌아다니면서, 그런 탈것을 쓰지 않으면 법률 위반이라도 되는 듯이 가마에 탈 시간이 되면 시간을 철저히 지키는 자들, 또 목욕이나 수영시간, 식사시간을 하나하나 남에게 주의를 받아야 되는 자들도 한가한 사람들 중에 넣을 수는 없다. 그들의 너무나도 응석받이가 된 마음이 무기력하기 때문에 배가 고픈지 어쩐지도 자기는 모르는 것이다. 나는 이런 응석받이 무리들 가운데 한 사람에 대한 말을 들을 적이 있다. ('응석받이'라고 부르는 것은, 인간 생활이나 습관을 잊은 것이라 생각해도 된다.) 이 사람이 목욕탕에서 나온 뒤 남의 손들이 그를 가마에 태웠을 때, 이렇게 물었다고 한다. "나는 지금 앉아 있는가?' 이렇게 자기가 앉아 있는 줄도 모르는 자가, 자기가 살아 있는지 어쩐지, 물건을 보고 있는지 어쩐지, 겨를이 있는지 없는지, 그런 것을 알고 있다고 생각할 수 있겠는가. 하긴 이 사람이 사실 그것을 몰랐을까, 아니면 모른 체했을까, 그 어느 쪽이라고 한다면, 어느 쪽에 동정하는 편이 좋은가는 일률적으로 말할 수는 없다. 분명히 그들은 많은 것을 잊어버리기 쉽지만, 그러나 또 많은 것을 잊은 듯이 행동하는 것도 사실이다.

어떤 악은 마치 행복의 증거이기라도 한 것처럼 이런 사람들에게는 기쁨을 준다. 자기가 무엇을 하고 있는가를 아는 것은, 그들에게는 천하고 멸시할 인간이 하는 일이라고 여겨지는 것이다. 사치를 비판하는 어릿광대들이 많은 이야기를 꾸며낸다고 생각하는 것은 어리석은 일이다. 맹세코 그들이 조작하는 이야기보다도 그냥 지나치는 이야기 쪽이 많다는 것이 진상이며 이 방면에만 재능을 보이는, 요즈음 믿을 수 없는 악덕은 수없이 많다. 자기가 앉아 있는지 어쩐지를 남에게 물어볼 정도로, 응석받이인 인간이 있다고 하니. 이런 부류의 인간은 한가한 사람이라고 할 수 없다. 그에게는 다른 이름을 붙여야만 한다. 그는 환자인 것이다. 아니, 죽은 사람이다. 한가한 사람이란, 자기가 한가함을 누리고 있다는 자각을 가진 사람을 말한다. 자신의 몸 상태를 알기 위해 남에게 물어 볼 필요가 있는 인간이 도대체 어떻게 자기 시간의 주인이 될 수 있단 말인가.

13

그 밖에도 하나하나 실례를 찾아다닌다면 끝이 없겠지만, 체스나 구기, 또는 일광욕을 즐기는 일에 열중하여 삶을 낭비하는 무리도 있다. 잡다하게 시시한 짓을 즐기는 자들도 한가한 사람은 아니다. 예를 들면 쓸데없는 고증의 연구에 매달린 사람들에 대해서 말하면, 그들은 고생을 하면서 실은 아무것도 한 것이 없음을 의심하는 사람은 없다. 이런 연구는 로마인 사이에서도 이미 큰 세력을 이루고 있다. 쓸데없는 일을 찾아보는 이 버릇은 본디 그리스인의 것이었다. 예를 들면 오디세우스는 몇 명의 조타수를 부리고 있었다든가, '일리아스'가 먼저 나온 것인가, 아니면 '오디세이'가 먼저인가, 또는 이 두 작품이 한 작가에 의해 쓰였는가, 그 밖에도 온갖 문제를 들추어내는 버릇이 있다. 요컨대 가만히 있으면 아는 것을 숨기는 일에 만족하지 못하고, 그렇다고 입 밖에 내면, 유식하다기보다는 아니꼬운 녀석이라고 여겨지는 그러한 사소한 문제이다. 그런데 이제 바야흐로 이 쓸데없는 진실을 배우려는 괜한 연구가 로마인들 사이에 파고들었다. 고작 며칠 전에도 어떤 사람이, 로마인으로 그가 처음으로 무엇을 했는가를 해석하면서 이런 이야기를 하는 것을 나는 들었다. "해전에서 승리를 거둔 최초의 사람은 두일리우스*16였다든가, 개선식에서 코끼리를 행진시킨 최초의 사람은 덴타투스이다."

이와 같은 이야기는 참된 영광에 기여하는 것은 결코 아니지만 지금도 국민적인 공헌의 모범으로서의 역할을 다하고 있다. 이런 지식은 아무런 쓸모도 없지만, 허망한 것이라 해도 대상에 어떤 매력이 있어서 우리는 마음이 끌린다. 로마인에게 배를 타도록 처음으로 권고한 사람은 누군지 따위를 문제 삼는 사람들도 그대로 봐주기로 한다. 그것은 클라우디우스였다고 하는데, 그가 카우덱스라는 별칭을 쓴 것은 다음과 같은 이유에서였다. 옛날 사람들 사이에서는 많은 수의 판자를 이어붙인 것을 카우덱스라 불렀고, 공문서 기록판이 코덱스라 했고, 지금도 짐을 싣고 티베리스 강을 오르내리는 배가 옛날의 습관대로 코디카리아 선이라고 불리는 것은 거기에 비롯한다. 메사나에 최초로 승리한 것은 발레리우스 코르비누스*17로, 자기가 공략한 도시 이름을 따서 발레리우스 가계(家系)를 처음으로 메사나(Messana)라고 불렀던 사람인데, 이것은

---

*16 기원전 3세기 로마 장군.
*17 기원전 263년에 집정관이 되다.

서서히 세상에 퍼짐에 따라 철자가 변화하여 메살라(Messala)라고 부르게 되었다는 일 따위를 탐색하는 것도 의미 있는 일일지도 모른다. 그런데 다음과 같은 이야기에도 관심을 갖는 자를 허용할 수 있을까. 루키우스 술라*[18]가 처음으로 경기장에 사자 몇 마리를 풀어놓고, 또 다른 몇 마리를 매달아 놓은 채, 그것을 복스왕*[19]이 보낸 투창대에게 죽이도록 했다는 이야기이다. 하긴, 이런 이야기도 있을 수 있을지 모른다. 그러나 폼페이우스가 처음으로 경기장에서 열여덟 마리의 코끼리를 풀어놓고, 범죄인들과 실전을 방불케 하는 싸움을 붙였다는 것도 과연 무슨 보람이 있는 지식일 수 있을까? 나라의 원수이며, 전해 오는 말로는 예전 국가원수 중에서 오로지 홀로 마음이 따뜻했다는 폼페이우스가, 신기한 방법으로 인간을 죽이는 것을, 후세에 전할 만한 구경거리의 하나로 생각했다는 것이다. 범죄인들은 죽을 때까지 싸워야 했는가. 그것으로는 충분하지 않다. 갈기갈기 찢겨서 죽여야 했는가. 그것으로도 아직 충분하지 않다. 동물의 거대한 몸에 짓눌리면 되는 것이다. 이런 것은 빨리 잊혀졌으며 후세의 권력자는 누구도 이런 너무나도 비인도적인 행적을 배우지 않았고, 부러워하지 않는 것이 좋았다. 아아, 대단한 번영이라는 것은 얼마나 짙은 우려를 우리 마음에 던지는가. 폼페이우스가 그렇게 불행한 인간의 무리를, 다른 나라의 하늘 아래에서 태어난 거대한 짐승에게 내던져졌을 때, 또 인간과 코끼리라는 그렇게도 다른 동물 간에 싸움을 시켰을 때, 그리고 또 얼마 뒤에 자기들도 그 이상의 엄청난 유혈을 바쳐야 될 로마 신민들의 눈앞에서, 많은 피를 흘리게 했을 때, 자기가 자연의 힘을 넘어선 존재라는 것을 믿어 의심치 않았다. 그런데 그 똑같은 인간이, 뒷날 알렉산더 왕조의 배반으로 배신을 당하여, 이름도 없는 한 노예의 칼에 살해당하는 신세가 되었다. 그때가 되어서야 겨우 자신의 별명이 헛된 것임을 알게 되었다.

그것은 그렇다 치고 이야기를 원점으로 돌려 어떤 종류의 사람들이 쏟아붓는 정력이 그것과 마찬가지로 헛된 일에 관여하고 있다는 것을 보여주겠다. 지금 말한 같은 인물은 이런 이야기도 했다. 메테르스*[20])는 시칠리아에서 카르타고 군에게 승리하여 개선했을 때, 모든 로마 사람 가운데 자기 혼자만이

---

*18 기원전 138~78년. 로마의 장군이며 정치가.
*19 아프리카 북서부 마우리타티아의 왕.
*20 로마의 장군. 기원전 251년 통령.

120마리나 되는 빼앗은 코끼리 떼를 전차 앞에 행진시켰다는 것. 그리고 술라는 신성공지(神聖空地)를 넓힌 로마인 최후의 한 사람이며, 이 공지는 속주(屬州)에 영토를 얻은 경우가 아니고, 이탈리아 안에 얻은 경우에 한하여 넓히는 것이 옛사람들 사이에 관례였다고 한다. 이런 점을 알고 있다는 것이 다음과 같은 것을 아는 것보다도 더 유익하다고 말할 수 있을까? 이 사람의 주장에 따르면, 아웬티누스의 산이 신성공지 밖에 있는 이유는 다음 두 가지 가운데 하나라고 한다. 요컨대 평민이 이 언덕으로 물러났기 때문인가, 아니면 레무스가 이 자리에서 새점을 칠 때 새가 길조를 나타내지 않았기 때문인가, 그 어느 쪽이라는 것이다. 이런 이야기는 한이 없지만, 그런 것들은 새빨간 거짓말이 아니면 거기에 가깝다. 이런 논자가 이러한 사항을 모두 성실하게 말하는 것을 인정하고, 또 논자가 자신이 쓴 것을 보증은 하고 있지만, 이런 지식이 대체 누구 잘못을 줄여 줄 것인가. 누구 욕심을 억눌러 줄 것인가. 누구를 점점 용감하게 하고, 누구를 차츰 올바르게 하며, 누구를 더욱 자유롭게 해줄 것인가. 내가 아는 사람 파비아누스는 늘 이렇게 말했다. 이런 일에 관련할 정도라면 학문 연구에는 아예 몸담지 않는 것이 차라리 좋을 것이라고.

14

모든 사람 가운데 오로지 예지를 지닌 사람만이 한가함을 누리는 사람이다. 그들이 훌륭하게 지켜보는 것은 자신의 생애뿐만이 아니다. 그들은 모든 시대를 자신의 시대에 관련시킨다. 그들 이전에 지나간 세월은 모두 그들 삶의 부가물이 된다. 우리가 은혜를 너무나 잃어버리지 않는 한 신성한 학파의 창시자들은 우리를 위해 태어나고 우리를 위해 삶을 점지해 주었다고 생각하지 않으면 안 된다. 다른 사람이 수고해 준 덕분에, 어둠 속에서 광명 속으로 발굴된 아름답기 짝이 없는 앎의 세계로 인도된다. 우리에게 갇히고 금지된 세기는 없고, 우리는 어느 세기에도 들어가는 것이 허용되었고 위대한 정신을 지탱 삼아 인간적인 연약함에서 오는 편협한 한계를 벗어나고 싶으면 (그 앎의 세계를) 소요하는 시간이 충분히 있다. 소크라테스와 서로 토론을 할 수가 있고, 카르네아데스*[21]와 회의(懷疑)를 함께 할 수도 있으며, 에피쿠로스와도 함

<hr />

*21 기원전 2세기의 그리스 철학자로, 중기 아카데메이아 파에 속한다.

삶의 짧음에 대하여 361

께 평안히 쉴 수도, 스토아파의 사람들과 함께 인간성을 타파할 수도 있고, 키니코스파 사람들과 함께 인간 본성을 극복할 수도 있다. 자연이 이러한 모든 시대의 유산을 공유하는 것을 우리에게 허락해 주는 이상, 이 짧고 덧없이 변해 가는 시간으로부터 떠나 과거라고 하는 유구하고 영원하며, 보다 더 좋은 사람들과 함께 나누는 시간으로 온갖 영혼을 기울여 몸을 맡기지 않고 어찌하겠는가? 세상적인 의무를 다하기 위해 뛰어다니는 자, 자기는 물론 다른 사람까지 번거롭게 하는 자, 그와 같은 자가 미치광이처럼 열을 올린다 해도, 또 날마다 한 집도 남김없이 찾아다녀 문이 열려 있는 집은 한 집도 빠뜨리지 않고 말을 건넸다고 해도, 또 멀리 떨어진 집들을 찾아가 금품을 목적으로 인사차 방문했다 해도, 이렇게 거대한, 게다가 갖가지 욕망에 마음을 빼앗기고 있는 도회지 속에서, 도대체 얼마만큼 인간을 만날 수 있다는 말인가. 얼마나 많은 인간이 취침중이라든가, 한창 못된 일에 빠져 헤어나지 못한다든가, 매정하다든가 하여, 이런 사람을 물리칠 것인가. 얼마나 많은 인간이 오랫동안 이런 자를 괴롭힌 끝에, 급한 일이 생겼다고 거짓말을 하여 허둥지둥 사라져 가는가. 얼마나 많은 인간이 부하들이 응접실에 가득히 모여드는 것을 피해 저택의 은밀한 출구로 달아나는가, 쫓아내기 보다는 속이는 편이 매정하지 않다고 하듯이. 전날 숙취가 아직도 깨지 않은 몸으로 무거운 머리를 안고, 타인이 눈을 뜨기를 기다리기 위해 자신의 잠은 깨고 찾아온 그들에게, 현관지기가 입술도 열지 않고 천 번이나 가르쳐 준 이름을 거만하기 짝이 없는 하품과 함께 겨우 말을 해주는 사람들이 얼마나 많은가. 이러한 세상적인 의무가 아니라 인간적인 참다운 의무에 몸담고 있다고 여겨야 하는 사람은 날마다 제논이나 피타고라스에게, 또는 데모크리토스나 그 밖의 수많은 학문과 예술의 사제들, 아리스토텔레스나 데오프라토스 같은 사람들을 섬기는 사람들이다. 그들 중에는 시간이 없다고 해서 만나주지 않는 사람은 한 사람도 없고, 자기들을 찾는 사람들을 보다 더 행복하게 만들고 자기를 사랑하는 사람으로 만들어서 보내지 않는 사람은 한 사람도 없다. 찾는 사람이 누가 되었든 빈손을 떠나게 하는 사람은 하나도 없다. 누구나 그들은 만날 수가 있는 것이다.

15

그들은 모두 자네에게 죽는 것을 강요하지 않고, 죽는 법을 가르쳐 줄 것이다. 누구 한 사람도 그들과 대화를 해도 자네 몸에 위험이 미치는 일이 없고 그 누구와 우정을 맺어도 생명을 위협 받는 일이 없고, 그 누구를 존경해도 돈이 드는 일이 없다. 그들로부터는 원하는 것을 모두 가지고 떠날 수가 있다. 그들로부터 그대가 바라는 만큼의 것을 얻어내지 못한다면, 그것은 그들 탓이 아닐 것이다. 그들을 찾아가서 감싸 주고 보호해주는 관계가 되는 자에게는, 얼마나 행복하고 또 아름다운 노후가 기다리고 있을까. 그들을 벗으로 삼고 스승으로 삼는 자는, 크고 작은 온갖 문제를 상담할 수 있는 사람, 나날이 일신상 일에 대해서 조언 받을 수 있는 사람, 없이 여기지 않고 참된 이야기를 들을 수 있는 사람, 추종이 없는 찬사를 줄 수 있는 사람, 그 언동을 본받을 수 있는 사람을 가지게 되는 것이다. 우리는 곧잘 이렇게 말한다. 부모는 우연에 의해서 인간에게 주어진 것으로 어떤 부모가 주어지는가는 우리 힘으로는 어찌할 수 없는 일이라고. 그러나 우리는 생각대로 태어날 수도 있다. 고귀하기 짝이 없는 더없는 천재의 집들이 있다. 양자로 들어가고 싶은 가정을 고르면 된다. 양자가 되어 이어받는 것은 이름뿐이 아니다. 다름 아닌 재산도 이어받는다. 그것은 심술궂게 악착같이 지킬 필요가 없는 재산이다. 그 재산은 많은 사람에게 나누어 주면 줄수록, 차츰 늘어갈 것이다. 그들은 그대에게 영원에의 길을 가르쳐 주고, 누구나 거기에서 물러나려고 하지 않은 곳으로 그대를 끌어올려 줄 것이다. 이것은 죽어 없어질 삶을 연장하는, 아니, 그것을 불멸의 것으로 바꾸는 유일한 방법이다. 명예나 기념비처럼, 아마 공명심에서 법령을 발하여 명한 것도, 노역을 시켜서 세운 것도, 얼마 안 가서 무너질 것이다. 세월의 흐름에 따라 파괴되고 사라지지 않는 것은 하나도 없다. 그런데 예지에 의해 영원화된 것은 시간이 지나도 사라지는 일이 없다. 어떤 시대가 되어도 그것을 없애지 않을 것이고 줄이지도 않을 것이다. 다음 시대에도 또 그 다음 시대에도, 언제나 그런 것들에 대한 존경의 마음은 더하여 갈 것이다. 왜냐하면 가까운 데 있는 것에는 질투하기 쉽지만, 먼 데 있는 것에는 그만큼 순수한 존경의 마음을 갖기 때문이다.

그러므로 현자의 생명은 드넓은 범위를 갖는다. 현자 이외의 인간을 가두고 있는 한계도 현자를 가두는 한계는 동일하지가 않다. 인간 가운데 현자만이 인간을 속박하는 여러 법칙에서 벗어난 존재인 것이다. 모든 세기가 그를 신처럼 받들어 모실 것이다. 때는 과거가 되었는가. 현자는 이것을 돌아봄으로써 파악한다. 때는 바야흐로 현재인가. 현자는 이것을 활용한다. 때는 미래에 있는가. 현자는 그 미래를 예기한다. 현자는 모든 시간을 하나로 융합함으로써 스스로의 삶을 유구한 것으로 만든다.

16

이에 반해 과거를 잊고 현재를 가볍게 여기며 미래를 두려워하는 자들의 삶은 매우 짧고 더없이 불안하다. 삶의 종말에 이르러서야 아무것도 이룬 것 없이 오랫동안 바쁘게 지냈다는 사실을 깨닫지만 그렇게 돼면 때는 이미 늦었다, 또 그들이 가끔 죽고 싶어 할 때도 있겠지만, 그것으로써 그들이 오랜 삶을 보내고 있다고 인정할 증거는 되지 않는다. 그들은 무지한 까닭에 불안한 마음을 일으킴과 동시에, 그들이 두려워하는 것 자체로 뛰어들려고 하는 마음이 생겨 괴로워한다. 죽음을 두려워하기에 그들은 때때로 죽고 싶어 하는 것이다. 또 그들이 하루를 지루하게 생각한다든가, 약속한 저녁식사 시간이 될 때까지 지나치게 오래 기다려야 한다고 불평한다든가, 그런 것도 오래 살고 있다는 증거는 되지 않는다. 왜냐하면 그들은 바쁜 생활로부터 벗어나면, 한가한 것에 적응하지 못하고 안달하며, 그 한가한 시간을 어떻게 쓸지 어떻게 연장할지 방법을 모르기 때문이다. 그래서 그들은 무슨 바쁜 다른 일을 찾으려고 애쓰는데, 그동안의 시간을 참지 못할 정도이다. 그것은 예를 들면 검투사 경기의 개최일이 발표된 때라든가, 그 밖의 무슨 흥행이나 오락의 당일이 기다려질 때, 사람들이 그 개최일까지의 며칠을 뛰어넘었으면 하고 바라는 것과 마찬가지이다. 그들에게는 희망하는 모든 것이, 언제까지나 꾸물대는 듯이 생각되는 것이다. 그러기에 그들이 소중하게 여기는 시간은 짧고 빠른 데다 그들 자신의 나쁜 버릇 때문에 차츰 더 짧아진다. 끝내 거기에서 다른 쾌락을 찾아 옮겨 다니며, 어떤 하나의 욕망에 만족할 수가 없기 때문이다. 그들에게는 하루하루가 지루한 게 아니라 지겨운 것이다. 그러나 이와 반대로 창녀 팔에 안겨 술로 지새우는 밤은 얼마나 짧게 여겨질 것인가. 이런 데에서 시인들이 이야기를 만들어 인간 잘못을 조장하는 우를 저지르기도 하고, 유피테르의 신이 동침의 쾌락에 넋을 잃고 밤의 길이를 두 배로 했다고 상상했는데 만들어낸 이야기로 인간의 잘못을 늘어나게 하는 시인의 이러한 망상도 그것 나름대로 설명이 된다. 우리 인간 악덕의 권위 있는 선례로서 시들의 이름을 적고, 시들에게만 허용되는 방탕을 인간 병폐의 본보기처럼 준다는 것은 바로 우리 인간의 악덕에 불을 붙이는 게 아니고 무엇인가. 그렇게 비싼 값을 치르고 산 아름다운 밤도, 그런 자에게는 너무나 짧은 밤으로 여겨지는 것도 마땅하지 않는가? 그들은 밤이 오기를 초조하게 기다리며 낮을 잃고, 아침이 오는 것이 두려워 밤을 잃는다.

17

이런 자들의 쾌락은 그 자체도 불안정하고, 온갖 두려움으로 안정되지 않는다. 그 때문에 환희가 절정에 이른 순간 한 가닥의 걱정의 마음이 그들의 머릿속을 스친다. '이것이 언제까지 이어질까.' 왕들이 자신의 권력을 생각해서 눈물을 짓고, 태평시대의 극치에서도 그들에게는 희열이 없고, 언젠가는 찾아올 종말을 생각하여 두려움을 계속 안는다. 오만하기 짝이 없는 페르시아 왕[22]은 드넓은 평원에 대군을 가득 집결시키고 그 수를 인원수가 아니라 양으로 파악한 정도의 왕이었는데 구름떼같은 그 정예라 할지라도 100년 뒤에는 아무도 살아남는 자가 없으리라는 생각에 사로잡혀 눈물을 흘렸다고 한다. 그런데 이런 젊은이들에게 비운을 가져온 것은 다름 아닌, 이 눈물을 흘린 당사자였다. 그들 가운데 어떤 자들은 바다에서, 어떤 자들은 육지에서, 어떤 자들은 전투 중에, 어떤 자들은 패주 중에 죽은 것이다. 왕이 '100년까지는' 하고 걱정하던 젊은이들을, 단시일 내에 모조리 죽음으로 몰아넣은 것이다.

그들 왕의 환희도 또한 겁으로 가득 차 있는 것은 왜 그럴까. 순수한 확고한 것에 기인되지 않는 환희이기 때문이며 허망에 의해 생기고 바로 그 허망으로 끊기는 환희이기 때문이다. 한편 그것이 있기에 그들이 잘난 체를 하며 자기가 인간을 뛰어넘은 존재라고 망상을 하는 바로 그 환희도 순수할 것이 아니고 보면 당사자까지도 비참한 것이라고 고백하는 것이다. 그렇다면 그러한 그들이 보내는 시간은 도대체 어떠한 것이라고 생각하면 좋을까? 큰 행운은 모두 불안정하고, 또 최대의 행운만큼 믿을 수 없는 행운도 없다. 하나의 행복을 지키기 위해 다른 행복이 필요하고, 혹 또 바라는 것이 이루어져도 다른 소원을 빌어야 한다. 왜냐하면 우연히 생긴 것은 모두 안전성이 없고, 또 높이 올

---

[22] 기원전 480년 그리스에 침입한 크셀크세스.

라갈수록 떨어지기 쉽기 때문이다. 게다가 사라져 없어지는 것을 기뻐할 사람은 아무도 없다. 그러므로 큰 노력을 치러서, 소유하는 데는 더욱 큰 노력이 있어야 되는 것을 얻고자 하는 사람들의 삶은, 마땅한 결과로서 매우 짧을 뿐만 아니라 아주 비참하다고 해야 하리라. 그들은 고생을 하여 자기가 갖고자 하는 것을 바라지만 그것을 손에 넣으면 이번에는 걱정을 하면서 그것을 지키려고 한다. 그동안에, 두 번 다시 돌아오지 않는 시간은 전혀 계산 밖의 일이다. 새로운 바쁜 일이 지난날 바쁜 일을 대신하고, 기대가 새로운 기대를 자극하고 야심이 새로운 야심을 눈뜨게 한다. 불행의 연속됨을 끊어버리는 종말을 구하려는 것이 아니라, 시작이 바뀔 뿐이다. 취임한 명예있는 공직에 의하여 고통받는다고 하자. 그러나 다른 사람의 공직이 그 이상의 시간을 빼앗는다. 선거 후보자가 되어 고생하는 일을 그만 두었다고 하자. 그러나 타인의 지지자가 되어 고생을 하기 시작한다. 우리는 남을 고소하는 수고를 버렸다고 하자. 그러나 재판하는 수고를 해야 된다. 재판관을 그만 두었다고 하자. 그러나 재판장의 자리에 앉는다. 남의 재산관리에 고용되어 나이가 들었다고 하자. 그러나 자신의 재산 관리에 신경을 빼앗기게 된다. 마리우스*23가 군무에서 벗어났다고 하자. 다음에는 집정관 직책이 그를 바쁘게 한다. 퀸티우스*24가 독재관 직책을 서둘러 마쳤다고 하자. 그러나 그는 쟁기를 잡고 있을 때로 다시 되돌아가게 될 것이다. 스키피오*25는 아직 그런 큰 역할을 맡기에는 너무 젊었으나 카르타고인을 무찌르러 나설 것이다. 한니발을 이기고, 안티오코스도 물리쳐서 스스로 집정관 직책을 맡아 영광에 빛나고, 또 동생의 집정관직 후견인이기도 한 스키피오는, 혹시 그를 둘러싼 방해가 없었다면, 아마 유피테르 옆에 그의 동상이 세워졌을 것이다. 그런데 이 주제자는 시민 간의 다툼에 고통을 받은 끝에, 젊었을 때는 신들과도 견줄만한 명예도 물리친 그였으나 늘그막에 발견한 것은 스스로 긍지 높게도 비꼬았던 망명 생활이었다. 행복으로부터든 불행으로부터든 그 어느 쪽이든 불안의 씨는 그치지 않는다. 삶은 이렇게 해서 무엇인가에 말살된 채 몰려간다. 한가한 여유는 결코 이룩되지 않고 언제나 소원에 그치고 마는 것이다.

---

*23 기원전 157~86년, 로마의 장군.
*24 기원전 5세기 로마의 반전설적 정치가, 장군.
*25 이른바 '대 아프리카누스', 기원전 236~184년. 로마의 장군, 정치가.

18

사랑하는 파울리누스여. 그런 까닭으로 속세 사람들로부터 떠나라. 그리하여 나이에 어울리지 않게 이제까지 여기저기 쫓겨 다닌 자네도 조용한 항구로 돌아가는 것이 좋다. 생각하여 보라. 그대는 얼마나 많은 격랑을 헤쳐 왔는가. 얼마나 많은 태풍을, 사적으로는 참고 견디며, 공적으로는 과중한 업무를 하지 않았는가. 많은 수고와 끊임없이 닥쳐온 시련을 이겨낸 것으로 그대의 덕성은 이미 충분히 증명되었다. 그 덕성이 한가로운 생활 속에서 어떠한 작용을 하는가를 시험해 볼 일이다. 자네 삶의 대부분은, 아니 적어도 그 가장 좋은 부분은, 이미 국가를 위해 바쳤다. 자네 시간의 얼만큼은 그대 자신을 위해 쓰는 것이 좋지 않겠는가. 그러나 나는 그대를 게으르다든가 무료한 평온으로 불러들이는 것은 아니다. 또 그대 안에 있는 싱싱한 천성을 모조리, 게으른 잠이나 뭇사람이 좋아하는 쾌락 따위에 몰입시키려는 것도 아니다. 그것은 결코 한가히 지낸다고 말할 수 없다. 자네가 오늘까지 열심히 해 온 그 어떤 일보다도 더 큰 일, 직무에서 해방된 편안한 나날 중에서 자네가 할 중요한 일을 자네는 찾아낼 것이다. 자네는 온 세계에 관련된 회계 장부를 제3자인 것처럼 공평하게, 자기 것인 양 세심하게 공적인 것으로서 양심적으로 관리했었을 것이다. 남의 증오를 피할 수 없는 그 자리에서 자네는 남들의 존경과 사랑을 얻었을 것이다. 그러나 알겠나, 이것은 진짜이다. 공공의 공물 공급의 수지를 아는 것보다도 자기 삶의 수지를 아는 게 한결 더 중요하다. 가장 중대한 업무에 가장 알맞은 그대의 정신적 활력을, 만일 명예는 있어도, 행복한 삶에는 아무 소용이 없는 역할로부터 떠나는 것이 좋다. 그리고 생각해 보라. 그대가 젊어서부터 학문 연구의 모든 수행으로 공부해 온 것은, 그처럼 커다란 분량의 곡물을 그대가 잘 관리하기 위해서가 아니었다. 그대는 뭔가 더 위대하고 더욱 숭고한 것을 자신에게 약속했을 것이다. 그 밖에도, 올곧은 점이나 수고로운 일에도, 이미 시험을 마친 인물이 없는 것은 아닐 것이다. 짐을 나르는 데는, 훌륭한 명마보다도 걸음이 느린 짐말이 한결 알맞지만, 그러나 명마는 태어날 때부터 발 빠르게 타고난 우수성을, 누가 일찍이 무거운 짐으로 억누른 것일까. 또 다시 생각해 보라. 이렇게 큰 어려운 일에 자네가 몸을 내던지는 데는 얼마나 많은 불안이 따르겠는가. 자네 일은 인간의 배에 대한 일이기 때문이다. 굶주린 대중은 도리를 받아들이지 않고, 공정성으로 차분히 마음을 진정하지도 않고, 아무리 부탁을 해도 귀를 기울이는 일도 없다. 최근 이야기지만, 가이우스 황제가 죽은 뒤 며칠 동안의 일이다. 혹시 고인에게도 감각이 있었다면, 그는 로마 시민이 살아남고 적어도 아직 7, 8일분의 식량이 남아 있다는 사실을 알고 몹시 화를 냈겠지만, 사실은 그 황제가 배를 연결하여 다리를 만들고, 제국의 권력을 탕진하고 있는 동안에도 농성하는 자에게도 최악의 사태, 즉 식량이 바닥난 일이 생기지 않았는가. 그가 광기에 사로잡혀 불길한 마음으로 잘난 체하는 이국의 왕을 본받으려는 나머지 로마는 괴멸에 가까운 파멸과 기아, 그 기근에 이어지는 국가의 모든 면에서의 파국이라는 대가를 치러야 했던 것이다. 그때 공공의 곡물관리를 명령받은 사람들의 심정은 대체 어떠했을까, 돌팔매를 맞기도 하고, 칼에 찔리기도 하며, 불공격까지 당하면서, 특히 가이우스의 명령에 따라 처형이 될 것을 각오하고 있었다. 그들은 철저하게 시치미를 떼고, 나라의 내장에 숨겨진 엄청난 잘못을 줄곧 감추었다. 물론 그것은 이유가 있었다. 즉 어떤 병은 병자에게 알리지 않고, 치료할 필요가 있기 때문이다. 병을 안 일이 죽음의 원인이 된 사람은 많다.

19

그보다도 평온하고, 안전하고, 소중한 것으로 돌아가게. 자네는 비슷한 것이라고 생각할 테지만, 곡물이 운반인들의 부정이나 게으름에 의해 손해를 입지 않고 창고에 무사히 입고되어 습기 따위에 변질되지 않고, 수량과 중량이 틀림없도록 맞추는 일, 즉 이 신성하고 숭고한 일에 몸담게 된다. 그렇다면 신의 질료(質料)는 무엇인가, 신의 쾌락은 무엇인가, 신의 속성은 무엇인가, 신의 형태는 무엇인가, 또는 어떠한 일이 (죽은 뒤의) 정신을 기다리고 있는가, 육체로부터 해방된 우리를 자연은 어디에 안착하는가, 또는 가장 무거운 조직을 세계의 중심에 자리하게 하고 가벼운 조직을 그 위에 뜨게 하고 불을 가장 높은 곳으로 나르고 별을 저마다의 움직임으로 운행시키는 원리는 무엇인가, 그 밖에 이어지는 장대한 경이로 가득 찬 갖가지 의문을 밝히려고 하는 것 말이다. 자네는 이제 속세를 떠나, 이와 같은 문제들에 마음을 돌려야 할 것이다. 피가 들끓고 활기에 찬 지금이야말로 보다 더 좋은 것으로 나아가지 않으면 안 된다. 이와 같은 삶에서 갖가지 뛰어난 지(知)를 행하고 덕에의 애호와 실천, 여러 욕망의 망각, 삶과 죽음의 지식, 모든 것은 깊은 평정이 자네를 기다리고 있기 때문이다.

무엇인가에 바쁜 사람들이 놓인 상황은 모두 비참하지만 무엇보다 비참한 것은 결코 자기 것이 아닌, 남의 자리에 안절부절하는 사람, 남의 잠에 맞추어 자고, 남의 걸음에 맞추어 돌아다니고 애증이라고 하는 무엇보다도 자유이어야 할 감정까지도 다른 사람이 하라는 대로 하는 사람이다. 그와 같은 사람은 자신의 삶이 얼마나 짧은가를 알고 싶으면 자기 삶의 어느 부분이 자신의 것인가를 생각하면 된다.

20

그러므로 누군가가 이미 고관용 관복을 입고 있는 것을 보아도, 또 누군가가 중앙광장에서 명성을 떨쳐 인기를 모은 사람을 보아도, 그런 것을 그대는 부러워하면 안 된다. 그와 같은 것을 손에 넣으려고 안절부절못하는 사람은 삶의 손실이 될 뿐이다. 고작 1년밖에 안 되는 임기에 자기 이름을 끼고 싶어서, 그들은 자신의 모든 세월을 못 쓰게 만들고 있는 것이다. 야심의 최종목표에 이르기 훨씬 이전, 최초의 고투 단계에서 삶에 버림을 받는 자도 있다. 무수한 치욕을 겪은 끝에 가까스로 영광의 권위에 이르기는 했지만 자기가 초조하게 고생해온 것은 결국 묘비에 새길 칭호를 위한 일밖에 되지 않았다는 비참한 생각에 사로잡힌 사람도 있다. 또 어떤 자는 최후의 늘그막에 이르러, 마치 청년과 같이 새로운 희망으로 정력을 발휘하는 동안에, 분에 넘친 무모한 기획을 반도 채 못다한 단계에서 병이나 노쇠로 힘이 다하는 사람도 있다. 꼴사나운 추태는, 지긋한 나이에 무지한 패의 갈채를 받으려고, 잘 알지도 못하는 소송인을 위하여 법정에서 변론에 열을 올리다가 숨을 거둔 사람이다. 또 보기 흉한 것은, 고투로 지치기 전에 사는 것에 지쳐 자기 직무 도중에 쓰러져 버리는 사람이다. 마찬가지로 보기 흉한 것은 장부를 셈하는 동안에 목숨이 끊어져 오래 기다리던 상속인의 비웃음을 사는 사람이다.

나는 지금 갑자기 생각이 떠오른 하나의 사례를 놓칠 수가 없다. 가이우스 투란니우스는, 모두가 인정하는 더할 나위 없이 부지런한 노인이었다. 이 노인이 90세 넘어, 가이우스 황제로부터 일방적으로 집사직을 파면당했을 때, 명령을 받은 자신을 무덤 안 관대(棺臺) 위에 눕게 해놓고 그 주위에 친족을 세워 마치 죽은 사람이라도 대하는 것처럼 눈물을 흘리게 했다고 한다. 집안 사람들은 이 노인의 해임을 한탄하여 노인이 장관직으로 복직이 허용될 때까지 애도를 그치지 않았다.

무엇인가에 집착해 황망히 죽은 채로 이 세상을 떠나는 일이 이렇게도 기쁜 일일까? 많은 사람의 마음도 이와 같다. 그들은 능력이 계속되는 이상으로 오래 일을 하고 싶다고 간절히 바란다. 그들이 체력의 쇠퇴와 싸우면서 그 노년까지도 거추장스러운 것으로 생각하는 것은 다름이 아니다, 노년 때문에 자기들이 밀려난다는 이유에서이다. 법률도 50세부터는 병사로 징집하지 않고, 60세부터는 원로원 의원도 소집되지 않도록 되어 있다. 사람은 자기에게 휴가를 희망해서 허락을 받는 것보다는 법률에 휴가를 청하여 허락을 받는 편이 훨씬 간단하다. 사람은 그 사이에도 타인의 삶을 빼앗고 자기의 삶은 빼앗기고 서로 평정을 깨뜨리고 서로를 불행에 빠뜨리면서 열매도 없고 기쁨도 없이, 정신의 진보도 없는 상태에서 삶을 계속 이어간다. 누구 하나, 분명히 죽음을 응시하는 자는 없고, 아무도 먼 곳에 기대를 걸지 않는 자는 없다. 아니, 어느 무리의 경우는, 삶을 마치기 전의 준비까지도 정한다. 무덤의 큰 축석(築石)이라든가, 공공사업에의 기부라든가, 화장장의 제물이라든가, 호화로운 장례까지도 숭배하는 자도 있다. 그러나 분명히 말하지만 이런 사람의 장례는, 매우 단명에 간 사람으로서 횃불과 촛불을 밝히고 앞으로 나아가야 한다.

Ad Helviam matrem, De consolatione
헬비아에게 보내는 위로의 편지

1

누구보다 존경하고 사랑하는 어머니, 저는 이제까지 헤아릴 수 없이 당신을 위로해 드리고 싶은 강렬한 감정에 사로잡혔지만, 언제나 그 조급한 마음을 삼가 왔습니다. 그렇게 하도록 저를 채찍질한 이유는 많았습니다.

첫째로, 비록 당신의 눈물을 그치게 할 수는 없다 해도, 하다못해 그 눈물을 닦아드릴 수 있다면, 제 고뇌의 원인인 어깨의 짐을 완전히 내려놓을 수 있을 것 같아서였습니다. 두 번째로는 저 자신부터 먼저 다시 일어나 마음을 굳게 먹을 수 있다면, 반드시 당신에게 보내는 저의 위로에도 한결 권위가 서리라 확신했기 때문입니다. 그리고 저는 제 운명을 이겨낼 수 있어도, 그 운명이 가족 가운데 누군가를 해치지는 않을까 걱정하는 마음도 있었습니다. 그래서 저는 부상당한 병사처럼 저의 상처를 손으로 누르면서 다가가, 어떻게든 당신의 상처를 감싸드리려 했던 것입니다. 그런 한편, 저의 이런 생각의 실천을 미루는 까닭도 있었습니다. 아직 아물지 않은 당신 마음의 고통이 격렬하게 느껴질 때 섣불리 치유해 드리려다, 오히려 위로 그 자체가 마음의 고통을 더 자극하여, 타오르는 불길에 기름을 붓는 결과가 되어서는 안 됨을 알고 있었기 때문입니다. 사실 몸의 병들도 시기를 놓친 치료만큼 위험한 것은 없습니다. 그런 이유로, 당신의 고통 그 자체의 기운이 약해지고, 또 시간이 흐름으로써 치료를 받아들일 수 있을 만큼 누그러지고 부드러워져서 처치를 받아들일 수 있는 시기가 오기를 저는 기다렸습니다. 저는 슬픔을 달래고 억제하는 방법을 설명한 널리 알려진 위인들의 책을 모조리 읽어보았지만, 자기 자신 때문에 슬픔에 빠진 가까운 사람들을 스스로 위로한 예는 하나도 찾아내지 못했습니다. 그리하여 전례가 없는 상황 속에서, 이것이 고통의 위로가 되기는커녕 오히려 악화하지 않을까 계속 망설이며 우려했습니다. 거기에 아울러 이러한 사정도 있었습니다. 화장을 당해 불타는 장작더미에서 가까스로 머리를 쳐들고 있는 것과 마찬가지의 상황에 처한 저 같은 사람이 가까운 사람을 위로하려면, 보통 사람들이 쓰는 모든 위로의 말로는 부족하여 새로운 말이 필요했습니다. 그런데 도를 넘는 크나큰 고통은 그게 어떤 것이든, 때때로 목소리마저 막아버려 침묵을 강요하는 법이어서, 말을 고르는 힘조차 빼앗아 가버립니다. 하지만 어쨌든 최선을 다해보려 합니다. 저의 능력을 믿어서가 아니라, 다름 아닌 제가 위로하는 처지가 됨으로써, 저 자신이 무엇보다 효과적인 위로가 될 수 있을지도 모른다는 까닭에서입니다. 확실히 슬픔은 집요한 것이 틀림없지만, 제가 바라는 것이라면 무엇 하나 거부하지 않았던 당신이므로, 저를 그리워하는 당신의 애틋한 마음에 제가 한도를 정하여 절제하시기를 요구해도, 틀림없이 물리치지 않으시고 기꺼이 들어주시리라 생각합니다.

2

당신의 너그러운 마음을 생각할 때마다 제가 당신에게 큰 관용을 기대해도 된다고 스스로에게 얼마나 들려주었는지, 부디 헤아려주십시오. 마음의 고통은 불행한 사람에게는 그 어떤 것도 짓밟을 수 있을 만큼 강력하지만, 당신은 그 고통을 이길 수 있는 힘을 틀림없이 가지고 있으시리라. 믿어 의심치 않습니다. 그러므로 무턱대고 당신의 고통과 대결하는 것은 피하고, 그 전에 당신의 고통을 편들며 당신의 고통을 부채질하는 말을 이것저것 써보려 합니다. 이미 얇게 딱지가 앉은 상처를 하나도 남김없이 다시 파헤쳐서 상처를 드러내고자 하는 것입니다. 이렇게 말하는 사람도 있을지 모릅니다. "잊어버린 불행을 기억에 되살려, 그 가운데 하나도 견딜 수 없는 마음에 슬픈 일들을 모두 들이대려 하는 게 무슨 위로냐"고. 그런 사람은 생각해 보면 알 겁니다. 병세가 나빠져 치료도 소용없을 만큼 위험한 상태가 된 환자들은 역치료법으로 다스려야 함을. 그러므로 저는 그 마음에 슬픔을 모조리 들이대고, 고통을 하나도 남김없이 들이대려고 합니다. 그것은 결코 간단한 치료가 아니라, 상처를 태우며 절개하는 것이 될 것입니다. 그렇게 함으로써 저는 무엇을 이루려고 하는 것일까요? 그토록 많은 불행을 이겨내온 마음이, 그토록 많은 흉터가 남아 있는 몸에 생긴 단 하나의 상처를 견디지 못함을 부끄럽게 여기시기 바라는 것입니다. 그래서 오랜 행복에 힘을 잃고 마음이 약해져 매우 보잘것없는 위해의 일격에도 무너지는 사람이라면, 언제까지나 눈물을 흘리며 탄식이나 하면 됩니다. 그러나 이제까지 재앙에서 재앙으로 이어지는 삶을 살아온 사람이라면, 깊은 위해에도 흔들리지 않는 평상심으로 씩씩하게 견디기를 바랍니다. 끊임없는 불행에는 그래도 한 가지 이점은 있습니다. 그것은 곧, 끊임없이 고통받는 인간을 마침내 강인한 인간으로 바꾼다는 점입니다.

운명은 당신에게 더할 수 없이 깊은 슬픔을 주어왔고, 당신에게는 슬픔이 그칠 때가 없었습니다. 당신이 태어나던 날조차 운명은 예외로 해주지 않았습니다. 당신은 태어나자마자, 아니, 바로 이 세상 빛을 보려고 하는 순간 어머니를 빼앗겨, 말하자면 삶에 내동댕이쳐진 것과 마찬가지였습니다. 당신은 계모 아래서 자라며, 그 계모를 순종과 어쩌면 친딸한테서나 볼 수 있는 깊은 효심으로 친어머니처럼 모셨습니다. 하기는 비록 계모가 제아무리 선량한 사람이어도, 비싼 대가를 치르지 않은 의붓자식은 한 사람도 없을 겁니다. 당신은 누구보다 너그럽고 뛰어나며 용감하기 짝이 없던 큰아버지를 잃었는데, 당신이 그가 오기를 이제나저제나 기다리고 있었을 때의 일이었습니다. 또 몹시도 난폭한 일에 간격을 두어 그나마 견디기 쉽게 하지 않겠다는 운명의 계획 때문인지, 한 달도 채 지나지 않아 당신은 세 아들*¹을 두어 어머니가 되도록 해준, 가장 사랑하는 남편*²을 저세상으로 보내야만 했습니다. 그 슬픈 소식이 도착한 것은 당신이 아직 큰아버지의 죽음을 애도하고 있을 때, 게다가 아들들이 모두 자리를 비웠을 때의 일로, 마치 당신의 슬픈 마음이 어떤 것에서도 평화를 찾을 수 없도록, 운명이 의도적으로 당신에게 불행을 한꺼번에 몰아넣은 것만 같았습니다. 쉴새없이 당신을 덮쳤지만 당신이 극복해 오신 수많은 고난과 근심에 대해서는 쓰지 않겠습니다. 바로 최근에 당신은 가슴에 품고 있던 세 명의 손자를 떠나보낸 뒤, 같은 가슴에 그 세 손자들의 유골을 맞아들였습니다. 그리고 당신의 품에 안겨 당신 입맞춤을 받으면서 죽어간 제 아들의 장사를 지낸 지 채 20일도 지나기 전에, 저마저 당신한테서 빼앗아간 소식*³을 당신은 들어야 했습니다. 당신에게 아직 부족했던 재앙은 바로 이것이었습니다.

---

*1 세네카 자신과 형 루키우스 안나이우스 노바투스, 삼남인 루키우스 안나이우스 메라 삼형제.
*2 세네카의 아버지.
*3 세네카의 코르시카 유배를 가리킨다.

즉 살아 있는 가족의 일을 슬퍼하는 재앙 말입니다.

3

당신의 몸을 깊이 도려낸 모든 상처 중에서 가장 새로운 이 상처가 무엇보다 큰 아픔임을 저도 인정합니다. 피부를 파헤칠 뿐만 아니라, 가슴과 내장마저 찢어버리는 일이었습니다. 그러나 마치 신참병사가 가벼운 부상만 입어도 비명을 지르고, 적의 칼보다 외과의사의 손을 더 두려워하는 데 비해, 고참병사는 깊은 상처를 입어도 마치 남의 몸인 양 꾹 참으며 신음소리 하나 내지 않고 상처를 씻어내는 고통을 견디는 것처럼, 당신도 지금이야말로 용감하게 치료에 몸을 맡겨야 합니다. 마음의 고통을 받은 많은 여성이 눈물로 뒤범벅이 되어 연출하는 슬픔과 절규, 그 밖에 그와 비슷한 일은 부디 그만두시기 바랍니다. 불행과 함께 하는 방법을 아직 배우지 못하셨다면, 당신은 그 많은 재앙을 낭비해온 것이 됩니다. 이제까지 제가 당신을 대하는 태도에서 조금이라도 두려워하는 모습을 보셨습니까? 저는 당신이 입은 재앙을 아무것도 빼지 않고 하나도 남김없이 열거하여 당신의 눈앞에 들이댔습니다.

4

제가 그렇게 한 것도 강한 의지를 지녔기 때문입니다. 실제로 저는 당신의 고통을 피해서 지나가지 않고 그것을 이겨야겠다고 결심했습니다. 제가 생각건대, 첫째로 그 때문에 제 자신이 불행한 인간이라 불리거나, 하물며 그 때문에 저와 관련 맺은 사람들마저 불행한 인간으로 만들어버리는 일은 전혀 없었음을 당신에게 보여드릴 수 있다면, 그다음으로 당신에게 이야기를 옮겨, 저의 운명에 모든 것이 달린 당신의 운명 또한 결코 고통스럽지 않다는 사실을 증명해 드릴 수 있다면, 저는 이기는 것입니다.

맨 먼저, 당신의 자애로운 모정이 간절히 듣고 싶어하는 말, 즉 제가 어떤 불행도 만나지 않았다는 사실을 증명해 보이겠습니다. 가능하다면, 당신의 모정에서 마땅히 제가 고통에 빠져 있으리라 생각하고 계실 터인 고난 그 자체가 견딜 수 없는 것이 아니라는 사실을 밝혀 볼 생각입니다. 이를 믿어주시지 않는다면, 인간을 불행하게 만들게 마련인 온갖 어려움 속에서도 자신은 줄곧 행복할 수 있을 거라는 사실에, 적어도 저는 스스로 만족하기로 하겠습니다. 저에 대한 다른 사람의 말을 믿을 이유는 없습니다. 불확실한 추측으로 당신이 조금이라도 마음을 어지럽히는 일이 없도록 저 자신이 선언하겠습니다. 저는 불행하지 않습니다. 아울러 더욱 마음 편히 계실 수 있도록, 제가 불행한 인간이 되는 일은 절대로 없다는 사실 또한 증명해 보일 생각입니다.

5

우리 인간은 스스로 깨뜨려 버리지 않는 한 이로운 조건 속에서 태어납니다. 자연은 인간이 잘 살기 위해 그렇게 큰 준비가 필요하지 않도록 꾀해 주었습니다. 한 사람 한 사람이 자기 자신을 행복하게 만들 수 있습니다. 외적인 사물이 가진 영향력은 보잘것없는 것으로, 행복과 불행 어느 것에도 그다지 큰 힘을 미치지는 않습니다. 현자는 순조로운 환경이라고 기뻐 날뛰지도 않고, 역경이라고 의기소침하지도 않습니다. 왜냐하면, 현자는 가능한 한 많은 것을 자신의 내부에 두고, 스스로에게서 기쁨을 얻으려 언제나 노력하기 때문입니다. 그렇다면 저는 저 자신을 현자라고 말하는 걸까요? 결코 그렇지 않습니다. 그렇게 공언할 수 있다면, 저는 자신이 불행하지 않다고 밝힐 뿐만 아니라 모든 인간 가운데 가장 행복한 자이고, 신에 가까운 영역에 이른 존재라고 선언했을 겁니다. 사실은 그렇지 않고, 온갖 불행을 누그러뜨리는 데는 이것으로 충분하지만, 저는 현자*⁴들에게 저 자신을 맡기고, 아직 스스로 도울 수 있을 만큼 강인하지 않기 때문에, 타인의 진영, 즉 저 자신과 저와 관계 있는 사람들을 쉽게 보호할 수 있는 자들의 진영에 몸을 맡기고 있습니다. 그 현자들은 저에게 이렇게 명했습니다. 마치 수비 부서에 배치된 사람처럼 경계를 게을리하지 말고 보초를 서서, 운명의 모든 시험과 공격을, 그것이 덮쳐오기 훨씬 전부터 미리 생각해 두라고 말입니다. 운명에 불의의 습격을 당하는 자에게는 운명은 가혹하지만, 끊임없이 예기하는 자에게 운명을 견디는 일은 쉽습니다. 사실 적이 습격하는 경우도 마찬가지여서, 뜻밖의 급습을 받은 자는 여지없이 패하고 맙니다. 그러나 싸움이 시작되기 전부터 다가올 싸움에 대비했던 자는, 빈틈없는 장비와 태세를 갖추어 가장 거센 첫 습격을 쉽게 견딥니다. 저는 이를테면 운명이 평화 상태를 유지하는 것처럼 보일 때도, 운명을 믿은 적이 한

---

*4 특히 스토아학파 현자.

번도 없습니다. 금전이나 공직, 세력 같은, 운명이 더할 수 없이 자비롭게 저에게 베풀어주는 모든 일은, 운명이 반환을 요구해도 흔들리는 일 없이 돌려 줄 수 있는 곳에 보관해 왔습니다.

저는 그러한 운명의 혜택과 저 자신 사이에 먼 거리를 두어 왔습니다. 그러므로 운명은 그러한 것을 제게서 가져간 것이지, 억지로 빼앗은 건 아닙니다. 순조로운 환경에 속은 사람 말고는 어려운 환경에 허덕이는 자는 한 사람도 없습니다. 그것이 마치 자신의 소유물이며 그것도 영원한 소유물인 듯이 운명의 선물에 집착하는 자, 그러한 선물로 남한테서 존경받기를 바라는 자는, 불안정한 거짓 기쁨이, 순수한 기쁨을 눈곱만큼도 모르는 공허하고 미숙한 그 정신을 포기할 때, 두 번 다시 일어설 수 없는 슬픔을 맛봅니다. 그에 비해, 순조로운 환경에 우쭐해하지 않는 자는 처지가 바뀌어도 몰락하는 일이 없습니다. 이미 실제로 증명된 군건한 정신력이 불행과 행복 어느 경우에도 굽힘 없는 정신을 계속 유지합니다. 왜냐하면 그러한 인간은 바로 행복 속에 있을 때야말로 불행에 맞서는 방법을 경험으로 배우기 때문입니다. 그러므로 저는 모든 사람이 얻고 싶어서 간절히 바라는 모든 것 가운데 진실한 것은 한 조각도 들어있지 않다고 생각해 왔으며, 사실 그런 것은 모두 헛되며, 사람 눈을 속이는 화장으로 그럴듯해 보이지만, 속에는 겉모습과 비슷한 게 털끝만큼도 없음을 알았습니다. 그리고 지금 인간이 재앙이라고 부르는 것 가운데, 속인들이 추측으로 두려워하는 만큼 무섭거나 가혹한 일은 아무것도 담겨있지 않음을 알고 있습니다. 확실히 유배라는 말 자체는 어떤 선입견과 세상 평판 때문에 괴로운 것으로 들리고, 듣는 사람에게 마치 비참하고 저주받은 일 같은 느낌을 줍니다. 그래야만 한다는 게 사람들이 내린 표결이지만, 현자들은 그러한 민중의 결의는 거의 무효라고 결단을 내립니다[*5].

6

그런 이유로 한번 보았을 때의 겉모습으로 착오에 빠져버리는 거의 모든 사람들의 판단은, 그들이 믿는 대로 내버려 두고, 유배가 실제로는 어떤 것인지 생각해보기로 합시다. 유배란 사는 곳을 바꾸는 일입니다. 유배가 가지는 의미

─────────────

[*5] 로마민회의 용어인 표결, 결의, 무효를 사용한 비유적 표현.

를 지나치게 낮게 평가하여 거기에 들어 있는 최악의 가시를 빼버렸다고 생각하지 않도록, 말하자면 거주지를 바꾸는 일에는 빈곤과 불명예, 모욕 같은 어려움이 뒤따릅니다.

그러한 어려움에 대해서는 그것이 불행이 아니라는 사실을 나중에 설명하기로 하겠습니다. 먼저 거주지의 변화 자체가 어떠한 괴로움을 가져다주는지 살펴봅시다. '나라 없는 신세는 견디기 어렵다.' 사람들은 말합니다. 그러나 보십시오, 거대한 도시(로마)의 건물마저 다 수용할 수 없을 만큼 수많은 사람들의 무리를. 그 군중의 대부분은 조국이 없는 몸입니다. 그들은 자치시나 식민시 등, 요컨대 온 세계에서 흘러들어온 사람들입니다. 공직에 대한 야심에 이끌려 온 자도 있는가 하면, 공무 때문에 어쩔 수 없이 찾아온 자, 사절의 명을 받아 찾아온 자, 온갖 악덕이 마음 놓고 활개를 칠 수 있는, 각종 악덕으로 가득 찬 곳을 바라는 사치스러운 마음에 사로잡혀 찾아온 자, 또 자유인에게 어울리는 학문에 대한 욕구에 이끌려 찾아온 자도 있고, 온갖 구경거리에 이끌려 찾아온 자도 있습니다. 어떤 자는 우정이, 어떤 자는 뛰어난 자질을 뽐내기 위해 풍부한 기회를 손에 넣은 부지런함이 데리고 옵니다. 자랑거리인 미모가 이끌고 온 자 있는가 하면, 자랑거리인 웅변이 데리고 온 자도 있습니다. 모든 종류의 인간들이 뛰어난 자질은 물론이고 악덕에도 높은 값을 매기는 이 도시에 모여드는 것입니다. 그런 사람들을 불러 세워 저마다 '출신지가 어디냐?' 물어보십시오. 대부분이 고향을 등지고, 어느 도시보다 화려하고 크지만, 자신이 태어난 고향이 아닌 도시에 찾아온 사람들이라는 사실을 알 수 있을 겁니다. 다음으로 이른바 만민공동의 도시라고 할 수 있는 이 도시를 떠나, 그 밖의 모든 도시도 빠짐없이 다녀보십시오. 이방인의 수가 큰 비율을 차지하지 않은 도시는 하나도 없습니다. 쾌적한 지세나 편리한 지리가 수많은 사람들을 끌어들이는 이러한 땅을 뒤로 하고, 인적이 없는 황무지나 커다란 바위가 깎아지른 듯이 서 있는 섬들, 스키아토스와 세리포스, 규아라와 코스라를 구석구석 조사해 보십시오. 유배지로 불리는 땅에서, 자신의 의지로 머무는 자가 한 사람도 없는 곳은 어디에도 없음을 알게 될 겁니다. 바위가 많은 이 섬[*6]만큼 헐벗은 땅이, 바위가 많은 이 섬만큼 곳곳이 절벽으로 에워싸인 땅이

---

*6 세네카의 유배지인 코르시카 섬.

어디에 있을까요? 자원에 대해 생각하는 사람에게 이곳만한 불모의 땅이 어디에 있을까요? 인간에 대해 생각하는 사람에게 이곳만큼 야만적인 땅이 어디에 있을까요? 지세 자체를 걱정하는 사람에게 이곳만큼 황폐한 땅이 또 어디에 있을까요? 기후를 따지는 사람에게 이곳만큼 날씨가 고르지 않은 땅이 어디에 있을까요? 그럼에도, 이곳에는 원주민 수보다 더 많은 이국인이 정착하여 살고 있습니다.

그러므로 거주지의 변화 자체는 그다지 괴로운 일이 아니며, 이곳에도 조국을 등지고 모여드는 사람들이 있습니다. 현자들 가운데 이렇게 말하는 사람이 있음을 알고 있습니다. 인간의 정신에는 끊임없이 변화를 추구하는 충동이 담겨 있어, 인간은 거주지를 바꾸고 거처를 옮기려 한다, 왜냐하면 인간에게는 활동적이며 가만히 있지 못하는 정신이 주어져 있어서, 그 정신은 한 곳에 머무는 일이 없이 온갖 곳을 향하며, 그 사고는 이미 아는 것과 모르는 것을 향해 방황하며 정적인 것을 참지 못하고, 신기한 사물에서 더할 수 없는 기쁨을 찾아내는 법이라고. 인간 정신 본디의 기원에 시선을 돌린다면, 이 말이 이상하게 생각되는 일은 없을 겁니다. 인간의 정신은 지상적(地上的)인 무거운 물질로 되어 있는 게 아니며, 그 천상적인 숨을 기원으로 하며 그것이 땅으로 내려온 겁니다. 그런데 천상적인 것은 본성상(本性上) 끊임없는 움직임 속에서 끊임없이 옮겨가며 매우 빠른 속도로 운동합니다. 세계를 비추는 수많은 별을 보십시오. 멈춰 있는 별은 하나도 없습니다. 〈태양은〉 끊임없이 움직이고 끊임없이 위치를 바꾸면서 우주와 함께 돌고 있는데, 그 움직임은 하늘과는 반대이면서 (황도)12궁 모두를 지나 움직임을 멈추는 일이 없습니다. 계속해서 위치를 바꾸면서 움직이는 그 운행은 영원히 이어집니다. 천체는 모두 쉬지 않고 돌고, 쉬지 않고 옮겨 갑니다. 자연 법칙과 필연의 운명에 따라 한곳에서 다른 곳으로 언제나 위치를 바꾸면서 운행하여 일정한 주기로 저마다의 궤도를 한 바퀴 돌면, 본디 온 길을 다시 더듬어 갑니다. 자, 생각해 보십시오, 신의 본성은 매우 빠른 속도의 끊임없는 변화에서 기쁨을 찾아내거나 그것으로 자신을 유지하는데, 그 신적인 것과 같은 요소로 이루어진 인간의 정신이 이동이나 이주를 고생으로 여기는 일이 있겠습니까?

7

천계의 사물과 현상에서, 이번에는 인간계로 눈을 돌려보십시오. 어떤 민족과 국민도 거주지를 바꾼다는 사실을 알 수 있을 겁니다. 야만족이 사는 지역한 가운데 있는 그리스 도시들은 무엇을 뜻할까요? 인도 사람이나 페르시아사람들 사이에서 사용되는 마케도니아어는 무엇을 뜻할까요? 스키타이나, 용맹하여 아직도 정복되지 않은 수많은 민족이 사는 그 일대에는, 흑해 연안을따라 건설된 아카이아의 도시들을 수없이 볼 수 있습니다. 일년 내내 계속되는 겨울도, 그 기후를 닮아 거칠어진 주민들의 기질도, 거주지를 바꾸려는 사람들에게 아무런 장애가 되지 않습니다. 아시아에는 수많은 아테네인이 있습니다. 밀레투스는 75개 도시를 이루는 국민들을 각지로 보내고 있습니다. '하해'(下海 ; 마레 인페룸)가 물결치는 이탈리아 연안부 전체는 옛날에는 '대그리스'였습니다. 아시아는 에트루리아인을 자국민이라고 주장합니다. 아프리카에는튜로스인이, 히스파니아에는 포에니키아인이 살고 있습니다. 그리스인은 갈리아에, 갈리아인은 그리스에 침입했습니다. 피레네 산맥이 게르마니아인의 이동을 가로막는 일은 없었습니다—인간의 민첩함은 길 없는 길을 더듬어 낯선 땅을 지나 어디에든 가지 않는 곳이 없습니다. 자식을 거느리고, 아내를 데리고, 늙은 부모를 모시고 갑니다. 긴 방랑에 시달린 끝에, 알맞은가 그렇지 않은가의 판단에 따라서가 아니라 피곤에 지친 나머지 가까운 땅을 차지한 자도 있고, 무기로 낯선 땅에 권리를 세운 자도 있습니다. 미지의 땅을 찾아가던 길에파도에 휩쓸려 물고기의 밥이 되어 사라진 민족도 있는가 하면, 모든 물자가떨어져 상륙한 곳을 편안하게 머물 땅으로 삼은 민족도 있습니다.

조국을 등지고 새로운 세상을 찾는 이유는 반드시 모두 같지는 않습니다. 어떤 자는 도시가 파괴되어 고국을 잃거나 적의 무기를 피해 다른 나라로 쫓겨 가고, 어떤 자는 내분 때문에 추방되었습니다. 어떤 자는 인구가 넘친다는이유로 국력의 부담을 줄이기 위해 이주당하고, 어떤 자는 전염병이나 잦은 지진, 또는 좋지 않은 땅의 어떤 결함 때문에 떠날 수밖에 없었습니다. '풍요의땅'이라는 과장된 소문에 홀린 자도 있습니다. 이렇게 고향을 떠난 이유는 저마다 다릅니다. 그러나 분명한 것은, 자신이 태어난 땅에 (평생) 머물렀던 자는아무도 없다는 사실입니다. 인류는 끊임없이 이동하고 있습니다. 이토록 드넓은 지구상에서 날마다 무언가의 변화가 일어나고 있습니다. 새로운 도시의 기초가 쌓이고, 이전에 있었던 민족의 이름이 사라지거나 더 강력한 민족의 이름에 흡수당하여 새로운 민족이 태어나고 있습니다. 그런데, 이러한 민족의 이주는 모두 공공연한 유배가 아니고 무엇이란 말입니까? 왜 이렇게 멀리 에두른 이야기로 당신에게 먼 길을 돌아가게 하는 것일까요? 파타비움을 처음으로 세운 안티놀, 티베리스 강 기슭에 아르카디아인이 왕국의 기초를 닦은 에우안드로스의 예를 들 필요가 있을까요? 트로이 전쟁이 패자와 승자도 가르지 않고 다른 나라 땅에 흩어지게 한 디오메데스와 그 밖의 사람들은 어떨까요? 물론 돌아보면, 로마제국의 기원도, 조국을 침략당하여 패배자의 몸으로 필연성과 승자에 대한 공포에 내몰려, 살아남은 몇몇 사람들을 이끌고 이탈리아에 다다른 한 사람의 유랑자*7로 거슬러 올라갑니다. 그 뒤 이 국민은 얼마나 많은 이민을 모든 속주에 보냈습니까? 로마인이 승리한 땅이면 어디든 로마인이 살고 있습니다. 이러한 이주를 위해 사람들은 스스로 지원하여, 노인조차 자기 집에 제단을 남겨두고 바다를 건너 이민자들의 뒤를 따랐습니다.

이 이야기에 대해서는 이제 더 이상 예를 들 필요가 없습니다. 그렇지만 싫어도 눈에 들어오는 것을 하나만 덧붙여 두기로 하겠습니다. 다름 아닌 (제가 있는) 이 섬 자체도 이제까지 자주 주민을 바꿔왔습니다. 지나간 긴 세월이 가려서 덮어버린 낡은 시대의 일은 제쳐두고, 현재 마시리아에 살고 있는 그리스인이, 이전에 고국 포키스를 떠나 이 섬에 정착했습니다. 그들이 이 섬에서 달아난 이유는 혹독한 기후 때문인지, 위엄찬 모습을 자랑하는 이탈리아의 풍경 때문인지, 아니면 바다에 항구가 없는 지세 때문인지 확실하지는 않습니다. 참고로, 이웃주민의 흉폭함이 그 이유는 아니었다는 것은, 그들이 그 무렵 매우 흉악하고 야만적이었던 갈리아 민족 속에 거처를 정했다는 사실에서도 명백합니다. 이어서 리그리아인이 이 섬에 오고 히스파니아인도 왔습니다. 이 점은 풍속의 유사성을 보아 뚜렷합니다. 사실 옷도 신발도 칸타브리아인과 같은 종류이고 같은 종류의 어휘도 조금 있습니다. '조금'이라고 한 것은, 그들의 언어는 전체적으로 보면 그리스인이나 리그리아인과의 접촉으로 모국어에서 동떨어져버렸기 때문입니다. 이어서 로마시민으로 구성된 두 개의 식민단이, 하나는 마리우스에 의해, 또 하나는 술라에 의해 들어가서 살지 않을 수 없었습니

---

*7 트로이의 왕자 아이네이아스를 말함.

다. 기후가 메마르며 가시나무와 바위가 많은 이 섬의 백성들은 그토록 자주 바뀌었던 것입니다. 요컨대 어디든, 아직도 원주민이 계속 사는 땅은 거의 없음을 알 수 있습니다. 모든 것은 뒤섞이고 있습니다. 어떤 자가 다른 자로 바뀌었습니다. 어떤 자가 혐오한 것을 다른 자가 간절하게 바라고 있습니다. 쫓아낸 곳에서 다음에는 자신이 쫓겨났습니다. 어떤 것의 경계도 한 곳에 계속 머물러 있는 일은 없다, 그것이 바로 숙명의 뜻입니다.

8

유배에 따르기 마련인 그 밖의 어려움은 제쳐두고, 거주지를 바꾸는 것 자체에 대해 로마인 중에서도 가장 박학한 학자의 한 사람이었던 발로[8]는, 어디에 가든 우리 인간이 함께 살아가지 않으면 안 되는 자연은 똑같다는 사실을 충분히 좋은 약이라고 생각했습니다. 유배지에 가는 자에게는 자신의 모든 덕성을 가지고 가는 게 허락되어 있다는 사실로 충분하다는 것이 마르쿠스 브루투스[9]의 생각입니다. 이 두 가지 생각은 개별적으로는 유배에 처한 인간을 위로하는 효과가 그리 크지 않다고 생각하는 사람이 있다 해도, 양쪽이 함께 어울리면 매우 큰 효력을 가진다고 인정할 것입니다. 실제로 우리가 잃는 것이 얼마나 적은지 아십니까? 우리가 어디로 이동하든 가장 아름다운 두 가지, 즉 만인 공통의 자연과 개개인의 고유한 덕성은 늘 따라다닙니다. 어머니, 이것은 사실입니다. 가장 가치가 없는 것 말고 어떤 것도 다른 사람의 제멋대로인 생각에 지배받는 일은 없다는 것이 우주 창조자의 뜻—그 창조자가 만물을 지배하는 신이든, 거대한 구조물의 제작자인 비물질적 이성이든, 똑같은 밀도로 크고 작은 모든 것에 스며드는 신적인 입김이든, 아니면 숙명이나, 상관된 인과의 바꿀 수 없는 이어짐이든—, 어쨌든 그 창조자의 뜻입니다. 인간에게 최선의 것은 인간의 힘이 미치지 않으며 인간은 그것을 주거나 빼앗을 수 없습니다. 자연이 낳은 것 가운데 이보다 큰 것은 없고, 이보다 아름답게 장식된 것은 없는 이 우주와, 우주의 관상자(觀想者)이자 찬미자이고 우주의 가장 장엄하고 화려한 부분인 정신은 우리의 고유한 것이며, 우리가 계속 존재하는 한 우리와 함께 있는 영속적인 것입니다. 그러므로 상황이 데리고 가는 곳, 그

---

*8 마르쿠스 테렌티우스발로. 기원전 116~27년.
*9 기원전 85년 무렵~44년. 카이사르의 암살자.

곳이 어디든 두려움 없는 발걸음으로 활기차고 당당하게, 서둘러서 가야 하지 않겠습니까? 어떤 땅이든 끝까지 가봐야 하지 않겠습니까? 유배지는 우주 안 어디에서도 찾아낼 수 없습니다. 우주 안에 존재하는 것 가운데 인간과 인연이 없는 것은 그 무엇도 없습니다. 지상의 평면 어디에서 하늘을 올려다보아도, 신적인 것이 인간계에서 떨어져 있는 거리는 똑같습니다. 그러므로 저의 이 눈이 싫증을 내는 일이 없는 그 장관에서 격리되지 않는 한, 태양이나 달을 바라보고 그 밖의 천체를 눈여겨보는 일이 저에게 허락되는 한, 또 그러한 천체의 상승과 하강, 그 주기, 그리고 때로는 여느 때보다 빠르게 때로는 평소보다 늦게 나아가는 그 운행의 변의 원인을 탐구하는 게 저에게 허락되는 한, 또 밤에 반짝이는 무수한 별들—움직이지 않는 것도 있고, 궤도를 벗어나 큰 원을 그리는 일 없이 자신의 궤도 안을 도는 것도 있고, 눈부신 불길을 내뿜으면서 떨어지듯이 눈을 스치고 지나가는 것[*10], 또는 긴 꼬리를 끌며 유난히 밝은 빛을 내면서 지나가는 것[*11]도 있는 별들—을 바라보는 것이 저에게 허락되는 한, 제가 이러한 천체와 함께 있고, 인간에게 허락되는 범위에서 이러한 천상적인 것과 화합할 수 있는 한, 그리고 자신과 동족인 이러한 천상적인 사물을 멀리서 바라보기 위해, 매우 높은 하늘로 생각을 달리는 정신을 제가 늘 유지하고 있는 한, 오늘 밟고 있는 대지가 어딘가 하는 문제가 저와 무슨 상관이 있겠습니까.

9

"그러나 이 땅에는 가지가 휘도록 열매를 맺는 과실나무와 푸른 잎이 무성한 나무들이 자라지 않는다. 배가 오가고 대지를 적시며 흐르는 큰 강도 없다. 다른 나라 민족이 원하는 것을 생산하는 일도 없고, 땅이 메말라서 주민들을 먹여 살리는 것도 힘겨운 형편이다. 값비싼 대리석이 생산되는 일도 없고 금은의 광맥이 발굴되는 일도 없다." 이렇게 말하는 사람도 있을지 모릅니다. 지상의 것에서 기쁨을 찾는 정신은 매우 좁은 정신입니다. 정신은 그러한 것을 떠나, 어디서나 모습을 드러내며 어디서나 광채를 뿜는 천상의 것으로 이끌고 가야 합니다. 그러한 지상의 것이 거짓되고 왜곡된 미망에 의해 참으로 선한

[*10] 유성을 가리킨다.
[*11] 혜성을 가리킨다.

것(을 인식하는 일)을 방해한다는 사실도 생각해야 합니다. 주랑을 길게 늘이면 늘일수록, 첨탑을 높이 세우면 세울수록, 별장을 크게 넓히면 넓힐수록, 더위를 피할 동굴을 깊이 파면 팔수록, 식당 지붕을 높고 장엄하게 하면 할수록, 그만큼 하늘을 가리는 것이 많아집니다. 우연한 사건 때문에 허름한 오두막이 가장 사치스러운 주거인 지역에 어쩔 수 없이 쫓겨났다고 합시다. '로물루스의 오두막'*12을 알고 있기 때문에 그것을 의연히 견딜 수 있다면, 그 사람은 너무나 비천한 정신, 비속한 방법으로 스스로를 위로하는 정신을 지닌 사람입니다. 차라리 이렇게 말하는 것이 낫습니다. "그런 누추한 집이라 해도 반드시 덕이 깃든 주거가 될 게 아닌가. 그곳에서 정의를 볼 수 있다면, 그곳에서 자제심을, 분별력을, 존경심을, 해야 하는 모든 의무를 처리하는 지성을, 인간적인 것과 신적인 것에 대한 지식을 볼 수 있다면, 이윽고 그 누추한 집은 모든 신전보다 뛰어난 웅장하고 화려한 집이 되리라." 방금 늘어놓은 그토록 뛰어난, 덕목들이 깃든 곳에 좁은 곳 따위는 없습니다. 이렇게 덕성과 함께 가는 유배에 괴로운 유배 따위는 없습니다.

「덕에 대하여」라는 제목의 책*13에서 브루투스는 이렇게 말했습니다. 미틸레네에서 망명생활을 보내던 마르케르스*14를 만난 적이 있는데, 그는 인간에게 주어진 본성이 허락하는 한 더할 나위 없이 행복하게 살고 있고, 그때만큼 좋은 학문과 예술에 대한 의욕으로 넘치던 적은 없었다고. 그래서 그를 망명지에 남겨두고 떠난다기보다 오히려 그와 함께 돌아오지 못하는 자신이 망명지로 가는 것처럼 생각되었다고 그는 덧붙였습니다. 국가에 의해 집정관직에 있었을 때보다 브루투스에 의해 그 망명생활을 인정받았던 때가 더 행복했던, 아, 마르케르스! 한 인간에게, 망명자의 곁을 떠난다는 이유로 자기야말로 망명자라고 느끼게 했던 그는 얼마나 위대한 인물이었을까요! 친척인 카토*15가 찬양할 만한 인물로 인정했던 인물에게조차 찬탄을 금치 못하게 했던 그는 얼마나 훌륭한 인물이었을까요! 브루투스는 또 이런 말도 했습니다. 가이우스

---

*12 조상의 검소함을 상기시킬 의도로, 로마 건국의 아버지 '로물루스의 오두막'으로서 카피토리움과 파라티움에 자주 복원되었던 허름한 초가집.
*13 브루투스가 키케로에게 바친 책.
*14 마르쿠스 클라우디우스 마르케르스. 기원전 15년의 집정관.
*15 마르쿠스 포르키우스 카토우티켄시스(소(小)카토).

카이사르는 그 뛰어난 인물이 (망명이라는) 모욕을 견디고 있는 모습을 차마 볼 수 없다는 이유로 미틸레네에 들르지 않고 지나갔다고. 실제로 원로원이 공적인 청원을 하여 마르케르스의 귀국이 가능하게 되었는데, 그것은 원로원의 모두가 그날의 브루투스와 같은 심정이 되어, 그가 없으면 자신들이 망명자가 되는 것이 아닌가 하는 두려움에, 마르케르스를 위해서가 아니라 자신들을 위해서 그의 복권을 청원한 것처럼 생각될 만큼, 깊은 우려와 걱정에 사로잡혀서 한 일이었습니다. 어쨌든 브루투스가 망명인 그를 두고 가는 것을 견디지 못하고, 카이사르가 차마 보지 못했던 바로 그날에야말로 그는 훨씬 큰 명예를 얻었습니다. 왜냐하면 그는 두 사람 모두의 증거를 얻었기 때문입니다. 브루투스는 마르케르스와 함께 귀국하지 못하는 것을 아쉬워했고, 카이사르는 부끄러워했습니다. 그토록 뛰어난 인물인 그(마르케르스)가 망명생활을 평정한 마음으로 견디기 위해 때때로 이렇게 말하며 자신을 격려했음을 의심할 사람이 있을까요? "조국을 떠난 처지가 된 것은 불행한 일이 아니다. 온갖 학문에 힘써온 네가 아니냐. 현자에게는 모든 땅이 조국임을 알라. 너를 추방한 그 인물 자신도 10년 동안 조국을 떠나 있지 않았느냐? 패권의 확대가 목적이었던 것은 의심할 여지가 없다. 그렇지만 조국이 없는 처지였던 건 마찬가지이다. 지금, 그런 그를 전쟁 재발의 위협으로 가득 찬 아프리카가 바짝 끌어당기고, 격파되고 분쇄된 당파를 회복시키고 있는 히스파니아가, 허약한 이집트가, 요컨대 패권분쇄의 기회를 호시탐탐 노리고 있는 온 세계가 바짝 유인하고 있다. 맨 먼저 어느 현안에 대처할 생각일까? 어느 방면에 전선을 전개하려는 것일까? 어느 쪽이든, 자신의 승리가 그 인물을 모든 땅으로 내몰 것이다. 모든 나라의 백성이 그 인물을 받들어 모시겠다면 그렇게 하도록 내버려 두자. 너는 브루투스가 너의 찬미자인 것에 만족하며 살아라."

10

그래서 마르케르스는 망명생활을 훌륭하게 견뎠고, 혹 가난이 뒤따랐다 해도 거주지를 바꾸는 일이 그의 정신 그 어떤 것도 바꾸는 일은 없었습니다. 가난함에는 나쁜 일이 하나도 들어 있지 않다는 사실은, 모든 것을 무너뜨리는 탐욕과 사치의 광기에 빠지지 않은 인간이라면 누구나 알고 있습니다. 실제로 인간을 부양하는 데 필수적인 것은 얼마나 적은가요? 몇 가지 덕성을 지니고 있는 한, 그 조금의 것마저 없는 인간이 누가 있을까요? 저에 대해 말한다면, 제가 잃은 것은 재산이 아니라 세속적인 '바쁜 일'임을 알고 있습니다. 몸이 필요로 하는 것은 얼마 되지 않습니다. 추위를 막고 굶주림과 목마름을 음식으로 달래는 일, 그것이 몸이 원하는 것입니다. 무엇이든 그 밖의 욕망을 품는다면, 악덕 때문에 기를 쓰는 것이지 (자연의) 필요성 때문이 아닙니다. 모든 바다를 섭렵할 필요는 없고, 동물의 사체를 배 속에 가득 채워 넣거나, 낯선 바닷가에서 이 세상 끝에 있는 바다의 조개를 캐는 일도 필요 없습니다. 이렇게 원한을 사고 있는 드넓은 패권국가의 경계를 넘어서까지 진미를 구하는 사치에 빠진 자에게는, 신과 여신들의 철퇴가 내려지면 됩니다. 그들은 보란 듯이 온갖 사치를 다한 요리에 곁들이는 진미의 먹잇감을 파시스*16 저편에서까지 두루 찾아다니려 하고, 아직도 보복받지 않은 파르티아인 밑에서 조류를 구하면서도 부끄러워하지 않습니다.

평범한 것에 질린 목구멍의 욕구를 채우기 위해 세계 곳곳에서 모든 것을 사들입니다. 미식에 오그라든 위가 받아들이지도 못하는 것을 세상 끝에 있는 바다에서 옮겨 옵니다. 그들은 먹기 위해 토하고 토하기 위해 먹으며, 온 세계를 뒤져 손에 넣은 식재료를 소화할 가치도 없는 것으로 여깁니다. 그러한 사치를 경멸하는 사람에게 가난함이 무슨 해를 끼칠 수 있겠습니까? 그런 것을 간절히 바란다 해도, 가난함은 그 사람에게 이롭기도 합니다. 왜냐하면 싫어도 사치스러운 마음이 치유되기 때문이며, 예를 들어 강요해도 치료약을 받아들이지 않는다 해도, 적어도 사치할 수 없는 한, 사치를 바라지 않는 인간과 다를 바가 없기 때문입니다. 저는 가이우스 카이사르*17가 가장 큰 악덕이 최고의 행운 속에서 무엇을 할 수 있는지 보여주기 위해 자연이 낳은 것이라고 생각합니다만, 단 하루의 식비에 1천만 세스테르티우스나 되는 돈을 썼습니다. 게다가 그 일로 모든 인간의 재능을 빌렸으나, 세 속주의 조세를 오직 한 번의 만찬에 어떻게 쓰면 좋을지 몰랐던 겁니다. 사치스러운 음식이 아니면 미각이 자극받지 않는, 오! 불쌍한 자들이여. 그런데 음식을 사치스럽게 만드는 것은 남달리 좋은 맛이나 목구멍을 기분 좋게 넘어가는 특별한 맛이 아니라, 구하기 어려운 희소성입니다.

---

*16 흑해의 가장 안쪽, 카프카스 산맥 남쪽 지역 코르키스를 흐르는 강.
*17 아우구스투스. 세네카가 마음속 깊이 증오한 제3대 황제 칼리굴라를 가리킴.

그렇지 않다면 건전한 정신으로 돌아갈 마음이 그들에게 있다고 치고, 위장에 봉사하는 그토록 많은 행위를 왜 필요로 하겠습니까? 왜 상업이 없으면 안 되는 것일까요? 왜 삼림을 파헤칠 필요가 있을까요? 왜 깊은 바다를 탐색하지 않으면 안 될까요? 자연이 모든 곳에 배치한 생명의 양식이 곳곳에서 넘쳐나고 있습니다. 그러나 어디에나 있는 그 양식을 사람들은 마치 눈먼 사람처럼 지나치며 모든 지역을 찾아다니며 바다를 건너, 적은 비용으로 굶주림을 달랠 수 있는 데도 엄청난 비용을 들여 굶주림을 부채질하고 있습니다. 저는 이렇게 말하고 싶습니다. "왜 배를 내려 바다에 띄우는가? 왜 무기를 손에 들고 짐승과 인간을 습격하려 하는가? 왜 그렇게 소동을 부리며 헤매는 것인가? 왜 부 위에 부를 쌓으려 하는가? 당신들의 몸이 얼마나 작은지 생각해 볼 마음은 없는가? 받아들일 수 있는 양은 적은데 많은 것을 바라는 것은, 광기이자 정신의 가장 큰 허물이 아닐까? 즉 아무리 재산을 늘리고 아무리 토지의 경계를 넓혀도 당신들의 몸의 용량을 크게 할 수는 없다.

장사가 성공하든, 싸움에서 많은 보수를 얻든, 곳곳에서 사냥하고 곳곳에서 낚은 먹을거리를 모아 두든, 당신의 몸에는 그 물자를 비축해 둘 곳이 없다. 왜 그렇게 많은 것을 추구하는가? 그 덕성이 오늘도 여전히 우리 시대에 악덕이 자주 일어나는 것을 가로막는 지주가 되고 있는 우리의 조상—자신이 먹을 것을 손수 준비하고, 땅바닥이 잠자리이며, 집 천장이 금세공으로 빛나는 일도 없고, 신전이 보석으로 번쩍거리는 일도 없었던 우리의 조상—은 불행했다. 그러므로 그 시절에는 흙으로 빚은 신상에 엄숙하게 맹세했다. 그 신들의 이름을 들어 맹세한 사람들은 서약을 어기지 않으려고, 죽음을 각오하고 적의 진영으로 돌아갔다.*¹⁸ 자신의 손으로—이미 몇 번이나 적을 무찔러 카피토리움에 있는 유피테르(神像)의 무릎에 월계수 가지를 바친 그 손으로—스스로 매우 싸구려 음식을 아궁이 앞에서 저으면서 삼니움인 사절의 이야기를 들었던 우리의 독재관*¹⁹은, 우리가 기억하는 시대를 산 인물로, 일찍이 철학자들이 청년들을 타락시킨다는 구실로 쫓겨난 적도 있었던 도시(로마)에서, 스스로

---

*18 제1차 포에니 전쟁 때, 카르타고에 원정하여 포로가 되었다가 포로교환의 협상 담당자로 로마에 다시 송환되었지만, 절대로 양보해서는 안 된다고 원로원에서 설득하여 카르타고로 다시 돌아가 참살당한 마르쿠스 아틸리우스 레굴루스의 고사를 염두에 두고 있다.
*19 마니우스 쿠리우스 덴타투스. 기원전 290, 284, 275, 274년의 집정관.

모든 음식점의 스승을 자부하여 그 가르침으로 당대에 해악을 끼친 아피키우스*[20]보다 불행한 생활을 하고 있었다"고. 그 아피키우스의 최후를 알아두는 것도 무의미한 일은 아닙니다.

그는 황제가 내려주는 하사금의 몇 배나 되는 돈, 카피토리움의 국고에 들어오는 어마어마한 조세에 버금가는 돈을 연회 때마다 먹고 마시는 데 몽땅 써버리고, 1억 세스테르티우스나 되는 돈을 부엌에 뿌린 결과, 빚에 시달리게 되고 나서야 비로소 자신의 장부를 들여다보았습니다. 계산해 보고 손안에 남은 돈이 1천만 세스테르티우스밖에 없음을 알자, 1천만 세스테르티우스로는 마치 엄청난 기아에 허덕이는 생활을 하게 되는 듯이 비관한 끝에 독을 마시고 목숨을 끊었습니다. 이 무슨 교만과 사치일까요? 그에게는 1천만 세스테르티우스가 가난이었다니. 자, 생각해 보십시오. 문제가 되는 것은 돈의 액수이지 정신의 모습이 아님을. 1천만 세스테르티우스를 두려워한 한 인간이 있어, 보통 사람이라면 소원을 빌어서라도 손에 넣고 싶어하는 그 1천만 세스테르티우스로부터 독을 마시고 달아난 것입니다. 이렇게 왜곡된 정신을 지닌 인간에게는 최후의 한 모금이 가장 건전한 음식이었다고 할 수 있겠지요. 그가 성대한 만찬을 단순히 즐기기만 한 것이 아니라 자랑까지 하고 있었을 때, 그 악덕을 보란 듯이 뽐내고 있었을 때, 그 사치로 시민들의 주목을 받고 있었을 때, 나쁜 모범이 아니어도 본디 감화되기 쉬운 청년들을 홀려서 악습을 본뜨게 하고 있었을 때, 이미 그는 독을 마시고 있었던 것입니다.

이러한 결과를 부르는 것은 부를, 어느 일정한 한도를 정하는 이성에 맞추는 게 아니라, 한없는 자의성이 지배하는 악습에 맞춘 사람들입니다. 욕망에는 무엇으로도 부족하지만 자연에는 조금의 것만으로 충분합니다. 그러므로 가난함에는, 유배자에게 고통이라 할 수 있는 게 하나도 없습니다. 왜냐하면 한 사람을 넉넉히 돌볼 수 없을 만큼 가난한 유배지는 그 어디에도 없기 때문입니다.

11

"하지만 유배자는 옷과 집이 불편할 것이다." 이렇게 말하는 사람도 있을 겁

---

*20 식도락가의 대명사같은 인물.

니다. 그러나 유배자는 그런 것들도 필요성 때문에 구합니다. 비를 가리는 지붕도 몸에 걸치는 옷도 그에게 부족한 일은 없습니다. 몸은 돌보는 것과 마찬가지로 가리는 데도 조금의 것으로 충분하기 때문입니다. 자연이 필수로 한 것 가운데, 인간이 구하기 어려운 건 하나도 없습니다. 그런데도 사람들은 많은 조개에서 염료*²¹를 채취하여 물을 들이고, 금실을 넣어, 온갖 빛깔과 기술을 부린 무늬로 장식된 보랏빛 옷을 갖고 싶어 합니다. 그런 인간이 가난하다고 한다면, 그것은 자연의 결함 때문이 아니라 자기 정신의 결함 때문입니다. 그런 인간에게 그가 잃은 것을 아무리 돌려줘도 소용없는 일입니다. 만일 복권(귀국)해도, 그가 원하는 것 가운데 아직도 부족한 것은, 유배자로서 일찍이 가지고 있었던 것 가운데 부족했던 것보다 많을 테니까요. 그런데도 사람들은 황금으로 번쩍이는 가재도구와 옛날의 명장(名匠)의 서명으로 유명한 은식기, 몇몇 도락자의 광기로 높은 값이 매겨지는 청동기와 아무리 큰 저택도 좁은 큰 무리의 노예들, 먹이를 채워 넣어 억지로 살찌운 가축과 세계 각국의 대리석을 갖고 싶어합니다. 그러한 것을 아무리 산더미처럼 쌓아올려도 만족할 줄 모르는 정신을 채울 수는 없습니다. 그 욕구가 수분의 부족이 아니라 타는 듯한 내장의 열이 원인인 사람의 갈증을 채우는 데 아무리 많은 수분으로도 부족한 것과 다를 바 없습니다. 왜냐하면 그것은 갈증이 아니라 병이기 때문입니다. 이는 금전이나 음식에만 한한 일이 아닙니다. 결핍이 아니라 정신의 결함에서 생기는 욕구는 그 본질이 모두 같습니다.

그러한 인간을 위해, 그것이 무엇이든 아무리 산더미처럼 쌓아올려 줘도, 그걸로 욕망이 끝나지 않으며, 욕망의 한 단계를 거치는 데 지나지 않습니다. 그러므로 자연이 정한 한도 내에 자기를 억제하는 사람은 가난을 느끼는 일이 없습니다. 자연의 한도를 넘어서는 자는 넘치는 풍요 속에 있어도 가난이 늘 따라다닙니다. 유배지라고 해도 필요한 것은 채워주고, 왕국이라 해도 불필요한 것을 채울 수는 없습니다. 사람을 부자로 만드는 것은 정신입니다.

정신은 유배지에도 따라가 매우 혹독한 황무지에서도 몸을 유지하는 데 충분한 것을 찾아내면서, 그 자체는 자신의 선한 것*²²으로 넘쳐나며 그것을 누립니다. 금전이 정신과 아무런 관계도 없는 것은, 그것이 불사의 신들과 아무

---

* 21 조개에서 채취되는 보라색 염료.
* 22 정신 안에 함양되는 갖가지 덕성.

런 관계도 없는 것과 같습니다. 몸에 지나치게 빠지는 어리석은 지성이 숭배하는 그러한 것, 대리석이나 금은 그릇, 잘 다듬어진 커다란 원탁 등은 모두 지상적인 짐이며, 자신의 본성을 잊지 않고 있는 순수한 정신—그 자체는 가볍고, 무거운 짐을 지지 않으며, 몸에서 벗어나는 순간 더 높은 하늘로 재빨리 날아오르는 정신—은 그것을 사랑할 수 없습니다. 정신은 몸에서 해방되기 전까지 온몸의 방해와 자신을 에워싸는 이 무거운 짐과 씨름하면서, 허락되는 한, 하늘을 나는 사고로써 신적인 것을 구석구석 영리하고도 빠르게 탐색하려 합니다. 그러므로 자유롭고, 신들과 동족이며, 온 세계와 모든 시간과 같은 정신이 유배의 몸이 되는 일은 없습니다. 실제로 정신의 사고는 천계의 모든 것을 섭렵하며 과거와 미래의 모든 시간에 비집고 들어갑니다.

정신의 감옥이고 속박인 이 왜소한 몸은 이쪽으로, 또 저쪽으로 농락당합니다. 형벌이 위해를 가하는 것도 이 몸이고, 강탈이 위해를 가하는 것도 이 몸이며, 질병이 위해를 가하는 것 또한 이 몸입니다. 정신 자체는 신성하고 영원하며 어떤 것도 '손댈 수 없는 것'[23]입니다.

12

가난은 그렇게 생각하는 사람 말고는 누구도 괴롭다고 여기지 않지만, 제가 그 곤란한 점을 가볍게 보여주기 위해 현자들의 가르침을 이용하고 있다고 생각하시지 않도록, 먼저 가난한 사람들이 얼마나 많은 비율을 차지하고 있는지 생각해보시기 바랍니다. 그리고 그들은 부유한 사람들과 하나도 다를 바 없고, 결코 슬픔에 빠져 있지도 않으며, 불안에 시달리지도 않는다는 걸 깨닫게 되실 겁니다. 그뿐만 아니라, 생각건대 그들의 정신을 현혹하는 것이 적은 만큼, 오히려 그들 쪽이 더 즐겁지 않을까요? 가난한 사람들에 대한 이야기는 이쯤으로 해두고, 부유한 사람들에 대해 이야기해 보겠습니다. 그들이 가난한 사람들과 그리 다르지 않을 때가 얼마나 많은지 아십니까? 여행을 하다가 어마어마한 짐이 필요 없게 되면 줄이고, 길을 서두를 필요가 있을 때는 많은 수행자들을 돌려보냅니다. 군무에 몸담고 있으면 군율에 의해 사치가 금지되어 있으므로, 그들이 지닌 것이 자신의 소유물 중에 얼마나 적은 부분인지 아십니

---

*23 손을 댄다는 것은 법률용어로, 대상에 손을 댐으로써 소유권을 주장했다.

까? 결핍이라는 점에서 그들을 가난한 사람들과 같은 존재로 만드는 것은, 반드시 시간이나 장소의 사정이라고만 할 수 없습니다. 부에도 싫증이 나면, 그들은 땅바닥에 앉아 금식기, 은식기를 물리치고 며칠 동안 흙그릇으로 식사하는 날을 일부러 가집니다. 이게 참으로 제정신인 자들이란 말입니까? 이따금 원하면서도 늘 그것을 두려워하고 있습니다.

아, 정신의 얼마나 깊은 어둠이, 진실의 얼마나 큰 무지가 ……그들을 몰아세우고 있는 걸까요? 즐기려고 가난을 흉내내다니. 실제로 저 자신, 옛날의 예를 돌아볼 때마다, 유배자가 지니고 가는 노잣돈이, 그 옛날, 나라의 지도자들이 상속한 재산보다 많은, 오늘날의 너무나도 사치스런 타락의 모습을 아울러 생각하면, 가난에 위안이 되는 위로에 의지하는 게 부끄러워집니다. 호메로스를 따랐던 노예는 오로지 한 사람, 플라톤에게는 세 사람, 그리고 엄격하고 남성적인 스토아학파 철학의 창시자인 제논에게는 한 사람도 없었다는 사실이 잘 알려져 있습니다. 그러므로 누군가가 그들의 삶은 그래서 불행했다고 주장한다면, 그런 주장을 하는 당사자야말로 누구보다 불행한 인간이라고 모두들 생각하지 않습니까? 메네니우스 아그리파*[24]는 국가를 위해 벌족파(閥族派)와 민중 사이에 서서 중개를 맡았던 사람으로, 그의 장례비용은 여러 사람이 모은 돈으로 채웠습니다. 아티리우스 레굴루스는 아프리카의 카르타고인을 물리치는 임무를 맡았을 때, 원로원에 편지를 보내 하나 있던 고용인이 달아나서 농장을 방치해야 된다고 전했는데, 원로원은 레굴루스가 없는 동안 그 농장을 공금으로 관리하겠다고 결의했습니다. 노예를 두지 않는 것은 로마 시민이 (노예를 대신하여) 소작인이 되어 줄 정도로 큰 가치가 있었다는 뜻일까요?

스키피오의 딸들은 아버지가 자신들에게 재산을 전혀 남기지 않았다는 이유로, 국고에서 결혼자금을 받았습니다. 맹세코, 스키피오가 카르타고인한테서 늘 공물을 거둔 일을 생각하면, 한 번쯤 로마 시민이 스키피오에게 공물을 바치는 건 공정한 일이라고 말할 수 있겠지요? 아, 다행입니다, 로마 시민들을 장인으로 둔 스키피오의 딸들의 남편. 판토미모스(무언극)의 무희로, 은화 100만 세스테르티우스의 지참금을 가지고 시집가는 딸들을 가진 부모들이, 후견인인 원로원에게 결혼자금으로 동화(銅貨)를 받은 자식들의 부모인 스키피오

*24 기원전 503년의 집정관.

보다 행복하다고 생각하십니까? 이토록 빛나는 조상의 초상을 지녔으면서 가난을 경멸하는 자가 과연 누가 있을까요? 스키피오에게는 결혼자금이, 레굴루스에게는 고용인이, 메네니우스에게는 장례비용이 부족했고, 그 부족함 덕분에 더 큰 명예를 가지고 그 부족한 것이 그들 모두를 채워줬는데도, 유배자가 자신에게 무언가가 부족한 것을 부당하다고 말할 수 있을까요? 그런 까닭으로, 그토록 훌륭한 인사를 변호인으로 두고 있으니 가난한 처지에 안주할 수 있을 뿐만 아니라, 사람들의 호의까지 얻을 수 있습니다.

13

이러한 반론도 있을지 모릅니다. "하나하나라면 견딜 수 있지만, 합쳐지면 견딜 수 없는 일을 왜 일부러 분리하는가? 거주지를 바꾸는 일이 단순히 장소를 바꾸는 것에 지나지 않는다면 견딜 수 있다. 가난은 그 하나만으로도 마음의 고통을 받게 마련인 불명예를 동반하지 않으면 견딜 수 있다." 누구든 재앙을 한꺼번에 가져와 위협을 가하는 자에게는 이렇게 말해야 합니다. "불운 가운데 어느 하나에 맞설 수 있는 충분한 강인함이 있으면, 그 모두를 대항할 수 있는 강인함도 있다. 한 번 덕성이 정신을 강하게 만들고 나면, 덕성에 따라서 주어지는 정신은 모든 면에서 상처를 받지 않게 된다. 인류를 공격하는 가장 강력한 전염병인 탐욕에서 벗어날 수 있으면, 야심이 당신을 방해하는 일은 없을 것이다. 최후의 날을 처벌로 보지 말고 자연의 법칙으로 여기며 죽음에 대한 두려움을 떨쳐버린 그 마음속에는, 다른 어떤 것에 대한 두려움도 감히 침입하지 못한다. 육체의 욕망은 쾌락을 위해서가 아니라 종족의 번영을 위해 인간에게 주어진 것이라 생각하며, 몸 안에 깃들어 멸망을 가져오는 이 은밀한 욕망에 지지 않은 사람은, 다른 모든 욕망에도 지지 않고 무사히 지낼 수 있다. 이성은 악덕을 하나하나 무너뜨리는 게 아니라, 모든 것을 똑같이 무너뜨린다. 악덕이라는 악덕은 모두 정복하는 것이다." 현자란 모든 것을 자기의 내부에 쌓아 속인들의 편견을 물리친 존재인데, 그런 현자가 불명예에 마음이 흔들릴 거라고 생각하십니까? 불명예보다 나쁜 것은 명예롭지 못한 죽음입니다. 그러나 소크라테스는 일찍이 오로지 혼자서 30명의 참주들의 악행을 꾸짖었을 때와 다름없는 평안하고 고요한 표정으로 감옥에 들어가, 감옥 자체에 따르기 마련인 불명예를 감옥에서 씻어버렸습니다.

소크라테스가 있는 곳, 그곳이 사람들의 눈에 감옥으로 비치는 일은 있을 수 없기 때문입니다. 법무관직과 집정관직의 두 번의 낙선*25이 카토에게 불명예였다고 생각할 만큼 진실을 보는 눈이 흐린 사람이 누가 있을까요? 오히려 그것은 카토 덕분에 명예로워졌을 법무관직과 집정관직의 불명예였습니다. 먼저 스스로 자신을 멸시하는 자 말고는, 타인에게 멸시를 받은 일이 없습니다. 그런 모욕을 받는 것은 저속하고 비굴한 정신입니다. 그러나 가혹하기 짝이 없는 불운한 사건에 아랑곳하지 않고, 보통 사람은 굴복하고 말 재앙을 이겨내는 사람에게는, 바로 그 불행이 머리에 두르는 성스러운 띠*26가 됩니다. 왜냐하면 우리 인간의 심성으로 보아, 불행 속에서도 떳떳한 사람만큼 우리에게 깊은 찬탄의 감정을 느끼게 하는 이는 없기 때문입니다.

아테네에서 아리스테이데스가 처형 당하러 끌려갔을 때, 그를 만난 사람은 누구나 눈을 감고 탄식의 목소리를 냈는데, 그것은 단순히 의인이 처형되기 때문이 아니라, 마치 정의 자체가 처형되는 듯이 여겨졌기 때문이었습니다. 그런데 단 한 사람, 그의 얼굴을 향해 침을 뱉는 자가 나타났습니다. 입이 더럽지 않은 인간이라면 어느 누구도 뻔뻔스럽게 그런 행위는 하지 않을 걸 알고 있었으니, 아리스테이데스가 분노한다 해도 전혀 이상하지 않습니다. 그러나 그는 얼굴을 닦고 빙그레 미소를 지으면서, 옆에 선 관리에게 이렇게 말했습니다. "저자에게 주의를 주게. 앞으로 두 번 다시 사람들 앞에서 그런 보기 흉한 큰 입을 열지 않도록 하라고." 이것은 모욕 자체에 모욕으로 보복하는 행동이었습니다. 이렇게 말하는 사람들이 있음을 알고 있습니다. 모욕만큼 괴로운 일은 없으며, 모욕 당한 사람은 차라리 죽는 게 낫다고 생각하게 된다고. 그렇게 말하는 사람들에게는 이렇게 대답하겠습니다. 유배라고 해도 전혀 모욕적이지 않은 경우가 많다. 만약 위대한 인물로서 엎드리고, 위대한 인물로서 대지에 눕는다면, 신성한 건축물의 기와조각이 짓밟힘당하는 일 없이, 서 있었을 때와 마찬가지로 신심 깊은 사람들에게 숭배받는 일과 다를 바가 없으며, 그 훌륭한 인물도 사람들한테 모욕 당하는 일은 없을 것이라고.

14

---

*25 소카토에 대한 이야기.
*26 신성함과 불가침성의 표시로서 신관이나 탄원자가 머리에 둘렀다.

사랑하는 어머니, 이렇게 저 때문에 당신이 끝없는 눈물로 지샐 이유는 하나도 없습니다. 그러므로 당신의 눈에 하염없이 눈물이 흐르는 이유는 당신 자신 때문이라고 할 수 있습니다. 그 이유는 두 가지입니다. 당신의 마음이 흔들리는 까닭은 자신이 하나의 수호자를 잃어버린 것처럼 느끼고 있거나, 아니면 사모의 정 그 자체를 당신이 견딜 수 없기 때문입니다.

전자에 대해서는 간단하게 말해도 되겠지요. 당신의 마음이, 가족에 대해, 그 인간 자체 말고는 사랑하는 게 아무것도 없다는 것을 저는 알고 있기 때문입니다. 이 점에 대해서는, 여성 특유의 부족한 자제심 때문에 자식의 권력을 이용하려는 어머니들, 여성은 공직에 오르는 것이 허락되지 않기 때문에 자식을 이용하여 야심을 이루려는 어머니들, 아들의 상속재산을 모두 써버리려 하거나 자신이 차지하려는 어머니들, 자식의 웅변을 타인을 위해 이용하고, 그것을 황폐하게 만드는 어머니들이 생각할 일입니다. 당신은 자신의 자식들이 가진 이점에 더할 나위 없는 기쁨을 느끼지만, 그것을 이용하는 일은 더없이 삼가 오셨습니다. 당신은 우리 자식들이 당신에게 베푸는 마음에는 제약을 두면서, 자식들에게 자신이 베푸는 마음에는 아무런 제약도 두지 않으셨습니다. 당신은 한 집안의 딸[27]이면서, 유복한 자식들을 위해 나서서 도움을 주셨습니다. 당신은 우리의 상속재산을 관리하면서, 마치 자신의 재산을 관리하는 듯이 심혈을 기울이고, 마치 타인의 재산을 관리하는 것처럼 내 것으로 삼으려 하지 않으셨습니다. 당신은 우리 자식의 영향력을 타인의 것을 사용하듯 아끼고, 우리가 공직에 올라 당신에게 주어진 것이라곤 기쁨과 지출[28] 말고는 없었습니다. 우리의 바람을 들어주시는 당신의 애정이 자신의 이익을 목적으로 한 적은 단 한 번도 없었습니다. 그러므로 아들인 제가 무사할 때는 저의 일이지 당신과는 아무 관계가 없다고 여기시던 일을, 아들인 저를 빼앗긴 오늘 당신이 그리워하는 일은 있을 수 없습니다.

15

따라서 저는 모든 위로를, 어머니를 괴롭히는 마음의 고통의 진정한 원천인

---

*27 '한 집안의 딸'이란 아직 아버지가 살아 있는 여성을 말하며, 아버지가 건재하여 유산을 상속받지 않은 것을 말한다.
*28 선거비용, 공직에 오른 뒤의 행사 개최 비용, 지지자에 대한 비용 등.

두 번째 이유로 돌리지 않으면 안 됩니다. 당신은 이렇게 말씀하실지도 모릅니다. "그래, 나는 지금 사랑하는 아들을 껴안을 수 없어. 사랑하는 아들을 바라보고, 사랑하는 아들의 이야기를 듣고 즐거워할 수가 없어. 그 모습을 보면 슬픈 표정이 풀어지고 불안을 하나도 남김없이 털어놓던 그 아이는 지금은 어디에 있는 거니? 아무리 들어도 싫증나지 않던 그 이야기는 오늘은 어디에? 세상의 모든 여성보다 훨씬 기쁨을 느끼고, 세상의 모든 어머니들보다 한결 화목하게 함께 했던 그 학문은 이제 어디에? 그 재회는 지금은 어디에? 어린 시절 어머니인 내 모습을 보았을 때와 같은 그 명랑함은 이제는 어디에?" 여기에 덧붙여 서로 나눈 그 축복과 회식의 장소, 그리고 마땅한 일이지만 마음을 괴롭히는 데는 바로 효과를 보이는, 함께 보낸 바로 얼마 전의 추억의 나날을 당신은 끄집어내겠지요. 실제로 제가 그 일을 당하기 고작 이틀 전에, 설마 이런 상황이 오리라고는 꿈에도 생각하지 않고 안심하고 당신을 히스파니아로 돌려보낸 것도, 운명의 냉혹한 계획이었습니다. 하지만 우리가 서로 멀리 떨어져 있었던 것은 다행스러운 일이었습니다. 제가 몇 년 동안 당신 곁을 떠나 있었던 것이 당신에게 이 불행에 대한 마음의 준비를 하게 했으니 다행한 일이었습니다. 당신은 (로마로) 돌아오셨지만, 아들의 모습을 보면서 기쁨을 느끼지 못하고, 그리움만 가슴에 품고 지내는 습관을 잃는 결과가 되고 말았습니다. 당신이 훨씬 전에 로마를 떠났더라면, 먼 거리가 그리움의 정을 누그러뜨려, 이 불행을 오늘보다 꿋꿋하게 견디고 계실 터이고, 당신이 떠나지 않았더라면 아들의 모습을 적어도 이틀은 더 볼 수 있는 마지막 열매를 맛볼 수 있었겠지요. 그러나 현실은 숙명의 계략에 따라 당신이 저의 불운의 순간을 함께 하지도 못하고, 제가 없는 상황에 익숙해질 수 있는 기회도 잃는 결과가 되고 말았습니다. 그러나 이렇게 상황이 가혹하면 가혹할수록, 그만큼 큰 덕성에 도움을 청하지 않으면 안 되며, 마치 사정을 알고 있고, 이미 몇 번이나 쓰러뜨린 적이 있는 적을 상대하듯이, 그만큼 치열한 싸움에 도전하지 않으면 안 됩니다. 오늘 흐르고 있는 이 피는 한 번도 상처받은 적이 없는 몸에서 나온 게 아닙니다. 당신이 상처를 입은 곳은 바로, 당신이 이제까지 입은 수많은 상처 자국 위입니다.

당신이 여성이라는 이름을 구실로 변명하는 일은 허락되지 않습니다. 분명히 여성에게는 자기를 억제하지 않고 눈물을 흘릴 특권이 허락되어 있다고 할 수도 있지만, 그렇다고 한없이 눈물을 흘려도 된다는 특권은 아닙니다. 우리의 조상이 남편의 죽음을 한탄하는 아내들에게 10개월의 애도기간을 허락하여, 공적인 제도를 마련함으로써 여성의 집요한 비탄과 타협을 한 것도 그 때문입니다. 비탄을 금한 것이 아니라 비탄에 한도를 정한 것입니다. 실제로 사랑하는 누군가를 잃었을 때, 끝없는 슬픔에 몸을 맡기는 것도 일시적인 감정에 대한 어리석은 탐닉이고, 전혀 슬퍼하지 않는 것도 비인간적인 냉혹함입니다. 가장 좋은 것은 애정과 이성 사이에서 균형을 유지하는 것, 그리움의 정을 느끼면서 그것을 억제하는 것입니다. 한 번 빠진 슬픔은 죽음으로 끝낸 어떤 여성들—아들을 잃었을 때 입은 상복을 평생 벗으려 하지 않았던 여성들이 있다는 것은 아시겠지요. 그러한 여성들을 돌이켜 생각하는 것도 허락되지 않습니다. 첫 시작부터 세상 관습보다 용감했던 당신의 삶은 세상의 관습보다 많은 것을 당신에게 강요합니다. 여성 특유의 어떠한 결점과도 거리가 멀었던 여성에게는, 여성이기 때문이라는 변명은 아무런 소용이 없는 것 아니겠습니까?

오늘날의 세상에서 가장 큰 악덕인 부정(不貞)이 당신을 수많은 여성들과 똑같이 만드는 일은 없었습니다. 보석도 진주도 당신의 마음을 끌어당기지 않았습니다. 부유함이 당신 마음에 인간의 가장 큰 행복으로 비치는 일도 없었습니다. 유서 깊은 엄격한 가정에서 훌륭한 교육을 받은 당신의 인간성이, 선량한 사람에게마저 위험한, 덩달아 따라하는 식의 남의 흉내로 왜곡되는 일도 없었습니다. 당신은 마치 나이를 생각하면 웃음거리가 되는 것처럼 자식이 많은 것을 부끄러워하지 않았고, 유일한 장점을 그럴듯한 겉모습에서 찾을 수밖에 없는 다른 여성들이 흔히 하듯이, 불룩한 배를 마치 보기 싫은 짐처럼 숨기지도 않았으며, 잉태된 아이의 미래를 짓밟아버리는 일도 하지 않았습니다. 당신은 볼연지와 화려한 화장으로 얼굴을 더럽히지 않았고, 입고 있어도 벗어서 알몸이 되었을 때와 그리 다를 바가 없는 옷을 좋아하는 일도 결코 없었습니다. 당신에게 유일한 장식이고, 가장 큰 아름다움, 나이와도 상관없는 아름다움이며, 가장 큰 명예로 생각된 아름다움은 바로 굳은 정조와 깨끗한 행실이었습니다. 그런 이유로 슬픔을 허락받기 위해 여성의 이름을 내세우는 것은 당신에게는 불가능합니다. 당신이 지닌 수많은 덕성이 당신을 여성이라는 이름으로부터 멀리 떼어놓았기 때문입니다. 당신은 이제까지 여성 특유의 온갖 악덕과 거리가 먼 존재로 살아왔듯이 눈물로부터도 멀리 떨어진 존재가 되지 않으면 안 됩니다. 더욱이 눈부신 덕성으로 위인들의 대열에 열거되었던 여성들을 당신이 눈여겨볼 마음만 있다면, 그 여성들조차, 상처 때문에 당신이 초췌해지는 것을 허락하지 않고, ……어쩔 수 없는 슬픔을 얼른 끝내고 다시 일어서라고 명령할 것입니다.

코르넬리아*²⁹는 운명의 계략으로 열두 명이었던 자식이 고작 두 명밖에 남지 않았습니다. 코르넬리아가 치러야 했던 장례식에 대해 말하면, 코르넬리아는 열 명이나 되는 자식을 잃었고 그것이 얼마나 가치 있는 것이었던가 말하면, 코르넬리아는 그라쿠스 형제를 잃었습니다. 그럼에도 눈물을 흘리며 코르넬리아의 가혹한 숙명을 원망하는 주위 사람들을 타이르며 그녀는 이렇게 말했습니다. "운명을 원망해서는 안 됩니다. 저에게 그라쿠스 형제라는 자식을 주었으니까요." 그런 그녀한테서 정치집회에서 이렇게 말한 아들이 태어난 것은 마땅한 일이었습니다. "당신은 나를 낳아주신 어머니에게 험담을 할 작정인가?" 저에게는 어머니 말이 훨씬 더 씩씩하게 생각됩니다. 아들은 자신들 그라쿠스 형제의 탄생을 자랑으로 여긴 것에 비해, 어머니는 그들 형제의 죽음마저 자랑으로 여겼으니까요.

아들인 코타*³⁰를 따라 망명지까지 갔던 루틸리아는, 그리움의 정을 견디기보다 망명생활을 견디는 쪽을 선택할 만큼 한결같은 애정을 품고, 아들과 함께 귀국하는 날까지 고국에 돌아가지 않았습니다. 루틸리아는 그 아들을, 복권하여 귀국한 뒤 국정에서 한창 화려하게 활약하던 중에 잃었는데, 아들의 장례를 마친 뒤 그녀가 눈물을 흘리는 것을 본 사람은 아무도 없었습니다. 루틸리아는 아들이 망명의 비운을 겪었을 때는 용감함을, 아들을 잃는 비운을 당했을 때는 지혜로운 생각을 보여주었습니다. 왜냐하면 루틸리아는 아무런 두려움도 없이 아들에 대한 사랑을 보여주었고, 뭔가에 사로잡혀 무익하고 어리석은 슬픔에 잠기지 않았기 때문입니다. 당신도 그러한 여성들의 한 사람으로 일컬어질 수 있기를 바랍니다. 가장 좋은 방법은 마음의 고통을 진정시키

＊29 대스키피오의 둘째딸.

＊30 가이우스 아우렐리우스 코타. 기원전 124년 무렵~74년. 기원전 75년의 집정관.

고 억제하고 싶을 때, 당신이 끊임없이 그 삶을 본받아 오신 여성들의 모범에 따라주시는 겁니다.

17

우리의 힘으로는 대상을 어떻게도 할 수 없다는 사실, 또 어떠한 감정도 우리의 뜻대로 되지 않고, 특히 슬픈 생각에서 나오는 감정은 더욱 그러하다는 사실은 알고 있습니다. 실제로 슬픈 생각에서 나오는 감정은 흉포하고 집요하여, 어떠한 치료도 받아들이려 하지 않습니다. 우리는 때때로 그것을 억누르며 탄식의 목소리를 삼키려 합니다. 그러나 마음을 속이고 평정을 꾸며낸 바로 그 얼굴을 타고 눈물이 흘러내립니다. 우리는 또, 이따금 연극이나 검투사의 경기를 봄으로써 마음을 달래려 합니다. 그러나 근심을 털어버리려는 바로 그 공연의 한가운데에서 그리움의 정이 희미하게라도 의식에 되살아나면 마음이 무너지고 맙니다. 그러므로 그러한 감정을 피하기보다는 이겨내는 편이 낫습니다. 왜냐하면 감정은 오락이나 일로 잠시 달래거나 피할 수는 있어도, 다시금 고개를 쳐들고 그야말로 참았던 것에 의해 더욱 미쳐 날뛰는 힘을 되찾기 때문입니다. 이렇게 어떠한 감정이든 이성에 굴복한 것은 영원히 진정됩니다. 그러므로 많은 사람들이 이용한다는 걸 저는 알고 있지만, 온갖 감정의 진정법, 여행으로 기분을 전환시키거나, 장부를 세심하게 조사하며 재산을 관리하는 일에 많은 시간을 들이거나, 끊임없이 뭔가 새로운 일에 몰두하는 진정법을 당신께 처방할 생각은 없습니다. 그런 방법은 매우 짧은 시간밖에 효과가 없고, 마음의 고통을 완치하는 것이 아니라 일시적으로 차단할 뿐입니다. 저라면 마음의 고통을 속이고 얼버무리기보다 끝내는 쪽을 택하겠습니다. 그러므로 불운에서 달아나고자 하는 모든 사람에게 피난처가 되는 곳, 즉 자유인에 어울리는 학문으로 당신을 이끌려고 합니다. 그것은 당신의 상처를 치유해줄 것입니다. 당신한테서 슬픔을 모조리 없애줄 것입니다. 학문은 혹 당신이 이제까지 한 번도 가까이 한 적이 없다 해도, 지금이야말로 거기에 의지해야 합니다.

그러나 제 아버님의 고풍스러운 엄격함이 허락하는 범위에서, 당신은 이해까지는 아니더라도 모든 좋은 학문을 접할 기회를 가지신 적이 있습니다. 아버님은 누구보다 뛰어난 사람이었지만, 선인들의 관습을 그다지 지키지 않고, 당신이 철학의 첫걸음을 배우는 것보다, 그 가르침으로써 계몽되는 쪽을 원하셨더라면 좋았을 것입니다. 만약 그렇게 하셨더라면, 당신이 운명에 맞서는 지원을 이제 와서 얻으려 할 필요 없이 이미 저장되어 있는 것을 꺼내기만 하면 되었을 것입니다. 아버님에게 당신이 학문에 몰두하는 것을 허락할 마음이 그다지 없었던 까닭은, 문예를 지혜를 위해 사용하는 것이 아니라 재미나 취미로 배워 익히려는 여성들이 있었기 때문입니다. 그래도 탐욕스러울 만큼 지적 욕구로 가득 찬 재능 덕분에, 당신은 들인 시간에 비해 많은 지식을 받아들이셨습니다. 모든 학문의 기초는 이미 닦아두었습니다. 이제 바로 그 학문으로 돌아가 주십시오. 그것은 당신을 안전한 상태로 만들어줄 것입니다. 당신에게 위로와 기쁨을 주고, 그것이 진정으로 당신의 마음에 스며들면, 더 이상 당신의 마음에 슬픈 생각이 스며드는 일은 절대로 없을 것이며, 불안과 무의미하고 쓸데없는 고뇌의 고통이 들어오는 일도 결코 없을 것입니다. 당신의 가슴은 그러한 감정의 어떤 것에도 드러나는 일이 없을 것입니다. 실제로 그 가슴은 이미 오랫동안 그 밖의 다른 악에 대해 닫혀 있었으니까요. 이 학문이야말로 가장 확실한 수호자이고, 유일하게 당신을 운명의 흉악한 손길에서 구원해줄 수 있습니다.

18

그러나 학문이 당신에게 약속한 그 항구에 이를 때까지, 당신이 기댈 수 있는 어떤 버팀목이 필요하시다면, 오늘 바로 당신 자신의 위로를 보여드리려 합니다. 저의 형제를 생각해 주십시오. 그들이 건재하는 한, 운명을 비난하는 일은 당신에게는 허락되지 않습니다. 당신은 그들 두 사람 속에 다른 덕성으로 당신을 기쁘게 하는 위로를 가지고 계십니다. 한 사람은 부지런한 노력으로 명예로운 공직을 손에 넣었고, 또 한 사람은 지혜롭게도 그것을 멸시했습니다. 한 아들의 권위, 또 한 아들의 한가로움, 그리고 두 사람의 효심으로 만족하십시오. 저는 그들 형제의 깊은 애정을 알고 있습니다. 한 사람은 당신을 꾸미는 명예가 될 수 있도록 권위를 중시하고, 또 한 사람은 당신을 위해 시간을 낼 수 있도록 맑고 조용한 삶에 몸을 맡겼습니다. 당신의 자식들을 도움도 되고 기쁨이 되도록 역할을 나눠준 일은 운명의 은혜로운 계획입니다. 당신은 한 아들의 권위로 보호받고, 또 한 아들의 한가함을 누릴 수 있습니다. 그들은 해야 할 의무에서 서로 힘쓰며, 한 사람을 그리워하는 사모의 정을 두 사람의 효심으로 보충해줄 것입니다. 저는 감히 이렇게 장담할 수 있습니다. 양적인 면을 제외하면, 당신에게는 부족한 것은 아무것도 없다고.

그들과는 달리 손자들도 생각해 보십시오. 누구보다 귀여운 소년 마르쿠스*31를. 그를 보면 어떤 슬픔도 오래 가지 않을 겁니다. 누구 가슴의 상처라도, 아무리 크고 아무리 새로운 상처라도, 꼭 껴안은 그가 치료해 주지 못하는 상처는 없습니다. 그의 쾌활함에 눈물을 그치지 못하는 자가 누가 있을까요? 그가 들려주는 재미있는 이야기에 걱정으로 죄어든 마음이 풀어지지 않는 자가 누가 있을까요? 그 장난기에 저절로 유쾌한 농담이 나오지 않는 자가 누가 있을까요? 아무리 생각에 잠겨 있어도, 누가 들어도 싫증나지 않는 그 이야기에 이끌려 마음의 위로를 받지 않는 자가 누가 있을까요? 신들에게 기도합니다. 부디 그 아이가 우리보다 오래 살게 해달라고. 잔인한 숙명이 저에게 그 모든 힘을 다 써버리고 끝나기를. 당신이 어머니로서 탄식하고 슬퍼하지 않으면 안 되는 것, 당신이 할머니로서 탄식하고 슬퍼하지 않으면 안 되는 것은, 그게 무엇이든 어머니인 당신을 대신해 할머니인 당신을 대신하여 모두 저에게 내려주시기를. 그 밖의 가족이 저마다 이제까지와 다름없이 번영하기를. 제가 속죄양이 되어 가족들이 더는 탄식하고 슬퍼하지 않을 수 있다면, 저는 자식이 없는 제 운명과 처지를 한탄하지 않을 겁니다.

당신에게 손자를 선사해줄 노바틸라*32를 어서 그 가슴에 안아주십시오. 제가 무척 귀여워하여 양녀*33로 삼았고, 그 때문에 친아버지가 건재하지만, 저를 잃고 아버지 없는 자식이 되었다고 할 수 있는 아이입니다. 그런 그녀를 저를 위해서라도 사랑해주십시오. 바로 얼마 전에 운명은 그녀한테서 어머니를 빼앗아갔습니다. 당신의 자애라면 그 아이가 어머니를 잃은 것을 단순히 애도하기는 해도, 그것을 실감하지는 않게 할 수 있을 겁니다. 늦기 전에 그녀가 윤리관을 이루고, 늦기 전에 그녀가 인격을 갈고닦을 수 있게 해주십시오. 당신의 이야기에 익숙해지게 하여, 당신의 뜻대로 훈육해주시기 바랍니다. 당신이라면

---

*31 동생 메라의 아들인 시인 마르쿠스 안나이우스 루카누스. 기원후 39~65년.
*32 형 노바투스의 딸.
*33 아버지가 건재하기 때문에 정식 양녀는 아니고 양녀와 다름없다는 의미로 보는 것이 통설.

모범을 보여주는 것 외에는 아무것도 해주지 않아도, 많은 것을 주는 것이 될 것입니다. 그토록 고귀한 의무가 당신에게는 슬픔을 치유하는 치료약을 대신할 겁니다. 진심어린 애정으로 슬퍼하는 사람을 그 슬픔에서 벗어날 수 있는 건 이성과 명예로운 일뿐입니다.

오늘 당신과 멀리 떨어져 있지 않았으면, 당신의 아버님도 큰 위로의 하나가 되었을 것입니다. 실제로는 떨어져 있다고 해도, 당신에 대한 아버님의 애정이 어떠했는지, 아버님에 대한 당신 자신의 애정으로 헤아려보십시오. 그러면 저를 위해 몸과 마음의 기운을 써서 없애기보다, 그분을 위해 당신을 소중히 돌보는 쪽이 얼마나 옳은 행동인지 아시게 될 겁니다. 지나칠 만큼 강렬한 힘을 가진 고통이 당신을 덮쳐 굴복하고 따르라 강요할 때는, 언제나 아버님을 생각하시기 바랍니다. 당신은 그 아버님에게 손자들이나 증손자들을 안겨드림으로써, 아버님에게 소중한 자식이 당신 하나가 아니게 되었습니다. 그러나 이제까지 행복하게 보낸 삶을 아버님이 마지막 날까지 누릴 수 있을지 없을지는 오로지 당신에게 달려 있습니다. 그분이 살아계신 한, 당신이 오늘까지 살아온 것을 탄식하는 일은 허락되지 않습니다.

19

저는 여태껏 당신의 가장 큰 위로에 대해 입을 다물고 있었습니다. 당신이 자신의 고민을 숨김없이 털어놓을 수 있는, 당신에게 가장 충실한 마음의 지주, 우리 모두에게 어머니 같은 마음을 지니신 분, 바로 당신의 언니*34입니다. 당신은 그분과 함께 눈물을 나누고, 그분의 가슴에 안겨 숨결이 되살아났습니다. 틀림없이 그분은 언제나 당신의 감정을 존중하고 그것을 함께 나누시지만, 제가 생각하기에 그분이 탄식하고 슬퍼하시는 것은 단순히 당신만을 생각해서가 아닙니다. 저를 안고 도시(로마)로 데려온 것은 그분이었고, 오랫동안 병약했던 제가 건강을 되찾을 수 있었던 것은 그분의 깊은 애정과 어머니 같은 돌봄 덕분이었습니다. 제가 재무관직에 오를 수 있도록 도움의 손길을 내밀어준 것도 그분입니다. 그분은 사람들과 거침없이 이야기하거나 큰 소리로 인사하는 것마저 서툴렀던 분이지만, 저의 행복을 생각하는 마음에서 그 부끄러

---

*34 세네카의 큰아버지 또는 숙부인 가이우스 갈레리우스의 아내. 친언니는 아닌 것으로 추정.

움을 이겨내셨습니다. 세상과 동떨어진 생활습관도, 여성들이 이토록 뻔뻔스러워진 세태 속에서 예스러운 조신함도, 정결한 생활도, 사람을 피하고 한가로운 삶을 중시하는 습관도 그분을 말리지 못했고, 저를 위해 야심을 가지는 것도 망설이지 않으셨습니다. 사랑하는 어머니, 그분이야말로 당신을 회복시킬 수 있는 위안입니다. 가능한 한 그분과 강하게 결속하여, 그분의 그 꿋꿋하고도 너그러운 품에 몸을 맡기십시오.

비탄에 빠진 사람은 흔히 사랑하는 것으로부터 멀어지거나, 홀로 슬픔에 빠질 자유를 원하게 마련입니다. 그러나 당신은 자신의 생각을 남김없이 그분에게 털어놓고 상담하시기 바랍니다. 당신이 지금의 상태를 그대로 유지하고 싶으시든, 끝내고 싶으시든, 고통의 끝냄을, 아니면 고통을 함께 나눌 벗을 그분에게서 찾을 수 있을 것입니다. 누구보다 완전무결한 여성인 그분의 지혜를 제가 잘못 본 것이 아닌 한, 그분은 당신이 아무런 이익도 없는 비탄에 몸을 망치는 것을 허락하지 않고, 저도 그것을 목격한 증인의 한 사람이지만, 자신이 취한 행동을 모범으로서 당신에게 이야기해 줄 것입니다. 그분은 저의 큰아버지이자 그분이 아직 젊디젊은 소녀 시절에 결혼했던 사랑하는 남편을, 그것도 귀국하는 배 안에서 잃었습니다. 그러나 그때 그분은 남편의 죽음을 슬퍼하는 마음과 두려움을 동시에 견디며, 자신이 조난될 위험에도 폭풍을 아랑곳하지 않고, 남편의 시신을 난파선에서 운반해 냈습니다. 아, 얼마나 많은 여성들의 뛰어난 위업이 어둠 속으로 사라져 세상에 알려지지 않았을까요? 그분이 있는 그대로 미덕을 칭송하던 옛 시절에 살았더라면, 자신의 무력함은 생각하지 않고, 굳건한 남자조차 두려워하는 거친 바다 위에서도 오로지 남편의 장례만 생각하며, 자신의 죽음은 털끝만큼도 두려워하지 않고 목숨을 걸고 위험과 맞섰던 아내로서, 시인들이 얼마나 앞다투어 그분을 칭송했을까요? 남편을 대신하여 자신을 희생한 여성은 많은 시인들의 시로 노래되어 눈부신 명성을 얻었습니다. 그러나 자신 또한 죽을지 모르는 위험을 무릅쓰고 죽은 남편의 매장만은 반드시 이루고자 한 행동 쪽이 더 큰 위업이라고 볼 수 있습니다. 무릅쓴 위험은 같아도 얻은 대가가 적은 쪽이 더 큰 사랑입니다.

이 이야기를 들은 뒤에, 그분이 자신의 남편이 이집트 영사를 지냈던 16년 동안, 공적인 자리에 한 번도 모습을 드러내지 않았던 사실, 그곳의 속주민(屬州民)을 한 사람도 자기 집에 불러들인 적이 없는 사실, 남편에게 청탁하여 어떤 일을 이루려 한 적이 한번도 없었고, 또 자기 자신이 남의 청탁을 들어주었던 적 또한 한 번도 없다는 사실을 들어도 아무도 놀라지 않을 것입니다. 헐뜯기를 좋아하고, 영사나 총독을 욕하는 데 뛰어난 속주—속주에서는 죄가 없는 것이 드러난 사람이라도 불명예의 낙인을 면할 수 없는 것이 보통입니다—그 속주가 그분을 보기 드문 청렴결백함의 본보기로 우러러보며, 자기 신상에 위험이 미치는 독설마저 즐기는 자에게는 무엇보다 어려운 일이지만 발칙한 독설을 삼가고, 오늘날에도 현실적으로는 가능성이 없음을 알면서도, 그분 같은 사람이 있어 주었으면 간절히 바라고 있습니다. 속주가 16년 동안 그분을 계속 옳다고 인정했다면, 그것은 훌륭한 위업입니다. 그러나 속주가 그분의 존재에 아예 신경도 쓰지 않았던 것은 더욱 뛰어난 위업입니다.

제가 이런 이야기를 하는 것은, 너무 줄여 말하면 생략하는 것과 마찬가지인 그분의 칭송할 만한 덕성을 하나하나 늘어놓으려는 것이 아니라, 야심이나, 권세에는 거의 그림자처럼 따르는 친구이자 해로운 독인 탐욕에 자신을 빠뜨리지 않았던 여성, 그리고 배가 이미 고장이 나서 금세라도 가라앉으려 하는 때, 자신의 조난을 각오하면서 죽음의 두려움마저 떨쳐내고, 숨이 끊어진 남편에게 매달려, 어떻게 하면 자신이 그 배에서 탈출할 수 있는지가 아니라 어떻게 하면 남편의 시신을 운반해낼 것인지, 그 방법을 열심히 찾은 여성은 훌륭한 정신을 지닌 사람이라는 것을 당신에게 이해시키기 위해서입니다. 당신은 그런 그녀와 같은 용감함을 드러내어 비탄에서 정신을 차리고, 당신이 자식을 낳은 것을 후회하고 있다고 생각하는 자가 한 사람도 없도록 행동하셔야 합니다.

20

그러나 온갖 수단을 다해도, 당신의 사념은 반드시 틈만 나면 저에게로 돌아가고, 그들이 사랑스럽지 않아서가 아니라, 마음의 고통을 주는 대상에게 손을 내미는 일이 더 많은 게 자연스러운 일이지만, 이제는 다른 자식들보다 제가 당신의 마음에 자주 떠오를 수밖에 없기 때문에, 저를 어떤 상태에 있는 인간으로 생각해야 하는지 들어주시기 바랍니다. 저는 더할 수 없이 행복한 처지에 있는 듯이 쾌활하고 발랄합니다. 참으로 더할 수 없이 행복한 처지입니다. 왜냐하면 저의 정신은 모든 세속적인 복잡한 일에서 벗어나, 저 자신의 일을 꾸려가는 데 전념할 수 있는 자유로운 시간을 가졌고, 때로는 가벼운 학문을 즐기거나 또 때로는 정신이 북돋워져 진리를 갈망하며 자신의 본성과 우주의 본성을 탐구할 수 있기 때문입니다. 처음에는 대지와 그 위치를, 다음에는 대지를 에워싼 바다의 상태와 밀려왔다 다시 밀려가는 조수의 간만을 탐구합니다. 나아가서는 하늘과 땅 사이에 존재하는 위협에 찬 공간—천둥과 번개, 휘몰아치는 바람, 쏟아지는 비와 눈, 우박으로 어지러운 공간—을 구석구석 탐색합니다. 낮은 곳에 존재하는 것을 모두 섭렵하면, 마지막에는 높은 하늘을 헤치고 들어가, 신적인 존재의 더할 나위 없는 아름다운 광경을 감상하고, 자신의 영원성에 대해 생각하면서, 지나간 시간, 다가올 나날, 모든 세상을 거니는 것입니다.

De Clementia
너그러움에 대하여

제1권

1

네로 황제이시여,*¹ 저는 이제 너그러움에 대해 이야기하려 합니다. 이는 제가 이른바 거울 역할을 하여, 당신이 모든 기쁨 가운데 가장 큰 기쁨에 이를 분임을 당신 자신에게 보여주기 위해서입니다. 그것은 올바른 행위의 참된 이익은 그 실천 자체이고, 미덕에 어울리는 대가는 미덕 그 자체 말고는 없지만, 그래도 양심의 훌륭한 본디 모습을 점검하고 잘 살펴봄은 즐거운 일이기 때문입니다. 또 그런 다음 서로 다투고 불온하며 자제할 줄 모르는 그 거대한 군중에—현재의 속박을 풀어주면 좋아라 하고 자신과 타인의 파멸로 돌진하는 그 군중에—눈을 돌려, 아래와 같이 자신에게 이야기하는 것은 즐거운 일이기 때문입니다.

"모든 인간 가운데, 나는 지상에서 신들의 역할을 대신하는 자로서 동의를 얻어 선택받은 자인가? 그렇다, 나는 온 민족의 삶과 죽음을 지배하는 자이다. 저마다의 운명과 상황이 어떻게 될지, 그 결정권은 내 손안에 있다. 운명이 인간 저마다에게 무엇을 내려줄 것인지, 그것은 내 입으로 알려진다. 나의 말이 온 국민과 모든 도시의 기쁨의 바탕이 된다. 나의 호의와 사랑의 보살핌이 없으면 어느 지역도 번영할 수 없다. 그 수천 자루의 칼도 내가 가져다준 평화로써 오늘은 칼집 속에 들어 있지만, 내 고갯짓 한 번이면 뽑혀질 것이다. 어느 국민을 뿌리째 멸망시키고, 어느 국민을 다른 곳으로 이주시켜야 하는지, 어느 국민에게 자유를 주고, 어느 국민으로부터 자유를 빼앗아야 하는지, 또 어

---

*1 네로 클라우디우스 카이사르. 기원후 37~68년. 제5대 로마황제.

느 군주를 노예로 삼고 어느 우두머리에게 왕관을 씌워주어야 하는지, 나아가서 어느 도시를 쓰러뜨리고, 어느 도시를 발전시켜야 하는지, 그것들을 결정하는 이가 바로 나이다. 나는 모든 것에 그만큼 큰 권한을 가지고 있다. 그러나 나는 분노와 청년 특유의 혈기, 가장 온화한 사람한테서도 인내심을 빼앗는 인간의 무분별과 고집, 또는 두려움을 주고 권력을 과시하는 그 무서운—그러나 위대한 권세가에 흔히 있는—허영심에 사로잡혀 사람을 부당하게 처벌한 적은 없다. 나의 칼은 칼집 속에 잘 들어 있다. 아니, 오히려 그것은 빈틈없이 봉인되어 있다. 나는 매우 비천한 피마저 최대한 아껴왔다. 누구든, 다른 무엇이 부족해도 인간이라는 이름만으로 나의 호의를 받고 있다. 나는 엄격한 마음에 숨기고 있지만, 관용의 정신은 언제나 준비되어 있다. 나는 스스로를 잘 감독하는 것이다. 마치, 나 자신이 무위의 어둠에서 빛 속으로 불러낸 법률 앞에 언젠가 보고하려는 것처럼. 어떤 사람은 매우 젊었기 때문에, 또 어떤 이는 매우 늙었기 때문에 내 마음을 움직였다. 어떤 사람에게는 높은 지위 때문에, 또 어떤 이에게는 낮은 신분 때문에 나는 허락을 내렸다. 동정할 이유를 도무지 찾을 수 없을 때는, 나는 언제나 나 자신을 위해 허락했다. 뿐만 아니라 불사의 신들이 나에게 보고하기를 바란다면, 나는 오늘 당장이라도 인류에 대해 자세하게 이야기할 수 있다."

폐하, 당신은 자신을 가지고 밝힐 수 있을 것입니다. 당신에게 신뢰받고 보호받아 온 모든 것은 안전하게 유지되고, 국가는 당신의 폭력이나 부정한 수단에 의해 아무것도 빼앗기지 않는다는 것을. 당신은 세상에 드문, 이제까지 어느 황제에게도 주어지지 않았던 찬사, 즉 결백이라는 찬사를 열심히 구하고 계십니다.[*2] 당신의 그 보기 드문 선의는 헛되지 않아, 배은망덕하거나 악의적으로 평가하는 자를 만난 적도 없습니다. 사람들은 당신에게 감사하는 마음으로 보답합니다. 당신이 로마 국민들의 사랑을 받고 있는 만큼, 다른 사람의 사랑을 받은 인간은 이제까지 아무도 없었습니다. 당신은 로마 국민들에게 위대하고 변함없는 은혜입니다. 그러나 당신이 어깨에 진 짐은 무겁고 거대합니

[*2] 네로는 55년에 이복동생인 브리타니쿠스를 독살했는데, 그 뒤 이 책이 집필될 때까지 그 사실이 밝혀지지 않은 것으로 추정된다.

다. 이제는 신군(神君) 아우구스투스*³나 티베리우스 황제*⁴의 최초의 시기에 대해 이야기하는 자가 없고, 본받고자 하는 모범을 당신이 아닌 다른 사람에게 구하는 자 또한 없습니다. 당신의 원수정치(元首政治)는 당신이 이제까지 펼쳐온 통치의 예에 따라서 평가되고 있습니다. 만약 당신의 선의가 타고난 게 아니라 일시적으로 보여주기 위한 것일 뿐이라면, 이렇게 될 수 없었을 것입니다. 실제로 오랫동안 가면을 쓰고 있을 수 있는 사람은 아무도 없습니다. 거짓은 금방 정체를 드러냅니다. 그러나 진실을 바탕으로 한 것, 말하자면 굳건한 대지에서 비롯한 것은, 그저 시간만 지나면 차츰 더 커져 더욱 훌륭하게 성장합니다.

로마 국민은 큰 위험에 부딪힌 적이 있는데, 그때는 당신의 고귀한 재능이 어느 방향으로 나아갈 것인지 확실치 않았습니다. 그러나 지금은 국민들의 희망이 빗나갈 염려가 없습니다. 당신이 갑자기 스스로를 잊을 걱정은 없기 때문입니다. 지나치게 행복하면 인간은 분명 탐욕스러워집니다. 욕망을 다스리지 못하고, 목적에 이르러도 거기서 멈출 줄을 모릅니다. 욕망은 큰 것에서 훨씬 큰 것으로 나아가, 생각지 못한 것을 얻은 사람들은 완전히 도를 넘어선 희망을 품게 됩니다. 그러나 오늘 당신의 시민들은 모두 자신들은 행복할 뿐만 아니라, 이 행복이 영원히 이어지는 것 말고는 아무것도 더 바랄 수 없다고 고백하지 않을 수 없습니다. 여러 사실 때문에, 그들은 인간이 최후에 하는 이 고백을 하지 않을 수 없습니다. 그 사실이란, 흔들림 없는 충분한 안전과, 모든 부정을 위에서 억제하고 있는 법률입니다. 그들 눈에는 가장 행복한 국가의 모습이 떠오르고 있습니다. 그곳에서는 자기를 무너뜨리는 방종 말고는, 완전한 자유의 실현을 가로막는 것은 아무것도 없습니다. 그러나 특히, 신분이 가장 높은 사람들부터 가장 낮은 사람들까지 한결같이 자자하게 칭송하는 것은 당신의 관용입니다. 실제로 다른 은혜에 대해서는 자신의 처지에 따라 더 많거나 더 적은 것을 받기도 하고 기대도 하지만, 관용에는 모든 사람이 똑같은 은혜를 바라는 법입니다. 또 관용의 정신이 눈앞에 있으며 언제든지 인간의 잘못

---

*3 가이우스 율리우스 카이사르 옥타비아누스 아우구스투스. 기원전 63년~기원후 14년. 초대 로마황제(재위 : 기원전 27~기원후 14). 사망한 뒤 신격화되었다.
*4 티베리우스 클라우디우스 네로 카이사르. 기원전 42년~기원후 37년. 제2대 로마황제(재위 : 기원후 14~37).

을 받아들여 준다는 점에서 아무런 기쁨도 느끼지 못할 만큼 자신의 결백에 오롯이 만족할 수 있는 사람은 아무도 없습니다.

2

그렇다고 해도 관용으로써 보호받는 것은 가장 나쁜 종류의 인간이라고 생각하는 사람들이 있음을 저는 압니다. 그 미덕은 범죄에 대한 일 말고는 쓰이지 않으며, 또 모든 미덕 가운데 이것만은 결백한 사람들에게 작용이 미치지 않기 때문이라는 것입니다. 그러나 첫째로 약은 병자가 쓸 뿐만 아니라, 건강한 사람들에게도 소중하다는 것과 마찬가지로, 관용 또한 벌을 받아야 할 자들이 간절히 바랄 뿐만 아니라, 죄 없는 사람들도 소중하게 여기고 있습니다. 또 관용은 죄 없는 사람들의 경우에도 작용할 여지가 있습니다. 그것은 운명이 때때로 죄를 대신하기 때문입니다. 그리고 관용은 억울함을 구제해줄 뿐만 아니라 때때로 미덕에도 구원의 손길을 내밉니다. 왜냐하면 그야말로 상황 때문에, 어떤 행위가 칭찬을 받으면서도 처벌되는 일이 있을 수 있기 때문입니다. 많은 인간은 만약 죄를 면할 수 있다면 청렴결백한 마음으로 돌아갈 수 있습니다. 그러나 단순히 통례로서 용서하는 것은 바람직하지 않습니다. 악인과 선인의 구별을 없애면, 혼란이 생겨 순식간에 악덕이 널리 퍼지기 때문입니다. 그러므로 다시 일어설 수 있는 자와 그럴 가능성이 없는 자를 가려낼 수 있도록 냉정하게 판단치 않으면 안 됩니다. 무차별적으로 누구에게나 관용을 보여주어서는 안 되며, 그렇다고 관용을 없애버려서도 안 됩니다. 실제로 모든 사람을 용서하는 것은 아무도 용서받지 못하는 것과 똑같이 잔인한 행위입니다. 우리는 중용을 유지해야 합니다. 그러나 알맞은 조치가 어려워서, 균형이 무너질 것 같은 경우에는 더 너그러운 처분 쪽으로 저울을 기울여야 합니다.

3

이러한 문제에 대해서는, 거기에 어울리는 대목(2권 3장 참조)에서 더욱 적절히 이야기하고자 합니다. 오늘은 이 주제 전체를 세 부분으로 나누겠습니다. 제1부는 죄를 용서함에 대해 이야기합니다. 제2부(제2권에 해당)는 관용의 성질과 본연의 모습을 보여줍니다. 이는 어떤 종류의 악덕은 미덕을 가장하기 때문에 구분을 위한 표시를 해두지 않으면 그것들을 가려낼 수 없기 때문입니다. 제3부에서는 어떻게 해서 마음이 이 미덕으로 이끌어지는지, 또 어떻게 해서 마음이 이 미덕을 세우고 그것을 실제 경험으로써 자신의 것으로 만드는지에 대한 문제를 추구합니다.[*5]

모든 미덕 가운데 관용보다 인간에게 어울리는 미덕은 없습니다. 그보다 더 자비로운 미덕은 없기 때문입니다. 이에 대해서는 인간을 공통의 선을 위해 태어난 사회적인 동물로 여겨야 한다고 주장하는 우리(스토아파)뿐만 아니라, 인간을 쾌락에 바치고, 모든 말과 행동에서 자기 자신의 이익을 지향하는 사람들(에피쿠로스파) 사이에서도 마땅히 의견이 같을 것입니다. 왜냐하면 인간이 평정과 한가함을 따르는 존재라고 한다면, 평화를 사랑하고 폭력을 삼가는 이 미덕이야말로 자기의 본성에 맞는 것이라고 생각하기 때문입니다.

그러나 관용은 모든 인간 가운데 군주나 우두머리에게 가장 잘 어울립니다. 위대한 권력은 그 힘이 은혜를 가져다주는 경우에만 명예이고 영광이기 때문입니다. 실제로 위해를 가하기 위해 강요할 뿐이라면, 그것은 나쁜 권력에 지나지 않습니다. 안정되고 확고한 위대함을 지닌 인물이란 결국 모든 사람이 자기의 위에 서는 동시에 자기 편이라고 인정하는 사람입니다. 그 사람은 저마다의 인간과 전체의 안전을 지키는 일에 관심을 두고, 그 모습을 모든 사람은 날마다 지켜보고 있습니다. 또 사람들은 그 인물이 앞에 나타나도, 마치 사악하고 위험한 동물이 소굴에서 달려 나온 것처럼 생각하고 슬금슬금 달아나지 않습니다. 오히려 그들은 은혜롭게 반짝이는 별을 향해 나아가듯이 앞다투어 달려올 것입니다. 그들은 그 사람을 지키기 위해서라면, 언제라도 암살자들의 칼날에 몸을 던질 각오가 되어 있고, 또 그 사람의 목숨을 구하기 위해 인간들이 첩첩이 쌓인 시체 위에 길을 만들어야 한다면, 기꺼이 자신의 육체를 땅 위에 눕힙니다. 밤에는 파수꾼이 되어 그 사람의 수면을 지키고, 그 사람 주위에 둘러서서 호위를 합니다. 위험이 덮치면 스스로 방벽이 되려 합니다.

이와 같이 모든 국민과 모든 도시는 일치단결하여 군주를 지키고 군주를 사랑하며, 지배자의 안위를 위해 필요하다면 어디서나 내 몸과 재산을 내던지지만, 거기에는 다 이유가 있습니다. 또 한 사람의 목숨을 위해 수천 명의 사람들이 칼과 맞서, 다수의 죽음으로 한 사람의 생명—때로는 무력한 노인의 생

[*5] 제3부는 여기서는 발견되지 않는다. 텍스트의 누락 때문인지, 아니면 집필의 중단에 의한 것인지는 불명.

명인 경우도 있습니다.—을 구하는 것은 자신을 가벼이 여기고 있기 때문도 아니며 광기 때문도 아닙니다.

몸은 그 모든 것이 마음에서 비롯하고 있습니다. 그 몸이 매우 크고 아름다워도, 또 마음이 희미하고 눈에 보이지 않는 곳에 머무르며 어디에 숨어 있는지조차 뚜렷하지 않아도, 손과 발과 눈 모두 마음을 위해 일하고 있습니다. 그 피부는 마음을 지킵니다. 우리는 마음의 명령으로 잠을 자기도 하고 불안하게 돌아다니기도 합니다. 마음이 명령하면, 그가 탐욕스러운 주인이라면 우리는 이익을 위해 넓고 큰 바다도 샅샅이 탐색합니다. 또는 명예를 바라는 주인이라면, 우리는 아주 오래전부터 불길 속에 손을 집어넣기도 하고 대지 아래 스스로 몸을 던지기도 했습니다. 그와 마찬가지로 하나의 생명을 에워싸는 그 거대한 군상도, 그 정신에 의해 지배되고 그 이성에 따라 움직입니다. 그리고 사려의 지주를 잃으면 스스로의 힘에 의해 부서지고 말 것입니다.

4

따라서 대중이 한 사람을 위해 10개 군단을 싸움터로 내보낼 때, 또 그들이 최전선으로 달려가, 조국의 황제 군기가 쓰러지지 않도록 하기 위해 적의 공격에 가슴을 드러내고 나아갈 때, 그들은 자신들의 안전을 소중하게 여기고 있는 것입니다. 황제는 국가를 결속하는 끈이기 때문입니다. 황제는 그 수많은 사람들이 호흡하는 생명의 숨결입니다. 그 제국의 마음이 갈라져서 자신들만 남는다면, 그들은 단순한 짐에 지나지 않고 누군가의 먹이가 될 뿐입니다.

왕이 안전한 한, 모두는 마음을 하나로 뭉친다.
그러나 왕을 잃으면 그들은 맹세를 깨는 것이다.*6

그와 같은 재앙은 로마의 평화를 무너뜨리고, 이토록 위대한 국민의 운명을 몰락으로 이끌 것입니다. 이 국민이 고삐에 복종할 수 있는 동안은 그러한 위험으로부터 멀리 떨어져 있을 것입니다. 그러나 만일 그들이 그 끈을 뿌리치거나, 무언가의 재난으로 벗겨진 고삐를 본대로 되돌리기를 허락치 않으면, 이

---

*6 베르길리우스 〈농경시〉에서의 인용. 꿀벌 떼가 여왕벌 밑에서 결속하여 사회생활을 영위하는 것을 말한 구절이다.

가장 큰 제국의 통일 조직은 산산이 부서져 흩어지겠지요. 그리고 이 도시는 복종하기를 멈춤과 동시에 지배 또한 그만둘 것입니다. 그러므로 황제나 군주, 또는 다른 어떤 이름으로 불리든 국가의 체제를 지키는 사람이, 개인적으로 가까운 사람들보다 더 소중하게 다뤄지는 것은 불가사의한 일이 아닙니다. 분별 있는 사람이 사적인 이익보다 공적인 이익을 한결 더 중시한다면, 그 결과로서 마땅히 국가의 흥망을 담당하는 인물 또한 누구보다 소중하게 다뤄지기 때문입니다. 왜냐하면 황제에게는 권력이 필요하고 국가에는 지도자가 없어서는 안 되기 때문입니다.

5

저의 이야기가 주제에서 조금 벗어나 버린 듯이 보이지만, 실제로는 문제의 진상과 깊이 관련되어 있습니다. 이는 이제까지 살펴온 것처럼, 당신이 자기 국가의 마음이고 국가는 당신의 몸이라고 한다면, 관용이 얼마나 필요한지 이해하시리라고 생각하기 때문입니다. 실제로 당신은 남을 용서하는 것처럼 보이지만, 실은 자신을 용서하고 있습니다. 그래서 죄를 물어야 할 시민들마저 병든 손발과 마찬가지로 용서치 않으면 안 됩니다. 또 만일 언젠가 피를 흘리는 일이 필요할 때가 있다면, 필요 이상으로 깊이 베지 않도록 손을 단단히 붙잡고 있어야만 합니다. 따라서 관용은 말씀드린 것처럼, 틀림없이 모든 인간의 본성에 맞지만, 특히 황제인 분들에게 어울립니다. 그러한 분들에게는 관용으로 도울 일들이 훨씬 많고, 또 관용을 나타낼 기회가 더 크고 넓기 때문입니다. 소시민들의 잔인한 행위가 가져다주는 해악은 실제로 얼마나 작은 것일까요? 그러나 황제가 잔인해지면 전쟁이 일어납니다. 모든 미덕은 서로 조화를 이루고 있어, 그 가운데 하나가 다른 것보다 뛰어나거나 더 고귀할 일은 없지만, 그래도 어떤 미덕은 특정한 분들에게 더욱 어울리게 마련입니다. 넓은 마음은 어떤 인간에게도—아무리 신분이 낮은 자에게도—어울립니다. 실제로 불운을 물리치는 것보다 위대하고 용감한 일은 없을 테니까요. 그러나 너그러운 마음은 행운에서 더 넓은 작용을 가집니다. 또 그것은 땅 위에 앉아 있는 것보다 높은 자리에 앉아 있는 쪽이 더 크게 보입니다.

관용은 어느 집에 들어가도 그 집을 행복하게 만들고 평화롭게 해줍니다. 그러나 왕궁에서는 관용은 귀하면 귀할수록 칭찬받습니다. 어떤 사람이 화를 내면 그것을 막는 것은 아무것도 없고, 그 사람의 가혹한 판결에 처형당하는 자 또한 동의하며, 그 사람이 더욱 심하게 화를 내도 누구도 이의를 말하지 않을 뿐만 아니라, 용서를 구하려는 자조차 없을 것입니다. 그런데 그러한 사람이 자기를 통제하면서 '법을 어기고 사람을 죽이는 행동은 누구라도 할 수 있지만, 법을 어기면서까지 사람을 구하는 일은 나 말고는 아무도 할 수 없다' 여기고, 제 권력을 더욱 선량하고 온화한 목적을 위해 사용한다면, 실제 그보다 더 주목해야 할 일은 없을 것입니다. 위대한 마음은 위대한 지위에 어울립니다. 그 마음은 만약 자기를 위대한 지위로까지 높여 그것을 넘어서게 되지 않으면, 그 지위조차 땅 위로 끌고 내려가 버립니다. 위대한 마음의 특성은 평온하고 침착하며, 부정이나 모욕을 높은 곳에서 내려다봅니다. 미친 듯이 분노하는 것은 여자가 하는 일이고, 쓰러진 상대에게 달려들어 물어뜯는 것은 야수가—그것도 하등한 종류의—하는 짓입니다. 코끼리나 사자는 상대를 쓰러뜨려도 그 옆을 유유히 지나갑니다. 집요한 행동은 하등한 짐승의 특징입니다.

강렬하고 가차 없는 분노가 군주에게 어울리지 않는 까닭은, 화를 내면 상대와 같은 수준으로 몸을 떨어뜨려 상대보다 크고 높고 빼어난 게 없기 때문입니다. 그러나 생명과 지위를 위험에 드러내 그것들을 잃는 것이 마땅한 사람들에게 그 생명과 지위를 허락한다면, 세상에 군림하는 분밖에 할 수 없는 일을 하는 것입니다. 이는, 생명은 상위의 사람이라도 빼앗기지만, 하위의 사람 말고 주어지는 일은 결코 없기 때문입니다. 그 생명을 구하는 것은 뛰어난 지위의 특권입니다. 그리고 신들이 할 수 있는 것과 같은 일을 할 수 있을 때만큼, 그 지위가 사람들의 존경을 받는 일은 없습니다. 우리는 선인이든 악인이든 신들의 은혜 덕분에 빛 속에서 태어납니다. 그러므로 황제는 신들의 마음을 자기 것으로 하여, 자국의 시민 가운데 어떤 사람들은 유용하고 선량하기 때문에 만족스레 바라보고, 또 어떤 사람들은 살려두어 국민의 총수 속에 포함시키지 않으면 안 됩니다. 어떤 사람들에 대해서는 그 생존을 기뻐하고, 또 어떤 사람들에 대해서는 살기를 허락해 주는 게 좋습니다.

6

잘 생각해 보십시오. 이 도시에서는 군중이 참으로 넓은 거리를 쉼 없이 흘러갑니다. 그 거센 급류 같은 흐름을 방해하는 것이 앞을 가로막아서면, 그때마다 군중은 그것을 짓밟아버립니다. 또 이 곳에서는 동시에 3개의 극장*7 관람석이 필요합니다. 그리고 이 도시에서는 모든 토지에서 재배되어 얻은 것들이 소비됩니다. 이러한 도시에서 엄격한 심판관이 놓아주는 자만이 살아남는다고 한다면, 곧 어떤 황폐가 나타날까요? 수많은 심사관*8 가운데 자신이 취조하고 적용하는 그 법률에 비추어 보았을 때 유죄가 아닌 사람이 얼마나 될까요? 남을 고소한 사람 가운데 스스로 죄를 저지르지 않은 자가 얼마나 될까요? 또 그럴듯한 이유로 남보다 훨씬 자주 용서를 구한 사람일수록 아마 용서하는 것을 남보다 더 꺼릴 거라고 생각합니다. 우리는 누구든지 죄를 저질러왔습니다. 어떤 자는 무거운 죄를, 어떤 자는 가벼운 죄를, 또 어떤 자는 의도적으로 어떤 자는 우발심이나 타인의 꾐에 빠져서. 어떤 이들은 훌륭한 결의를 끝까지 의연하게 지키지 못하고, 본의 아니게 미련을 안은 채 결백한 신변을 잃었습니다. 우리는 과거에만 잘못을 저지른 것이 아닙니다. 삶의 마지막 순간에 이르기까지 계속 잘못을 저지를 것입니다. 이를테면 어떤 사람이 마음을 완전히 씻어서 앞으로 무엇에 의해서도 흔들리거나 속는 일이 없다고 합시다. 그럼에도 그 사람은 죄를 저지름으로써 죄가 없는 상태에 이를 수 있었던 것입니다.

7

신들에 대해 이야기했으므로(본권 5장 참조), 황제가 자기를 형성하는 데 있어서 따라야 할 모범을 다음과 같이 정하는 게 가장 좋을 듯합니다. 그것은 신들이 자신에게 취해주기 바라는 태도를, 자신이 시민들에게 취하는 일입니다. 그런데 거기서, 신들이 우리의 죄와 잘못에 대해 가차 없는 태도를 보여주고, 우리가 절멸에 이르기까지 적의를 가지는 것이 바람직할까요? 그 경우에는 제 안위를 유지하여, 내장점술사*9들에 의해 손발이 매장되는 일이 없는 군주가 있을까요? 그러나 신들이 너그럽고 공정하여 권력자의 과실을 천둥번

---

*7 그 무렵 로마의 상설극장은 폼페이우스 극장, 마르켈루스 극장, 발부스 극장으로, 모두 수천 명의 관중을 수용할 수 있었다.

*8 형사재판에서 취조하는 사람.

*9 주로 동물의 내장을 관찰하여 신의 뜻을 해석하는 에트루리아 기원의 점술 전문가. 지배자가 번개에 맞았을 경우, 그들은 신의 분노의 표현으로 해석하고, 찢어진 시체를 모아 그 자리에 매장했다.

개처럼 곧바로 처벌하는 일이 없다면, 사람들을 통솔하는 인간으로서는 온화한 마음으로 지배권을 행사하며, 다음과 같이 스스로 묻는 것이 한결 도리에 맞습니다. 즉 세계의 상태는 조용하고 맑은 날과, 계속되는 천둥번개에 모든 것이 흔들리고 번개가 여기저기서 번쩍이고 있을 때 어느 쪽이 보기에 훨씬 쾌적하고 아름다운가 하는 것입니다. 어찌 되었든 평온하고 질서 있는 국가의 모습은 조용하게 빛나는 하늘의 모습과 같습니다. 잔혹한 통치는 어수선한 암흑에 싸여 있습니다. 사람들은 몸을 떨며 갑작스러운 굉음을 두려워합니다. 그리고 그 모든 혼란을 불러일으킨 자조차 몸서리를 치게 됩니다.

단순한 개인의 경우, 집요하게 복수를 좇아도 비교적 쉽게 허락됩니다. 그들은 위해를 당할 가능성이 있고, 또 그들의 원한은 손해에서 오는 것이기 때문입니다. 더욱이 그들은 경멸당하는 것을 두려워합니다. 그리고 가해자에게 보복하지 못하면, 그것은 관용이 아니라 나약함의 증거가 됩니다. 한편 쉽게 복수할 수 있는 사람이 그것을 포기한다면, 그 온후한 조치에 대한 확실한 칭찬을 얻을 수 있습니다. 지위가 낮은 자라면, 비교적 자유롭게 폭력을 휘두르거나 소송을 일으키고, 사람들 앞에서 싸움을 하거나 분노를 드러낼 수 있습니다. 동등한 자들끼리의 싸움에서는 상처가 가벼운 법입니다. 그러나 군주의 경우에는 큰 소리를 내거나 말을 삼가지 않으면 위엄이 손상됩니다.

8

가장 비천한 자조차 가지고 있는 말의 자유가 군주에게 없다는 것은 중대한 문제라고 생각하실지 모릅니다. 그것은 노예이지 통치가 아니라고 말씀하시겠지요. 그렇다면 당신은, 통치란 자신에게는 고귀한 노예라는 것을 모르신단 말입니까? 군중 속에서 두각을 드러내지 않고 그 속에 숨어 있는 자들은 다른 처지에 있습니다. 미덕을 인정받기 위해서는 그들은 오랫동안 싸워야만 하고, 그들의 악덕은 어둠으로 덮여 있습니다. 그러나 당신의 말과 행동은 세상의 모든 눈이 엿보고 있습니다. 따라서 세상에서 어떤 평가를 받아야 하는지는 제쳐두고, 어쨌든 세상에 큰 평판을 불러일으키게 되는 사람들은 자신이 받는 평판의 성질을 누구보다 잘 배려하지 않으면 안 됩니다. 당신의 은혜에 의해 우리에게는 무척 많은 일들이 허락되지만 당신 자신에게는 허락되지 않습니다. 저는 혼자서라도 어떤 곳에서나 불안 없이 걸을 수 있습니다. 한 사람의 동반자도 없이, 집에나 몸 옆구리에 칼을 지니지 않아도 그렇게 할 수 있습니다. 그러나 당신은 자신이 만든 평화 속에서 무장하고 살아가지 않으면 안 됩니다. 당신은 자신의 운명으로부터 벗어날 수가 없습니다. 그 운명은 당신에게 늘 붙어다니며, 당신이 어디로 내려가든 삼엄한 장비를 갖추고 따라갑니다. 지금보다 지위가 낮은 인간이 되지 않는 것, 이것이 최고의 권위자에게 주어진 예속적인 삶입니다. 그러나 이 불가해한 조건을 당신은 신들과 나누고 있습니다. 왜냐하면 신들 또한 천계에 속박되어 있기 때문입니다. 하계에 내려오는 것이 신들에게 허락되지 않는 것은, 당신이 아래로 내려가면 신변의 안전을 보장할 수 없는 것과 같습니다.

당신은 자신이 서 있는 최고의 지위에 묶여 있습니다. 우리의 경우 어떻게 이동하든 그것을 깨닫는 자는 많지 않습니다. 외출도 귀가도 옷을 갈아입는 것도 세상에 알리지 않고 자유롭게 할 수 있습니다. 그러나 당신은 태양과 마찬가지로 사람들의 눈에 보이지 않을 수가 없습니다. 당신은 넘치는 빛에 에워싸여 있으며 모든 사람의 시선이 그곳을 바라보고 있습니다. 자신은 그저 '밖으로 나간다'고 생각하지만 실은 '위로 올라가는 것'입니다. 당신이 말을 하면 반드시 온 세계의 민족이 당신의 목소리를 듣습니다. 당신이 화를 내면 모든 것이 떨지 않을 수 없습니다. 당신이 누군가를 쓰러뜨리면 그 주위에 있는 것은 모두 흔들리기 때문입니다. 벼락은 소수의 사람들만 위험에 드러내지만 모든 사람을 두려워하게 만듭니다. 그것과 마찬가지로, 큰 권력에 따른 징벌은 상해보다 두려움에 광범위하게 미칩니다. 그것은 근거가 없지 않습니다. 모든 권한을 가진 사람의 경우, 사람들의 머리에 떠오르는 것은 그 사람이 이미 이룩한 행위가 아니라, 그가 이제부터 하려는 일이기 때문입니다.

그리고 이 점도 생각해 보십시오. 개인은 손해를 견디면 훨씬 더 많은 손해를 입을 위험에 처하지만, 군주는 온후한 조치를 취함으로써 안위는 더욱 확실해집니다. 그것은 빈번하게 처벌하면 소수 사람들의 증오는 억제할 수 있어도 모든 사람의 증오를 부추기게 되기 때문입니다. 분노를 터뜨리고 싶은 마음은 그럴 기회가 오기 전에 진정시켜야 합니다. 그렇지 않으면 베어낸 수목이 매우 많은 가지를 다시 뻗는 것처럼, 또 많은 종류의 식물이 가지치기로써 더욱 빽빽하게 자라는 것처럼, 군주의 잔혹한 행동은 적을 없앰으로써 그 수를 훨씬 늘이게 됩니다. 즉 살해된 자들의 부모와 자식, 그리고 친척과 벗이 희생자 한 사람 한 사람을 대신하는 것입니다.

9

얼마나 진실된지, 그것을 가문의 사례를 통해 생각해보시기 바랍니다. 신군 아우구스투스는 온화한 황제였습니다. 단, 그것은 이분의 평가를 황제의 지위에 올랐을 때부터 시작했을 때의 경우입니다. 그는 국가의 공동통치*[10] 때에는 칼을 휘둘렀습니다. 그는 지금 당신의 나이였을 때, 즉 18세가 되었을 무렵 이미 벗들의 가슴에 단검을 꽂고 있었습니다. 그때 그는 책략을 써서 집정관 마르쿠스 안토니우스*[11]의 옆구리를 노리기도 했고, 또 정적을 쫓아내는 계획에도 가담했습니다. 그러나 이 아우구스투스가 40세가 지나 갈리아에 머물고 있을 때의 일입니다. 그의 아래에 머리가 우둔한 인물 루키우스 킨나*[12]가 그에 대한 음모를 기도하고 있다는 소식이 들려왔습니다. 킨나가 언제 어디서 어떻게 공격할 생각인지도 전해 들었습니다. 공모자의 한 사람이 밀고한 것입니다.

아우구스투스는 킨나에 대한 보복을 결의하고, 가까운 사람들로 회의를 소집했습니다. 잠 못 이루는 밤을 보내면서 그는 생각했습니다. 이 일 말고는 죄가 없는 귀족 젊은이를, 구나이우스 폼페이우스*[13]의 손자를 단죄하지 않으면 안 되는 것인가 하고. 그는 이제 한 사람도 죽일 수 없었습니다. 일찍이 마르쿠스 안토니우스가 식사를 하다 말하는 정적 추방의 포고문을 받아 적은 사람이 말입니다.

아우구스투스는 신음소리를 내며 이따금 지리멸렬하고 모순되는 말을 했습니다.

"그렇다면 어떤가? 나는 자신의 암살자가 아무렇지도 않게 걸어다니는 것을 허락하여 불안한 시간을 보낼 것인가? 그렇다면 그자는 처벌을 받지 않는 것인가? 내 생명은 수많은 내란에서 표적이 되었음에도 난을 피해왔다. 그토록 많은 바다와 육지에서의 싸움에서도 무사했다. 그런데 육지와 바다에 평화가

---

*10 제2차 삼두정치를 가리킨다.

*11 로마의 정치가, 군인. 기원전 82년 무렵~30년. 기원전 44, 34년의 집정관.

*12 구나이우스 코르넬리우스 킨나 마그누스. 대(大) 폼페이우스의 손자로 기원후 5년에 집정관을 지냈다.

*13 구나이우스 폼페이우스 마그누스. 대(大)폼페이우스라고 한다. 기원전 106~48년. 기원전 70, 55, 52년의 집정관.

찾아온 지금 그 남자가 나를 죽이려고, 아니 오히려 산 제물로 만들려고 마음 먹은 것이다"라고. 실제로 그가 산 제물을 바치고 있는 동안에 습격할 계획이 었던 것입니다. 그리고 또 잠시 침묵한 뒤, 전보다 훨씬 더 큰 목소리로 이번에 는 킨나가 아니라 자신에게 화를 내는 것이었습니다. "너의 죽음에 이토록 많은 사람들이 관심을 보내고 있다면, 어째서 너는 살아 있느냐? 처벌의 결말이란 무엇인가? 유혈의 끝은 무엇인가? 귀족 도련님들에게 목을 내밀고 있는 것은 바로 나 자신이다. 그들은 내 목을 노리며 칼을 갈고 있다. 아니, 이 생명에는 그만한 가치가 없다. 내가 죽지 않기 위해 그토록 많은 사람들이 죽어야 한다면."

그때 마침내 왕비 리비아*14가 그의 말을 가로막고 말했습니다.

"폐하께서는 여자의 충고를 들어주실는지요? 의사들이 언제나 쓰는 방법을 이용해 보십시오. 일반적인 치료가 잘 되지 않을 때, 의사는 반대의 치료를 시험해봅니다. 이제까지 당신은 엄격한 방법으로는 아무것도 해결할 수 없었습니다.

사르비디에누스*15 다음은 레피두스*16였고, 레피두스 뒤에는 무레나,*17 무레나 다음은 카에피오*18이고, 카에피오 다음은 이그나시우스*19였습니다. 그밖에도 대담하기 그지없는 소행으로 세상의 부끄러움이 된 자들이 있었지만, 더는 말하지 않겠습니다. 그러나 이번에는 너그러움을 보여주시고, 그것이 당신에게 어떤 결과를 불러오는지 시험해 보세요. 루키우스 킨나를 용서하는 겁니다. 그는 체포되었습니다. 이제 당신을 해칠 수는 없지만, 당신의 평판에 도움이 되는 일은 할 수 있을 겁니다."

---

*14 기원전 58년~기원후 29년.
*15 퀸투스 사르비우스 사르비디에누스 루푸스. 옥타비아누스 휘하의 장군으로, 기원전 40년에 적 편인 안토니우스와의 공모가 발각되어 처형 또는 자살.
*16 마르쿠스 아이밀리우스 레피두스. 제2차 삼두정치에 가담한 같은 이름을 가진 인물의 아들. 기원전 30년에 이집트에서 귀환하는 옥타비아누스를 암살하는 음모를 기도해 처형됨.
*17 아울루스 테렌티우스 바로 무레나. 기원전 23/2년에 판니우스 카에비오의 음모에 가담했다가 처형됨.
*18 판니우스 카에피오. 기원전 23/2년의 아우구스투스에 대한 음모의 주모자. 고발당했을 때 달아나려 했지만 결국 처형됨.
*19 마르쿠스 이그나시우스 루푸스. 조영관으로서 민중의 지지를 모았지만 기원전 19년에 아우구스투스에 대한 음모를 기도하여 처형됨.

아우구스투스는 조언해 주는 사람을 찾은 것이 기뻐 황후에게 감사했습니다. 그리고 회의를 위해 모여 있었던 측근들에게 취소되었음을 곧바로 알리도록 명령하고, 킨나 한 사람만 자기에게 오게 했습니다. 다른 사람들은 모두 방에서 나가게 한 뒤, 그는 킨나를 위해 또 하나의 팔걸이의자를 내오도록 하고 이렇게 말했습니다.

"먼저 자네에게 부탁하네만, 내가 말하는 동안은 끼어들어서는 안 되네. 또 내가 말하는 도중에 큰 소리를 내지 말아주게. 자네에게는 나중에 자유롭게 이야기할 시간을 줄 생각이네. 킨나여, 내가 자네를 처음으로 본 것은, 자네가 적의 진영에 있을 때였네. 그때 자네는 나의 적이었지만, 자네는 적이 된 게 아니라 단순히 적 진영에서 태어났을 뿐이었지. 하지만 나는 자네를 살려주었네. 또 자네에게는 전 재산을 지니는 것도 허락했네. 지금 자네는 행복하고 유복하네. 승리자들조차 패자인 자네를 부러워할 만큼. 자네가 신관직을 바랐을 때, 나는 많은 사람들을 무시하고 자네에게 그 자리를 주었지. 그들의 아버지들은 나와 함께 싸운 사람들이었네만. 나는 그만큼 자네를 위해 최선을 다해 주었네. 하지만 자네는 나를 죽이려고 결의했어."

이 말을 듣고 킨나는 그런 미치광이 짓은 자신과는 전혀 관계가 없다고 큰 소리로 말했습니다. 아우구스투스는 말을 이었습니다.

"자네는 약속을 지키지 않는군, 킨나. 도중에 끼어들지 말라고 약속했을 텐데. 알겠나, 자네는 나를 죽이려고 꾀했어."

그리고 음모의 장소와 동료들, 날짜, 순서, 칼을 맡은 자를 지적했습니다. 그리고 킨나가 몸을 펴지 못하며 이번에는 약속 때문이 아니라 양심의 가책 때문에 잠자코 있는 것을 보고 이렇게 말했습니다. "이런 짓을 하다니, 무슨 생각으로 그러는 건가? 황제가 되기 위해서? 나 말고는 자네의 지배를 방해할 게 아무것도 없다니 로마 국민들이 너무 가련하구나. 자네는 자신의 집조차 지킬 수 없네. 최근에도 자네는 사적인 소송에서 한 해방노예 세력에 패배했지. 그런 만큼 자네에게는 동료를 모아서 황제를 배신하는 것만큼 쉬운 일은 없는 것이다! 말해보게, 자네의 희망을 가로막는 자가 나뿐이라 해도, 파울루스*20

---

*20 아우구스투스의 손녀인 율리아의 남편. 기원후 1년에 집정관을 지내고 8년에 아우구스투스에 대한 음모를 기도하여 처형된 루키우스 아이밀리우스 파울루스.

도, 파비우스 막시무스*²¹도 자네를 그냥 둘까? 코수스 집안사람들도, 세르빌리우스 씨족*²² 사람들도, 또 그 수많은 귀족들도 가만 내버려둘까? 그들은 명성을 공허히 과시하는 것이 아니네. 제 조상의 초상에 빛을 더하는 사람들이라네."

아우구스투스가 한 이야기를 여기에 모두 옮겨서, 이 책의 많은 부분을 낭비하고 싶지는 않습니다. 실제로 그는 2시간이 넘도록 이야기를 했다고 합니다. 그것만으로도 충분한 징벌이 되게 하려고 그토록 길게 이야기를 끌었던 것입니다. 그는 마지막에 이렇게 말했습니다. "킨나여, 나는 다시 자네의 목숨을 살려주겠네. 전에는 적으로서였지만, 이제는 음모와 반역을 기도한 자로서네. 오늘부터 우리 둘은 벗으로서 교제를 시작하세나. 그리고 우리 서로 경쟁해보지 않겠나. 자네의 목숨을 살려준 나와, 내게 은혜를 입은 자네 가운데 누가 더 성실한 인간인지." 그 뒤, 아우구스투스는 킨나가 굳이 바라지 않자 불평을 하며, 자신 쪽에서 나아가 그에게 집정관직을 맡겼습니다. 그는 킨나를 가장 가깝고 충실한 사람으로 여겼고 그의 유일한 상속인이 되었습니다. 그 뒤로 아우구스투스에게 음모를 기도하는 자는 한 사람도 없었습니다.

10

당신의 고조부*²³는 패자를 용서했습니다. 그분이 만약 그들을 용서하지 않았더라면, 어떤 사람들 위에 군림하게 되었을까요? 살루스티우스*²⁴와 코케이우스 씨족 사람들, 데리우스 씨족 사람들 등, 첫 번째 면회*²⁵가 허락되는 측근들은 모두 그가 적의 진영에서 모집한 자들이었습니다. 또 도미티우스 씨족, 메사라 집안, 아시니우스 씨족, 그리고 키케로 집안들 등, 나라의 명예가 되는

＊21 기원전 11년에 집정관을 지낸 파비우스 막시무스 파울루스.

＊22 아이밀리우스 씨족, 파비우스 씨족, 코수스 집안이 속한 코르넬리우스 씨족 등과 함께 로마의 오랜 씨족.

＊23 아우구스투스를 가리킴.

＊24 가이우스 살루스티우스 크리스푸스. 아우구스투스 황제와 티베리우스 황제의 심복이자 상담역.

＊25 매일 아침 벗이나 보호민 등 많은 사람들의 방문을 받는 유력자는, 방문자를 각자 서열에 따라 분류하여 각각 면회 순서를 할당했다. 첫 번째 면회가 허락되는 것은 가장 중요한 인물이다.

여러 면들을 그가 얻을 수 있었던 것도, 바로 그 자신의 관용 때문이었습니다. 레피두스*[26]조차 죽을 때까지 참으로 오랜 기간 허가가 주어졌습니다. 아우구스투스는 오랜 세월 동안 그가 시민의 제1인자 훈장을 보유하는 것을 허락했습니다. 그는 레피두스가 죽을 때까지 대신관직*[27]을 자신에게 옮기는 것을 허락지 않았습니다. 이는 그 직위가 전리품이 아니라 자신의 명예를 대변하기를 바랐기 때문입니다. 이러한 관용의 정신이야말로, 그분에게 안위와 안전을 가져다주었습니다. 그것으로써 그는 인기와 인망을 얻었습니다. 더욱이 그것은 이제까지 굴복한 적이 없는 로마 국민의 목에 그가 힘을 가하고 있었을 때의 일입니다. 그 관용 덕분에 그는 명성을—살아 있는 황제조차 마음대로 하기 어려운 명성을—오늘날에도 여전히 유지하고 있습니다.

우리는 그를 신으로 믿는데, 그것은 명령을 받았기 때문이 아닙니다. 아우구스투스는 훌륭한 황제이며, 그야말로 국부의 칭호에 걸맞은 분이었음을 우리가 인정하는 까닭은, 바로 다음과 같은 것 때문입니다. 보통은 위해보다 더욱 황제를 괴롭히는 개인적인 모욕에 대해서도, 그는 절대로 잔인하게 보복하지 않았습니다. 자신에게 날아오는 비방의 말에도 웃음으로 대응했습니다. 사람에게 벌을 가할 때는 자신이 벌을 받는 듯이 행동했습니다. 딸*[28]의 불의를 유죄로 판결한 모든 자들에게는, 처형을 하기는커녕 그들의 안전을 더욱 확실히 하기 위해 통행증을 주어 나라 밖으로 퇴거시키기도 했습니다. 당신을 위해 분노를 품고 자신과는 아무 관련이 없는 사람의 피를 흘려 당신을 만족시키려는 자가 다수 나타날 것임을 알고, 도와줄 뿐만 아니라 그것을 보장하는 것이 남을 용서하는 일입니다.

11

앞선 이야기는 아우구스투스의 노년 시절, 또는 노년에 조금 접어든 시절의 일이었습니다. 청년 시절에는 그도 잘 흥분했고, 분노에 불타올라 돌아보기도

---

*26 마르쿠스 아이밀리우스 레피두스. 기원전 43년에 안토니우스, 옥타비아누스와 함께 제2차 삼두정치를 펼쳤지만, 그 뒤 세력을 잃고 기원전 36년에 은퇴했다. 그러나 그는 기원전 12년 무렵에 죽을 때까지 대신관의 지위를 유지했다.

*27 신관단의 장으로, 로마의 국가종교를 감독하는 중책.

*28 그의 유일한 자녀 율리아. 두 번의 결혼 끝에 기원전 2년에 마르쿠스 안토니우스의 아들 율루스 안토니우스와 일으킨 스캔들 때문에 간통죄로 판다테리아 섬으로 추방됨.

싫은 일을 많이 했습니다. 신군 아우구스투스를 당신의 온후함과 굳이 비교하려는 자는 아무도 없을 것입니다. 아무리 전성기를 지난 노년을 끌어내려 젊은 나이와 경쟁시킨다 해도 분명 그는 절도를 알고 관용을 보여주었습니다. 그러나 그것은 악티움의 바다를 로마인들의 피로 물들인 뒤였습니다. 또 시칠리아에서 아군과 적 양쪽의 함대를 무너뜨린 뒤였으며, 페르시아에서의 제단 사건과 정적 추방 뒤였습니다. 저는 잔혹한 행위에 지친 마음을 관용이라고 하는 게 아닙니다. 참된 관용이란 폐하, 당신이 실제로 하고 계시는 일입니다. 그것은 잔혹한 행위를 뉘우치는 것에서 시작되는 게 아니라, 오히려 아무런 오점도 없이 시민의 피를 한 번도 흘리지 않았던 것을 말합니다. 그것이 권력의 정점에서는 마음의 절도를 완전히 유지하는 일이고, 인류를 마치 자기 자신처럼 포용하고 사랑하는 일입니다. 또 어떤 욕망이나 가벼운 기질, 이전 황제들의 선례를 이용하여 자국의 시민에게 얼마나 방종한 힘을 휘두를 수 있는지 실제로 겪어보지 않고, 오히려 제 지배의 칼날을 무디게 하는 일입니다. 폐하, 당신은 유혈이 없는 국가를 물려주셨습니다. 고결한 마음속으로 자랑해 오셨듯이, 당신은 전 세계에 사람의 피를 한 방울도 흘리지 않게 하셨습니다. 이 공적은 당신보다 젊은 나이에 칼을 맡은 사람이 없기[29] 때문에 더욱 위대하고 놀라운 일입니다.

따라서 관용은 원수의 명예뿐만 아니라 그 안위도 훨씬 향상합니다. 그것은 권세를 아름답게 장식하는 동시에, 더없이 확고하게 지켜줍니다. 실제로 왜 군주는 늙어서 아들이나 손자에게 왕위를 물려주고, 왜 폭군의 권력은 저주받고 짧게 끝나는 것일까요? 폭군과 군주의 차이는 무엇일까요?—겉보기에 지위나 재량권은 비슷한데. 그것은 다만 폭군은 자신의 즐거움을 위해 잔인하게 행동하는 데 비해, 군주는 이유와 필요가 없으면 그렇게 행동하지 않는다는 사실입니다.

12

"그렇다면 어떻게 생각하나? 군주도 때때로 사람을 죽이지 않는가?" 그러나 그것은 공공의 이익을 위해 어쩔 수 없이 필요한 경우에 한합니다. 폭군의 경

---

*29 네로는 54년에 황제에 즉위했을 때 16세였다.

우, 잔인한 행위는 마음에서 우러나오는 것입니다. 그리고 폭군이 군주와 다른 것은 이름이 아니라 그 행위입니다. 예를 들면, 대(大디)오니시오스*30가 수많은 군주보다 존경받는 게 참으로 마땅한 일이라면, 한편 루키우스 술라*31를 폭군으로 부른다 해서 무슨 지장이 있겠습니까? 그는 적이 사라질 때까지 살육을 그만두지 않았으니까요. 분명히 술라는 독재관직에서 물러나 한 시민으로 돌아갔습니다. 그러나 이제까지 그 이상으로 탐욕 때문에 인간의 피를 마신 폭군이 있을까요? 그는 7천 명이나 되는 로마 시민의 학살을 명령했습니다. 그는 가까운 벨로나*32 신전에 앉아, 칼 아래 신음하는 수천 명의 비명소리를 들었습니다. 그리고 두려움에 떠는 원로원을 바라보고 말했습니다. "자, 일을 하시오, 원로원 의원 여러분. 내 명령으로 살해되는 반란 무리는 매우 적은 수에 지나지 않소." 이는 거짓말이 아니라 다만 술라에게는 얼마 안 되는 숫자로 보였던 것입니다.

그러나 술라에 대해서는 나중에 이야기하겠습니다.*33 그것은 적에 대해 어떻게 분노해야 하는지, 특히 시민으로 우리와 같은 계급인 자가 배반하여 적의 부류로 돌아선 경우에 대해 문제로 삼을 때입니다. 먼저 중요한 것은 제가 말했듯이, 군주와 폭군의 차이를 두드러지게 보여주는 게 관용이라는 것입니다. 분명히 둘 모두 똑같이 무력으로 주위를 제압하고 있습니다. 그러나 한쪽은 무력을 보유해도 그것을 평화의 방위를 위해 쓰지만, 다른 쪽은 큰 두려움에 의해 크나큰 증오를 억제하기 위해 사용하고, 게다가 자신의 몸을 맡긴 그 군사력조차 불안한 마음 없이 바라볼 수가 없습니다. 폭군은 정반대의 동기에 사로잡혀 정반대의 결과를 가져옵니다. 왜냐하면 사람들은 그가 두렵기 때문에 미워하지만, 그 자신은 미움받기 때문에 두려워하기를 원하는 것입니다. 그리고 폭군은 증오가 지나치게 커졌을 때 어떠한 광란이 일어나는지 알지 못하고, 많은 자를 파멸에 빠뜨린 그 저주스러운 시구를 읊조리는 것입니다.

---

*30 디오니시오스 1세. 기원전 430년 무렵~367년. 시칠리아의 시라쿠사이의 참주.
*31 루키우스 코르넬리우스 술라 펠릭스. 기원전 138년 무렵~78년, 기원전 88, 80년의 집정관.
*32 로마의 전쟁의 여신.
*33 그렇지만 술라에 대한 기술은 다른 부분에서 찾아볼 수 없다.

놈들은 얼마든지 증오하라, 두려움을 품고 있는 한은.*34

진실로 적절한 두려움은 사람의 마음을 진정시켜주지만, 두려움도 끊임없이 이어져 사람을 절망의 끝까지 몰아붙이면, 오히려 마음 약한 자들을 담대한 행위를 하도록 내몰고 무슨 짓이라도 저지르도록 만듭니다. 이와 마찬가지로, 야수를 깃털을 단 끈*35으로 우리 안에 가둬둘 수 있을지 모르지만, 만약 사람이 말을 탄 채 뒤에서 창을 들고 덤벼들면, 야수는 여태까지 피하려고만 하던 장애물도 뛰어넘어 달리며 공포의 대상을 짓밟아버릴 것입니다. 절망적인 곤경에 빠졌을 때 갑자기 솟아나는 용기처럼 무서운 것은 없습니다. 두려움을 주어도 안심의 여지를 조금 남겨두어야 합니다. 또 위협보다 훨씬 많은 희망을 눈앞에 보여주어야 합니다. 그렇게 하지 않으면, 조용히 있는 자들이 다른 자와 같은 두려움을 맛보게 되고, 그리되면 그들은 기꺼이 위험으로 돌진하여, 자신의 생명을 마치 타인의 것처럼 헛되이 마감해버립니다.

13

온화하고 온건한 군주는 자신을 보호하는 호위를 믿을 수 있습니다. 그것을 이용하는 것은 공공의 안전을 위해서이기 때문입니다. 병사는 자신이 공공의 안전을 위해 의무를 다하고 있음을 알기 때문에 긍지를 느끼며, 어버이를 지킨다는 기개를 품고 모든 고생을 기꺼이 견뎌내려 합니다. 그러나 그 비정하고 잔인한 폭군을 지키는 이들은 반드시 중압감을 느낍니다. 가신들을 고문대나 처형을 위해 준비된 철기구처럼 다루고, 가신들을 향해 마치 짐승에게 던져주듯이 인간들을 내던지는 자는, 누구도 그들의 선의와 충성심을 지켜낼 수 없습니다. 또 폭군은 어떠한 재판의 피고보다도 고난과 불안에 시달리고 있습니다. 왜냐하면 그는 제 악행의 증인으로서, 그리고 그것을 벌하는 자로서 인간과 신들을 두려워하면서도, 이미 자신이 저지른 악행이 돌이킬 수 없는 상황까지 이르렀기 때문입니다. 실제로 잔혹한 행위의 온갖 단점들 가운데서, 아마 가장 나쁜 단점은 그 행위를 집요하게 이어가지 않으면 안 된다는 것과, 더 좋

*34 로마의 비극작가 아키우스의 〈아트레우스〉(단편만 현존)에서의 인용. 칼리굴라 황제가 즐겨 읊조린 말로 전해진다.
*35 이렇게 야수에게 두려움을 주기 위한 끈을 '위협'이라고 한다.

은 방향으로 되돌아가는 길이 열려 있지 않다는 것입니다. 즉 악행을 옹호하려면 악행에 더 기대는 수밖에 없기 때문입니다. 이미 악인일 수밖에 없는 인간만큼 불행한 존재가 또 있을까요?

아아, 이 얼마나 가련한 인간입니까, 적어도 그 사람 자신에게는! 왜냐하면 다른 사람들에게는 그런 사람을 불쌍히 여기는 게 도리에 어긋나는 일이 될 테니까요. 그는 권력을 행사하며 살인과 약탈을 자행했고, 나라 안팎으로 자신이 하는 모든 일에 불신을 안겨주었습니다. 또 무력을 두려워하기 때문에 무력에 기대고, 아군의 충성심도 자식들의 효심도 믿지 않습니다. 자신이 과거에 무슨 일을 했는지, 그리고 앞으로 무슨 일을 할 것인지 궁리하다가, 자신의 양심이 죄악으로 가득하여 가책에 괴로워하는 것을 발견했을 때, 그는 끊임없이 죽음을 두려워하지만 그 이상으로 죽음을 간절히 바라마지 않게 됩니다. 가신들보다 오히려 그 자신이 스스로를 훨씬 미워하는 것입니다.

이와 정반대인 것이, 모든 일에 마음을 기울이고, 상황에 따라 보호의 정도는 달라도 국가의 모든 부분을 마치 자기 일부처럼 사랑하는 사람입니다. 그 사람은 온화한 방법을 좋아하고, 예컨대 처벌하는 것이 이로울 경우일지라도 가혹한 처방에 들어가는 게 본의가 아님을 보여줍니다. 그의 마음은 모든 적의나 잔인함과는 거리가 멉니다. 그는 자기의 권력을 사람들의 행복을 위해 온화하게 행사하고, 자기의 명령이 시민의 동의를 얻기를 열망합니다. 만약 자신의 행운을 대중에게도 나눠줄 수 있다면, 자신은 더할 수 없이 행복한 사람이라고 생각합니다. 말투는 부드럽고, 사람들이 접근하여 만나러 와도 흔쾌히 응합니다. 표정과 인상도 좋아서 무엇보다 그것이 국민들의 호감을 얻습니다. 정당한 청원에는 호의로써 대하지만, 부당한 청원에 대해서도 비정한 태도를 보이지는 않습니다. 이런 사람이야말로 나라 온 사람들에 의해 사랑받고, 보호받으며 존경받습니다. 이런 사람에 대한 세상의 평판은 겉과 속이 다름없어, 집안에서나 공적인 곳에서나 한결같습니다. 또 사람들은 아들을 키우기를 간절히 바랍니다. 그래서 나라의 재앙 때문에 줄어들었던 자녀의 출생률은 늘어나게 됩니다. 이렇게 행복한 시대를 보여주면, 아이들에게 훌륭한 은혜를 베풀게 되는 것임은 어느 누구도 의심치 않을 것입니다. 이러한 황제는 자신이 베푸는 은혜에 의해 지켜지고 있습니다. 그는 아무런 호위도 필요치 않고, 무기는 그저 장식을 위해 지닐 뿐입니다.

14

그렇다면 이러한 원수의 의무는 무엇일까요? 그것은 좋은 아버지가 하는 일과 같습니다. 아버지는 보통 자녀를 꾸짖을 경우 때로는 온화하게 깨우치고, 때로는 위협합니다. 또 때로는 채찍으로 벌을 주기도 합니다. 양식이 있는 아버지라면, 첫 번째 실수로 아들과 의절할까요? 커다란 잘못이 거듭되어 더는 참을 수 없으면, 아니면 꾸짖기보다 두려워하는 일이 많아지면, 그때 비로소 결정적인 붓을 들려고 할 것입니다*³⁶. 그 전에 아버지는 온갖 방법을 다 써서, 이미 나쁜 방향으로 기울어졌어도 아직은 완전하게 악에 물들지 않은 마음의 뿌리를 다시 일으켜 세우려고 노력할 것입니다. 상황이 절망적일 때는 마지막 수단을 시험합니다. 교정의 방법을 모조리 다 써볼 때까지는 아무도 처벌에 호소하지 않습니다. 이것은 아버지가 해야 하는 일이지만, 원수 또한 그렇게 해야 합니다. 우리는 원수를 '국부(國父)'라 부르고 있습니다. 이는 공허한 추종을 위한 것이 아닙니다. 분명히 별명은 명예를 위해 주어집니다. 우리는 어떤 사람들을 '마그누스(위대한 사람)'나 '펠릭스(행복한 사람)', '아우구스투스(존엄한 사람)'라는 이름으로 불렀습니다. 우리는 그런 사람들의 야망에 찬 위대함에 대해, 거기에 어울리는 최대한의 칭호를 선물하고 쌓아올린 것입니다. 그러나 우리가 '국부'라는 이름으로 부르는 까닭은, 그 사람에게 자신이 아버지의 힘을 부여받았음을 알게 하기 위해서입니다. 그 힘은 자식들을 보살피는 데 자기보다 그들을 우선하여 가장 조심스럽게 사용됩니다. 아버지가 자신의 '손발'을 잘라내기까지는 오랜 시간이 필요하겠지요. 만일 잘라내 버렸더라도 본디대로 되돌리기를 간절히 바라고, 잘라내고 있는 동안에도 오랫동안 수없이 망설이면서 신음소리를 낼 것입니다. 실제로 서둘러 유죄선고를 하는 사람은, 기꺼이 그 선고를 내리는 사람과 거의 다르지 않습니다. 그리고 지나친 처벌을 하는 사람도, 부당한 처벌을 하는 사람과 그리 다르지 않습니다.

15

제 기억으로는 토리코라는 로마의 기사가 자기 아들을 채찍으로 때려 죽였기 때문에, 철필*³⁷을 치켜든 민중에 의해 중앙광장(포룸)에서 살해당할 뻔했

---

*36 즉 유언장에 상속인 제외 의사를 적는 일.
*37 서판에 글자를 쓰는 도구.

습니다. 그때 그는 아우구스투스 황제의 지령으로, 아버지와 아들들의 공격의 손길에서 아슬아슬하게 구출되었습니다. 한편 타리우스*[38]는 자기 아들을, 부모 살인을 기도한 현행범으로 붙잡아, 사건을 취조한 뒤 유죄판결을 내렸는데, 모든 사람이 그를 칭송했습니다. 왜냐하면 그는 아들의 추방만으로 만족했고, 더욱이 그 추방이 사치스러운 것이었기 때문입니다. 즉 그는 부모를 살해하려 한 아들을 마시리아*[39]에서 칩거하게 하고, 죄를 저지르기 전에도 늘 받던 것과 같은 금액의 수당을 주었던 것입니다. 이 너그러운 처분의 결과, 악인을 비호하는 자가 결코 부족했던 적이 없는 이 나라에서, 피고의 유죄판결이 정당하다는 것을 의심하는 사람은 아무도 없었습니다. 그 유죄판결을 내릴 수 있었던 자가 다름 아닌 아들을 미워할 수 없는 아버지였기 때문입니다.

이와 같은 실례를 이용하여 좋은 아버지에 비할 수 있는 좋은 황제의 예를 들어봅시다. 타리우스는 아들을 취조할 때 아우구스투스 황제를 회의에 청했습니다. 아우구스투스는 그 사택에 가서 자리에 앉아 남의 집 회의에 참가했습니다. 그는 "아니다, 아들을 내 집에 데려 오게." 이렇게 말하지 않았습니다. 만약 그렇게 했더라면 취조는 아버지가 아니라 황제에 의해 이루어지는 것이 되었을 테니까요. 사건 청문회가 시작되어, 자기를 변호하는 청년의 주장과 그에 대한 반론을 모두 엄밀하게 조사한 뒤, 황제는 저마다 자신의 판단을 적도록 요구했습니다. 황제의 판단이 모두의 판단이 되지 않도록 하기 위해서였습니다. 다음에 개표가 시작되기 전에, 그는 유복한 인물인 타리우스의 유산상속에는 관여하지 않겠다고 맹세했습니다. 세상에는 이렇게 말하는 사람도 있을 것입니다. "황제는 소심하게도, 자신의 상속 가능성을 높이기 위해 아들에게 유죄선고를 내렸다고 사람들이 생각할까봐 두려워했다." 그러나 제 의견은 다릅니다. 우리라면, 누구나 악의적인 평판에 대해서는 자기의 양심에 충분한 자신감을 가지고 맞서야 했겠지요. 그러나 황제는 소문에도 많은 주의를 기울이지 않으면 안 됩니다. 그래서 황제는 유산상속에 관여할 생각은 없다고 선언한 것입니다. 틀림없이 타리우스는 같은 날에 제2의 상속인*[40]도 잃은 셈이지

---

*38 루키우스 타리우스 루푸스. 하층 신분 출신이지만 군인 정치가로서 많은 공을 쌓고, 기원
   전 16년에 집정관을 지낸 사람.
*39 오늘날의 남프랑스의 마르세유.
*40 제1의 상속인은 아들이고 제2의 상속인은 아우구스투스.

만, 황제는 자기 판단의 자유를 지켰습니다. 이리하여 그는 자신의 엄격한 태도에는 사심이 없음—이것은 황제가 늘 유의해야 하는 일이지만—을 확실하게 보여준 뒤, 아들은 아버지가 결정하는 곳으로 추방해야 한다고 말했습니다. 그의 판결은 가죽자루의 형벌*[41]이나 뱀 공격의 형벌도, 투옥의 형벌도 아니었습니다. 그의 마음은 옳고 그름을 따질 대상이 된 자가 아니라, 조언을 해야 할 상대를 생각하고 있었기 때문입니다. 그리고 그는 아들이 아직 매우 젊고, 유혹에 굽히어 죄를 저지르게 되었지만, 실행할 때 겁을 먹은 점은 거의 무죄와 같기 때문에, 아버지는 가장 가벼운 종류의 형벌로 만족하지 않으면 안 된다고 말했습니다. 따라서 아들을 도시와 아버지의 눈에서 멀리 떼어놓아야 한다고.

16

오, 그분은 아버지가 회의에 부르기에 어찌나 어울리는 인물이었는지요! 또 그는 천진한 어린아이와 함께 공동상속인으로서 기록되기에 얼마나 어울리는 사람인지요! 이같은 관용의 정신이야말로 황제에 걸맞습니다. 황제는 어디에 가든 모든 것을 훨씬 온화하게 대하지 않으면 안 됩니다.

군주는 사람이 죽어도 모를 만큼 사람을 경시해서는 안 됩니다. 어떤 인간이든 국가의 일원입니다. 큰 지배에 대한 모범을 작은 지배에서 찾아봅시다. 지배의 종류는 한 가지만이 아닙니다. 원수는 시민을, 아버지는 아들을, 교사는 학생을, 군단부관이나 백인대장은 병사를 저마다 지배합니다. 매우 사소한 이유로 자식을 끊임없이 때리고 억압하는 자는 최악의 아버지라고 생각지 않으십니까? 한편 교양을 가르치는 데 알맞은 교사는 어떤 사람일까요? 기억력이 좋지 않거나 책을 읽을 때 눈의 움직임이 둔하여 자주 멈칫거리면*[42] 학생을 엄격하게 꾸짖는 교사일까요? 아니면, 충고를 하거나 부끄러움에 호소하여 학생을 바로잡고 교육하는 쪽을 선택하는 교사일까요? 군단부관이나 백인대장이 난폭하다고 합시다. 그러한 인물은 그저 탈주병을 만들 뿐입니다.—그러

---

* 41 공화정 시대 이래, 부모를 살해한 자는 개, 원숭이, 닭, 뱀 등과 함께 가죽자루 속에 넣어져 강이나 바다에 던져지는 형벌을 당했다.
* 42 일반적으로 고대의 책은 낱말 사이에 공백을 두지 않고 썼고, 또 구두점도 충분히 발달되어 있지 않아서, 오늘날보다 읽는 데 어려움이 따랐다.

한 탈주병은 용서될까요*43? 인간이 말 못하는 동물보다 엄격하고 가혹한 지배를 받고 있다면, 과연 올바르다고 할 수 있을까요? 그런데 말을 길들이는 노련한 조련사는 잦은 채찍질로 말이 두려움을 품도록 하지 않습니다. 말은 부드럽게 다루고 쓰다듬어 주지 않으면 겁을 먹고 고집을 부리기 때문입니다. 사냥꾼도 이와 마찬가지로, 개에게 짐승 발자국을 쫓는 일을 가르치고, 또 이미 훈련받은 개를 짐승을 몰거나 추적하는 데 이용합니다. 이 사냥꾼도 개를 자주 겁 주지는 않습니다. 그러면 개의 기운을 꺾어버려, 아무리 타고난 능력이라도 경멸해야 할 두려움에 의해 줄어들어 버리기 때문입니다. 그러나 사냥꾼은 개가 여기저기 마음대로 돌아다니거나 헤매는 것은 허용치 않습니다. 이들 말고도 발이 느린 병참 동물*44을 부리는 사람들 또한 마찬가지입니다. 이런 짐승도, 학대와 비참한 처지에 태어나기는 했지만 지나치게 가혹하게 다루면 궁지에 몰려 멍에를 거부할 것입니다.

17

인간만큼 까다로운 동물은 없습니다. 인간만큼 교묘한 기술로 다루지 않으면 안 되는 동물도 없으며, 인간만큼 자상하게 보살피지 않으면 안 되는 동물도 없습니다. 사람은 병참 동물이나 개를 상대로도 분노를 느끼면 얼굴이 붉어집니다. 인간이 같은 인간 아래서 최악의 대우를 받는 것만큼 어처구니없는 일이 과연 있을까요? 우리는 질병에 화를 내지 않고 치료를 베풉니다. 그런데 여기에는 마음의 병이라는 것도 있습니다. 따뜻한 치료로 병자에게 아무런 적의도 가지지 않고 치료할 수 있는 사람이 필요한 것입니다. 치료할 수 없다고 절망하는 것은 실력이 없는 의사라는 증거입니다. 마음의 병에 걸린 사람들을 대할 때에도, 만인의 건강을 맡은 사람은 그와 같은 일을 하지 않으면 안 됩니다. 즉 너무 빨리 희망을 버리거나, 치명적인 병상을 알려서는 안 됩니다. 오히려 질병과 싸우면서 그것을 막아야 합니다. 어떤 자에게는 질병의 수치를 알게 하고, 어떤 자는 온화한 처치로 속입니다. 거짓 치료로 더 빠르고 확실하게 치료할 수 있는 경우도 있기 때문입니다. 황제는 건강의 회복에 전념해야 할 뿐만 아니라, 보기 싫은 흉터가 남지 않도록 유의해야 합니다. 잔혹한 징벌

*43 즉, 탈주의 죄를 범했다 해도 어쩔 수 없는 것으로 간주된다는 의미.
*44 소, 낙타, 노새처럼 짐을 운반하는 동물.

은—군주가 그 일을 할 수 있다는 것은 아무도 의심치 않지만—군주에게 어떠한 명예도 가져다주지 않습니다. 그러나 이와는 달리, 군주가 자기 힘을 억제하고, 많은 사람들을 타인의 분노로부터 구제해주며, 누구도 제 분노의 희생을 하지 않는다면, 최대의 명예가 주어질 것입니다.

18

노예에게 권위를 휘두를 때도 절도를 유지하는 것은 칭찬해 마땅합니다. 소유물인 노예의 경우에도 고려해야 하는 것은, 어디까지의 학대라면 처벌을 받지 않을 수 있는가가 아니라, 공정함과 선의 원칙에 비추어 어느 정도까지가 자신에게 허용되어 있는가 하는 것입니다. 이 원칙이 노예가 포로이든, 아니면 대가를 치르고 사들인 자이든, 그들을 자상하게 보살피도록 명령하는 것입니다. 하물며 이 원칙이 자유인이나 자유의 몸으로 태어난 사람, 명예가 있는 사람을 소유물처럼 혹사해서는 안 된다고 명령하는 것은 더욱더 정당한 일입니다. 오히려 그들은 지위라는 점에서는 당신보다 낮지만, 노예로서의 삶을 위해서가 아니라 보호받기 위해 당신에게 맡겨진 사람으로 대해야 합니다. 노예도 신전으로 달아날 수 있도록 허락되어 있습니다. 노예에게는 무슨 일을 해도 허용되어 있지만, 모든 생물에게 공통되는 법이 인간에게 해서는 안 된다고 명령하는 행위가 있습니다. 베디우스 폴리오*[45]를 증오한 것은 그의 노예들이었는데, 그 이상으로 모든 사람들이 그를 증오했습니다. 왜냐하면 그는 늘 인간의 피로 곰치를 살찌우고, 마음에 조금이라도 거슬리는 자가 있으면, 활어조(活漁槽)—차라리 뱀을 넣은 우리라고 해야 하겠지만—속에 던져 넣도록 명령했기 때문입니다. 오, 그는 만 번 죽어 마땅한 죄 많은 인간입니다. 자신이 먹기 위한 물고기에게 노예들을 던져주어 뜯어먹게 했든, 그러한 먹이를 먹기 위해 그 물고기를 키우고 있었던 것이든.

잔혹한 주인은 온 나라 사람들의 손가락질 속에서 미움과 증오의 대상이 됩니다. 군주의 부당한 행위 또한 마찬가지여서, 그것은 훨씬 폭넓게 영향을 미치고, 그에 대한 악평과 증오는 몇 세기에 걸쳐 전해집니다. 그렇다면 세상에 태어나 국민들의 재앙이 되기보다 차라리 태어나지 않는 것이 얼마나 다행

---

*45 푸블리우스 베디우스 폴리오. 기원전 15년 사망. 해방노예의 아들이었으나 아우구스투스의 측근이 되어 기사 신분을 얻었다. 대부호로 아우구스투스에게 막대한 유산을 남겼다.

스러운 일일까요?

19

다른 사람들을 통솔하는 자로서의 지위가 어떠한 방법, 또 어떤 법에 따라 얻은 것이든, 관용보다 통치자에게 어울리는 것은 어느 누구도 생각해낼 수 없을 것입니다. 물론 이 장점은 그것을 보여주는 권력이 더 커지면 그만큼 더욱 아름답고 훌륭한 게 된다는 것을 우리는 인정하지 않을 수 없을 것입니다. 또 이러한 권력은, 그것이 자연의 법칙에 합당한 것이라면 유해할 리가 없습니다.

실제로 왕이라는 존재를 만들어낸 것은 자연이고, 그것은 꿀벌이나 다른 동물의 예에서도 알 수 있습니다. 꿀벌의 왕*46은 가장 넓은 방을 중앙의 가장 안전한 곳에 가지고 있습니다. 그리고 왕은 일하는 게 아니라 다른 벌의 노동을 감시합니다. 만일 왕을 잃으면 조직 전체가 무너집니다. 한 마리 이상의 왕을 결코 인정치 않는 꿀벌은, 싸움으로 가장 좋은 벌을 찾아냅니다. 그 왕은 겉으로도 눈에 띄고 크기와 광택 또한 다른 벌과 다릅니다. 그러나 왕이 다른 벌과 무엇보다 다른 점은 다음과 같습니다. 즉 꿀벌은 매우 화를 잘 내며, 그 몸의 크기에 비해 매우 호전적이어서 찌른 자리에 침을 남깁니다. 그런데 왕 자신은 침을 가지고 있지 않습니다.*47 자연은 왕이 잔혹한 것도, 비싼 대가를 치러야 하는 복수를 구하는 것도 원치 않기 때문에, 왕에게서 무기를 제거하여, 아무리 화가 나도 무기를 쓸 수 없게 만든 것입니다.

이는 위대한 군주에게 멋진 모범이 됩니다. 왜냐하면 자연은 으레 작은 사물에 작용을 가하여 매우 작은 형태로 큰 사항에 대한 교훈을 주기 때문입니다. 보잘것없는 동물한테서 인간의 길에 대한 가르침을 이끌어낼 수 없다면 부끄럽게 여겨야 할 것입니다. 인간의 마음에는 그러한 동물보다 훨씬 더 큰 해를 끼치는 힘이 있어서, 그만큼 더욱 절도를 지키지 않으면 안 되기 때문입니다. 부디 인간도 같은 법칙에 따라, 분노는 무기와 함께 제거되고, 한 번 이상은 해를 끼치지 못하며*48, 타인의 힘을 빌려 증오를 푸는 일이 없기를 바랄

---

*46 고대에는 일반적으로 꿀벌의 왕은 암컷이 아니라 수컷이라고 믿었다.
*47 실제로는 여왕벌에도 침이 있으며, 집단 속에서 군림하기 위해 다른 여왕벌 후보를 그것으로 찔러 죽인다. 또 여왕벌의 침은 일벌의 침과는 달리 몇 번이라도 찌를 수 있다
*48 한 번밖에 침으로 찌를 수 없는 일벌을 염두에 두고 있다.

뿐입니다. 실제로 군주의 광기는, 자기 자신의 힘을 사용하는 것으로 만족하지 않으면 안 되며, 그리하여 제 온 힘을 다하면 죽음의 위험에 처할 뿐, 곧 약해질 것입니다.

그러나 그 경우에도 군주의 길이 안전하다고 할 수는 없습니다. 사람에게 두려움을 주고 싶어하는 만큼 자기 자신도 두려움을 느끼지 않으면 안 되며 만인의 행동을 감시하여, 표적이 되지 않을 때에도 공격을 받는다 생각하고 잠시도 불안에서 벗어날 수 없기 때문입니다. 이러한 생활의 무거운 짐을 견디려고 하는 자가 어디에 있을까요? 타인에게 해를 주지 않고 그래서 두려움을 느끼지도 않으며, 모든 사람의 행복에 도움이 되도록 권력의 특권을 이용할 수 있는데도 말입니다. 모든 일이 군주한테서 위해를 받을 우려가 있는데도, 군주만이 안전하다고 믿는 사람은 잘못 생각한 것입니다. 한쪽의 안전은 다른 한쪽의 안전이라는 대가를 치르고 확보되는 것입니다. 하늘 높이 우뚝 선 성채를 짓는 것도, 언덕의 방비를 다져서 험준하여 올라가기 힘들도록 만드는 것도, 산허리를 깎아내는 것도, 성벽과 탑을 몇 겹으로 에워싸서 몸을 보호하는 것도 필요치 않습니다. 왕의 안위는 평원에 있더라도 관용으로써 확실해질 것입니다. 군주를 지키는 유일한 난공불락의 성채는 다름 아닌 시민들을 사랑하는 마음입니다.

모든 사람들이 바라보고 누군가가 지켜보지 않더라도, 모두가 그 희망을 입밖에 내어 말해주는, 그러한 삶을 보내는 것만큼 아름다운 일이 있을까요? 군주의 건강이 조금이라도 흔들리면, 사람들의 희망이 아니라 불안을 불러일으킨다면, 또 자신들을 보호해주는 사람의 건강과 맞바꾸기 위해 모든 사람이 아무리 귀중한 것이라도 내놓는다면, 그것만큼 아름다운 게 또 있을까요? 오, 이러한 호의를 입는 사람은 자신을 위해서도 살아 있어주지 않으면 안 됩니다. 그러한 상태가 되기를 바라고, 그는 끊임없이 선의의 증거를 보여주며, 국가는 자신의 것이 아니고 자신이 국가의 것임을 보여주었습니다. 이러한 사람에 대해, 누가 감히 무언가 위험한 일을 꾸미겠습니까? 가능하다면 불운마저 이 사람한테서 쫓아버리고 싶어하지 않을 자가 있을까요? 이 사람 아래서는 정의, 평화, 정절, 안전, 명예가 번성하고, 국가는 풍요롭게 모든 부의 혜택을 듬뿍 받을 테니까요. 만일 영원한 생명의 신들이 우리에게 알현할 기회를 준다면, 우리는 존경과 숭배의 마음으로 신들을 바라볼 것입니다. 그것과 똑같은 마음으로, 국가는 자신의 지도자를 바라봅니다. 그렇다면 이건 어떨까요? 신들의 본성을 본받아 행동하며, 자비롭고 너그럽게 더 나은 목적을 위해 힘을 이용하는 사람은, 신들과 가장 가까운 곳을 차지하고 있지 않을까요? 그러한 상태를 이루고자 노력하며, 그것을 모범으로 삼는 게 어울릴 것입니다. 가장 위대하다고 사람들에게 인정받아야 하지만 그것은 동시에 오직 가장 선량하게 보임으로써 달성됩니다.

20

황제가 사람을 처벌하는 것은 보통 두 가지 원인 때문입니다. 자신의 복수를 위해서, 또는 다른 사람의 복수를 위해서입니다. 먼저 자기 자신과 관련된 경우를 이야기하겠습니다. 왜냐하면 복수는 원한 때문인 경우가 본보기를 위한 경우보다 훨씬 억제하기 어렵기 때문입니다. 이 경우에는 쉽게 믿어서는 안 된다, 진실을 잘 알아봐야 한다, 무죄를 지지하는 것이 낫다, 사태의 판명은 심판인 못지않게 피고에게도 중대한 문제임을 알아야 한다, 등등의 충고들을 늘어놓아도 아무런 소용이 없습니다. 그들 모두 관용과는 관계가 없고 법과 관계있는 일이니까요. 그러한 경우, 저라면 뚜렷하게 모욕을 당해도 마음을 억제하도록, 그리고 처벌을 허락해도 안전하다면 용서하고 안전하지 않다면 벌을 누그러뜨려, 타인이 해를 입었을 때보다 자신이 해를 입었을 때, 훨씬 더 너그러운 태도를 보여주기를 권합니다. 실제로 마음이 큰 사람이란 남의 것을 아낌없이 주는 사람이 아니라, 자신의 것을 줄이고 남에게 베푸는 사람을 말하는데, 그와 마찬가지로 제가 관용을 지닌 사람이라고 부르는 것은, 타인이 받은 모욕에 아무렇지도 않은 사람이 아니라, 자신에 대한 모욕의 고통에 시달리면서도 침착함을 잃지 않는 사람입니다. 그런 사람은 자신이 최고의 권력자라 해도 피해를 견디는 게 큰 마음의 증거이며, 황제가 모욕을 받아도 처벌하지 않는 것 이상으로 빛을 발하는 행위는 없다고 생각하는 자입니다.

21

복수는 보통 두 가지 목적 중 어느 한 가지를 이룹니다. 즉 피해자에게 위로, 또는 그 뒤의 안전을 가져다줍니다. 그러나 황제의 지위는 위로를 필요로 하지 않을 만큼 높고, 또 그 힘은 타인을 벌함으로써 자신의 힘을 세상에서 인정케 하려 할 필요가 없을 만큼 뚜렷합니다. 제가 이렇게 말씀드리는 것은 황제가 하위자로부터 공격받고 모욕받은 경우입니다. 왜냐하면 전에는 대등했던 사람들을, 만약 그들을 발 아래로 내려다보고 있다면 이미 충분한 보복이 이루어진 것이기 때문입니다. 군주를 죽이는 것은 노예도 뱀도 화살도 할 수 있는 일입니다. 그러나 사람의 생명을 구하는 것은 구원받은 자보다 위대한 사람이 아니면 할 수 없습니다. 따라서 생명을 허락할 수도 빼앗을 수도 있는 사람은 신들로부터 받은 그 큰 선물을 고귀한 마음으로 쓰지 않으면 안 됩니다. 특히 일찍이 자신과 동등한 뛰어난 지위를 얻었음을 알고 있는 사람들에 대해서는, 방금 말한 지배권을 차지했다면 그것으로 복수는 이미 이루어졌고, 정직한 벌로서 충분히 끝낸 셈이 됩니다. 실제로 남의 덕택으로 살고 있는 사람은 이미 목숨을 잃은 것입니다. 또 높은 지위에서 적의 발 아래로 떨어진 사람은 모두 자신의 생명과 통치권에 대해 타인의 판결을 기다려야만 했던 것이며, 다만 자신을 구제한 사람의 명예를 위해 살며 무사히 지냄으로써, 사람들의 시야에서 사라진 경우보다 훨씬 크게 구원자의 명성에 이바지하는 것입니다. 즉 그러한 사람은 타인의 미덕을 끊임없이 대중에게 보여주는 구실을 합니다. 승리를 거두었더라면 곧 모습을 감추었을 것입니다.

그리고 만일 안전을 위협하지 않고 통치권 또한 그대로 상대가 유지하게 하여 몰락 이전의 지위로 복귀시킬 수 있었다면, 패배한 군주한테서 영광 말고는 아무것도 빼앗지 않는 것으로 만족한 것이며, 그 때문에 그러한 황제에 대한 칭찬은 더욱 커지고 높아집니다. 그것은 자기의 승리 또한 극복하는 것으로, 패자에게는 승리자에게 어울리는 가치가 전혀 없었다는 증거를 보여주게 됩니다. 자국의 시민으로, 이름 없는 비천한 신분인 자들에 대해서는, 파멸시켜도 큰 결과를 얻는 일이 없는 만큼, 더욱 온당하게 행동하지 않으면 안 됩니다. 어떤 자들은 기꺼이 용서해주어야 합니다. 또 어떤 자들에게는 벌을 가하기를 굳이 피하고, 작아도 눌러서 뭉개버리면 손이 더러워지는 동물을 다룰 때처럼 손을 대서는 안 됩니다. 한편 구제를 받든 벌을 받든 온 나라에 소문이 나는 인물의 경우에는, 특히 관용을 보여주는 기회를 이용할 필요가 있습니다.

22

이번에는 타인이 입은 손해에 대해 이야기하겠습니다. 그것을 벌할 때, 법은 다음 세 가지를 목표로 하는데, 황제 또한 그런 것들을 목표로 삼아야 합니다. 즉 벌 받는 자를 교정하는 것, 또는 본인을 벌함으로써 다른 사람들을 더욱 선하게 만드는 것, 또 악인을 없앰으로써 다른 사람들의 생활을 훨씬 안전하게 만드는 것입니다. 악인 자신에 대해서는 비교적 가벼운 형벌을 사용해야 더 쉽게 교정할 수 있겠지요. 아직 조금이나마 체면이 손상되지 않고 유지되고 있으면 훨씬 더 신중한 생활을 하도록 유의할 테니까요. 잃어버린 명성에 대해서는 아무도 아깝다고 생각지 않습니다. 더는 벌을 받을 여지가 없다는 것은 하나의 사면입니다. 그리고 국민의 도덕은 징벌을 가볍게 함으로써 훨씬 나아집니다. 왜냐하면 범죄자의 수가 많아지면 범죄가 습관처럼 되고, 죄인의 낙인도 많은 유죄 선고에 의해 경시되어 그리 중대한 일이 아니게 되기 때문입니다. 또 엄격한 조치는 지나치게 자주 사용하면 가장 큰 교정 수단이 되는 제재력을 잃습니다. 황제는 악덕을 견딤으로써 국민을 위해 좋은 도덕을 세워 악덕을 씻을 수 있지만, 다만 악덕을 시인하는 태도가 아니라, 징벌로 다루는 것은 마음이 내키지 않으며, 매우 고통스럽게 생각하고 있다는 태도를 보여줄 필요가 있습니다. 지배자의 관용이야말로 범죄를 부끄럽게 여기고 망설이는 마음을 불러일으킵니다. 벌은 온후한 인물에 의해 결정되는 경우 한결 중대한 것으로 생각되게 마련입니다.

23

그리고 죄는 곧잘 벌을 받으면 자주 저질러진다는 것을 이해하게 되실 것입니다. 당신의 아버님*49은 5년 동안 많은 사람들을 가죽자루 속에 담았습니다. 그 수는 우리가 아는 한, 다른 모든 시대에 담았던 수보다 많습니다. 이 범죄가 법률로 정해져 있지 않았을 때는, 자식들이 그 극악무도한 죄를 감히 저지르는 일이 훨씬 적었습니다. 왜냐하면 최고의 식견을 가지고 자연의 본성에 가장 정통한 사람들은, 매우 지혜롭게도 그것을 처벌하여 세상에 일어날 수 있는 범죄임을 알리는 일보다, 차라리 도무지 믿을 수 없는, 대담하고 정도를 넘은 범죄인 것처럼 모르는 척하는 쪽을 선택했기 때문입니다. 그리하여 부모를 죽이는 일은 법률과 함께 시작되어, 벌이 그 범죄를 자식들에게 가르친 것

---

*49 티베리우스 클라우디우스 네로 게르마니쿠스. 기원전 10년~기원후 54년. 제4대 로마황제.

입니다. 책형(磔刑)보다 가죽 자루의 형을 더 자주 보게 된 이래, 확실히 효심은 쇠퇴의 극에 이르렀습니다. 사람을 처벌하는 일이 드문 나라에서는, 죄를 범하지 않는다는 동의가 성립되어 있어서 마치 공공의 선인 것처럼 소중하게 지켜지고 있습니다. 국민들을, 자신을 죄를 짓지 않는 사람으로 믿도록 하십시오. 그렇게 하면 국민들은 죄를 범하지 않을 것입니다. 모든 사람이 착실한데도 그것을 배반하는 자에 대해서는, 만약 그 수가 적다는 걸 알면 국민들은 더욱 거세게 화를 낼 것입니다. 아시겠습니까, 악인이 얼마나 많은지 국민에게 보여주는 것은 위험한 일입니다.

24

일찍이 원로원에서 노예와 자유인을 복장으로 구별하자는 제안이 나왔습니다. 그러나 그 뒤, 만약 노예의 수가 우리보다 많아지면 얼마나 큰 위험이 닥쳐오는지는 뚜렷하다고 생각했습니다. 만약 누구의 죄도 용서치 않으신다면, 그 같은 두려움에 처하게 되는 것을 각오하시기 바랍니다. 국민들 가운데 가장 악질적인 부분이 얼마나 우세한지는 곧 명백해질 것입니다. 장례식이 많아지는 것은 의사에게 부끄러운 일입니다. 이와 마찬가지로 수많은 형벌은 황제의 부끄러움이 됩니다. 온화하게 다스릴수록 사람들은 더 잘 복종합니다. 인간의 마음은 본디 고집스러워서 방해나 어려움에는 저항합니다. 그것은 이끌고 가기보다 저절로 뒤에서 따라오게 하는 것이 쉽습니다. 혈통이 좋고 뛰어난 말은, 고삐를 늦추면 잘 다룰 수 있습니다. 이와 마찬가지로 관용을 보여주면, 죄를 짓지 않겠다는 마음이 자발적으로 그 뒤에 따라옵니다. 그리고 국민들은 관용을 보여주는 인물을 자신을 위해 온전하게 보호해야 한다고 생각합니다. 따라서 그 길을 나아가면 훨씬 많은 성과를 얻어낼 수 있습니다.

25

잔혹함은 완전히 비인간적인 악덕입니다. 인간의 온화한 마음에는 어울리지 않습니다. 유혈이나 상해를 기뻐하고, 인간성을 포기한 채 숲의 동물로 변신하는 것은 야수의 광란입니다. 실제로 알렉산드로스*[50]여, 당신에게 묻고 싶은데,

---

*50 알렉산드로스 대왕. 기원전 356~323년.

리시마코스*51를 사자 앞에 내던지는 것은, 당신이 자신의 이로 그를 갈기갈 기 찢어놓는 것과 무엇이 다른지요? 사자의 입은 당신의 입이고, 사자의 광포 함은 바로 당신의 광포함입니다. 오! 사자의 발톱과 인간을 먹어치울 수 있을 만큼 큰 입을 당신은 얼마나 원하셨나요? 제가 당신에게 바라는 것은, 벗들마 저 확실하게 파멸시키는 당신의 손이 누군가를 도와주거나, 모든 민족에게 지 칠 줄 모르고 재앙을 가져다주는 당신의 광포한 마음이 유형과 살육에 이르 기 전에 만족하는 것이 아닙니다. 이제 관용으로 불리는 것은, 당신이 벗을 죽 이기 위해 인간들 가운데서 사형집행인을 뽑을 때뿐입니다. 사람들이 잔인함 을 가장 싫어하는 이유는, 먼저 일반적인 한계를, 그 다음에는 인간의 한계를 밟고 넘어서기 때문입니다. 이는 새로운 형벌을 찾아, 재지를 드러내어, 갖가지 고통과 긴 고통을 주기 위한 도구를 고안하고, 인간의 재앙을 기뻐하는 것입 니다. 그렇게 되면 이러한 사람의 마음에 생긴 무서운 병은 광기의 극에 이릅 니다. 그때는 잔혹함은 쾌락으로 바뀌고, 인간을 죽이는 것은 이미 즐거움이 되어 있습니다.

그러한 인물의 뒤를 재빨리 쫓아가는 것은 배반과 증오, 그리고 독물과 칼 입니다. 그 사람은 자기 자신이 위험을 가져다주고 있는 자와 같은 수의 위험 에 노출됩니다. 그는 때로는 개인의 음모에 의해, 또 때로는 나라 전체의 폭동 으로써 포위됩니다. 실제로 개인에게만 미치는 사소한 재앙뿐이라면, 도시 전 체의 반란을 부르는 일은 없습니다. 그러나 광기의 사태가 확대되기 시작하여 만인을 공격하면, 그것은 여기저기에서 칼을 맞게 됩니다. 작은 뱀이라면 사 람들이 눈치 채지 못하기 때문에 공적인 수색의 표적이 되지 않습니다. 그런 데 그 한 마리가 일반적인 크기를 넘은 괴물로 자라나 샘물을 독으로 오염시 키고, 숨결에 닿는 것은 태워버리며, 길을 나아갈 때마다 모든 것을 파괴하게 되면 투석기의 공격을 받습니다. 미미한 해악은 우리의 주의를 속이고 달아 날 수 있지만, 거대한 해악에 대해서는 사람들은 맞서 싸웁니다. 이와 마찬가 지로, 병자가 한 사람뿐이면 가정 안에서도 소동이 일어나지 않지만, 여기저기 사람이 죽어가고 전염병 발생이 확실해지면, 온 나라 사람들은 법석을 떨며 이리저리 달아나고, 신들에게까지 분노의 주먹을 치켜듭니다. 어떤 한 집에서

---

*51 알렉산드로스 대왕을 호위한 인물. 기원전 355년 무렵~281년. 대왕의 사후 트라키아의 지 배권을 얻었다.

불이 났다고 해봅시다. 가족과 이웃 사람들은 물을 끼얹습니다. 그러나 불길이 크게 번져 이미 많은 가옥을 불태운 경우에는, 그 불을 끄기 위해 도시의 일부를 파괴해야 합니다.

26

개인의 잔혹함에 대해서도, 노예의 손길이, 틀림없이 책형을 받게 될 위험을 각오하고 복수한 적이 있습니다. 폭군의 잔혹함의 경우에는, 그 피해를 입고 있을 때나 그에 의해 위협을 받고 있을 때, 민족과 국민이 그것을 없애는 일에 들어갔습니다. 때로는 폭군의 호위들 스스로가 주군의 적으로 돌아서서, 배신과 부정, 잔혹함 등, 주군한테서 배운 모든 비행을 주군에게 실천했습니다. 실제로 누구든 악인이 될 수 있도록 남을 가르쳐왔다면, 과연 그 상대에게서 무엇을 기대할 수 있겠습니까? 악행은 언제까지나 순순히 봉사만 하는 게 아니고 명령받은 범죄만 저지르는 것도 아닙니다.

그런데 잔혹함이 위험한 지경에 처하지 않는 상황을 상상해 보십시오. 잔혹한 통치자가 다스리는 나라는 어떤 모습을 하고 있을까요? 그것은 바로 점령된 도시의 모습이고 온 나라가 두려움에 떨고 있는 양상일 수밖에 없습니다. 그곳에는 비탄과 불안과 혼란이 있을 뿐입니다. 오락조차 두려움을 가져다주며 연회에도 마음놓고 갈 수 없습니다. 술에 취해도 불안 속에서 말을 조심해야 하기 때문입니다. 흥행물도 마찬가지로, 거기서 사람들은 고발이나 소송 거리를 찾습니다. 흥행물은 분명히 엄청난 비용과 왕후의 부, 그리고 뛰어난 명성을 가진 출연자들에 의해 준비됩니다. 그러나 그것이 감옥 안에서의 놀이라면 과연 누가 즐거움을 느끼겠습니까?

미친 듯이 노하여 사람을 죽이고 죄수의 쇠사슬 소리에 즐거워하며, 시민의 목을 베고 어디를 가더라도 많은 피를 흘리게 함으로써, 그의 모습을 보기만 해도 사람들은 두려움에 떨며 곳곳으로 흩어집니다. 이러한 일은, 선량한 신들이여, 얼마나 사악한 행위일까요? 만약 사자나 곰이 세상에 군림한다면, 또 우리를 다스리는 권력이 뱀이든 뭐든 유해하기 짝이 없는 동물에게 주어진다면, 이 모습과 다른 어떤 생활을 할 수 있을까요? 이 동물들은 이성이 없고 광포하기 때문에 사람들이 싫어하고 기피합니다. 그러나 그들은 같은 종족에게는 손을 대지 않습니다. 그리고 야수들 가운데서도 겉모습이 비슷한 것끼리는 안전이 보장되고 있습니다. 그런데 폭군의 광포함은 친족들에게도 가차가 없습니다. 외부 사람과 가족도 똑같이 취급하며, 스스로의 광기를 자극해서 더욱 더 불태웁니다. 그 다음에는 한 사람씩 살해하는 것에서 자신도 모르는 새에 민족의 괴멸로 나아가, 집집마다 불을 지르고 오래된 도시에 쟁기의 날을 찍는 것[52]을 권력의 증거로 생각하게 됩니다. 한두 사람의 살해를 명령하는 일은 최고지휘관에 어울리지 않는다고 믿는 것입니다. 불행한 사람들을 무더기로 동시에 타격을 주지 않는 한, 자신의 잔혹함이 고작 병졸의 서열에 머물게 되었다고 생각하기 때문입니다.

참된 행복이란, 많은 사람들에게 안전한 생활을 보장하고 죽어가는 사람도 살리며, 관용에 의해 시민관[53]을 얻는 일입니다. 시민을 구함으로써 주어지는 그 관만큼 황제의 높은 지위에 어울리고, 또한 아름다운 명예의 표시가 되는 것은 없습니다. 패자한테서 빼앗은 적의 무기도, 야만족의 피로 물든 전차도, 전쟁에서 얻은 전리품도 그것보다는 못합니다. 수많은 사람들을 널리 구제하는 것은 신과도 같은 힘입니다. 그러나 다수의 사람들을 무차별하게 죽이는 것은 화재나 건물의 무너짐이 가져오는 힘 정도에 지나지 않습니다.

제2권

1

네로 황제이시여, 제가 관용에 대해 쓰게 된 것은, 당신의 한 마디에 자극을 받았기 때문입니다. 돌이켜보면 그 한 마디를 하셨을 때 저는 찬양의 마음을 느끼면서 들었고, 그 뒤에도 감탄과 함께 그 말씀을 다른 사람들에게 이야기했습니다. 그것은 품위 있고 너그러우며 배려로 가득한 말씀이었습니다. 그것은 미리 준비하거나 타인의 귀에 대고 한 말씀이 아니라, 자기도 모르게 불쑥 나온 말씀이었지만, 그것은 자신의 높은 지위와 어울리지 않는 당신의 선량한 마음을 사람들 앞에 보여준 것이었습니다.

당신의 친위대장 브루스[54]는 뛰어난 인물로, 황제이신 당신을 위해 살아온

---

[52] 도시를 경지로 바꾸는 것. 즉 완전히 파괴한다는 뜻.
[53] 싸움터에서 동포 시민이나 병사의 목숨을 구한 사람에게 주어지는 떡갈나무 잎의 관.
[54] 섹스투스 아프라니우스 브루스. 62년 사망. 소아그리피나의 총애를 받아 51년에 클라우디우스 황제에 의해 친위대장에 임명되었고, 네로 황제 아래서도 그 지위를 유지했다.

사람인데, 그가 도적 둘에게 징벌을 가하고자 했을 때의 일입니다. 그때 그는 당신에게 누구를 어떤 이유로 처벌할 의향이신지 문서로 보여주십사 청했습니다. 당신은 그 일을 몇 번이나 뒤로 미루셨지만, 그는 언젠가는 처리하셔야만 할 일이라고 주장했습니다. 당신은 마음이 내키지 않았고, 브루투스 또한 그리 내키지 않는 마음으로 서류를 내밀어 당신에게 건넸습니다. 그때 당신은 "차라리 글자 같은 걸 몰랐더라면!" 큰 소리로 말씀하셨습니다. 오! 그것은 모든 민족에게 들려주고 싶은 말이었습니다.—로마제국에 사는 민족은 물론이고, 그 변경에서 자유로운 지위를 얻지 못하고 있는 민족에게도, 또 힘과 용기를 떨쳐 제국에 맞서 일어서는 민족에게도. 오! 그것은 모든 인간들에게 던져진 말로, 그 어구에 따라 황제와 군주는 맹세를 세울 수 있겠지요? 오, 그것은 죄를 짓지 않은 인류에게 어울리는 말이며, 그 옛시대[*55]가 다시 인류에게 닥쳐올 것입니다. 이제는 분명히, 모든 마음 속 악의 뿌리가 되는 남의 것에 대한 열망을 떨쳐버리고, 모든 사람이 일제히 정의와 선을 지향해야 할 때가 아닐까요? 또 경건과 청렴이 성실과 겸허와 함께 부활하여, 오랜 통치를 남용한 악덕이 마침내 행복하고 결백한 시대에 자리를 양보해야 할 때일 것입니다.

2

앞선 말이 앞으로 이루어지기를 폐하, 저는 기대하면서 믿고 싶습니다. 당신의 그러한 온화한 마음이 사람들에게 전해져서 제국 전체로 서서히 퍼져 나아갈 것입니다. 그리고 모든 것이 당신을 닮은 모습으로 만들어지겠지요. 건강은 머리에서 나옵니다. 모든 부분은 머리에 기대며, 그것들의 혼이 생기로 가득한지 무기력한지에 따라 강인하고 활발하거나, 기운이 없고 약해지기도 합니다. 국민도 동맹자도 이 선의를 입을 수 있게 되겠지요. 그리고 온 세계에 올바른 도덕이 돌아올 것입니다. 어디에서나 당신의 손을 필요로 하는 일은 삼가게 되겠지요.

이 점에 대해 좀더 이야기할 수 있도록 허락해 주십시오. 그렇지만 이는 당신의 귀에 듣기 좋기만 한 말은 아닙니다. 실제로 그것은 저의 방식이 아니어

[*55] 인류 최초의 행복한 시대. 즉 '황금 시대'.

서, 아첨의 말로 상대의 비위를 맞추기보다는, 진실을 말하여 기분을 상하게 하는 쪽이 저에게는 낫습니다. 그래서 제가 좀더 이야기하고자 하는 것은, 지금은 자연스러운 충동의 표현에 지나지 않는 것이 깊은 생각을 바탕으로 한 언동이 되도록 자신의 훌륭한 행위와 말에 가능한 한 익숙해지시기를 바라면서, 저는 마음속으로 이런 생각 또한 가지고 있다는 것입니다. 즉 장엄하기는 하지만 혐오스러운 많은 말들이 인간 생활 속에 들어와, 여기저기서 흔하게 입에 오르내리는 일입니다. 이를테면 "놈들은 얼마든지 증오하라 그래. 두려움을 품고 있기만 하다면", 또는 이와 비슷한 그리스어의 시구 "내가 죽으면 대지는 불길에 휩싸여라." 이같은 말들입니다. 어찌된 일인지 막돼먹은 성격의 인물은 증오해야 할 기질 또한 풍부하여 격렬하고 열렬한 감정을 표현했습니다. 그러나 저는 이제까지 선량하고 온후한 인물한테서 격렬한 말을 들은 적이 한 번도 없습니다. 그래서 어떤가 말하면, 좀처럼 드문 일이지만 본의 아니게 크게 망설이면서도, 당신이 자신에게 문자를 미워하게 한 일을 쓰지 않으면 안 될때가 언젠가 올 것입니다. 그러나 그것은 지금 당신이 하고 있는 것처럼 크게 주저하면서 몇 번이나 뒤로 미룬 다음에 하지 않으면 안 됩니다.

3

그런데 우리는 자기도 모르게, 관용이라는 아름답게 들리는 이름에 이따금 속아서 반대 방향*56으로 끌려갈 때가 있습니다. 그것을 피하기 위해 관용이란 무엇이며, 거기에는 어떤 성질과 한정(限定)이 있는지 생각해 봅시다.

관용은 복수할 권한이 있을 때 마음을 억제하는 것, 또는 형벌을 결정할 때 상위자가 하위자에게 자비로운 태도를 취하는 것입니다. 그저 하나의 정의만으로는 전체를 다 말할 수 없어서, 말하자면 '서식에서 패소하게'*57 될지도 모릅니다. 그렇게 되지 않도록, 몇 가지 정의를 제시하는 것이 무난하겠지요. 그러므로 관용이란, 벌을 내릴 때 마음이 온정으로 기울어지는 것이라고도 할수 있습니다. 그러나 다음의 정의는 진실에 가장 가깝기는 하지만 아마 반론

---

*56 특히 동정을 가리킴.
*57 서식(書式)이란 재판할 때 원고가 피고 및 담당법무관과 협의하여 작성하는 공적 문서. 이 것을 통해 소송의 쟁점이 간결하게 제시되며, 심판인에게 판결을 내리도록 설명해준다. 따라서 작성된 서식이 부정확하거나 불충분하면 패소하게 된다.

에 부딪히게 될 겁니다. 즉 관용을 마땅히 내려야 할 벌을 어느 정도 줄여주는 온화한 태도라고 말한다면, 그것에 대해 미덕은 누구에 대해서나 부과해야 하는 것을 줄이는 일은 없다는 항의의 목소리입니다. 그러나 모두가 이해하듯이, 당연한 형벌이 결정되기 직전에 멈추는 것이 관용입니다.

4

뭘 모르는 사람들은 관용의 반대가 엄격함이라고 생각합니다. 그러나 미덕이 미덕의 반대일 수는 없습니다. 그렇다면 관용의 반대는 무엇일까요? 그것은 바로 잔혹함이고, 벌을 내릴 때 가지는 마음의 냉혹함입니다. 그렇지만 이렇게 말씀하실지도 모릅니다. "벌을 내리지는 않아도 잔혹한 인간은 있게 마련이다. 예를 들면 가끔 마주치는 모르는 사람들을 이득을 위해서가 아니라 오로지 죽이기 위해서 죽이고, 또 죽이는 것만으로는 만족하지 못하여 그 부시리스*58와 프로크루스테스,*59 또는 포로를 채찍질하여 산 채로 불 속에 던져버리는 해적처럼 잔학한 행위를 하는 자들이다." 분명 그러한 행위는 잔혹합니다. 그러나 그 잔혹 행위는 복수를 좇기 위해 이루어지는 게 아닙니다.—손해를 입지는 않았기 때문입니다.— 또 누군가의 죄에 대한 분노도 아닙니다—먼저 죄를 지은 것이 아니기 때문입니다—. 그러므로 그러한 잔혹함은 우리가 정의하는 울타리 밖에 있습니다. 실제로 조금 전 정의에서는, 억제하는 마음의 부족함을 벌을 내리는 경우로 한정한 것입니다. 잔혹한 행위를 좋아하는 것은 잔혹함이라기보다 동물적인 사나움이라고 할 수 있습니다. 그것은 광기라고도 부를 수 있습니다. 왜냐하면 광기에는 여러 종류가 있지만, 인간을 죽여서 갈기갈기 찢는 데까지 이르기보다 더 확실한 광기는 없기 때문입니다.

따라서 제가 잔혹한 인간이라고 부르고 싶은 것은, 벌할 이유를 가지고 있

---

*58 그리스 신화에 등장하는 이집트의 폭군. 가뭄에서 벗어나기 위해 예언자의 지시에 따라, 나라를 찾아온 모든 외국인을 제우스의 제단에 산 제물로 바쳤다가 결국 영웅 헤라클레스에게 주살되었다.

*59 그리스 신화에서 아티카 지방의 강가에 사는 도적. 여행자를 꾀어 들여 침대에 눕혀놓고, 그 몸이 침대보다 길면 팔다리를 잘라버리고, 짧으면 억지로 몸을 잡아 늘였다. 그는 영웅 테세우스에 의해 퇴치되었다.

지만 그 한계를 모르는 사람입니다. 예를 들면 팔라리스*60의 경우입니다. 그가 잔혹한 처사를 내린 것은 틀림없이 죄 없는 사람들은 아니었지만, 인간적으로 시인할 수 있는 한도를 넘어선 것이었습니다. 그러므로 우리는 다음과 같이 정의내릴 수 있을 것입니다. 즉 잔혹함이란 한결 더 무자비한 행동으로 마음이 기울어지는 것이라고. 관용은 이 잔혹함을 거부하며, 자신으로부터 멀리 떨어져 있도록 명령합니다. 관용은 엄격함과는 조화를 이루고 있습니다.

여기서 동정이란 무엇인지 묻는 것은 적절한 일일 겁니다. 실제로 많은 사람들이 동정을 미덕으로 찬양하며, 동정심이 많은 사람을 선량한 사람이라고 부릅니다. 그러나 동정 또한 마음의 결점이라 할 수 있습니다. 두 가지 결점이 저마다 엄격과 관용에 뒤따르고 있으며, 우리는 그 어느 것도 피해야 할 필요가 있습니다. 왜냐하면 우리는 엄격을 가장하여 잔혹함에, 또 관용을 가장하여 동정에 빠지기 때문입니다. 후자의 경우가 잘못에 따른 위험은 더 가볍지만, 그 또한 잘못임은 틀림없으며 올바른 길에서 벗어난 것입니다.

5

그러므로 종교가 신들을 숭배하고 미신이 신들의 명예를 더럽히는 것과 마찬가지로, 모든 선량한 사람들은 관용과 온후함을 보여주어도 동정은 회피할 것입니다. 그것은 남의 재앙을 보고, 그것에 지고 마는 약한 마음의 결점 때문입니다. 따라서 동정은 누구보다 뒤떨어진 자들에게서 가장 흔히 볼 수 있는 결점입니다. 극악한 사람의 눈물에 움직이는 이는 노파나 나약한 여자이며, 그 여자들은 감옥마저 무너뜨릴 수 있을 것입니다. 동정은 원인은 보지 않고 곤경만 보고 있습니다. 그러나 관용은 이성과 이어져 있습니다.

저도 알고 있습니다만, 무지한 사람들 사이에서는 스토아파에 대한 평판이 그리 좋지 않습니다. 이 학파는 지나치게 엄격하여, 황제나 군주에게 좋은 충고를 해줄 것 같지 않기 때문이라고 합니다. 스토아파는 현자가 사람을 불쌍히 여기거나 용서하는 일이 없다고 주장하기 때문에 비난받습니다. 이러한 설교는 그 주장을 떼어놓고 보면 얄밉습니다. 실제로 그러한 설교는 마치, 인간의 잘못에 아무런 희망의 여지도 남기지 않고, 모든 잘못에 벌을 가져오는 것

---

*60 기원전 6세기 중엽 아크라가스의 참주. 포로를 청동으로 만든 황소의 몸통 안에 넣고 불을 피워 구워 죽였다고 하는 잔혹한 인물.

처럼 보입니다. 그러나 만약 그것이 사실이라면, 인간성을 잊지 않도록 설득하고 서로 돕는, 불운에 대한 가장 확실한 피난처의 문을 닫아버리는 학설이란 것은 도대체 무엇일까요? 그런데 이 학파만큼 자비롭고 온화하며, 인간을 사랑하고, 공공의 선에 깊이 주의를 기울이는 학파는 없습니다. 그 결과 이 학파의 목표는 남을 위해 도움을 주고 사람을 돕는 일이며, 자기 자신뿐만 아니라 사회 전체와 모든 개인을 생각하는 것입니다. 동정은 타인의 불행을 보고 우러나는 마음의 염려, 또는 다른 사람의 불행을 부당한 사건이라고 믿고 그로부터 비롯되는 슬픔입니다. 그러나 현자는 걱정하지 않습니다. 현자의 정신은 맑디맑아서 그것을 흐리게 하는 일은 일어날 수 없습니다. 또 너그러운 마음보다 인간에게 어울리는 것은 없습니다. 그런데 마음은 너그러운 동시에 슬퍼하는 일은 있을 수 없습니다. 슬픔은 정신을 파괴하고 무력하게 하며, 또 위축되게 합니다. 이러한 일이 현자에게는 자기 자신에게 재해가 일어난 경우에조차 일어나지 않을 것입니다. 현자는 오히려 운명의 모든 분노를 물리치고 발 아래 부수어 보여줄 것입니다. 그는 언제나 변함없이 조용하고 흔들림 없는 표정을 유지할 것입니다. 만약 슬픔을 받아들인다면 그런 일은 할 수가 없습니다.

6

그리고 또, 현자는 앞날을 내다보며 행동 방침을 준비합니다. 흐린 샘에서는 맑고 깨끗한 물이 결코 나오지 않습니다. 슬픔은 사실을 인식하는 데도, 유익한 것을 생각하는 데도, 위험한 사태를 피하는 데도, 사물을 공정하게 평가하는 데도 알맞지 않습니다. 그러므로 현자에게는 동정심이 일어나지 않습니다. 그러한 기분은 마음에 고뇌가 없는 경우에는 생기지 않기 때문입니다. 한편 그것과는 별개로 동정심을 일으키는 사람들이 해주었으면 하고 바라는 게 있는데, 현자는 그것들을 모두 기쁜 마음과 훌륭한 정신으로 실천합니다. 그는 남이 흘리는 눈물에 도움의 손길을 내밀지만 자신도 함께 눈물을 흘리지는 않습니다. 난파당한 사람에게는 구원의 손길을 내밀고, 쫓겨난 자에게는 거처를, 곤궁한 사람에게는 자선을 베풀 것입니다. 그렇지만 그는 동정심이 깊어 보이는 사람들이 거의 그렇듯이, 그러한 자선을 모욕하는 태도로 던져주거나 도와주는 상대에게 혐오를 표시하며, 상대와의 접촉을 두려워하지는 않습니다.

그는 오히려 공동의 저축을 통해 다른 사람에게 나누어 줄 것입니다. 그는 어머니의 눈물에는 아들의 생명을 선사하고 죄수의 쇠사슬을 풀도록 명령하며, 검투사를 투기에서 해방시키고 죄인의 주검 또한 매장할 것입니다. 그러나 그것을 그는 평소와 똑같은 표정과 평정한 마음으로 합니다.

그러므로 현자는 남을 동정하지는 않지만 남을 돕고 남의 처지에 서려고 합니다. 그것은 그가 모든 사람에 대한 원조와 공공의 행복을 위해 태어났기 때문이며, 그는 그러한 것의 몫을 저마다에게 주려고 하는 것입니다. 견책과 징벌을 받아야 하는 불행한 자들에게도, 그는 그것에 따르는 온정을 나눠줄 것입니다. 그러나 우연히 곤궁에 빠져 애쓰는 사람들에게는, 한결 더 의욕적으로 도움의 손길을 내밀 것입니다. 또 가능하다면 언제라도 운명을 방해하려고 할 것입니다. 실제로 그가 부와 힘을 사용하는데, 불의의 재난에 허덕이는 사태를 복구시키는 것만큼 바람직한 용도가 또 어디에 있을까요? 누군가의 오그라든 발이나 앙상한 몸에 누더기를 걸친 모습, 또는 지팡이에 몸을 기댄 노인을 보아도, 그는 시선을 피하거나 기운을 잃지 않습니다. 오히려 그는 도울 가치가 있는 모든 사람들을 도우며, 마치 신들처럼 불행한 사람들을 호의 가득한 눈길로 지켜볼 것입니다.

동정은 고뇌와 닮았습니다. 동정은 고뇌의 일부를 포함하며, 거기서 유래하는 요소를 가지고 있기 때문입니다. 타인의 눈에 염증이 생긴 것을 보고 자신의 눈에서도 눈물이 흐르면, 제 눈이 약해진 것으로 알아야 합니다. 이와 똑같이, 남이 웃으면 자신도 반드시 웃게 되는 것은 즐거움의 표현이 아니라 질병이며, 또 모두가 하품을 하면 자신도 입을 크게 벌리는 것 또한 질병입니다. 동정은 고뇌 때문에 지나치게 두려워하는 마음의 질환입니다. 그것을 현자에게서 구하는 사람이 있다면, 그것은 전혀 모르는 사람의 장례식에서 애도와 비탄을 나타내주기를 바라는 것과 같습니다.

7

"그러나 현자는 왜 남을 용서치 않는 것인가?" 물으시겠지요. 그렇다면 우리는, 용서란 무엇인가라는 질문도 이 자리에서 분명히 해두기로 합시다. 그러면 현자는 용서를 해주어서는 안 된다는 것을 알게 되실 테니까요. 용서란 마땅한 벌을 면제해주는 것입니다. 왜 현자는 그렇게 하면 안 되는 것일까요? 거기에 대해서는 이 문제를 다룬 사람들이 상세히 설명하고 있습니다. 저로서는 마치 남의 소송을 바라보듯 짤막하게 설명해보겠습니다.

"사람이 용서를 받는 것은 그 사람이 벌을 받아야 할 때이다. 그런데 현자는 해서는 안 되는 일을 하지 않지만, 해야 하는 일은 어느 것 한 가지도 게을리하지 않는다. 그러므로 그가 부과하지 않으면 안 되는 벌을 면제해주는 경우는 없다. 그러나 현자는 용서받음으로써 사람이 얻고 싶어하는 것을 훨씬 훌륭한 방법으로 줄 것이다. 왜냐하면 그는 남을 배려하고, 남의 처지를 생각하며, 남의 마음을 바르게 고치도록 하기 때문이다. 그는 용서하는 경우와 같은 일을 하지만, 용서하지는 않는다. 왜냐하면 용서하는 자는 하지 않으면 안 되었던 어떤 일을 게을리했음을 인정하기 때문이다. 어떤 자에게는 현자는 말로 주의를 주는 데 그치고, 그자가 아직 교화될 수 있는 나이임을 생각해서 처벌하지 않는다. 또 어떤 자는 명백하게 악의에 찬 고발 때문에 괴로워하고 있다면, 그자가 속았거나 술 때문에 실수했다는 이유로 벌을 면제하도록 명령할 것이다. 어쩌면 그는 적조차 무사히 풀어줄지 모른다. 또 때로는 그 적이 신이나 맹약 또는 자유 때문이라는 훌륭한 이유로 전쟁에 불려나간 것이라면 칭찬의 말까지 해줄 것이다.

이런 일들은 모두 용서의 행위가 아니라 관용의 행위이다. 관용에는 판단의 자유가 있다. 그것은 법규가 아니라 공정과 선에 바탕을 두고 판정한다. 그것은 손해배상을 면제할 수도 있고 배상액을 마음대로 바로잡을 수도 있다. 이들 가운데 어느 것에 대해서도, 적정 이하의 것을 행할 때처럼이 아니라, 오히려 결정한 게 가장 알맞은 것처럼 실행하는 것이다. 그런데 용서는 벌을 받아야 한다고 판정한 자를 벌하지 않는다. 용서란 받지 않으면 안 되는 벌을 면제하는 것이다. 관용이 뛰어난 이유는 첫째로 방면되는 자가 다른 어떠한 처우도 받아서는 안 된다고 선언하는 점에 있다. 따라서 관용은 용서보다 완전하며 도덕적으로 한결 더 고귀하다.

나의 견해에 따르면 이 논쟁은 말에 대한 것이다. 그러나 사실에서는 일치한다. 현자는 많은 벌을 면제해줄 것이다. 그리고 그는 지금은 건전하지 않아도 건전해질 수 있는 성격의 사람들을 많이 도와줄 것이다. 그는 좋은 농부와 같다. 좋은 농부는 똑바르게 자란 키 큰 나무만 키우는 것은 아니다. 무언가의 원인으로 구부러진 나무도 똑바로 서도록 지주를 대준다. 다른 나무에는 가지치기를 하여 가지가 성장에 방해되지 않도록 한다. 또 나쁜 지질 때문에 약해진 나무에게는 비료를 주고, 다른 나무의 그늘 아래에서 애쓰고 있는 나무에는 하늘을 열어준다. 현자는 어떠한 성격의 사람은 어떠한 방법으로 다루어야 하는지, 또 어떻게 하면 구부러진 것을 바른 방향으로 이끌 수 있는지를 생각할 것이다."......*61

---

*61 현존하는 텍스트는 이 뒷부분이 빠져 있다.

세네카의 생애와 사상

세네카의 생애
—세네카가 살았던 시대

세네카의 삶과 현대적 의의

세네카는 초대 로마 황제인 아우구스투스의 치하에서 태어났다. 기원전 4
년, 또는 기원후 1년에 태어났다는 설도 있지만, 그즈음 인물들의 정확한 생
년은 대부분 확실하지 않다. 제2대 황제인 티베리우스 시대에 세네카는 철학
을 배우기 시작했다. 이 무렵 그는 천식과 기관지염을 치료하려 알렉산드리아
에 머물렀다(기원후 30년쯤). 34년에는 정무관의 첫 단계인 재정관이 되었다. 제
3대 황제인 가이우스 시대에, 세네카는 집필활동을 시작했다. 드넓은 영토를
다스리는 황제는 제5대 황제 네로와 더불어 미친 황제라고도 불렸으며, 로마
의 황제 정사(正史) 기록에서 제외될 정도이다. 세네카는 제4대 황제인 클라우
디우스—이 황제는 어리석은 황제라고 불렸다—의 치하에서 철학과 윤리학을
쓰기 시작했고, 50년에는 법무관에 취임했다. 이 무렵부터 비극을 비롯해 자연
학과 관련된 저술도 쓰기 시작했다. 그리고 세네카는 아우구스투스 집안 마지
막 황제인 제5대 황제 네로의 치하에서 수많은 철학서를 집필했다. 그의 서간
은 거의 이 시대에 쓰여진 것이다.

56년 무렵 세네카는 로마 공화정의 정무관직 최고 지위인 집정관 자리를
네로에게서 임명받았다. 물론 제정 때는 이 자리가 명예직에 지나지 않았다.
소년 네로의 스승으로서 그를 지도했고, 황제가 된 그의 정치 최고 고문격인
중책도 맡았다. 그러나 65년 암살음모사건에 가담했다는 혐의로 자결하라는
네로의 명령이 떨어졌다. 그의 최후는 그가 존경하던 '소크라테스의 죽음'을 떠
올리게 했다고 한다.

우리가 세네카에게서 배울 점은 헤아릴 수없이 많다. 오늘 우리가 사는 현
대는 어지럽게 변해가는 정보사회, 심한 스트레스를 받는 경쟁사회, 욕망이 너
무나도 커진 소비사회, 유행이나 대중심리에 정신을 빼앗겨 올바른 판단력을

잃기 쉬운 자기상실 사회가 되었다. 자기 자신을 잃지 않고 갈고닦아 인격을 깊이있게 만드는 일에 이토록 소홀한 시대이다.

이에 세네카는 모든 종교적 원칙이나 교조(敎條), 일정한 틀 속에 갇혀 융통성을 잃고 세상 이치에 어두워지지 않도록 자기를 연마하며 깊이를 더해 가라고 우리를 타이른다. 이 세상의 명성이나 영예, 지위나 재산, 안정, 가족의 굴레, 건강, 이런 모든 것은 그저 우연의 산물일 뿐이며, 그런 것에 매달리는 욕망에서 벗어나야 한다고 그는 부르짖는다. 또한 의존적인 인간관계나 지나친 친분도 단호히 물리치라고 한다.

또한 고뇌와 비탄, 고독, 몰이해, 의지할 곳 없는 사람들을 적극적으로 우리의 '동반자'로 삼으라고 우리를 설득한다. 올바른 운명을 달게 받아들이는 것은 운명에 대한 사랑 없이는 안 된다. 세네카야말로 이런 의미에서 니체의 선구자였다.

세네카가 지닌 자아성찰의 깊이와 모든 지상적(地上的)인 것에 대한 집착의 거부는 그리스도인 이상으로 그리스도교적이다. 종파나 교단에 모이는 동료의 연대(連帶)에 의지하는 크리스천은 세네카의 자세야말로 유일신 앞에 선 곧고 깊은 그리스도인임을 보게 된다. 그리스도교의 초기에 활동한 이른바 교부 사상가들은 세네카야말로 그리스도인이라고 감탄하며 경외했다. 그리스도교 개혁가인 칼뱅도 스물세 살 때 세네카의 저서인 《너그러움에 대하여》를 세밀하게 탐독했음을 보여 주는 주석서를 썼다.

세네카는 윤리적이고 종교적인 데에 멈추지 않고 그리스의 자연철학과 대결한 이론 철학자이기도 하다. 뿐만 아니라 그는 로마 최대의 비극 시인이기도 했다. 그는 그리스의 비극작품(아이스킬로스, 소포클레스, 에우리피데스의 여러 작품들)과 대결해 보다 깊은 곳에서 움직이는 사람의 마음을 한결 더 세심히 파악함으로써 비극을 완성했다. 그는 인간 심리의 세밀한 관찰자, 뛰어난 문장력을 지닌 자라고 할 수 있다. 세네카의 비극작품이야말로 이탈리아 르네상스, 에스파냐, 프랑스, 독일, 영국뿐만 아니라 중부 유럽, 북유럽의 근세·근대 연극을 탄생시킨 원동력이 되었다고 해도 지나친 찬사는 아닐 것이다.

인간의 영혼을 정밀하게 관찰해 훌륭한 문장으로 표현한 세네카는 예술가·시인으로서 라틴어를 그 누구도 뒤따를 수 없을 높은 경지로 갈고 닦아 아름답게 구사했다. 이 세네카에게는 또 다른 얼굴이 있었다. 제5대 황제 네로의 스승으로서 정치 지도 역할을 한 것이다. 세네카는 로마제정 역사상 가장 악명 높은 네로를 열심히 가르치고자 했으며, 그로 인해 황제의 원한을 사게 되어 자결 명령을 받게 된다. 이러한 사건 속에는 네로가 세네카의 고결한 인격에 질려버렸다는 사실이 숨어 있었다.

세네카(AD 1년 무렵~65)

다음은 세네카의 전체적인 모습을, 또 시대에 따라 자기 작품화한 흐름 속에서 살펴보기로 한다.

1. 유년시대

태어난 해의 불확실성

로마제정기의 가장 위대한 철학자인 세네카에 대해서 짚고 넘어가야 할 것이 있다. 바로 세네카에게는, 그와 더불어 로마의 대철학자인 키케로의 경우와는 달리 자서전이라고 할 만한 기록이 없다는 사실이다. 더욱이 세네카는 키케로와 마찬가지로 철학자이자 정치가라는 두 간판을 가지고 있지만, 세네카의 정치활동은 간접적이었으므로 우리는 그것을 매우 선명하지 못한 형태로 살펴볼 수밖에 없다.

세네카가 태어난 해는 뚜렷하지 않다. 고대 역사에서 이와 같은 일은 세네카뿐만 아니라, 역사에 등장하는 여러 저명한 인물들에게서도 볼 수 있다.

세네카의 제26 서간을 보면 '이제는 벌써 노년을 넘겨버린 게 아니냐'며 두려워하고 있네'라는 글귀가 나온다. 로마에서는 예순네 살 이후를 노년이라 여겨왔으므로, 이 서간은 세네카가 그 무렵 예순둘이나 예순셋이었음을 알려준다.

그러므로 이것을 쓴 때로부터 거꾸로 헤아려 보면 기원후 1년생이라는 설이 가장 유력하다. 이는 프랑스의 세네카 연구자 글리마르의 학설이다. 한편 독일 학자 아벨은 기원전 1년설을 주장하고, 심지어는 기원전 3, 4년설을 말하는 이도 있다.

세네카의 《헬비아에게 보내는 위로의 편지》에서는 그가 아직 갓난아이 때 큰이모의 팔에 안겨 로마 속주인 바에티카(오늘의 에스파냐 남부)에서 로마에 왔다고 적혀 있다. 그의 어머니에게 어떠한 문제가 있었는지 그 자세한 사정은 알 수 없다.

고향인 코르도바

세네카의 가계는 아버지 대(代) 이전은 분명하지 않다. 선조가 이탈리아에서 이민 온 것인지, 아니면 에스파냐의 토착민이었는지도 알 수 없다. '세네카 집안은 세네카의 아버지와 함께 갑자기 캄캄한 어둠 속에 비친 밝은 빛처럼 나타났다.'(풀만) 세네카의 아버지는 살림이 넉넉했다. 그것은 그의 능숙한 변론술 교육과 법정 변론의 결과였다. 세네카는 기사계급이었는데, 이 지위도 아버지의 대에 재산평가에 따라 황제에게서 인정받은 것이다.

코르도바는 기원전 169년 무렵 M. 클라우디우스 메르케레스에 의해 세워졌고 그 뒤에는 라틴의 식민지가 되었다. 기원전 49년 카이사르와 폼페이우스 사이에 벌어진 시민전쟁에서 코르도바는 폼페이우스 편을 들었다. 세네카 시대에는 원로원 통치의 속주인 바에티카의 수도였다. 같은 에스파냐에서도 히스파냐(타락코넨시스)와 루쉬타니아는 황제 직속의 속주였다.[1]

코르도바에서 쓰던 라틴어는 키케로 시대, 로마 라틴어와는 확실히 달랐으며, 둔하고 느린 그 발음은 대도시인 로마시민의 귀에 전혀 다른 나라 말로 들렸다. 기질과 언어 면에서도 코르도바는 세련되지 못하고 변방의 속주다웠다.

---

[1] 히스파냐(오늘의 에스파냐)가 로마의 속주가 된 것은 기원전 218년이다. 이 땅의 북쪽에는 켈트인(갈리아인)이, 남쪽에는 카르타고인이 살았다. 기원전 206년에 남쪽에서 최종적으로 카르타고인이 추방되었다. 공화정 로마에서 히스파냐는 두 갈리아 속주로 나누고, 북쪽과 서쪽 상부는 켈트인의 영토였다. 제정 초기에 이베리아 반도 전체가 로마 영토가 되었다.

세네카 동상 에스파냐 코르도바 소재

세네카의 아버지

세네카와 마찬가지로 루키우스 안나이우스 세네카라는 이름을 가진 아버지는 앞서 말했듯이 최고 변론술을 구사함으로써 재산을 모은 인물로, 변론술 교본을 남긴 저명인이다. 영국의 철학자요 경제학자인 존 스튜어트 밀이 그러했듯이, 세네카의 아버지도 로마 변론술의 역사에 눈부신 빛을 남겼다. 세네카는 그 아버지가 마흔다섯 살일 무렵에 태어난 아들이다.

현대 유럽에서는 아들인 철학자 세네카는 키케로와 같은 정도로 연구되고 있어 키케로학과 더불어 세네카학 또한 많은 업적을 쌓고 있다. 19세기 중엽부터 오늘까지 세네카 연구문헌(단행본과 논문)은 2천 가지 이상이 된다. 아버지 세네카의 연구도 여러 권이 간행되었다. 여기서는 아버지를 대(大)세네카, 아들은 소(小)세네카로 구별해 쓰기로 한다. 대세네카 연구는 이탈리아 본토와는 달리 속주였던 에스파냐 사상사에서 넓은 관심을 가지고 이루어진다.

기원전 55년 이베리아 반도에서는 대세네카와 또 한 사람의 변론술 교사 마르쿠스 포르키우스 라르토가 태어났다. 에스파냐는 초기 제정 로마의 정신활동에 크나큰 공헌을 했다. 바로 수많은 지식인들을 낳은 것이다.

대세네카, 소세네카, 소세네카의 조카인 서사시인 루카누스, 지리학자인 폼포니우스 멜라, 농학자 코르메라, 대세네카 이후 로마 최대의 변론술 학자인 마르쿠스 파비우스 퀸틸리아누스, 시인인 마르쿠스 발레리우스 마르티알리스, 마찬가지로 시인인 가이우스 카르부르니우스 피소가 그 사람들이다. 이 가운데 멜라는 처음으로 라틴어 지리학 책을 펴냈으며, 피소는 네로 암살을 꾀한 음모의 선동자이다.

로마문화는 지리적으로 가까운 갈리아와 북아프리카부터 에스파냐까지 일찍이 발전했다. 아마 이 땅에는 하나의 오래된 문화가 일찌감치 뿌리내리고 있었던 것 같다.

대(大)세네카의 업적

대세네카는 기원전 55년 무렵에 태어나, 소세네카가 코르시카 섬으로 귀양간 뒤 기원후 41년이 되기 조금 전에 죽었으며 아흔 살 가까이 살았다. 그의 변론술책 두 권은 오늘날까지 전해 온다. 대세네카가 쓴 책은 그밖에도 카이사르와 폼페이우스 사이의 《시민전쟁사》가 있었는데, 전해지지는 않는다. 대세네카는 코르도바에서 로마를 자주 오고갔다.

앞의 변론술책이라는 것은 《논쟁문제집》 가운데 한 권이다. 후자는 세 아들인 노바투스, 세네카, 멜라를 위해 쓴 변론술 안내서이다. 이 안내서는 대세네카의 경탄할 만한 기억력도 전해진다. 대세네카는 2천 명의 이름을 탄생 연대순으로 암송하고 2백 개 어구의 순서를 거꾸로 말할 수 있었다.

대세네카는 로마의 변론술은 키케로와 함께 사라졌다고 믿는 키케로 찬양자였다. 그런 까닭에 키케로를 직접 만나고자 했지만 대세네카의 희망은 카이사르와 폼페이우스 사이의 내란으로 인해 끝내 이루어지지 못했다.

대세네카는 그의 세 아들 가운데 둘째인 세네카의 재능에 기대를 걸고, 법정 변론인으로서 세상에 나가도록 권했다. 그러나 이 직업에 나선 것은 셋째인 멜라였다.

대세네카는 강직하고 보수적인 성정의 전형적인 로마인이었다. 이와 같은 기질과 심성을 가진 인물은 그즈음 이탈리아 본토보다도 에스파냐에 많았다. 대세네카는 그리스에서 들어온 철학에 혐오감을 가지고 있었다. 그의 아내이자 소세네카의 어머니인 헬비아는 젊어서부터 철학에 관심을 보였지만, 남편인 세네카는 아내의 관심을 단호하게 물리쳤다. 그리고 아버지는 아들의 철학에 대한 흥미가 그 무렵 젊은이들 중에서도 드물 정도로 열성적인 것에 얼굴을 찌푸렸다. 대세네카는 철저한 현실주의자로, 말하자면 원리를 추구하는 학문보다도 실학을 선택함으로써 사회적인 기반과 재산을 모으는 것을 무엇보다도 중요하게 여겼다.

아들은 아버지에게 크게 반발했고, 평생 그 증오를 극복하지 못했다. 아버지가 세상을 떠난 바로 뒤에 세네카가 코르시카에 유배되어 있던 시기, 그는 어머니에게 아버지에 대한 두려움 없이 앞으로는 철학 공부에 열성을 다하겠다고 맹세하는 편지를 보냈다. 자세한 기록은 제2부에서 보기로 한다.

철학에 힘쓴 소(小)세네카

대세네카는 자신이 가는 길이야말로 사회적 출세와 안정된 생활을 보장해 준다고 여겨 아들에게 열심히 변론술을 가르쳤다. 그러나 젊은 소세네카의 판단에서 변론가는 그저 논쟁을 잘하는 사람 외에 그 무엇도 아니었다. 세네카는 아버지의 말을 따르지 않고 철학 공부에 나날을 보냈다.

세네카의 대선배인 키케로의 경우를 보자. 키케로의 아버지는 세네카의 아버지와는 달리, 아들에게 그리스의 정신문화와 그 중심을 이루는 철학과 문예에 깊이 파고들기를 권했다. 그는 자녀들(키케로와 동생)에게 최고의 교육 기회를 마련해 주고자, 로마의 별장으로 이사해 그 시대 가장 이름 높은 그리스 철학자와 로마 법학자(단순한 법의 실무자가 아닌)에게 두 자녀를 맡겼다. 키케로와 달리 딱딱한 로마적 기질의 아버지인 대세네카에게 소세네카가 얼마나 불만을 느꼈을지 짐작할 수 있다.

로마인들에게는 본디 철학을 반대하는 심성이 굳어 있었으며,*² 그들에게 있어 그리스 철학에 상당하는 정신 조형(造形)은 바로 법률이었다. 변론술로 성공을 거두려면 법률에 충분히 정통해야 함은 말할 것도 없다.

1세기 세네카 시대 로마에서는 변론술과 철학 가운데 무엇이 더 중요한가, 더 나아가 철학은 과연 필요한 것인가라는 논쟁이 있었다. 로마제정기에도 공화정기와 마찬가지로 변론술이 철학보다 우위에 있다는 전반적인 견해는 조금도 움직이지 않았다.

세네카는 《윤리 서간집》에 쓴 바와 같이 소년 때부터 철학에 마음이 끌렸다. 그리고 그는 열여섯~스물두 살에 걸친 6년간 철학 공부에 열중했다. 물론 그 전에는 아버지에게 변론술 교육을 엄격하게 받았다. 그러나 세네카는 어머니의 혈통을 이어받은 듯 그의 철학에의 열정은 그를 차츰 변론술에서 멀어지게 했다. 그러나 정치가가 된 뒤, 아버지에게 교육받았던 덕분에 세네카의 변론 솜씨는 매우 뛰어났다고 전해진다.

키케로 시대처럼 귀족이나 기사(부유층)의 자제가 아테네나 로도스로 유학하는 일은 세네카 시대에서는 이미 볼 수 없게 되었다. 이른바 '아테네가 로마로 온'(풀만) 것이다.

세네카는 피타고라스 학파의 소티온에게 가장 먼저 교육을 받았다. 소티온은 영혼의 윤회를 확신했으며, 육식은 모두 금하라고 가르쳤다. 피타고라스파

---

*2 로마인은 그리스인이 철학이나 언론을 갈망하는 것은 국가에 해롭다고 여겨 처음부터 배척했다. 기원전 173년 에피쿠로스파의 아르키오스와 피리스코스를 로마에서 추방, 기원전 161년 원로원 포고로 그리스인 철학자와 변론가 전원을 추방, 뒤이어 기원전 158년 그리스 각 도시에서 로마로 파견되어 있던 철학자 카르네아데스, 크리토라오스, 디오게네스 등의 조기 퇴거를 결정했다.

는 생물을 죽여서 먹는 것은 잔학할 뿐만 아니라, 동물의 피가 인간의 몸에 들어옴으로써 동물의 변변치 못한 욕구나 생존경쟁에 얽힌 추악한 성질이 옮겨진다고 여겨 이를 피하려 했다. 인간의 모든 부정한 범죄는 바로 육식에서 비롯되었다고 이 학파는 주장했다.

젊은 세네카도 이 학파의 주장을 으뜸으로 여겼다. 그러나 금욕적인 삶으로 이끄는 스승은 소티온뿐만이 아니었다. 스토아파의 아타루스도 그 가운데 한 사람이었다.

키케로(BC 106~43)

아타루스와 세네카

아타루스는 세네카의 철학 스승으로서 그의 가슴속 깊이 큰 감동을 준 인물이다. 세네카는 언제나 이 스승의 학원에 가장 먼저 도착하여 누구보다 늦게 돌아가는 문하생이었다. 그는 동문 벗들과 함께 스승의 산책길을 따르면서 온갖 철학 문답을 그와 나누었다. 아타루스는 늘 이렇게 말했다. "가르치는 자와 배우는 자에게는 동일한 목적이 있어야 한다. 스승은 격려하고, 제자는 정진하기 위해서."

그러나 아타루스가 스토아파의 체계적인 철학 전체를, 다시 말해 자연학·윤리학·논리학으로 이루어진 포괄적인 철학을 학원에서 가르친 것 같지는 않다. 그는 박학다식을 경계하고, 그저 윤리적 삶을 위한 금욕생활을 가르쳤으리라 여겨진다.

이 철학자는 세네카의 정신에 철학적 가르침뿐만 아니라 삶의 방식에 결정적이라고 할 만한 커다란 영향을 주었다. 이 스승의 가르침은 세네카의 작품, 예를 들어 《분노에 대하여》나 《자연 연구》 《윤리 서간집》에 많이 인용되었다.

아타루스는 인간이 살아가면서 감정의 요소를 받아들이는 데 있어 스토아파의 본류와는 달랐다.

세네카는 자신의 철학을 스토아파로 관철했지만, 그의 작품 전체에서 온화한 눈빛으로 인간 본성을 세밀히 관찰하고 있다. 세네카에게 피와 살이 된 스토아성이야말로 우리가 눈여겨봐야 할 점이다.

소세네카의 다른 철학 스승

세네카의 철학에 가장 큰 영향을 준 스승은 아타루스였고 그 다음으로는 섹스토스와 소티온이다. 또한 그 밖의 스승으로서 파피리우스 하비아누스와 섹스티우스 니겔을 빼놓을 수 없다. 하비아누스는《자연의 모든 원인에 대하여》와《동물에 대하여》라는 저서가 있으며, 특히 전자는 세네카의《자연 연구》에 좋은 자극제가 되었다. 세네카는《윤리 서간집》81에서 "삶의 방식, 지식, 웅변에서 비범한 사람이다"라는 찬양으로 하비아누스를 언급한다. 그는 자연 연구의 자료를 엄청나게 수집한 것으로도 알려져 있다(플리니우스《박물지》). 세네카는 하비아누스가 순수하게 일관한 원칙에 대해 여러 의견을 남겼다고 전해진다.

아버지의 뜻에 타협한 세네카

세네카는 아타루스, 소티온, 섹스토스가 주장한 금욕생활로 자기 자신을 경계하며 철학하는 길에 조금의 타협을 허락할 수밖에 없었다. 병약한 세네카가 ―철학사에서 자기 목숨을 벗삼아 그것과 함께 깊은 사상을 연구한 이는 세네카와 니체 말고는 없을 것이다―다시 육식하기를 강력히 바라는 아버지의 권유가 크게 작용해 결국 그는 채식주의를 단념한다. 이 일에 대한 아버지의 또 다른 걱정은, 고기를 먹지 않는 것은 외국인(특히 유대인과 이집트인)의 종교적 가르침이었으므로, 아들이 다른 나라의 관습으로 살아가는 것이 언젠가는 앞날에 장애가 되지 않을까 걱정한 것이다.

병약한 세네카

세네카는 기원후 30년 서른 살 무렵부터 이집트에서 4년을 지냈는데, 주로 알렉산드리아에서 생활했다. 거기에는 큰이모가 이집트 지사 부인으로 살고 있었다. 세네카가 이집트로 간 까닭은 병약한 몸을 요양하기 위해서였다. 그에게는 일찍이 위장염 증세가 있었으나 열여덟 살 무렵 나았다가 다시 병세가 도졌다. 병을 비관한 세네카는 자살을 생각한 적도 있다. 그러나 아버지가 비탄할 것을 걱정해 그 괴로움을 견뎌냈다. 위장염이라는 질병은 오래 가지 않을 때는 기침의 원인이 되고 길게 끌면 폐결핵이 된다. 괴로울 만큼 심한 객담과 호흡곤란의 발작이 뒤따르기도 한다. 의사는 세네카가 피고름 가래를 뱉자 이 것을 폐결핵의 징후로 판단해 이집트로 요양가도록 권고한 것이다.

세네카의 아버지는 아들이 하루 빨리 로마 정무관의 영예로운 단계로 올라가기를 간절히 바랐으나 이집트 체류로 인해 그 첫걸음인 재무관이 늦어지고 말았다. 세네카가 이 관직에 오른 것은 서른네 살 무렵이다. 서른한 살 때 재무관이 된 키케로에 비교하자면 상대적으로 늦은 나이였다.

이집트에서의 4년을 세네카가 어떻게 보냈는지, 또 누구와 만나고 어떤 새로운 경험을 했는지에 대해서는 전혀 밝혀지지 않았다. 그리스 철학과 그리스도교를 잇는 최초의 다리를 놓은 유대인 철학자 알렉산드리아의 피론(기원전 20년 무렵~기원후 45년 무렵)을 만났다는 설도 그저 가정일 뿐 사실은 아닐 것이다.

그 사이에 로마는 제2대*³ 황제 티베리우스의 치하에 있었다. 티베리우스는 사람 만나길 꺼려하는 조금은 괴팍한 인물로, 27년부터 카프리 섬에 틀어박혀 버렸다. 그 때문에 로마의 정치는 황제를 경호하는 친위대장 세야누스가 대행으로서 맡아보게 되었다.

2. 티베리우스 시대(14~37년)

티베리우스로부터 비롯된 제정의 타락

세네카가 겨우 재무관이 될 수 있었던 티베리우스 시대의 암울한 제정 실태를 살펴보자.

---

*3 로마 초기의 제정(帝政 : 율리아 클라우디우스 집안 통치)은 앞에서 말했듯이 로마사에서는 흔히 원수정(元首政)이라고 불렀다. 초대 황제 아우구스투스가 매우 교묘하고 신중하게 공화정, 달리 말하면 원로원 주도정치를 전제정치로 조금씩 천천히 바꾸어 간 것이다.

세네카가 이집트에서 요양생활을 마치고 로마에 돌아온 34년 무렵, 그는 이집트에 있는 동안 신세를 진 큰이모의 주선으로 재무관이 될 수 있었다. 티베리우스 황제의 통치는 14년부터 37년까지이다. 그동안 세네카의 정치활동이 어떠했는지는 전혀 알려지지 않았다. 더욱이 그의 철학연구에 대해서는 아무 것도 알려진 바가 없다. 여기에서는 세네카의 청년기부터 중년기에 걸친 이 시대를 티베리우스 황제의 주변인이라는 시각으로 설명하려고 한다. 티베리우스는 초대 황제 아우구스투스의 두 번째 부인인 리비아가 데려온 자녀로 리비아와 전 남편인 티베리우스 클라우디우스 네로와의 사이에서 태어난 아들이다. 그래서 아우구스투스로부터 5대의 황제 집안을 율리아(율리우스 카이사르로 이어진다는 뜻) 클라우디우스*4 집안이라고 부르는 것이다.

티베리우스는 어둡고 사람을 싫어하는 성격으로 대역죄의 신하를 끊임없이 꾸며 냈다. 그의 시대는 세네카가 참된 황제라고 찬양했던 아우구스투스의 시대와는 전혀 달랐다. 폭군 티베리우스의 치세는 피로 얼룩진 공포정치를 일찍부터 드러냈다. 27년에 이 황제는 카프리 섬에 틀어박혀 단 한번도 로마에 돌아오지 않았다. 세네카는 이 시대를 다음처럼 묘사했다.

'티베리우스 황제 치하에서는 남을 고발하는 광기의 악습이 넘쳐, 이것이 거의 전국적으로 일어났다. 그것은 어느 국내의 전쟁보다도 모든 로마 시민들을 곤혹스럽게 했다. 술김에 하는 한 마디, 무심코 던진 농담 때문에 체포까지

---

*4 율리아 클라우디우스의 가계는 매우 복잡하지만 일단 짚고 넘어간다. 이 가계는 카이사르 혈통과 클라우디우스 집안 혈통으로 이루어져 있다. 클라우디우스 네로와 결혼해 티베리우스(제2대 황제)를 낳은 리비아는 초대 황제인 아우구스투스와 재혼했다. 이것이 클라우디우스 집안의 혈통이다. 다음으로 카이사르 혈통을 설명하면, 카이사르의 누나의 손자인 옥타비아누스(아우구스투스의 본명)의 누나 옥타비아는 마르쿠스 안토니우스—키케로 말년의 정적이며 그의 생명을 앗아간 기질이 강하고 잔인한 정치가—의 네 번째 부인이 되었다. 둘 사이에 안토니아라는 이름의 자매가 태어났다. 차녀는 제2대 황제 티베리우스의 동생 드루수스와 결혼했다. 거기에서 장남 게르마니쿠스와 차남 클라우디우스가 태어났다. 기원후 14년에 전사한 장남의 아들이 제3대 황제가 된 칼리굴라이다. 그리고 차남 클라우디우스는 제4대 황제가 된다. 칼리굴라의 여동생인 아그리피나의 아들이 네로이다. 그녀는 네로를 데리고 클라우디우스 제4대 황제와 재혼한 것이다. 그리고 제5대 황제 네로가 등장한다. 따라서 키케로에게 천하의 원수이자 독재를 지향한 마르쿠스 안토니우스의 핏줄이 로마제정 초기의 황제 율리아 클라우디우스의 가계로—제3대 황제로부터—흐르게 된 것이다.

당하는 상황이었다. 무엇 하나
안전한 것이 없었다. 무슨 일
이나 유죄로 연결되는 광적인
구실로 둔갑했다. 게다가 피고
인들은 재판 결과에 무언가
기대할 것도 없었다—결과는
오직 한 가지였기 때문이다.'

역사가인 수에토니우스(69
년 무렵~몰년 불명)는 티베리
우스가 카프리 섬에서 보인
파렴치한 추행을 이렇게 묘사
했다.

'숲 속 곳곳에 성욕을 부추

티베리우스(BC 42~AD 37, 재위 AD 14~37)

기는 정자가 지어지고, 동굴과
절벽 틈에서마저 (그리스·로마신화의) 작은 목축신과 님프로 분장한 남녀 젊은
이가 색(色)을 팔고 있었다. 그들 사이에서 티베리우스의 이름은 이제 서슴없
이 오갔고 마침내는 섬 이름을 빗대어 '카프리네우스'라 불렀다.'

티베리우스는 폭음 폭식을 마다하지 않았던 인물로, 로마의 풍기문란을 바
로잡기 위한 협의가 한창일 때도 이틀 동안이나 마구 퍼먹고 마시면서, 자리
를 함께한 신하의 한 사람에게는 속주의 총독 자리를 주고, 또 한 사람을 로
마시 경찰장관에 임명했다. 한편으로 그는 칼리굴라, 클라우디우스, 네로 그리
고 아우구스투스가 받은 '조국의 아버지'라는 칭호를 거절했다.

세네카는 티베리우스의 다음 두 가지만큼은 칭찬했다. 티베리우스의 동생
인 드루수스가 죽었을 때 진정한 사랑으로 어머니 리비아를 위로한 일과, 티
베리우스가 아들인 드루수스 카이사르의 장례 때 마음을 진정하고 담담히 조
사를 읽은 일이다. 그러나 세네카의 평가는 지나치게 너그러웠다. 실상은 티베
리우스의 명으로 드루수스 카이사르는 감옥에서 죽임을 당했기 때문이다.

티베리우스 통치의 대행자 세야누스

티베리우스가 카프리 섬으로 옮겨간 뒤 로마 정치를 실질적으로 도맡은 이는 황제의 경호대장인 세야누스였다. 그는 온갖 수단을 다 써서 권력을 누릴 지위를 차지했다. 그는 티베리우스에 앞서 죽은 동생 드루수스의 아들 게르마니쿠스와 그의 큰 아들인 네로(제5대 황제 네로와 다른 사람, 이 광포한 황제의 큰아버지)를 추방한다. 또한 세야누스는 네로를 암살하고 그 부인을 자기 아내로 삼았으며, 네로의 동생 또한 성에 가둔다. 이 일련의 사건으로써 스스로 제위 계승자가 되는 길을 굳히려 했던 것이다.

세야누스는 자신의 정적을 차례차례 죽여가다 마침내는 티베리우스의 자연사를 끈기있게 기다릴 수가 없게 되었다. 이쯤 되자 티베리우스도 세야누스의 야망에 두려움을 느끼고, 그를 죽이기로 결심한다. 어느 날 세야누스는 원로원 회합에 출석한 자리에서 황제 경호대의 병사들에게 붙잡혀 감옥에 수감된 뒤, 그날로 처형되었다. 이는 세네카가 이집트에서 로마로 돌아온 31년에 일어난 사건이다. 티베리우스는 그가 가장 믿었던 세야누스에게 배신당함으로써 자기 가족조차 믿지 못하게 되어 앞서 말한 동생 드루수스까지도 살해했다.

코르두스의 훌륭한 자살

크렘티우스 코르두스라는 인물을 잠시 살펴보자. 그는 티베리우스 황제 때의 역사가다. 그는 세야누스에게 미움을 받아 원로원에 고발되었다. 이제까지 남아 있는 세네카의 최초 작품 《마르키아에게 보내는 위로의 편지》에서 그 마르키아의 아버지이다.

코르두스는 공화국적 시각으로 일관한 역사가로서 타키투스와 그 점에서 뜻이 통했다. 코르두스는 아우구스투스 황제 치하의 로마사를 기록했다. 그는 이 초대 황제를 향한 찬양을 결코 떳떳하게 여기지 않았다. 처음부터 그의 눈에는 카이사르 암살의 주모자인 브루투스와 카시우스가 로마 공화정을 지켜낸 영웅으로 보였다. 코르두스는 그의 저서에서 카시우스를 '최후의 로마인'으로 극찬하며 공정한 역사관으로 저술을 했는데, 이것이 그 무렵 로마의 전복을 꾀한 것이 아니었음에도 악질적인 경호대장 세야누스에게 대역죄로 고발되어, 원로원에서 당당하게 변호연설을 하게 된다. 기원 25년에 일어난 사건

카프리 섬 27년 67세의 황제 티베리우스는 이탈리아 남부 여행 중 카프리 섬에 들렀다가 그곳에 눌러앉아 로마로 돌아가지 않았다.

이다. 그는 용서 빌기를 결연히 거부하고, 단식으로 죽는 길을 스스로 선택했다. 그러나 사랑하는 딸의 깊은 걱정이 염려되어 별실로 식사를 가져오게 한 뒤 그것을 모두 버리고는 마치 자신이 식사를 마친 것처럼 보이게 했다.

그의 저술은 원로원의 결정으로 모두 불살라졌다. 그러나 마르키아가 은밀히 감춰 둔 한 권의 책이 칼리굴라 황제의 치세 때 간행된다. 칼리굴라가 그 자신을 자비심 많은 군주로 세상에 널리 알리고 싶어했기 때문이다.

코르두스의 이 저술 《연대기》(정식 명칭은 불확실)는 "훼손될 수 없는 역사의 진실"이며 "명쾌한 말로 자유롭게 표현한 작품"이라고 타키투스는 격찬했다. 코르두스는 타키투스에게 적지 않은 영향을 주었다.

세네카는 마르키아를 위로하는 글에서, 이 대담하고 강직한 아버지를 늘 기억하라고 전했다.

3. 칼리굴라 시대(37~41년)

미치광이 황제 칼리굴라

세네카는 이 황제를 어떻게 보았는가를 몇 가지 짚어 본다.

'가이우스 황제(칼리굴라*⁵)는 사람을 업신여기는 버릇이 있었다. 그가 지녔
던 수많은 나쁜 버릇 가운데서도 모든 사람들에게 낙인을 찍으려 드는 이상
한 욕망에 유난히 사로잡혀 있었다.……황제가 그의 부모와 할아버지, 그 밖에
여러 계층 사람들을 업신여겨 저지른 짓은, 일일이 말하려고 하면 끝이 없다.'
《현자의 항심에 대하여》

또 다른 작품에서 세네카는 칼리굴라를 다음처럼 묘사했다.

'황제의 잔인한 성격이 얼마나 방자했던가……, 제멋대로 구는 방자함이야
말로 도를 벗어난, 미친 듯이 날뛰는 광기였을 터다.……징벌 명령을 내린 모두
의 입에 해면을 가득 처넣어 소리를 내지 못하도록 막아 버리라고 지령한 자
가 달리 한 사람도 없었음은 확실하다.'《분노에 대하여》

칼리굴라는 2대 뒤인 제5대 황제 네로조차도 무색할 만큼 광기를 휘둘렀다.
이 황제야말로 로마 역대 황제 가운데 가장 최악의 인물이었다. 여기에서 역사
가인 수에토니우스의 《황제전》을 살펴보자.

'칼리굴라는 터무니없는 낭비로 모든 방탕자의 재치를 능가했다. 목욕장의
새로운 사용방법을 생각해 내는가 하면, 기상천외한 음식과 연회를 구상했다.
예를 들면 따끈한 향유나 차가운 향유 속에서 몸을 씻고, 값비싼 진주를 초
에 녹여 마신다든가, 회식자들 앞에 황금으로 만든 빵과 반찬을 내놓았다. 그

---

*5 칼리굴라는 작은 군화라는 의미의 이름이다. 가이우스는 어릴 때부터 아버지 게르마니쿠
　스(티베리우스의 동생)의 원정을 언제나 따라다녔다. 병사들은 이 작은 군화를 신은 가이우
　스를 마스코트처럼 여겨 칼리굴라라고 불렀다. 세네카의 작품에 이 황제는 언제나 가이우
　스라는 이름으로 등장한다.

는 입버릇처럼 "사람은 누구나 암전하든가, 아니면 카이사르 같아야 한다"고 말했다.'《황제전》)

세네카와 칼리굴라

세네카는 하마터면 이 미친 황제의 희생양이 될 뻔했다. 그 사정은 이러하다. 세네카는 티베리우스 황제 치하에서 재무관이 되어 이때부터 원로원 의원 역할도 겸하게 되었다. 제정 로마의 원로원은 공화정 로마와는 달리 형사재판권을 갖고 있었다. 칼리굴라가 원로원에 참석하고 있는 어느 날, 세네카는 여느 때보다 눈에 띄는 명연설을 했다. 그

칼리굴라(12~41, 재위 37~41)

러나 이것은 세네카에게 있어 신중하지 못한 행동이었다. 칼리굴라는 자기가 뛰어난 변론가라고 자부하고 있었으므로 변론술에서 자신보다 뛰어난 사람을 보는 것을 참지 못했다. 이러한 점이 바로 미친 황제라고 불리는 까닭이었다.

이렇듯 칼리굴라는 오만하고 잔인했을 뿐만 아니라, 심한 질투심과 악의로 불타고 있었다. 그는 호메로스의 《일리아스》와 《오디세이》라는 유럽 정신의 근본으로 여겨지는 보물과도 같은 두 작품을 이 세상에서 아주 없애 버리려고 한 미치광이였다. 그가 내세운 핑계는 플라톤에게 허락된 것—플라톤은 《국가》에서, 호메로스의 시를 그가 주장한 철인왕(哲人王)의 국가로부터 추방하려 했는데—이 어째서 자기에게는 허락되지 않느냐는 것이었다.

칼리굴라는 세네카를 죽이려 했다. 그러나 그 자리에 있던 한 여인이 가까스로 그것을 멈출 수 있었다. 세네카는 폐결핵에 걸려 있으니 앞으로 오래 살 수 없다고 칼리굴라에게 속삭여, 그의 분노를 진정시킨 것이다. 세네카의 목숨

을 건져준 인물에 대해 역사가인 카시우스 디오의 《로마사》는 칼리굴라와 가까운 어떤 여성이라고만 밝힌다. 현대의 세네카 학자 풀만은 애첩의 한 사람으로 해석한다. 또 네로의 어머니 아그리피나, 곧 칼리굴라의 여동생이라는 해석(클라크)도 있다. 더욱이 칼리굴라는 자기 여동생들인 아그리피나, 드루실라, 율리아 리빌라와도 관계를 가졌다고 전해지니, 애첩설과 아그리피나설은 반드시 다른 견해라고 할 수는 없다. 칼리굴라와 세 여동생의 관계에 대한 소문은 궁전 만찬회에서 두 여인이 번갈아 칼리굴라 옆자리에 앉았다는 데서 생겼다는 설(우트)도 있다.

칼리굴라의 역겨운 정념

칼리굴라에게는 앞서 말한 세 여동생이 있었다. 이 셋은 선황제인 티베리우스의 동생 드루수스의 아들인 게르마니쿠스의 딸들이었다. 티베리우스는 아그리피나를 그나에우스 아헤노바르부스와, 드루실라를 루키우스 카시우스 롱기누스와, 율리아 리빌라를 마르쿠스 위니키우스와 저마다 결혼시켰다. 그러나 이 세 자매는 결혼하기에는 아직 이른 나이였다.

수에토니우스의 《황제전》〈칼리쿨라〉조를 살펴보면 칼리굴라는 이 세 여동생들이 결혼한 뒤, 그녀들과 성적 관계를 가졌다고 썼다. 그것만이 아니다. 칼리굴라는 드루실라를 얼마 뒤에 이혼시켜 보란 듯이 자기의 황후로 대우했다. 드루실라는 칼리굴라가 병이 났을 때 재산과 통치권의 상속인으로 지명되었다. 게다가 칼리굴라는 마르쿠스 아에밀리우스 레피두스라는 아우구스투스의 증손자가 되는 인물을 그녀의 공적인 남편으로 두었다.

칼리굴라의 광적인 열정은 기원 38년 그녀가 스물한 살의 젊은 나이로 죽었을 때, 그녀를 위한 신전과 조각상을 만들어 위로로 삼으려고까지 했다. 그러나 원로원은 이를 허락지 않았다. 그래서 이 미친 황제는 해마다 경기 대회를 열 것을 명하고 그녀에게 신적 명예를 주었다. 살아 있는 두 여동생은 섬으로 유배 보냈다. 그것은 앞에 나온 레피두스가 상관 게르마니아의 로마군단 사령관 렌툴루스 가에툴리쿠와 손을 잡고 칼리굴라를 제거할 모반을 꾀했고, 여기에 두 여동생도 가담했다는 이유에서였다. 레피두스와 렌툴루스 가에툴리쿠는 사형에 처했다.

칼리굴라 곁에서의 정치가 세네카상

세네카가 칼리굴라의 궁전에서 어떻게 처신했는지에 대해 타키투스의 《연대기》는 그다지 전하는 바가 없었다. 그 시대의 세네카를 알 수 있는 적당한 자료로는 그에게 늘 반발하며 비판을 서슴지 않았던 카시우스 디오*6의 《로마사》뿐이다. 이 저술은 이 시대 세네카의 정치활동을 알려주는 유일한 자료이다.

칼리굴라 시대는 세네카의 40대 초에 해당한다. 그가 궁정의 공적인 움직임뿐만 아니라, 은밀한 행동에도 정확한 정보를 얻은 것은 거의 확실하다. 세네카는 아그리피나와 리빌라의 반(反) 칼리굴라 연대에 동의해 그들 편을 들었다. 세네카가 이 연대에 가담했는가는 뚜렷하지 않다. 그러나 로마가 국가로서 존속하기 위해서는 미친 황제 칼리굴라를 제거하는 수밖에 없음을 그가 인정한 것은 마땅하고, 세네카가 그 연대에 동조하는 한편 좀더 광범위한 모임의 밀의에도 어느 정도 가담했다고 보아야 할 것이다.

카시우스 디오의 《로마사》(80권)에 따르면 세네카는 이 두 사람의 젊고 아름다우며 매력있는 공주 아그리피나와 리빌라에게 마음이 끌렸다고 한다. 우아한 그들의 여성미와 국정에의 깊은 관심도는 세네카의 마음이 저절로 그들에게 기울도록 했다. 그리고 세네카의 뛰어난 판단력은 그 가운데서도 아그리피나와의 연대가 자기 앞날에 결정적으로 중요하다는 것을 놓치지 않았다.

앞으로 세네카의 운명은 이 두 사람의 손에 달려 있었다. 리빌라와는 부정적인 의미에서였다. 그는 리빌라와 불륜관계를 맺었다는 소문 때문에, 다음의 클라우디우스 황제 치하에서 기원후 41년 코르시카 섬으로 유배되었다. 한편 아그리피나와는 긍정적인 의미를 가졌다. 네로의 어머니인 아그리피나는 아들의 스승으로 특별히 세네카를 선택해 유형에서 풀려나게 했다.

41년 카에레아와 코르넬리우스 사비누스가 계획한 칼리굴라 암살이 성공해 이 미친 황제의 시대는 막을 내렸다.

세네카는 39년(또는 41년)부터 2년에 걸쳐 그의 첫 번째 대작인 《분노에 대하여》를 썼다. 이 작품은 칼리굴라의 역겨운 통치와 궁전생활 속에서 겪은 그의 비애 넘친 경험으로 씌어졌음이 틀림없다. 더욱이 그때는 베껴 쓰는 노예

---

*6 180년에 즉위한 코모두스 황제 치하에서 원로원 의원이 된 역사가. 그는 《로마사》를 그리스어로 썼다. 스토아파 철학자를 증오해, 세네카에 대한 평가도 몹시 박하다.

가 있었는데, 그들은 모두 20명으로 날마다 긴 시간 베껴쓰기 '노동'에 집중하여 1천 권의 필사본을 만들었다고 한다. 《분노에 대하여》의 구체적인 내용은 '세네카의 사상'에서 소개한다.

4. 클라우디우스 시대(41~54년)

어리석은 황제 클라우디우스 이전

클라우디우스를 어리석은 황제라고 부른 까닭은 그가 타고난 허약한 체질에 우유부단한 성격, 게다가 궁정정치에 여성 지배를 가져오게 했다는 데 있다. 그러나 한편으로 그는 학문적 재능과 작문에 꽤 많은 능력을 가지고 있고, 어쩌면 이것이 우둔한 그의 정치생활에서 하나의 보호책이 되었는지도 모른다. 세네카는 이 황제의 통치 아래서 코르시카로 추방되는 고난을 겪으며 인생의 비애와 비운을 맛보게 된다.

클라우디우스는 칼리굴라의 숙부로 칼리굴라의 아버지는 앞서 말한 바와 같이 클라우디우스의 동생이다. 그럼, 티베리우스는 어째서 동생 드루수스의 아들 클라우디우스에게 제위를 물려주지 않고, 게르마니쿠스의 아들(티베리우스의 손자 세대) 칼리굴라를 후계자로 삼았던 것인가. 그 사연을 수에토니우스에게 들어본다.

'클라우디우스는 어려서부터 청년기까지 내내 갖가지 난치병에 시달렸다. 그 결과 육체와 마찬가지로 정신 또한 허약해서 나이가 들어도 공사(公私)의 어떤 직무에도 적응하지 못할 것이라 여겼다. 클라우디우스는 오랫동안, 그리고 후견인에게서 해방된 뒤에도 다른 사람의 판단에 지배되고, 가정교사에게 눌려 지내는 상태였다.'《황제전》

클라우디우스는 앞에서 말한 39년에 꾀한 레비두스와 가에툴리쿠의 음모가 드러났을 때, 게르마니아에 머무르던 칼리굴라에게 축사를 하려고 로마를 떠나 있었다. 그런데 이것이 행운이 되어, 클라우디우스는 음모에 가담했다는 혐의에서 벗어날 수 있었다. 만약 그가 로마에 머물렀다면 유배되거나 사형당했을 것이다.

클라우디우스가 국정을 조종하는 키를 움직이는 데 결단력이 전혀 없었던 것은 틀림없다. 그는 칼리굴라의 숙부라는 이유로 그와 함께 두 달 동안 집정관으로 지낼 수가 있었으나, 만찬회에서는 귀빈객들에게 업신여김을 당하며 앉을 자리도 금방 찾아내지 못했다. 침실에서는 늘 옆에서 좌흥을 돋우는 익살꾼에게도 조롱을 받았다. 그뿐만 아니라 클라우디우스는 칼리굴라의 이미 죽은 두 명의 형인 네로(제5대 황제 네로와는 다른 사람)와 드루수스(클라우디우스의 아버지인 드루수스와는 다른 사람)를 기리는 조각상 세우는 일을 잊어버려 하마터면 칼리굴라에게 집정관 직책을 해임당할 뻔했다.

41년 1월 24일, 클라우디우스는 칼리굴라가 암살되었다는 소문을 궁전 밖에서 들었다. 음모한 일당은 클라우디우스를 칼리굴라에게서 완전히 떼어놓고 큰 일을 일으키려 했기 때문이다. 그는 이 소문을 듣고 공포에 질려, 문짝 앞에 드리워진 커튼 뒤에 몸을 숨겼다. 그때 이 저택을 지키던 병사 한 명이 집 안을 뛰어다니다가 우연히 커튼 밖으로 나와 있는 발을 발견했다.

'한 병사가……얼굴을 가리고 있는 그에게 호기심에서 누구냐고 물었고, 클라우디우스라는 사실을 알자 밖으로 끌어냈다. 그러나 너무나 놀라 맥없이 쓰러지며 양 무릎을 꿇고 앉은 클라우디우스의 앞에서 병사는 "최고사령관님" 하고 큰 소리로 외치며 인사했다.'《황제전》

클라우디우스의 황제 취임

칼리굴라가 암살된 다음 날 열린 원로원에서 클라우디우스가 별무리없이 후계 황제로 지명된 건 아니었다. 어쨌거나 무능하고 허약하며, 어느 면에서나 나랏일에 적성을 발견할 수 없는 클라우디우스였다. 그러나 원로원 건물을 둘러싼 로마시민들은 클라우디우스 대망의 대합창을 부르기 시작했다. 그가 황제 경호대에게 후한 하사금을 주겠다고 약속했기 때문이다. 로마군의 최정예 부대인 경호대는 클라우디우스 지지를 굳혀 갔다. 원로원 또한 이 압력을 거스를 수가 없었다. 로마제정은 군대를 억누르는 것, 아니 황제 경호대의 동향으로 결정된다는 국정의 '골격'이 이 시대에는 벌써 이루어졌다. 경호대 장악과 그 이반이 원로원과 시민의 소리를 완전히 봉쇄한 것이다. 카이사르가 뿌린 독재정치의 씨는 이렇게 무성하게 나타날 수밖에 없었다. 키케로의 비탄에 찬 목소리가 들려오는 듯하다.

수에토니우스에 따르면, 클라우디우스는 여자에 대한 정욕에는 끝이 없었지만, 남색에는 티베리우스나 칼리굴라와는 달리 전혀 취향을 두지 않았다. 게다가 그는 잔인한 유혈을 좋아하는 타고난 폭력가였다. 또 건망증이 몹시 심하여 사형에 처한 궁전 신하에게 다음 날 문안 드리러 오라고 명할 정도였다.

방대한 저술로 작문에 소질을 보인 클라우디우스는 국정이나 군대의 통솔에는 무능한 황제였으나, 젊은 나이에 리비우스(기원전 59~기원후 17년)의 격려를 받고 역사책을 썼다. 그 무렵 로마에는 훌륭한 역사관과 문장력을 가진 역사가들이 있었다. 그것은 역사 서술의 발생지인 그리스를 훨씬 넘어서는 대업을 이루었다. 그리스의 대역사가는 헤로도토스, 투키디데스, 그리고 폴리비오스 세 사람이다. 한편 로마에서는 살스티우스, 리비우스, 타키투스, 네포스, 카시우스 디오(그리스인)라는 5대 역사가 말고도 코르두스 등 많은 역사가가 나왔다. 특히 리비우스와 타키투스는 로마의 역사가로 빛나는 거성이었다. 리비우스는 뒷날 이탈리아 르네상스의 정치철학자요 역사가 가운데 마키아벨리에게 가장 결정적인 영향을 주었다. 이 리비우스의 역사 구성과 등장인물, 그리고 구체적이고도 풍부한 장면 묘사는 키케로의 작품에 의해 연마된 것으로 보인다.

다시 클라우디우스로 돌아가기로 한다. 그는 로마제국 황제가 된 뒤에도 많은 책을 썼고, 그것을 반드시 낭독자에게 먼저 건네주어 발표를 시켰다. 황제는 로마 초기의 국정사를 두 권 쓰고, 후기 국정사는 41권이나 남겼다. 그는 거기에서 멈추지 않고, 8권으로 된 《자서전》도 냈다. 더욱이 그는 그리스어를 좋아해, 라틴어보다 그리스어를 더 잘한다고 말하기를 서슴지 않았다. 클라우디우스는 원로원이나 법정에서 호메로스의 시구도 자주 인용했으며, 이러한 그리스어 숭배는 그로 하여금 그리스어 역사서인 《에트루리아사》 전20권과 《카르타고사》 전8권을 쓰게 했다.

클라우디우스의 결혼 역정과 그의 운명

섬으로 유배되었던 아그리피나와 율리아 리빌라는 클라우디우스가 황제 자리에 오른 직후 귀환을 허락 받았다. 이것은 세네카의 운명에 큰 의미를 가지고 있는데, 그것은 다음에 설명하기로 한다.

클라우디우스는 스무 살이 되었을 때 두 명의 처녀와 잇따라 약혼했으나, 한 사람과는 파혼했고, 또 한 처녀는 결혼식날 병으로 죽었다. 그 뒤에 그는 두 번 결혼했지만, 이들과도 결국 이혼으로 끝나고 말았다. 세 번째 결혼 상대는 메살리나였는데, 이 여성은 초대 황제 아우구스투스의 누나인 옥타비아의 손녀이고, 로마 최고의 명문가 출신이었다. 이 때 메살리나의 나이는 열네댓 살이었다.

클라우디우스(BC 10~AD 54, 재위 41~54)

메살리나는 파렴치하게도 정부인 시리우스와도 결혼했다. 그 명목상으로는 "당신에게 불길한 조짐이 나타났으므로 신의 노여움을 시리우스에게로 돌리기 위해 이 남자와 결혼해야 합니다"라는 것이었다. 이 황후는 로마에서도 성적으로 가장 방종하고 음란한 여자였다. 메살리나는 정부를 만드는 것만으로는 만족하지 못해 남자 사냥을 하고, 그것도 모자라 정욕이 달아오르면 로마의 매춘굴을 찾아가서 아침까지 손님을 받았다고 전한다. 메살리나의 궁둥이에 깔려 꼼짝 못하던 클라우디우스도 마침내는 그녀를 사형에 처했다.

프랑스의 모럴리스트 가운데 최고의 모럴리스트라 불리우는 몽테뉴는 그의 《수상록》에서 메살리나의 지칠 줄 모르는 성욕을 여실히 묘사한다. 흥미 있는 독자는 한 번 읽어 볼 만하다.

클라우디우스는 만년에 아그리피나와 결혼한다. 네 번째 아내였다. 아그리피나는 클라우디우스의 동생 게르마니쿠스의 딸이다. 때문에 로마에서는 이 두 사람의 결혼을 근친결혼이라 비난하는 항의의 소리가 퍼져갔다. 그러나 어떤 수단을 쓰더라도 황후의 자리에 앉고 싶은 아그리피나는 요염한 아름다움으로 클라우디우스를 완전히 사로잡았다. 그 또한 이 결혼을 어떻게든 이뤄내려고 황제 가문(율리아 클라우디우스 집안)에 일반적인 사회통념은 적용되지 않는다고 원로원을 설득해 결혼 승인을 받아냈다.

아그리피나는 이미 도미티우스 아헤노바르부스라는 귀족과 결혼한 상태였는데, 그에게 독을 먹여 죽이고 홀로 되어 황후의 영광스런 자리를 노렸다고 전해진다.

그 뒤 클라우디우스는 네로를 데리고 결혼한 아그리피나를 두려워하게 되어 이 결혼을 몹시 후회했다. 그러나 소용없는 일이었다. 그는 자신이 평소 좋아하던 버섯요리에 섞인 독약으로 죽임을 당한다. 클라우디우스가 이혼 선언을 하기 전에 틈을 보아 아그리피나는 재빠르게 선수를 친 것이다.

여자의 싸움

이야기를 조금 되돌려, 메살리나 대 아그리피나와 율리아 리빌라 자매 사이에 벌어진 여자들의 싸움을 보기로 한다. 이는 유럽 정치사상 가장 유명한 여자의 권력투쟁의 한 사례이다. 로마 정치사에서 이 정도까지 여성의 힘이 뚜렷하게 드러난 것은 이 시대뿐이었다.

공화정 말기에 독재정치를 지향한 카이사르와 안토니우스는 이집트 여왕 클레오파트라에게 열중해 로마시민들에게 비난을 받았다. 그 일로 카이사르는 무덤을 파기도 했다. 그러나 카이사르와 클레오파트라와의 관계는 이집트의 기름진 땅도 계산에 넣은 것으로 보여진다. 그러나 제정기에 있어서 여성들의 국정 개입은 앞의 두 사람과는 전혀 다른, 우유부단한 클라우디우스가 여자들의 궁둥이에 완전히 깔린 어리석은 황제이기 때문에 이루어진 현상이라고 해야 될 것이다. 클레오파트라의 경우와 달리, 로마 국정의 중추에 앉은 두 여성의 은밀한 정치공작은 로마 제정을 미친 황제, 어리석은 황제가 연이어 심도 있는 정치력을 잃은 것과 맞물려 국가의 실질적인 붕괴가 서둘러 이뤄지게 되었다.

아그리피나와 율리아 리빌라가 클라우디우스 즉위 직후 유배에서 풀려났음은 이미 설명했다. 이 일로 메살리나는 이 자매가 가문과 미모로 궁정에서 큰 힘을 차지하지 않을까, 걱정했다. 더욱이 그녀에게는 이제 또 하나의 불안이 생겼다. 그것은 남편인 클라우디우스가 그의 두 조카딸 가운데 유난히 아름답고 우아한 율리아 리빌라에게 정념의 불을 태우지 않을까 하는 우려였다.

메살리나는 무슨 수를 쓰더라도 이 두 경쟁자를 궁정생활에서 쫓아내려는 음모를 꾸미기 시작했다. 메살리나가 이 결심을 굳힌 것은 아그리피나가 전 남편과의 사이에 생긴 아들 네로를 로마제정에서 힘 있는 인물로 만들려고 노리고 있다는 속셈을 알아챘기 때문이다. 그리고 한편으로 메살리나는 아그리피나의 동생 율리아 리빌라가, 여러 경우에서 황후인 자기를 상대로 오만하게 군 행동에 분노를 억제할 수 없게 되었다.

메살리나는 클라우디우스가 황제 자리를 이은 지 20일째 되는 날, 아들 티베리우스 클라우디우스 게르마니쿠스를 낳았다. 이미 아들—클라우디우스와의 사이의 아들이 아니라는 설도 있다—을 둔 그녀에게는, 아그리피나가 아들 네로에게 베푸는 강렬한 모성애가 역겹게만 보였다. 메살리나는 이 두 여자를 쫓아낼 기회를 초조하게 기다리고 있었다.

드디어 절호의 기회가 찾아왔다. 그것은 세네카가 궁정의 아그리피나와 율리아 리빌라에게 눈에 띄도록 자주 문안을 드리러 온다는 것이었다. 그의 방문 횟수는 율리아 리빌라 쪽에 많았다. 메살리나는 이를 세네카와 율리아의 불의의 밀통이라고 소리 높여 소문을 퍼뜨리고, 두 사람을 로마에서 추방하는 계획을 세워 클라우디우스에게 그 일을 강행시켰다.

메살리나

클라우디우스 황제 즉위로부터 네로의 지배가 시작되기 전까지, 로마에는 여자들의 지배(풀만)가 나타났다. 41~48년 사이에 제한 없는 권력을 차지한 여인은 메살리나였다. 그녀가 열네댓 소녀 나이로 서른아홉 살인 클라우디우스의 아내가 되었을 때, 메살리나는 남편이 앞으로 황제 자리에 오르리라고는 꿈에도 상상하지 못했을 것이다. 칼리굴라의 뒤를 이어 클라우디우스가 황제로 즉위한 뒤 메살리나가 가장 먼저 시작한 것은 자기 뜻에 따르려고 하지 않는 자나 그녀가 불쾌하게 여기는 자를 숙청하는 일이었다. 그것은 가이우스 아피우스 시라누스와 세네카의 불륜 상대로 되어 있는 율리아 리빌라의 살해로부터 시작되었다. 궁정에서 클라우디우스의 신망이 두터운 발레리우스 아시아티쿠스도 이 여자의 계책에 말려들어 재판에서 그 지위를 잃었다. 또 세네카가 쓴 위로편지의 수신자 가운데 한 사람인 해방노예 폴리비우스의 목숨도 앗아갔다.

세네카는 그 빛나는 변론의 명성과 원로원의 권위를 지지하는 사람이라는 이유로 제정에 매달리는 쪽(율리아 클라우디우스 집안과 거기에 딸린 직속 노예)에서 눈엣가시처럼 여겨졌다. 세네카는 두 공주가 반(反) 황제적 심정을 가지고 있는 데에 한 가닥 희망을 걸고, 이 자매의 힘에 기대어 제정개혁에 조금이라도 헌신하려 했다.

세네카와 율리아 리빌라의 불륜 관계가 사실인지에 대해 카시우스 디오는 긍정했고, 타키투스는 억울한 누명일 뿐이라 주장했다.

클라우디우스는 메살리나가 도가 지나치게 남자 사냥을 하는 터라 황후 신분을 모독했다는 이유로 사형을 시켰다. 그러나 사실은 메살리나를 그대로 내버려두었다가는 반드시 자기를 없애 버리고, 새로운 남편을 제위에 오르게 할 것이라는 공포감을 느꼈기 때문이었다. 그 악녀를 죽이는 데 결단력을 발휘한 인물은 노예인 나르키수스였다. 그는 앞에 말한 폴리비우스와 함께 클라우디우스의 궁정에서 가장 유력한 인물이었다. 이런 역경을 거쳐 여자들의 싸움은 아그리피나의 승리로 돌아갔다.

세네카의 유배

앞에서의 설명과 같이 세네카는 율리아 리빌라와의 불륜으로 메살리나에게 호되게 비난받고, 클라우디우스의 결단에 의해 코르시카 섬에 유배되었다. 그는 첫 아내를 일찍 잃은 것으로 알려졌다. 아버지도 그 무렵에 세상을 떠났다. 세네카는 추방되기 2, 3년 전 파울리나와 재혼했다. 그 사이에서 두 아들을 낳았는데, 하나는 추방당하기 몇 주일 전 세네카의 어머니 헬비아 품에 안겨 죽었다.

세네카의 위대함은 코르시카 유배생활 속에서 더욱 뚜렷하게 드러났다고 해도 과언이 아니다. 《헬비아에게 보내는 위로의 편지》 속에는 그곳에서의 자기성찰이 조용하고 초연한 문장으로 절절히 적혀 있다. 세네카에게 유배는 다만 주거지를 옮긴 것에 지나지 않았고, 수도에서의 완전한 추방은 아니었다. 세네카는 어떠한 역경에서도 좌절하지 않고 가혹한 운명과 늘 '대화' 나누어왔다. 다시 말하자면 운명을 '그대'라 불러 온 것이다.

세네카는 하늘을 우러러 부끄러움이 없었으므로 언제나 밝은 마음으로 살아갔다. 그를 철학적으로 이렇게 받쳐 준 것은 스토아 철학이라고 할 수 있다. 그가 어머니에게 보낸 편지에 대해, 세네카 연구의 제1인자인 아벨은 이렇게 말한다.

'이 편지는 그가 정신적으로 그 무엇에도 굴하지 않는 인물로서 자기에게는 인간이 지닐 수 있는 가장 높은 가치가 남아 있다는 확신에 찬 신앙에 지탱되고 있음을 여실히 나타내고 있다. 여기에서 가장 높은 가치란 신(神)이며, 또한 신이 보낸 선물인 영혼의 윤리적 무상성(無傷性)이다.'

세네카가 41년부터 49년까지 8년 동안 바위뿐인 불모의 섬 코르시카에서 보낸 나날은 우리의 상상을 넘어선 것이었다. 그는 언제가 되어야 추방에서 풀려날지 모를 무기유형에 처해 있었다. 코르시카에서는 그 어떤 귀중한 광석(다이아몬드나 에메랄드 따위)도 발굴되지 않는다. 하물며 금, 은, 동맥도 있을 리 없다. 유형을 내린 자에게는 이 이상 만족스러울 수 없을 삭막한 유배지다. 라틴 사화집(詞華集 : Antologica Latina)에는 이 섬이 다음과 같이 읊어지고 있다.

'코르시카는 거칠고 험한 섬, 울퉁불퉁한 바위들로 둘러싸여 있다오.
두렵고 쓸쓸하고 어디나 황폐한 곳, 가을이 되어도 과실이 익지 않고 여름엔 어떤 씨도 싹트지 않는다오.
잿빛 겨울에는 여신 미네르바의 선물도 오지 않고.
단비 내리는 봄도 어디나 결실이 없기에 반갑지 않아.
해로운 잡초마저 어느 곳에도 자라지 않는 섬.
빵도 없다. 한줌의 물도 없다. 희미한 불기도 없다. 이 땅에 있는 것은 오직 두 가지뿐. 추방된 자와 추방.'(로제랄의 책에서)

이 시에는 확실히 과장된 부분이 있다. 코르시카는 단지 유배지이기만 한 섬이 아니며, 그곳 또한 평화로운 사람들이 살고 있기 때문이다. 세네카는 편지에서 여러 인종(가리아인, 그리스인, 리그레스인, 히스파냐인 등)이 혼혈을 이루고, 로마의 두 시민단체도 찾아온 코르시카 생활에서 자기의 라틴어가 본디 표준적인 표현을 서서히 잃어가는 것은 어쩔 수 없는 일이라고 했다. 또 세네카는 그가 추방에서 풀려나도록 힘써 달라는 간청을 담은 《폴리비우스에게 보내는 위로의 편지》에서 다음 말로 마무리했다.

'비교적 인간다운 야만인들에게조차 번거롭게 느껴질 그들의 와글와글한 소음에 쉴새없이 공격당하는 가운데, 라틴어라는 말은 또 얼마나 조금밖에 통하지 않는가……'

세네카는 클라우디우스 황제의 서간 정리를 맡고 있는—정무상 중책이었다—해방노예 폴리비우스에게, 코르시카에서 위로의 편지를 보냈다. 이 편지는 클라우디우스가 브리타니아로 원정을 떠났을 때 보낸 것이다. 폴리비우스가 동생을 잃은지 얼마 되지 않았을 무렵이었다. 세네카는 비탄에 잠긴 그를 위로하는 편지 속에서, 황제에 대한 그 분노에 힘입어 유형에서 해방되려는 탄원의 뜻을 은근히 담아 적었으리라 해석된다. 그즈음 클라우디우스 주변에는 아주 큰 권한을 가진 몇 명의 해방노예가 있었다. 그 중 한 명인 폴리비우스는 호메로스를 라틴어로, 베르길리우스를 그리스어로 번역한 대학자이기도 했다.

이러한 사실에 어떤 이들은 그가 모순된 행동과 물질적인 상황에 동요하는 부족한 성품을 보인다며 비난하기도 한다. 그러나 이것은 마땅치 않은 판단이다. 이 유배는 악녀 메살리나의 모략에 의한 것임을 세네카는 알고 있었기 때문에 자기의 처지가 무죄로 다시 밝혀지기는 매우 어려우리라 짐작했다. 그 무렵 궁정정치는 오늘날 우리로서는 도저히 상상할 수도 없을 만큼 강대한 힘을 지니고 있었다. 세네카가 황제 곁의 권력자에게 매달렸다고 해도 결코 보기 흉한 일은 아니었다. 우리는 침착하게 독이 든 인삼을 마시고 사형명령에 따른 소크라테스와, 세네카를 단순하게 비교할 수는 없다. 소크라테스는 그 스스로 죽음을 선택했다고, 은혜를 잊은 죽음을 선택했다고 볼 수 있다. 조국 아테네와의 결별, 그리고 이제까지 자기를 온갖 철학 문답에 자유로이 빠져들도록 해준 조국 아테네에서의 죽음(타국으로 탈출하지 않는 죽음)이 소크라테스의 죽음 철학을 이루게 한 것이다. 그러나 세네카에게는 완전히 억울한 누명을 쓰

코르시카 섬

고 있다는 자각과, 또 조국에 철학과 저술로 이바지할 열정이 있었던 것이다.
그러나 폴리비우스에의 이 시도는 효과없이 끝나고 만다. 세네카는 그 뒤 6년
동안, 이 섬에 갇혀 살게 된다.

5. 네로 시대(54~68년)
—특히 세네카가 죽은 65년까지

세네카의 로마 귀환과 네로의 스승으로서의 등장
여기서는 황제 즉위 전후의 네로와 세네카의 관계를, 49년부터 65년(세네카
가 죽은 해)까지 몇 단락으로 나누어서 서술하기로 한다.
네로가 제위에 오른 것은 54년이다. 49년에 세네카는 아그리피나가 클라우
디우스를 설득한 덕분에 로마로 돌아올 수 있었다. 그 1년 전 메살리나는 사
형을 받았고, 49년에 클라우디우스는 아그리피나와 네 번째로 결혼해 그녀를
황후 자리에 앉혔다. 이런 사정이 있었기에 세네카는 가까스로 유배에서 풀려
날 수 있었다.

그리고 세네카는 아그리피나의 명령에 따라 열두 살 네로의 스승으로 취임했다. 그는 54년 네로가 로마의 제5대 황제가 될 때까지 이 역할을 담당했다. 그리고 네로가 황제 자리에 앉았을 때에도 정치의 지도적 역할을 맡아 그에 대한 권고나 자문을 10년간 수행했다.

악녀 아그리피나의 소행

아그리피나는 단순히 황제의 아내일 뿐만 아니라 공동 황제이기도 했다(세렌센). 그녀와 전 황후인 메살리나 둘은 어리석은 황제 클라우디우스를 마음대로 조종했다고 말해도 지나치지 않다. 앞에서도 말했지만 메살리나와 아그리피나의 경쟁이야말로 클라우디우스 치하의 로마에서 꽃이며 독이었다. 세네카는 미모를 자랑하는 두 여성이 서로를 실추시키려는 강렬한 다툼 속에 내던져졌던 것이다. 한편에서는 그의 앞길을 막아 버렸고, 다른 편에서는 영예와 힘을 쥐어 주었다.

아그리피나가 네로의 가정교사라는 영광으로 세네카에게 승리의 깃발을 안겨 준 뒷면에는 참으로 오묘한 목적이 있었다. 그 하나는 그녀가 자기에게 자비심이 있음을 세상에 알리고 싶어서였다. 그리고 두 번째는 세네카를 추방에서 해제하고 법무관직의 수여도 클라우디우스에게서 인정받기 위해서였다. 분명히 그녀는 세네카의 '빛나는 학식'이 국정에 반영되고 또 아들의 교육에 큰 힘이 되어주기를 희망했다. 세네카는 마흔아홉 살이 되는 이 시기까지 수많은 문예·철학 작품을 거의 세상에 내보이지 않았다. 그때까지의 작품으로서 오늘날 남아 있는 것은 〈위로의 편지〉 세 장, 《분노에 대하여》 3권, 《삶의 짧음에 대하여》 뿐이다. 그러나 타키투스가 말한 '빛나는 학식'이라는 표현으로 미루어, 지금은 전해지지 않지만 몇 가지 훌륭한 작품이 더 나왔던 것으로 짐작할 수 있다.

또 아그리피나는 세네카를 선택함으로써 그가 가슴속 깊이 품고 있을 클라우디우스에 대한 증오를 잊지 않고, 어떤 경우든 자기편이 되리라 여겼다. 세네카의 코르시카 유배를 메세리나에게 동의해 준 장본인이 바로 이 황제였기 때문이다.

아그리피나는 황후가 되자마자 단호히 복수를 시작했다. 클라우디우스와의 결혼을 다툰 로리아를 국가 반역 계획을 품고 있었다는 이유로 추방했다. 이

네로와 어머니 아그리피나

어서 칼푸르니아도 추방했다. 클라우디우스가 이 여자의 미모를 칭찬했기 때문이다.

아그리피나는 클라우디우스 황제의 통치 후반기에 완전히 자유로이 자기 뜻을 펼쳤다. 타키투스의 말을 들어 보자.

'아그리피나는 자기 위엄을 높이려 지나친 짓도 서슴지 않아, 카피토리움에 마차를 탄 채로 들어가기도 했다. 이것은 오래전부터 성직자와 성물에만 허용되는 명예로운 특권이었다. 그녀는 이러한 방법으로 사람들이 자신을 한결 드높이 존경하도록 했다. 그녀야말로 최고사령관(클라우디우스의 형 게르마니쿠스)의 딸이요, 세계 통치자의 여동생(칼리굴라의 여동생)이며, 황제(클라우디우스의 아내)이고, 어머니(네로의 어머니)였다. 이와 같은 이는 오늘날까지 오직 그녀 한 사람뿐이었다.'《연대기》

아그리피나는 아들인 네로를 클라우디우스의 뒤를 이을 양자로 만드는 데

성공했다. 그때까지 루키우스 도미티우스 아헤노바르부스라고 하던 아들 이름은 황제로 즉위한 뒤, 네로 클라우디우스 카이사르 아우구스투스 게르마니쿠스라고 불렸다. 따라서 클라우디우스와 메살리나 사이에 태어난 브리타니쿠스보다 나이가 많은 네로의 황위 계승권이 우선하게 된 셈이다. 그러나 그녀의 마음을 위협하는 일이 생겼다. 그것은 남편이 술에 몹시 취했을 때 내뱉은 한 마디로 "지금은 아내의 죄를 참지만, 곧 그녀를 벌해야 한다"는 말을 들었기 때문이다. 아그리피나는 서둘러 남편을 살해해야겠다고 결심한다. 그리고 이것을 실행하기 전 자기의 6촌 여동생인 도미티아 레피다—아그리피나의 첫 남편 그나에우스의 여동생—을 희생양으로 삼는다. 레피다의 용모나 나이, 또한 그 재산까지도 아그리피나 못지않고, 또 그녀가 교활한 짓을 저지르는데 그 관찰력이 평범하지 않다는 사실이 이 황후의 악행을 부추겼다. 더욱이 레피다는 네로의 고모이고, 아그리피나가 추방되었을 때 세 살 난 네로를 길러주기도 했다. 그래서 아그리피나는 그녀가 자기 아들 네로에게 어떠한 영향력을 지닐 수 있음을 두려워했다.

앞에서 메살리나의 사형을 실현한 인물로 해방노예인 나르키수스를 말했다. 그런데 그는 레피다의 사형을 거세게 반대했다. 아그리피나는 나르키수스가 치료를 위해 잠시 로마를 떠난 틈을 타 클라우디우스의 독살을 감행하기로 했다. 나르키수스는 로마를 떠나기 전 브리타니쿠스를 포옹하면서 "커서 아버지의 적이자, 어머니의 살해자(아그리피나를 말함)를 복수하소서"라는 말을 남겼다고 전해진다. 얼마 뒤 나르키수스는 억지 죽임을 당하고 만다.

아그리피나는 연회 요리에 독을 넣어서 남편을 죽이려고 했다. 독살에는 즉효성이 강한 극약보다는, 서서히 몸의 기운을 빼앗고 정신을 어지럽히는 약한 약을 쓰기로 했다. 아그리피나 곁에는 늘 독약 전문가가 그녀를 받들고 있었다. 클라우디우스가 유독 좋아하는 버섯요리에 독이 섞였으나 황제가 그것을 토한 탓에, 독이 효력을 낸 것 같지는 않았다. 아그리피나는 시의에게 황제가 편히 구토하게 돕는 척하도록 명령하고 극약 바른 깃을 목구멍 깊숙이 밀어넣게 하여 마침내 클라우디우스를 살해했다.

네로의 교육을 맡은 세네카

세네카와 아그리피나는 전부터 서로 잘 아는 사이였다. 세네카는 코르시카로의 유배에도, 아니 오히려 유배 때문에 세상에 알려져, 존경을 받게 된 웅변가요 저술가였다. 게다가 아그리피나는 섹스투스 아프라니우스 부루스도 아들의 스승으로 선택했다. 부루스는 선임 황제의 경호대 두 사람을 아그리피나가 해임하고 그 후임자로 대기해 놓았던 사람이다.

세네카는 네로의 스승 자리를 기분 좋게 받아들이지는 않았다. 그보다는 학문에 더욱 깊은 열정을 쏟기 위해 아테네로 가려고 생각했었다. 그러나 코르시카에서 자신을 해방시켜 준 아그리피나의 뜻을 거스를 수는 없었다. 아그리피나도 세네카를 네로의 스승으로 삼으려고 그녀 나름의 설득력을 발휘했으리라.

세네카는 그 시대의 뛰어난 철학자였을 뿐만 아니라, 그의 저서인 《분노에 대하여》 전3권은 그가 제왕 교육에도 훌륭한 식견을 지니고 있음을 충분히 보여 준다.

세네카에 앞서 네로의 소년기 교육을 담당하고 세네카를 보좌한 이는 그리스인 해방노예 베릴루스와 아니케투스 두 사람이다. 베릴루스는 궁정에서 그리스어 공문서 작성을 담당한 정도밖에 알려지지 않았다. 그러나 아니케투스는 뒷날 네로의 명령에 따라, 미세눔(캄파니아 곳의 이름) 함대사령관으로서 아그리피나를 살해한다. 그는 네로의 첫 아내인 옥타비아의 추방에도 한 구실을 했다. 이 두 사람은 네로의 교육담당이라는 겉으로 드러난 얼굴 외에 감시역이라는 또 다른 얼굴을 아그리피나에게서 지시받았다고 보아야 할 것이다.

이 둘과는 달리, 세네카와 함께 더욱 본격적으로 네로의 교육에 힘쓴 이는 아이기아의 알렉산드로스와 카이레몽이다. 알렉산드로스는 페리파토스파 학자이고, 아리스토텔레스의 《카테고리론》에 대한 주석도 썼다. 또 카이레몽은 스토아파 학자이고, 폭넓은 지식을 갖춘 인물이었다. 그의 저작으로는 이집트 역사서와 문법서 그리고 천문학서가 알려져 있다. 이 두 그리스인은 특히 그리스의 문예 해독과 그리스어에 의한 변론 훈련을 담당했다.

세네카는 네로의 교육에 그들과 마찬가지의 역할을 나누어 맡았다기보다는, 감찰역으로서 그들의 상위 또는 교육의 중심적 역할을 했다고 할 수 있다.

세네카의 교육내용

아그리피나는 세네카에게 네로에 대한 철학교육을 전혀 기대도, 요구도 하지 않았다. 여러 학문 가운데에서도 가장 깊고 어렵기로 손꼽히는 철학은 황제에게 전혀 필요가 없으며, 오히려 해로울 수 있다고 아그리피나는 생각했다. 그녀는 클라우디우스와 결혼하기 전부터, 무슨 방법으로든 아들을 황제 자리에 앉히려는 야망에 불타고 있었다.

여기에서 그때의 귀족이나 기사계급(부유계급) 자제들이 받는 교육과 교과목에 대해 살펴보자. 로마인은 그리스인의 교육과정을 이어받아 거기에 로마적인 교과를 덧붙였다. 그리스에서는 수학, 기하학, 천문학, 음악 등 수학계(數學系)의 네 과목이 자유시민정신을 기르는 학문이었다. 로마인은 이 네 학과에 세 가지 언어학과인 문법학, 수사학(변론학), 논리학 등을 보탰다.

네로도 그 무렵 지배층 자제와 전혀 다름없는 교과목으로 교육을 받았음이 틀림없다. 그러나 결국 그런 교육은 표면상에 그치고, 네로의 정신 깊은 곳에는 조금도 파고들지 못했다. 이 젊은이는 일반 학문이나 철학에 대해서는 전혀 관심이 없는 상태였고 또한 어떤 능력도 보이지 않았다. 장래 로마의 불행은 여기에서부터 싹텄다고 해도 과언이 아니다. 그러나 네로는 예술 분야에서는 보통이 아닌 재능을 나타냈다. 시 쓰기와 무대에서의 연기, 가창, 나아가서는 회화와 조각 등에서 네로의 감성은 드러났다. 네로는 평생 시 쓰기를 멈추지 않았다. 이를테면 양부(養父)인 클라우디우스 황제의 죽음(아그리피나에 의한 독살) 직후, 네로는 그를 아폴론신에 비유한 시를 지었다. 네로의 시를 통한 교우는 세네카의 조카인 루카누스, 앞으로 네로 암살음모의 중심인물로 꼽히게 된 가이우스 칼푸르니우스 피소, 피카레스크 소설*7 《사티리콘》을 쓴 향락의 달인 페트로니우스로 이어지게 된다. 다만 소설가인 페트로니우스와, 네로에게 "우아미의 뛰어난 감식안"을 가졌다는 말을 들었지만 결국 죽음을 '받들게 된' 페트로니우스와는 서로 다른 사람이라는 설도 있다. 네로는 가수로서도 자신감에 차 공적 장소에서조차 청중으로부터 박수갈채 받기를 원했다. 그는 아마추어 수준에 머무르지 않고 본격적인 가수로서 인정받기를 바랐던 것이다.

이런 네로에게 세네카는 여러 방법으로 철학 교육을 시도했으나 전혀 효과가 없었으므로 체념하고, 오로지 이 젊은이가 시에 대한 재능을 갈고닦는 데

---

*7 악한을 주인공으로 하는 소설.

힘쓰기로 뜻을 굳혔다. 세네카는 철학이라는 산문작품 외에 비극이라는 운문작품을 만들었는데, 그 비극은 네로의 교육에 본보기를 보이려는 의도도 있었다.

세네카는 이와 같은 시문 교육 이상으로 변론술 교육을 중요하게 여겼다. 황제 역할을 해내려면 원로원에서 격조 높은 수사가 풍부하게 어우러진 연설을 해야 할 필요가 있었기 때문이다. 아버지 클라우디우스에 대한 네로의 추도연설 이후 그의 공식행사 연설은 모두 세네카가 대신 썼다.

세네카가 네로에게 가르친 변론술 교육에 대해 역사가 수에토니우스는 다음과 같이 말했다.

'스승인 세네카는 네로가 더 오래도록 자기 변론술의 예찬자로 남아 있기를 바라며, 옛날 변론가에 대해서는 가르치지 않았다. 그래서 네로의 마음은 시가 쪽으로 기울어 스스로 아무 어려움 없이 시를 짓게 되었다.'《황제전》

수에토니우스가 반 세네카적 관점에서 역사를 서술했음은 잘 알려진 일이다. 여기에 풀만은 세네카는 오로지 그 무렵 풍조에 맞는 변론 방식을 가르쳤을 뿐이며, 제정 5대 무렵(네로 시대)이 되자 키케로의 오랜 권위는 이미 사라지기 시작했음을 지적하고, 수에토니우스를 향해 세네카 옹호의 논진(論陣)을 펴고 있다. 세네카 다음으로 나타난 로마 최대의 변론술(수사학) 학자인 퀸틸리아누스는 세네카의 저작을 키케로가 지닌 고전적 중후함을 벗어난 취약한 문체라고 비판했음을 참고로 적는다. 그러나 제2부에서 보여 주듯 그의 언어 형상력(形象力)이 보여주는 신선하고 세밀하며 따뜻한 감성은 키케로는 도저히 당해 내지 못하는 것이다.

그리스 교육과 로마 교육의 팽팽한 대립

로마인은 놀랄 만큼 성실하고 정직하며 열성적인 그리스문화와 교육의 계승자였다. 이것이야말로 유럽문화의, 아니 인류문화의 기적이라고 할 수 있다. 어느 학자는 로마인이 아닌 카르타고인이나 에트루리아인이 그리스에 승리해 지중해를 지배하게 되었다면, 그들 또한 강압적인 로마인 이상으로 그리스문화를 풍부하게 유럽으로 전달했을 거라 말했다. 그러나 그리스문화의 본격적인 계승을 다른 민족이 로마인 이상으로 이룰 수 있다고는 도저히 상상할 수 없다. 로마인의 계승정신과 독창정신이 상승작용을 해 그 어떤 경우보다 막강하게 유럽문화의 기초를 이룬 것이다.

그렇다 해서 로마인이 그리스문화와 교육 내용을 순순히 자기 민족의 정신 형성에 받아들였던 것은 아니다. 로마에서 이어진 그리스문화 숭배는 그 초기 갈등을 떠올렸을 때 하나의 기적처럼 보이기도 한다. 시인 호라티우스의 말처럼 "공격 받은 그리스는 그 사나운 정복자(로마인)를 붙들었도다, 거친 라티움으로 문예를 들여보냈도다"라는 것은 로마문화의 기초와 전개가 무엇에서 비롯되었는가를 짧고 뚜렷하게 말해 준다.

그리스 철학자들이 로마에 와서 철학과 변론술을 가르치기 시작한 것은 기원전 160년대이다. 그런데 기원전 161년에 로마 원로원은 그리스에서 온 철학과 변론술 교사 전원을 로마에서 추방하라는 명령을 내렸다. 그러나 그리스의 시문과 역사서, 철학의 매력이 발하는 깊은 빛을 로마 귀족, 그 가운데에서도 지성이 풍부한 자들에게는 맞서기 어려웠다.

로마가 그리스 문예와 역사서의 영역에서 더 나아가 철학이라는 그리스문화의 핵심에 눈 뜨게 된 것은 키케로(기원전 106~43) 시대에 이르러서였다. 처음에는 로마인의 심성과 그리스인의 심성은 전혀 뜻이 맞지 않았다. 키케로의 《국가에 대하여》에서 그는 자기의 견해를 주인공인 스키피오를 통해서 다음과 같이 말하고 있다.

'내 의견이 그들(그리스인)의 생각보다 굳이 더 낫다고 말하려는 것은 아니다.……요컨대 나는 그리스 문물에 아주 어둡지도 않으며, 특히 이런 문제에 있어 그리스 문물이 우리들 것보다 훌륭하다고도 여기지 않는다. 그저 로마시민의 한 사람으로 아버지께서 베풀어 주신 배려 덕에 교양을 쌓고 어려서부터 공부에 열의를 불태웠는데, 책에서 얻은 바보다도 훨씬 많은 지식을 실제 경험과 우리나라 교훈으로부터 배웠을 뿐이다.'

로마인에게 교육은 "거의 완전히 전통과 가정생활, 실례와 같은 말없는 힘" (A. 그윈 《고전 휴머니즘의 형성》)에 의존하고 있다. 한편 그리스인에게 교육은 학과목의 계통적·이론적 학습으로 널리 알려져 있다. 로마인은 '선조들의 정신'을 생활의 모든 면에서 존중하는 민족이고, 이 점에서 그리스인과는 철저히 달랐다. 키케로는 로마인으로서 플라톤의 철학과 그의 이데아주의를 가장 깊이 이해한 인물이다. 그러므로 누구보다도 현실적인 심성을 특색으로 하는 로마에 플라톤 정신을 접목하려 노력했으나, 로마의 국가사상에 탄탄히 다져져 있는 선조들의 정신이라는 바탕 위에서 다른 문화를 향한 비판의 힘이 얼마나 강력한가를 실감할 수밖에 없었다. 말 그대로 로마에서는 나라가 집이다. 국가의 통솔자는 한 집안의 가장인 것이다.

반면 키케로 시대의 로마 귀족층은 앞다투어 자식들을 그리스의 아테네나 로도스에 유학보내려 애썼다. 명문가 자녀들은 라틴어와 동등할 만큼의 그리스어의 회화능력을 마땅히 갖추어야 한다고 여겼다. 키케로는 그리스 변론가들 앞에서 그리스어로 연설해 그들에게 경탄과 감격의 눈물을 불러일으킬 정도였다.

로마인의 그리스문화 흡수는 키케로를 거의 유일한 예외로 하고, 문계적(文系的) 곧 언어에 의한 자기 형성으로 결말이 났다. 오직 키케로만이 플라톤의 자연학 저서 《티마이오스》를 젊은 나이에 라틴어로 번역하고, 또한 변론술에 대한 가장 깊은 사색을 보여주는 그의 작품 《변론가에 대하여》에서 변론술을 다듬기 위해서는, 수학과 천문학에 정통해야만 한다고 주장할 정도로 그리스 문화를 폭넓게 받아들였다. 그 다음 세대인 세네카는 서술적 자연학 틀에서의 이계적(理系的) 방도에 멈췄다. 그와 트리니우스와 같은 박물학적인 동·식물학을 넘어, 천문·자연현상을 연구대상으로 삼았다.

로마인의 특질을 나타내는 심성은 역사 기술, 인간 성격, 특히 정념 분석, 자연계에 나타난 다채로운 생명현상을 향한 끊임없는 관심이다. 구체적인 사물과 현상을 수집해 비교하고, 의미를 붙여 모자람이나 넘침 없는 뛰어난 표현으로 나타내는 일, 이 점에서 로마인은 그리스인보다 완전히 뛰어났다.

키케로는 "그리스인에게는 철학이었던 것이 로마인에게는 법률이다"라고 단호히 주장했지만, 로마인에게 그리스인과 철학만큼 핵심적인 관계를 맺는 학문은 오히려 역사 서술이 아닐까? 이미 말한 바와 같이 로마에는 뛰어난 역사가들이 많이 나왔다. 그들은 모름지기 혀를 내두르게 할 만큼 인간에 통달한 자들이다. 프랑스의 모럴리스트들이 모두 로마 역사가의 저술을 아껴 읽었다는 사실도 쉽게 이해가 된다. 본디 국가원수에 해당하는 집정관은 로마의 정

치역사를 기록해야 한다는 정해진 의무가 있었다. 키케로는 날카로운 역사감
각과 그것을 담아낼 문장 표현력을 갖추었던 인물이다. 네포스는 키케로의 짧
은 삶을 애석해하며 그가 더 오래 살았다면 로마 최대의 역사가가 되었을 거
라 말했다.

여기에서 주의해야 할 것이 있다. 로마의 역사가는 단순히 과거에 대한 회고
조의 흥미나 자기 민족의 빛나는 영광을 자랑하기 위해 역사를 기록하지 않
았다는 사실이다. 인간의 덧없는 세상을 되돌아보고, 인간이 어려운 국가 환
경에 처했을 때 어떻게 살아야 했던가를 탐구하고 가르치려고 그들은 펜을 잡
았던 것이다. '역사는 과학 이상의 과학이다'라는 뜻을 펼친 이는 19세기 스위
스가 낳은 대역사가 야코프 부르크하르트였다. 로마의 역사책을 펼쳐 읽으면
사람은 공허한 꿈과 결심과 열기는 사라지고 사상의 큰 흐름을 이성적으로
바라보며, 과거의 의미를 찾는 일이 얼마나 소중한가를 절실히 느낄 것이다.
역사를 향해 그것을 '읽고', 다져서 언어 세계로 되살려내는 일, 굳이 말한다면
인간의 위대함은 이 정신적인 결실로 마무리된다고 할 수 있다. 로마인과 역사
기록은 로마 정신사의 중심이다. 동시에 역사서는 유럽정신의 금자탑이기도
하다.

세네카와 부루스

세네카와 함께 네로의 지도역을 맡은 이는 부루스였다. 아그리피나는 앞에
서 말했듯 이전의 두 황제 경호대장을 해임하고, 이 지위를 부루스 한 사람에
게 주었다. 부루스의 등장은 네로가 즉위한 뒤의 일로 여겨진다. 세네카는 49
년에 열두 살인 네로의 스승이 되었는데, 부루스는 54년, 곧 네로가 열여섯 살
때 교육 담당자가 되었다. 부루스는 군인으로 교양이 풍부한 인물이었으며, 세
네카와는 전혀 갈등 없이 서로 힘을 합해 젊은 황제를 모셨다. 타키투스는 그
무렵의 일을 간단명료하게 다음과 같이 남겼다.

'두 사람(세네카와 부루스)은 젊은 최고사령관의 지도역이었다. 큰 권력이 두
사람에게 나눠져 있는 경우에는 매우 드물게도 이 두 사람은 친밀하게 저마다
다른 방법으로 각자의 임무에 충실했다. 다시 말해 부루스는 군인다운 충실
함과 엄격한 사생활로, 세네카는 웅변술 지도와 온화한 배려로 균형 있게 네

로를 교육했다. 그리고 자칫 빗나가기 쉬운 나이의 황제가, 혹시 고귀한 지향을 소홀히 한다면 적으나마 해가 없는 쾌락을 허락해 한결 더 손쉽게 고삐를 죄기로 뜻을 합쳤다.'《연대기》

카시우스 디오는 이 타키투스의 의견에 따르면서도 한결 풍부하게 세네카와 부루스의 고생을 적고 있다. 좀 길지만 그것을 인용한다.

'그들(세네카와 부루스)은 완전히 통치를 장악하고, 가능한 한 선량하고 공평한 방식으로 행정에 몸담았다. 그 결과 네로는 나태한 생활을 기뻐했다. 이런 이유에서 네로는 국가의 통치권을 이 둘에게 맡기고 자신은 방탕한 쾌락으로 나날을 보내는 데 만족했다.

네로의 두 보좌인은 공통 인식을 굳히고 현재 사용되고 있는 법률을 고치기도 하고 또 어떤 것은 완전히 철폐했다. 그리고 두 사람은 네로가 지금 제멋대로 지내지만 국가의 이익을 크게 해치지는 않을 것이며, 시간이 지나면 언젠가는 방탕한 생활에 싫증나 마음이 변하게 되리라 기대했다. 그러나 그러한 기대와 예측은 어긋났다. 젊고 이기적인 정신이 어떠한 비난도 받지 않고 방탕과 절대적 권위를 손에 쥔 채 자라는 경우, 그저 계속해서 파멸로 치닫고 만다는 것을 알지 못했던 것이다.

어쨌든 처음에 네로는 그가 벌인 만찬회나 연회에서 비교적 절도를 지키고, 호색적인 행동은 보이지 않았다. 그러나 이윽고 이런 추태를 부려도 그에게 충고하는 사람은 아무도 없었다. 하지만 세네카의 노력으로 공무는 그럭저럭 처리되었다. 그래서 네로는 자신의 행실에 어떠한 가책도 느끼지 못하고 더욱더 방탕한 생활을 하게 되었다.'《로마사》에서)

카시우스 디오의 서술에서는 세네카와 부루스의 네로에 대한 교육이 차츰 효력을 잃게 되었음을, 아니 처음부터 크게 작용하지 않았음을 지적한다. 이 역사가는 그 점에서 타키투스와 달리 두 보좌역에 냉정한 평가를 내린다.

네로 통치의 처음 5년은 로마제정사에 드물 정도로 평화스런 시대였으며, 황제는 매우 온후한 자세로 국정에 임했다. 이 시대는 다음 대의 황제인 트라야누스에게 '네로의 5년'이라는 말을 들었을 정도였다. 네로가 스물한 살이 되기까지 이 5년은 세네카와 부루스의 눈이 번쩍이고 있었던 것과 동시에 네로의 통치에 대한 어머니 아그리피나의 말참견도 지나치지 않았다.

세네카와 부루스가 가장 고심한 바는 아그리피나가 네로에게 끼치려는 영향을 밀어내고, 네로에게 황제로서의 존엄성과 책임을 깨우치도록 하는 일이었다. 아그리피나는 메살리나 이상으로 책략을 부리는 여인이었다. 그녀는 세네카와 부루스라는 모범적인 정신의 인물들이 내다보는 낙관적인 전망의 허점을 찌르는 악랄한 행동을 서슴없이 잇따라 저질렀으며, 온갖 흑막에 싸인 궁정정치에 자기의 미모와 육체를 최대한 활용했다고 한다.

세네카와 부루스의 협력

네로가 황제로 취임한 지 고작 2개월 뒤, 로마 국외에서 그가 지닌 황제로서의 역량을 시험하는 큰 사건이 터졌다. 로마는 그 속주가 30지역이 넘을 만큼 강대하고 드넓은 국토를 가지고 있었으며, 그로 인해 속주와 그 주변국의 대책은 국내정치 이상으로 중요했다. 국내가 조금 흔들리더라도 속주를 단단히 장악하고 있으면 로마는 보전되는 것이다. 그러므로 로마는 속주의 방위뿐만 아니라 그에 인접한 나라들의 영토 침입에도 신경을 써야만 했다.

네로의 황제취임 직후 일어난 국외 사건이란 우호국인 아르메니아에 좋지 않은 움직임이 있다는 소문이 로마에 전달된 것이다. 그 내용은 아르메니아와 국토를 접하고 있는 파르티아에서 로마가 젊은 황제로 바뀐 이때를 좋은 기회로 보고, 아르메니아를 자기 영토로 빼앗으려 노리고 있다는 것이었다. 로마는 코르브스 장군을 파견군 총사령관으로 임명, 그에게 전권을 위임해 미리 파르티아인의 침공을 막으려고 했다.

이 사령관을 뽑고 전쟁대책을 세우는 일에 세네카와 부루스는 중심적 역할을 맡았다. 원로원 또한 이 사령관을 환영했다. 기대에 부응해 코르브스는 전쟁의 싹을 빠르게 없애고 확대되지 않도록 대응책을 훌륭하게 실행했기 때문이다. 한편 원로원은 이 사령관이 빛나는 승리에 취해 황제 네로(로마군 최고사령관)의 권위를 떨어트리지는 않을까 우려했는데 이것은 그저 염려에 그쳤다.

세네카는 그의 작품들에서 전쟁이라는 폭력적인 수단을 좋아하지 않으며 그것을 준엄하게 비판한다. 그의 제95 서간에서 "자연은 우리들 사이에 사랑을 일으켜 서로 쉽게 친해지도록 한다"고 썼다. 《너그러움에 대하여》는 인간을 "사회적 동물이며, 사회 공통의 선을 위해 태어났다"고 말한다. 이 작품은 원수에게는 관용의 덕이 가장 어울리고, 꿀벌의 왕(사실은 여왕) 자신은 침을 가지고 있지 않으며, 자연은 왕벌이 잔인하기를 바라지 않는다고 비유해 왕도정치를 주장한다. 또 제94 서간에서는 알렉산드로스 대왕을 광포한 정복자라며 매섭게 반박하고, 또한 대왕은 자기가 빛나는 교육을 받은 그리스를 최초로 황폐하게 만들어 버린 인물이라고 세네카는 분노하고 있다.

세네카와 부루스는 네로가 군주의 관용과 침착함을 지키도록 최선을 다했으며 황제 보필에 온힘을 쏟았으나, 네로의 광기는 어머니 아그리피나의 간섭으로 차츰 커져 가기만 했다.

네로의 방탕과 잔학

수에토니우스로부터 네로의 미치광이 짓을 들어 본다. 그의 행태는 차마 얼굴을 돌리고 싶을 정도였다.

'네로는 어떤 옷도 두 번 입지 않았다. 주사위놀이에서는 눈 하나에 40만 세스테르스나 걸었다.

궁궐 안 호수는 바다 같고 그 주위를 둘러싼 건물은 마치 도시 하나를 옮겨 놓은 듯하다.

그 안에 꾸며진 방들은 모두 금박을 두르고 보석과 진주로 장식되었다(이른바 황금궁전).

네로는 민중들 사이에서 브리타니쿠스(클라우디우스와 메살리나 사이에 난 아들. 네로의 호적상의 동생)의 인기가 올라가는 것이 두려워 그를 독살해버렸다.

이어서 한 번의 실패 뒤 두 번째 시도에서 마침내 어머니를 살해하고 만다.

그뿐 아니라 아내인 옥타비아(클라우디우스와 메살리나 사이의 딸. 호적상 네로의 여동생)에게 간통죄를 씌워 사형에 처했다.

친족 가운데 네로의 범행으로 파멸하지 않은 자는 하나도 없었다.

네로는 경호대장 부루스에게 목을 치료하는 약을 주기로 약속하고는 독약을 보냈다. 그리고 자살을 명령한 사람에게 한 시간도 여유를 주지 않았다. 네로는 "원로원 의원이라는 계층을 언젠가 로마 국가로부터 완전히 없애버리고, 속주와 군대를 기사계급과 해방노예에게 넘겨줄 작정이다" 이렇게 여러 번 넌지시 말했다.

어느 속주에서 반란이 일어나면 함께 일을 꾸몄다는 이유로, 당사자 말고도 속주나 군대를 지휘하는 자들에게도 자객을 보냈다.'

네로를 둘러싼 여성들 1. 옥타비아

젊은 여성 세 명과 네로와의 관계를 살펴보기로 한다. 그 첫째 아내인 옥타비아와 애첩 아크테, 그리고 두 번째 아내인 포파이아 사비나이다.

네로는 열두 살에 옥타비아와 약혼하고 열여섯 살이 되어 결혼했다. 53년 그가 황제 자리에 오르기 1년 전이다. 이 결혼은 말할 것도 없이 어머니인 아그리피나의 정치적 야망으로 이루어졌다. 아그리피나는 클라우디우스의 직계 혈통인 브리타니쿠스를 견제해, 네로의 제위 계승권 순위를 올려놓으려는 술책이었다.

옥타비아는 네로와 결혼했을 때 열여섯 살이었다. 신혼 초부터 네로는 옥타비아를 속이고 다른 여자에게 손을 뻗쳤다. 두 사람은 정략결혼으로 맺어져 처음부터 애정 없는 이름뿐인 부부관계를 이어갔다. 네로는 아크테와 포파이아와의 정염을 불태우며 무슨 수를 써서라도 옥타비아와 이혼하고 싶어했다. 그는 몇 번이나 아내를 목졸라 죽이려고 했으나 뜻을 이루지 못했다. 그리고 세네카라는 스승인 도덕군자가 눈엣가시처럼 네로의 추잡하고 비난 받을 행동을 훈계하고 있으니, 어떤 것이든 시작한 '작업'을 끝마치는 데도 늘 눈치를 살필 수밖에 없었다.

네로가 말 많고 귀찮은 어머니 아그리피나를 죽인 것이 59년이고, 세네카가 궁정정치에서 은퇴할 뜻을 보인 것이 62년이다. 부루스는 죽기 직전까지 네로에게 옥타비아와의 이혼을 단념시키려 노력했다. 아그리피나와 부루스가 죽은 뒤, 황제는 계획해온 이혼을 어떻게든 진행하려고 했다.

이혼 성명을 낸 네로의 귀에는 민중의 거센 반발에 더해 분노의 목소리도 들려왔다. 그가 일을 순조롭게 처리할 수 없게 되자 네로의 정부인 포파이아는 애가 탔다. 그녀는 옥타비아의 하녀들에게 제 주인이 궁정의 해방노예와 밀통했다는 거짓증언을 하도록 명령했다. 황후의 하녀들은 이 증언을 강요받으

며 모질게 심문당했지만, 어느
누구도 그 고문에 굽히지 않고
끝까지 옥타비아의 정절만을
부르짖었다. 그런데도 옥타비
아는 유형에 처해지고 만다.

옥타비아의 유배지인 반다
테라 섬(오늘의 벤토테네 섬)—
캄파니아 해안에서 약 50킬로
미터—은 오래전 아우구스투
스의 딸 율리아와 게르마니쿠
스의 아내 아그리피나(네로를
낳은 아그리피나의 어머니)도
유형을 당했던 곳이다.

율리아 클라우디우스 집안
의 공주들 가운데 옥타비아
만큼 짧고 비참한 생애를 보
낸 사람은 없다. 옥타비아에게
는 네로와의 약혼 때부터 불행

네로(37~68, 재위 54~68)

한 운명이 정해져 있었다. 그녀의 아버지 클라우디우스와 오빠 브리타니쿠스
는 이미 살해당했다. 옥타비아의 괴로운 나날은 그녀에게 가까이 다가오는 죽
음의 그림자를 예고했다. 네로와 약혼한 뒤 단 하루도 행복한 날이 없었던 옥
타비아는 유형지에 도착하자 곧 사형에 처해진다. 몸을 억압해 온몸의 혈관을
파열시키는 실혈사(失血死)는 로마의 잔인한 사형 방법 가운데 하나였다. 그러
나 피가 조금밖에 흘러나오지 않아, 그녀는 끝내 고열의 증기가 가득 찬 방으
로 옮겨져 질식사당했다.

55년 옥타비아의 오빠 브리타니쿠스의 죽음이 네로에 의한 살해임을 의심
하는 로마인은 아무도 없었다. 그러나 정치권력을 둘러싼 형제 사이 다툼은
로마의 건국신화인 로물루스와 레무스에서부터 시작되었고, 그리스의 많은 폴
리스에서도 자주 있던 일이었다. 그러므로 로마시민은 "어쩔 수 없는 일이다"
라며 이 사건을 그저 지켜보기만 했다. 그러나 옥타비아가 겪은 모진 운명은 로마인들의 마음을 크게 뒤흔들었다. 세네카의 비극—그러나 정확히 말하면 세네카의 이전 작품들과 문체를 이해하고 본뜬 다른 사람의 작품—으로《옥타비아》가 있다. 여기에 그려진 옥타비아의 기구한 운명에는 그 누구도 눈물을 참을 수 없을 것이다.

네로를 둘러싼 여성들 2. 아크테와 포파이아

네로는 옥타비아와 결혼한 직후부터 해방노예인 아크테라는 여자에게 반해 사랑에 빠진다. 아크테는 뛰어난 미모를 자랑하며 자기의 아름다움에 대가를 받는 것을 조금도 망설이지 않았다. 배짱 좋은 아크테는 네로 황제에게 옥타비아뿐만 아니라 그의 어머니인 아그리피나와도 인연을 끊어야 한다며, 자신과 두 여자 사이에서 하나만을 선택하라 강요했다.

그 무렵 로마에는 네로와 어머니 아그리피나 모자가 근친상간의 관계에 있다는 소문이 나돌기 시작했다. 세네카는 이 일이 사실이라면, 그것은 황제의 위엄과 품격을 떨어뜨릴 중대사이므로 큰 고민에 빠졌다. 이 관계를 끊도록 하는 한편 소문을 가라앉힐 방법에 골몰했다. 세네카는 네로가 아크테에게 푹 빠져 있는 것을 이용해 네로를 어머니에게서 떼놓으려 했다. 그리고 이 성공은 아그리피나의 궁정여성 지배를 막는 방법이 되기도 했다.

뒤이어 어머니 아그리피나는 황제 네로가 다른 고귀한 여자도 아닌 한낱 해방노예에게 빠져 날뛰는 데 분노하여, 아들을 크게 나무랐다. 어머니의 힐난에 대꾸할 말이 없는 네로는 세네카에게 매달렸다. 네로는 이 요염하고 아름다운 아크테와의 관계를 도저히 끊을 수가 없었다. 그래서 세네카는 친구를 아크테의 애인으로 가장시키는 묘안을 꾸며 냈다. 그리고 친구 세레누스가 네로의 아크테에게 보낸 선물을 건네주는 역할을 하게 된다.

세네카는 지체 높은 제왕인 네로가 지녀선 안 될 지나친 정욕의 불꽃 때문에 엄청난 고충을 겪었다. 반면에 이 사태를 거꾸로 이용해, 아그리피나의 여성 지배를 약화시키려 했다. 세네카는 그 의지를 떠나서 궁정정치가의 길을 갈 수밖에 없었다. 네로 통치 아래 세네카의 정치활동은 거의 알려진 바가 없다. 이 야릇한 사건들에 대해서 세네카가 휘두른 지휘봉은 아마 그의 정치활동 중 책략으로서 가장 뚜렷한 역할이 아니었을까.

다음은 포파이아 사비나라는 이름의 여인으로, 그녀는 메살리나에게 자살을 강요당했었다. 포파이아야말로 옥타비아의 추방과 사형을 꾸민 악마 같은 여자다. 이 악녀는 세 차례 결혼했고, 그 첫 번째 결혼 상대는 루프리우스 크리스피누스라는 기사였다. 이 인물은 부루스의 전임자로 황제 경호대장의 임무를 맡았다. 두 번째 남편은 원로원 의원인 마르쿠스 살비우스 오토이다. 그는 네로와 절친한 사이였다. 이 악녀와 아크테는 옥타비아가 죽은 뒤에 황후 자리를 다투었는데, 해방노예 신분인 아크테에게는 아예 승산이 없었다. 포파이아는 황후가 되려던 야망을 결국 이루고야 만다.

"고결한 영혼의 부재 말고는 여자로서 무엇 하나 모자람이 없다."(타키투스 《연대기》) 포파이아는 첫 남편과의 사이에 아이가 있었음에도, 젊은 오토에게 빠져 이혼한다. 새 남편인 오토는 네로와 만날 때마다 아내의 매력을 황홀한 듯 자랑하기를 서슴지 않았다. 네로는 그녀를 향한 애욕을 억누를 수 없게 되었다. 마침내 그는 포파이아를 자기 것으로 만들려고 오토를 속주 루시타니아의 지사로 보냈다. 여기서 훗날의 오토에 대해 조금 말하고자 한다. 그는 시간이 지나 군단의 추대로 제7대 황제가 된다. 오토는 네로 자살 후 뒤를 이은 일흔 살의 갈바에게서 황제 자리를 빼앗는다. 그러나 대립 황제와의 싸움에 패배해 자결로 삶을 마쳤다.

포파이아는 참으로 오만한 여자였다. 자기에게 접근해 온 네로에게 "나는 유부녀이고 남편과 헤어질 생각은 추호도 없습니다. 그이만한 인물은 어디에도 없을 테니까요"라는 말로 네로의 연정과 질투심을 한껏 부추기곤 자리를 떴다. 더욱이 이 여자는 네로에게 아크테 같은 천한 여자와는 한시 바삐 관계를 끊어야 한다고 말했다.

처음 네로가 포파이아를 알게 된 것은 그녀가 첫 번째 결혼했을 무렵이다. 그녀를 네로에게 소개한 이는 바로 오토였다. 게다가 그는 포파이아가 결혼한 사실을 숨기고 그런 행동을 했다.

포파이아는 무슨 수를 쓰던지 황후의 자리에 앉고 싶어 참을 수가 없었다. 그녀는 네로에게 아직도 그가 아그리피나의 도움을 받으며, 진정한 통치권도 자유도 없는 이름뿐인 황제가 아니냐며 따져들었다. 더욱이 그녀는 자기와 네로와의 결혼을 아그리피나가 강하게 반대하고 있음도 일렀다. 이 말은 확실히 네로에게 큰 충격이었다. 그리고 세네카나 부루스가 보더라도 네로의 통치에 대한 아그리피나의 도를 벗어난 말참견이나 간섭은 반드시 물리쳐야만 하는 위험이었다. 궁정에는 이 포파이아의 의견에 동의하고, 아그리피나의 권력을 빼앗으려는 무리가 이루어져 갔다. 아그리피나를 편드는 자는 고작 궁정의 몇몇 해방노예들뿐이었다.

포파이아에 의해 일어난 아그리피나 제거 움직임은 그즈음 로마 원로원과 국가 유력자들에게 완전히 영향을 미쳐 "이것이 아그리피나 몰락의 열쇠가 되었다."(풀만)

네로가 포파이아와 결혼한 것은 그가 어머니를 살해한 3년 뒤인 62년이었다. 본처인 옥타비아와 이혼한 지 열이틀 뒤의 일이었다. 따라서 포파이아는 아그리피나가 죽은 때로부터 3년 동안 황후 자리를 누리게 되었다.

그러나 네로와 포파이아의 관계는 결혼을 하고 난 뒤 빠르게 식어 갔다. 그들의 첫 딸은 고작 몇 달밖에 살지 못했다. 어느 날 밤 네로니아 축제에서 돌아온 네로에게 포파이아는 몹시 따졌다. 화가 치밀어 광기가 폭발한 네로는 임신한 아내의 배를 걷어찼다. 이것이 포파이아의 유산과 죽음으로 이어지게 된다.

또 수에토니우스에 따르면, 네로는 스타티리아 메살리나와 세 번째로 결혼했다. 이 여자를 데려오려고 네로가 한 짓은 그녀의 남편을 집정관 재임 중에 죽인 것이다.

아그리피나의 죽음

네로가 율리아 클라우디우스 집안의 황제 자리에 오른 데는 어머니 아그리피나의 끈질긴 결의가 큰 몫을 했다. 이 아그리피나로 말하자면 네로와 공동 황제로서 아들과 함께 국가를 통치하려는 마음을 굳히고 있었기에, 그녀는 자기 뜻을 고분고분 따르지 않는 아들에게 처음부터 초조한 마음이었다. 네로는 황제가 된 이듬해인 55년에 의붓형제인 브리타니쿠스를 죽인다. 그것을 네로에게 결심하게 한 것은 어머니의 다음 한마디 말이었다.

'황제 자리를 계승하는 데는 브리타니쿠스가 정당하고 또 합당한 대를 잇는 아들이다. 왜냐하면 너는 다른 집안에서 들어온 양자이고, 황제가 되도록 도와준 어머니를 괴롭히려 함부로 통치권을 사용하고 있기 때문이야!'《연대기》

어머니와 아들의 갈등을 더욱 깊게 만드는 일이 생긴다. 아그리피나는 율리아 시라나라는 여자와 가깝게 지냈는데, 그녀는 어느 명문가의 청년 섹스티우스와 결혼하고 싶어했다. 그러나 아그리피나는 아이도 없는 시라나의 재산이 섹스티우스에게 가는 것을 그대로 보고만 있을 수가 없었다. 이러한 이유로 그녀는 이 결혼을 방해했다. 이것이 화근이 되어 시라나는 아그리피나에 대한 미움이 쌓여, 그녀의 위신을 떨어트릴 음모를 꾸미게 된다. 시라나는 사람을 꾀어 아그리피나가 티베리우스의 손자인 루베리우스 플라토우투스와 결혼해 정변을 일으켜, 네로 대신 이 남자를 황제에 오르게 할 거라는 거짓 밀고를 시켰다. 한편 아그리피나는 밀고의 진위를 네로의 눈앞에서 추궁당하자, 이것은 완전히 거짓말이라고 반론했다. 더욱이 이 반론은 그 자리에 있는 사람들에게 감명을 주고 설득하기에 충분했다.

그러나 네로는 이 밀고에 완전히 경악하여 즉석에서 어머니의 처형을 명한다. 그러자 부루스는 아직 충분한 증거가 없다며 그것을 말린다. 네로는 그를 곧장 경호대장에서 해임하려고 했다. 여기에서 세네카가 나섰다. 그는 가까스로 아그리피나의 처형과 부루스의 파면을 거두어들이게 할 수 있었다.

네로는 어머니 아그리피나의 대담하고 단호한 결심으로 꿈에도 생각할 수 없었던 제왕 자리에 오를.수 있었다. 그럼에도 네로는 사사건건 말참견을 하며 협박하는 어머니를 차츰 더 참을 수 없게 되었다.

네로에 대한 아그리피나의 사랑은 평범한 어머니들의 사랑을 훨씬 뛰어넘었다. 네로가 황제가 되기 전에 그녀는 점성가를 찾아가 자식의 미래를 점친 일이 있다. 그러나 그 점괘에 "네로는 황제가 되어 그 어머니를 죽일 것이다"라는 답이 나왔다. 타키투스에 따르면, 그것을 들은 아그리피나는 "네로가 천하를 손에 쥘 수만 있다면 나를 죽여도 좋다"고 말했다고 전해진다《연대기》.

네로는 어머니를 죽이는 데 먼저 독약을 써 보려 했지만 아그리피나가 이를 미리 걱정해 날마다 해독제를 마시고 있음을 알고 다른 방법을 찾기 시작했다. 그리고 그녀의 침실 널빤지 천장을 떨어뜨려 죽이려고 했지만 이 계획은 밖으로 새어나가 실패로 돌아갔다. 다른 수법을 고민하고 있을 때, 네로에게 새로운 계획을 알려 준 이는 오래전 네로의 가정교사를 맡았던 해방노예 아니케투스였다. 그는 바다에서 사고를 거짓으로 꾸며 아그리피나가 탄 배를 침몰시키는 것이 가장 눈에 띄지 않는다고 네로에게 귀엣말을 했다. 그러나 이것도 끝내 실패한다. 이 계획을 알지 못했던 여러 선원들이 배가 뒤집히는 것을 막으려 온갖 손을 쓴 탓에 배가 천천히 가라앉아, 수영을 잘하는 아그리피나는 해안가로 헤엄쳐 나온 것이다.

네로는 사고로 가장된 이 살해 기도가 어머니에 의해 폭로되고, 그녀가 군대를 이끌어 자기를 붙잡으려 할 게 틀림없다 생각하니, 몹시 불안해졌다. 그래서 네로는 세네카와 부루스에게 도움을 청했다. 이 어머니 살해 기도를 두 사람이 알고 있었는지는 긍정과 부정의 두 견해가 있다. 그러나 사태가 여기까지 왔으니, 이번에는 아그리피나 쪽에서 자식인 네로를 죽이려고 계획하는 것은 뻔한 일이었다. 두 사람 또한 이것을 인정하지 않을 수 없었다. 타키투스에 따르면, 세네카는 아그리피나 살해를 군대에 명령할 수 있을지 부루스에게 물었다. 그러나 부루스는 동의하지 않았다. 아그리피나는 무공으로 이름 높은 게르마니쿠스의 딸이기 때문에 로마 군대는 그녀에게 손 대기를 주저하리라는 예측이었다. 그는 오히려 군대가 아니라, 먼저 계획을 세웠던 아니케투스에게 다시 살해를 명령하는 것이 좋겠다고 말을 올렸다.

아니케투스는 아그리피나의 별장 주위에 병사들을 배치하고, 해병대 백인대장과 함께 그녀의 침실로 들어갔다. 아그리피나는 살해당할 때 "배를 찔러라! 네로를 낳은 여기를!" 하고 외쳤다고 타키투스는 적었다.

수에토니우스의 기록에 따르면 어머니의 시체를 본 네로는, "그 팔다리를 쓸어보며 저기를 헐뜯고, 여기를 칭찬하고, 또 목이 마르면 가끔 술을 마셨다." 《황제전》 한편 카시우스 디오는 다음과 같은 기록을 전한다. "네로는 어머니의 몸을 가린 씌우개를 걷어 그 나신을 드러내고, 그녀의 몸에 남은 수많은 상처를 자세히 살폈다. 그런 뒤, 나는 이렇게 아름다운 어머니인 줄은 미처 몰랐다는 말을 했다."《로마사》

어머니가 죽은 뒤 네로는 전차 경주와 연극 상연에 완전히 도취했다. 그리고 그 이듬해(60년), 5년에 한 번 여는 경기대회 네로니아축제의 제1회를 열었다.

수일리우스의 세네카 공격

세네카는 로마에서 네로 다음 가는 큰 부자였다고 전한다. 웅장한 저택, 식탁이 스무 개도 넘는 대리석의 연회용 객실, 이탈리아의 각지에 둔 영토, 수많은 포도밭 등, 그는 상상을 넘어선 재산가였으리라 여겨진다. 한편 그는 스토아파의 철학적인 삶을 지키고 욕심 없는 검소한 생활을 다른 사람들에게 권하고 있다. 확실히 이 두 가지 자세에서 누구나 모순을 느낀다. 이 모순을 강하게 따지며 세네카에게 맞선 남자가 있다. 푸블리우스 수일리우스이다.

수일리우스는 메살리나가 부렸던 밀고꾼이다. 일찍이 그는 발레리우스 아시아티쿠스라는 인물을 칼리굴라 살해에 가담시키고는 간음죄로 고발해 그를 자살로 몰아넣었다.

수일리우스가 세네카에게 쏘아붙인 공격은 하늘을 찌를 듯 격심했으며, 그야말로 온갖 욕설로 가득찬 것이었다. 타키투스의 《연대기》가 세네카를 다룬 서술은 세 개의 큰 부분으로 이루어졌는데, 그 하나는 이 수일리우스 사건이고, 다른 하나는 세네카가 네로에게 낸 사직서를 둘러싼 논쟁, 그리고 마지막 하나는 그의 죽음이다. 이 단락에서는 첫 번째 사건, 즉 수일리우스와 세네카의 대결을 더듬어 보기로 한다.

수일리우스는 세네카의 실생활과 철학 사이에 나타난 괴리와 모순, 또 거기에 덧붙여 율리아 클라우디우스 집안 공주들과 세네카의 밀통 등—요컨대 그의 불륜은 한 번만이 아니었다고 그는 고발한다—을 자기가 원로원에 고소된 기회를 살려 높은 목소리로 부르짖었다.

이 58년은 세네카에 대한 세상 사람들의 모함과 시샘이 한없이 쏟아진 해였다. 세네카를 향한 욕설은, 그가 황제와 가까워지려고 네로가 시를 쓰면 자기도 시를 지었다든가, 그와는 반대로 네로의 시는 서투르다고 비웃었다는 따위 소문이었다. 또 몇몇 사람들은 네로가 이제 그만 세네카와의 사제관계를 끊고 자기 선조(율리아 클라우디우스 집안)를 스승으로 받들어야 한다는 말도 내기 시작했다. 이런 세간의 움직임 속에 세네카의 친구인 부루스마저 네로에게 독살당한 것도 그 해였다.

세네카의 눈부신 재능과 해박한 교양, 빈틈없는 배려, 거기에 부루스의 일관된 솔직성, 과감한 결단, 정확한 실무처리능력이 네로의 국가통치를 지탱하는 든든한 기둥이었다. 더욱이 제정기 로마에는 언론의 중심인 원로원 이상으로, 최정예 군대인 황제 경호대의 힘이 결정적이었다. 부루스는 바로 이 조직의 통솔자였다. 이 인물이 죽고 나니 세네카의 정치력도 시들어 가는 건 마땅했다. 수일리우스가 세네카의 공격을 시작했을 때는 부루스가 아직 살아 있었지만, 이 무렵부터 세네카를 향한 비난의 목소리는 높아갔다. 그는 이 공격을 받기 2년 전, 곧 56년 무렵 집정관에 임명되었던 것이다.

사건의 시작은 이러하다. 그해 수일리우스는 마침내 원로원에 고소되었다. 그는 클라우디우스 황제 치하에서 금전을 받고 수많은 고소사건을 일으켰다. 로마에는 기원전 204년에 성립된 킨키나법에 의해, 변호료를 받고 재판에서 변론하는 일은 금지되어 있음에도 말이다. 이 클라우디우스 시대부터 수일리우스의 손에 시민권을 박탈당하고 추방되어 재산을 몰수당한 명사들이 부쩍 늘어갔다.

수일리우스는 메살리나의 명령을 받아, 두 번이나 집정관을 지낸 발레리우스 아시아티쿠스를 원로원에 고소했다. 이 인물은 메살리나가 증오한 포파이아 사비나(네로의 처 포파이아의 어머니)의 정부로 알려졌기 때문이다. 아시아티쿠스의 심문은 원로원에서가 아닌, 카이사르의 집에서 이루어졌다. 여기에서 수일리우스는 참으로 지저분한 탄핵을 했다. 결국 아시아티쿠스는 클라우디우스의 온정을 거절하고, 수일리우스에게 원한을 품은 채 스스로 목숨을 끊었다.

또 수일리우스는 페트라라는 기사를 고발해 사형을 받게 했다. 그에 대해 타키투스는 이렇게 썼다.

'수일리우스는 무엇에 홀린 뒤 잔학하게 고발을 멈추지 않았다. 그래서 그의 발칙하기 짝이 없는 행동을 따라하는 자가 줄지어 생겨났다. 황제 클라우디우스가 모든 사법권과 행정권을 자기 손아귀에 넣고, 약탈 기회를 넓혀 주었기 때문이다.'《연대기》

이 악당 수일리우스에 의해 죽음으로 몰린 사람들을 살펴본다. 퀸투스 폼포니우스 드루수스의 딸 율리아 포파이아 사비나. 그리고 실추당한 사람으로서 발레리우스 아시아티쿠스, 루시우스 사투르니우스, 코르네소우스 루프스 등 원로원 의원들이 있다. 수일리우스는 언제나 클라우디우스 황제를 뒤에서 부추겨 잔학행위를 저지르도록 만들었다.

밀고꾼이나 돈을 노리는 변호를 염치없이 일거리로 삼는 부류가 나온 것은 재판권을 원로원으로 옮기고, 황제가 이를 의연하게 다루지 못한 데서 일어난 현상이다. 티베리우스는 원로원에 재판의 재량권을 대폭 허용했고, 칼리굴라와 클라우디우스도 법의 엄격한 시행에는 거의 무관심했다. 물론 거기에는 황제 쪽에서도 밀고꾼에게서 정보를 얻는 일이나, 이 지저분한 패를 부추겨 숙적을 실추시키기도 하고 재산이 있는 자의 부를 빼앗으려는 마음이 꿈틀거린 이유도 있을 터이다.

수일리우스는 밀고꾼 가운데 가장 큰 거물로 많은 사람들에게 원한을 사고 있었다. 그는 네로의 통치기인 58년, 드디어 원로원에 고발당해 재산의 절반을 빼앗기고 유형에 처해졌다. 나머지 절반은 자식에게 돌아갔는데, 이는 그에게 너무 무거운 형벌을 씌우면 그가 거꾸로 황제 집안이 과거에 저지른 소행을 폭로할 우려가 있음을 고려한 것으로 보인다.

수일리우스는 원로원 재판정에서 세네카에게 격렬한 공격을 퍼부었다. 그가 원로원에 불려가 추방형에 처해지는 데 결정적인 역할을 한 이들이 바로 네로와 세네카였는데, 수일리우스는 마땅히 황제와의 싸움은 접어두고 오로지 세네카에게만 분노의 화살을 날렸다.

그가 세네카를 공격한 일곱 가지를 정리하면 다음과 같다.

1. 세네카(이하 주어 생략)를 코르시카 섬으로 추방한 일은 마땅했다.
2. 세상을 모르는 풋내기 교사에 불과하다.
3. 시민을 옹호하려 당당하게 웅변한 사람(수일리우스 자신을 말함)을 질투하고 있다.
4. 카이사르 집안의 부인 침실을 더럽힌 간통한 남자이다.
5. 네로와 함께 우정의 그늘에서 4년간 3억 세스테르티우스 정도의 재산을 모았다.
6. 상속인이 없는 재산을 감쪽같이 가로챘다.
7. 불법적인 고리대금으로 이탈리아와 속주의 돈을 착취했다.

그리고 수일리우스는 자기가 피땀 흘려 변론을 해 얻은 보수는 정말이지 얼마 안 되었다고 항변했다. 더욱이 이러한 비난을 자기에게 쏟는 것은 부당하며, 자신은 그저 클라우디우스 황제의 명령을 따랐을 뿐이라는 이유로 무죄를 주장했다. 그 자리에 참석한 네로는 클라우디우스의 비망록에 그런 기록은 없었다고 반론하며 이 항의를 일축했다. 억세기로는 어느 누구에게도 뒤지지 않을 그는 또 메살리나의 이름을 끄집어내어 그녀의 명령으로 여기에 끌려나오게 된 여러 악행을 저질렀다고 말했다. 이 말에 네로는 "어째서 너 아닌 다른 사람이 그 잔인하고 파렴치한 여자의 대변인으로 뽑히지 않았는가?" 라고 반론했다(《연대기》).

수일리우스는 유형을 받았지만 유배지에서 전혀 의기소침해하지 않고, 남은 재산으로 사치를 부리며 한가롭게 살았다.

네로의 선정기 5년(54~58년) 동안 네로가 의연한 태도를 보인 유일한 사례가 이 수일리우스 재판이었다.

세네카의 재산

앞서 말한 바와 같이 수일리우스는 세네카가 엄청난 부자임을 원로원에서 큰 소리로 외쳤다. 여기에서 세네카 전기 중 이제까지 출판된 것 가운데 최대 규모의 책을 저술한 로제랄의 이야기를 들어보자.

'세네카가 엄청난 부자였음은, 그가 갖가지 철학작품을 썼다는 사실과 마찬가지로 잘 알려진 일이다. 확실히 그는 철학작품을 써서 세상에 이름이 널리 알려졌다. 이 사실이 그의 부—계승 또는 증여로 손에 넣어 자기 노력으로 그 이상으로 쌓아올린—를 의심스런 빛 속에 드러내, 그의 적대자들에게 비난의 소지를 주었다.'(《세네카 전체적 서술의 시도》)

즉 세네카는 적극적으로 재물을 저축하면서 한편으로 철학작품에서는 부에 대한 의문을 토로하고 있어, 실생활과 철학적 가르침과의 괴리, 또는 모순이 그를 (이를테면 철학작품의 틀 안에서도) 좋지 않게 여기는 자들에게 험담과 비방의 구실을 제공하는 셈이 되었다. 카시우스 디오는 이렇게 말했다.

'세네카는 부자를 비난하면서도 7500만 드라크마(3억 세스테르티우스)나 되는 재산을 가지고 있다. 그는 다른 사람의 사치를 꾸짖는 주제에 상아다리가 달린 히말라야 삼나무 식탁을 300개나 가지고 있다. 그리고 그는 이런 식탁에서 연회를 베풀었다.'(《로마사》)

'카시우스 디오는 세네카에게 언제나 냉엄했다. 그러나 세네카에게 존경의 마음을 가진 타키투스도 그가 어마어마한 재산을 가지고 있었음은 부정하지

않았다.'《연대기》

　그렇다면 부자라는 처지와 근검을 권함은 세네카의 현실에서 절대로 받아들여질 수 없는 모순일까. 과연 세네카는 네로에게 사직서를 제출(62년)함과 동시에 그 재산과 소유한 모든 영토를 네로에게 양도하기를 바랐다. 이것은 세네카가 증여받은 모두를 반환함을 의미했다. 이 모순에 대해 세네카는 어떻게 대답했는가. 수일리우스의 유형이 결정된 58년, 세네카는 《행복한 삶에 대하여》를 썼다.

　이 작품의 후반부는 전반부와 전혀 음조가 다르다고 할 만큼 "말하는 것과 행하는 것 사이에 큰 괴리가 있는 세네카"라는 세상의 비난에 도전해, 그들의 오해, 그들의 인간 성찰이 지닌 허약함을 도리어 쑥 들어가게 하는 내용으로 되어 있다. 이 후반부에 대해 "세네카는 성공의 정점에 있었다. 이 논고가 씌어졌을 때 그의 삶은 환희가 지배하고 있었다. 그는 쾌활과 덕이 하나로 연결된 큰 기쁨으로 써 나갔다."(포렌츠). "세네카의 이 작품은 유쾌하고 구김살 없는 격조로 다른 작품과는 차이가 있다."(와르츠)라고 해석된다.

　세네카의 철학, 윤리학에 대한 여러 논고는 모두 윤리교육적 색채를 띠고 있다. 그러나 《행복한 삶에 대하여》는 앞의 두 사람이 파악하듯 어조가 다르다. 하지만 이 작품을 다른 저작에 비교해 "완전히 특이한 위치에 섰다."(아벨)고 보는 것은 지나친 의견이다.

　세네카는 원수 수일리우스를 추방하는 데 성공하자 안도하는 마음으로 자신감 넘친 필력을 휘두르며, 자기에게 날아든 비방을 털어 버리려고 했다. 그와 함께 우리가 명심해야 될 것이 있다. 세네카는 여기에서도, 아니 이것이야말로 오늘날의 자유주의 경제사회의 윤리가 되어야 할 진실을 가르치고 있음이다.

　철학을 매도하는 자들 가운데 누군가가 여느 때처럼 다음과 같이 말했다고 하자. "그럼 어째서 자네는 실제생활 이상으로 잘난 체하는 말을 하는가?…… 어째서 자연적 필요 이상으로 넓은 경작지를 가지고 있는가? 어째서 자네는 자신이 가르치는 대로 식사하지 않는가? 어째서 자네는 눈부시게 화려한 가구를 갖추고 있는가? 어째서 자네는 자네 나이보다 오래된 포도주를 마시고 있는가?……"

"어째서 자네는 바다 저쪽에도 재산을 가지고 있는가?……"

혹시 이와 같은 말을 하는 자가 있다면 나는 이 비난을 감수할 것이다. 그리고 그가 생각하는 이상의 비난을 나 자신에게 가하겠지만, 지금은 이렇게 대답한다. "나는 현자가 아니고, 또—라고 하면 자네의 악의를 점점 부추기기만 하겠지만—나는 현자가 되지는 못하겠지……."

이 작품에서 세네카는 계속해서 자기는 현자가 아님을 역설한다. 그러나 그는 또 말한다. "현자는 가난해도 되지만, 유복하기를 바랄 것이다"라고. 또한 재산은 결코 선은 아니라는 그의 주장은 서간집에도 나와 있다.

'가장 경멸당하고, 또 가장 품행 나쁜 인간에게도 굴러오는 그런 것은 선한 것이 아니다. 그런데 부는 매춘업자에게도, 검투사의 두목에게도 굴러들어온다. 그러므로 부는 선하지 않다.'

세네카는《행복한 삶에 대하여》에서도 뚜렷하게 밝혔다. 그러나 동시에 재산은 현자에게 있어 악이 되지 않음을 설명한다.

'그런데 나는 어떤 사람에게도 설명을 아끼지 않을 생각을 하나 가지고 있다. ……나는 재산을 선이라고는 말하지 않는다. 만일 선이라면 그것은 사람들을 선하게 만들기 마련이다. 그러나 실제 악인에게서 발견되는 것을 선이라고 말할 수는 없으므로 선이라는 이름을 나는 재산에 붙이지 않는다. 그 밖의 점에서는 재산을 가져야 하고, 이는 유용한 것이며, 생활에 큰 편익을 가져오는 것임을 나도 인정한다.'《연대기》

세네카가 네로의 교육담당자요 정치보좌역을 하면서 철학 저술을 하고, 재산 운용으로 부를 늘려왔음이 과연 실제 있었던 일인가는《행복한 삶에 대하여》나 124편이 남아 있는 서간집만으로는 알 수 없다. 그러나 세네카가 그런 생활을 했을 가능성에 대해 우리가 스토아파인 세네카의 이미지로서 적합하지 않다고 생각할 필요는 없을 것이다.

세네카는 저술에서 지나친 허영이나 사치스런 생활을 단호히 거부했다. 그는 부에 대해 "최대의 부는 자연법칙에 적응한 가난을 말한다."(서간집)라고 했고, "현자는 자연의 부를 가장 열렬히 구하는 자이다"(서간집)라고 말했다.

6. 세네카의 만년

세네카의 은퇴 3년

이제 네로 통치기에서 장을 바꾸어 세네카의 만년을 이야기해 보겠다. "세네카에게 죽음으로 이어진 3년은 그에게는 큰 고뇌였고 네로와는 노골적인 다툼의 세월이었다."(로제랄) 하지만 이 3년 동안 세네카는 《한가로움에 대하여》, 전7권의 대작 《은혜에 대하여》, 8편의 《자연 연구》 그리고 《루킬리우스에게 보내는 윤리 서간집》(남아 있는 것만 124편) 등을 저술했다. 키케로도 만년에 정신적 풍요를 유감없이 발휘했지만, 세네카도 마찬가지였다.

62년에 유형되었던 옥타비아가 사형에 처해진다. 이 해에 세네카는 네로에게 사직서를 낸다. 아그리피나의 죽음으로, 네로와 어머니 사이의 권력 충돌에 더는 조정이 필요 없게 되자 양쪽의 의견 조율자 역할을 해오던 부루스와 세네카의 정치력은 약화되었다. 그리고 같은 해 부루스는 네로에게 죽임을 당한다.

세네카가 공무에서 물러나 개인적인 생활을 보내려 한 일의 계기가 부루스의 죽음인 것은 아니다. 그의 결심은 갑작스레 내려지지 않았으며, 그 나름으로 몇 년 동안 숙고한 결과였을 것이다. 더욱이 59년부터 3년간은 로마를 뒤흔들 만한 큰 사건이 없었다. 저 유명한 로마의 대화재는 64년에 일어난 사건이다. 이 동안 브리타니아의 여왕 부디카의 반란이 있었으나 속주 총독의 손으로 진압되었다.

한편 로마에서는 하나의 소동이 일어났다. 그것은 로마시 장관인 루키우스 페타리우스 세쿤데스라는 인물이, 그의 노예 하나에게 살해된 사건 때문이었다. 로마에는 기원전 10년 그 무렵의 집정관 가이우스 율리우스 시라누스의 이름이 붙은 '시라누스의 원로원 결의'가 있어, 주인이 살해될 위기에 처했을 때 그 저택에 함께 있었던 노예들이 주인을 도우려 했음이 증명되지 않을 경우, 노예 모두를 사형에 처하기로 결정되어 있었다. 이 사건에서 법률가인 가이우스 카시우스 롱기누스는 이 법을 그대로 지켜야 한다고 주장했다. 그러자 원로원에서 그것은 지나치게 가혹하며, 노예 저마다의 나이와 성별은 고려해야 한다는 소수 의견도 나왔다. 마침내 다수 의견인 전원 처형이 통과되었다.

아마 세네카(원로원 의원)는 소수 의견이었으리라 짐작된다. 《너그러움에 대하여》에서 그는 되도록 노예를 인간으로서 다루어야 한다고 주장하며 다음과 같이 설명했다.

'노예라 하더라도 신의 상(像) 아래 도망쳐 숨는 것을 허락하고 있습니다. 노예를 다루는 데는 어떤 수단이든 허가되어 있지만, 그렇더라도 거기에는 인간을 대하는 데 있어 살아 있는 모든 자에게 허락된 공통적인 특권을 인정해야 할 어느 한계가 있는 것입니다.'《너그러움에 대하여》

세네카는 62년, 은퇴와 동시에 재산 대부분을 반환하고 싶다는 뜻을 네로에게 밝혔다. 세네카는 자기의 큰 재산이 세간의 시샘을 불러일으키고 있음을 알고 있었다. 하지만 그는 완전히 무일푼이 되거나 지나치게 가난해지는 것은 바라지 않는다고 네로에게 말했다.

'현란한 재산은 황제께 양도하고, 정원과 별장 관리에 소비한 시간을 저의 정신에 반환하고자 합니다.'(타키투스 《연대기》)

네로는 세네카의 이 청원을 받아들일 수 없는 이유를 세 가지 들었다.

1. 나의 고조부도 전쟁에서 높은 공을 세운 아그리피나와 마에케나스에게 준 은상을 돌려받은 일이 없다.
2. 세네카는 이 두 사람과 같은 군인은 아니지만, 그의 현명함과 사려 깊은 교훈으로 어린 시절부터 오늘날까지 나를 훈육해 주었다.
3. 나의 해방노예 쪽이 세네카보다 더 부자로 여겨지고 있지 않은가.《연대기》

이렇게 대답한 네로는 세네카를 포옹한 뒤 입맞춤을 했다고 타키투스는 전한다.

그 뒤 세네카는 로마에 거의 모습을 나타내지 않고, 건강상의 이유나 철학 연구에의 몰두를 핑계로 집에 틀어박혀 버렸다.

더구나 네로가 앞서 한 말은 세네카에 대한 그의 증오심을 속내에 숨긴 표현이었다. 이윽고 피소의 음모사건으로 세네카에게도 죽음을 명한 황제는, 마침내 그가 죽었다는 말을 듣고 대단히 기뻐했다. 네로는 이미 그 이전부터 세네카를 죽이려고 온갖 방법을 고민해 왔기 때문이다.

세네카는 죽음이 가까워졌을 때, 자기는 결코 추종자가 아니다, 비굴하게 아첨하기보다 바르고 진실한 말을 하는 사람이다, 이것은 황제가 가장 잘 알고 있다, 이와 같은 말을 했다고 기록되어 있다(타키투스《연대기》).

피소의 음모사건

사실, 네로에 대한 이 음모의 주모자가 과연 피소인지는 확실하지 않다. 타키투스는 그만큼 수많은 사람이 가담한 이 사건을 가장 먼저 계획해 이끌어 간 이가 누구인가 하는 문제에는 간단히 대답할 수 없다고 한다(《연대기》).

이 음모가 예정된 날은 65년 4월이었으며, 이것은 무려 그보다 3년 전인 62년부터 계획되어왔다. 셀 수 없는 밀고꾼으로 들어찬 궁정에서 이 계획이 3년 동안이나 드러나지 않았음은 그만큼 모두가 이를 매우 신중하게 준비해 왔기 때문일 것이다.

62년에 로마누스라는 남자가 세네카를 피소와 한패라고 밀고했다. 로마누스는 네로의 해방노예 가운데 하나였으리라 여겨진다. 그러나 세네카는 거꾸로 그를 훨씬 확실한 죄로 파멸시켰다. 타키투스는 다음과 같이 말했다.

'이 사건이 피소에게 신변의 위험이 다가오고 있음을 암시해, 이윽고 네로에 대한 대규모적인, 그러나 불행하게도 실패로 끝나는 유명한 음모의 발단이 되었다.'(《연대기》)

이 사건이 시작된 3년 전부터 피소와 세네카가 네로 타도에 뜻을 모으고 그 방법을 함께 고민했는지는 확실하지 않다. 그러나 이 두 사람이 어떤 의견을 나누었음은 사실일 것이다. 그들은 코르도바 출신의 한 고향 사람으로 가까운 사이였다. 피소가 네로에게 불만을 느끼고 있어 여느 때 네로의 눈 밖에 났음은 충분히 있을 법한 일이다.

피소는 귀족 중에서도 대단한 명문가 출신으로 다른 이름 높은 가문들과 깊은 인척관계를 가진 인물이다. 그의 유쾌한 성정은 때로 방탕해 보이기도 했지만 그 바탕은 높은 덕성을 지녀 민중의 호감을 샀다. 여기에는 그의 훤칠한 키와 준수한 용모도 한몫을 했다. 또 피소는 네로의 통치가 몹시 부도덕하고 광적인 공포정치로 변해감에 따라 계급을 떠난 로마인의 반발이 거세지고 있는 것과, 그가 네로를 대신해 황제 자리에 앉아야 한다는 몇몇 사람들의 의견을 눈여겨보고 있었다.

세네카도 네로는 이미 자기가 도와줄 수 없는 지경까지 타락해 버렸음을 통감하고, 제정에 대변혁이 필요하다고 생각한 때는 62년이었다.

피소가 음모를 꾸민 것은 자기의 야망 때문만은 아니었다. 그랬다면 그토록 많은 사람들이 뜻을 합쳐 모이지도 않았을 것이다. 음모에 가담한 자들은 원로원 의원과 몇 명의 기사, 그리고 중견 군인이었다. 더욱이 이 사람들 가운데는 세네카의 조카인 안나에우스 루카누스가 있었다. 59년 스무 살의 나이로 그리스에서 유학하고 있던 네로는 루카누스를 로마에서 불러들여 자기의 사적인 그리스문예 모임을 함께하도록 했다. 루카누스는 60년에 열린 네로니아 축제에서 네로를 찬양하는 시 쓰기에 참가해 우승했다. 62년과 63년에는 《내란기》라고 불리는 공화정 말기의 시민전쟁사를 썼다. 이것은 모두 10권으로 된 시 형식을 갖춘 역사서로 카이사르와 폼페이우스 사이에 벌어진 시민전쟁을 노래한 것이다. 한때 이 작품은 《파르살리아》라는 제목으로 잘못 붙여지기도 했는데 이것은 카이사르가 기원전 48년에 폼페이우스군을 격파한 테살리아의 도시 파르살로스를 포함한 지방 이름이다. 이 시인은 어째서 피소의 음모에 가담했을까? 그것은 시에 대한 열정이 넘친 네로가 시인 루카누스를 적대시하고, 그의 명성에 흠집을 내려고 여러 일을 꾸몄기 때문이다.

이제 피소와 한패가 된 사람들을 살펴본다. 원로원 의원인 플라비우스 스카에비누스, 아프라마우스 퀸티아누스, 군인으로 경호대 부관인 수브리우스 플라부스, 경호대 백인대장인 술피키우스 아스페르, 시인 루카누스, 예정집정관 플라우티우스 라테라누스 등이 피소의 주위를 굳힌 중심역할을 맡았다. 그들은 피폐한 국가를 함께 다시 세울 동료를 모았다. 그 결과 몇몇 기사가 뜻을 함께했다. 이 가운데 세네키오는 네로와 아주 가까운 인물이고, 또 나탈리스라는 기사는 네로와 비밀을 나누는 허물없는 사이였다. 그 밖의 사람들은 정의감에 가담했다기보다는 네로를 물리친 뒤의 보상에 더욱 관심을 둔 자들이었다. 이 음모를 성공시키기 위해 가장 크게 의지한 인물은 경호대장 가운데 하나인 파에니우스 루푸스였다.

음모의 발각

3년에 걸쳐 치밀하게 준비된 네로 암살계획은 실행에 옮기기 직전에 알려지고 말았다. 계획이 탄로난 데는 두 가지 사건이 있었다. 첫 번째 사건에서는 어떠한 의혹만 있었을 뿐이며, 황제의 측근들은 이에 대한 확실한 증거를 찾아내지는 못했다. 이 사건은 에파카리스라는 여자가 보인 지나치게 적극적인 행동 때문에 벌어졌다. 해방노예인 에피카리스는 무슨 까닭에서인지 이 암살계획의 낌새를 알고 이에 과장되게 동조했다.

그녀가 네로에게 큰 원한을 가지고 있었는지, 아니면 어떤 보상을 바랐는지 알 수는 없다. 어쨌거나 이 여자가 부추겨도 음모자들은 쉽사리 행동을 시작하려 들지 않았다. 그래서 그녀는 군인을 이 계획에 끌어들이려고 했다. 그 한 사람으로 네로의 어머니 살해 때 역할을 한 워르시우스 프로크로스가 있었다. 그때 마땅한 포상을 받지 못한 탓에 불만을 느끼고 있던 그는 에파카리스의 말에 동조했다. 그런데 그가 네로에게 밀고한 것이다. 그러나 그녀는 음모자의 이름을 단 하나도 말하지 않았다. 에피카리스와 프로크로스는 네로 앞에서 대질을 받게 되었다. 이 자리에서 음모에 대해 아무런 증거도 대지 못하자 밀고자가 도리어 궁지에 몰렸다. 그 뒤에 에피카리스는 구속되었다.

두 번째 사건에서는 음모에 가담한 인물들이 차례차례 밝혀짐으로써 피소를 비롯한 가담자들이 사형에 처해졌다. 드러난 경과는 이렇다. 음모가담자의 중심인물 가운데 원로원 의원 스카에비누스가 있었음을 앞서 말했다. 그들은 에피카리스 사건 뒤 암살계획을 서둘렀다. 스카에비누스는 암살을 결행하기 전날 나탈리스와 이야기를 나누고, 집으로 돌아와 네로에게 최초의 일격을 가할 단도를 해방노예에게 갈도록 했다. 이 해방노예 미릭스는 그의 뒤편에서 최후의 만찬같이 호화로운 식사를 하고 있는 것을 보고 묘한 생각이 들었다. 게다가 그는 노예 중에서도 특히 보살펴 주던 자들을 해방시킬 절차도 밟았다. 미릭스는 아내와 의논한 뒤 그녀의 의견에 따라 네로의 해방노예를 찾아갔다.

그리고 음모가 계획되고 있음을 고발하고, 그 증거로 단도를 제출했다.

곧 스카에비누스가 소환되었다. 그는 미릭스가 거짓말을 했다며 반박하고 당당하게 항변했다. 그러자 미릭스의 처지도 위태롭게 되었다. 여기에서 그는 스카에비누스가 나탈리스와 방에 틀어박혀 긴 시간 동안 이야기한 것, 그리고 이 두 사람이 피소의 친구라는 것을 떠올린다. 미릭스에게 이 사실을 잊지 않도록 주의를 준 사람은 그의 아내였다.

나탈리스가 불려가 심문을 받는다. 그와 스카에비누스 사이의 대화 내용에 엇갈리는 대목이 나온다. 나탈리스는 갖가지 고문 도구를 보고 겁에 질려 혐의 사실을 깨끗이 불어 버린다. 로마 법률은 사실 자유 시민은 고문하지 못하게 금지되어 있는데, 나탈리스는 그것을 잊을 만큼 공포에 질려 있었다. 그는 피소 말고 세네카의 이름도 들먹였다. 피소 무리는 모두 사형에 처해졌다.

앞서 감옥에 갇힌 해방노예 에피카리스는 날마다 무서운 고문을 당했으나 마지막까지 혐의를 부인하고, 어떤 발언도 하지 않았다.

'해방노예가, 그것도 여자가, 소름 끼치도록 혹독한 고문을 견디며, 다른 사람을, 그렇다, 생면부지의 사람들을 감싸 주려고 했다.'(《연대기》)

네로의 다음 황제로 세네카를

앞서 이야기한 암살계획의 중심인물 가운데 하나로 경호대 부관인 수브리우스 플라부스라는 인물이 나왔다. 그는 계획에 가담한 군인들 중 빼어난 실력자로 알려졌다. 플라부스는 음모 가담자로서 네로 앞에 끌려나갔다. 처음에 그는 이 음모와 관계가 없다고 항변했지만 마침내 한패였다고 고백한다. 네로는 그에게 군인으로서 충성을 선서했는데 어째서 배반했느냐고 묻는다. 플라부스는 당당하게 다음과 같이 쏘아붙였다. 자기는 네로황제 통치의 초기에는 누구보다도 충성을 다한 병사였다. 그러나 황제가 어머니와 아내를 죽이고, 전차경주에 열을 올리며, 배우로서 무대에 서기를 기뻐하고, 로마 시내를 불질렀기 때문에 증오하게 되었다고 말했다.

플라부스는 앞에서 나온 백인대장인 술피키우스 아스페르와 음모를 준비하는 가운데 은밀히 의논해, 네로 암살이 성공하면 피소도 제거하고 세네카에게 통치권을 넘겨주기로 정했다는 소문도 돌았다(《연대기》). 덧붙여 플라부스가 일을 진행하는데 있어 고결한 철학자 세네카는 아무런 관계가 없으며, 그저 최고의 자리에 앉힐 인물로 그를 고려했을 뿐인 것처럼 행동해야 한다고 말했다는 소문도 돌고 돌았다.

이 말에 대해, 그 가능성도 빼놓을 수 없다는 해석과 그런 일은 절대 있을 수 없다는 부정적 해석이 오늘날까지 이어지고 있다. 현대 세네카 연구에 있어 이름 높은 학자인 풀만은 부정적 견해를 주장하며, 그 이유로서 세네카는 황제 자리에 합당한 명문귀족 출신이 아니었다(기사 집안 출신)는 점을 들고 있다.

세네카는 정말로 음모에 가담했을까

타키투스의 말에 따르면, 세네카에게는 피소의 음모에 가담한 증거가 있는 듯하다. 한편으로 세네카는 공적 생활에서 은퇴해 철학서 집필, 자연 연구, 체계적인 윤리학 구축을 위한 서간 집필이라는 사적 생활에 충실한 나날을 보냈던 것으로 보인다. 추악한 정치세계, 하물며 모반에의 참여 따위는 생각할 수 없었으리라 여겨진다.

풀만은 이렇게 파악한다. 세네카와 피소 무리와의 관계는, 공화정 말기에 일어난 카이사르 암살과 키케로의 관계와 비슷한 것으로, 세네카는 그들에게 하나의 횃불이자 올바른 정치를 상징하는 인물 정도 뿐이었을 것이다.

또 현대 프랑스의 대표적인 세네카 학자인 글리마르는 다음과 같이 신중한 견해를 보인다. 피소 배후에는 틀림없이 세네카의 그림자가 느껴지지만 음모의 실태가 뚜렷하게 전해진 것이 없는 이상, 세네카가 여기에 적극적으로 관여했는지를 단정할 수는 없다는 의견이다.

이러한 해석들에 세네카의 성정과 사상에 대해 대작을 쓴 로제랄은 세네카의 음모 가담을 조심스럽게 주장한다. 그는 우베테리우스의 풍자시를 인용해 이것을 방증했다.

'민중에게 자유로운 선택권이 주어졌다면, 네로보다 세네카를 선택하는데 주저하는 구제불능의 인간이 있었을까.'《풍자시》

로제랄은 또 세네카의 가담설을 다음과 같이 굳힌다. 차기 황제 후보 결정에는 황제 경호대장의 지지와 뒷받침이 매우 중요하다는 사실은 이미 네로시대에 확실해졌다. 세네카는 네로에게 독살당한 경호대장 부루스와 그 후임 경호대장과도 친밀했다고 한다. 로제랄은 타키투스가 서술한 플라부스에 대한 대목에 주목한다.

타키투스에게 잠깐 돌아가 보자. 그에 따르면 세네카가 피소의 음모에 가담했다고 말한 사람은 나탈리스뿐이다. 나탈리스는 어느날 세네카를 찾아가 어째서 그가 피소의 출입을 막고 있는지, 피소를 대신해 불평했다. 세네카가 그를 피하는 행동을 보니 오히려 두 사람 사이에 무엇인가가 있다고 나탈리스는 문초를 받을 때에 말했다. 어쩌면 그저 말뿐이었는지도 모르겠지만, 세네카는 나탈리스에게 나는 건강을 위해 그만 쉬고 싶다고 대답했다 한다《연대기》.

62년 이후 세네카는 이미 국가와 정치에 큰 기대를 두고 있지 않았음을, 그가 죽기 전 3년 동안 저술에만 몰두한 것과 그 구체적인 내용들이 말해 준다. 그렇다면 우리는 로제랄의 말에 동의할 수는 없지 않을까?

세네카의 죽음

네로가 세네카에게 자살을 명한 일에 나탈리스의 말이 결코 결정적인 역할을 하지는 않았다. 네로는 늘 세네카를 죽일 계략을 짜느라 고민했다. 그의 문학적 소양에 대한 명성이 엇나간 시기의 가장 큰 이유였다. 네로는 세네카 독살에 실패한 얼마 뒤에 찾아온 이 기회를, 생각지도 못한 절호의 기회로 이용한 것이다. 세네카는 세네카대로 이전부터 네로가 자기를 죽일 것이라고 각오하고 있었다. 어머니를 죽이고 동생을 희생시킨 네로에게는 스승인 자신을 남모르게 장사지내는 일밖에 남아 있지 않다고 미리 짐작했다.

죽음이 가까워오자 세네카는 어명을 전한 백인대장에게 유언장을 가져다 달라고 하지만 거절당한다. 네로는 세네카가 이미 써놓은 유언을 고쳐 자신에게 약속한 재산 양도를 취소할 우려가 있다고 생각했기 때문이라 해석한다.

세네카는 주위에 모인 벗들에게 '자기가 살아온 모습'이라는 한 가지 남아 있는 것을 나눠주고 싶다고 말한다. 아마도 이러한 이유에서 그는 자신의 유언장을 요구했을 것이다.

세네카의 아내 파울리나는 남편과 함께 죽기를 간절히 바랐다. 처음에는 이를 거절했던 그도 아내의 간청을 받아들여 함께 혈관을 가르고 죽음으로의

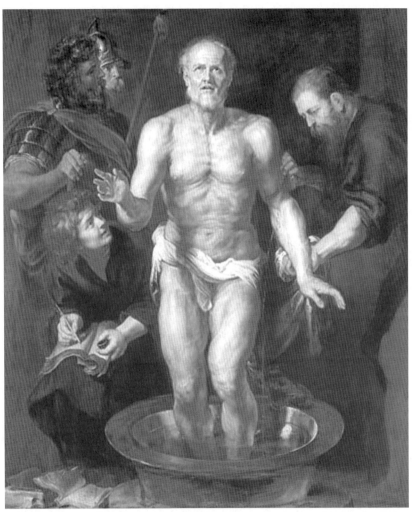

〈세네카의 죽음〉 루벤스 작, 1615. 프라도미술관, 마드리드.

여행을 떠난다. 그러나 곁에 있던 병사가 별실에 기절해 있는 그녀의 팔에 붕대를 단단히 감아 죽음에 이르지 않도록 했다. 이것은 네로가 세네카의 아내까지 죽음으로 몰아넣으면 민중의 반발이 더 거세질 거라 예상해, 만일의 경우 대응책을 병사들에게 명령해 놓았기 때문이다.

세네카는 두 팔뿐만 아니라 발목과 무릎의 혈관도 베어 이윽고 숨을 멈추었다. 그에게는 최후의 순간까지도 망설임 없이 살아가는 인간의 모습을 깊은 상념으로 마무리한 것이다.

세네카는 그의 철학 작품 곳곳에서 소(小)카토가 죽을 때 보인 모습을 찬양한다. 소카토는 카이사르와 폼페이우스 사이의 시민전쟁에서 키케로와 함께 폼페이우스군에 참가했다. 소카토는 전쟁의 형세가 패배 쪽으로 기울자, 키케로와 마찬가지로 카이사르의 관용을 단호히 거부하고 스스로 목숨을 끊는다. 죽기 직전 소카토는 플라톤의 《파이돈》을 읽었다고 전해진다. 어쩌면 이것은 세네카의 죽음과 깊이 이어지는 자세이지 않을까. 세네카는 숨이 끊어질 때까지 철학을 한 것이다(브란트).

네로의 최후

네로는 세네카가 죽은 뒤 3년을 더 살았다. 갈리아의 속주 아크위타니아를 비롯한 로마 영토 곳곳에서 잇따라 반란이 일어난다. 네로는 겨우 세 명의 하인—그중에는 동성애로 결혼한 스포르스도 있다—과 로마 근교의 별장으로 몸을 숨겼다. 그리고 여기에서 이집트로 도망치려고 했다. 그러나 황제를 보필하던 이들은 네로에게 자결을 권한다. 네로는 닥쳐오는 굴욕을 피하려고 마지못해 그 말에 따른다. 그는 스스로 목을 찔렀고, 해방노예인 에파로디투스가 그 시중을 들었다. 서른 살 6개월. 재위 13년 8개월 만의 일이었다.

7. 덧붙이는 말

세네카 혹평의 정점, 카시우스 디오

세네카가 죽은 지 100년쯤 지나자 로마에는 그를 혹평하는 풍조가 몰아치기 시작했다. 여기에 앞장선 사람은 코르넬리우스 프론트(100~170년 무렵)와 아우르스 갓리우스(130년 무렵~?)이다. 그러나 반 스토아파에 선 카시우스 디오(150~235년쯤)가 세네카를 향한 공격의 정점을 이룬다. 이 인물은 소아시아의 파티니아에 있는 니키아 태생으로, 180년에 로마로 와서 원로원 의원이 되었다. 220년 엘라가발루스 황제(재위 218~222년) 치하에서 집정관이 되었다. 카시우스는 세네카의 뛰어난 지혜를 인정하면서도 그의 인격이 고결하다고는 결코 생각하지 않았다.

'세네카의 실제 생활이 그의 철학 가르침과 완전히 대조적이라는 사실은 다만 이 일(네로의 어머니 살해를 지지한 것)뿐만이 아니다. 폭군(네로)을 탄핵했으면서도 폭군의 가정교사가 된 일, 그리고 세네카가 최고 권력자를 둘러싼 무리들을 욕하면서도 그 자신은 궁정에서 사라지지 않은 일 등이다. 또 그는 추종자들의 아첨을 좋지 않게 하는 주제에, 메살리나나 클라우디우스의 부하인 해방노예들에게 아부하는 짓을 계속한 일이 있다.'《로마사》

그러나 우리는 세네카의 철학작품, 그리고 그의 비극작품 속에서 세차게 용솟음치고 있는 고결성과 고요함으로 카시우스의 혹평을 넘어서고자 한다.

타키투스 《연대기》와 세네카

영국이 낳은 가장 훌륭한 세네카 학자는 그리핀 여사일 것이다. 그녀는 대작인 《세네카―정치의 한가운데 선 철학자》에서 세네카에게 타키투스는 늘 호의적이었으며, 반대로 카시우스 디오는 언제나 적대감을 보였다고 말한다. 우리가 세네카를 이해하는데 가장 알맞은 자료는 이 타키투스의 《연대기》임은 모든 사람이 동의하는 사실이다. 타키투스는 세네카에 호의적이기는 하지만 이것은 어디까지나 그의 이성적인 마음과 명료한 시선을 따른다. 이 코르넬리우스 타키투스(56년쯤~118년)는 《연대기》외에 《동시대사》,《아그리콜라》,《게르마니아》,《대화》등을 남겼다. 다음의 짧은 서술만으로도 그가 지닌 역사관의 숭고함을 느낄 수 있다.《연대기》첫머리의 말을 인용한다.

'티베리우스나 가이우스 칼리굴라, 클라우디우스나 네로의 역사는, 이들 황제가 살아있던 시기에는 공포심으로 왜곡되고, 그들이 죽은 뒤에는 생생한 기억 속의 증오로 편찬되었다.

그래서 나로서는 아우구스투스에 대해서는 간단하게 최후의 시기를 말하는 데 그치고, 티베리우스의 지배와 그 이후의 역사를 원한이나 당파심 없이 서술하고 싶다. 나에게는 그런 감정을 품을 이유가 전혀 없기 때문이다.'《연대기》

이와 같은 차분한 시선으로 로마제정사를 바라본 타키투스의 마음에는 로마 공화정, 원로원 귀족정치로 번영한 로마를 사랑하고 아끼는 정이 가득 차있다. 그러나 그와 마찬가지로 너무나도 공화정적이었던 세네카에게 지나치게 나약하다는 말은 마땅하지 않다. 타키투스는 다음과 같이 말하기도 했다.

'분명히 파비우스는 세네카의 우정으로 번영한 사람인만큼 어쩌면 그를 너무 칭찬하기만 하는 성향이 있다. 나는 되도록 다른 여러 사람이 보이는 견해에 따를 작정이다. 혹시 다른 설을 주장하는 사람이 있다면, 그 사람의 이름과 함께 그 이야기를 전하기로 한다.'《연대기》

우리는 이와 같은 자세를 택해야 할 것이다. 타키투스는 참으로 신중하다. 그는 세네카를 서술할 때 대(大)플리니우스(23/4~79년)의 전37권으로 된《박물지 Naturalis Historia》를 많이 참고했다. 그 밖에도 클루비우스(41년 이전의 보결 집정관)의《동시대사》와 앞서 이름이 나온 파비우스의 역사서도 읽었다. 파비우스는 세네카와 한 고향 사람으로 세네카에게 많은 도움을 받은 역사가이다. 이 인물은 네로에게는 냉엄함을, 세네카에게는 찬양을 감추지 않고 역사를 기록했다.

티베리우스부터 4대의 로마제정은 끔찍한 공포정치와 여성 지배에 휩싸여 있었다. 타키투스 없이는 그 시대의 생생한 서술이 불가능했으리라.

타키투스의 세네카 서술에 대해 앞서 인용한 글리마르 이전 프랑스 최고의 세네카 학자 와르츠가 파악한 바를 우리는 늘 마음에 간직해야 한다.

'세네카 시대에 우리가 가지고 있는 가장 정확하고 완전한 묘사는 타키투스의《연대기》이다. 이 묘사는 세네카가 권력의 절정에 있을 때까지도 그는 무대 뒤의 인물에 대해 늘 빠짐이 없을 정도로 세밀히 기록하고 있다.'《세네카의 생애》

타키투스의 투철한 역사관과 두루 살펴 모은 사료, 또 아름다운 문체는 오늘날 우리가 깊이 마음에 두고 배워야 할 점이다. 그의 역사기록은 더할 나위 없이 깊은 인간심리의 성찰이다. 그리스 철학자 아리스토텔레스는《수사학》과《니코마코스 윤리학》으로 인간심리에 대해 경탄할 만큼 날카롭고 풍부한 분석을 보여 주었다. 로마에서 이 아리스토텔레스의 계승자는 타키투스와 세네카로 여겨졌다. 이것은 제2부에서 충분히 밝혀질 것이다.

제2부
세네카의 사상

1. 철학자 세네카의 독자성

키케로와의 비교

세네카는 로마 제정 초기를 그 생애의 운명으로 삼은 철학자이다. 이 사실은 제1부에서 밝혔다. 제2부에서는 세네카를 철학자이자 비극 작가로서 바라보며 그의 작품들을 빠짐없이 펼쳐 놓고 그의 운명과 창조적인 싸움을 더듬어 보기로 한다.

세네카와 함께 로마 가장 위대한 철학자 위치에 선 키케로는 로마 공화정에 마지막 영광의 종소리가 울리기 시작한 가운데 '그럼에도 불구하고!' 공화정을 유지해야만 한다는 의견을 정치활동과 철학의 저술로 주장했다. 이 키케로에게는 끊임없이 도전장을 내미는 상대들이 있었다. 카디리나, 크로디우스, 카이사르, 안토니우스와 같은 뛰어난 인물들이다. 또 허약하게 추락해 가는 동료 원로원 의원들과의 대결도 있었다. 싸울 수 있다는 것 이상으로 인간에게 행복한 일은 없다.

일찍이 쇼펜하우어는 "인간에게 행복 따위는 없다. 오로지 영웅적 행위가 있을 뿐이다"라고 힘주어 말했다. 싸우는 것은 진정한 영웅적 용기를 가진 사람만이 할 수 있다. 그러나 세네카는 싸울 상대가 '풍족'한 적이 없었다.

키케로의 철학은 자아성찰의 깊이를 날실로 하고, 정계의 격동, 공화정을 무너트리려는 독재 지향과의 싸움을 씨실로 짜여졌다. 한편 세네카는 절대로 뒤집을 수 없는 제정이라는 독재정치 시대를 견디내야만 했다. 이런 가운데 세네카의 철학은 인간의 개인적인 영혼에 대한 부르짖음, 그 구원, 섬세한 온정, 죽음에의 응시, 그리고 황제에게의 올바른 정치 권유로 엮어졌다. 그의 정치철학은 하나의 제왕학이다. 그는 키케로의 경우처럼, 로마 선조들의 정신을 불러일으켜 원로원적인 주도정치를 되살리는 일은 꿈에도 상상할 수 없는 일이었다.

키케로처럼 힘겨운 정적을 가져보지 못했던 세네카에게 철학은, 마음을 가라앉혀 죽음을 생각하고 인간 세상을 본모습 그대로 받아들이며, 끊임없이 자신과 대화해 그 영혼을 고결함으로 채우는 일이었다. 그러나 이를 위해서는 윤리학의 좁은 테두리를 넘어 보다 넓은 철학, 즉 자연학을 포함하는 배움에 이르러야함을 확실하게 주장했다. 더욱이 세네카의 철학은 단순히 로마 제정 유지나 어떠한 주장의 소극적이고 타협적인 표현이 아니다. 그 이상의 범위에서 인류를 부르짖음으로써 개인의 영혼을 향해 보편적으로 간절히 호소하는 것이다.

세네카의 철학은 키케로 철학과는 달리 매우 대화적이다. 현대의 사상가 부버의 말을 빌리면, 그는 제왕학적으로 로마 황제에게 국가 최고 지도자의 도리를 설득하기도 하지만, 그 이상으로 그의 주변 사람들이 느끼고 있는 비탄에 대한 위로, 배움을 통한 참된 치유에 대해서 이야기하고 있다. 다른 사람에게 쓰는 것의 일반적인 특성을 뛰어넘어 하나의 영혼에 긴밀히 말을 건네는 구체성, 또한 독자를 상호적인 관계에 둔 따뜻한 문체, 이것으로 담아낸 진실한 내용이다. 또한 그의 작품들은 철학 역사상 처음으로 더없이 산뜻한 감동을 자아낸다는 것이다.

세네카의 현대적 의의

유럽에서도 로마철학을 얕보는 선입견은 뿌리깊다. 그것은 특히 독일에서 두드러진다. 19세기 독일의 로마사 학계 최고 권위자로 노벨문학상의 영광을 입기도 한 몸젠이 키케로 철학을 전혀 독창성이 없다고 깎아내린 일화는 매우 유명하다. 그에 앞서 프랑스 사상가 몽테스키외, 독일 관념론 철학자 헤겔도 키케로에게 몹시 낮은 점수를 주었다. 20세기 독일의 최대 철학자 하이데거는 로마인의 심성, 그리고 키케로를 그리스적인 그윽하고 미묘한 철학정신에서 추락해버린 것, 즉 그리스 문화가 퇴색된 것이라고 격렬하게 비판했다.

그러나 에스파냐의 현대 최고의 철학자인 오르테가 이 가세트와 그 제자 코랄은 로마문화를 그리스문화와 밀접하게 연결해야 할 필요성을 강조하고 로마인에게서 그 문화를 다시 배워야 한다고 권했다. 더욱이 코랄은 로마를 이해하기가 그리스를 이해하기보다 한결 어렵다고 말했다. 로마에는 그리스와 같이 국가(권력투쟁체)뿐만 아니라 사회(활기 있고 다채로운 인간관계)가 존재했다. 다채롭고 활기있는 인간 모양의 정원은 로마를 기대하며 꽃을 피웠다고 할 수 있다. 독설에 뛰어난 로마인의 날카로운 변론, 거침없고 재치있는 표현력, 적절한 반어법, 풍요로운 언어의 과수원에서 풍기는 향기를 우리는 음미할 줄 알았으면 한다.

이 제2부는 세네카를 로마의 제정과 언제나 마주 앉아 있던 위대한 철학자로 '다시 바라보며' 그를 향한 갖가지 오해나 혹평에의 변호를 목표로 삼는다.

세네카는 다른 사람들에게 호소하고 위로하며 격려하는 일을 하면서 변함없는 자기 성찰도 잊지 않았다. 그는 높은 자리에서 내려다보며 다른 사람의 고뇌와 빈곤과 절망에 구원의 손길을 뻗은 것이 아니라 그 자신도 그 괴로움과 슬픔의 한가운데 늘 함께 서 있었다. 세네카를 이제까지의 마땅치 못한 평가와 무관심에서 구하는 길은 그를 우리 인도자로 여기는 시선에서 이야기해 나가는 것 말고는 다른 방법이 없다.

세네카의 시대는 온갖 시정잡배들이 활개를 친 때라 해도 지나치지 않을 만큼 광기와 정념과 질서와 투쟁이 가득한 시기였다. 카이사르가 계획한 독재정치가 마침내 또렷이 드러나, 그 뒤의 제국 정치가 이토록 치졸하게 타락하리라고는 누구도 예측하지 못했다. 율리아 클라우디우스 집안의 핏속에 흐르던 기괴함이 최고로 농축되어, 세네카가 후반생을 살아간 시대를 이룬 것이다. 세네카의 시대에는 그야말로 온갖 음모의 소용돌이라 할 수 있는 공포정치가 일찍이 나타나, 그것이 완전한 부패에 이르렀다.

마음껏 평화를 누리는 오늘날 우리는 세네카 시대를 먼 과거 일로 바라보기만 해도 되는 것인가. 그렇지 않다. 20세기는 두 번의 세계대전을 경험했고 러시아에 공산주의 국가가 존재했다. 이 국가는 모두 아는 바와 같이 숙청정치로 유지되었다. 스탈린은 레닌의 "목적은 수단을 정당화한다"는 주장에 철저히 동의했다. 독일에서는 바이마르공화국이 그 청년기에 일찍 멸망하고, 히틀러를 초법적인 독재자로 받든 나치즘 국가(제3제국)가 악마처럼 날뛰었다. 이러한 인류역사를 뒤돌아볼 때, 로마는 결코 아득한 옛이야기가 아니라는 생각이 든다.

세네카의 작품에 대하여

세네카라는 인물과 작품에 가장 표준적이고 온당한 개론서를 쓴 마우라하는 "세네카가 집필한 수많은 작품의 골짜기들과 높은 봉우리를 둘러보기 전에 그 전체적인 풍경의 특징이 무엇인가를 미리 파악해 두는 것이 좋다" 말했다. 이어서 그는 이렇게 덧붙였다. 세네카는 섹스투스파 아타루스 파비아누스의 제자로서 마지막까지 그들 학풍에 충실했다. 그것은 세네카가 작품의 체계적인 완성보다는 언제나 이상의 현실화에 노력했음을 말한다.

물론 마우라하 의견에 반대하는 사람도 있다. 세네카는 고결한 삶을 살아가는 데 그가 놓여 있는 현실, 즉 그 구체적인 상황에 따라야 함을 늘 이야기했다. 그러나 이로 인해 그를 비체계적이고 어딘가 의심스러운 철학자로 여겨서는 안 될 일이다.

세네카의 체계성, 전체적인 일관성은 그의 서간집을 통해서도 볼 수 있다. 그리고 체계성이 뜻하는 것은 전체적인 일관성뿐만이 아니라, 철학부문의 포괄성으로도 연관된다. 헬레니즘기(아리스토텔레스 이후의 시대) 철학은 자연학, 윤리학, 논리학 등 세 부문으로 이루어져 체계란 이 셋을 포괄하는 것이었다. 더욱이 이 세 부문 가운데 윤리학이 가장 중요했다. 세네카의 철학작품도 이 구성과 핵심을 잇고 있다. 그에게 논리학은 이를테면 스토아파처럼 인간의 사유를 정리하는 학문이기보다, 뼈를 깎는 노력으로 언어세계를 구축하는 비극작품의 창조였다.

세네카의 철학은 윤리학적 색채가 짙으며, 그 무엇보다 한결 깊이 있는 종교적 철학이다. 또한 그는 자연학에도 꽤 많은 공을 들여 몇 편의 천체 자연현상 연구서를 펴냈다. 인간의 운명을 응시하는 것은 세네카 철학의 버팀목이지만, 그는 인간을 우주적 자연의 큰 시야에서 묻기도 한다. 그의 철학은 흔히 말하는 윤리학적 축소가 아니다.

세네카의 저작집에 대하여

세네카는 아버지와 같은 이름인 루킬리우스 안나이우스 세네카였다. 이 때문에 소세네카 저작집에 대세네카의 작품도 뒤섞인 상황이 1800년대 초까지 이어졌다. 최초의 세네카 저작집은 1652년 리프시우스가 펴냈다.

이 저작집의 제1권에는 대세네카가 남긴 두 작품이 실려 있다. 제2권은 소

세네카의 철학·윤리학 저작, 제3권 윤리 서간집, 제4권 윤리 서간집 나머지와 《스토아파의 자연 철학》, 제5권은 《자연 철학》이다. 《스토아파의 자연 철학》은 오늘날에는 소세네카의 저작으로 여기지 않는다. 또 여기에는 소세네카의 비극작품은 전혀 실려 있지 않음을 덧붙인다.

세네카가 남긴 저작물들을 최초로 구분해서 논한 사람은 퀸틸리아누스이다. 그의 《변론술 교정》에는 세네카의 변론, 시, 서간 그리고 대화, 이 네 부문이 널리 알려져 있다고 씌어 있다. 그러나 그가 세네카의 모든 저술을 아우른 것은 아니다. 세네카는 이 밖에도 아버지의 전기, 지리학, 이집트 종교, 인도 지리에 대한 저서를 남겼다. 그리고 앞서 말한 네 부문의 여러 저술들 가운데 전해지지 않는 서책들도 많이 있다. 그의 시를 말하자면 오늘날 전해지는 것은 비극작품 9편뿐이다. 세네카는 에피그램(풍자시)도 많이 남겼다. 소프리니우스 (61년 무렵~112년 무렵 ; 7권의 문학적 서간집을 씀)가 이에 대해 말했는데, 그것들은 모두 사라져 없어지고 말았다.

세네카는 서간 형태의 글을 남긴 철학자 가운데 가장 뛰어난 인물이지만, 젊은 벗 루킬리우스에게 보낸 서간만 후세에 전해진다. 오늘날 읽어볼 수 있는 124편의 서간집도 그의 모든 편지를 모았지만 완전하지는 않다.

'대화'라는 특색을 붙여 작품들을 정리한 것은 암브로시우스(339년 무렵~397년 무렵)이다. 이 문헌학자는 《섭리에 대하여》, 《현자의 항심에 대하여》, 《분노에 대하여》(전3권), 《마르키아에게 보내는 위로의 편지》, 《행복한 삶에 대하여》, 《한가로움에 대하여》, 《마음의 평정에 대하여》, 《삶의 짧음에 대하여》《폴리비우스에게 보내는 위로의 편지》, 《헬비아에게 보내는 위로의 편지》를 '대화'로 정리했다.

이밖에 세네카에게는 《너그러움에 대하여》와 《은혜에 대하여》(전7편)라는 작품이 있다. 또 다른 철학부문에 속하는 7권(8권이라고도 함)의 《자연 연구》가 일부 빠진 부분이 있으나 남아 있다. 또 클라우디우스 황제에 대한 뼈에 사무친 증오가 사라지지 않아—세네카의 코르시카 추방을 승인했으므로—황제를 웃음거리로 삼은 《신성한 클라우디우스 호박(바보) 만들기》가 있다. 그밖에 제목만 전해 오는 것으로 《미신에 대하여》, 《권고》, 《결혼에 대하여》, 《죽음에 대하여》, 《우정에 대하여》가 있다.

칼리굴라 시대	
기원후 1년	세네카 태어남.
38년 무렵	《마르키아에게 보내는 위로의 편지》
39~41년	《분노에 대하여》 I, II

클라우디우스 시대	
41년	코르시카에 추방됨(~49).
42년	《헬비아에게 보내는 위로의 편지》
	《분노에 대하여》 III
43년 무렵	《폴리비우스에게 보내는 위로의 편지》
48년 무렵	《삶의 짧음에 대하여》
49년	네로의 스승이 됨.
50~60년 무렵	비극 집필.
54년	《신성한 클라우디우스 호박(바보) 만들기》

네로 시대	
55년 무렵	《현자의 항심에 대하여》
58년	《행복한 삶에 대하여》
59년 무렵	《마음의 평정에 대하여》
62년 무렵	《한가로움에 대하여》
62~65년	《은혜에 대하여》《자연 연구》 전7(8)권
	《루킬리우스에게 보내는 윤리 서간》
	(오늘날 124편만이 남아 있음)
65년	네로의 명에 의해 자결함.

　세네카는 스토아파의 엄격주의를 따른 철학자이고, 한편으로는 인간의 정념, 증오, 잔인, 살육을 시적으로 작품화한 비극작가였다. 일찍이 유럽 중세에는 서로 다른 이 양면을 동일 인물이 이야기함을 받아들이지 못하는 사고방식이 그리스도교 신학자들을 지배했다. 클레몬 프랑의 주교인 아폴리나리스 시드니우스는 그 비극작품들이 세네카와 다른 사람이거나 또는 동명이인의 작품일 거라고 주장했다.

　또 세네카와 사도 바울 사이에 오고간 편지도 발견되었다. 이 두 가지 움직임은 공통적인 데가 있다. 그리스도교에 누가 보아도 깊은 공감을 가진 세네카를 세속적 정념의 표현자라는 이름에서 분리해서 그리스도교에의 동조자로 만들려는 움직임이었던 것이다. 세네카와 바울 사이의 서간은 거짓일 가능성이 크다.

여기서 세네카가 쓴 저작물이 완성된 해를 정리해 본다. 이는 대부분 풀만의 주장에 따랐으나 다른 설도 있다.

세네카와 바울

여기에서 다시 세네카와 바울의 관계를 설명하기로 한다. 1800년대 중엽부터 오늘날까지 20개 정도의 저작과 논문이 이들 관계에 대해 씌어졌기 때문이다. 그리스도교는 니체에게 바울교라고 불리울 만큼, 바울의 영향을 크게 받았다. 예수의 불가사의한 언행, 그리고 한 가지 확실한 사건인 십자가에 못박혀 죽은 것에 대한 바울의 해석에 의해, 그리스도교는 새로운 종교로 유대교에서 독립할 수 있었다. '바울화'야말로 그리스도교의 성립과 번영의 비밀이라고 해도 지나친 말은 아닐 것이다.

이 바울은 세네카와 같은 해에 태어났다. 1년 뒤라는 이야기도 있고 두 사람 사이에 편지 교환이 있었다는 의견도 뿌리깊다. 이것을 처음으로 주장한 이는 1853년 프랑스의 A. 프루리였다. 20년 뒤에 C. 오베르탄도 그에 동의했다. 그러나 독일의 브루노 바우어는 《로마적 그리스문화에서의 그리스도교 기원》(1877)이라는 저술을 통해 두 사람의 사상이 지닌 공통점과 차이점을 지적하는 동시에 그 왕복 편지는 그리스도교, 특히 가톨릭 쪽의 날조라고 주장했다. 또한 바우어는 가톨릭은 그리스도교의 깊이와 스토아파의 고매한 품성을 연결하려고 세네카를 이용해 선교했다고 결론지었다.

확실히 세네카에게는 그리스도 교인이라 해도 이상할 게 없는, 심성의 순수함과 세속적인 모든 것에 초탈한 자세를 볼 수 있다. 우리는 세네카와 바울의 관계를 묻는 것을 떠나—아직도 이 두 사람 사이를 연구하는 학자가 끊이지 않고 있지만—세네카와 그리스도교와의 유사성과 공통성, 또 그 이면에 있는 상이성과 대립성을 자세히 살펴볼 필요가 있다.

세네카는 그리스도교 신앙의 핵심인 부활과 최후의 심판에 대한 믿음을 지니지 않았음은 사실이다. 그와 동시에 신학자 브르토만(《신약성서의 신학》)의 말처럼 바울의 예수사상, 바울의 그리스도교론이 헬레니즘 철학에 영향을 받았음은 틀림없다. 그리고 바울의 《코린토인들에게 보낸 편지》가 세네카와 매우 비슷한 사상을 보이고 있다는 하인리키(《코린토인들에게 보낸 둘째 편지》)의 파악도 억지 주장은 아닌 것으로 여겨진다.

세네카와 바울을 향한 시선은 그 둘의 관계를 넘어서 그리스도교의 고대 교부철학가(테르투리아누스, 안브로시우스, 아우구스티누스 등)와 스토아파 철학가의 관계를 아우르는 범위 이상으로 시야를 넓혀야 한다.

2. 철학·윤리학 저작

(1) 위로의 편지

위로라는 형태의 철학

위로 편지라는 형태의 철학 표현은 그리스 고전기 소피스트들에 의해 시작되었다. 플라톤은 이미 "철학은 정신의 의술"이며 "철학자는 정신과 의사"라고 말했다(《고르기아스》, 《티마이오스》). 철학이 마음을 치유해 준다는 것은 에피쿠로스(기원전 341~270)에 의해 주창되었다. 이 에피쿠로스가 세네카에게 끼친 영향은 사상뿐만이 아닌, 그의 사유 방식 자체였음을 우리는 기억해야 한다.

기원전 4세기는 에피쿠로스가 학원을 만들어, 그 신봉자들이 잇따라 모여든 시대이다. 이 시기에 '실제적으로 내려덮이는 죽음의 슬픔에 사로잡힌 사람들을 해방하려, 또는 그 슬픔을 조금이나마 덜어주려고 쓴 저작'이 탄생했다. 키니코스 학파(안티테네스와 시노페의 디오게네스가 중심)에 이르러 이 형식은 활짝 꽃피었다. 또 스토아파, 아카데메이아파도 이 형식을 썼다. 특히 앞에 이야기한 에피쿠로스파는 학원동료 간의 우정과 결속을 단단히 해, 위로라는 주제에 특별한 깊이를 갖도록 했다.

《마르키아에게 보내는 위로의 편지》

마르키아는 아우구스투스의 황후 리비아의 친한 벗이고, 네 자녀의 어머니였다. 그녀는 아들인 메테리우스가 젊은 나이에 죽은 것을 오래도록 슬퍼하고 있었다.

세네카는 마르키아를 위로하는 편지에서 그저 일반적인 윤리만으로 호소하지는 않았다. 지난날 비참한 운명에 부딪혀 아들을 잃은 대정치가 아우구스투스—그는 기원후 12년에 외아들 아그리파를 전쟁에서 잃었다—를 모범으로 들며, 그가 사건 뒤에도 절망에 빠지지 않고 의연히 국정에 임했음을 이야기해 마르키아를 위로했다. 세네카가 가장 중요하게 말하고자 한 바는, 슬픔이 오직 마르키아 한 사람만의 것이 아니라는 것을 되풀이하여 설득하려는 것이 아니다. 오히려 그의 의도는 새로운 세계관에 그녀를 세우는 데에 있었다.

인간은 살아서 존재하는 것, 그 자체가 슬픔이다. 우리는 갖가지 일에 집착하고 애착하며, 그것을 뿌리치기 어려워하는 가운데 살아간다. 하지만 어떤 것에서도 안정과 만족을 찾을 수는 없다. 그러므로 인간은 삶의 한 부분 때문에 눈물을 흘릴 필요는 없다. 그보다는 삶 전체, 곧 태어나고 성장해 죽어 가는 그 일 자체를 슬퍼해야 할 것이다. 마르키아는 아들의 죽음을 슬퍼하고 있다. 그러나 그 괴로움은 사실 아들을 낳을 때 이미 비롯된 것이다. 마르키아가 아들을 낳고 사랑한 그 자체가 선물이고 보답이다.

여기에서 우리는 세네카가 죽음을 단순히 좋거나 나쁜 것이라 말하지 않음에 주목할 필요가 있다. 죽음 그 자체로서도 허무할 뿐이며, 선이니 악이니 말할 수 있는 것이 아니다. 죽음은 선악 그 어느 운명에도 사람을 넘겨주지 않는다. 선과 악이란 어디까지나 사람이 살아 있을 때라야 의미가 있다. "죽음이란 탄생이 벌이 되지 않도록 하는 것"이다.

《폴리비우스에게 보내는 위로의 편지》

이 글은 코르시카 섬에 유배 중이던 세네카가, 클라우디우스 황제의 문서보고관이라는 중직에 있는 해방노예 폴리비우스에게, 그의 동생의 죽음을 위로하려는 목적으로 쓴 것이다. 앞서 말한대로, 폴리비우스는 호메로스를 라틴어로, 베르길리우스를 그리스어로 번역했다.

이 작품에는 세네카의 다른 의도가 감춰져 있다. 그즈음 세네카는 어떻게든 로마로 돌아가려 애쓰고 있었다. 많은 학자들은 그것을 이 글의 본디 목적이라 여긴다.

작품상에는 클라우디우스를 칭송하고 메살리나의 자비에 매달리는 세네카의 모습이 확연히 드러나고 있는데, 이것은 폴리비우스가 황후에게 이 내용을 고해 자신의 귀환을 돕게 하려는 의도가 바탕에 있다고 보인다. 제1부에서 이야기했듯, 처음 세네카를 추방하자는 말을 꺼낸 사람은 메살리나였다. 따라서 이 글은 위로의 편지라기보다, 청원서와 다름없다고 할 수 있다.

이 작품은, 세네카를 싫어하고 비방하는 자들에게 그를 공격할 적절한 근거와 재료가 되어 주었다. 그들은 이 작품에서 세네카의 음험함이나 아첨하는 듯한 태도를 보았기 때문이다.

유럽 정신사에서, 세네카를 가장 신봉한 두 사람은 에라스무스와 디드로이다. 디드로는 세네카를 향한 사람들의 공격에 이 작품의 진위를 가리는 것으로 맞서려 했다. 그것은 단순히 세네카를 옹호하려는 게 아니었다. 카시우스 디오의 발췌서에는 다음과 같이 기록되어 있다. "세네카는 확실히, 메살리나가 폴리비우스에게 힘을 빌려줘야 한다는 편지를 그에게 보냈다." 그리고 디드로는 "세네카가 지금 남아 있는 《폴리비우스에게 보내는 위로의 편지》를 세상에 내보이길 원치 않았다면, 그 이유는 이것이 세네카를 실추시키려고 거짓으로 꾸며낸 것이기 때문"이라고 말하기도 했다.

확실히 이 작품에는 명백하게 세네카의 본심이 아닌 듯한 미사여구와 아첨이 여러 번 보인다.

《헬비아에게 보내는 위로의 편지》

어머니 헬비아가 코르시카로 유배된 둘째 아들 세네카의 처지를 한탄하자 이를 위로하려 쓴 서간이다. 이 글에는 "세네카의 다른 작품에서는 찾아보기 힘든 개인적인 따뜻함과 애정이 넘쳐 있다."(풀만) 헬비아는 코르도바에서 로마로 와서 아들인 세네카를 오랜만에 만나고, 다시 코르도바로 떠난 지 이틀 만에 아들이 추방되었음을 알게 되었다.

세네카는 코르시카에 도착해 곧바로 어머니에게 위로의 편지를 쓰려 했으나 그만두었다. 어머니를 슬픔에서 벗어나게 하는 데는 그 자신이 자기 처지를 슬퍼하지 않고, 코르시카 섬의 나날 속에서 행복을 찾아 인간답게 살아가는 방법을 발견하는 일이 보다 중요하다고 생각했기 때문이다.

다른 사람의 슬픔이나 괴로움을 덜어주려면, 그 닫혀진 영혼을 여는 일, 그 마음의 방향을 바꾸는 일이 가장 중요하다. 세네카는 자식의 입장에서 어머니를 그저 붙들고 다독이며 위로하려고 하지 않았다. 다만 눈물을 닦아 드리는 정도만으로는 어머니를 진정으로 위해 드리는 것이 되지 않기 때문이다.

추방은 장소를 옮긴 것일 뿐

세네카는 어머니에게 자기는 지금 어떤 불행도 겪고 있지 않다고 말한다. 다른 사람들은 세네카가 추방당해 로마에 살 수 없게 된 일을 불행이라고 말한다. 그러나 세네카는 그것을 수긍하면서도 그다지 나쁠 것도 없다고 되받아친다. 어머니에게도 추방은 장소를 옮긴 것에 지나지 않는다고 말한다.

그러나 실제 코르시카는 생활조건이 가혹하기 짝이 없는 곳이었다.

세네카는 언제나 모범적인 사례를 인용하여 구체적으로 설득의 말을 엮어나간다.

학문으로 슬픔을 극복하다

그러나 세네카는 모범적인 사례를 들어 슬픔을 견디라고 호소만 하는 것은 아니다. 이 작품은 그 밖에도 이제까지의 말을 바탕으로 다정하고 조용한 위안을 전달한다.

세네카는 어머니에게 슬픔에서 진정으로 치유받기 위해서는 학문에의 몰입이 반드시 필요하다고 차분하게 권한다. 학문이야말로 마음의 상처를 치료하고 고뇌를 해결한다. 세네카는 이것을 어머니에게 간절하게 전한다. 어머니 헬비아는 본디 철학 책 읽기를 좋아하는 지성적인 여성이었다. 제1부에서 말한 대로, 세네카의 아버지는 그녀가 철학에 마음 두는 것을 못마땅하게 여겼다. 아버지는 언제나 여자는 학문을 자기 수양이 아닌 한낱 재미로만 삼는다고 말했다. 이렇게 고지식한 아버지가 얼마 전 세상을 떠났으므로, 어머니의 학구열을 막을 사람은 이제 없었다.

세네카는 어머니에게 앞으로 학문을 마음껏 탐구하도록 권했다. 이처럼 자식의 처지를 걱정해 어쩔 줄 모르는 어머니에게, 아들이 슬퍼하지 말고 학문의 길로 나아가라고 격려하는 경우는 아마도 없을 것이다.

세네카는 마르키아와 헬비아, 두 여성에게 위로의 편지를 썼지만 두 사람에게 대한 위안의 방식은 전혀 다르다. 독일 학자 아벨에 따르면, 세네카는 마르키아에게는 페리파토스적(아리스토텔레스 학파적) '감정의 완화'를, 또 어머니 헬비아에게는 스토아적인 '감정에서 이탈'을 권했다.

(2) 정치철학 작품 《너그러움에 대하여》

이 작품의 안목

키케로의 《국가에 대하여》가 키케로 정치철학의 핵심이라면, 세네카의 이 작품은 그의 정치철학이 무엇인가를 깊이 새겨 표현한 것이다.

55년, 네로는 의붓형제인 브리타니쿠스를 죽인다. 이 해에 세네카는 《너그러움에 대하여》를 네로에게 바친다. 정식 제목은 《카이사르 네로에게 바치는 관용에 대하여》였다. 이 작품은 관용과 인간성, 모든 정치행동의 규제, 화해를 네로에게 권하고 있다.

세네카는 로마 황제에게 아무리 군주라 해도 폭력과 폭정을 휘둘러서는 안 된다고 차분하게 설명한다. 또 로마 황제는 로마 국민의 안녕뿐만 아니라 인류 전체의 안녕 또한 늘 마음에 두고 국정을 살펴야 한다는 말도 덧붙였다.

《너그러움에 대하여》의 구성

이 작품은 본디 세 권이었으나 지금은 두 권만 남아 있으며, 전편 가운데 절반 이상은 사라져버리고 말았다. 이 작품은 세네카의 자발적인 집필 의지에서 씌어진 것이 아니다. 그것은 '관용에 대하여 써달라'고 네로가 요청한 것이다. 하지만 내용을 읽어 보면 세네카도 언젠가는 이 주제로 집필하려던 의도가 충분히 있었음을 짐작할 수 있다. 열여섯 살이 되어 황제 자리에 오른 네로는, 이 때 열여덟 살이었다. 그러나 이 작품이 황제의 브리타니쿠스 살해를 막지는 못했다.

관용은 라틴어로 클레멘티아(clementia)이다. 이 단어는 인간성과 같은 뜻이다. 클레멘티아는 '동정'을 의미하는 미세리코르디아(misericordia)와 '유연성'으로 이루어진다. 더불어 관용은 '카이사르의 관용(clementia Caesaris)'이라는 성어가 말하는 것처럼 일반적인 관대함의 의미보다는, 강대한 권력을 가진 이가 분노로 인한 폭력행사나 지나친 복수를 그만둠을 뜻하고 있다.

'관용'은 다른 사람에 대한 측은함과 배려인 '동정'과는 다르며, 이보다 포괄적인 의미를 지닌다. 그런데 세네카는 이 작품의 제1권에서는 두 단어를 거의 같은 뜻으로 쓰고 있다. 그러나 제2권에서는 동정을 덕으로 인정하지 않는다. 세간에서는 동정을 덕으로 여기지만, 세네카는 이 책에서 그러한 감정은 마음의 악덕밖에 되지 않는다고 말한다.

이 작품에는 세네카의 고귀한 심성이 매우 잘 드러나 있으며 몇 세기에 걸쳐 가장 널리 읽혔다. 그뿐만 아니라 이 작품에는 세네카의 정치적 견해를 이해하는 데 도움되는 말들이 포함되어 있다.

작품 동기

앞에서 말했듯 이 작품을 세네카에게 요청한 사람은 네로였으나, 세네카는 이것을 다만 "감사한 일이다!"라고만 여기지 않았다. 그는 오만하고 냉혹해지기 쉬운 최고 권력자 자리에 있는 네로가 때로 이토록 부드러운 마음을 보이는 모습에 감격을 나타냈다.

세네카와 함께 네로의 보필에 힘 쓴 경호대장 부루스는 군인으로써 네로에 대한 충성이 대단했으며, 마치 그를 위해 태어난 인물 같았다. 어느 날 부루스는 네로에게서 두 명의 노상강도를 처형하라는 명을 받았다. 이 처벌을 집행하기 전, 그는 규정함에 있어 규칙대로 범죄들의 이름과 처벌 이유를 문서로 작성해 달라고 네로에게 청원했다. 이런 일은 그때까지 자주 소홀히 다뤄져 왔다. 네로는 부루스의 이 청원에 대해 꽤 오래 머뭇거렸다. 세네카는 그때의 일을 다음과 같이 이야기했다.

'본의 아닌 사람(부루스)이 본의 아닌 사람(네로)에게 한 장의 종이를 내밀었다. 그 때 네로가 소리를 질렀다. "내가 글자 따위를 몰랐다면 더 좋았을 텐데!"

스토아파 세네카는 관용과 모순되는가

그런데 세네카가 '관용'을 이야기하는 것은 엄격한 윤리를 주장하는 스토아파의 한 사람인 세네카와 어떻게 연관이 될까. 스토아파는 동정을 좋지 않은 감정, 이성의 적이라고 비난한다. 이 파의 제3대 수장인 크리시포스는 종교적 관용을 뜻하는 에피에이케이아를 현자의 이상에서 제외한다. 그러나 세네카가 말하는 관용 클레멘티아는 이 에피에이케이아와는 다르게 여겨진다. 오히려 에피에이케이아는 관용이 아니라 관용의 겉모습을 한 그 무엇이며, 또한 비난받아야 할 무책임한 관용에 멈춰 있는 것이 아닐까.

군주의 거울인 관용

이 작품 전체를 다시 생각해 본다.《너그러움에 대하여》는 말하자면 군주의 올바른 마음가짐을 설명한 책으로, 군주의 거울로 삼기 위한 책이라는 것은 세네카의 말에서도 분명히 드러난다.

이 작품 제1권은 먼저 사례를 들어 '관용의 경험적이고 공리적인 기초를 다진다(풀만). 관대하고 온화한 군주의 모범으로 아우구스투스가 등장하며, 세네카는 이 황제가 지닌 신하에 대한 관용의 마음을 다른 사건에 어떻게 대응시킬지에 대해 설명한다. 그는 아우구스투스를 '성스러운 이'뿐만 아니라 '신'으로까지 찬양한다. 이것은 네로를 보다 나은 길로 이끌려는 하나의 논리이며 방편일 것이다.

이 황제도 옥타비아누스라는 이름으로 아직 제위에 오르지 않고 안토니우스, 레피두스와 함께 삼두정치를 펴고 있을 무렵 여러 사건을 일으켰다. 특히 레피두스가 전사한 뒤 남은 안토니우스와 우열을 겨룬 싸움에서는 사납고 잔학한 처단을 주저하지 않았다. 그러나 황제가 되자 그런 행동은 완전히 바뀌었다.

그 한 사례가 루킬리우스 킨나의 음모에 대한 대처이다. 이 인물은 대폼페이우스(카이사르와 시민전쟁을 벌인 군인, 정치가)의 손자였다. 아우구스투스는 킨나를 처형하는 일로 마음속 깊이 신음하며 고민했다. 그때 황후 리비아가 "방법을 바꾸어 타이르고 가르치면 어떨까요" 하고 사려 깊은 의견을 말한다. 황제는 킨나를 곁으로 불러 아무런 심문도 하지 않고 그저 복수의 부질없음을 잘 알아듣도록 타일렀다. 그 결과 킨나는 황제에게 깊이 감사하고 경외에 넘친 친애와 새로운 충성을 맹세했다. 아우구스투스 치하에서 반역 음모는 이 한 번으로 끝이 났다.

다음으로 제1권은 군주가 해내야 할 의무를 설명한다. 세네카는 로마의 가정질서를 예로 들어, 군주의 자리는 가족 안에서 아버지와 같다고 말한다. 여기에서도 아우구스투스가 한 나라의 아버지로서 내린 관용적인 판결을 이야기한다.

이 제1권에서 관용은 동정과 거의 같은 뜻으로 쓰이며, 또 호의나 은사를 베푸는 것도 관용과 큰 차이가 없는 것으로 여겨진다.

제2권에 대하여

한편 제2권에서 동정, 호의, 은사와 같은 감정은 마음의 악덕이라고까지 일컬어진다. 동정은 연약한 마음의 결함이다. 동정이란 노파가 느끼는 측은함이란 뜻을 가지고 있다. 이러한 감정은 몹시 나쁜 인간이라도 그자가 흘리는 눈물에 마음이 흔들리게 한다. 세네카는 "동정은 원인이 아닌, 처지만을 보는 것이다"라고 서슴지 않고 단언한다. 관용의 반대말은 엄격이 아니라 '잔인'이다. 잔인은 복수로 이루어지는데, 오직 사람을 학대하는 것에 기쁨을 느끼는 것은 '야만'이다. 이와 같은 세네카의 사색은 관용의 현상학이라고도 할 만한 분석력을 발휘하고 있다.

이 제2권에는 스토아파에 대한 세네카의 변호가 뚜렷하게 나타난다. 일반적으로 철학을 잘 모르는 로마인들에게는 스토아파에 대한 평판은 좋지 않았다. 스토아파는 지나치게 쌀쌀맞고, 아무리 높은 권력을 가진 자에게도 단지 듣기 좋은 말 따윈 하지 않는다고 여겨졌기 때문이다. 세네카는 이것을 오해라고 말한다.

관용은 동정이 아닐 뿐만 아니라, 죄인을 사면하는 것도 아니다. 동정은 본디 연약한 감정이다. 한편 관용은 이성의 또다른 모습이다. 스토아파는 감정에 흔들리지 않고 이성을 따르기 때문에 현상을 있는 그대로 볼 수 있으며, 인간에 대한 진정한 사랑으로 가득 차 있다. "스토아파만큼 친절하고 온유하며 인간을 사랑하고 공동선을 위해 힘을 기울인 학파는 없다."

스토아파의 현자에게는 인간의 어려움을 못본 체하는 냉담함은 없다. 그들은 이성에 몸 담고 있으므로 괴로워하는 사람, 눈물을 흘리는 사람, 추방당한 사람에게 실질적인 도움의 손길을 뻗으려 한다. 이것이 세네카의 결론이다. 동정에 휩쓸려 안일한 감정에 젖는 행동을 따끔하게 꾸짖은 세네카가 어머니에게 학문에 의욕을 불태움으로써 비탄에서 벗어날 수 있다고 권한 것은 마땅한 일이었다.

(3) 또 하나의 정치철학 작품 《분노에 대하여》

《분노에 대하여》의 성립과 안목

'분노'는 인간 고유의 감정이며, 동물에게는 충동과 광포는 있어도 분노는 없다. 어느 시대에나 인간은 격렬한 분노에 마음을 불태우고 끓이면서 적대하고, 복수하는 잔인한 행동을 되풀이해 왔다. 인류의 역사는 그 첫줄부터 분노의 보복전으로 시작되었다고 해도 지나친 말이 아니며, 오늘날도 그것은 조금도 변함이 없다.

로마의 제정은 제2대 황제인 티베리우스부터 칼리굴라, 클라우디우스, 네로에 이르는 광기와 어리석음의 황제 통치 아래 관용을 잊고 적의와 분노가 소용돌이치는 시대를 겪었다. 세네카는 청년기부터 이 4대의 황제에 걸쳐 그야말로 소름 끼치는 공포정치 속을 살며, 이 시대 자체를 철학한 것이다. 이 작품은 인간의 정념 가운데 가장 격렬하고 무서운 '분노'에 대해 매우 정밀한 고찰과 사색을 한 기록이며, 또한 세네카의 통찰력 깊은 심리분석을 산뜻한 문장으로 훌륭하게 표현하고 있다.

분노는 라틴어로 '이라(ira)'이다. 덧붙여 그리스어로는 '시모스(θυμος)'이다. '이라'를 라틴어—영어사전에서 살펴보면, 이 말은 '아에룸나(aerumna)'와 유의어라고 설명되어 있다. 그러나 아에룸나는 몹시 괴로움, 곤궁, 성가심이라는 의미가 주이고, '이라'는 분노, 격노라는 의미가 중심이다. 'ira'는 영어로는 'anger, wrath, rage, indignation'으로 되어 있다. 요컨대 '이라'는 보통 아닌 적의의 폭발이라고 해도 되므로, '아에룸나'와 '이라'는 전혀 다르다고 말해도 될 것이다. 또 현대 세네카 연구에 독일의 3대 석학 가운데 하나인 마우라하(다른 두 사람은 아벨과 풀만)는 '이라'의 독일어인 'Zorn(노함)'이라는 통상의 번역어는 적당하지 않으며 '이라'의 격렬한 악의를 띤 감정은 'Wut(분노)'로 번역되어야 한다고 말한다.

이 작품은 크게 두 부분으로 나뉘어 있다. 전3권 가운데 제2권의 중반까지는 이론 부분이다. 여기에서는 ①분노의 본질 ②종류 ③자연에 적합한 것 ④효용 ⑤치료의 가능성에 대한 구분으로 논의를 진행한다. 위의 ③과 ④에 대해 세네카는 분명히 부정적이고, 이 두 가지를 긍정적으로 주장하는 아리스토텔레스와 그 학파인 페리파토스(소요학파)를 단호하게 논박한다.

두 번째 부분은 제2권 끝까지이며, 실제적인 치료를 말하는 부분이다. 여기에서는 ①예방 ②치료라는 두 가지로 구분된다.

제3권은 분노에 사로잡힌 독재군주의 숱한 악행을 사례로 들어, 그러한 잔학성에서 벗어나야 함을 설득하는 부분으로, 제1권·제2권의 2년 뒤에 쓴 것이다. 제1권·제2권은 네로 이상으로 잔인한 광기를 드러냈던 칼리굴라 시대에 저술했고, 제3권은 클라우디우스가 제위에 오른 그 다음해에 덧붙였다.

《분노에 대하여》에는 칼리굴라가 보인 궁정생활의 역겨움이 주된 배경이 되었다. 이 작품에서 세네카는 스토아학파 엄격주의(이성의 엄격한 지도성에의 확신)에 의해 칼리굴라가 보인 하늘을 찌를 듯한 분노와 인간으로서의 추한 모습을 대결시킨 것이다.

분노의 정의와 그 치료법
세네카는 제1권의 첫머리에서 다음과 같이 말한다.

'분노 이외의 감정에는 늘 무언가 편안하고 조용한 면이 포함되어 있다. 그러나 분노의 감정만은 너무나 격렬해, 충동적인 증오에 몰려 폭력과 유혈, 고문 등 가장 비인간적인 욕망에 쉽게 휩싸이게 한다. 그리고 광기로 다른 이에게 해를 가하는 동안, 이성을 잃고 상대의 검에까지 덤벼들어 그를 끌고 다니며 복수만을 시도하려고 한다.'

세네카는 또 분노에 대해 덧붙여 썼다. '성격이 조급한 사람의 광기', '스스로 망가트린 것 위에서 부서져 흩어지는 파멸', '다른 감정은 겉으로 드러나지만, 분노는 분출된다' 등의 설명이다. 인간 이외의 동물은 분노를 느끼지 않는다. 분노는 이성의 적이다. 이성이 없는 동물에게는 처음부터 분노가 생길 여지가 없는 것이다.

세네카는 분노를 '복수하려는 욕망'이라고 정의했다. 여기에서 그는 만일 복수할 능력이 없더라도 그 욕망만으로 분노는 충분히 존재함을 지적한다. 세네카는 여기에서 아리스토텔레스의 정의—아리스토텔레스의 어느 작품에 있는 가는 분명하지 않음—를 인용한다. '분노는 고통을 되돌려 주려는 욕망이다'가 그것이다. 세네카는 자기의 정의가 아리스토텔레스와 큰 차이는 없다고 말한다. 더구나 세네카가 내린 정의는 그의 독창적인 것이 아니고, 스토아파의 해박한 철학자 포세이도니오스의 것이다.

이어서 세네카는 분노가 자연에 적합하고 유익한가를 밝히는 분석으로 들어간다. 분노는 보복에 열중하는 야만적이고 해로운 악덕이며, 서로 돕고 다른 사람에게 애정을 가지도록 태어난 인간의 올바른 존재방식이 아니다. 분노만큼 적의를 띤 감정은 없기 때문이다. 따라서 분노는 인간의 자연에 어긋나는 것이다.

또 분노는 자연과 들어맞지 않지만, 마음을 들뜨게 해 용맹한 행동으로 유도하니 유익한 것이 아니냐는 분노 옹호론에도 세네카는 동조하지 않는다. 세네카는 분노를 적당히 견제해 이용할 수 있다는 의견도 물리친다. 분노는 제동 없이 폭주하는 성질을 그 안에 숨기고 있어 충동적이다. 이성은 분노보다 강하다. 분노가 알맞게 작용하려면 이성에 의지해야만 한다. 한편 이성은 분노를 필요로 하지 않는다. 악덕인 분노는 무엇에도 도움을 주지 못하기 때문이다.

세네카는 아리스토텔레스나 테오프라스토스에게 단호히 맞선다. 그들의 기본 주장인 "분노는 필요하다. 영혼이 그 자신을 불태워 끓어오르게 하지 않으면 아무것도 정복할 수 없다. 어떤 종류의 격정(분노)은 그것을 잘 쓰는 사람에게는 무기로서 유익하다"는 것에 전혀 동의하지 않는다. 이성이 분노에게 도움을 바란다는 생각만큼 어리석은 논리는 없기 때문이다.

분노의 치료법에 대해 세네카는 분노에 빠져들지 말 것, 분노가 치밀어도 잘못을 저지르지 말 것, 이 두 가지뿐이라고 말한다. 사람이 분노를 일으키는 경우, 어떤 추태에 빠지는가를 스스로 차분히 돌아보는 자세가 얼마나 소중한지를 말한다. 무서운 얼굴에 드러나는 거칠어진 모습, 양 무릎이 후들후들 떨리고, 몸 전체가 흔들린다. 그리고 세네카는 기원전 1세기의 로마 철학자인 섹스티우스의 말 "사람이 분노했을 때, 거울을 보게 하면 효과가 있다"를 인용한다.

《분노에 대하여》 제3권에서 마음의 평화를 권유

세네카가 살아가는 방식에서 섹스티우스의 영향력은 결정적이었다. 이 인물은 로마에서 독자적인 철학학파를 만들었다. 그의 철학은 스토아파, 플라톤, 피타고라스주의 모두를 절충한 것이다. 세네카는 섹스티우스가 사람은 잠들기 전 그날 하루를 반성해야 한다고 말한 것을 스스로 실천했다. 이것으로써 사람은 이성을 회복할 수 있기 때문이다. 세네카는 매일 밤, 아내와 함께 일과에 따라 침묵한 다음, 차분히 하루를 되돌아보고 그날 자기가 한 일과 말을 생각했다.

인간에게는 다른 사람을 벌하며 즐거워하는 좋지 않은 성질이 내재되어 있다. 그 한 전형이 분노이다. 그러나 이도 잠깐의 즐거움일 뿐이며, 이윽고 머지 않아 사람은 누구나 죽는다. 세네카의 《분노에 대하여》의 마지막에 나오는 말을 여기에 인용한다.

'우리 숨이 붙어 있는 한, 또 인간이 서로 사귀고 있는 한, 인간성을 존중하자. 우리는 누구에게나 공포의 대상이 되어서는 안 되고, 위험한 존재가 되어서도 안 된다. 또 위해나 손실, 욕설, 비웃음을 경멸하고, 동시에 숭고한 정신을 지니고 길지 않은 불행을 참고 견뎌야만 한다. 사람들이 말하듯 우리가 뒤를 돌아보고, 좌우를 둘러보는 동안 죽음의 운명은 가까워지는 것이다.'

이 제3권은 아리스토텔레스를 중심으로 하는 페리파스트파의 정념론에 준엄하게 비판적으로 대항하고 있다. 제1권은 초기 스토아파의 크리시포스, 제2권 중기 스토아파인 포세이도니우스에게 크게 의존한다.

(4) 윤리학의 지평 《행복한 삶에 대하여》

에피쿠로스를 속된 에피쿠로스주의로부터 구제하다

62년 무렵 집필한 이 작품은 형인 갈리오의 '인생을 행복하게 하는 것은 무엇인가'라는 물음에 답변하는 형식으로 되어 있다. 작품에서 기조를 이루는 것은 행복이란 자연에 적합한 생활을 하는 것, 세간의 다수 의견을 따라 살지 않고 도리에 맞게 사는 것, 우연한 일에 마음을 빼앗기지 않는 것, 덕에 대해 기쁜 마음을 갖는 것이라고 말한다.

이 작품은 에피쿠로스를 속된 에피쿠로스파로부터 구제하려고 한다. 에피쿠로스의 주장은 참된 쾌락이란 쾌락을 경시한다는 것이다. 그는 정도와 절제를 벗어난 격렬한 욕망을 단호하게 부정한다. 세네카에게 에피쿠로스가 주장한 바는 결코 스토아파가 혐오하는 대상이 아니다. 오히려 에피쿠로스의 설은 숭고하고 엄격하다.

세네카 자신에 대한 지탄의 반론

제1부에서 말했듯이 세네카는 로마의 대부호였다. 로마에 소유한 큰 저택, 이탈리아 각지에 흩어져 있는 드넓은 영지, 카시우스 디오는 그가 쓴 《로마사》에서 세네카의 실생활과 동떨어진 가르침을 자세히 기록하며 신랄하게 비판한다.

세네카는 이 작품에서 자기에게 쏟아진 비난에 반론한다. 철학자는 재산에 큰 관점을 두지 않아야 하지만 그렇다고 해서 재산을 가지면 안 된다는 뜻은 아니다. 재산에 마음이 흔들리지 않고, 가져야 하는 것이다. 현명한 사람은 재산을 사랑하는 일이 없지만, 그래도 필요한 만큼의 재산은 가진다. 아리스토텔레스는 행복하려면 외적인 선—건강, 벗, 강함, 아름다움, 가정 원만 등—이 필요하다고 말한다. 물론 거기에는 재산도 들어간다. "재산은 결코 선은 아니지만 집이 없어 다리 밑에서 살기보다는 저택에서 살기를 바란다."

세네카는 자기 자신이 스토아파의 현자에는 이르지 못했다고 분명하게 말한다. 플라톤이나 스토아파의 제논 그리고 에피쿠로스 또한 사람은 어떻게 살고 있는가가 아니라, 어떻게 살아야 되는가를 말한다. 가난에 찌든 인간은 현자가 아니다. 사람은 현자에 가까워지려 노력해야만 하고, 그 경우에 살아가는 방식은 부나 건강을 필요없다고 하는 게 아니라, 그런 것을 제1의 선이라고 하지 않는 것이다.

하지만 이 작품은 단순히 자기 변호만을 늘어놓고 있지는 않다. 자칫하면 사람은 "디오게네스(거지 철학자의 전형)가 아니면 철학자가 되지 못한다"는 극단적인 견해를 지니기 쉽다. 그러나 인간은 나날을 누림과 내던짐의 틈에서 사려 깊게 살아야 한다. 모든 향락에 빠지지 않으며 마음을 열고 사는 일이야말로 소중한 것이다.

(5) 다른 철학·윤리학 작품들

《현자의 항심에 대하여》

이 작품에서는 세네카가 말하고자 한 것을 구상화하기 위해 두 인물을 등장시킨다. 한 사람은 마르쿠스 카토(소카토)이다. 소카토는 세네카가 소크라테스와 더불어 가장 존경하는 인물이다. 이 소카토는 세네카와 마찬가지로 국가정치에 관여했다. 소카토는 키케로의 가까운 친구이고, 시민전쟁에서는 카이사르에게 패한 폼페이우스 쪽에 가담했다. 그러나 소카토는 키케로와 달리 카이사르의 용서를 단호히 거부하고 플라톤의 《파이돈》을 읽으면서 자결했다. 또 그는 원로원에서 나는 새도 떨어뜨리는 세력을 가진 카이사르를 반대하는 연설로 열변을 토하고 돌아가는 길에 민중에게서 욕설과 침세례를 받는 등 온갖 모욕을 당했으나, 아무 일도 없다는 듯 의연하게 걸어갔다.

또 한 사람의 인물은 메가라파의 스틸폰(기원전 380?~300년)이다. 그는 스토아파의 원조 제논의 스승이기도 하다. 고향인 메가라가 마케도니아 대왕에게 공격을 받았을 때, 왕은 이 철학자에게 "자네는 뭔가 잃은 것이 있는가?"라고 물었다. 스틸폰은 재산을 약탈당하고 사랑하는 딸도 마케도니아 병사에게 빼앗겼다. 그러나 이 철학자는 조용히 대답했다. "나는 아무것도 잃지 않았습니다. 나의 것은 모두 나와 함께 있습니다."

그밖에 소크라테스에 대해서도 말했는데, 그는 아내인 크산티페에게 갖은 모욕을 받았지만 조금도 변하지 않았다는 이야기였다. 우리는 세네카의 다음 말을 마음속 깊이 새겨둘 필요가 있다.

'자유란 무엇이든 참지 않음이 아니다. 우리는 잘못을 저지르고 있다. 자유란 마음을 모욕에서 초월시켜 마음 그 자체를 기쁨의 유일한 원천으로 만들어, 그 외의 모든 잡다한 일을 마음 자체에서 떼놓는 것이다.'

《한가로움에 대하여》

이 작품은 처음과 결말이 없어져 단편적인 데다 매우 짧다. 수취인은 마찬가지로 세레누스이다. 그는 이 작품에서는 에피쿠로스파가 아니다. 이 작품은 세레누스가 세네카를 다음과 같이 비난하는 말로 시작된다. 스토아파는 공적 생활에서 활약해야 함을 신조로 삼고 있는데, 세네카는 한가로움을 우선하라고 말한다. 그것은 스토아파를 거스르는 일이 아닐까?

이에 대해 세네카는 한가로움을 권하는 것이 스토아파 가르침과 조금도 어긋나지 않음을 증명한다. 이 작품은 이른바 스토아파의 입문자에게 그 진수를 가르치려는 의도에서 썼다고 말할 수 있다.

세네카는 세레누스에게 말한다. 나는 스토아파 가르침을 그저 받아들이는

데 그치지 않고, 그들의 실제 언행이 나를 인도함을 생각하지 않을 수 없으므로, 내 주장은 전혀 반 스토아적이지 않다는 것이다.

확실히 공적 활동(정치)과 사적 생활(한가로움)에 대한 두 학파의 해석방법에는 차이가 있다. 에피쿠로스는 "현자는 중대한 일이 벌어진 게 아니라면 나라일을 가까이하지 않는다" 말하고, 제논은 "현자는 다른 방해를 받지 않는다면 나라일을 가까이할 것이다" 말한다. 그러나 아무리 스토아파라고 하더라도 국가가 매우 어려운 곤란에 처하거나 나쁜 일에 물들게 되는 경우에는 국정에 참가하면 안 된다고 분명히 말한다. 또한 목숨을 잃을 우려가 있는 경우에도 무리하게 국정에 관여해서는 안 된다. 그러므로 두 학파는 반드시 대립하는 것은 아니다.

국가에는 로마인 국가, 그리스인 국가, 카르타고인 국가 같은 작은 국가뿐만 아니라, 전인류에 걸쳐 있는 큰 국가도 있다. 세네카는 말한다. 사람은 오히려 인류의 국가라는 참으로 공공적인 국가에 충성을 다해야 한다고. 이 국가에의 봉사는 한가로움을 가지고 깊이 철학하지 않으면 불가능하다.

본디 스토아파 초기의 3대 학자인 제논, 클레안테스, 크리시포스는 그들의 가르침에 따라 생활했지만 누구 한 사람도 실제로 국가를 지도하는 일은 없었다. 스토아파는 최고의 선을 '자연에 따른 삶'이라 규정한다. 이것은 행동과 관상(觀想), 이 양쪽을 다하지 않으면 이룰 수 없다. 따라서 이는 국가 정치에의 지나친 관여가 지닌 일면성에 대한 경고가 된다.

현자 본연의 자세는 현실 국가, 특정 민족국가, 작은 국가에는 가까이하지 않는 데에 있다고 세네카는 단호히 말한다.

한가로움이란 인류에게 열려 있는 넓은 국가를 위해 봉사하는 데 필요하며, 또 그것은 철학적 한가로움이어야만 한다. "우리의 목표는 현재와 미래, 등 모든 민족의 모든 사람들인 것이다." 그렇다면 특정 국가에서의 정치활동은 참된 의미의 공적활동은 아닌 것이다.

참된 한가로움이란 세속의 나약성을 드러낸 게으른 생활방식과의 대결이며 그 극복을 위한 한가로움이다. 이런 한가로움이 있는 삶이야말로 바람직한 국가란 어떠해야 하는가를 살피는 데 필요하다. 한가로움이란 공무나 직무에 지쳐 가지는 휴양이 아니다. 사람으로서 진정한 정치적 인간, 국가를 걱정하는 인간으로서 자기 배움에 더 깊이 집중하는 시간, 이것이 한가로움이다. 이미 말한 바와 같이 정치적 인간인 세네카는 제정 로마에서의 최고의 명상적 인간이기도 하다. 이 작품은 스토아파의 참된 바탕을 에피쿠로스파와도 연결해 세계를 향해 열린 기초로 삼고 있다.

《마음의 평정에 대하여》

이 작품도 《현자의 항심에 대하여》와 마찬가지로 세레누스에게 보낸 편지이다. 그는 《현자의 항심에 대하여》에서 에피쿠로스파의 신봉자이지만, 이 작품에서의 마음은 분명히 스토아파이다.

한편 세레누스는 로마 공직에서도 더 높은 현직으로 올라가려고 한다. 그것은 공공에 봉사하기 위해서라고 그는 말한다. 그러면서도 그는 공무에 대해 의문을 느끼고, 소박한 시골생활과 사치스런 도시생활의 틈에서 일어나는 마음의 동요를 세네카에게 고백하고, 이 '불안한 심정을 고치는 약'을 세네카에게 원한다.

세레누스는 자기에게 가장 소중한 것을 어렴풋이 알고는 있으나 아직 확고한 결심을 하지 못해, 세속적인 생활과의 인연을 완전히 끊지 못하고 있었다. 세네카는 세레누스가 미혹에서 벗어나는 길은 평정이라고 말한다.

이 비교적 짧은 작품은 세네카가 평소 주장하던 스토아파(특히 초기 스토아파)의 엄격주의나 또 에피쿠로스파의 사적 생활에 틀어박혀 있는 정적주의(靜寂主義)*1와는 달랐다. 사람은 알맞은 활동과 휴식, 출세, 다른 사람을 위한 봉사와 자기 영혼으로 돌아와 자신을 소중히 하는 것이 모두 필요하다. 공무나 봉사에 지나친 힘을 쏟는 것도, 자기의 개인적 관심, 기쁨이나 고독 때문에 주변을 돌아보지 않는 것도 해서는 안 된다.

이 작품은 어디까지나 현자가 아닌 보통의 인간, 그리고 미숙한 인간, 게다가 불건전한 인간에 대해 세네카가 인간적으로 실현 가능하고 보기에 나쁘지 않게 사는 방법을 가르치며, 키케로의 《의무에 대하여》와 공통점이 있다. 건전한 시민, 더욱이 로마의 정치세계를 넘어서 인류세계에 관련되는 인간(말하자면 세계시민)이란 어떤 자세를 가져야 하는가를 세네카는 부드럽게 설명한다.

행위(활동)와 인내, 이 두 가지가 근본적으로 인간에게 바람직한 자세이다.

---

*1 정적주의 : 퀴에티슴—인간의 능동적인 의지를 최대로 억제하고 권위적인 신의 힘에 전적으로 의지하려는 수동적 사상.

《마음의 평정에 대하여》의 전반은 행위의 필요성과 지나치게 개입하지 말 것을, 후반에서는 불행과 고난을 인내하고, 자기 생각이나 계획에 집착하지 말 것, 또 유한한 존재로서 마음을 편하게 가질 것을 말하고 있다.

"좋게 죽는 것을 모르는 자는 나쁘게 살 것이다"라는 말은 우리에게 현자가 되라고 호소하는 것은 아니다. 그것은 공적생활과 사적생활의 균형, 이것이 걸맞도록 함께 공존하는 나날을 보내야 된다는 권고이다. 그렇지만 세네카는 공무보다도 인류에 대한 마음을 넓혀 깊게 생각해야 한다는 그의 궁극적인 주장을 조금도 굽히지 않는다.

《삶의 짧음에 대하여》

풀만은 이 작품을 48년에 집필한 것이라고 말한다. 그리핀은 더 폭을 넓혀 48~54년 사이에 집필되었다고 본다. 이 작품은 수도 로마의 곡물관리장관으로 있던 파울리누스를 위해 지어졌다.

주제는 세상 사람들이 한탄하는 삶의 짧음에 대한 것이다. 작품 속에서 세네카는 이러한 문제의 원인이 느슨해진 마음에 있으며, 삶은 언제나 우리에게 충분하다는 사실을 이해시키려 한다. 삶이 짧다는 핑계는 삶을 몹시 낭비하고 있는 증거이다. 긴 삶을 바라는 것, 오래 살고 싶다고 하는 것은 더 오래 안일한 세월을 보내고 싶다는 뜻이기 때문이다. 이 한탄은 게으른 나날이 부족하다고 말하는 불만일 뿐이다.

세네카는 우리에게 산만한 흥미 또는 호기심, 욕정, 재산, 업무에의 지나친 시간 투자, 이런 속된 세상의 생활방식과 손을 끊고 오로지 예지를 위하여 힘쓰지 않겠는가, 라고 권유한다. 예지에서 마음의 평화를 찾고 열심히 사는 사람만이 시간에 여유가 있는 것이다. 이렇게 사는 사람은 삶이 짧다는 불평 따위는 늘어놓지 않는다.

더욱이 이처럼 차분하게 사는 사람은 가족이나 벗을 무턱대고 그리워하지 않는다. 예지에 마음이 열린 사람에게는 빛나는 인류의 역사가 생생한 목소리로 외치며 다가온다. 그리고 역사에 나타난 대학자, 큰 인물이 뚜렷한 모습으로 다가온다. 이런 사람은 역사의 모든 때를 자기 시대에 덧붙일 수 있다. 소크라테스, 플라톤, 아리스토텔레스, 에피쿠로스, 제논 그 밖의 스토아파 철학자들과도 대화할 수 있다. 세속적인 업무로 현대 인간의 시중을 드느라 모든 시간을 소비하고, 세상의 명예와 안정된 물질생활에만 노력을 쏟으며 살아서는 안 된다. 마음을 넓혀 과거로 방향을 바꾸면, 지난날의 뛰어난 인물들이야말로 우리의 나날에 마음을 설레게 하는 두터운 정의를 맺고 서로 친밀하게 되는 것이다.

여기에서 로마인을 정치적 인간(homo politicus)과 그리스도교적 유럽의 명상적 인간(homo speculativus)으로 구분하는 도식적 방법에 대해 이의를 제기하고 싶다. 유럽 중세사를 통달한 학자가 쓴 《유럽이란 무엇인가》라는 책이 있다. 이 책에는 로마에서 중세 유럽으로 넘어가는 유럽 정신사를 호모 폴리티쿠스(정치적 인간)로부터 호모 스페큘라티우스(명상적 인간)로의 전환이라고 규정한다. 이것은 국가 공공의 일에 참여하는 것을 기뻐하던 생활양식에서 자기 내면세계를 연마하는 것을 기뻐하는 생활양식으로 바뀌었음을 의미한다. 그리스도교 유럽은 국가나 세속국가를 뛰어넘은 교회조직의 정치와 그리스도교가 강렬하고 은밀한 관계를 맺은 시대이다. 조용하고 고요한 수도원에서 명상하는 수도사나 수도원장 등의 고위성직자는 이방인이나 이교도에 대하여 거침없는 탄압과 정복에 조금도 주저하지 않는다. 출정하는 기사들에게 미혹에 빠지는 일없이 적을 무찌르라고 부추기는 경우도 많았다. 그리스도교는 매우 정치적이었으므로 호모 스페큘라티우스와 호모 폴리티쿠스의 두 얼굴을 하고 있다고 말할 수 있다.

로마의 대표적인 정치적 인물은 세네카와 그의 선배인 키케로이다. 그들의 마음과 영혼은 그리스도교 신학자 이상으로 명상인의 길을 걸어왔다. 국가의 정무가 몹시 바쁜 와중에도 플라톤을 탐독한 키케로와, 매일 밤 그날 자기가 한 행위를 반성하는 세네카. 그들이야말로 진정한 명상인이다. 고대 로마와 중세유럽의 그리스도교 사회를 점점 늘어날 논밭처럼 가르는 것은 어떨까.

세네카로 돌아가자. 그는 바울에게 영혼이라는 '조용한 항구'로 돌아가라고 권한다. 사람에게는 공무보다도 훌륭한 일이 있다. 그것은 삶과 죽음의 인식, 진정한 선을 생각하는 일, 자기와의 대화가 그것이다.

세네카는 이 작품에서 키케로를 비판한다. 키케로는 카이사르의 독재하에서, 원로원에서 화려한 활동의 길이 막히자 별장에서 집필에 몰두하는 나날을 보냈다. 그 키케로가 "자기는 절반의 자유밖에 없다"고 말했다. 세네카는 언제나 이 말이 마음에 거슬렸다. 현자는 결코 비굴하게 그런 허약한 말을 해서는 안된다고 생각했기 때문이다. 그러나 세네카의 이 비난은 키케로의 말꼬리를 잡은 것이라고 해도 과언이 아니다. 왜냐하면 키케로야말로 공무에서 벗어났을 때 자기성찰과 집필에 집중하는 것은 누구보다도 뛰어났기 때문이다.

(6) 퀸틸리아누스와 몽테뉴의 세네카평

우리는 세네카가 얼마나 사람의 마음을 잘 다스리는 명수인가를 뼛속 깊이 음미하고 있음을 인정하게 된다. 퀸틸리아누스라는 로마의 대수사학자는 세네카를 로마의 문장 수사에 대해서는 고전적 모범인 키케로에서 벗어났다는 비판을 망설이지 않았다. 그러나 그는 세네카를 "인간의 갖가지 악덕에 대해 타의 추종을 불허하는 높이로 지탄한 자"《변론술 교본》라고 평가한다.

몽테뉴는 '제2의 세네카'라는 말을 들었다. 그는 "키케로도 세네카와 마찬가지로 죽음을 경멸한다고 말했다. 하지만 키케로는 자기의 각오가 서 있지 않은 데도 여러분에게는 각오가 서기를 바랐다. 그러나 세네카는 여러분에게 용기를 주어 불타오르게 한다."《수상록》라고 썼다.

세네카의 정신사적 의의는 그리스·로마의 전통이며, 전통이 된 영혼의 선도(善導)로서 철학의 일대 금자탑을 쌓았다는 데 있다. 그 무렵 로마 청년들은 주로 세네카의 작품을 읽었다. 섬세하고 깊은 그의 언어세계는 오늘도 우리가 다시 마음을 가다듬고 배워야 할 것들이 많이 있다.

3. 윤리 서간집

마음이 부드러운 세네카의 철학 전달 방법

심정의 토로, 따뜻한 배려, 단순한 동정과는 다른 고매한 자기 형성의 권고, 자신을 현자로 여기지 않는 성찰, 투명한 문장 구성력, 사색일기 형식을 취한 새로운 필법. 세네카의 《윤리 서간집》(앞으로 《서간》이라고 줄임)은 철학사상 유례를 찾을 수 없을 정도로 깊은 창조이다.

오늘날까지 남아 있는 《서간》은 124편이다. 받는 사람은 모두 루킬리우스라는 세네카의 젊은 벗에게 보낸 것으로 되어 있다. 그 또한 세네카와 마찬가지로 기사계급에 속했으며, 직물업으로 그의 집안은 이 지위를 얻었다. 더욱이 《자연 연구》도 그를 받는 이로 하여 썼다. 이 서간을 쓸 무렵, 루킬리우스는 시키리아의 재무관으로 있었다. 그는 에피쿠로스파의 세계관에 가까운 경향을 가진 사람이었다. 루킬리우스도 철학과 지리학에 관심을 가지고, 몇 가지를 저술했다. 이 서간의 집필은 자연 연구의 저술과 같은 시기였으므로 세네카의 만년인 63~65년에 쓰여진 것이 틀림없다. 세네카는 이 벗이 매우 마음에 들었던 모양이다.

세네카의 《서간》은 순수한 편지형태기보다도 수상(에세이) 형식(F. 베이컨)을 띠고 있다. 그러나 느낌이나 생각을 표현하는 것과 함께 받는 이—일반적으로 독자로 보면 될 것이다—와의 마음의 교류, 상대를 격려하는 것이 틀림없는 필치가 뚜렷이 나타나 있다. 특히 제34 서간이 눈길을 끈다.

'나는 자네(루킬리우스)를 굳이 내 것으로 삼고 싶네. 자네는 내 작품이거든. 처음 내가 자네의 재능을 알았을 때, 나는 자네를 내 것으로 만들려고 손을 댔어. 자네를 격려하고, 자극을 가하고, 꾸물거리는 것을 용서하지 않고, 되풀이하여 자네를 몰아댔지. 같은 짓을 지금도 하고 있지만 내가 활기를 불어넣은 상대는 이미 질주하고 있는 한 인간이고, 반대로 활기를 붙이고 있는 것은 내자신이야.'

여기에서 볼 수 있는 것은 소크라테스 이상의 대화적 정신이다. 젊은 벗에게 부르짖음과 응답으로 자기 자신을 격려한다. 이같이 세네카가 실현하고 있는 '나—너'야말로 마르틴 부버의 《대화의 원리》이다.

세네카의 이 대화적 서간은 앞에서 말했듯이, 일단 루킬리우스라는 특정의 인물을 받는 사람으로 하여 썼지만, 단순히 두 사람 사이의 사적인 교신이라고 보기는 어렵다. 오히려 세네카의 눈높이는 불특정 다수, 더욱이 앞으로 등장할 인간들에 대한 교육과 권고(글리마르)로 봐야 될 것이다. 로마 제정에 대한 끊임없는 깊은 애수와 회복하기 어려운 절망을 느끼며 살았던 세네카. 마침내 미쳐서 폭군이 된 네로는 본성을 드러내어 자기를 죽일 것이라고 이미 각오하고 있던 세네카. 이 세네카는 로마 국민의 틀에서 벗어나 인류에게 간절히 말하고자 했던 것이다. 이만큼 정성이 들어간 철학에는 앞에서 말한 부버조차도 자세를 바로 하지 않았을까.

제8 서간에 나타난 《서간집》의 의도

앞에서 말한 것을 확신시키는 글이 제8 서간에 명확하게 적혀 있다. 이 서간은 루킬리우스에게 먼저 군중을 피하고, 공무에서 은퇴하여 양심에 만족하는 일을 하도록 권하고, 세네카 자신이 군중으로부터 몸을 감추고, 문을 닫고 지낸 것은 공무에 따라서 사람들에게 유익한 것보다 훨씬 많은 사람들에게(즉 후세의 사람들에게) 유익한 일을 하기 위해서였다고 말한다.

세네카는 수면시간을 최소한도로 줄이고 밤에도 오로지 학문연구에 몰두했다. 세네카는 용무, 그것도 자기의 용무(meae res)를 소홀히 하지 않았다고 딱 잘라 말했다. 자기의 용무란 무엇인가. 그것은 학문연구였다. 하지만 자기를 연마하고 깊이를 더하는 자신과의 이 대결은, 후세 사람들을 위하는 일(negotium)과 깊이 연결되어 있다. 앞으로 사람들이 조용히 자기의 덕을 쌓고, 배움에 맑게 힘쓰는 것, 그 궤도를 지키는 일, 이것이 세네카가 추구하는 인생 그 자체였다.

세네카는 필요한 육체를 최소한도로 만족시켜, 정신이 육체에 따르지 못하는 일이 없도록 해야 된다고 권고한다. 먹는 것은 굶주림을 면할 정도, 마시는 것은 갈증을 없앨 정도, 옷은 추위를 막으면 되고, 집은 몸의 불안에 대한 방어물로서만 존재해야 된다고 그는 말한다. 이 글은 그즈음 로마인이 사치에 빠져 포식하며 화려한 겉치레로 나날을 보내는데 당혹감을 느꼈던 세네카가 그때의 역겨웠던 심정을 나타낸 것이다. 그리고 스토아파인 세네카는 자기의 학파를 벗어나 에피쿠로스의 말을 인용한다. "자네는 철학에 봉사하지 않으면 안 되네.—참된 자유(vera libertas)를 얻기 위해서."이라고. 에피쿠로스의 이 말을 세네카는 결코 한 학파의 총수로서의 발언으로 여기지 않고, '공공의 언어'로 파악했다. 세네카는 '어느 무엇보다도 정신 이상으로 경탄할 가치가 있는 것은 이 세상에 없다'는 것을 후세 사람들에게 전하고 싶었던 것이다.

자기의 판단과 식견의 결정적 중요성

여기서는 세네카의 소크라테스 정신으로 일관된 교육적 자세를 살펴보기로 한다. 거기에는 제33 서간이 적당하다. 이 안에서 세네카는 명언, 즉 가슴을 파고드는 경구나 격언을 글 속에 아로새겨 주도록 기대하는 루킬리우스에게, 그것이 잘못된 생각임을 차분히 설명한다. "숲 전체가 똑같은 높이로 성장한 곳에서는 한 그루의 나무만이 놀랍게 보이는 일은 없다네." 시가나 역사책 또한 전체적으로 훌륭한 표현을 이루는 것이지, 하나의 수식적인 말이 눈에 띄는 일은 없다는 것이다.

에피쿠로스의 문장은, 특히 이것을 다른 누구보다도 훌륭히 묘사하고 있다. 세네카는 여기에서도 스토아파의 철학자를 인용하지 않고, 에피쿠로스를 내세워 찬양하고 있다. 이것은 루킬리우스가 에피쿠로스파에 마음이 기울어져 있음을 참작하여 한 말로 생각해도 될 것이다. 세네카는 에피쿠로스야말로 단순히 지적인 인물만이 아니라, 참으로 용감한 인간이라고도 말한다.

사람은 인용이나 발췌에, 다시 말해서 남의 말에 의존하여 요약한 것에 맛을 들인다든가 비망록의 복송에 재미를 붙이면 안 된다. 선현의 말이나 선례는 어디까지나 자기의 입장을 세우기 위한 발판일 뿐이어야 하며, 그 이상의 것이 되어서는 안 된다.

그리고 세네카는 엄격하면서도 참된 자애심을 가지고 말한다. 남의 지배를 받아 움직이는 것을 그만두고, 후세의 기억에 남을 만한 것을 자네 자신에게 명하여 말하도록 하라. 사람은 언제까지나 의존하면 안 되고 결단력이 없으면 안 된다. 그것은 마치 유아가 엄마의 얼굴을 돌아보는 것같이, 젊은이나 미숙한 사람이 선현을 뒤돌아보는 데에서부터 벗어나, 배우는 처지가 아니라 가르치는 입장에 서야 되는 것이다. 이런 대화성과 교육적 신념이 세네카의 《서간》이 가진 인류사적 큰 가치인 것이다. 그러므로 '세네카는 소크라테스 이상으로 소크라테스이다'라고 말하는 사람도 있다.

세네카의 서간과 휴머니즘

휴머니즘의 어원은 라틴어인 후마니타스(humanitas)라는 것은 말할 것도 없다. 휴머니즘은 보통 박애주의(인도주의) 또는 인간주의라고 번역되며, 20세기 최대의 철학자 하이데거 이후로 인간중심주의(Anthropozentorismus)로 낮추어 보게 되었다. 하이데거에 앞서 니체가 이렇게 가치를 깎아내리는 발언을 시작했다.

그러나 로마에서 후마니타스란 무엇이었던가. 그것은 과연 하이데거가 《휴머니즘을 넘어서》란 저서를 통하여 극복해야 되는 타락현상이라고 폄하한 것에 들어맞는 것인가. 우리는 그것에 대해 깊이 생각하지 않으면 안 된다.

키케로와 세네카는 로마에서 휴머니즘을 확립해서 화려하게 꽃을 피우게한 두 거목이다. 우리는 휴머니즘이 그리스에서가 아니라 로마에서 확립되었다는 것, 이것을 모르면 탈휴머니즘도 있을 수 없음을 명심해야 한다. 그리스에서는 민주주의와 철학이 성립되었다. 로마에서는 국가 외에 사회(인간의 활기있는 교류)가 성립되었다고 해도 된다. 휴머니즘은 여기에서부터 시작된다. 이정신적 위상이란 무엇인가. 그것은 사람이 사람과 만남으로써 비로소 자기 스스로도 교육을 하게 되는 것이며, 자기가 자기를 제대로 된 사람으로 만들려면 다른 사람에게도 잘 해야 된다는 것을 말한다. 그것은 깊은 산골에 초막을지어 놓고 달이나 산이나 초목을 벗삼아 사는 신선 취향이나 해탈적인 삶과는 전혀 다른 것이다. 로마의 휴머니즘은 로마의 대도시 사회에서의 품위있는풍토가 길러낸 산물이다. 이 경우에서는 요약적이고 개념적인 표현은 드러나지 않는다.

키케로는 철학의 강직성과 심오함을 으뜸으로 하는 진실의 세계에 변론술의 부드러움과 풍요의 아름다움을 접목시켰다. 또한 세네카는 스토아의 엄격한 이성적 자세에 사람 마음의 괴로움을 달래줄 따뜻한 온기를 불어넣었다.

휴머니즘은 하이데거가 증오하고 폄하하며 비판한 것처럼 인간중심주의나이성주의(주지주의)는 아니다. 어쨌든 우리는 인간이다. 더욱이 인간답게 지식을 갈고닦아 참된 인간이 되는 것, 게으른 세간의 통념으로 보는 인간을 초월해서 진실과 아름다움을 풍요롭고 깊게 만들어 가는 것, 그리고 여기에 관련되고 이것을 지탱하는 것이 휴머니즘이다. 그러므로 휴머니즘은 극복되어야할 대상이 아니고, 그 본래의 바람직한 자세로 마음을 차분히 하여 지향해야하는 것이다. 우리는 이것에 대해 키케로와 세네카에게 물어 보아야 한다.

세네카의 《서간》은 휴머니즘이란 무엇인가를, 키케로의 변론술 저작 《변론가에 대하여》, 《변론가》, 《브루투스》와 함께 우리에게 밝혀 준다. 세네카의 《서간》이 연주하는 영혼의 올바른 인도, 영혼의 방향을 바꾼 사랑은 키케로의 서간집과는 전혀 다르다. 키케로의 편지는 신변일기, 시국담(정치론)에 그치고 있다. 말은 단순히 사용할 뿐만 아니라 연마해야 된다는 것은 키케로가 역설한바이지만, 이것을 진실로 실현한 것은 오히려 세네카가 아니었을까. 그리고 말은 휴머니즘에 힘입어 남의 얼굴을 가까이 보면서 마음과 대화를 해야만 이어져 가는 것이다. 다른 사람의 반향, 다른 사람의 응답을 신중히 받아 적은 세네카의 《서간》은 그 뒤에 프랑스의 모럴리스트인 계몽사상가 몽테뉴, 디드로, 루소에게 큰 영향을 주었다.

서간집은 체계적이다

세네카의 서간은 윤리적 논고(《대화》와 다른 작품), 자연 연구 그리고 비극작품과 비교한 탓에 연구적 접근(다만 애독되었다는 것과는 달리)이 늦어졌다. 독자는 가끔 감흥에 따라 여기저기를 펴보고 권고나 격려를 발견하곤 했다. 그리고 일반적으로 말해서, 서간이 통일적이고 체계적인 의도를 가지고 있다고는 보지 않았다. 더욱이 이런 수용 방법은 서간뿐만 아니라 세네카의 철학작품에도 영향을 주고 있다. 이처럼 세네카를 가끔 수상적 사색가로 파악하는 경향은 다만 독서인 사이에서만이 아니고, 세네카 연구를 전문적으로 하는 사람 중에서도 볼 수 있다.

먼저 역사가인 마코레의 세네카 비판부터 살펴보기로 하자. 그는 세네카의 작품을 "멸치의 소스뿐인 식탁처럼 아무것도 먹을 것이 없다"라든가, 세네카를 "일부러 끼적거린 난필가"라고 바닥으로 끌어 내렸다. 숲 생활의 찬미가인 에머슨도 세네카에게 혹독한 평가밖에 내리지 않았다. 그리고 프랑스의 세네카 연구가로서 저명한 아르베르티는, 세네카는 논리적 일관성에 무관심하여, 그의 작품 구성은 불안정하고 불확실하다고 말했다. 따라서 세네카의 특성은 그 자신을 불안한 상태로 표현한 것밖에 없다고 말했다. 독일 고전학계의 제왕 빌라모비츠 묄렌도르프는 세네카의 생활방식이 좌우로 흔들리고, 즉 사치에의 집념과 빈곤에 대한 동경 사이를 왔다갔다 했다고 평한 다음, 세네카의 작품에 일관성 따위가 있을 리 없다고 단정했다. 그리고 그는 세네카의 《서간》을 아마추어 철학자의 소산, 철학적 딜레탕티즘의 표현이라고 했다. 이런 수용 방식은 세네카에 대한 거의 일반적인 태도를 이루어 왔다.

간신히 이 해석(매우 인상적인 해석)들에 바람구멍을 내고, 세네카의 《서간》이 멀리 바라보고 깊은 생각을 담은 작품이라는 것과 일관성, 방향성, 체계성을 갖춘 것임을 내세운 것은, 20세기 1960년대에 이르러서였다. 기나긴 여정이었다. 이 위업을 달성한 것은 독일 튀빙겐 대학 교수 칸키크(H. Cancik)이다. 그녀의 《세네카 윤리 서간의 연구》(1967)가 그 길을 열었다. 곧이어 마우라하(G. Maurach)가 나타났다. 그의 《윤리 서간의 구조》(1970)는 칸키크를 더욱 세밀하게 했다. 그 뒤를 이어 1995년에 나온 하흐만(E. Hachmann)의 《세네카 윤리 서간 독자를 위한 안내》는 앞에 나온 두 저술을 계승하여 그 내용을 한층 더 풍부하게 계승했다.

윤리 서간의 편성

《서간》은 세네카 전집이 17세기에 만들어진 이래, 전124편이 20권으로 나누어져 있다. 제1권은 제1 서간부터 제12 서간까지, 제2권은 제13 서간부터 제31 서간까지로 나누어졌다. 자세한 것은 생략하지만, 이 전20권의 구성은 서간 연대에 따라 구분한 것이 아니고, 내용의 연관성에 의한 구분임을 칸키크가 지적했다.

제1권에 수록된 이 열두 서간은 세네카 《서간》의 전체와 문제에의 도입을 이룬다. 제1 서간(이하 서간이란 말은 생략) 〈시간의 절약에 대하여〉, 제2 〈산만한 독서에 대하여〉, 제3 〈참된 우정과 거짓 우정에 대하여〉, 제4 〈죽음의 두려움에 대하여〉, 제5 〈철학자의 중용에 대하여〉, 제6 〈지식의 공유에 대하여〉, 제7 〈대중에 대하여〉, 제8 〈철학자의 은둔에 대하여〉, 제9 〈철학자와 우정에 대하여〉, 제10 〈자기자신이 사는 데 대하여〉, 제11 〈부끄러움의 얼굴을 붉힘에 대하여〉, 제12 〈노년에 대하여〉로 이루어져 있다.

이들 속에서 세네카는 일단 받는 이 루킬리우스가 에피쿠로스파적 신조를 가진 사람이라는 것을 따뜻하게 받아들이고, 세네카가 신봉하는 스토아파의 학설의 인용을 하지 않았다. 세네카는 오로지 에피쿠로스의 말을 인용하여, 루킬리우스가 잡다한 일로 바쁜 데서 벗어나 신변을 가볍게 하고, 그 자신의 영혼의 개발로 나아갈 것을 권했다. 더욱이 루킬리우스가 자신의 운명을 저주하지 않고, 인간은 누구나 죽어야 된다는 한계를 알고 기쁘게 살며, 철학하는 일, 몸은 이 세상에 있어도 영혼은 신이 다스리는 우주에 안착하게 된다는 것을 상세히 밝히면서 설득한다. 그것은 올바른 '영혼의 방향전환'(transfiguratio animi)이다. 세네카는 플라톤과 아우구스티누스와 더불어 철학의 가장 소중한 이 임무를 유럽 정신사에 밝힌 3대 철학자라고 해도 과언이 아니다.

사치를 몰아내고 부지런해야 된다는 것, 현세의 즐거움과 배움과는 나란히 할 수 없음을 명심하고 살도록 설파한 세네카는 에피쿠로스의 말을 인용한다. 그것은 "즐거운 가난은 훌륭한 것이다"라는 것이다. 또 에피쿠로스의 말을 꺼낸다. "나는 많은 사람들을 위해서가 아니고, 자네를 위하여 쓰는 것이다." "자네는 철학에 봉사해야 되네. 진정한 자유를 자네가 누리기 위해서는 말일세." "어떤 훌륭한 인물을 항상 눈앞에 모시고 있어야 되는 거라네. 그의 감시를 받아야만 해." "부자유하게 살면 오히려 부자유를 느끼지 못하지."

세네카는 루킬리우스에게 대중을 피하고, 참된 우정을 나눌 만한 친구를 사귀고, 서로 밀접한 관계로 철학이라는 덕성을 함양하며, 우주의 숭고함을 배우는 데 몰두해야 된다는 것을 거듭 강조했다.

더욱이 자기 영혼의 고매한 형성을 위해서는, 세네카 시대의 공포에 넘친 암울함과 주변의 지반이 허약함에도 기가 꺾이지 않는 마음의 안정을 무엇보다도 소중히 여겼다. 또한 죽음을 생각하고, 죽음의 두려움에 마음을 흩뜨리지 말 것. 사람은 태어날 때부터 죽음이라는 운명을 타고난 것이기 때문이다.

죽음을 생각하고, 죽음을 철학하는 데 있어 과연 아우구스티누스, 키에르케고르, 그리고 니체도 세네카만큼이나 무게를 드러내지 않고 죽음을 응시하는 철학을 했을까.

철학적 교육, 아니 교육으로서의 철학을 한 것은 세네카 이상은 없다고 말할 수 있다. 교육이나 자기 수양은 명작을 읽는 것만으로는 안 된다. 자학자습도 친구와의 교류도 아직 부족하다. 그에 대해 세네카는 경애해야 할 인물을 언제나 마음속에 간직하고 걸어야 된다고, 제11 서간에 적었다. '마음의 준비'가 새로운 상황에는 필요하고, 추태를 보이지 않고 인생을 헤쳐나간 선인의 거룩한 모습을 마음에 떠올려야 한다. 이와 같이 세네카는 마음 편안하게 주장한다.

또 《서간》 제1권은 앞으로 계속하여 읽을 서간에의 필요한 전제를 제시하여 "정념과 참된 가치에의 숨겨진 체계적 이설(理說)"(하흐만)을 제시한 것이다.

서간에서의 에피쿠로스 찬양에 대해서

여기에서 다시 스토아파인 세네카와 에피쿠로스와의 관계를 살펴보기로 한다. 세네카의 에피쿠로스에 대한 이해와 태도는 높이 공감하는 면과 엄중하게 반발하는 생각의 이면성을 가지고 있다. 그러면서도 근본적으로는 에피쿠로스에의 외경에 넘친 찬양과 부드러운 공감이 이루어졌다. 세네카가 확실하게 비판하는 것은 에피쿠로스의 쾌락설, 속류가 아닌 에피쿠로스주의의 쾌락설이다. 세네카는 자기와 같은 시대 사람인 에피쿠로스파에 격렬한 적의를 숨기지 않았다. 이것은 로마 공화정의 최대 철학자 키케로와 완전히 동일하다. 그와 동시에 세네카가 에피쿠로스에게 품은 존경심은 키케로가 플라톤에 대한 존경심과 통하는 데가 있음을 엿볼 수 있다. 분명히 세네카는 에피쿠로스파에 기울어 있는 루킬리우스를 염두에 두고 있지만 그렇다고 해서 세네카가 에피쿠로스에게 다가갔다고 강조할 필요는 없다.

세네카는 자기가 에피쿠로스의 말을 많이 인용한 것 때문에 자기에게 향하는 다른 사람의 의문을 떨쳐 버리기 위하여 말했다. 자기는 에피쿠로스의 말이 아니라 에피쿠로스에게 동의하는 사람들의 말을 쓰고 있는 것이라고.

분명히 에피쿠로스가 쾌락을 선(善)이라고 말한 것은 부정할 수 없다. 그러나 문제는 에피쿠로스가 의미한 쾌락의 내용이다. 그는 "나에게는 빵과 물과 한 조각의 치즈와 무화과만 있으면 그것이 쾌락(즐거운 식사)이다"라고 한 말이 전해지고 있다. 그가 창설한 이른바 에피쿠로스 학원, 정원(庭園 ; $\kappa\tilde{\eta}\pi o\varsigma$)은 쾌락을 벗어남으로써 쾌락을 취하기 위한 장소가 되었다.

세네카는 에피쿠로스가 죽기 직전에 방광염과 위궤양으로 고통이 극도에 이른 점을 지적, 에피쿠로스는 그때까지의 나날이 자기는 행복했다고 한 말을 적었다(제66 서간, 이하 번호만 기록). 또 "영예에 마음을 빼앗기지 말라.", "과도한 분노는 광기를 낳는다.", "훌륭한 인물을 항상 눈앞에 떠올리며 노력하라." 등, 에피쿠로스의 말을 차례차례 끌어온다. 그리고 에피쿠로스가 많은 사람으로부터 칭찬받는 것을 경멸한 일을 밝힌다. 세네카는 마음을 같이하는 사람끼리의 공동생활, 벗을 소중히 하는 것, 이것을 실현한 에피쿠로스의 정원(kepos Epicurei)을 높이 평가한다. 세네카의 《행복한 삶에 대하여》에서는 "우리 스토아파는 (에피쿠로스파를) 싫어하지만, 에피쿠로스가 주장한 것은 숭고하다.", "이 파의 평판은 나쁘지만, 결코 품행이 나쁜 것을 가르친 학파가 아니다."라고 에피쿠로스파를 옹호하는 글을 쓰기도 했다.

한편 세네카는 에피쿠로스의 비판도 확실하게 한다. 벗의 존재에 대하여 에피쿠로스는, 사람이 아플 때 베갯머리에서 시중을 들어주는 조수로서 벗이 필요하다고 말한다. 이것에 대해 세네카는 반론하며, 참된 우정이란 상대로부터의 기대가 아니라, 상대를 위하여 모든 것을 아낌없이 바치는 것이라고 말한다.

본디 세네카가 에피쿠로스에 대하여 처음부터 계속 반발하는 것은 에피쿠로스가 덕과 쾌락을 구별하기 때문이다. 제85 서간을 보자. 에피쿠로스의 주장이 다음과 같이 요약되어 있다.

'덕을 가진 자는 행복하지만, 덕 그 자체는 행복한 생활에 이르는 데는 불충분하다. 왜냐하면 덕에서 생기는 쾌락은 사람을 행복하게 하지만, 덕 그 자체는 그렇지는 않기 때문이다.'

세네카는 이에 대해 "바보 같은 구분(inepta distincfio)"이라고 한다.

하지만 에피쿠로스 자신이 누리는 쾌락이 무엇인가라는 주장에 대하여, 세네카는 자제력을 잃은 타락이나 방종, 지나친 욕망의 추구는 아니라고 보는 것이다. 에피쿠로스의 욕망은 삶을 유지하는 데 필요한 최소한도의 욕망인 것이다. 에피쿠로스가 괴로움까지도 쾌락으로 여기는 것을 긍정적으로 본다.

세네카가 맹렬히 공격하며 용서없이 지탄하는 것은 저속한 아류의 스토아파이다. 사람은 쾌락의 유혹으로부터 멀리 떨어져 있을 필요가 있다. 쾌락을 여러 곳에서 얻으려고 한다. 쾌락은 그 자체의 권리를 주장하는 방탕의 무서움인데, 쾌락을 최고로 여기는 자들은 선(善)을 감각으로 파악할 수 있는 것으로 알고 있다. 여기에 대하여 우리(스토아파)는 이지(理知)에 의하지 않으면 얻을 수 없다고 한다. 이것은 세네카의 저속한 에피쿠로스파 아류에 대해 세네카가 반론하는 한 부분이다.

더구나 세네카는 에피쿠로스파에 동조하는 자들에게만 비판을 되풀이하고 있는 것이 아니다. 그즈음의 로마인이 잔학한 열기에 들떠, 검투사의 피투성이 싸움에 쾌감을 느끼며 얼굴이 시뻘게지는 광기로 나날(《빵과 서커스》의 한 부분)을 쾌감의 포로가 되어 보내는 생활을, 세네카는 단연 용서할 수 없는 일이라고 했다. 쾌락은 노상강도처럼 달라붙어 마침내 우리를 목졸라 죽인다. 이와 같은 세네카의 말은 로마황제인 칼리굴라, 클라우디우스, 네로에게 가장 적중한 말이라고 할 수 있다.

제88 서간, 로마적 박식에 대한 비판

세네카의 124편에 걸친 서간 전체는 '교육적 에로스'로 일관되어 있다. 여기에서 제88 서간이라는 매우 특이한 품격을 가진 서간을 살펴보기로 한다. 여기서 특이성이란 로마인 특유의 백과사전적인 박식에 대한 애호(愛好)를 비판한 것이다. 세네카는 로마인에게 그들이 많은 지식을 갖는 데 빠져들어 삶의 근간인 덕성의 함양을 소홀히 하면 안된다고 경고한다. 그러면서 그는 순수한 학문으로 마음을 안정시킬 것을 권한다. 이 배움의 과목이 되는 것은 문법학, 수사학, 역사, 자연학이다.

세네카는 로마인의 일반적 폐단인 박식에 대한 집착을 비판하고, 그리고 그 비판을 플라톤과 아리스토텔레스에게 향한다. 그들은 지적 세계를 눈부시게 이루어, 더욱이 지식의 종합적이고 체계적 집합을 꾀해 로마인에게 큰 영향을 끼쳤다. 철학적 진리의 추구가 다만 지적 사랑으로만 인식되어 우주나 자연, 인간 사회의 현상에 머무는 것에 대해 세네카는 불안감을 숨기지 않는다. 인간의 실존성과 허망하게 운명에 농락당하는 상황에 대한 질문은 잊어버리고, 인식(지식의 확대)에만 희희낙락하는 것을 세네카는 비철학적으로 여겼다.

세네카가 쏘아붙인 과도한 지적 욕구의 집념에 대한 비판은 그리스에서 유래한 천문학, 자연학 일반현상의 존재원리를 추구하는 학문에만 치우치지 않았다. 그는 문헌학 그리고 기술(이라는 학문)에도 비난의 화살을 날렸다.

인간이 정신의 자유를 얻으려면 단지 법(로마법) 아래 시민으로서의 권리만 가지고는 불충분하다. 이것을 고려하여 세네카는 자유학예(liberalia studia, libeales artes) 교육을 주장한다. 이런 학문은 인간에게 어울리는 학문이라는 것이다. 이 범위에 들어오는 것은 수학, 천문학, 음악학, 문법학, 수사학, 논리학, 문헌학(서적·문예의 연구) 그리고 역사이다. 세네카는 또 엄숙하게 말한다. 참으로 자유로운 유일한 학문은 지혜에 관한 학문(철학)이다. 이 학문이야말로 인간을 자유롭게 하는 근원이라고 할 수 있다. 이 학문만이 우리에게 덕에 대한 것을 가르쳐준다는 것이다.

세네카는 기술적 학문이라는 생활의 도구를 만드는 영역도 이 자유학예의 범주 안에 넣는다. 그리고 이 학문은 덕에는 아무런 도움이 되지 않는다고 단언한다. 세네카는 생활의 필요를 넘어선 생활의 쾌적성을 인정하지 않는다. 이것은 다음의 제90 서간에서 가장 명료하게 나온다. 지금 다루고 있는 제88 서간에서는 다음과 같이 말한다. 목재는 확실히 배(물 위에서 사람이나 물자를 나르는 기능)로 아무것도 의미하지 않는, 많은 것이 우리를 도와주지만 오히려 그렇기 때문에 그것들은 우리의 부분은 아니고, 식품은 우리의 몸을 도와주지만 우리의 부분은 아니라고. 또 그 일련의 주장은, 즉 기하학은 철학에 있어 필요하지만 철학의 부분은 아니라고 말한다.

포세이도니오스와 세네카의 대결

중기 스토아파를 대표하는 대철학자요 해박한 대학자인 포세이도니오스(기원전 135~51)와 세네카는 가장 격렬히 대결했다. 포세이도니오스는 스토아의 아리스토텔레스라고 할 만큼 폭넓은 지식의 지평을 형성했다. 세네카와의 대결은 제90 서간에도 나오지만, 먼저 이 제88 서간을 보기로 한다. 여기에서는 세네카가 포세이도니오스의 학예 네 종류를 들어 비판하고 있다. 포세이도니오스가 일찍이 거론한 네 종류는 세네카에 의하여 다음과 같이 보고되었다.

1. 일상적이고 평범한 학예. 생활용구에 관한 기술을 말함. 이 기술은 우아하다든가 하는 품격과는 전혀 관계가 없음.
2. 즐거움에 관한 기술. 눈과 귀를 즐겁도록 하는 것에 관한 기술을 말함. 무대를 관객들이 경탄하도록 꾸미는 기술도 들어감.
3. 어린이 교육에 관한 기술. 이것은 자유학예와 비슷한 것이다. 그리스인이 일반 교육적($\check{\epsilon}\gamma\kappa\acute{\nu}\kappa\lambda\iota\omicron\iota$)이라고 부르는 것으로, 로마에서는 자유스런(liberales)이라고 말하는 것이다.
4. 자유스런 학예(artes liberales). 좀더 확실히 표현하면 자유를 낳는 학예(artes liberae)이다. 이 학문이 배려해야 하는 것은 덕이다.

위에 나온 'artes liberales'와 다른 'artes liberae'는 중요하다. 세네카는 포세이도니오스를 뛰어넘어 오히려 자기가 믿는 학예 구분을 이 두 말의 대립을 통해 제시했다고 말할 수 있다. 'artes liberae'는 '자유를 낳는(만들어 내는) 것'이라고도 말한다. 또 'artes liberales'는 포세이도니오스에게는 개별적인 학문 즉 기하학, 산술학, 천문학, 음악학, 의학 등이고, 모든 자연과학을 말하며, 인문계 학문은 들어가지 않는다.

세네카는 여기에 대해 덕을 배려하는 학문, 선한 인간의 형식에 관한 학문을 포세이도니오스에 대항하여 제시하고 있다. 세네카는 어린이 교육에 관한 기술과 자유스런 학예는 동일한 종류로서 받아들여야 한다는 것이다. 한편 포세이도니오스는 어린이의 영혼 육성에 관한 학문들 위에, 인간의 영혼이 한결 고도로 형성되는 것을 자리매김한 것이다.

방법론의 집착에 대한 세네카의 비판

이 제88 서간에서는 많은 지식에 마음이 흐트러짐을 경계하는 의도로, 문헌학자의 지나치다고 할 정도로 박식을 대상으로 삼고 있다. 디듀모스라는 학자는 4천 권이나 되는 책을 썼다. 세네카는 그가 이만큼 방대한 저작을 읽었다면 그는 가엾은 사람이라고 비꼬았다. 이 문헌학자는 호메로스의 《일리아스》와 《오디세이》를 겹상자의 구석구석을 찔러보듯이 돋보기로 살핀다. 세네카는 그의 그런 지나친 노력에 대해, 그것은 작품의 본질과 감상에 있어 헛수고밖에 안 된다고 질타한다.

다음으로는 철학자가 방법론에 지나치게 구애되는 것을 비판한다. 먼저 몇 사람의 철학자와 학파가 주장하는 설을 말한다. ① 프로타고라스, 사람은 어떠한 테마에 관해서도 긍정과 부정을 같은 권리로 말할 수 있다. ② 나우시파네스, 존재한 것처럼 생각되는 것은 존재하지 않는 것처럼 확실하지는 않다. ③ 파르메니데스, 감각에 입각한다면 아무것도 존재하는 것은 없다. ⑷ 회의주의로 일관한 퓨론파 또는 같은 계통의 메가라파·에레트리아파(에리스의 파이돈이 창설한 에리스파의 계승학파)·아카데메이아파. 그들은 알려진 것은 아무것도 없다는 '새로운 학문'을 도입했다.

그러나 세네카는 이런 입장에서 보면 모든 자연은 허망한 것이고 허위로 가득 찬 그림자가 되는 것이냐고 반론한다. 세네카의 대답은 '아니다'이다. 세네카는 철학이 방법론으로 주변을 지나치게 동결시키면 안 된다고 말한다. 철학은 인간 삶의 문제에 스스로를 연소시켜야 되는 것이라고 그는 이 서간에서 호소한다.

제90 서간으로, 세네카 대 포세이도니오스

이 서간은 다음에 보여 주는 것처럼, 루소의 자연사상과 기본적인 공통성을 가지고 있다. 루소의 자연사상이란 여기에서는 원초의 자연에 있어서 인간의 평등이 소외되지 않는 상태를 역설하는 것임을 먼저 전제로 한다. 이 제90 서간에서는 앞의 제88 서간과 함께 스토아파 철학자 포세이도니오스와의 대결이 뚜렷이 드러나게 된다.

세네카의 포세이도니오스에 대한 논란은 앞에서 본 제88 서간과 기본적으로 같은 것이다. 세네카의 관점에서 볼 때, 다채로운 지식의 큰 바다를 헤엄치는 포세이도니오스는 덕과 선을 인간에게 있어서 지적활동 전반의 근원으로 삼아야 되는 것이지만, 막상 그렇지 않은 데에 비판을 가한 것이다. 포세이도니오스 자신은 모든 기예(技藝)를 포괄하는 새로운 철학개념을 자기의 설이라 내세우지만, 세네카는 이것에 이의를 제기한다. 기예에 관한 진보는 이성에 따른 것이더라도, 참된 이성에 의한 것은 아니라는 것이다.

포세이도니오스에 대한 세네카의 반발은 거기에만 그치지 않는다. 스토아파인 세네카는 같은 스토아파인 포세이도니오스에게 대항의식을 불태우고 있다. 세네카의 눈에는 포세이도니오스가 품고 있는 현자의 개념은 일반 사람들, 즉 현명하지 못한 사람들을 위한 생활상의 필요물, 테크놀로지적 용구를 고안한 사람도 거기에 포함된다는 뉘앙스를 풍긴다. 그러나 세네카에게는 이 생각은 본래의 스토아파를 벗어난 것으로 보인다. 왜냐하면 스토아파에게는 "자연에 따라 산다"는 것이야말로 선이고, 이것은 자연 개조나 여러 생활용구의 고안에 의하여 안일한 삶에 빠지는 것을 받아들일 수 없기 때문이다. 신에 의하여 주어진 자연에 순응하며 간소한 삶에 만족하는 것이야말로 스토아파는 선이라고 해야 되는 것이다.

우리는 세네카에게 동의하면서도, 과연 자연에 따라 산다는 것이 어떠한 것인가를 현대적 상황 속에서 다시 곰곰이 생각해보지 않으면 안 된다.

세네카의 역사관·문명사관

세네카는 제90 서간의 도입부에서 "우리가 사는 것은 불사(不死)의 신들 덕분이지만 잘사는 것은 철학 덕분이다"라고 말했다. 인간은 동물과는 달리 최선을 다하여 잘사는 노력을 해야 된다. 사람이 잘사는 것은 신보다도 철학에 의해서라고 주장한 것은 아마 세네카가 처음일 것이다. 그리고 철학이란 기술지(技術知 ; 과학도 그렇다)의 연장이나 또는 기술지의 바탕을 이루는 것이더라도 그런 것을 소중히 해서는 안 된다. 기술적으로 세계를 개조한다든가, 자연을 인간화하는 것에 철학은 확실하게 대항하며 비판적 자세를 취해야 한다. 세네카의 이런 주장은 오히려 오늘날이야말로 길을 여는 별이다.

세네카는 인류 최초로 훌륭한 한 사람의 지도자에게 지배를 맡겼다는 설을 제기한다. 이어서 그는 이렇게 말한다. 이 시대를 황금시대라고 부르며, 통치권은 현자들이 쥐고 있었다. 그들의 지혜·용기·사랑은 잘 통치하는 방법을 터득하고 있었다. 그러나 이윽고 악덕이 슬며시 다가와 왕국은 폭군의 지배로 악화되어 갔다. 그래서 법률이 필요하게 되었으며 이 법률도 처음에는 솔론이나 뉴크루코스 같은 현자가 제정했다. 여기까지는 포세이도니오스의 의견에 세네카도 동의한다.

그런데 철학에 의하여 일상생활에 대한 여러 가지 기술·기예가 창출되자 포세이도니오스가 말하는 것에 세네카는 맹렬히 반론을 제시한다. 포세이도니오스는 가옥이나 철기구의 제작·제조를 철학(지혜)에 의한 산물이라고 한다. 그러나 세네카는, 그렇다면 철학이라는 학문은 단지 인류에게 안일하고 편리한 생활을 선물하기 위해 존재하는 것이냐고 말한다. 그리고 그는 현자에게 나타나는 인간개념을 들어 반박한다. 현자는 여러 가지 물건을 필요로 하지 않는다. 그들은 생활에서 최저의 필수품만 있으면, 그러한 검소한 배려에 만족한다고 한다. 탐욕은 인간의 공동존재를 갈라 놓는다. 그러므로 사치는 자연으로부터 멀어진다. 이렇게 말하는 세네카는 우리가 자세히 알아야 할 대철학자가 아닌가.

세네카는 포세이도니오스가 보여 준 기술찬가(技術讚歌)의 타파를 계속한다. 베틀의 직조와 농경기술의 발달이 논란의 대상이 된다. 세네카 시대에, 로마의 귀부인은 한 치의 수치심도 없이 아무것도 가려지지 않는 얇은 의상을 즐겨 입었다. 여기에 봉사하는 베틀이 문제인 것이다. 다음으로 농경이다. 농사는 차례차례 새로운 방법을 찾아, 토지 생산력을 높이려고 한다. "토지는 특별히 경작에 힘쓰지 않아도 많은 결실을 거둬들였다."

검소한 생활은 자연을 따르기만 하면 된다. 세네카의 이 흔들림 없는 마음, 원칙론적인 강직성은 그가 끄떡도 않는 스토아파라는 것을 말해 준다.

기술을 멀리하는 것은 단순한 이성(ratio)이다. 이것을 넘어선 참된 이성(recta ratio)이 엄연히 존재한다. 세네카의 철학은 단순한 윤리학일 따름이고, 끝까지 거기에서 벗어나지 못한다는 세네카에 대한 일반적인 평은 그의 깊은 고뇌를 전혀 알려고 하지 않는 데서 오는 것이다.

기술품은 인간에 의하여 발명되지만, 그런 것은 현자의 손으로 이루어지는 것이 아니다. 무엇인가 루소를 연상시키는 이 원시시대의 묘사는, 세네카의 다른 말 "원시시대의 인간은 아직 현자가 아니었다"는 표현과 더불어 존재한다는 것을 고려해야 된다. 탐욕이나 사치와 연분이 없는 원시시대가 있었다고 하더라도, 그때의 사람들은 고상한 정신은 지니고 있을지언정 결코 현자는 아니다. 그들이 순수했던 것은 세상 물정에 어두웠기 때문이다. 그들에게는 정의도 숙고도 절제도 용기도 없었다. 하지만 그들의 생활은 이런 덕과 비슷했던 것 같다. 이러한 견해로 인해 세네카는 루소와 헤어지게 된다.

세네카와 루소

이 제90 서간은 로마인의 고상한 취미, 그것을 대도시 생활에서 본다면 매우 특이한 것이다. 그러나 엄격한 스토아파인 세네카로서는 그다지 이상한 견해를 펼친 것은 아니다. 우리가 언뜻 보기에는, 루소의 《인간 불평등 기원론》을 연상시키는 문명생활의 타락을 고발한 듯이 들리는 느낌을 지울 수가 없다. 그러나 세네카의 이 서간과 루소의 그 저술을 비교해 보면, 두 사람의 생각이 일견 유사성이 있지만 그 내부를 깊숙이 들여다보면 전혀 다른 세계관을 나타낸 것을 우리는 알게 된다.

루소의 경쟁자로 디드로가 있었다. 디드로는 프랑스 계몽주의 사상가 중에서 가장 세네카와 잘 통하는 인물이다. 볼테르가 키케로를 굳게 신봉한 데 대해 디드로의 신은 세네카였다. 디드로는 만년에 자기가 더 일찍이 세네카의 저술을 읽었어야 되는데 하며 몹시 후회했다. 디드로는 루소의 《인간 불평등 기원론》 제2부는 세네카의 제90 서간을 재탕한 것으로, 루소에게는 사상적 독창성이 전혀 티끌만큼도 없다고 바닥으로 끌어내렸다. 루소의 저작 제2부라는 것은 그의 교육론·국가론이다.

세네카는 앞에서도 말했듯이, 기술지(技術知)를 넘어선 '참된 이성'의 존재를 주장한다. 그리고 또 원시시대에는 철학이 아직 발달하지 못해서 이 사회에는 현자가 나타나지 않았다고 주장한다.

세네카에게는 철학이야말로 인간에게 좋은 삶을 가르치는 최고의 학문이지만, 루소는 정신의 완성, 교육의 충실이 인류가 타락 원인이라고 진단한다. 반면 루소도 세네카와 마찬가지로 생활필수품에 만족하고, 안일한 생활의 거부가 선이라고 한다. 그러나 루소는 인간의 본성을 세네카와는 근본적으로 다르게 본다. 세네카의 원인간(原人間 : 원초로큰원을 이루었던한간)은 별들이 반짝이는 하늘을 쳐다보는 데 대하여, 루소의 원인간은 대지를 내려다본다. 루소는 인간 정신이 발달하지 않은 데서 인간의 무욕성(無慾性)과 강인성을 발견한다. 한편 세네카에게 있어서는 정신의 미발달과 무욕성, 강인성은 우연적으로 병행하는 것에 지나지 않는다.

또 두 사람의 인간관은 매우 대립적이다. 반면에 루소는 인간의 자연 본래의 고독성을 강조한다. 한편 세네카는 자연 본래적인 공동성과 관계성을 뚜렷이 나타낸다. 루소에게는 개별적인 인간이야말로 자연상태로 보여지는데, 세네카에게는 협력과 화합이야말로 진정한 자연상태인 것이다. 또 인간관도 서로 달라, 세네카에게는 최선의 사람과 현자는 같은 인물일 수도 있으나, 루소에게는 이 둘의 합치란 생각할 수도 없는 일이다. 루소는 세네카처럼 정신에 신체를 종속하지 않는다. 그는 전체적인 인간으로서의 심신의 동일성을 주장한다.

세네카는 자연적 인간을 무욕성으로, 다른 쪽의 타락한 인간을 탐욕성에 결부시킨다. 루소는 자연적 인간과 타락한 인간(문명인)의 차이를 자유와 예속, 평등과 불평등에 두었다.

그러므로 디드로가 루소를 세네카의 표절자라고 지탄한 것은, 완전히 오해한 것으로 볼 수밖에 없다.

세네카와 키케로의 재음미

"키케로는 자기 주장을 말하면서 그 속에 다른 사람이 살도록 촉구하지는 않았다. 더욱이 그 자신을 그곳(주장)의 주민으로서 마음속에 그려 보지도 않았다. 이와는 반대로 세네카는 자기도 다른 사람과 함께 그곳에 살아야 될 주거로서의 학설을 밝혔다."(마우라하)

키케로에게는 혹독하게 들리겠지만 그것은 그렇다 치고, 세네카의 대화적 사색, 나—너의 철학은 오늘날 다시 한 번 차분히 읽고 음미해 볼 가치가 있을 것이다.

그러나 세네카가 쏘아붙인 키케로에 대한 비판은 대항하는 마음이 표면에 드러나, 충분히 읽지 않은 것이 지적될 수밖에 없을 것이다. 키케로는 뜻밖이라고 할 만큼 세네카와 가까이에 있다. 그것은 키케로가 '늙어' 노인 문제를 차분히 나누는 데에서 뚜렷이 드러난다. 그의 《노년에 대하여》에서는 노인의 체력이 쇠약해진 것은 나이가 많아진 것이 원인이라기보다는 젊은 시절에 섭생을 게을리하고, 난폭하게 살았던 것을 말하고 있다. 또한 노년이 비참하게 여겨지는 네 가지의 근거를 키케로는 다음과 같이 들고 있다. ① 공직에 근무할 기회가 없다. ② 몸이 예전보다 약해진다. ③ 쾌락이 거의 사라진다. ④ 죽음에 가까워진다. 키케로는 이 모든 것에 반론한다. 노년의 조용한 삶이란, 자연은 죽음을 둘러싸고 있다는 것을 깨달음으로써 얻어진다는 것이다.

세네카 또한 자연은 죽음을 둘러싸고 있다는 것, 죽음을 응시함으로써 삶이 성숙해진다는 것을 의심하지 않는다. 길게 머무는 것이 아니라 길게 산다는 것, 삶에 농락당하지 않고 삶을 쌓는 것, 사람의 삶은 충분할 만큼 길다는 것을 순순히 세네카는 타이른다. 또한 삶이 짧다는 핑계는 삶을 보람없이 낭비한 자의 불평에 지나지 않음을 우리에게 따끔하게 말해 준다.

4. 자연 연구

로마의 칸트, 세네카의 눈높이

로마·이탈리아에서 키케로와 세네카라는 로마정신과, 철학적 독창성을 계승하여 이탈리아의 근세 최대의 철학자가 된 이는 비코(Giambattista Vico, 1668~1744)이다. 그의 저서 《새로운 학문》 본론의 마지막 글은 세네카로부터 인용한 것으로 끝이 난다.

'혹시 모든 시대가 요구하는 것을 우주가 가지고 있지 않다면, 이 우주는 아무 의미도 없는 것이다.'

이 글은 세네카의 《자연 연구 *Naturales Quaestiones*》의 제7권 〈혜성에 대하여〉에 씌어 있다. 여기에서는 세네카의 확신, 곧 인간의 덕 또는 선을 우주적 자연에서 보기 시작하게 된다는 확신을 나타내고 있다.

세네카는 철학을 윤리학이나 인간 문제에 한정하지 않았다. 그는 《자연 연구》의 제1권 《대기중의 불에 대하여》의 첫머리에서, 철학은 인간에 대한 부분과 신들에 대한 부분, 이 두 가지로 이루어진다고 선언한다. 그리고 신들에 대한 부분은 눈에 비치는 자연계를 대상으로 하는 것이 아니고, 그것보다도 훨씬 더 크고 아름다운 것으로 인간의 시계(視界) 밖에 존재하는 것을 대상으로 삼는 것이라고 말한다. 신들의 일이란 것은 결국 우주의 문제, 즉 우주 그 자체를 말하는 것이다. 우리가 이 고찰을 통해 눈금의 틀을 넘어서 비밀이 많은 부분(보이지 않은 부분)에 앉음새를 바로 고치고 마음을 돌릴 때, 우리는 삶이라는 어두운 걸음걸이에서 출발하여 진정한 삶의 빛으로 나타내야 하는 것을 마음의 눈(이성)으로 파악하게 되는 것이다. 세네카의 이 주장은 플라톤이나 아리스토텔레스로 이어지는 당당한 철학의 본류를 보여 준다.

더욱이 세네카가 실제로 실행한 자연에 대한 고찰은 스토아파의 일상적인 물음과는 달랐다. 스토아파는 우주를 다스리는 신에게 집중했다. 한편 세네카에게는 무엇보다 자연계에 나타난 현상이 문제였다. 천계(天界)의 지상계에 대한 작용, 이 고찰은 세네카의 비극 구성, 즉 비극의 근본 동기와 밀접하게 관련되어 있음이 마지막 장에서 밝혀진다. 세네카는 이러한 원리로 스토아파의 일반적 자세를 보완했다고 할 수 있다.

세네카에게서는 '로마의 칸트'라고 하는 느낌을 받게 된다. 칸트의 유명한 글에 "나의 위에 있는 별들이 빛나는 하늘과 내 안에 있는 도덕률(der gesternte Himmel über mir und das moralische Gesetz in mir)"이라는 말이 있다. 이 말은 인간의 덕성·덕행, 그리고 우주의 장엄·고상하고도 신비한 운치를 두 기둥으로 하는 생활방식을 찬양하고 있다.

세네카에게 자연 고찰과 자연철학은 열정과 고요가 상호작용하는 문제로 보인다. 세네카는 우주적 자연의 연구를, 자기에게는 반드시 필요한 것이며 결정적인 것이라고까지 말하고 있다. 세네카는 만일 자기에게 이 영역의 연구가 허락되지 않았다면, 태어난 의미가 없었을 것이라고까지 말한다. 세네카는 인간계의 속된 일에 파묻혀 광분하고, 그것으로 생명을 다 써 버린 무리에게 자연학을 배우도록 권한다. 로마인(로마의 지식인에 한하지만)은 그리스인과는 달리 인간계의 자질구레한 일에 지나친 호기심을 가지고, 우주 자연의 이론적·원리적인 탐구에 접근하는 일이 거의 없었다. 세네카는 이 일상의 폐단을 그냥 넘기지 않고 비난했다. 그가 이렇게 잔소리가 많은 것은 키케로와 마찬가지이다. 세네카와 키케로는 전형적인 로마인 이상으로 예외적인 로마인이었다. 그리고 이 두 사람에 의하여 로마의 철학과 정신은 밑바탕에서부터 깊어지고, 점차 유럽 정신사의 참된 기초가 되었다. 그러므로 유럽 사람들에게 먼저 감탄과 외경을 자아낸 그리스 철학과 정신은 키케로와 세네카를 통하지 않고서는 거론할 수 없다. 세네카가 자연학에 공을 들인, 보통 아닌 정성을 다음 글로 살펴보자.

'내가 자연의 본성에 감사하는 것은……다음의 여러 문제들을 배울 때이다. 우주의 재료는 무엇일까. 그 창조주 또는 수호자는 누구일까. 신이란 무엇인가. 신은 자기에게만 전적으로 마음을 두고 있는가. 아니면 때로는 우리 쪽도 돌아보는가. 신은 날마다 뭔가 어떤 것을 만들고 있는가. 아니면 그것을 단 한 번에 만들었을까. 신은 세계의 일부인가. 아니면 세계 그 자체인가. 신은 오늘이라도 판결을 내릴 수 있고, 또 운명의 규칙에서 어느 일부를 철폐할 수도 있는 것인가. 아니면 변경해야 되는 것을 신이 행한 것은, 신의 존엄성을 축소하는 것이고 신의 과실을 승인하는 것인가.'

위의 글에서 세네카는 에피쿠로스에 대해 스토아파로부터 대결하고 있는 자세를 확연히 보여 준다.

그리스 철학에서 자연학은 ① 우주론 ② 생성소멸론 ③ 신론(神論) 위에 ④ 영혼론으로 이루어진다. 세네카에게도 이 전통은 이어져 ③ 의 신론 외에 ④ 의 영혼론이 자연학 안에 들어 있다. 그러나 세네카는 키케로와 달리 영혼에 대해서도 인간의 감각이나 인식의 내실을 음미하는 것이 아니고, 인간의 일상적인 바람직한 자세가 신적 생명과 큰 거리를 두고 있으며, 어리석고 열악한 상태에 발목이 잡혀 있는 측면만을 질문의 대상으로 한다.

그렇지만 세네카의 자연학은 윤리학에 종속된다든가, 단지 포함되는 것에 지나지 않는다고 보는 것은, 세네카의 수준 높은 이론을 이해하지 못하는 것이라고 할 수 있다.

자연 연구의 구체적 내용

세네카의 자연 연구에 실험적이라고 말할 수는 없지만, 그가 현장의 관찰에 단단한 발판을 만들어 몸을 바친 것은 코르시카 섬으로 유배를 간 40대 초였던 것으로 보인다. 한편 《자연 연구》를 실제로 쓴 것은 기원후 62~65년으로 세네카가 만년이라는 데에 연구자의 견해는 일치하고 있다. 이 무렵에 세네카가 자연학 집필에 열중한 것은 단적으로 말해서 폭군 네로와의 관계로부터 과감하게 멀어질 생각이 강해졌다는 것을 입증하는 것이다.

《자연 연구》의 각편 제목을 적어 본다.

I. 대기중의 불(빛)에 대하여, II. 번개와 우레에 대하여, III. 육지의 물에 대하여, IV A. 나일 강에 대하여, IV B. 우박과 구름에 대하여, V. 모든 종류의 바람에 대하여, VI. 지진에 대하여(육지의 진동), VII. 혜성에 대하여

그런데 자연론적 문제의 범위는 셋으로 구성된다. ① 에테르계·달 위의 세계(caelestia), ② 달 밑의 세계·높은 세계(sublimia), ③ 지상계(terrestria)—흙·물·식물·동물 등이다. 이것은 세네카도 그대로 인정하고 있었을 것이다. 그러나 앞서 제목을 분류하면, 달 아래의 세계(대기권)에 속하는 현상으로서 구름·눈·우박·바람·공기·불을 포함한 공기 현상, 이 아래에 속하는 무지개·번갯불·천둥—더욱이 번갯불은 압축되어 또 격렬하게 내던져진 불이며, 천둥은 넓은 범위로 퍼지는 불이다—, 우레를 들 수 있다. 그리고 지상의 사례로서는 갖가지 물의 모양, 그 특별한 문제로서 나일 강 유역의 팽창—범람으로 옮겨지는 진흙의 퇴적으로 육지가 늘어나는 것—이 다루어진다. 거기에 대하여 에테르계(달 위의 세계)—진정한 우주론이라는 주제—에는 전혀 논급이 없다. 이것은 세네카 자신이 단념한 탓인지 모르지만, 오히려 스타르가 말했듯이 작품의 이 부분이 없어진 때문이라고 보는 것이 무난하지 않을까.

세네카의 《자연 연구》는 그 자신의 관찰이나 현장의 경험적 연구가 반드시 주조를 이루는 것은 아니다. 오히려 선인들의 자연학의 견해와 충분히—요컨대 표면적인 통과의례 같은 것이 아니고—대화하고 대결하며, 치밀한 음미에 의하여 반론도 하고, 또 긍정도 하는 사색의 과정을 거쳐서 나온 것이다. 더욱이 그 작품들은 결코 재료를 끌어모은 것이 아니고, 또 재료를 쌓는 것만 의도한 것도 아니다. 세네카의 시야와 문제에의 접근은 자각적이며 또 질서가 세워져 있었다. 게다가 세네카는 진리 연구, 그 가운데서도 우주의 구조, 신의 배려

를 파악하는 데에는 오랜 과정이 필요하다고 강조했다. 그것은 〈혜성에 대하여〉의 끝부분에 나오는 말이다.

세네카는 《자연 연구》 가운데 〈대기중의 불(빛)에 대하여〉에서 자연학의 필요성, 아니 그 중요성을 열변하고 있다. 이처럼 세네카가 에테르계에 대한 고찰과 사색에 열중한 것은 마땅하다고 해야 될 것이다.

로마인은 인간의 세계, 사회의 활기있는 인간적 교류, 법의 정비나 법의 적용이라는 틀 안에서 그냥 살고만 있으면 안 된다, '빛이 거기에서 비쳐 오는 곳'(《대기중의 불(빛)에 대하여》)인 우주로 마음을 돌리지 않으면 안 된다는 것이, 세네카의 근본사상을 이루고 있다고 할 수 있다. 사회적 통념, 사회적 진리 이른바 인간주의를 돌파하여 신에게 칭찬받을, 성스러운 도덕을 세우지 않겠느냐고 세네카는 호소하는 것이다. 그 눈높이와 정신은 키케로와 통한다. 다만 로마의 일반적 휴머니즘이 아니고, 키케로와 세네카에 의하여 형성된 그리스적 휴머니즘임을 우리가 명심하여 주지해야 될 주제이다.

세네카의 여러 학설에 대한 검토와 비판 ①

먼저 〈지진에 대하여(육지의 진동)〉를 펴보면 세네카가 그에 앞서 주장한 철학자의 학설을 어떻게 보았는가를 볼 수 있다.

'지진의 원인이 어떤 사람들은 물 속에 있다고 생각하고, 어떤 사람들은 불 속에, 또 어떤 사람들은 육지 그 자체 내부에, 또 어떤 사람들은 공기의 정력 속에 있다고 생각하며, 또 어떤 사람들은 그런 모든 것이 원인이 된다고 생각했다. 또 어떤 학자들은 지진의 원인이 위의 여러 요인으로부터 발생한다는 것은 분명하지만, 그러나 그 원인이 무엇인가는 확실하지 않다고 말한다.'

이런 개관에 대해 세네카는 저마다의 주장을 음미하며 비판한다.

1. 탈레스의 물의 설. 이 견해는 잘못된 것이다. 육지가 물로 지탱되어 있다면 육지는 언제나 움직이고 있어야 되지 않겠는가.
2. 데모크리스토스의 많은 종류의 지하수설. 지하의 여러 가지 물이 움직이기 위해서는 상부에 있는 육지의 진동이 먼저 실행되지 않으면 안 된다. 세네

카는 이것을 부정함.

3. 아낙사고라스의 불의 설. 땅속 공기의 정력이 구름 속에 모인 대기를 파열시킨다는 생각. 세네카는 이에 대해 긍정도 부정도 하지 않음.

4. 아낙시메네스의 육지노화설. 노화는 어떤 것이나 피할 수 없는 것으로, 육지의 매우 견고한 곳도 노화로 갈기갈기 갈라지게 된다. 세네카는 이것에 대해서도 긍정도 부정도 하지 않음.

5. 아르케실라오스의 공기설. 바람이 육지의 움푹 팬 곳에 불어닥치면 거기에서 발생하는 공기의 정력이 장소를 찾아 이전의 공기를 몰아낸다. 그러면 밀려오는 공기는 좁은 통로로 빠져 나갈 돌파구를 찾는다. 이렇게 해서 육지가 움직인다. 이 설에 대하여 세네카는 지상의 바람도 지표를 움직이지 않느냐고 반론함.

6. 페리파토스파의 공기설. 육지에는 늘 증발이 있어, 증발물이 하늘로 올라가 더 이상 올라갈 수 없게 되면 되돌아와서 육지에 진동을 일으킨다. 이것은 이 학파의 스트라튼의 설. 한냉과 온난은 결코 함께 될 수 없어 서로 반대의 것으로 옮겨간다. 따뜻한 것이 차가운 것에 장소를 양보하고 좁은 곳으로 사라질 때의 큰 충격이 지진이다. 세네카는 이에 대해 긍정도 부정도 하지 않음.

7. 메트로드로스의 공기설. 지하의 거대한 동굴 속에 공기가 있다. 그곳으로 다른 데 있던 공기가 위에서 떨어진다. 이것에 대해서도 세네카는 긍정도 부정도 않음.

8. 데모크리토스의 공기와 물 설. 지진은 어떤 때는 공기의 정력에 의해, 또 어떤 때는 물에 의해, 또 어떤 때는 이 양자에 의해 일어난다. 세네카는 긍정도 부정도 하지 않음.

9. 에피쿠로스의 네 가지 원리설. 에피쿠로스는 물·불·흙·공기 등이 모든 지진의 원인이 될 수 있다고 말한다. 또 에피쿠로스는 지진의 원인을 공기의 정력 이상으로 큰 것은 없다는 설에 찬성한다. 세네카도 여기에 동의함.

우리는 여기에서 세네카 자신이 지진 원리론에 대해 명확한 태도를 보이지 않는 것에 좀 석연찮은 느낌을 지울 수가 없다. 그러나 철학의 선배(자연철학자)들과 대치하여 어쨌든 해답을 찾아내려고 한 자세만은 높이 평가해야 할 것이다.

세네카의 여러 학설에 대한 검토와 비판②

다음으로 〈혜성에 대하여〉를 보기로 한다. 혜성을 비롯하여 별들의 운행과 존재에 대한 연구에는 칼데아인*²의 훌륭한 업적이 있었다는 것을 먼저 지적한다.

이 칼데아인한테 배운 에피게네스와 아폴로니오스가 등장하여, 두 사람은 칼데아인이 혜성이란 어떤 현상으로 생각하는가에 대해 저마다의 견해를 밝힌다. 아폴로니오스에 따르면 칼데아인은 혜성을 행성의 하나로 본다고 한다. 한편 에피게네스의 보고를 보면, 그들은 혜성을 대기의 소용돌이에 의해 점화된 현상이라고 하였다.

에피게네스는 대기권에 생긴 불 형태인 들보모양(trabes)과 횃불(faces)에 대하여 다음과 같이 설명한다. 이 둘의 차이는 불덩어리의 크기뿐이다. 회오리바람이라고 부르는 대기의 어떤 덩어리는 그 자체 속에 습기와 토질물(土質物)을 가두었을 때, 그것이 어떤 곳으로 옮겨지더라도 불을 잡아들인 것 같은 모양이 된다.

세네카는 다음처럼 이 설에 반론한다. 회오리바람은 육지의 주변에서 생긴다. 회오리바람은 수목을 뿌리째 모조리 뽑아 버리고, 토지를 벌거숭이로 만들어 버린다. 들보모양은 하늘의 아주 높은 곳에서 나타난다. 그러므로 이 설은 잘못이다. 여기에서 세네카는 아리스토텔레스의 설을 인용한다. 아리스토텔레스에 따르면 들보모양의 모든 것은 혜성이지만, 그 들보모양의 불이 길게 지속되면 혜성의 불은 흩어져 버린다. 이것에 따라 세네카는 혜성이 들보모양의 일부라는 것을 인정한다.

에피게네스의 주장에 따르면, 혜성에는 두 종류가 있다. 화염을 사방으로 쏟아 내는 혜성과 머리털과 비슷한 불을 한쪽으로 뻗어, 별들 사이를 지나가는 등의 두 종류이다. 그리고 그는, 혜성은 불이 회오리바람에 의하여 쫓겨가면서 생기는 것이라고 했다. 이에 대해 세네카는 바람없는 조용한 대기에서도 혜성이 나타나는 것이 아닐까라고 반론을 제기했다.

에피쿠로스는 또 이렇게 덧붙였다. 그것은 육지가 발산시킨 요소의 모든 것이 하나로 모였을 때, 그런 요소의 불화(不和) 그 자체가 공기의 정력과 회오리

---

*2 칼데아인은 고대 셈인종으로 티그리스·유프라테스 강으로부터 모든 바빌로니아를 지배한 민족.

바람으로 바뀐다는 것이다. 이것에 대해 세네카는, 회오리바람은 바람보다 빠른 속도로 움직이지만 혜성의 진행은 완만하다고 반론한다.

세네카는 또 종래의 혜성이론에 반론을 한다. 그것은 설익은 아리스토텔레스설이다. 이 설은 혜성이 행성과 하나로 합쳐짐으로써 생긴다는 내용이다. 세네카는 이것에 반대하고 행성은 그 숫자가 정해져 있지만, 혜성은 그 독자성으로 인해 존재한다는 것이다. 게다가 또 아르테미도로스가 주장한 행성 수의 무제한설과, 하늘은 견고한 돔처럼 반구형(半球形)이라는 설이 비판의 대상이 된다. 이 뒤에도 몇 사람의 혜성론이 나왔으나, 모두 줄인다.

세네카의 혜성설 가운데 압권은 스토아파의 혜성론에 대한 반론이다. 이 파는 혜성이 갑자기 생긴 불이라고 했으며, 짙은 대기에 의해 창조된 것이라고 했다. 한편 세네카는 혜성을 자연의 영원한 작품의 하나로 생각했다. 그리고 대기가 창조한 것은 모두 수명이 짧다고 반론한다. 또한 세네카는 혜성의 영속성을 끝까지 고집했다. 또 스토아파는 우주를 신적이며 영원히 불타는 불이라고 했다. 그러나 세네카는 혜성을 불로 구성된 것이라고 생각하지 않았다. 그러므로 불은 멈추는 것, 움직이지 않고는 결코 있을 수 없는 것과는 반대로 혜성은 그 자체의 좌석을 가지고 있다고 세네카는 주장한다.

세네카는 스토아파이지만 단순한 스토아파는 아니다. 그는 스토아파의 학설을 기계적으로 받아들이지 않고, 비판적인 태도를 자기파에게도 관철한다. 세네카가 가슴이 따뜻한 스토아파, 인간의 정념을 성찰하는 데 뛰어난 스토아파라는 것은 독자 여러분도 충분히 이해가 되었을 것이다. 세네카는 철학·윤리학·문예론(언어론), 자연학에 있어서 딱딱한 스토아파의 완고성을 비판한다. 로마적인 우아한 마음의 탄력이 넘친 휴머니스트인 것이다. 키케로와 세네카의 '사랑의 사상', '사랑의 철학'으로부터, 우리는 다시 로마에 세워진 휴머니즘을 삶과 배움의 두 측면에서 깊이 생각해야 할 것이다.

스토아를 내면화한 세네카

세네카는 부드럽고 따뜻한 스토아파이다. 그는 또 비판적·비교조적인 스토아파이다. 그는 자연 연구에서 스토아파의 교설주의(敎說主義)를 확실히 극복했다. 그는 인간지식의 한계와 우주의 미묘한 원리파악의 어려움을 뚜렷이 했다. 이 점에서 그는 '로마의 위고'이다.

세네카는 스토아파의 단순한 계승자가 아니고, 말하자면 스토아파를 사람의 얼굴을 한 부드러운 스토아파인 것이다. 무엇보다 내면적인 것이다. 교조적 사회주의에 대하여 인간의 얼굴을 한 사회주의라는 말이 한동안 화제가 되었지만, 그것을 본떠 한마디 덧붙이고 싶다.

《자연 연구》에서 세네카는 우주라고 하는 신의 작품에는 이해할 수 없는 것이 많다는 것을 자신에게도(다른 사람에게뿐만 아니라) 들려 주면서 지(知)와 탐구의 길이 멀다고 주저앉으면 안 된다고 했다. 이와 동시에 세네카는 사람의 마음에 대해서도 그것이 무엇인가를 쉽게 대답할 수 없음을 말했다.

'우리가 마음을 가지고 있고, 그 명령에 의하여 우리를 몰아낸다든가 불러 들인다든가 하는 것은 누구나 용인하고 있는 일이야. 그러나 우리의 그 지도자이고 주인인 마음이 도대체 무엇인가에 대하여는, 그것이 또 어디에 있는가에 대해서는 아무도 자네한테 설명할 수 없을 거야. 어떤 사람은 그것을 정신이라 하고, 하나의 조화라고도 하고, 신적인 힘이며 신의 일부라 한다. 또 어떤 사람은 가장 엷은 숨결이라 하고, 형체가 없는 활동력이라고 말하겠지. 피라고 하고 또 열이라고 하는 사람도 없지는 않을 것이고. 마음은 그밖의 일들에서도 그다지 명료하게 되어 있지를 않으니까, 그 자체가 여전히 자신의 정체를 탐구하고 있는 상태라네.'

세네카에 앞서 그리스의 철학자 헤라클레스이토스는 "마음은 한없이 넓어 그 끝에 이를 수는 없는 것이다"라는 뜻의 말을 남겼다. 세네카가 한 말은 뜻밖에도 헤라클레이토스를 떠올리게 한다. 헤라클레이토스 역시 우주의 깊이와 마음의 불가사의에 마음을 진정시켜 사색을 기울인 것이다.

세네카에게서 자연학과 윤리학의 유대
틀림없이, 세네카의 자연학이 아무리 치밀하고 또 로마적 평형감각으로 여러 설을 소개하고 분석하여 비판을 가했다 하더라도 그 자연학이 윤리학과 밀접한 유대를 가지고 있다는 것이 확연히 드러난다.

인간이 어떻게 선하게 살아야 되는가를 놓고, 천계의 우주적 질서라는 광원(光源)으로부터 조명되고 있는 것을 잘못 볼 수는 없을 것이다. 그렇다고 해서 세네카의 《자연 연구》를 윤리학적이라고 한다든가, 윤리학의 전 단계로 보는 것은 우리가 조심해야 될 일이다. 《자연 연구》가 밝히고 있는 것은 현상자연학(Erscheinungsphysik, 마우라하)인 것이다. 즉 자연현상의 구조와 존재에 대한 학문이다. 여기에 우주를 다스리는 신에 대한 이론, 다시 말하면 신론이 빠져 있는 것은 어떤 우연에 따른 잃어버림 때문인지도 모른다. 세네카의 마음을 채워준 경건한 철학은, 나중의 그리스도교 사상가들에게—세네카는 실질적인 그리스도인이거나 아니면 한걸음만 더 나아가면 그리스도인이 될 것으로—받아들여지는 경우가 많았다(같은 시대에 살았던 세네카와 바울은 심정적으로 비슷하여, 편지 왕래가 있었다는 설이 있는데, 이것은 그리스도교 쪽에서 날조했다는 설—그러나 사실일지도 모른다는 설—들이 있었다). 그리스도교 사상가들은 세네카를 그리스도교로 끌어들여 해석함으로써 그리스도교와는 전혀 접촉이 없었던 세네카의 신론, 즉 우주신학을 남몰래 묻어 버리려고 하지는 않았을까 하는 추리를 해 볼 수도 있다.

어쨌든 우리는 너무 단순하게 오늘까지 전해지는 세네카의 《자연 연구》를 윤리학의 전 단계로 여기지 않는 것이 좋다.

세네카는 작품과 작품의 원인을 나눈다. 그는 우주라는 신의 작품과 신이라는 원인자(原因者)를 엄격히 구별한다. 《서간집》에서 세네카는 플라톤과 아리스토텔레스를 비판하고, 그들이 신을 전세계라는 작품의 완전한 원인자(原因者)로 삼은 것은 잘못이라고 말했다. 물론 이런 세네카의 비판은 플라톤이나 아리스토텔레스의 신론, 우주론을 정확히 읽은 입장에서라면 오독이기는 하다.

그것은 그렇다 치고 이 서간의 뒷부분에서, 세네카는 자기가 사물의 본성 탐구에 돌진한 결의를 보임과 동시에 "나는 만물이 무엇인가를 물어야 되지 않을까?"라고 자신을 되돌아보는 것을 잊지 않았다. 사람의 지혜에 한계가 있는 것을, 세네카는 철저히 느꼈기 때문이다. 또 제90 서간은 "신이란 어떤 존재일까?" 하고 사람들을 압도할 만큼 집중적으로 힘쓰는 세네카의 패기가 보인다.

우리는 이 장에서 세네카의 자연학(자연철학)이 흔히 이야기되고 있는 윤리학의 추가물이 아니라는 것을 확인했다.

세네카의 철학적 위대성과 후세에의 영향

세네카는 철학자이며 비극작가이다. 그의 철학은 인간의 비극과 비참한 운명을 응시하며 씌어졌다. 세네카 비극에 대해 서술하기 전에 그의 철학이 후세에 미친 영향을 살펴보기로 한다. 세네카 철학이란 이제까지 셋으로 나누어 논한 철학·윤리학 저서집과 윤리 서간집, 그리고 자연 연구를 포함한 것이다. 비극은 운문형식인데 비해 철학은 산문임은 말할 것도 없다. 다듬어진 문장은 비극작품이 철학작품을 훨씬 넘어서는 것은 물론이다. 그러나 세네카의 철학은 영혼을 맑게 정화하는 '노래'로서 대단한 영향을 후세에 선물했다.

세네카는 철학이 가진 일체의 지상적인 것을 경시하고 포기했다. 또한 명성과 명예·재산·가정의 단란 도와준 벗에 대한 허망함 등, 정묘한 성찰은 그리스도교 사상가들에게 헤아릴 수 없는 감화와 감명을 '선물'했다고 할 것이다. 이교도인 세네카는 그리스도교인 이상으로 그리스도교적 심성을 가진 사람이라는 것이 그리스도교 사상가들에게 널리 알려졌다. 어쩌면 그리스도교의 핵심인 사심과 사욕으로부터의 초월은 고결한 철학가 세네카에 의해 지탱되고 있기 때문에 그리스도교는 새롭고 신기한 종교적 가르침으로서의 매력을 잃은 느낌도 있었다. 그리스도교는 스토아파의 엄격주의로부터도 영향을 받았으나, 그 스토아주의라는 것은 세네카가 간절하게 사람들의 마음에 순순히 타일러 파고드는 호소가 축을 이룬 것이다. 부드러운 스토아주의, 세네카에게서 탄생한 스토아주의로 말미암은 것이다.

중세에 "불합리하기 때문에 신을 믿는다"는 말로 잘 알려진 캔터베리의 안셀무스(1033~1109)는 신의 정의를 세네카로부터 이끌어 냈다.

르네상스기에는 단테(1265~1321)와 초서(1320~1400)가 세네카를 인용했다. 르네상스는 지혜와 웅변의 결합을 존중했기 때문에 이 시대는 아리스토텔레스가 아니고, 스콜라 철학에서 존중하는 로마의 두 철학자 키케로와 세네카를 크게 찬양했다.

근세에는 에라스무스(1466~1536)가 젊은 시절에 세네카 예찬자였다. 그러나 그 뒤에는 세네카에 대해 비판적이었다. 그는 세네카를 윤리사상으로서 읽을 때는 매우 유익하지만, 그리스도교에서 가장 중요한 문제인 영혼구제의 관점으로 볼 때는 그리스도교 철학에서 동떨어져 있다고 했다. 세네카가 그리스도교 외에 다른 독립된 철학사상가였음을 말해 주는 것이다.

몽테뉴(1533~92)는 그의 《수상록》, 특히 그 전반부에서 세네카에게서 많은 말을 빌려 썼다. 그래서 그를 '제2의 세네카'라고 부르기도 했다. 몽테뉴는 엄격한 스토아주의와는 반대로, 시종 회의주의 입장을 취했다. 그가 세네카를 찬양한 것은 부드러운 스토아주의 때문이었다.

열여섯 살 때의 세네카는 철학 연구에 뚜렷이 기록될 만한 시대였다. 네덜란드 라이덴대학의 교수 유스티우스 리프시우스(1547~1606)는 세네카에게 더 없이 든든한 옹호자가 되었다. 그는 오랫동안 표준판이 될 세네카의 철학작품 저작집을 출판했다. 리프시우스가 세네카에게 주목한 것은 부패한 그리스도교에 대한 불만에서였다. 이 인물과 나란히 독일의 카스파 쇼페(1576~1649), 영국의 토머스 로시(1558~1625)가 세네카철학의 보급에 이바지한다. 로시는 1614년에 세네카의 철학작품을 처음으로 영어로 완역했다.

17,8세기에 이르자 샤브리의 헬버드(1596~1650), 철학사상에 빛나는 로크(1631~1704), 데카르트(1596~1650), 라이프니츠(1646~1716), 스피노자(1632~77) 등 네 사람은 스토아파에 철저히 반발했다. 세네카는 스토아파로서 그들에게 거절당한 것이다. 그러나 세네카는 결코 순순히 포기하는 답답한 스토아파는 아니었던 것이다.

18세기가 되자 세네카를 재평가·재인식하기 시작했다. 허치슨(1694~1746), 흄(1711~76), 디드로(1713~84), 루소(1713~78) 등이 다시 세네카에 주목한다. 루소는 몽테뉴를 거치지만 자기의 철학 형성에 세네카로부터 큰 영향을 받았다.

19세기 전반은 세네카 비극에 대한 혹평이 그리스 애호(Philhellenismus)를 배경으로 일어난 시대이지만, 독일이 낳은 근대 역사학의 아버지 레오폴트 폰 랑케가 처음으로 세네카 연극의 로마적 독창성을 세상에 알리려고 했다. 그러나 랑케의 세네카 찬양은 19세기 끝무렵에 간행되기까지는 알려지지 않았다. 세네카철학 연구에 대해서 19세기에는 그다지 그 주의를 승인한 업적은 없다.

20세기에 이르러 1922년에 영국의 구멜이라는 학자는 세네카의 명성이 얼마 뒤에 다시 일어날 것을 《철학자 세네카와 현대에의 메시지 R.M. Gummere Seneca the Philosophe and Modern Message》로 호소했다. 그리고 바로 그대로 20세기의 세네카 연구는 유럽과 미국에서 충실하게 쏟아져나와 그 정도가 차츰 강렬한 양상을 보이고 있다.

5. 새롭게 세네카를 배우는 의미

훌륭한 인격의 화신 세네카

우리는 세네카를 단순히 윤리학 사상가로만 여기지 않고, 그 인간적 전체를 가지고 이해해야 한다. 세네카는 로마 최대의 비극작가라는 것, 그에게 시문 (詩文)이라는 드라마를 쓰는 일이 어떤 의미가 있는가. 스토아파 세네카, 준엄한 철학가 세네카에게 어째서 인간이 정념을 뿜어내고, 폭군이나 귀족이 자기를 억제하지 못하는 미치광이 같은 태도를 그려내게 되었는가를 우리는 물어보아야 할 것이다. 또 깊은 우수에 갇혀 있으면서도 책임을 수행하려고 하는 영웅(오이디푸스)을 로마 비극의 정점으로서 작품화할 수 있었던 세네카는 마음의 길이와 문장능력의 상호작용으로 누구와도 비길 데 없을 정도의 로마인이 되었다. 이 부분에 대해서도 우리는 어떻게든 파고들어야 한다. '황금의 라틴어'의 키케로뿐만 아니라 '백금의 라틴어'의 세네카도 소중하다.

그리고 세네카에게 구현된 로마와, 세네카에게 비판을 받은 로마 양쪽을 차분히 물어 찾는 길을, 우리는 현대의 갖가지 어려움과 문제에 비추어 인식하기 위하여 적극적으로 나아가지 않으면 안 된다. 우리는 세네카의 윤리학을 도피처로 삼으면 안 된다. 또한 세네카와 함께 안개 속처럼 불투명하고 혼미한 현대에 대한 시대적 통찰과 자기의 상념을, 잘 연마된 문장 세계로 작품화하는 데 마음을 기울이지 않으면 안 된다.

세네카와 더불어 사는 것은 더 말할 나위도 없거니와, 게을러 맺힌 데도 없이 적당히 느물대고 유행에나 휩쓸리는 생활에서 벗어나 참된 인간적 자기 교화에 몸을 던져야 된다. 교양—이 개념은 로마인이 아니면 성립되지 않았다—이란 본디 그런 것이다.

한마디 더 덧붙인다면, 차츰 고령화 사회가 진행되고 있는 오늘날 노년을 잘 보내는 일이 중요하다. 삶과 죽음을 깊이 응시하며 응석이나 부리고 헛되이 시간을 낭비하여 스스로 타락하지 말고, 우리는 세네카에게 진지하게 배워야 한다.

과거에의 눈과 미래에의 눈, 세네카와 타키투스

세네카의 유명한 말로 니체에게 주목을 받은 것은 "일찍이 철학(지혜의 사

랑)이었던 것이, 이제는 문헌학(어구를 깊이 연구하는)이 되어 버렸다" 한 말이
다.[3] 《윤리 서간집》 108)

세네카는 문헌학적인 신경과민보다도, 사람은 "앞으로 나는 어떻게 살아야
하는가?"를 소중히 해야 한다고 말한다. 요컨대 과거에 대한 관심보다는 미래
에 대한 자성과 결의를 사람들에게 요구한다.

이에 대해 세네카를 이해한 사람으로서 또 로마 최대의 역사가인 타키투스
는 사람은 차분한 마음으로 역사 즉 과거에서 배워야 된다고 말했다. 과연 그
리스의 최대의 역사가인 투키티데스는 "인간은 과거에서 쉽게 배우려고 하지
는 않는다"는 것을 똑똑히 확인한 것이다. 그럼에도 그는 인간성의 동일성과
변화의 결여를 가르치기 위해, 아테네와 스파르타 간의 대전쟁을 생생하게 그
려 냈다.

제1부에서 보여 준 것과 같이 타키투스는 《연대기》에서, 로마 초기의 제정
(帝政)을 장악한 율리아 클라우디우스 집안의 혈통을 이은 자들의 포악성과
역겨움, 광기와 정념의 분출을 유려한 필력으로 생생하게 그려 냈다. 그러나
그는 의연하고도 침착한 자세로 죽음을 받아들인 위인상을 새기고 갔다.

우리는 타키투스와 같이 역사를 바라보는 눈을 배워야 되는 동시에, 과거에
마음을 너무 얽매이지 말고, 세네카처럼 미래를 위해 자기변혁과 자기성찰을
힘차게 밀고 나가야 한다. 그러므로 세네카와 타키투스를 자기 마음 속에서
대화시키는 것이야말로 더없는 인생의 깨달음이 될 것이다.

---

[3] 니체는 세네카의 말을 뒤집어 "일찍이 문헌학(고전에의 사랑)이었던 것이 이제는 철학(자기
식의 사색)이 되어 버렸다."(Quae philosophia fuit, facta philogia est.)는 것으로, 차분히 고전을
정독하고 진지하게 생각하는 것이 퇴조하고 있는 시대상을 개탄한 말이다.

세네카 연보

기원전 44년 카이사르 암살.

기원전 27년 옥타비아누스, 아우구스투스 칭호를 얻음. 원수정(元首政=帝政) 시작.

기원전 4년~서기 1년 세네카, 히스파니아(스페인)의 코르도바의 유복한 기사 집안 세 형제의 차남으로 태어남. 아버지는 〈논쟁문제집〉 〈설득법〉 등을 쓴 같은 이름의 루키우스 안나이우스 세네카(대세네카), 어머니는 헬비아, 형은 신약성서 〈사도행전〉 18 : 12에 언급되는 갈리오(루키우스 안나이우스 노바투스), 동생은 멜라(시인 루카누스의 아버지)

2/3년(?) 아마도 교육과 앞날을 위해 고향 코르도바의 어머니 곁을 떠나 숙모 팔에 안겨 로마로 감.

14년 아우구스투스, 세상을 떠남. 티베리우스 즉위(~37년 재위)

14년~31년 정계로 나가기 위해 필요한 변론술, 나아가(아마도 허약, 병약한 체질 때문에 오히려 좋아해서) 피타고라스파의 소티온이나 스토아파의 아타로스, 또 스토아 철학에 피타고라스 사상을 가미해 로마에서 독자적인 철학을 주장한 섹스티우스의 제자 파비아누스 등에게 철학을 배움(나중에 회상하기를 한때 너무 병약해서 죽음을 생각할 정도였는데 살아갈 수 있었던 건 늙은 아버지나 친구는 물론이지만 무엇보다 철학 덕분이었다).

16년 삼촌 갈레리우스, 이집트 영사가 됨. 이집트, 유대 등의 이국문화 배척 시작(~19년)

19년 게르마니쿠스(칼리굴라의 아버지), 세상을 떠남.

25년 역사가 코르두스, 반역죄로 고소당해 자살.

25년(?) 지병인 천식이나 폐결핵 치료를 목적으로 이집트로 가 처숙모 곁에서 지냄.

29년 아우구스투스의 부인 리비아(율리아 아우구스투스), 세상을 떠남.

31년 숙부 갈레리우스, 임무가 끝나 돌아오던 길에 배가 난파되어 세상을 떠남. 함께 간 세네카와 숙모는 무사히 로마로 돌아와 세네카는 숙모의 지원을 받아 정계를 목표로 삼음. 티베리우스 치세에 권세를 떨친 세이야누스의 실각과 처형.

33년 대(大)아그리피나(칼리굴라의 어머니, 네로의 할머니), 세상을 떠남.

34/55년(?) 명예로운 공직의 계단 제1단인 재무관이 됨.

37년 티베리우스, 세상을 떠남. 칼리굴라 즉위(~41년 재위). 루키우스 도미티우스 아헤노바르부스(네로 황제) 태어남.

38/39년(?) 재무관 다음 단계의 공직(호민관이나 조영관)에 취임. 변론가로서도 유명해져 칼리굴라에게 주목받을 만한 존재가 됨(이 시기 사실인지는 모르지만 세네카가 칼리굴라가 참석한 원로원에서 훌륭한 변론을 했기에 칼리굴라가 질투, 또는 그 명성을 두려워해, 사형에 처하려 했지만 세네카는 내버려두어도 폐병으로 곧 죽을 거라는 애인의 말에 그만뒀다는 이야기를 카시우스 디오가 전했다).

39년 클라우디우스, 메살리나와 결혼(?). 레피두스를 주범으로 한 칼리굴라 암살계획 발각, 공범 소아그리피나와 율리아 리위라(모두 칼리굴라의 여자형제로 아그리피나는 네로의 어머니) 유배를 감.

39-40년(?) 아버지 세상을 떠남.
〈마르키아에게 보내는 위로의 편지〉 저술함.

40년 옥타비아(클라우디우스와 메살리나의 딸로 뒷날 네로의 아내) 태어남.

41년 칼리굴라 암살. 클라우디우스 즉위(~54년 재위). 소아그리피나와 율리아 리위라 유배에서 풀려나 소환. 브리타니쿠스(클라우디우스와 메살리나의 아들) 태어남.
메살리나가 계획한 황실 음모에 휩쓸려 율리아 리위라와 간통 혐의로 코르시카 섬에 유배됨(~49년).
〈분노에 대하여〉 저술함.

42년(?) 〈헬비아에게 보내는 위로의 편지〉 저술함.

43-44년(?) 〈폴리비우스에게 보내는 위로의 편지〉 저술함.

48년 메살리나, 간통죄로 처형 또는 강제 자결.

49년 클라우디우스, 소아그리피나와 결혼. 소아그리피나의 노력으로 세네카는 유배에서 풀려나 소환됨. 세네카는 아테네로 가길 바랐지만 화려한 학식을 높이 사 루키우스 도미티우스(네로)의 교육을 맡음과 함께 예정법무관이 됨.

49년(?) 〈삶의 짧음에 대하여〉 저술함.

50년 루키우스 도미티우스, 클라우디우스의 양자가 되어 네로로 이름을 바꿈. 세네카 법무관취임.

51년 부루스, 친위대장 취임. 세네카의 형 갈리오, 아카이아 총독이 됨.

52/53년 네로, 옥타비아와 결혼.

53/54년(?) 〈마음의 평정에 대하여〉 저술함.

54년 클라우디우스, 세상을 떠남. 네로 즉위(~68년 재위). 세네카, 부루스와 함께 네로를 선도해 선정을 펼치게 만듦.
〈신성한 클라우디우스 호박(바보) 만들기〉 저술함.

55년 브리타니쿠스, 세상을 떠남(네로의 독살).

55년(?) 〈현자의 항심에 대하여〉 저술함.

56년 보충집정관 취임.

56년(?) 〈너그러움에 대하여〉 저술함.

58년 신체제에 불만을 품은 수일리우스, 국왕(황제)과 겨우 4년 동안의 우정으로 3억 세스테르티우스 정도의 재산을 모았다며 세네카를 공격해 그 때문에 세네카도 세상의 반감을 사게 되지만 수일리우스는 티베리우스 시대의 무고죄로 고발당해 유죄가 됨. 네로와 포파이아가 사랑에 빠져 어머니(소아그리피나)와 아들(네로)의 불화가 깊어짐.
〈행복한 삶에 대하여〉 저술함.

59년 소아그리피나, 세상을 떠남(네로의 암살. 역사가 타키투스는 세네카와 부루스가 간접적으로 관여했다고 전한다).

59–60년(?) 〈은혜에 대하여〉 저술함.

62년 부루스, 세상을 떠남(독살이라는 설도 있지만 병사로 추측). 2인 체제가 된 친위대장으로 티게리누스가 취임, 세네카의 영향력은 급속하게 떨어짐. 네로, 옥타비아와 이혼, 포파이아와 결혼. 옥타비아, 반역과 간통의 모함을 받고 처형. 세네카, 막대한 재산을 네로에게 반환하고 한가롭게 살기를 바람. 겉으로는 거절당하지만 자발적으로 집에서 머묾. 사색과 저술에 전념.

〈한가로움에 대하여〉 저술함.

62년(?) 세레누스, 세상을 떠남.

63년(?) 〈섭리에 대하여〉 저술함.

64년 로마 대화재와 뒤이은 그리스도교도 박해(사도 베드로와 바울 순교. 64년에서 67년 사이). 시골에서 은거를 다시 부탁하지만 거절당함.

65년 네로 암살을 꾸민 피소의 계획 발각, 세네카도 연루(타키투스는 공모 확증이 없어 누명이라 판단), 자결 명령을 받아 친구들이 보는 가운데 침착하게 죽음을 맞이함(혈관을 열고 독 인삼을 먹고 마지막으로 뜨거운 목욕탕에 들어가 그 열기로 죽었다고 한다). 조카 루카누스도 연루되어 자결.

지은이 김현창(金顯瑒)

한국외국어대학교 스페인어과를 졸업하고 스페인 국립마드리드대학교에서 문학박사
학위를 받았다. 서울대학교 서어서문학과 교수 및 스페인 중남미연구소 소장 역임. 대
한민국학술원 회원 역임. 지은책《스페인어 문법》《스페인어 발달사》《현대세계문학
속의 동양사상》,《스페인문학정선》,《스페인문학사》,《중남미문학정선》,《중남미문학
사》,《문학의 도를 찾아서》옮긴책《안개(Unamuno)》세르반떼스《돈끼호떼》오르테가
《대중의 반란》《철학이란 무엇인가》후안 라몬 히메네스《플라테로와 나》등이 있다.

World Book 258
Lucius Annaeus Seneca
DIALOGI
세네카 인생철학이야기
세네카/김현창 옮김
1판 1쇄 발행/2016. 9. 9
2판 1쇄 발행/2017. 7. 7
발행인 고정일
발행처 동서문화사
창업 1956. 12. 12. 등록 16−3799
서울 중구 다산로 12길 6(신당동 4층)
☎ 546−0331∼6 Fax. 545−0331
www.dongsuhbook.com

＊

사업자등록번호 211−87−75330
ISBN 978−89−497−1645−9 04080
ISBN 978−89−497−0382−4 (세트)